U0946621

2018

中国第三产业统计年鉴

CHINA STATISTICAL YEARBOOK OF THE TERTIARY INDUSTRY

国家统计局 编
Compiled by National Bureau of Statistics

中国统计出版社
China Statistics Press

© 中国统计出版社 2018
版权所有。未经许可，本书的任何部分不得以任何方式在世界任何地区以任何文字翻印、拷贝、仿制或转载。

© 2018 China Statistics Press
All rights reserved. No part of the publication may be reproduced or transmitted in any form or by any means, electronic or mechanical, including photocopying, recording, or any information storage and retrieval system, without written permission from the publisher.

图书在版编目（CIP）数据

中国第三产业统计年鉴 . 2018 : 汉英对照 / 国家统计局编 . -- 北京 : 中国统计出版社 , 2018.10
ISBN 978-7-5037-8721-8

Ⅰ . ①中 … Ⅱ . ①国 … Ⅲ . ①第三产业－经济统计－统计资料－中国-- 2018 －年鉴－汉、英 Ⅳ . ① F264.1-66

中国版本图书馆 CIP 数据核字 (2018) 第 234300 号

中国第三产业统计年鉴 -2018

作　　者 / 国家统计局
责任编辑 / 徐　涛
封面设计 / 李雪燕
出版发行 / 中国统计出版社
通信地址 / 北京市丰台区西三环南路甲 6 号　邮政编码 /100073
电　　话 / 邮购（010）63376909　书店（010）68783171
网　　址 /http://www.zgtjcbs.com
印　　刷 / 河北鑫兆源印刷有限公司
经　　销 / 新华书店
开　　本 /880×1230 毫米　1/16
字　　数 /1408 千字
印　　张 /44
版　　别 /2018 年 12 月第 1 版
版　　次 /2018 年 12 月第 1 次印刷
定　　价 /320.00 元

本书附同版本 CD-ROM 一张，光盘内容以书面文字为准。
如有印装差错，由本社发行部调换。

《中国第三产业统计年鉴—2018》

编委会和编辑出版人员

编委会　主　　任：宁吉喆

副 主 任：贾　楠　鲜祖德　李晓超　毛有丰　盛来运　曾玉平

编　　委：（按姓氏笔画为序）

王群英　毛盛勇　文兼武　叶植材　刘　恒　刘文华
刘富江　安平年　杜希双　李万茂　李希如　李俊波
张　军　张仲梁　赵同录　赵庆河　黄秉信　董礼华
程子林　藺　涛

编辑工作人员　总 编 辑：杜希双　叶植材

编辑部主任：林云玉　佘竞雄

编 辑 人 员：（按姓氏笔画为序）

王　萍　王克钧　孔里波　叶晓姝　田　红　史朝晖
吕　峰　任小燕　刘旭玲　刘金钟　刘晓燕　刘慧平
安新莉　许春伟　孙朝毅　李　卉　李　敏　杨石林
张　展　张会英　张明梅　陈　希　陈　星　杲海青
柳　楠　侯守国　贾春华　殷国俊　栾尽晖　高寒松
郭　徽　郭义民　韩　静

各部委提供数据人员：（按姓氏笔画为序）

丁　昕　马　静　王　征　王伶俐　王莱宁　王雪松
亢　博　叶　楠　史　书　闫　诚　刘　丹　刘建杰
孙　思　孙　勤　孙慧林　苏玉娟　杜淑晗　李　明
李　艳　李全乐　李　楠　李学伟　李瑞芳　肖修文
吴文君　余　洋　余芳芳　汪习文　汪海涛　宋代强
张　钧　张龙龙　张华平　张建军　张淑丽　张毓辉
陈明霞　陈艳艳　周　松　郑文英　郝　钢　郝静晖
段红波　侯　霄　秦浩源　袁　素　顾　劲　徐　玉
高　宇　唐　颂　唐晓云　陶宝刚　董　阳　覃　丹
翟　虹　薛　明

编者说明

一、《中国第三产业统计年鉴—2018》收录了全国和各省、自治区、直辖市 2017年第三产业的统计数据以及部分历史数据，是一部反映中华人民共和国第三产业发展全面情况的资料性年刊。

二、本年鉴正文内容分为 9个篇章：1. 第三产业单位数；2. 第三产业就业人员数；3. 第三产业增加值；4. 第三产业固定资产投资；5. 第三产业双向投资与服务贸易进出口情况；6. 第三产业能源消费情况；7.第三产业分行业主要指标；8. 派生产业情况；9. 港澳台第三产业情况。附录部分包括3个篇章：1. 世界及主要国家第三产业统计资料摘要；2. 中国服务业采购经理指数及世界主要经济体的相关情况；3. 部分国家服务业生产指数月度增速。各篇章前设有《简要说明》，对本篇章的主要内容、资料来源、统计范围、统计方法以及历史变动情况予以简要概述，篇末附有《主要统计指标解释》。

三、本年鉴所涉及的全国性统计数据，除森林面积和森林覆盖率外，均未包括香港、澳门特别行政区和台湾省数据。

四、香港、澳门特别行政区的统计是构成国家统计总体的一部分。但根据《中华人民共和国香港特别行政区基本法》和《中华人民共和国澳门特别行政区基本法》的有关原则，香港、澳门与内地是相对独立的统计区域，根据各自不同的统计制度和法律规定，独立进行统计工作。本年鉴中香港、澳门特别行政区统计资料分别由香港特别行政区政府统计处、澳门特别行政区政府统计暨普查局提供，国家统计局国际统计信息中心负责整理、编辑。

五、台湾省数据来自台湾省行政院主计处统计资料，国家统计局国际统计信息中心负责整理、编辑。

六、与 2017年版《中国第三产业统计年鉴》相比较，本年鉴内容主要做了如下修订：

1. 随着中国出国留学和来华留学人员数量迅速增长，在第七篇章《第三产业分行业主要指标》的“教育”章节中，增加“中国出国留学和外国来华留学人员情况”一张表。

2. 为反映服务业经济活动运行态势，增加附录三“部分国家服务业生产指数月度增速”一张表。

七、本年鉴中凡未注明年份的数据，均指 2017年的数据。

八、本年鉴所使用的度量衡单位，均采用国际统一标准计量单位。

九、本年鉴中部分数据合计数或相对数由于计量单位取舍不同而产生的计算误差，均未做机械调整。

十、符号使用说明：年鉴各表中的“空格”表示该项统计指标数据不足本表最小单位数、数据不详或无该项数据；“#”表示其中的主要项。港澳台部分的符号使用方法具体见其篇章说明。

目 录

一、第三产业单位数

二、第三产业就业人员数

三、第三产业增加值

四、第三产业固定资产投资

五、第三产业双向投资与服务贸易进出口情况

六、第三产业能源消费情况

七、第三产业分行业主要指标

八、派生产业情况

九、港澳台第三产业情况

附录一、世界及主要国家第三产业统计资料摘要

附录二、中国服务业采购经理指数及世界主要经济体的相关情况

附录三、部分国家服务业生产指数月度增速

1 第三产业单位数

简要说明

一、主要内容

本篇资料通过对一定时期第三产业法人单位数量上的描述，反映报告期内第三产业法人单位的数量变化。

二、统计范围与统计口径

第三产业基本单位统计范围包括：我国境内从事社会经济第三产业活动的法人单位，未包括香港、澳门特别行政区和台湾省。

三、资料来源

第三产业基本单位统计2004年、2008年和2013年的数据，来源于第一次、第二次和第三次全国经济普查数据，其余年份来源于基本单位统计年报数据，普查年份没有年报数据。

社会组织和自治组织单位数由民政部提供。

1-1 第三产业法人单位数及所占比重

单位：个

年 份	全部法人单位数	第一产业	第二产业	第三产业	第三产业法人单位数所占比重(%)
1997	4344278	65307	1492302	2786669	64.1
1998	4417508	59692	1567816	2790000	63.2
1999	4221995	57177	1442405	2722413	64.5
2000	4366141	57542	1500106	2808493	64.3
2001	5107015	59104	1467937	3579974	70.1
2002	5170852	59522	1492241	3619089	70.0
2003	5214144	156033	1537037	3521074	67.5
2004	5168303	1835	1579340	3587128	69.4
2005	5647823	68800	1733605	3845418	68.1
2006	6068912	78205	1889475	4101232	67.6
2007	6495064	98546	2039702	4356816	67.1
2008	7098765	2023	2200376	4896366	69.0
2009	8003868	184764	2386389	5432715	67.9
2010	8754588	242429	2568818	5943341	67.9
2011	9593729	321086	2758483	6514160	67.9
2012	10616530	440853	2949694	7225983	68.1
2013	10856568	1815	2743796	8110957	74.7
2014	13701440	773414	3244154	9683872	70.7
2015	15729199	1005230	3544975	11178994	71.1
2016	18191382	1262764	3953940	12974678	71.3
2017	22009092	1670774	4731349	15606969	70.9

注：2004年、2008年和2013年第一产业法人单位数仅包括兼营第二、三产业的第一产业法人单位。

1-2 第三产业按行业、东中西部以及东北地区分组的法人单位数

单位：个

行业	法人单位数	东部地区	中部地区	西部地区	东北地区
合计	**15606969**	**8416992**	**3315418**	**3010066**	**864493**
农、林、牧、渔服务业	255997	84773	80242	55592	35390
开采辅助活动	4372	465	631	2863	413
金属制品、机械和设备修理业	22764	14216	3577	2987	1984
批发和零售业	**6252424**	**3665829**	**1210609**	**1057002**	**318984**
批发业	3673236	2379506	586560	505638	201532
零售业	2579188	1286323	624049	551364	117452
交通运输、仓储和邮政业	**540994**	**298326**	**114090**	**92814**	**35764**
铁路运输业	3638	1406	905	860	467
道路运输业	316953	160440	77620	58416	20477
水上运输业	15277	9492	3390	1749	646
航空运输业	2503	1216	370	705	212
管道运输业	429	183	94	121	31
装卸搬运和运输代理业	134231	93355	16854	16986	7036
仓储业	42495	22099	8238	7089	5069
邮政业	25468	10135	6619	6888	1826
住宿和餐饮业	**378974**	**178635**	**77010**	**107846**	**15483**
住宿业	112607	50765	22964	32918	5960
餐饮业	266367	127870	54046	74928	9523
信息传输、软件和信息技术服务业	**719150**	**418510**	**155724**	**107681**	**37235**
电信、广播电视和卫星传输服务	22724	8748	5762	5887	2327
互联网和相关服务	91369	49087	21886	16527	3869
软件和信息技术服务业	605057	360675	128076	85267	31039
金融业	**135068**	**68319**	**25617**	**32649**	**8483**
货币金融服务	44676	17562	9578	13644	3892
资本市场服务	47128	27863	7226	10080	1959
保险业	23054	10855	5122	5365	1712
其他金融业	20210	12039	3691	3560	920
房地产业	**642893**	**342276**	**138939**	**122728**	**38950**
房地产业	642893	342276	138939	122728	38950
租赁和商务服务业	**2242096**	**1327081**	**443309**	**365690**	**106016**
租赁业	169529	80905	40978	37148	10498
商务服务业	2072567	1246176	402331	328542	95518
科学研究和技术服务业	**1035170**	**658542**	**185889**	**138484**	**52255**
研究和试验发展	162045	119894	20953	10654	10544
专业技术服务业	400194	231068	77701	70937	20488
科技推广和应用服务业	472931	307580	87235	56893	21223
水利、环境和公共设施管理业	**146295**	**63975**	**38034**	**34971**	**9315**
水利管理业	28928	8925	8759	8630	2614
生态保护和环境治理业	17959	8000	4496	4449	1014
公共设施管理业	99408	47050	24779	21892	5687
居民服务、修理和其他服务业	**420667**	**216613**	**91301**	**91140**	**21613**
居民服务业	167612	85723	36333	35558	9998
机动车、电子产品和日用产品修理业	141990	71829	27567	35314	7280
其他服务业	111065	59061	27401	20268	4335
教育	**517739**	**204288**	**141844**	**141296**	**30311**
教育	517739	204288	141844	141296	30311
卫生和社会工作	**286858**	**96651**	**94322**	**71999**	**23886**
卫生	221258	64650	79256	58962	18390
社会工作	65600	32001	15066	13037	5496
文化、体育和娱乐业	**414973**	**206303**	**93782**	**93856**	**21032**
新闻和出版业	9311	4654	2137	1822	698
广播、电视、电影和影视录音制作业	44262	25022	8118	9175	1947
文化艺术业	153769	84452	33863	29000	6454
体育	40234	24156	7215	6720	2143
娱乐业	167397	68019	42449	47139	9790
公共管理、社会保障和社会组织	**1590535**	**572190**	**420498**	**490468**	**107379**
中国共产党机关	34723	9164	8949	13326	3284
国家机构	460642	135746	129372	152610	42914
人民政协、民主党派	6709	2228	1687	2120	674
社会保障	17254	4899	5043	5846	1466
群众团体、社会团体和其他成员组织	376609	162557	77188	117342	19522
基层群众自治组织	694598	257596	198259	199224	39519

1-3 各地区第三产业法人单位数

单位：个

地 区	2007	2008	2009	2010	2011	2012	2013	2014	2015	2016	2017
全 国	**4356816**	**4896366**	**5432715**	**5943341**	**6514160**	**7225983**	**8110957**	**9683872**	**11178994**	**12974678**	**15606969**
北 京	269987	229389	326070	333119	339930	352507	576634	598321	641029	646874	654823
天 津	73215	98185	99464	115642	129983	146761	158130	196037	243372	303998	347974
河 北	164897	186396	214124	226856	238171	253885	320694	360865	425143	524464	766990
山 西	123459	125381	136363	142929	152719	167686	171812	204219	261897	349239	424346
内蒙古	72388	89959	98756	105566	111756	117284	133085	156062	170668	197767	229568
辽 宁	178286	210793	227113	242397	255177	315733	308077	360057	399774	435068	480409
吉 林	68672	92475	95522	85508	89507	94269	104444	125444	132071	141384	149117
黑龙江	89162	111957	121344	130178	136219	140072	140554	153845	165123	183182	234967
上 海	269674	260136	259954	289813	308687	336372	315200	330431	343605	357385	376332
江 苏	292981	336147	386037	479293	556722	636540	657050	852005	1009469	1279916	1604092
浙 江	265194	298851	328369	364092	417817	472890	570774	723735	821291	951472	1190194
安 徽	135710	138043	150844	162753	193694	217851	259496	321755	388957	452152	594467
福 建	140569	156314	178045	201768	232899	259971	270572	388842	461980	532297	620532
江 西	88429	102964	113261	124181	133364	166966	183671	227755	266812	318382	389056
山 东	304705	397970	441614	505592	547125	600099	607597	750280	917722	1189066	1429606
河 南	198698	227803	241904	249744	256627	267180	391220	449315	559206	620138	713946
湖 北	153270	218863	241083	253804	279162	317929	342473	424391	507983	576338	687379
湖 南	139855	184994	194537	209186	224218	245616	323743	327002	356272	420047	506224
广 东	373128	401828	459624	522154	596147	667820	738021	877443	955114	1043763	1351026
广 西	118180	127997	147604	166446	189951	211760	203069	247266	297964	348074	396587
海 南	23796	24778	25822	30322	34123	38842	39498	46701	56616	63470	75423
重 庆	82382	99975	108699	121050	149740	181851	201560	257403	306389	359017	405566
四 川	235118	242396	256626	267267	275697	302400	306688	353117	373418	407564	460213
贵 州	75697	78319	83325	88095	91544	98388	114743	138414	169309	207802	270199
云 南	84756	98542	114897	130783	149743	160897	158749	207876	271033	323837	404836
西 藏	13053	14582	14940	15244	15428	15553	17929	21882	22197	22271	21988
陕 西	132944	141049	156630	160258	178409	193674	201219	237044	268960	291702	330621
甘 肃	75899	79055	83061	87505	91216	97644	112374	128036	141071	150573	156968
青 海	19533	20686	21533	22915	23900	25467	29035	35818	39667	43567	71654
宁 夏	25353	23903	26354	28000	30801	33250	36076	39976	47279	57410	63232
新 疆	67826	76636	79196	80881	83684	88826	116770	142535	157603	176459	198634

1-4 各地区第三产业法人单位数及所占比重

单位：个

地 区	全部法人单位数	第一产业	第二产业	第三产业	第三产业法人单位数所占比重(%)
全 国	**22009092**	**1670774**	**4731349**	**15606969**	**70.9**
北 京	719624	9008	55793	654823	91.0
天 津	444546	12322	84250	347974	78.3
河 北	1147414	89801	290623	766990	66.8
山 西	600802	99121	77335	424346	70.6
内蒙古	328901	53418	45915	229568	69.8
辽 宁	655309	30723	144177	480409	73.3
吉 林	209045	19420	40508	149117	71.3
黑龙江	335310	47322	53021	234967	70.1
上 海	484495	6375	101788	376332	77.7
江 苏	2356034	49738	702204	1604092	68.1
浙 江	1792465	65778	536493	1190194	66.4
安 徽	872865	93247	185151	594467	68.1
福 建	870050	50706	198812	620532	71.3
江 西	573013	60700	123257	389056	67.9
山 东	2015001	114194	471201	1429606	70.9
河 南	964944	76844	174154	713946	74.0
湖 北	943502	85154	170969	687379	72.9
湖 南	685025	60149	118652	506224	73.9
广 东	1955087	37645	566416	1351026	69.1
广 西	539342	77842	64913	396587	73.5
海 南	100398	11912	13063	75423	75.1
重 庆	598575	105628	87381	405566	67.8
四 川	629919	71812	97894	460213	73.1
贵 州	447650	97661	79790	270199	60.4
云 南	579001	103864	70301	404836	69.9
西 藏	26600	589	4023	21988	82.7
陕 西	462710	50032	82057	330621	71.5
甘 肃	222361	36953	28440	156968	70.6
青 海	108773	21704	15415	71654	65.9
宁 夏	90563	13909	13422	63232	69.8
新 疆	249768	17203	33931	198634	79.5

1-5 第三产业按行业、控股情况分组的企业法人单位数

单位：个

行业	企业法人单位数	国有控股	集体控股	私人控股	港澳台商控股	外商控股	其他
合计	**12632530**	**245059**	**164062**	**11303985**	**53883**	**59775**	**805766**
农、林、牧、渔服务业	68791	1786	2118	56822	115	63	7887
开采辅助活动	4307	213	62	3743	8	11	270
金属制品、机械和设备修理业	22628	445	721	19941	99	125	1297
批发和零售业	**6173230**	**67049**	**62618**	**5643054**	**19743**	**26867**	**353899**
批发业	3606355	40272	31612	3294697	15370	22517	201887
零售业	2566875	26777	31006	2348357	4373	4350	152012
交通运输、仓储和邮政业	**530856**	**21139**	**9104**	**462393**	**2619**	**1841**	**33760**
铁路运输业	3493	747	192	2218	9	5	322
道路运输业	309998	8001	4782	278355	587	358	17915
水上运输业	14756	1155	765	11563	104	65	1104
航空运输业	2397	431	38	1603	17	49	259
管道运输业	421	106	9	253	6	8	39
装卸搬运和运输代理业	133971	2616	2078	118248	1116	714	9199
仓储业	40662	6128	1051	29137	754	610	2982
邮政业	25158	1955	189	21016	26	32	1940
住宿和餐饮业	**374997**	**9846**	**6353**	**328877**	**2533**	**2825**	**24563**
住宿业	110895	7009	3717	91174	754	522	7719
餐饮业	264102	2837	2636	237703	1779	2303	16844
信息传输、软件和信息技术服务业	**711173**	**9270**	**2569**	**644018**	**4560**	**5583**	**45173**
电信、广播电视和卫星传输服务	18679	3888	404	12090	349	415	1533
互联网和相关服务	90375	871	317	82641	210	181	6155
软件和信息技术服务业	602119	4511	1848	549287	4001	4987	37485
金融业	**129762**	**16176**	**4781**	**90883**	**1312**	**1795**	**14815**
货币金融服务	40802	7394	2898	23627	931	607	5345
资本市场服务	46710	2365	459	39490	179	132	4085
保险业	22729	5511	1213	11632	88	980	3305
其他金融业	19521	906	211	16134	114	76	2080
房地产业	**636729**	**26273**	**16444**	**535300**	**7194**	**3472**	**48046**
房地产业	636729	26273	16444	535300	7194	3472	48046
租赁和商务服务业	**2114420**	**45921**	**36384**	**1866931**	**9282**	**10146**	**145756**
租赁业	165756	1706	900	150845	627	386	11292
商务服务业	1948664	44215	35484	1716086	8655	9760	134464
科学研究和技术服务业	**869307**	**20929**	**9043**	**769013**	**4285**	**5165**	**60872**
研究和试验发展	151507	2052	913	135692	1070	1330	10450
专业技术服务业	357878	14439	4761	310797	1725	2033	24123
科技推广和应用服务业	359922	4438	3369	322524	1490	1802	26299
水利、环境和公共设施管理业	**103659**	**8929**	**2704**	**83841**	**461**	**241**	**7483**
水利管理业	7160	1687	419	4297	15	13	729
生态保护和环境治理业	14371	904	189	11881	123	100	1174
公共设施管理业	82128	6338	2096	67663	323	128	5580
居民服务、修理和其他服务业	**397368**	**4667**	**5861**	**359977**	**633**	**742**	**25488**
居民服务业	149741	1720	2206	135434	292	341	9748
机动车、电子产品和日用产品修理业	140934	1590	2446	128541	192	197	7968
其他服务业	106693	1357	1209	96002	149	204	7772
教育	**99025**	**2151**	**1466**	**85920**	**179**	**217**	**9092**
教育	99025	2151	1466	85920	179	217	9092
卫生和社会工作	**49665**	**1532**	**1131**	**41637**	**121**	**99**	**5145**
卫生	39868	1235	921	33358	77	82	4195
社会工作	9797	297	210	8279	44	17	950
文化、体育和娱乐业	**346299**	**8654**	**2666**	**311498**	**739**	**583**	**22159**
新闻和出版业	5379	2259	251	2388	10	11	460
广播、电视、电影和影视录音制作业	38456	2852	511	32438	161	71	2423
文化艺术业	110450	2193	855	99519	174	137	7572
体育	30372	515	302	27086	193	209	2067
娱乐业	161642	835	747	150067	201	155	9637
公共管理、社会保障和社会组织	**314**	**79**	**37**	**137**			**61**
社会保障	314	79	37	137			61

1-6 第三产业按地区、控股情况分组的企业法人单位数

单位：个

地　区	企业法人单位数	国有控股	集体控股	私人控股	港澳台商控股	外商控股	其他
全　国	**12632530**	**245059**	**164062**	**11303985**	**53883**	**59775**	**805766**
北　京	615636	15367	14264	555410	5596	7758	17241
天　津	327689	6895	3607	263658	1484	2075	49970
河　北	630646	7427	5295	601126	284	476	16038
山　西	331958	7624	4145	315226	105	178	4680
内蒙古	164233	3936	1347	145343	65	96	13446
辽　宁	382913	10108	7178	322118	1081	1951	40477
吉　林	94896	4001	1656	80950	104	214	7971
黑龙江	164355	5650	2615	145629	197	289	9975
上　海	349994	9921	7360	291318	10073	15368	15954
江　苏	1420975	17448	11667	1310692	4911	5451	70806
浙　江	1039871	10854	15567	996173	3549	6235	7493
安　徽	494931	9619	4963	437181	451	433	42284
福　建	519144	9851	5394	454294	3417	1733	44455
江　西	291974	7008	4688	254286	382	209	25401
山　东	1160459	14036	9760	1079051	1686	4683	51243
河　南	488943	11331	6303	422687	369	318	47935
湖　北	546506	9820	5027	494056	980	1129	35494
湖　南	358201	9500	4089	302790	457	348	41017
广　东	1164703	18966	20191	979127	15684	7371	123364
广　西	299597	5065	3315	284588	491	554	5584
海　南	60594	1896	1037	49197	282	162	8020
重　庆	350165	5989	2110	323185	737	577	17567
四　川	274938	8373	5725	222170	458	519	37693
贵　州	208062	6809	3237	180981	159	120	16756
云　南	328266	7226	4279	303641	378	749	11993
西　藏	5535	687	269	4158	17	12	392
陕　西	232480	7644	4602	203302	270	476	16186
甘　肃	86528	3415	2038	69646	70	54	11305
青　海	53024	1512	546	49125	45	61	1735
宁　夏	45291	853	285	42808	26	34	1285
新　疆	140023	6228	1503	120069	75	142	12006

1-7 第三产业按行业、登记注册类型分组的企业法人单位数

单位：个

行业	企业法人单位数	内资	国有	集体	股份合作	国有联营	集体联营	国有与集体联营
合计	**12632530**	**12499875**	**102537**	**99834**	**39054**	**1327**	**3339**	**868**
农、林、牧、渔服务业	68791	68567	1144	1309	221	9	56	4
开采辅助活动	4307	4275	96	28	16	3	2	
金属制品、机械和设备修理业	22628	22339	203	580	156		12	4
批发和零售业	**6173230**	**6120786**	**30562**	**43911**	**15396**	**519**	**1542**	**352**
批发业	3606355	3564187	18540	21058	7378	242	719	160
零售业	2566875	2556599	12022	22853	8018	277	823	192
交通运输、仓储和邮政业	**530856**	**525178**	**10319**	**5821**	**1630**	**127**	**232**	**78**
铁路运输业	3493	3476	348	161	7	4	3	5
道路运输业	309998	308671	3026	2772	954	39	125	25
水上运输业	14756	14410	313	598	70	8	15	1
航空运输业	2397	2300	93	10	9	2		1
管道运输业	421	398	23	6		1		
装卸搬运和运输代理业	133971	131766	770	1542	375	24	45	14
仓储业	40662	39068	4174	684	141	40	37	24
邮政业	25158	25089	1572	48	74	9	7	8
住宿和餐饮业	**374997**	**368736**	**5987**	**4297**	**1992**	**61**	**176**	**38**
住宿业	110895	109277	4578	2689	849	45	106	24
餐饮业	264102	259459	1409	1608	1143	16	70	14
信息传输、软件和信息技术服务业	**711173**	**699603**	**2359**	**701**	**972**	**52**	**47**	**28**
电信、广播电视和卫星传输服务	18679	17767	1434	186	68	27	14	9
互联网和相关服务	90375	89943	184	48	120	5	5	4
软件和信息技术服务业	602119	591893	741	467	784	20	28	15
金融业	**129762**	**124871**	**3766**	**1082**	**1967**	**70**	**40**	**26**
货币金融服务	40802	38378	2288	881	1508	33	21	12
资本市场服务	46710	46270	429	78	130	15	6	7
保险业	22729	21123	834	73	252	17	8	4
其他金融业	19521	19100	215	50	77	5	5	3
房地产业	**636729**	**624909**	**8516**	**8009**	**2473**	**95**	**188**	**68**
房地产业	636729	624909	8516	8009	2473	95	188	68
租赁和商务服务业	**2114420**	**2091630**	**15389**	**20361**	**6180**	**168**	**505**	**120**
租赁业	165756	163931	449	407	334	9	14	2
商务服务业	1948664	1927699	14940	19954	5846	159	491	118
科学研究和技术服务业	**869307**	**857760**	**11088**	**4872**	**3141**	**94**	**162**	**49**
研究和试验发展	151507	148382	831	422	620	11	25	6
专业技术服务业	357878	353456	8374	2736	1444	54	82	34
科技推广和应用服务业	359922	355922	1883	1714	1077	29	55	9
水利、环境和公共设施管理业	**103659**	**102783**	**3460**	**1539**	**268**	**25**	**51**	**18**
水利管理业	7160	7122	984	321	21	5	13	3
生态保护和环境治理业	14371	14083	410	97	34	9	6	3
公共设施管理业	82128	81578	2066	1121	213	11	32	12
居民服务、修理和其他服务业	**397368**	**395677**	**2399**	**4122**	**2245**	**40**	**159**	**43**
居民服务业	149741	148988	899	1559	896	20	65	22
机动车、电子产品和日用产品修理业	140934	140462	912	1800	1069	15	57	16
其他服务业	106693	106227	588	763	280	5	37	5
教育	**99025**	**98512**	**1468**	**920**	**664**	**14**	**49**	**16**
教育	99025	98512	1468	920	664	14	49	16
卫生和社会工作	**49665**	**49367**	**1149**	**846**	**498**	**11**	**37**	**8**
卫生	39868	39672	937	678	465	9	31	8
社会工作	9797	9695	212	168	33	2	6	
文化、体育和娱乐业	**346299**	**344568**	**4545**	**1405**	**1233**	**39**	**81**	**14**
新闻和出版业	5379	5348	1255	169	29	8	7	2
广播、电视、电影和影视录音制作业	38456	38158	1897	295	100	12	9	4
文化艺术业	110450	110029	914	453	432	9	22	1
体育	30372	29888	204	129	151		14	4
娱乐业	161642	161145	275	359	521	10	29	3
公共管理、社会保障和社会组织	**314**	**314**	**87**	**31**	**2**			**2**
社会保障	314	314	87	31	2			2

1-7 续表 1

单位：个

行　业	其他联营	国有独资公司	其他有限责任公司	股份有限公司	私营独资	私营合伙	私营有限责任公司
合　计	**5881**	**36224**	**1704171**	**106097**	**1378695**	**199212**	**8330337**
农、林、牧、渔服务业	35	222	6373	533	12083	1174	33817
开采辅助活动	3	23	841	66	433	91	2460
金属制品、机械和设备修理业	19	30	2713	150	3220	351	14017
批发和零售业	**2871**	**5770**	**739016**	**35527**	**756605**	**55297**	**4207203**
批发业	1763	3701	442127	19652	315167	28024	2577712
零售业	1108	2069	296889	15875	441438	27273	1629491
交通运输、仓储和邮政业	**334**	**2920**	**77557**	**5144**	**41962**	**5848**	**353451**
铁路运输业	2	53	801	72	221	30	1578
道路运输业	147	1387	43820	2971	24891	3360	214016
水上运输业	12	200	2884	289	737	213	8536
航空运输业	2	124	636	80	77	13	1164
管道运输业	1	9	132	19	25		166
装卸搬运和运输代理业	122	314	18882	925	10004	1571	92451
仓储业	15	723	6801	399	3900	409	19972
邮政业	33	110	3601	389	2107	252	15568
住宿和餐饮业	**165**	**857**	**46784**	**3159**	**92195**	**8041**	**189159**
住宿业	57	610	17019	1452	25494	3017	48729
餐饮业	108	247	29765	1707	66701	5024	140430
信息传输、软件和信息技术服务业	**242**	**930**	**99206**	**6188**	**39800**	**6689**	**521035**
电信、广播电视和卫星传输服务	23	480	3415	1228	1577	164	8129
互联网和相关服务	34	71	11717	818	12549	1358	59137
软件和信息技术服务业	185	379	84074	4142	25674	5167	453769
金融业	**81**	**1153**	**23666**	**17643**	**5227**	**10174**	**52682**
货币金融服务	29	200	7806	7937	1578	399	12831
资本市场服务	33	592	8711	1216	1720	8230	22902
保险业	8	119	3387	8013	998	98	5975
其他金融业	11	242	3762	477	931	1447	10974
房地产业	**281**	**5001**	**146604**	**9332**	**31983**	**5386**	**385848**
房地产业	281	5001	146604	9332	31983	5386	385848
租赁和商务服务业	**959**	**12131**	**307429**	**14941**	**132192**	**77869**	**1422461**
租赁业	64	237	20933	956	16088	1745	116606
商务服务业	895	11894	286496	13985	116104	76124	1305855
科学研究和技术服务业	**346**	**2231**	**137072**	**6275**	**44023**	**7245**	**607130**
研究和试验发展	46	207	21813	926	6857	1184	110867
专业技术服务业	216	1612	55353	3142	20827	3589	243842
科技推广和应用服务业	84	412	59906	2207	16339	2472	252421
水利、环境和公共设施管理业	**43**	**2802**	**18267**	**1234**	**7127**	**929**	**62588**
水利管理业	4	373	1284	102	601	75	2888
生态保护和环境治理业	8	208	2512	174	998	157	8798
公共设施管理业	31	2221	14471	958	5528	697	50902
居民服务、修理和其他服务业	**213**	**493**	**44342**	**2433**	**73552**	**6409**	**241912**
居民服务业	88	175	15975	858	29714	2668	89130
机动车、电子产品和日用产品修理业	90	108	15148	923	31913	2574	80239
其他服务业	35	210	13219	652	11925	1167	72543
教育	**83**	**174**	**11513**	**837**	**14613**	**2603**	**56418**
教育	83	174	11513	837	14613	2603	56418
卫生和社会工作	**42**	**83**	**5459**	**453**	**13913**	**2636**	**19105**
卫生	37	51	4307	369	12616	2464	13485
社会工作	5	32	1152	84	1297	172	5620
文化、体育和娱乐业	**164**	**1395**	**37298**	**2173**	**109747**	**8467**	**160976**
新闻和出版业	9	367	1329	114	262	44	1531
广播、电视、电影和影视录音制作业	14	313	6300	433	3469	334	23701
文化艺术业	33	539	16290	675	11739	1509	73143
体育	11	86	4003	218	3571	477	19751
娱乐业	97	90	9376	733	90706	6103	42850
公共管理、社会保障和社会组织		**9**	**31**	**9**	**20**	**3**	**75**
社会保障		9	31	9	20	3	75

1-7 续表 2

单位：个

行业							
	私营股份有限公司	其他内资企业	港澳台商投资	合资经营	合作经营	独资	股份有限
合　计	**118218**	**374081**	**61251**	**12343**	**1956**	**43686**	**1409**
农、林、牧、渔服务业	775	10812	138	23	13	95	6
开采辅助活动	56	157	14	5	1	7	
金属制品、机械和设备修理业	191	693	117	35	6	71	
批发和零售业	**51722**	**174493**	**21809**	**2814**	**264**	**17464**	**534**
批发业	29789	98155	16897	1974	162	13869	365
零售业	21933	76338	4912	840	102	3595	169
交通运输、仓储和邮政业	**5803**	**13952**	**3159**	**819**	**390**	**1789**	**91**
铁路运输业	36	155	10	5		5	
道路运输业	3480	7658	769	170	317	221	28
水上运输业	198	336	176	112	11	45	7
航空运输业	29	60	33	13	2	15	3
管道运输业	3	13	10	7		3	
装卸搬运和运输代理业	1356	3371	1276	287	39	887	36
仓储业	380	1369	856	219	20	593	15
邮政业	321	990	29	6	1	20	2
住宿和餐饮业	**3909**	**11916**	**2894**	**702**	**144**	**1877**	**81**
住宿业	1344	3264	936	346	73	457	33
餐饮业	2565	8652	1958	356	71	1420	48
信息传输、软件和信息技术服务业	**6649**	**14705**	**4976**	**663**	**76**	**3954**	**171**
电信、广播电视和卫星传输服务	179	834	426	56	6	264	79
互联网和相关服务	1018	2875	217	32	9	168	3
软件和信息技术服务业	5452	10996	4333	575	61	3522	89
金融业	**3163**	**4131**	**2025**	**933**	**17**	**1006**	**37**
货币金融服务	1614	1241	1399	661	5	704	19
资本市场服务	668	1533	216	73	4	121	5
保险业	574	763	111	54	5	44	6
其他金融业	307	594	299	145	3	137	7
房地产业	**8483**	**12642**	**7884**	**2455**	**578**	**4567**	**151**
房地产业	8483	12642	7884	2455	578	4567	151
租赁和商务服务业	**19935**	**60990**	**10810**	**2161**	**189**	**7903**	**181**
租赁业	1537	4550	1219	710	10	473	14
商务服务业	18398	56440	9591	1451	179	7430	167
科学研究和技术服务业	**8234**	**25798**	**4849**	**924**	**90**	**3573**	**92**
研究和试验发展	1337	3230	1236	269	20	895	35
专业技术服务业	3615	8536	1912	324	40	1414	33
科技推广和应用服务业	3282	14032	1701	331	30	1264	24
水利、环境和公共设施管理业	**1169**	**3263**	**535**	**177**	**35**	**293**	**14**
水利管理业	65	383	18	7		11	
生态保护和环境治理业	164	505	144	51	6	84	2
公共设施管理业	940	2375	373	119	29	198	12
居民服务、修理和其他服务业	**3767**	**13548**	**738**	**182**	**38**	**469**	**21**
居民服务业	1416	5503	338	82	20	213	12
机动车、电子产品和日用产品修理业	1327	4271	210	54	11	128	8
其他服务业	1024	3774	190	46	7	128	1
教育	**1098**	**8042**	**213**	**49**	**17**	**137**	**4**
教育	1098	8042	213	49	17	137	4
卫生和社会工作	**525**	**4602**	**150**	**69**	**12**	**61**	
卫生	399	3816	88	43	9	29	
社会工作	126	786	62	26	3	32	
文化、体育和娱乐业	**2737**	**14294**	**940**	**332**	**86**	**420**	**26**
新闻和出版业	50	172	15	4	3	5	2
广播、电视、电影和影视录音制作业	531	746	196	68	7	98	7
文化艺术业	893	3377	212	48	5	117	5
体育	310	959	233	70	47	103	5
娱乐业	953	9040	284	142	24	97	7
公共管理、社会保障和社会组织	**2**	**43**					
社会保障	2	43					

1-7 续表 3　　单位：个

行　业	其他	外商投资	合资经营	合作经营	独资	股份有限	其他
合　计	**1857**	**71404**	**14231**	**1388**	**48913**	**3224**	**3648**
农、林、牧、渔服务业	1	86	28		45	9	4
开采辅助活动	1	18	5		10	2	1
金属制品、机械和设备修理业	5	172	68	7	91	4	2
批发和零售业	**733**	**30635**	**4396**	**284**	**22847**	**1131**	**1977**
批发业	527	25271	3352	197	19560	663	1499
零售业	206	5364	1044	87	3287	468	478
交通运输、仓储和邮政业	**70**	**2519**	**789**	**223**	**1318**	**97**	**92**
铁路运输业		7	3		3		1
道路运输业	33	558	164	174	164	29	27
水上运输业	1	170	117	4	44	2	3
航空运输业		64	16		37	6	5
管道运输业		13	8		5		
装卸搬运和运输代理业	27	929	262	30	565	42	30
仓储业	9	738	209	15	477	15	22
邮政业		40	10		23	3	4
住宿和餐饮业	**90**	**3367**	**679**	**104**	**2188**	**234**	**162**
住宿业	27	682	230	59	324	34	35
餐饮业	63	2685	449	45	1864	200	127
信息传输、软件和信息技术服务业	**112**	**6594**	**1393**	**52**	**4754**	**240**	**155**
电信、广播电视和卫星传输服务	21	486	29	3	346	76	32
互联网和相关服务	5	215	49	4	142	13	7
软件和信息技术服务业	86	5893	1315	45	4266	151	116
金融业	**32**	**2866**	**766**	**19**	**1373**	**649**	**59**
货币金融服务	10	1025	258	5	481	261	20
资本市场服务	13	224	92	11	83	22	16
保险业	2	1495	378	2	748	351	16
其他金融业	7	122	38	1	61	15	7
房地产业	**133**	**3936**	**1314**	**259**	**2063**	**162**	**138**
房地产业	133	3936	1314	259	2063	162	138
租赁和商务服务业	**376**	**11980**	**1842**	**157**	**8893**	**385**	**703**
租赁业	12	606	182	11	331	40	42
商务服务业	364	11374	1660	146	8562	345	661
科学研究和技术服务业	**170**	**6698**	**2240**	**129**	**3987**	**174**	**168**
研究和试验发展	17	1889	757	26	1027	43	36
专业技术服务业	101	2510	668	53	1660	61	68
科技推广和应用服务业	52	2299	815	50	1300	70	64
水利、环境和公共设施管理业	**16**	**341**	**135**	**26**	**150**	**16**	**14**
水利管理业		20	9		9	1	1
生态保护和环境治理业	1	144	62	8	63	4	7
公共设施管理业	15	177	64	18	78	11	6
居民服务、修理和其他服务业	**28**	**953**	**211**	**33**	**610**	**42**	**57**
居民服务业	11	415	88	11	272	23	21
机动车、电子产品和日用产品修理业	9	262	78	12	153	9	10
其他服务业	8	276	45	10	185	10	26
教育	**6**	**300**	**70**	**13**	**159**	**20**	**38**
教育	6	300	70	13	159	20	38
卫生和社会工作	**8**	**148**	**71**	**27**	**36**	**6**	**8**
卫生	7	108	53	22	23	3	7
社会工作	1	40	18	5	13	3	1
文化、体育和娱乐业	**76**	**791**	**224**	**55**	**389**	**53**	**70**
新闻和出版业	1	16	4	2	7		3
广播、电视、电影和影视录音制作业	16	102	31	1	42	16	12
文化艺术业	37	209	63	3	112	9	22
体育	8	251	59	27	137	13	15
娱乐业	14	213	67	22	91	15	18
公共管理、社会保障和社会组织							
社会保障							

1-8 第三产业按地区、登记注册类型分组的企业法人单位数

单位：个

地区	企业法人单位数	内资	国有	集体	股份合作	国有联营	集体联营	国有与集体联营
全国	**12632530**	**12499875**	**102537**	**99834**	**39054**	**1327**	**3339**	**868**
北京	615636	601696	5140	7254	11067	49	228	69
天津	327689	322282	2354	2370	479	43	126	25
河北	630646	629749	3227	3894	919	18	62	14
山西	331958	331585	4055	3394	150	29	32	12
内蒙古	164233	163994	1799	605	374	20	24	8
辽宁	382913	379274	4765	4932	1346	42	134	31
吉林	94896	94432	2197	1084	341	23	67	6
黑龙江	164355	163657	3201	1847	817	34	49	9
上海	349994	323025	2348	4266	1041	65	138	134
江苏	1420975	1408621	6665	7828	1462	82	171	69
浙江	1039871	1028335	2588	8627	2042	21	109	25
安徽	494931	493772	4316	2674	1300	59	113	35
福建	519144	513107	4670	3462	1393	100	157	42
江西	291974	291240	3690	1467	997	51	166	33
山东	1160459	1152766	6178	6841	1195	40	90	28
河南	488943	487884	5233	4131	1155	102	207	42
湖北	546506	543420	5063	3276	666	41	103	26
湖南	358201	357158	3168	1847	604	36	127	28
广东	1164703	1137422	8235	12472	6050	162	416	99
广西	299597	298490	2885	2796	304	10	44	4
海南	60594	60059	1035	539	446	25	39	9
重庆	350165	348548	1515	1363	561	21	55	10
四川	274938	273718	2919	2186	1442	51	165	27
贵州	208062	207716	2781	1938	665	51	126	26
云南	328266	326882	2880	3213	455	20	59	9
西藏	5535	5493	481	145	56	15	24	
陕西	232480	231386	3902	2935	665	45	164	19
甘肃	86528	86383	1667	1253	552	28	57	9
青海	53024	52836	736	366	129	5	8	4
宁夏	45291	45211	274	147	60	4	6	2
新疆	140023	139734	2570	682	321	35	73	14

1-8 续表 1

单位：个

地区	其他联营	国有独资公司	其他有限责任公司	股份有限公司	私营独资	私营合伙	私营有限责任公司
全国	**5881**	**36224**	**1704171**	**106097**	**1378695**	**199212**	**8330337**
北京	136	1536	144347	5314	23813	7427	387347
天津	405	629	71357	2107	20974	3714	199758
河北	30	1469	62966	3450	66991	7031	460980
山西	11	1107	13981	1187	21960	1788	279572
内蒙古	38	615	26896	2142	13718	1572	107085
辽宁	172	856	74848	5513	56996	2550	201448
吉林	40	559	19584	2134	13287	914	48518
黑龙江	67	680	17417	1629	14310	1220	116657
上海	102	1387	28937	1950	27971	5972	244564
江苏	404	2031	84429	6277	133167	15758	1109628
浙江	79	3352	41105	3507	90798	36794	830802
安徽	454	1268	66856	4939	60846	9789	308295
福建	134	1457	114026	5547	44501	11033	302298
江西	102	862	63201	4802	40069	10228	140837
山东	58	1612	67939	6721	116583	7718	895696
河南	343	1281	108524	5684	54144	4600	272683
湖北	70	1383	63510	3027	57463	7606	383880
湖南	88	1559	52478	5303	58861	10921	193747
广东	2538	2438	292782	13145	105144	20229	614828
广西	41	1168	19430	1944	37665	2784	226347
海南	37	196	25853	1338	3665	1617	22242
重庆	85	1065	18465	2217	99897	5012	207336
四川	131	1459	63228	5205	50926	7844	118258
贵州	75	1792	32254	1891	53285	3744	99220
云南	37	1418	18552	2134	45215	2356	242354
西藏	7	66	982	209	1046	232	1837
陕西	86	1109	64067	2871	30584	2891	110064
甘肃	49	370	19898	1993	15041	1672	33748
青海	9	305	2691	272	3727	470	43074
宁夏	6	231	2531	319	3313	355	36541
新疆	47	964	21037	1326	12735	3371	90693

1-8 续表 2

单位：个

地 区	私营股份有限公司	其他内资企业	港澳台商投资	合资经营	合作经营	独资	股份有限
全 国	**118218**	**374081**	**61251**	**12343**	**1956**	**43686**	**1409**
北 京	7328	641	5757	981	178	4468	83
天 津	2036	15905	2510	1041	26	1348	44
河 北	3529	15169	337	125	12	187	5
山 西	1538	2769	132	47	7	68	7
内蒙古	2726	6372	94	31	3	44	9
辽 宁	5217	20424	1186	398	36	696	37
吉 林	1577	4101	139	52	5	67	5
黑龙江	909	4811	251	72	14	146	9
上 海	2434	1716	10638	1501	161	8839	91
江 苏	12802	27848	5572	1268	68	4010	123
浙 江	3083	5403	4160	1138	55	2738	70
安 徽	6532	26296	472	149	11	276	22
福 建	6523	17764	3870	963	104	2561	135
江 西	5937	18798	449	127	11	267	16
山 东	6393	35674	2095	601	49	1378	29
河 南	3044	26711	445	157	23	234	14
湖 北	2972	14334	1190	307	34	791	34
湖 南	6494	21897	575	242	31	252	26
广 东	11614	47270	17779	2144	1015	13288	496
广 西	2984	84	525	189	33	281	9
海 南	1232	1786	312	78	16	188	20
重 庆	3191	7755	823	188	16	565	27
四 川	5828	14049	533	136	20	331	29
贵 州	2265	7603	179	77	2	88	6
云 南	2010	6170	471	136	6	305	15
西 藏	88	305	20	2	2	10	5
陕 西	3551	8433	493	100	10	154	24
甘 肃	1800	8246	66	23	1	34	5
青 海	341	699	54	22	3	23	3
宁 夏	510	912	32	9		16	3
新 疆	1730	4136	92	39	4	33	8

1-8 续表 3 单位：个

地区	其 他	外商投资	合资经营	合作经营	独 资	股份有限	其 他
全 国	**1857**	**71404**	**14231**	**1388**	**48913**	**3224**	**3648**
北 京	47	8183	1727	166	5996	155	139
天 津	51	2897	730	75	1816	125	151
河 北	8	560	139	39	365	9	8
山 西	3	241	58	16	142	19	6
内蒙古	7	145	37	4	74	12	18
辽 宁	19	2453	677	60	1512	101	103
吉 林	10	325	77	11	202	15	20
黑龙江	10	447	85	12	239	99	12
上 海	46	16331	1952	137	14022	96	124
江 苏	103	6782	1760	84	4550	196	192
浙 江	159	7376	1685	88	4341	222	1040
安 徽	14	687	185	20	313	103	66
福 建	107	2167	536	48	1309	133	141
江 西	28	285	79	7	136	24	39
山 东	38	5598	1152	66	4249	66	65
河 南	17	614	128	11	235	225	15
湖 北	24	1896	353	14	971	146	412
湖 南	24	468	152	19	236	33	28
广 东	836	9502	1647	388	5702	991	774
广 西	13	582	114	20	261	168	19
海 南	10	223	69	14	111	13	16
重 庆	27	794	239	14	466	51	24
四 川	17	687	203	16	377	39	52
贵 州	6	167	49	11	80	14	13
云 南	9	913	130	12	657	18	96
西 藏	1	22	10	2	6	1	3
陕 西	205	601	145	12	352	60	32
甘 肃	3	79	24	5	35	9	6
青 海	3	134	17	3	43	67	4
宁 夏	4	48	17		30	1	
新 疆	8	197	55	14	85	13	30

1-9 批发和零售业按地区分组的法人单位数

单位：个

地 区	法人单位数（2016年）	#多产业法人单位	法人单位数（2017年）	#多产业法人单位
全 国	**5041698**	**109682**	**6252424**	**127669**
北 京	208813	7430	210061	7358
天 津	119826	1654	128601	1909
河 北	219536	4556	337751	6173
山 西	139240	3788	178727	4523
内蒙古	68237	1475	82851	1858
辽 宁	169643	2677	191012	2947
吉 林	43730	651	47558	671
黑龙江	57116	1253	80414	1945
上 海	159464	10808	165868	10988
江 苏	587718	8523	723353	11044
浙 江	430888	8653	536211	9208
安 徽	166351	3453	230282	4626
福 建	230843	4883	274120	5185
江 西	104265	1518	134553	1840
山 东	543508	5780	661406	7442
河 南	206121	2367	257404	3309
湖 北	207587	3377	248575	4254
湖 南	126236	1477	161068	2407
广 东	434221	11741	607193	12350
广 西	131838	4958	153421	5206
海 南	18000	767	21265	793
重 庆	148631	3512	166014	3806
四 川	93544	3639	116118	4070
贵 州	65613	1530	94259	2000
云 南	127986	3250	166569	5182
西 藏	2488	111	2373	102
陕 西	98536	1665	117082	2011
甘 肃	40691	1151	43777	1177
青 海	11215	473	24311	681
宁 夏	20956	520	24055	546
新 疆	58857	2042	66172	2058

1-10 交通运输、仓储和邮政业按地区分组的法人单位数

单位：个

地区	法人单位数(2016年)	#多产业法人单位	法人单位数(2017年)	#多产业法人单位
全　国	**443325**	**18374**	**540994**	**21753**
北　京	14864	729	14913	756
天　津	17852	366	19379	411
河　北	18661	516	27657	676
山　西	11375	515	14827	583
内蒙古	7968	358	9938	430
辽　宁	17900	513	20100	594
吉　林	5225	161	5938	181
黑龙江	6718	271	9726	418
上　海	16475	1513	17210	1571
江　苏	50401	1061	63567	1420
浙　江	25963	1555	31988	1751
安　徽	18049	722	23453	910
福　建	16912	758	19128	926
江　西	14501	439	17798	553
山　东	42742	838	52752	1065
河　南	16364	308	18979	502
湖　北	21776	939	25551	1176
湖　南	10394	314	13482	458
广　东	38161	2393	49662	2560
广　西	10650	754	12514	770
海　南	1777	138	2070	158
重　庆	9316	615	11134	667
四　川	12020	627	13760	729
贵　州	5619	301	7698	383
云　南	8685	484	11046	813
西　藏	341	43	351	45
陕　西	9044	266	10723	305
甘　肃	3652	231	3916	246
青　海	1177	102	1952	139
宁　夏	1907	97	2320	103
新　疆	6836	447	7462	454

1-11 住宿和餐饮业按地区分组的法人单位数

单位：个

地区	法人单位数（2016年）	#多产业法人单位	法人单位数（2017年）	#多产业法人单位
全国	**317619**	**13317**	**378974**	**15864**
北京	17134	1320	17215	1250
天津	5652	325	6330	421
河北	8229	541	12923	752
山西	7109	345	9121	396
内蒙古	3999	180	4619	203
辽宁	8935	292	9528	316
吉林	2326	44	2463	45
黑龙江	2930	84	3492	131
上海	13787	1355	14306	1391
江苏	20393	862	25098	1231
浙江	20961	1413	24856	1602
安徽	11076	500	15319	719
福建	11574	434	13252	479
江西	5988	125	7560	179
山东	23469	617	29390	836
河南	12911	215	15029	290
湖北	14747	437	17027	555
湖南	11439	192	12954	325
广东	27458	1543	32729	1660
广西	6264	368	7266	448
海南	2139	133	2536	160
重庆	26385	527	29331	598
四川	11368	435	13068	519
贵州	11495	79	16341	116
云南	11186	320	14873	548
西藏	609	18	579	16
陕西	9337	250	10830	275
甘肃	4040	148	4453	159
青海	1381	55	2770	79
宁夏	1288	46	1444	52
新疆	2010	114	2272	113

1-12 信息传输、软件和信息技术服务业按地区分组的法人单位数

单位：个

地 区	法人单位数（2016年）	#多产业法人单位	法人单位数（2017年）	#多产业法人单位
全 国	**507674**	**9575**	**719150**	**12207**
北 京	36026	1152	36601	1372
天 津	15818	169	17862	181
河 北	13944	233	30159	389
山 西	11529	228	18806	336
内蒙古	5057	111	7178	154
辽 宁	18826	237	23389	278
吉 林	3808	91	4316	93
黑龙江	5446	112	9530	133
上 海	16460	1026	18695	1104
江 苏	61674	746	87155	1127
浙 江	51124	778	76660	1098
安 徽	19282	265	30019	364
福 建	22801	295	31233	356
江 西	11354	143	18582	174
山 东	39025	353	53407	512
河 南	18203	145	25564	203
湖 北	25832	282	40205	414
湖 南	14495	193	22548	295
广 东	44114	1400	63781	1603
广 西	9612	219	13404	268
海 南	1985	46	2957	58
重 庆	15673	280	19167	318
四 川	11309	267	16198	326
贵 州	4851	92	8080	119
云 南	11683	235	17568	412
西 藏	181	36	174	34
陕 西	8662	132	11613	139
甘 肃	2329	87	2565	94
青 海	982	47	2232	64
宁 夏	1465	42	1796	49
新 疆	4124	133	7706	140

1-13 金融业按地区分组的法人单位数

单位：个

地　区	法人单位数（2016年）	#多产业法人单位	法人单位数（2017年）	#多产业法人单位
全　国	**122516**	**16660**	**135068**	**17555**
北　京	4972	450	5138	492
天　津	4897	324	4912	331
河　北	4847	837	5516	927
山　西	2883	567	3221	602
内蒙古	2885	519	3134	552
辽　宁	4440	668	4439	674
吉　林	1669	353	1790	363
黑龙江	2406	458	2254	499
上　海	2482	397	2802	417
江　苏	7550	919	8306	988
浙　江	8853	989	10786	1023
安　徽	5099	654	5452	679
福　建	4938	487	5360	493
江　西	3238	463	3509	479
山　东	10033	1202	12053	1295
河　南	4891	724	4921	756
湖　北	4750	633	4944	657
湖　南	3431	542	3570	619
广　东	10272	1207	12751	1264
广　西	2509	483	2703	495
海　南	651	105	695	106
重　庆	3565	479	2976	486
四　川	3600	759	3550	798
贵　州	2417	340	2535	369
云　南	4080	593	4385	657
西　藏	109	38	107	34
陕　西	3119	448	3348	460
甘　肃	2211	380	2322	378
青　海	439	103	504	118
宁　夏	1983	124	1874	127
新　疆	3297	415	5211	417

1-14 房地产业按地区分组的法人单位数

单位：个

地 区	法人单位数 (2016年)	#多产业法人单位	法人单位数 (2017年)	#多产业法人单位
全 国	**533557**	**27449**	**642893**	**33994**
北 京	19040	1646	19622	1681
天 津	10443	391	12729	509
河 北	25580	1367	40644	2108
山 西	12856	766	15980	891
内蒙古	7946	385	9448	550
辽 宁	20642	614	21985	689
吉 林	6047	105	6616	114
黑龙江	7804	204	10349	359
上 海	17282	1458	18050	1504
江 苏	48989	2160	60782	3049
浙 江	32749	1818	41415	2205
安 徽	19504	1292	24983	1743
福 建	17417	1023	19921	1139
江 西	12404	606	14987	828
山 东	40442	1348	49233	1818
河 南	27501	343	31673	522
湖 北	26387	1202	31630	1572
湖 南	15675	354	19686	647
广 东	58807	3964	70369	4240
广 西	16006	1281	18677	1344
海 南	7578	316	9511	339
重 庆	13609	1245	15666	1480
四 川	15896	934	17947	1186
贵 州	9930	362	11711	529
云 南	12215	811	14489	1251
西 藏	234	12	251	13
陕 西	13811	329	15847	455
甘 肃	5313	209	5590	230
青 海	1781	122	2798	190
宁 夏	1984	161	2086	181
新 疆	7685	621	8218	628

1-15 租赁和商务服务业按地区分组的法人单位数

单位：个

地区	法人单位数（2016年）	#多产业法人单位	法人单位数（2017年）	#多产业法人单位
全国	**1768005**	**34403**	**2242096**	**43239**
北京	151316	2875	152084	3214
天津	47918	714	56982	905
河北	56208	1191	95365	1784
山西	36562	861	49596	1079
内蒙古	20979	389	26513	525
辽宁	55359	984	63283	1138
吉林	13262	219	14688	236
黑龙江	18268	235	28045	447
上海	62017	3123	66973	3245
江苏	190016	3255	246030	4600
浙江	152078	3426	206460	4269
安徽	64747	1160	90744	1711
福建	76540	1208	90980	1393
江西	44630	634	59671	810
山东	141897	1694	177737	2383
河南	57916	390	71012	575
湖北	85194	1095	109524	1485
湖南	44047	595	62762	1019
广东	180052	4611	221659	4967
广西	46247	1375	56993	1587
海南	9831	252	12811	311
重庆	44328	756	54829	916
四川	40743	810	52470	970
贵州	23830	368	34597	489
云南	39115	901	54745	1627
西藏	1161	13	1154	11
陕西	24939	334	31430	428
甘肃	11004	221	12155	241
青海	4514	125	11170	237
宁夏	6022	109	7266	121
新疆	17265	480	22368	516

1-16 科学研究和技术服务业按地区分组的法人单位数

单位：个

地 区	法人单位数 (2016年)	#多产业法人单位	法人单位数 (2017年)	#多产业法人单位
全 国	**813251**	**17321**	**1035170**	**21999**
北 京	107916	1830	111740	2336
天 津	42071	368	57506	492
河 北	26097	560	44124	857
山 西	13141	429	18000	556
内蒙古	8029	167	9404	226
辽 宁	26317	398	29623	458
吉 林	7149	103	7933	114
黑龙江	10991	156	14699	262
上 海	23051	985	25077	1040
江 苏	98989	1468	142157	2134
浙 江	53401	1525	67948	1853
安 徽	23937	611	32816	797
福 建	27025	745	34023	852
江 西	11727	299	15488	407
山 东	78175	737	96850	1085
河 南	39894	259	47284	386
湖 北	34873	758	43452	970
湖 南	21059	420	28849	668
广 东	51475	1906	75646	2074
广 西	18547	809	21935	866
海 南	2771	104	3471	113
重 庆	12658	356	15457	444
四 川	22179	515	25808	633
贵 州	6650	220	9234	312
云 南	14057	592	18964	918
西 藏	540	24	538	28
陕 西	13169	248	15126	301
甘 肃	5268	192	5386	216
青 海	1940	103	3509	137
宁 夏	1880	58	2104	59
新 疆	8275	376	11019	405

1-17 水利、环境和公共设施管理业按地区分组的法人单位数

单位：个

地 区	法人单位数（2016年）	#多产业法人单位	法人单位数（2017年）	#多产业法人单位
全 国	**122367**	**3569**	**146295**	**3924**
北 京	4119	117	4179	137
天 津	2124	43	2265	43
河 北	5535	136	8254	189
山 西	3848	104	5237	125
内蒙古	2928	88	3605	103
辽 宁	4681	87	4889	93
吉 林	1771	24	1932	29
黑龙江	1978	69	2494	67
上 海	2102	68	2210	79
江 苏	10268	206	11929	256
浙 江	8191	279	9869	298
安 徽	5013	198	6811	228
福 建	4834	170	5574	169
江 西	3416	79	4145	87
山 东	8272	153	9900	181
河 南	7072	98	7865	108
湖 北	6823	259	7940	268
湖 南	4901	129	6036	167
广 东	7746	292	8941	298
广 西	3887	112	4344	80
海 南	662	28	854	28
重 庆	3058	107	3728	127
四 川	4605	148	5200	123
贵 州	2311	45	3123	58
云 南	3220	147	4194	183
西 藏	84	4	88	6
陕 西	4202	81	5103	90
甘 肃	1629	114	1731	113
青 海	665	18	1151	23
宁 夏	628	33	708	35
新 疆	1794	133	1996	133

1-18 居民服务、修理和其他服务业按地区分组的法人单位数

单位：个

地区	法人单位数 (2016年)	#多产业法人单位	法人单位数 (2017年)	#多产业法人单位
全 国	**359932**	**7214**	**420667**	**8620**
北 京	19510	769	19464	768
天 津	10889	174	11602	205
河 北	14019	271	20702	407
山 西	15397	200	11101	191
内蒙古	6425	83	7496	112
辽 宁	11760	165	12487	178
吉 林	3935	28	4129	29
黑龙江	3709	48	4997	78
上 海	12855	820	13114	853
江 苏	33190	560	41767	805
浙 江	18739	530	23451	647
安 徽	12809	237	19115	313
福 建	13098	312	15312	334
江 西	8882	113	10760	132
山 东	30633	263	37021	392
河 南	13368	78	15432	121
湖 北	18537	247	19963	314
湖 南	12840	99	14930	157
广 东	25957	915	32250	972
广 西	7572	238	8590	261
海 南	1609	39	1930	47
重 庆	15427	224	16103	240
四 川	9165	185	11354	251
贵 州	9197	90	12186	117
云 南	12280	210	14686	356
西 藏	214	7	205	8
陕 西	8169	96	9151	106
甘 肃	3136	57	3413	59
青 海	1221	24	2043	42
宁 夏	1603	33	1687	32
新 疆	3787	99	4226	93

1-19 教育按地区分组的法人单位数

单位：个

地 区	法人单位数（2016年）	#多产业法人单位	法人单位数（2017年）	#多产业法人单位
全 国	**486026**	**31373**	**517739**	**31161**
北 京	11398	313	11418	342
天 津	4499	289	4540	286
河 北	21537	981	22699	972
山 西	11769	1149	12875	1164
内蒙古	7802	291	8639	288
辽 宁	15061	925	15352	930
吉 林	6455	596	6464	585
黑龙江	8287	496	8495	525
上 海	5988	165	6101	167
江 苏	24846	1180	29119	1318
浙 江	24772	1011	27584	1066
安 徽	16972	1772	18901	1850
福 建	17130	1122	18066	1138
江 西	15676	1309	16699	1301
山 东	31676	2099	35311	2067
河 南	45623	1594	46326	1598
湖 北	21728	2385	23317	2365
湖 南	22782	2053	23726	2078
广 东	42108	1448	45292	1498
广 西	22010	374	23151	245
海 南	3819	256	4158	253
重 庆	13339	1430	14573	1469
四 川	27020	2384	28633	1917
贵 州	12807	1415	13557	1373
云 南	11604	1530	12641	1578
西 藏	1041	236	1012	236
陕 西	16191	695	16430	692
甘 肃	10694	985	10799	985
青 海	1963	215	2106	203
宁 夏	2088	142	2154	141
新 疆	7341	533	7601	531

1-20 卫生和社会工作按地区分组的法人单位数

单位：个

地 区	法人单位数(2016年)	#多产业法人单位	法人单位数(2017年)	#多产业法人单位
全 国	**275554**	**16098**	**286858**	**16103**
北 京	4061	236	4128	229
天 津	1969	176	2161	171
河 北	7042	413	7973	418
山 西	6400	743	7050	758
内蒙古	5178	228	5404	211
辽 宁	13225	315	13511	336
吉 林	4013	112	4095	107
黑龙江	6015	558	6280	558
上 海	3338	112	3407	111
江 苏	20120	1163	23266	1202
浙 江	9787	1003	11551	1055
安 徽	9484	1228	10105	1247
福 建	8162	354	8546	355
江 西	10410	357	10627	359
山 东	21068	1361	21775	1355
河 南	36862	309	36494	305
湖 北	12794	1162	13545	1171
湖 南	16435	783	16501	810
广 东	11746	924	12472	930
广 西	5021	148	5059	84
海 南	1255	95	1372	102
重 庆	6395	569	6915	582
四 川	18697	896	17699	777
贵 州	5225	688	5522	688
云 南	5713	1017	5956	1028
西 藏	468	31	463	31
陕 西	14649	289	14622	292
甘 肃	4232	451	4311	450
青 海	1179	118	1309	118
宁 夏	1014	50	1047	50
新 疆	3597	209	3692	213

1-21 文化、体育和娱乐业按地区分组的法人单位数

单位：个

地 区	法人单位数（2016年）	#多产业法人单位	法人单位数（2017年）	#多产业法人单位
全 国	**341182**	**4673**	**414973**	**5696**
北 京	29447	434	29908	460
天 津	7533	88	10716	126
河 北	10845	149	16678	206
山 西	10128	139	12183	158
内蒙古	4575	64	5531	82
辽 宁	10218	100	11215	113
吉 林	3378	43	3516	39
黑龙江	4920	67	6301	80
上 海	7621	283	8172	289
江 苏	28933	311	37550	489
浙 江	25203	418	30861	507
安 徽	14519	125	18125	181
福 建	12883	184	16348	206
江 西	7479	82	9369	100
山 东	21732	188	27862	246
河 南	15552	118	18163	152
湖 北	13358	213	16360	263
湖 南	16344	139	19582	208
广 东	20781	530	25782	565
广 西	8818	112	9168	129
海 南	2027	42	2426	52
重 庆	11155	134	13588	165
四 川	17190	162	17780	188
贵 州	5829	73	8782	97
云 南	9216	157	12425	243
西 藏	515	18	513	16
陕 西	7690	84	8848	101
甘 肃	5495	91	5959	96
青 海	1301	39	1992	50
宁 夏	1520	14	1606	14
新 疆	4977	72	7664	75

1-22 公共管理、社会保障和社会组织按地区分组的法人单位数

单位：个

地 区	法人单位数（2016年）	#多产业法人单位	法人单位数（2017年）	#多产业法人单位
全 国	**1599879**	**159607**	**1590535**	**155550**
北 京	17225	1309	17339	1140
天 津	10843	579	10591	553
河 北	80061	6945	79590	6810
山 西	58919	14884	59018	14821
内蒙古	35865	3403	35215	3366
辽 宁	44623	2982	44631	2924
吉 林	29995	1452	29056	1427
黑龙江	34856	3814	33692	3778
上 海	13195	397	13054	393
江 苏	77054	2535	81720	2531
浙 江	82151	2503	83064	2488
安 徽	47486	6083	47114	6070
福 建	62931	12390	62502	12371
江 西	57474	3888	56255	3868
山 东	133819	12240	136066	12042
河 南	105134	6117	103148	6013
湖 北	70234	11777	71581	11545
湖 南	87558	11079	83382	10392
广 东	79667	9589	80082	9590
广 西	52212	1830	51431	828
海 南	8317	846	8182	840
重 庆	29473	2577	29518	2541
四 川	113387	7051	113042	6355
贵 州	39793	5139	39781	5142
云 南	46668	5544	46415	5440
西 藏	14206	1064	14098	1056
陕 西	54292	10042	53108	9754
甘 肃	47447	5805	46784	5799
青 海	13131	1904	12821	1874
宁 夏	11173	646	11330	627
新 疆	40690	3193	36925	3172

1-23 社会组织、自治组织情况

单位：个

年份 地区	社会组织				自治组织		
	单位数	社会团体	民办非企业单位	基金会	单位数	村民委员会	社区居委会
2005	319762	171150	147637	975	709026	629079	79947
2006	354393	191946	161303	1144	704386	623669	80717
2007	386916	211661	173915	1340	694715	612709	82006
2008	413660	229681	182382	1597	687698	604285	83413
2009	431069	238747	190479	1843	683767	599078	84689
2010	445631	245256	198175	2202	681715	594658	87057
2011	461971	254969	204388	2614	679133	589653	89480
2012	499268	271131	225108	3029	679628	588475	91153
2013	547245	289026	254670	3549	683167	588547	94620
2014	606048	309736	292195	4117	682144	585451	96693
2015	662425	328500	329141	4784	680535	580856	99679
2016	702405	335932	360914	5559	662478	559186	103292
2017	761539	354794	400438	6307	660709	554218	106491
中央级	2312	1989	110	213			
北　京	12164	4586	6969	609	7060	3920	3140
天　津	5048	2044	2927	77	5337	3680	1657
河　北	21928	9141	12684	103	53086	48671	4415
山　西	13652	6664	6911	77	30258	27881	2377
内蒙古	15116	7954	7042	120	13428	11053	2375
辽　宁	22946	8155	14688	103	15957	11598	4359
吉　林	11112	5207	5803	102	11202	9327	1875
黑龙江	15839	6396	9340	103	12707	8968	3739
上　海	14929	3999	10504	426	5949	1585	4364
江　苏	87024	35139	51225	660	21663	14462	7201
浙　江	51368	23592	27183	593	31924	27458	4466
安　徽	28067	13083	14860	124	17998	14482	3516
福　建	27959	16992	10651	316	16803	14399	2404
江　西	22610	11303	11233	74	20602	17033	3569
山　东	48727	17657	30903	167	80995	74167	6828
河　南	33378	10737	22506	135	51664	46198	5466
湖　北	29469	12347	16974	148	29371	24970	4401
湖　南	33611	14720	18609	282	29183	23906	5277
广　东	63784	28648	34185	951	26532	19785	6747
广　西	24567	12574	11913	80	16227	14258	1969
海　南	6873	2792	3992	89	3161	2562	599
重　庆	16824	7586	9160	78	11145	8090	3055
四　川	42282	20149	21975	158	53093	45683	7410
贵　州	12700	7127	5520	53	17488	13436	4052
云　南	23184	14679	8393	112	14378	11905	2473
西　藏	604	545	41	18	5474	5259	215
陕　西	24725	13898	10705	122	20887	18116	2771
甘　肃	27079	21614	5397	68	17382	16039	1343
青　海	5291	3649	1610	32	4624	4147	477
宁　夏	6548	4207	2270	71	2801	2260	541
新　疆	9819	5621	4155	43	12330	8920	3410

【主要统计指标解释】

法人单位 指有权拥有资产、承担负债，并独立从事社会经济活动（或与其他单位进行交易）的组织。法人单位应同时具备以下条件：（1）依法成立，有自己的名称、组织机构和场所，能够独立承担民事责任；（2）独立拥有（或授权使用）资产或者经费，承担负债，有权与其他单位签订合同；（3）具有包括资产负债表在内的账户，或者能够根据需要编制账户。法人单位包括五种类型：企业法人、事业单位法人、机关法人、社会团体法人和其他法人。

多产业法人单位 法人单位从事多种经济活动，或者位于多个地点，称为多产业法人。多产业法人由两个或两个以上产业活动单位组成。

（1）企业法人：包括①领取《企业法人营业执照》（或新版《营业执照》）的各类企业；②个人独资企业、合伙企业；③经各级工商行政管理部门核准登记，领取《营业执照》的各类企业产业活动单位或经营单位；④未经有关部门批准但实际从事生产经营活动、且符合产业活动单位条件的企业法人的本部及分支机构。

（2）事业单位法人：包括①经机构编制部门批准成立和登记或备案，领取《事业单位法人证书》，取得法人资格的单位；②事业法人单位的本部及分支机构或派出机构。

（3）机关法人：包括国家权力机关、国家行政机关、国家司法机关、政党机关、政协组织、人民解放军、武警部队和其他机关；还包括机关法人单位的本部，以及国家权力机关分支机构、国家行政机关分支或派出机构、人民法院分支机构、人民检察院分支机构等。

（4）社会团体法人：指中国公民自愿组成，为实现会员共同意愿，按照其章程开展活动的非营利性社会组织。包括①经各级民政部门核准登记，领取《社会团体法人证书》的各类社会团体；②由各级机构编制管理部门直接管理其机关机构编制的群众团体；③经国务院批准可以免于登记的社会团体；④社团法人单位的本部，以及经各级民政部门核准登记，领取《社会团体分支机构登记证书》或《社会团体代表机构登记证书》的社会团体分支机构或代表机构。

其他法人 指除上述类型以外的法人。包括：1. 民办非企业单位；2. 基金会；3. 居委会；4. 村委会； 5. 宗教组织和活动场所；5. 其他组织机构。

国有企业 指企业全部资产归国家所有，并按《中华人民共和国企业法人登记管理条例》规定登记注册的非公司制的经济组织。不包括有限责任公司中的国有独资公司。

集体企业 指企业资产归集体所有，并按《中华人民共和国企业法人登记管理条例》规定登记注册的经济组织。

股份合作企业 指以合作制为基础，由企业职工共同出资入股，吸收一定比例的社会资产投资组建，实行自主经营，自负盈亏，共同劳动，民主管理，按劳分配与按股分红相结合的一种集体经济组织。

联营企业 指两个及两个以上相同或不同所有制性质的企业法人或事业单位法人，按自愿、平等、互利的原则，共同投资组成的经济组织。

国有独资公司 指国家授权的投资机构或者国家授权的部门单独投资设立的有限责任公司。

其他有限责任公司 指国有独资公司以外的其他有限责任公司。

股份有限公司 指根据《中华人民共和国公司登记管理条例》规定登记注册，其全部注册资本由等额股份构成并通过发行股票筹集资本，股东以其认购的股份对公司承担有限责任，公司以其全部资产对其债务承担责任的经济组织。

私营企业 指由自然人投资设立或由自然人控股，以雇佣劳动为基础的营利性经济组织。包括按照《公司法》、《合伙企业法》、《私营企业暂行条例》规定登记注册的私营有限责任公司、私营股份有限公司、私营合伙企业和私营独资企业。

私营独资企业 指按《私营企业暂行条例》的规定，由一名自然人投资经营，以雇佣劳动为基础，投资者对企业债务承担无限责任的企业。

私营合伙企业 指按《合伙企业法》或《私营企业暂行条例》的规定，由两个以上自然人按照协议共同投资、共同经营、共负盈亏，以雇佣劳动为基础，对债务承担无限责任的企业。

私营有限责任公司 指按《公司法》、《私营企业暂行条例》的规定，由两个以上自然人投资或由单个自然人控股的有限责任公司。

私营股份有限公司 指按《公司法》的规定，由五个以上自然人投资，或由单个自然人控股的股份有限公司。

其他内资企业 指上述企业之外的其他内资经济组织。

与港澳台商合资经营企业 指港澳台地区投资者与内地企业依照《中华人民共和国中外合资经营企业法》及有关法律的规定，按合同规定的比例投资设立、分享利润和分担风险的企业。

与港澳台商合作经营企业 指港澳台地区投资者与内地企业依照《中华人民共和国中外合作经营企业法》及有关法律的规定，依照合作合同的约定进行投资或提供条件设立、分配利润和分担风险的企业。

港澳台商独资经营企业 指依照《中华人民共和国外资企业法》及有关法律的规定，在内地由港澳台地区投资者全额投资设立的企业。

港澳台商投资股份有限公司 指根据国家有关规定，经商务部（原外经贸部）依法批准设立，其中港澳台商的股本占公司注册资本的比例达25%以上的股份有限公司。凡其中港澳台商的股本占公司注册资本的比例小于25%的，属于内资企业中的股份有限公司。

其他港澳台商投资企业 指在中国境内参照《外国企业或个人在中国境内设立合伙企业管理办法》和《外商投资合伙企业登记管理规定》，依法设立的港澳台商投资合伙企业等。

中外合资经营企业 指外国企业或外国人与中国内地企业依照《中华人民共和国中外合资经营企业法》及有关法律的规定，按合同规定的比例投资设立、分享利润和分担风险的企业。

中外合作经营企业 指外国企业或外国人与中国内地企业依照《中华人民共和国中外合作经营企业法》及有关法律的规定，依照合作合同的约定进行投资或提供条件设立、分配利润和分担风险的企业。

外资企业 指依照《中华人民共和国外资企业法》及有关法律的规定，在中国内地由外国投资者全额投资设立的企业。

外商投资股份有限公司 指根据国家有关规定，经商务部（原外经贸部）依法批准设立，其中外资的股本占公司注册资本的比例达25% 以上的股份有限公司。凡其中外资股本占公司注册资本的比例小于25%的，属于内资企业中的股份有限公司。

其他外商投资企业 指在中国境内依照《外国企业或个人在中国境内设立合伙企业管理办法》和《外商投资合伙企业登记管理规定》，依法设立的外商投资合伙企业等。

2 第三产业就业人员数

简要说明

一、主要内容

本篇资料主要包括劳动力、就业人员、私营企业和个体就业人数等。

二、统计范围与统计口径

《劳动统计报表制度》的调查范围为城镇地区全部法人单位；《全国月度劳动力调查制度》的调查范围为我国大陆地区的城镇和乡村地域上居住的人口；私营企业及个体工商户统计范围为全社会。1990年及以后的劳动力、就业人员数据根据劳动力调查、人口普查推算，2001年及以后数据根据第六次人口普查数据重新修订，相应年份的分地区、分类型、分行业的资料相加不等于总计。1998年及以后城镇单位就业人员等指标中不再包括离开本单位仍保留劳动关系的职工。

本篇“城镇单位”均指“城镇非私营单位”。

三、资料来源

1.就业基本情况资料，是国家统计局人口和就业统计司根据《劳动统计报表制度》、《人口变动情况抽样调查方案》及《全国月度劳动力调查制度》搜集资料，加工整理。

2.私营企业及个体工商业就业人员资料，由国家市场监督管理总局提供。

2-1 第三产业就业人员数及比重

单位：万人

年 份	劳动力	就业人员合计	第一产业	第二产业	第三产业	第三产业就业人员占所有就业人员比重(%)
1957	23971	23771	19309	2142	2320	9.8
1962		25910	21276	2059	2575	9.9
1965		28670	23396	2408	2866	10.0
1970		34432	27811	3518	3103	9.0
1975		38168	29456	5152	3560	9.3
1978	40682	40152	28318	6945	4890	12.2
1979	41592	41024	28634	7214	5177	12.6
1980	42903	42361	29122	7707	5532	13.1
1981	44165	43725	29777	8003	5945	13.6
1982	45674	45295	30859	8346	6090	13.5
1983	46707	46436	31151	8679	6606	14.2
1984	48433	48197	30868	9590	7739	16.1
1985	50112	49873	31130	10384	8359	16.8
1986	51546	51282	31254	11216	8811	17.2
1987	53060	52783	31663	11726	9395	17.8
1988	54630	54334	32249	12152	9933	18.3
1989	55707	55329	33225	11976	10129	18.3
1990	65323	64749	38914	13856	11979	18.5
1991	66091	65491	39098	14015	12378	18.9
1992	66782	66152	38699	14355	13098	19.8
1993	67468	66808	37680	14965	14163	21.2
1994	68135	67455	36628	15312	15515	23.0
1995	68855	68065	35530	15655	16880	24.8
1996	69765	68950	34820	16203	17927	26.0
1997	70800	69820	34840	16547	18432	26.4
1998	72087	70637	35177	16600	18860	26.7
1999	72791	71394	35768	16421	19205	26.9
2000	73992	72085	36043	16219	19823	27.5
2001	73884	72797	36399	16234	20165	27.7
2002	74492	73280	36640	15682	20958	28.6
2003	74911	73736	36204	15927	21605	29.3
2004	75290	74264	34830	16709	22725	30.6
2005	76120	74647	33442	17766	23439	31.4
2006	76315	74978	31941	18894	24143	32.2
2007	76531	75321	30731	20186	24404	32.4
2008	77046	75564	29923	20553	25087	33.2
2009	77510	75828	28890	21080	25857	34.1
2010	78388	76105	27931	21842	26332	34.6
2011	78579	76420	26594	22544	27282	35.7
2012	78894	76704	25773	23241	27690	36.1
2013	79300	76977	24171	23170	29636	38.5
2014	79690	77253	22790	23099	31364	40.6
2015	80091	77451	21919	22693	32839	42.4
2016	80694	77603	21496	22350	33757	43.5
2017	80686	77640	20944	21824	34872	44.9

2-2 按登记注册类型分第三产业城镇单位就业人员数(2017年底)

单位：万人

行 业	合 计	国有单位	城镇集体单位	其他单位
合 计	**9277.4**	**5355.6**	**207.5**	**3714.3**
批发和零售业	**842.8**	**72.0**	**21.2**	**749.6**
批发业	375.1	54.5	8.8	311.9
零售业	467.7	17.5	12.4	437.8
交通运输、仓储和邮政业	**843.9**	**353.0**	**12.2**	**478.7**
铁路运输业	184.8	167.5	0.4	16.9
道路运输业	384.6	91.3	6.7	286.6
水上运输业	44.1	6.0	1.4	36.7
航空运输业	62.4	6.6		55.8
管道运输业	3.7	0.6		3.1
装卸搬运和运输代理业	42.8	2.0	2.8	38.1
仓储业	30.3	11.4	0.5	18.5
邮政业	91.1	67.7	0.5	23.0
住宿和餐饮业	**265.9**	**31.7**	**4.2**	**230.0**
住宿业	132.7	27.0	2.9	102.8
餐饮业	133.3	4.7	1.3	127.2
信息传输、软件和信息技术服务业	**395.4**	**26.9**	**0.8**	**367.7**
电信、广播电视和卫星传输服务	171.4	23.0	0.4	148.1
互联网和相关服务	36.1	1.2	0.1	34.9
软件和信息技术服务业	187.9	2.7	0.4	184.8
金融业	**688.8**	**143.1**	**42.0**	**503.7**
货币金融服务	360.3	105.4	40.8	214.1
资本市场服务	25.0	3.2	0.1	21.7
保险业	288.8	33.4	1.0	254.4
其他金融业	14.8	1.1	0.1	13.5
房地产业	**444.8**	**26.3**	**7.4**	**411.0**
租赁和商务服务业	**522.6**	**116.8**	**27.7**	**378.1**
租赁业	12.7	1.0	0.2	11.5
商务服务业	509.8	115.8	27.5	366.6
科学研究和技术服务业	**420.4**	**206.2**	**4.2**	**210.0**
研究和试验发展	83.8	62.3	0.4	21.1
专业技术服务业	268.2	115.7	2.9	149.6
科技推广和应用服务业	68.3	28.2	0.9	39.3
水利、环境和公共设施管理业	**268.5**	**195.9**	**10.0**	**62.6**
水利管理业	44.6	41.0	0.9	2.7
生态保护和环境治理业	12.6	7.9	0.2	4.5
公共设施管理业	211.3	147.0	8.9	55.4
居民服务、修理和其他服务业	**78.2**	**18.5**	**3.8**	**56.0**
居民服务业	32.3	12.5	1.5	18.3
机动车 、电子产品和日用产品修理业	12.2	1.7	0.7	9.7
其他服务业	33.8	4.3	1.5	28.0
教育	**1730.4**	**1582.4**	**18.9**	**129.1**
卫生和社会工作	**897.9**	**773.8**	**51.0**	**73.2**
卫生	874.7	755.6	50.0	69.1
社会工作	23.3	18.2	1.0	4.1
文化、体育和娱乐业	**152.2**	**98.8**	**1.7**	**51.7**
新闻和出版业	32.5	20.9	0.3	11.3
广播、电视、电影和影视录音制作业	46.3	33.0	0.3	13.0
文化艺术业	47.1	36.7	0.9	9.6
体育	13.4	6.0	0.1	7.3
娱乐业	12.9	2.2	0.1	10.6
公共管理、社会保障和社会组织	**1725.6**	**1710.3**	**2.4**	**12.9**
#中国共产党机关	60.7	60.7		
国家机构	1586.1	1583.3		
人民政协、民主党派	15.2	15.2		
社会保障	18.0	17.5		
群众团体、社会团体和其他成员组织	38.0	32.6	0.7	4.6

注：城镇单位就业人员数不含私营企业和个体。

2-3 按第三产业行业门类分城镇单位就业人员数

单位：万人

行业门类	2004	2005	2006	2007	2008	2009	2010
合　　计	**5939.7**	**6011.1**	**6105.4**	**6243.5**	**6428.7**	**6668.6**	**6898.6**
批发和零售业	586.7	544.0	515.7	506.9	514.4	520.8	535.1
交通运输、仓储和邮政业	631.8	613.9	612.7	623.1	627.3	634.4	631.1
住宿和餐饮业	177.1	181.2	183.9	185.8	193.2	202.1	209.2
信息传输、软件和信息技术服务业	123.7	130.1	138.2	150.2	159.5	173.8	185.8
金融业	356.0	359.3	367.4	389.7	417.6	449.0	470.1
房地产业	133.4	146.5	153.9	166.5	172.7	190.9	211.6
租赁和商务服务业	194.4	218.5	236.7	247.2	274.7	290.5	310.1
科学研究和技术服务业	222.1	227.7	235.5	243.4	257.0	272.6	292.3
水利、环境和公共设施管理业	176.1	180.4	187.0	193.5	197.3	205.7	218.9
居民服务、修理和其他服务业	54.2	53.9	56.6	57.4	56.5	58.8	60.2
教育	1466.8	1483.2	1504.4	1520.9	1534.0	1550.4	1581.8
卫生和社会工作	494.7	508.9	525.4	542.8	563.6	595.8	632.5
文化、体育和娱乐业	123.4	122.5	122.4	125.0	126.0	129.5	131.4
公共管理、社会保障和社会组织	1199.0	1240.8	1265.6	1291.2	1335.0	1394.3	1428.5

2-3 续表

单位：万人

行业门类	2011	2012	2013	2014	2015	2016	2017
合　　计	**7294.4**	**7649.5**	**8592.8**	**8828.7**	**8986.0**	**9127.8**	**9277.4**
批发和零售业	647.5	711.8	890.8	888.6	883.3	875.0	842.8
交通运输、仓储和邮政业	662.8	667.5	846.2	861.4	854.4	849.5	843.9
住宿和餐饮业	242.7	265.1	304.4	289.3	276.1	269.7	265.9
信息传输、软件和信息技术服务业	212.8	222.8	327.3	336.3	349.9	364.1	395.4
金融业	505.3	527.8	537.9	566.3	606.8	665.2	688.8
房地产业	248.6	273.7	373.7	402.2	417.3	431.7	444.8
租赁和商务服务业	286.6	292.3	421.9	449.4	474.0	488.4	522.6
科学研究和技术服务业	298.5	330.7	387.8	408.0	410.6	419.6	420.4
水利、环境和公共设施管理业	230.3	243.8	259.2	269.1	273.3	269.6	268.5
居民服务、修理和其他服务业	59.9	62.1	72.3	75.4	75.2	75.4	78.2
教育	1617.8	1653.4	1687.2	1727.3	1736.5	1729.2	1730.4
卫生和社会工作	679.1	719.3	770.0	810.4	841.6	867.0	897.9
文化、体育和娱乐业	135.0	137.7	147.0	145.5	149.1	150.8	152.2
公共管理、社会保障和社会组织	1467.6	1541.5	1567.0	1599.3	1637.8	1672.6	1725.6

2-4 按第三产业行业门类分国有单位就业人员数

单位：万人

行业门类	2004	2005	2006	2007	2008	2009	2010
合　计	**4754.8**	**4727.4**	**4748.9**	**4792.6**	**4855.7**	**4921.3**	**5025.8**
批发和零售业	259.6	214.7	186.7	174.1	160.7	144.2	137.3
交通运输、仓储和邮政业	473.4	443.3	433.0	432.0	424.5	413.9	403.3
住宿和餐饮业	70.5	67.5	63.8	58.6	56.6	55.2	54.6
信息传输、软件和信息技术服务业	74.1	65.8	65.6	62.5	63.0	64.6	62.5
金融业	196.4	177.5	165.1	161.4	155.4	146.0	144.3
房地产业	50.9	47.5	45.0	45.2	43.5	43.5	45.4
租赁和商务服务业	107.9	114.6	121.0	120.5	125.9	125.4	131.5
科学研究和技术服务业	188.6	188.5	193.0	197.5	201.6	209.4	219.6
水利、环境和公共设施管理业	158.0	161.0	165.4	169.8	172.8	178.3	189.9
居民服务、修理和其他服务业	24.2	24.9	27.7	28.7	28.8	28.3	28.9
教育	1409.7	1424.9	1448.0	1462.9	1481.9	1490.6	1517.4
卫生和社会工作	437.9	452.4	466.8	483.2	501.2	529.9	562.6
文化、体育和娱乐业	111.9	110.5	110.1	111.3	110.9	111.9	113.1
公共管理、社会保障和社会组织	1191.8	1234.3	1257.5	1285.0	1328.8	1380.0	1415.6

2-4 续表

单位：万人

行业门类	2011	2012	2013	2014	2015	2016	2017
合　计	**5167.1**	**5328.8**	**5288.5**	**5340.1**	**5352.6**	**5363.1**	**5355.6**
批发和零售业	145.7	148.5	110.1	99.9	90.8	82.0	72.0
交通运输、仓储和邮政业	415.9	419.5	410.3	395.2	373.4	366.0	353.0
住宿和餐饮业	56.3	57.6	45.7	41.8	37.4	35.2	31.7
信息传输、软件和信息技术服务业	67.0	65.8	49.5	37.5	35.5	33.5	26.9
金融业	146.3	151.9	147.9	146.1	146.6	148.7	143.1
房地产业	47.6	46.7	37.1	36.5	33.1	32.1	26.3
租赁和商务服务业	127.9	116.7	123.6	126.0	120.6	118.1	116.8
科学研究和技术服务业	218.2	232.5	223.7	224.8	213.2	215.1	206.2
水利、环境和公共设施管理业	198.0	208.9	207.7	211.9	210.7	203.9	195.9
居民服务、修理和其他服务业	30.7	30.4	22.9	22.5	22.0	21.4	18.5
教育	1540.9	1567.2	1573.8	1602.7	1607.3	1593.9	1582.4
卫生和社会工作	606.0	639.5	672.7	703.9	733.1	752.5	773.8
文化、体育和娱乐业	113.8	115.0	109.9	106.3	104.4	102.6	98.8
公共管理、社会保障和社会组织	1452.7	1528.6	1553.6	1585.1	1624.4	1658.1	1710.3

2-5 按第三产业行业门类分城镇集体单位就业人员数

单位：万人

行业门类	2004	2005	2006	2007	2008	2009	2010
合　　计	**393.2**	**361.1**	**336.7**	**320.2**	**295.4**	**278.3**	**272.9**
批发和零售业	108.9	89.9	77.4	69.0	58.6	52.5	48.0
交通运输、仓储和邮政业	34.1	30.6	27.2	24.6	22.2	20.6	19.8
住宿和餐饮业	15.0	13.7	12.7	11.6	11.0	10.4	9.6
信息传输、软件和信息技术服务业	1.3	1.4	1.1	0.9	0.8	1.1	1.0
金融业	66.6	63.8	62.1	61.3	60.1	53.1	52.1
房地产业	7.8	8.2	8.0	7.7	7.4	8.7	9.2
租赁和商务服务业	30.7	35.2	34.1	34.4	33.1	36.7	37.6
科学研究和技术服务业	4.5	3.8	3.5	3.4	3.4	4.2	4.2
水利、环境和公共设施管理业	10.2	9.6	10.0	10.2	10.8	10.5	10.5
居民服务、修理和其他服务业	13.5	10.3	9.8	8.9	8.8	8.2	7.8
教育	43.1	40.2	36.0	34.3	24.6	17.4	17.5
卫生和社会工作	50.0	48.3	48.8	48.7	49.8	49.9	51.4
文化、体育和娱乐业	2.8	2.5	2.3	2.3	2.3	2.2	2.2
公共管理、社会保障和社会组织	4.8	3.5	3.6	2.9	2.4	2.7	2.2

2-5 续表

单位：万人

行业门类	2011	2012	2013	2014	2015	2016	2017
合　　计	**261.6**	**260.2**	**264.7**	**255.2**	**235.8**	**222.9**	**207.5**
批发和零售业	46.8	40.9	38.3	35.0	31.7	28.0	21.2
交通运输、仓储和邮政业	17.5	17.7	19.0	17.4	14.8	13.7	12.2
住宿和餐饮业	10.0	9.3	10.0	6.7	5.4	4.9	4.2
信息传输、软件和信息技术服务业	1.3	1.3	0.9	0.8	0.7	0.6	0.8
金融业	50.2	50.1	48.7	47.0	46.5	44.9	42.0
房地产业	8.6	8.7	8.3	8.9	8.0	8.0	7.4
租赁和商务服务业	31.8	33.7	38.1	36.0	31.8	29.1	27.7
科学研究和技术服务业	3.7	5.4	5.5	5.4	4.8	4.6	4.2
水利、环境和公共设施管理业	10.8	10.6	10.7	11.2	10.9	10.6	10.0
居民服务、修理和其他服务业	6.0	6.1	5.4	5.7	4.9	4.2	3.8
教育	19.1	19.0	21.8	22.2	20.9	19.0	18.9
卫生和社会工作	51.5	52.6	54.0	54.9	51.5	51.2	51.0
文化、体育和娱乐业	2.0	2.5	2.0	1.9	1.8	1.8	1.7
公共管理、社会保障和社会组织	2.4	2.3	2.1	2.1	2.0	2.3	2.4

2-6 按第三产业行业门类分其他单位就业人员数

单位：万人

行业门类	2004	2005	2006	2007	2008	2009	2010
合　计	**791.6**	**922.6**	**1019.8**	**1130.8**	**1277.6**	**1469.0**	**1599.8**
批发和零售业	218.3	239.4	251.6	263.8	295.0	324.2	349.9
交通运输、仓储和邮政业	124.4	140.0	152.6	166.4	180.6	199.9	208.0
住宿和餐饮业	91.6	100.1	107.3	115.7	125.6	136.5	145.1
信息传输、软件和信息技术服务业	48.3	62.8	71.5	86.8	95.7	108.1	122.3
金融业	93.1	117.9	140.2	167.0	202.0	249.9	273.7
房地产业	74.7	90.9	101.0	113.6	121.8	138.7	157.1
租赁和商务服务业	55.8	68.7	81.6	92.3	115.7	128.4	140.9
科学研究和技术服务业	29.0	35.5	38.9	42.5	52.0	59.0	68.6
水利、环境和公共设施管理业	7.9	9.8	11.6	13.5	13.7	16.8	18.5
居民服务、修理和其他服务业	16.5	18.7	19.0	19.8	19.0	22.3	23.5
教育	14.0	18.1	20.4	23.7	27.5	42.3	46.8
卫生和社会工作	6.8	8.2	9.8	11.0	12.6	16.0	18.6
文化、体育和娱乐业	8.7	9.6	10.0	11.5	12.7	15.4	16.2
公共管理、社会保障和社会组织	2.5	3.0	4.4	3.3	3.8	11.6	10.7

2-6 续表

单位：万人

行业门类	2011	2012	2013	2014	2015	2016	2017
合　计	**1865.7**	**2060.4**	**3039.6**	**3233.4**	**3397.6**	**3541.7**	**3714.3**
批发和零售业	455.0	522.4	742.4	753.6	760.9	765.1	749.6
交通运输、仓储和邮政业	229.4	230.3	417.0	448.9	466.2	469.8	478.7
住宿和餐饮业	176.5	198.1	248.7	240.8	233.3	229.6	230.0
信息传输、软件和信息技术服务业	144.5	155.7	276.9	298.0	313.6	330.0	367.7
金融业	308.9	325.7	341.3	373.3	413.7	471.5	503.7
房地产业	192.4	218.3	328.3	356.8	376.2	391.6	411.0
租赁和商务服务业	126.9	141.8	260.2	287.4	321.7	341.2	378.1
科学研究和技术服务业	76.5	92.8	158.5	177.8	192.6	199.9	210.0
水利、环境和公共设施管理业	21.5	24.3	40.8	46.1	51.7	55.0	62.6
居民服务、修理和其他服务业	23.1	25.7	44.1	47.3	48.3	49.8	56.0
教育	57.7	67.2	91.6	102.4	108.3	116.4	129.1
卫生和社会工作	21.6	27.3	43.3	51.6	57.0	63.3	73.2
文化、体育和娱乐业	19.2	20.2	35.0	37.3	42.8	46.3	51.7
公共管理、社会保障和社会组织	12.5	10.6	11.3	12.1	11.4	12.2	12.9

2-7 各地区按第三产业行业门类分城镇单位就业人员数(2017年底)

单位：万人

地 区	批发和零售业	交通运输、仓储和邮政业	住宿和餐饮业	信息传输、软件和信息技术服务业	金融业	房地产业	租赁和商务服务业
全 国	**842.8**	**843.9**	**265.9**	**395.4**	**688.8**	**444.8**	**522.6**
北 京	76.8	57.7	31.1	77.4	54.4	44.3	88.3
天 津	15.3	14.5	4.9	5.3	19.2	8.2	12.7
河 北	17.8	24.3	3.4	7.5	34.6	6.3	9.8
山 西	14.8	23.5	3.7	4.9	18.6	3.8	8.2
内蒙古	8.7	21.1	3.6	4.8	11.7	5.6	5.3
辽 宁	20.4	35.6	5.8	12.9	28.3	10.4	11.5
吉 林	11.4	16.2	2.8	6.3	12.2	6.9	6.8
黑龙江	17.8	27.0	3.7	8.2	22.7	6.3	8.0
上 海	80.1	51.1	25.5	30.7	34.2	26.7	55.4
江 苏	53.9	48.1	16.6	27.9	40.3	23.0	30.2
浙 江	38.3	31.8	14.0	23.0	48.5	21.6	30.2
安 徽	22.7	24.2	5.4	8.2	23.7	11.2	7.4
福 建	28.7	23.9	10.0	10.8	20.8	15.6	16.3
江 西	17.8	20.5	4.2	6.3	13.3	7.1	6.5
山 东	52.7	47.7	14.1	18.9	46.1	26.1	21.8
河 南	51.4	45.2	10.4	13.2	29.7	26.8	19.6
湖 北	39.1	35.4	9.4	12.7	21.5	16.2	11.0
湖 南	19.3	23.4	6.8	6.9	26.7	12.7	10.3
广 东	102.7	83.3	36.5	49.9	48.9	66.3	76.1
广 西	12.7	19.0	4.4	4.0	14.7	7.9	10.8
海 南	5.7	7.1	5.9	1.9	4.8	9.2	2.0
重 庆	19.5	27.0	6.1	4.8	14.4	13.9	13.3
四 川	30.2	38.9	9.3	20.1	31.7	21.5	16.8
贵 州	12.7	12.2	2.9	3.8	9.2	9.6	7.2
云 南	23.4	17.9	8.1	5.2	10.5	12.4	11.2
西 藏	0.9	0.9	0.5	0.5	1.3	0.2	0.5
陕 西	26.6	28.0	10.1	11.6	22.4	11.8	9.0
甘 肃	7.7	13.3	3.2	2.9	8.4	5.3	5.3
青 海	2.2	4.7	0.6	0.9	2.3	1.0	0.8
宁 夏	2.4	3.7	0.6	0.8	4.0	1.5	1.8
新 疆	9.0	16.7	2.2	2.8	9.8	5.6	8.6

2-7 续表 单位：万人

地 区	科学研究和技术服务业	水利、环境和公共设施管理业	居民服务、修理和其他服务业	教 育	卫生和社会工作	文化、体育和娱乐业	公共管理、社会保障和社会组织
全 国	**420.4**	**268.5**	**78.2**	**1730.4**	**897.9**	**152.2**	**1725.6**
北 京	71.2	10.7	8.6	50.6	29.3	19.0	47.8
天 津	11.9	4.1	6.5	18.0	11.1	2.5	17.5
河 北	14.1	12.2	2.2	88.2	39.2	5.0	88.7
山 西	7.1	10.1	1.0	51.3	21.1	4.4	59.3
内蒙古	6.0	8.4	0.9	35.2	16.3	3.7	46.7
辽 宁	12.1	13.2	2.3	50.3	30.7	4.7	54.3
吉 林	7.7	8.5	2.6	36.1	19.6	3.7	36.2
黑龙江	10.7	11.0	3.9	41.8	23.1	3.8	44.7
上 海	24.6	8.7	7.5	30.8	19.1	6.4	21.2
江 苏	22.0	14.9	3.5	94.0	51.2	8.0	73.6
浙 江	19.0	10.3	2.6	74.3	46.0	6.7	71.7
安 徽	8.9	7.0	1.0	63.6	31.5	3.2	51.0
福 建	7.8	5.8	3.8	53.1	24.0	4.3	42.7
江 西	6.2	7.7	1.1	53.4	25.9	3.4	53.4
山 东	18.3	18.1	3.1	116.6	64.2	7.1	116.2
河 南	17.1	13.6	3.4	124.5	59.9	7.7	115.5
湖 北	15.4	11.2	1.5	71.4	44.3	7.2	65.1
湖 南	11.4	7.3	1.5	66.9	40.3	5.7	81.7
广 东	33.9	17.2	9.0	127.5	65.8	11.5	114.1
广 西	8.3	7.9	0.7	62.4	33.3	3.3	54.0
海 南	2.0	3.4	0.5	13.2	6.7	1.3	15.0
重 庆	8.2	6.8	1.4	41.7	20.3	3.2	32.6
四 川	21.9	12.7	2.7	96.0	51.4	6.3	98.2
贵 州	7.2	5.3	1.7	54.4	22.7	2.4	56.5
云 南	10.4	7.0	2.2	59.4	27.3	3.7	57.3
西 藏	1.0	0.2	0.2	5.1	2.0	0.8	14.4
陕 西	18.7	9.9	1.5	55.6	28.1	5.6	61.2
甘 肃	7.1	6.4	0.3	38.2	15.4	2.8	44.8
青 海	2.3	1.2	0.1	7.6	4.3	0.9	11.0
宁 夏	1.5	2.3	0.1	8.9	4.9	1.0	11.4
新 疆	6.3	5.7	1.0	40.0	18.9	2.9	68.0

2-8 各地区按第三产业行业门类分国有单位就业人员数(2017年底)

单位：万人

地 区	批发和零售业	交通运输、仓储和邮政业	住宿和餐饮业	信息传输、软件和信息技术服务业	金融业	房地产业	租赁和商务服务业
全 国	**72.0**	**353.0**	**31.7**	**26.9**	**143.1**	**26.3**	**116.8**
北 京	2.6	9.7	3.3	1.3	1.0	2.6	17.8
天 津	0.9	4.9	0.5	0.1	0.3	0.7	3.2
河 北	2.8	15.4	1.6	0.9	3.0	0.8	3.6
山 西	3.7	17.4	1.2	0.6	5.6	0.7	4.3
内蒙古	1.6	14.8	0.6	1.2	4.2	0.7	2.0
辽 宁	2.5	19.5	1.8	1.2	6.3	1.3	3.9
吉 林	1.7	10.6	0.9	1.3	4.5	0.8	2.9
黑龙江	4.0	22.3	1.9	1.3	5.3	1.1	3.1
上 海	0.9	7.9	1.0	0.3	2.5	1.2	6.2
江 苏	3.7	13.5	1.2	3.9	10.4	1.0	7.3
浙 江	1.3	6.8	0.9	0.7	2.9	1.0	7.4
安 徽	2.4	9.2	0.3	0.9	7.6	0.8	1.6
福 建	2.7	8.7	0.9	0.9	8.2	1.1	4.2
江 西	2.1	11.2	0.7	0.3	5.5	0.8	2.7
山 东	3.5	19.0	3.2	1.3	11.2	1.5	7.6
河 南	6.6	21.6	1.6	1.5	5.6	0.7	4.3
湖 北	3.9	19.4	0.8	1.3	7.6	0.9	3.1
湖 南	2.8	13.5	0.9	0.2	1.3	0.6	1.4
广 东	3.9	11.7	2.1	2.7	9.5	2.6	12.6
广 西	2.2	9.5	0.8	0.2	4.8	0.6	3.0
海 南	0.2	1.3	0.2	0.2	0.9	0.4	0.4
重 庆	1.1	6.8	0.3	0.2	3.8	0.3	0.9
四 川	3.2	19.1	0.7	1.6	11.2	0.6	4.6
贵 州	2.4	5.9	0.3	0.2	1.9	0.4	1.6
云 南	3.3	7.7	0.9	0.5	4.7	0.3	1.0
西 藏	0.3	0.8	0.3	0.3	0.8		0.1
陕 西	3.0	17.9	0.9	0.5	4.2	1.3	1.5
甘 肃	1.0	8.9	0.9	0.9	3.1	0.7	2.0
青 海	0.2	3.6	0.2		1.5	0.1	0.1
宁 夏	0.3	2.5	0.2	0.1	0.9	0.2	0.4
新 疆	1.1	12.1	0.9	0.3	3.0	0.4	2.2

2-8 续表 单位：万人

地区	科学研究和技术服务业	水利、环境和公共设施管理业	居民服务、修理和其他服务业	教育	卫生和社会工作	文化、体育和娱乐业	公共管理、社会保障和社会组织
全国	**206.2**	**195.9**	**18.5**	**1582.4**	**773.8**	**98.8**	**1710.3**
北京	20.8	6.2	1.1	35.1	22.4	10.1	43.0
天津	3.8	3.1	0.5	16.6	9.8	1.7	17.0
河北	8.2	10.2	0.5	86.7	35.7	4.1	88.6
山西	5.7	8.7	0.3	49.3	18.5	3.8	59.3
内蒙古	4.0	7.2	0.5	34.5	14.7	3.4	46.7
辽宁	8.0	11.5	1.6	48.2	27.2	3.5	53.6
吉林	4.9	6.8	0.9	34.8	17.5	3.0	36.0
黑龙江	9.3	9.9	3.3	40.4	21.1	3.1	43.7
上海	6.2	1.7	0.7	25.2	15.4	2.1	19.9
江苏	8.3	8.4	0.5	86.1	37.2	4.2	73.4
浙江	6.6	5.9	0.5	63.3	40.7	4.6	69.2
安徽	5.2	5.8	0.3	58.6	22.7	2.3	50.8
福建	4.4	4.0	1.1	48.3	18.6	2.9	42.6
江西	4.5	5.7	0.2	50.9	23.2	2.7	53.4
山东	9.0	11.4	0.6	106.3	54.2	4.8	115.6
河南	8.3	9.5	0.5	105.3	50.5	5.1	113.8
湖北	8.3	9.1	0.5	67.2	40.2	4.6	64.9
湖南	4.9	6.3	0.2	59.4	35.2	3.2	81.3
广东	9.2	10.8	1.8	109.3	58.1	6.0	113.8
广西	6.7	7.3	0.2	60.1	32.2	2.3	53.9
海南	1.1	1.7		11.2	5.4	0.6	14.9
重庆	3.9	4.6	0.1	37.6	16.4	1.9	32.4
四川	14.7	9.6	0.7	89.9	42.7	4.6	98.1
贵州	5.5	3.8	0.4	52.8	21.2	1.4	56.5
云南	7.5	4.8	0.2	55.1	24.1	2.2	57.2
西藏	1.0	0.2		5.1	1.9	0.8	14.4
陕西	13.6	7.7	0.5	52.0	25.0	3.2	61.1
甘肃	5.4	6.1	0.2	38.0	14.7	2.4	44.8
青海	1.9	1.0		7.2	4.1	0.7	11.0
宁夏	1.0	2.0		8.3	4.5	0.7	11.4
新疆	4.5	5.1	0.4	39.7	18.4	2.7	68.0

2-9 各地区按第三产业行业门类分城镇集体单位就业人员数(2017年底)

单位：人

地区	批发和零售业	交通运输、仓储和邮政业	住宿和餐饮业	信息传输、软件和信息技术服务业	金融业	房地产业	租赁和商务服务业
全国	**212129**	**122263**	**42339**	**7712**	**419750**	**74081**	**276965**
北京	6690	4764	6651	404	153	17094	40185
天津	2297	751	864	119	44	1262	5533
河北	15767	4897	1029	379	24744	1280	10328
山西	18296	2722	1131	83	38856	1152	4951
内蒙古	1095	5055	336		22781	10	715
辽宁	6111	5315	1085	394	19482	1400	8481
吉林	1232	984	550	2	14677	449	2622
黑龙江	9206	841	2257	40	16778	642	6012
上海	5717	5485	2509	18	64	5079	25722
江苏	9760	13671	2120	190	21286	3803	21313
浙江	3331	5785	1386	674	2679	2240	10755
安徽	3034	6194	426	229	16181	454	4676
福建	6632	2114	690	129	8637	3194	4043
江西	2495	2572	224	291	9682	706	2322
山东	19539	7524	3441	212	31304	9300	12739
河南	16531	12532	3959	1394	26743	2035	5228
湖北	14939	3523	1030	103	10705	1009	3875
湖南	5139	4897	696	51	3241	390	4286
广东	25846	7773	5684	2646	40843	13865	61839
广西	6323	4232	742	1	13685	1415	7640
海南	421	183	73		776	475	101
重庆	2409	4958	1267	13	11	795	1386
四川	6107	7967	825	106	22639	1247	7456
贵州	3303	1284	420	17	11127	1507	4693
云南	6182	1086	1101	96	19917	1306	1692
西藏	40	8	46				5
陕西	8182	3647	822	58	16113	808	8257
甘肃	3367	1169	648	58	13237	691	4050
青海	447	240	121		3250		341
宁夏	207		28		1412	49	738
新疆	1484	90	178	5	8703	424	4981

2-9 续表 单位：人

地 区	科学研究和技术服务业	水利、环境和公共设施管理业	居民服务、修理和其他服务业	教 育	卫生和社会工作	文化、体育和娱乐业	公共管理、社会保障和社会组织
全 国	**41843**	**100084**	**37847**	**189284**	**509822**	**16834**	**23989**
北 京	6520	3045	6070	8900	11153	1308	972
天 津	1040	349	2866	946	4226	310	707
河 北	844	1998	880	1335	24758	799	850
山 西	429	6543	1307	3195	18733	1345	15
内蒙古	618	2333	1005	494	9620	53	
辽 宁	2780	2481	1153	2680	11894	1516	670
吉 林	323	9080	788	61	6710	72	212
黑龙江	506	1554	1859	513	3885	525	85
上 海	1507	4360	4476	4027	20858	1357	9023
江 苏	3379	24221	4410	18166	75124	2081	281
浙 江	2196	1693	1652	12977	12497	319	534
安 徽	790	1300	517	2379	51273	652	2239
福 建	1122	1771	300	4215	37537	168	74
江 西	127	3028	278	804	6391	64	46
山 东	3113	4832	1845	28835	53586	642	1755
河 南	2349	2491	1807	51145	25011	965	2601
湖 北	1780	6189	280	5181	14740	742	94
湖 南	426	1457	132	6268	16792	250	98
广 东	3053	11272	2214	26478	21076	1388	83
广 西	751	901	1228	1827	360		180
海 南	483	95	43	425	3985	103	44
重 庆	737	2865	481	953	12930	233	2932
四 川	2110	4591	328	1166	50921	966	46
贵 州	283	139	169	357	943	7	104
云 南	2575	319	713	2361	1618	44	161
西 藏			20				
陕 西	1425	545	696	2530	8652	442	134
甘 肃	291		75	422	1822	211	18
青 海	21	69	116		252	184	
宁 夏	21	563		540	768	84	24
新 疆	244		139	104	1707	4	7

2-10 各地区按第三产业行业门类分其他单位就业人员数(2017年底)

单位：万人

地　区	批发和零售业	交通运输、仓储和邮政业	住宿和餐饮业	信息传输、软件和信息技术服务业	金融业	房地产业	租赁和商务服务业
全　国	**749.6**	**478.7**	**230.0**	**367.7**	**503.7**	**411.0**	**378.1**
北　京	73.6	47.5	27.1	76.1	53.4	40.0	66.5
天　津	14.2	9.5	4.4	5.3	18.8	7.3	8.9
河　北	13.4	8.4	1.7	6.6	29.1	5.4	5.1
山　西	9.3	5.8	2.4	4.3	9.1	2.9	3.4
内蒙古	6.9	5.7	3.0	3.7	5.3	4.9	3.2
辽　宁	17.3	15.6	3.9	11.6	20.1	8.9	6.8
吉　林	9.6	5.6	1.8	5.0	6.2	6.1	3.7
黑龙江	12.8	4.6	1.6	6.9	15.7	5.1	4.3
上　海	78.6	42.7	24.3	30.4	31.7	25.0	46.7
江　苏	49.2	33.3	15.1	24.0	27.8	21.6	20.8
浙　江	36.6	24.4	12.9	22.2	45.3	20.4	21.7
安　徽	20.0	14.4	5.0	7.3	14.5	10.3	5.3
福　建	25.4	15.0	9.0	10.0	11.8	14.2	11.7
江　西	15.4	9.1	3.5	5.9	6.8	6.3	3.5
山　东	47.2	27.9	10.5	17.5	31.8	23.7	12.9
河　南	43.1	22.3	8.4	11.6	21.4	25.9	14.8
湖　北	33.7	15.6	8.5	11.4	12.8	15.2	7.5
湖　南	16.0	9.5	5.9	6.7	25.1	12.0	8.5
广　东	96.2	70.9	33.8	46.9	35.3	62.4	57.3
广　西	9.9	9.1	3.6	3.8	8.5	7.1	7.0
海　南	5.5	5.8	5.7	1.7	3.8	8.7	1.6
重　庆	18.1	19.7	5.7	4.6	10.6	13.5	12.3
四　川	26.5	19.1	8.6	18.5	18.3	20.8	11.4
贵　州	10.0	6.1	2.6	3.6	6.1	9.0	5.2
云　南	19.5	10.1	7.1	4.7	3.8	11.9	10.0
西　藏	0.6	0.1	0.3	0.3	0.5	0.1	0.4
陕　西	22.8	9.7	9.1	11.0	16.6	10.4	6.7
甘　肃	6.4	4.3	2.2	2.0	4.0	4.6	2.9
青　海	2.0	1.1	0.4	0.9	0.4	1.0	0.6
宁　夏	2.1	1.2	0.4	0.7	3.0	1.3	1.4
新　疆	7.8	4.5	1.3	2.5	5.9	5.2	5.9

2-10 续表 单位：万人

地区	科学研究和技术服务业	水利、环境和公共设施管理业	居民服务、修理和其他服务业	教育	卫生和社会工作	文化、体育和娱乐业	公共管理、社会保障和社会组织
全国	**210.0**	**62.6**	**56.0**	**129.1**	**73.2**	**51.7**	**12.9**
北京	49.8	4.2	6.9	14.6	5.8	8.8	4.7
天津	8.0	0.9	5.7	1.4	0.9	0.8	0.4
河北	5.9	1.9	1.7	1.3	1.1	0.8	
山西	1.4	0.7	0.6	1.6	0.8	0.5	
内蒙古	2.0	1.0	0.3	0.6	0.7	0.3	
辽宁	3.8	1.5	0.6	1.8	2.3	1.0	0.6
吉林	2.7	0.8	1.7	1.3	1.4	0.7	0.2
黑龙江	1.3	0.9	0.4	1.3	1.7	0.7	1.0
上海	18.2	6.6	6.3	5.2	1.6	4.2	0.4
江苏	13.4	4.1	2.5	6.1	6.5	3.6	0.1
浙江	12.1	4.2	1.9	9.7	4.1	2.0	2.4
安徽	3.7	1.1	0.6	4.8	3.6	0.8	
福建	3.3	1.6	2.7	4.4	1.6	1.4	
江西	1.7	1.7	0.9	2.5	2.0	0.7	
山东	9.1	6.1	2.4	7.4	4.7	2.2	0.4
河南	8.6	3.8	2.7	14.1	6.9	2.6	1.4
湖北	6.9	1.4	1.0	3.7	2.6	2.5	0.1
湖南	6.5	0.9	1.3	7.0	3.4	2.4	0.4
广东	24.4	5.4	6.9	15.6	5.6	5.3	0.3
广西	1.6	0.5	0.4	2.2	1.0	1.0	0.1
海南	0.9	1.7	0.5	2.0	0.8	0.7	
重庆	4.2	1.9	1.2	4.0	2.6	1.3	
四川	7.0	2.7	1.9	6.0	3.7	1.6	
贵州	1.7	1.5	1.3	1.6	1.3	1.0	0.1
云南	2.6	2.1	1.9	4.1	3.0	1.4	
西藏			0.2		0.1		
陕西	5.0	2.1	0.9	3.3	2.2	2.3	0.1
甘肃	1.6	0.3	0.1	0.2	0.5	0.4	
青海	0.3	0.2		0.4	0.2	0.1	
宁夏	0.5	0.2		0.5	0.3	0.3	
新疆	1.8	0.6	0.6	0.3	0.3	0.2	

2-11 各地区按第三产业行业门类分私营企业就业人员数(2017年底)

单位：万人

地 区	第三产业合 计	批发和零售业	交通运输、仓储和邮政业	住宿和餐饮业	信息传输、软件和信息技术服务业	金融业	房地产业	租赁和商务服务业
全 国	**13168.89**	**5889.54**	**478.35**	**414.95**	**738.20**	**176.57**	**584.70**	**2501.05**
北 京	926.06	206.93	26.46	34.24	24.72	2.64	34.11	181.84
天 津	103.28	6.89	2.59	33.32	1.54	4.28	3.09	18.95
河 北	193.44	98.46	8.83	4.53	10.69	2.39	10.64	23.98
山 西	164.67	87.78	7.74	5.48	9.67	3.42	7.57	21.44
内蒙古	188.47	92.54	8.99	5.22	8.61	2.83	9.74	33.13
辽 宁	248.64	112.46	16.44	6.77	14.29	2.34	16.07	41.80
吉 林	164.49	71.32	9.00	3.97	8.83	4.68	10.55	28.07
黑龙江	51.21	21.00	2.48	0.64	3.15	0.84	2.77	9.23
上 海	1066.68	422.83	42.08	16.41	44.74	6.62	27.15	276.31
江 苏	1232.88	473.37	55.46	28.23	50.43	6.77	59.85	297.29
浙 江	964.26	412.60	27.88	22.53	57.62	14.71	27.81	246.23
安 徽	343.19	150.95	17.40	9.26	15.45	17.10	18.84	63.24
福 建	542.06	253.79	17.93	11.95	37.51	3.97	17.42	106.29
江 西	312.75	147.70	21.50	8.52	18.39	2.20	17.57	65.43
山 东	945.28	504.68	38.01	26.34	50.60	18.36	46.45	137.05
河 南	420.87	210.99	15.50	10.85	20.83	2.74	25.30	70.07
湖 北	466.24	185.40	22.15	33.63	27.52	4.79	30.48	79.05
湖 南	267.17	84.32	6.84	5.16	27.98	7.14	40.57	48.70
广 东	2150.93	1120.86	55.44	51.51	147.52	44.72	67.49	352.44
广 西	298.28	150.27	11.23	7.07	12.00	2.37	14.87	60.52
海 南	80.62	27.16	2.27	2.39	5.86	0.36	11.48	19.26
重 庆	607.72	262.34	18.21	36.98	63.10	6.80	23.44	110.35
四 川	206.01	77.77	6.42	6.12	19.30	1.20	8.88	46.30
贵 州	187.08	82.61	6.18	11.14	12.27	1.78	7.68	36.95
云 南	234.44	108.22	9.93	12.03	13.33	2.57	15.55	36.29
西 藏	31.26	10.79	1.02	1.62	1.24	0.17	0.65	8.13
陕 西	146.41	67.68	4.74	6.44	12.31	3.32	8.13	20.58
甘 肃	148.79	76.59	6.04	7.29	8.00	1.67	9.29	17.83
青 海	22.54	9.12	1.20	1.21	0.85	0.34	1.16	4.28
宁 夏	74.29	44.59	2.39	1.84	3.47	0.97	2.09	12.35
新 疆	378.86	307.56	5.99	2.28	6.38	2.46	8.02	27.67

2-11 续表 单位：万人

地区	科学研究和技术服务业	水利、环境和公共设施管理业	居民服务、修理和其他服务业	教育	卫生和社会工作	文化、体育和娱乐业	其他
全国	**1317.90**	**83.25**	**482.90**	**54.16**	**53.85**	**360.31**	**33.15**
北京	303.28	8.44	15.72	0.94	4.77	81.79	0.19
天津	25.01	0.53	2.72	0.05	0.87	3.23	0.20
河北	18.11	1.81	6.53	1.06	1.11	5.28	0.01
山西	6.57	1.51	7.39	0.68	1.05	4.12	0.25
内蒙古	9.14	2.08	10.26	1.34	0.72	3.85	0.03
辽宁	21.41	2.32	8.30	0.52	2.04	3.88	0.01
吉林	15.65	1.59	6.08	0.77	1.47	2.49	0.02
黑龙江	6.23	0.55	1.33	0.20	0.35	1.23	1.22
上海	180.68	4.46	16.57	0.84	1.53	26.45	0.01
江苏	181.30	8.29	43.22	4.66	4.85	19.13	0.03
浙江	81.47	5.24	35.67	3.45	3.38	25.51	0.15
安徽	22.04	2.94	16.14	1.69	0.67	7.31	0.16
福建	52.91	3.58	16.44	1.87	2.30	16.07	0.02
江西	9.76	2.17	11.67	1.31	0.62	5.91	0.04
山东	63.06	5.95	30.54	3.74	3.55	16.96	
河南	23.32	2.35	23.06	1.63	1.63	12.02	0.61
湖北	26.03	5.98	16.27	2.83	1.57	8.90	21.62
湖南	22.18	1.64	7.52	2.40	1.91	10.82	0.01
广东	134.33	7.22	105.13	12.02	4.21	46.30	1.75
广西	21.91	1.36	9.44	0.90	0.74	4.09	1.50
海南	3.72	0.68	3.71	0.65	0.38	2.24	0.47
重庆	25.06	3.90	30.73	3.80	2.26	20.75	
四川	19.66	1.15	7.17	0.88	3.33	7.79	0.05
贵州	7.53	1.44	11.15	1.57	2.42	3.97	0.40
云南	12.42	2.16	12.24	1.25	2.70	5.74	0.02
西藏	1.82	0.24	1.57	0.14	0.16	1.17	2.54
陕西	7.50	1.14	8.17	0.60	1.07	3.50	1.23
甘肃	3.55	0.95	9.67	1.43	0.70	5.59	0.18
青海	1.14	0.25	1.83	0.10	0.16	0.56	0.35
宁夏	2.20	0.38	2.44	0.22	0.34	1.00	0.02
新疆	8.95	0.95	4.23	0.65	0.99	2.69	0.05

2-12 各地区按第三产业行业门类分个体就业人员数(2017年底)

单位：万人

地区	第三产业合计	批发和零售业	交通运输、仓储和邮政业	住宿和餐饮业	信息传输、软件和信息技术服务业	金融业	房地产业	租赁和商务服务业
全国	**12091.97**	**7376.35**	**330.27**	**2273.88**	**65.43**	**1.19**	**23.51**	**221.42**
北京	78.05	52.18	3.13	9.06	0.09		0.02	4.58
天津	76.17	42.05	2.40	14.95	0.08	0.02	0.46	4.71
河北	601.60	392.46	28.14	88.34	2.22	0.06	1.79	11.15
山西	303.79	171.46	16.80	55.11	6.92	0.05	0.12	2.52
内蒙古	300.97	166.17	7.94	62.06	1.82		0.19	2.88
辽宁	394.19	218.09	31.76	60.33	1.47	0.08	1.18	7.26
吉林	412.66	246.41	33.58	60.68	1.14	0.02	0.38	4.46
黑龙江	293.22	155.48	7.36	61.99	2.51	0.39	0.52	4.63
上海	56.95	40.09	0.38	8.85	0.01		0.03	0.43
江苏	767.41	468.63	26.42	129.38	3.21	0.05	2.95	20.56
浙江	580.40	346.13	18.20	105.39	1.31	0.04	3.17	15.52
安徽	539.99	353.31	6.69	87.97	5.55	0.02	0.82	6.67
福建	390.01	250.19	4.30	72.23	1.75	0.03	2.04	8.14
江西	343.03	229.85	3.82	53.90	2.85	0.02	0.45	4.58
山东	1028.53	674.96	25.13	153.97	3.24	0.03	2.86	20.85
河南	664.81	426.86	7.24	125.52	1.42	0.03	0.18	6.22
湖北	850.55	517.83	24.56	150.78	6.07	0.09	0.64	20.91
湖南	389.21	219.74	10.65	77.41	2.64	0.03	0.77	7.74
广东	1160.26	782.25	12.10	201.78	3.77	0.05	1.92	15.36
广西	342.77	215.19	13.10	60.09	0.91	0.02	0.14	5.55
海南	79.59	40.31	6.07	18.71	0.40		0.04	0.93
重庆	276.22	166.48	5.32	58.52	1.70	0.01	0.12	6.73
四川	605.25	358.75	10.74	129.01	3.27	0.04	1.50	18.94
贵州	291.82	178.17	3.88	60.75	1.83	0.05	0.12	4.12
云南	325.65	195.09	3.12	74.45	2.28	0.01	0.10	4.90
西藏	41.52	20.49	0.19	13.05	0.20		0.04	0.32
陕西	323.99	170.59	9.39	83.79	3.21	0.02	0.50	3.46
甘肃	269.23	113.99	1.28	122.98	1.48		0.06	2.34
青海	55.56	28.10	3.15	14.29	0.15		0.01	0.47
宁夏	69.01	38.66	0.61	15.06	0.33	0.02	0.16	1.33
新疆	179.56	96.39	2.80	43.46	1.59		0.22	3.15

2-12 续表 单位：万人

地区	科学研究和技术服务业	水利、环境和公共设施管理业	居民服务、修理和其他服务业	教育	卫生和社会工作	文化、体育和娱乐业	其他
全国	**38.23**	**4.53**	**1554.33**	**16.94**	**45.27**	**113.37**	**27.25**
北京	1.13	0.09	6.18	0.15	0.14	1.28	
天津	0.89	0.15	9.04		0.33	1.09	
河北	2.24	0.37	68.11	0.37	1.63	4.42	0.30
山西	0.49	1.34	44.35	0.19	1.66	2.74	0.04
内蒙古	0.78	0.05	54.68	0.76	1.37	2.24	0.04
辽宁	1.61	0.17	58.61	0.19	7.36	5.98	0.10
吉林	1.22	0.09	58.14	0.76	2.73	1.76	1.29
黑龙江	0.93	0.12	48.65	0.62	1.68	2.51	5.82
上海	0.29	0.01	6.60		0.06	0.18	
江苏	4.64	0.41	97.55	2.53	1.27	9.80	0.02
浙江	2.50	0.27	78.43	1.32	1.28	6.80	0.04
安徽	1.60	0.07	70.27	0.34	0.70	5.93	0.04
福建	1.23	0.09	44.63	0.23	0.86	4.30	
江西	0.28	0.07	43.76	0.31	0.81	2.33	0.01
山东	3.19	0.36	134.66	1.01	2.56	5.70	
河南	1.67	0.07	89.59	0.56	0.88	4.42	0.14
湖北	0.78	0.12	107.66	0.84	2.13	6.43	11.72
湖南	1.07	0.09	61.36	0.83	1.83	5.03	0.02
广东	5.12	0.20	124.17	2.70	2.10	6.98	1.76
广西	0.73	0.04	40.88	0.16	1.24	3.64	1.08
海南	0.16	0.01	10.47	0.11	0.42	0.72	1.25
重庆	0.72	0.03	31.72	0.47	1.21	3.19	
四川	1.83	0.07	72.22	0.86	3.27	4.55	0.18
贵州	0.29	0.07	35.32	0.43	1.15	4.29	1.34
云南	0.81	0.04	37.85	0.42	1.80	4.52	0.26
西藏	0.03		4.96	0.02	0.19	1.27	0.75
陕西	0.91	0.07	47.78	0.43	0.95	2.75	0.15
甘肃	0.36	0.02	22.61	0.16	1.49	2.33	0.13
青海	0.06		6.64	0.04	0.27	1.96	0.42
宁夏	0.13	0.01	11.16	0.04	0.38	1.12	
新疆	0.53	0.03	26.29	0.11	1.50	3.13	0.36

2-13 各地区按第三产业行业门类分城镇私营企业就业人员数(2017年底)

单位：万人

地 区	第三产业合计	批发和零售业	交通运输、仓储和邮政业	住宿和餐饮业	信息传输、软件和信息技术服务业	金融业	房地产业	租赁和商务服务业
全 国	**9764.43**	**4340.33**	**312.66**	**311.83**	**578.13**	**126.93**	**402.12**	**1945.42**
北 京	634.93	128.04	12.36	24.65	20.56	2.02	21.42	131.90
天 津	92.92	4.63	2.55	31.09	1.31	3.38	2.93	16.30
河 北	144.25	69.83	5.15	3.69	9.23	2.15	9.43	20.27
山 西	90.90	47.36	3.80	3.62	5.67	2.31	4.98	12.19
内蒙古	163.67	80.31	7.15	4.39	7.86	1.92	8.63	29.33
辽 宁	153.78	69.93	10.98	4.84	8.19	1.89	12.06	22.95
吉 林	104.85	45.84	6.05	2.36	5.25	3.30	7.99	16.94
黑龙江	45.17	18.35	2.19	0.57	2.80	0.70	2.44	8.38
上 海	579.75	215.79	21.64	13.59	25.15	4.63	16.47	156.78
江 苏	1062.82	389.25	42.78	25.48	47.00	6.09	50.99	278.59
浙 江	801.87	335.33	18.87	17.83	51.16	7.98	21.65	224.58
安 徽	268.17	114.82	13.09	7.05	12.29	13.87	14.16	52.24
福 建	465.73	215.17	14.75	9.75	34.27	3.61	15.52	92.74
江 西	198.70	88.29	9.10	5.05	13.24	2.05	12.78	47.79
山 东	348.85	187.84	13.34	8.29	18.55	5.33	18.43	56.55
河 南	346.67	170.64	11.14	8.67	17.97	2.07	17.94	61.55
湖 北	244.84	87.66	9.34	25.20	17.58	1.74	14.94	49.04
湖 南	98.06	33.31	2.95	1.71	7.55	2.43	5.12	24.19
广 东	2010.92	1053.95	49.62	45.91	142.56	42.31	59.84	327.36
广 西	193.71	94.56	7.96	4.12	7.66	1.58	10.05	41.56
海 南	66.69	21.98	1.78	1.77	4.71	0.28	9.97	16.38
重 庆	550.31	234.38	16.50	25.10	60.89	6.23	22.53	105.13
四 川	189.95	70.52	5.66	5.35	18.25	1.17	8.47	44.22
贵 州	71.98	39.34	1.75	8.08	2.44	0.67	2.77	6.95
云 南	155.30	68.07	6.81	8.16	10.14	1.39	10.21	25.63
西 藏	27.14	9.20	0.89	1.54	1.01	0.17	0.57	6.94
陕 西	116.89	53.81	3.65	5.21	9.43	1.56	6.12	17.43
甘 肃	90.87	50.11	2.42	4.27	5.45	0.91	3.82	11.20
青 海	17.30	6.73	0.95	0.90	0.76	0.25	0.65	3.70
宁 夏	55.10	30.46	1.82	1.48	3.02	0.76	1.44	10.77
新 疆	372.33	304.86	5.60	2.11	6.18	2.18	7.78	25.86

2-13 续表 单位：万人

地 区	科学研究和技术服务业	水利、环境和公共设施管理业	居民服务、修理和其他服务业	教育	卫生和社会工作	文化、体育和娱乐业	其他
全 国	**964.86**	**55.12**	**367.21**	**40.11**	**38.96**	**270.07**	**10.69**
北 京	215.46	4.31	10.04	0.57	3.30	60.15	0.14
天 津	23.74	0.44	2.50	0.04	0.81	2.99	0.20
河 北	13.09	0.94	4.90	0.57	0.89	4.11	0.01
山 西	3.07	0.80	3.81	0.34	0.67	2.11	0.15
内蒙古	7.94	1.75	9.04	1.21	0.66	3.46	0.02
辽 宁	12.49	1.66	5.31	0.35	1.03	2.09	0.01
吉 林	9.56	1.06	4.06	0.51	0.70	1.21	0.02
黑龙江	5.55	0.50	1.18	0.16	0.30	1.10	0.95
上 海	95.31	2.11	10.87	0.50	1.37	15.54	
江 苏	155.75	5.92	34.82	4.04	4.48	17.61	0.02
浙 江	64.54	3.71	28.91	2.84	2.67	21.73	0.08
安 徽	17.96	2.28	12.41	1.25	0.57	6.14	0.04
福 建	46.37	2.90	13.93	1.64	1.87	13.19	0.02
江 西	6.54	1.27	7.28	1.02	0.50	3.76	0.03
山 东	20.75	2.10	10.59	0.84	0.99	5.25	
河 南	20.31	1.69	20.51	1.34	1.49	11.06	0.29
湖 北	17.93	4.40	7.36	1.92	0.92	4.73	2.06
湖 南	12.81	0.65	2.95	0.65	0.48	3.25	0.01
广 东	124.86	6.09	99.13	11.16	3.90	43.08	1.16
广 西	14.34	0.93	6.18	0.58	0.51	2.63	1.04
海 南	3.12	0.56	3.04	0.53	0.29	1.90	0.39
重 庆	23.35	3.42	27.81	3.64	2.14	19.21	
四 川	18.40	0.95	6.29	0.74	2.93	6.97	0.04
贵 州	1.47	0.39	5.23	0.51	0.85	1.31	0.22
云 南	8.49	1.27	8.23	0.86	1.88	4.15	0.02
西 藏	1.32	0.19	1.49	0.14	0.15	1.01	2.53
陕 西	6.32	0.91	6.92	0.53	0.89	3.04	1.05
甘 肃	2.48	0.50	5.23	0.76	0.39	3.22	0.11
青 海	0.95	0.20	1.40	0.09	0.15	0.53	0.03
宁 夏	1.88	0.29	1.88	0.17	0.22	0.90	0.01
新 疆	8.69	0.91	3.90	0.61	0.96	2.65	0.05

2-14 各地区按第三产业行业门类分城镇个体就业人员数(2017年底)

单位：万人

地区	第三产业合计	批发和零售业	交通运输、仓储和邮政业	住宿和餐饮业	信息传输、软件和信息技术服务业	金融业	房地产业	租赁和商务服务业
全国	**8374.76**	**5014.74**	**199.42**	**1643.94**	**41.85**	**0.56**	**18.88**	**149.90**
北京	43.55	29.26	0.97	4.96	0.06		0.01	2.88
天津	62.93	34.78	1.99	12.15	0.06	0.02	0.39	4.01
河北	332.67	203.29	11.49	59.70	1.02	0.04	1.56	6.64
山西	208.51	111.50	13.05	42.20	3.45	0.04	0.09	1.67
内蒙古	265.71	145.18	6.45	56.37	1.51		0.17	2.37
辽宁	259.81	144.16	21.19	38.86	0.81	0.05	0.77	4.71
吉林	233.27	137.18	11.97	36.44	0.73	0.01	0.21	2.44
黑龙江	261.44	133.82	6.71	59.54	1.37	0.03	0.49	4.24
上海	38.99	27.40	0.28	6.04	0.01		0.01	0.30
江苏	630.90	370.51	20.29	117.10	2.59	0.04	2.84	17.46
浙江	425.99	248.50	12.63	80.40	1.00	0.03	2.98	12.10
安徽	483.02	311.30	4.52	82.31	4.60	0.02	0.80	6.36
福建	263.67	162.16	2.85	54.57	1.12	0.02	1.77	5.72
江西	252.93	160.20	2.84	45.88	1.49	0.01	0.43	3.47
山东	421.33	271.07	7.08	64.87	1.14	0.01	1.44	9.31
河南	560.05	349.80	5.79	112.66	1.17	0.03	0.17	5.51
湖北	477.54	292.44	10.64	86.82	3.07	0.07	0.52	8.90
湖南	368.28	219.74	7.84	77.41	2.64		0.60	7.74
广东	948.66	634.37	8.93	167.57	3.18	0.04	1.72	13.60
广西	244.73	156.02	8.51	42.81	0.65	0.02	0.11	4.09
海南	64.92	32.06	5.66	15.26	0.31		0.04	0.79
重庆	234.37	138.05	3.24	52.12	1.39	0.01	0.12	6.10
四川	289.06	163.21	4.72	69.74	1.63	0.02	0.57	5.66
贵州	126.09	73.32	2.38	29.54	0.71	0.01	0.06	1.53
云南	169.78	91.50	1.56	45.66	1.03	0.01	0.07	2.89
西藏	39.56	19.54	0.18	12.41	0.19		0.04	0.30
陕西	295.84	152.33	9.08	78.79	2.72	0.02	0.49	3.10
甘肃	112.71	65.53	0.54	28.08	0.69		0.03	1.58
青海	53.09	26.67	3.05	13.67	0.14		0.01	0.44
宁夏	46.53	24.83	0.30	11.43	0.22	0.01	0.13	0.96
新疆	158.83	85.00	2.70	38.57	1.17		0.22	3.03

2-14 续表　　单位：万人

地　区	科学研究和技术服务业	水利、环境和公共设施管理业	居民服务、修理和其他服务业	教育	卫生和社会工作	文化、体育和娱乐业	其他
全　国	**28.85**	**2.54**	**1124.34**	**12.38**	**35.41**	**86.03**	**15.92**
北　京	0.79	0.03	3.55	0.11	0.10	0.83	
天　津	0.78	0.08	7.45		0.28	0.93	
河　北	1.59	0.13	42.45	0.20	1.29	3.11	0.14
山　西	0.33	0.80	32.01	0.15	1.20	2.01	0.03
内蒙古	0.65	0.04	49.01	0.69	1.27	1.98	0.02
辽　宁	1.16	0.08	36.20	0.11	6.80	4.86	0.05
吉　林	0.90	0.03	39.89	0.43	1.80	1.03	0.20
黑龙江	0.78	0.11	45.41	0.18	1.31	2.40	5.03
上　海	0.21	0.01	4.57		0.05	0.13	
江　苏	4.08	0.32	83.37	2.32	1.15	8.80	0.02
浙　江	1.95	0.14	59.27	1.03	1.03	4.89	0.03
安　徽	1.37	0.06	65.47	0.28	0.67	5.23	0.04
福　建	0.92	0.05	30.92	0.17	0.67	2.74	
江　西	0.15	0.04	35.53	0.27	0.64	1.97	
山　东	1.56	0.09	60.63	0.28	1.45	2.43	
河　南	1.20	0.05	78.40	0.51	0.82	3.83	0.10
湖　北	0.48	0.07	63.68	0.46	1.57	4.08	4.73
湖　南	1.07	0.08	43.49	0.80	1.83	5.03	0.01
广　东	4.31	0.14	103.44	2.31	1.91	5.62	1.53
广　西	0.57	0.03	27.89	0.12	0.78	2.41	0.72
海　南	0.14		8.65	0.08	0.37	0.62	0.92
重　庆	0.66	0.02	28.20	0.44	1.15	2.88	
四　川	0.95	0.02	37.34	0.32	1.74	3.02	0.10
贵　州	0.09	0.01	15.67	0.19	0.50	1.51	0.57
云　南	0.50	0.02	22.34	0.24	1.16	2.73	0.06
西　藏	0.03		4.73	0.02	0.18	1.21	0.72
陕　西	0.81	0.06	44.46	0.42	0.91	2.54	0.11
甘　肃	0.19	0.01	13.48	0.07	0.87	1.59	0.04
青　海	0.06		6.40	0.03	0.26	1.92	0.42
宁　夏	0.08		7.41	0.03	0.29	0.85	
新　疆	0.47	0.03	23.02	0.10	1.35	2.85	0.34

【主要统计指标解释】

劳动力 指在16周岁及以上，有劳动能力，参加或要求参加社会经济活动的人口。包括就业人员和失业人员。

就业人员 指在一定年龄以上，有劳动能力，为取得劳动报酬或经营收入而从事一定社会劳动的人员。具体指年满16周岁，为取得报酬或经营利润，在调查周内从事1小时（含1小时）以上劳动的人员；或由于学习、休假等原因在调查周内暂时处于未工作状态，但有工作单位或场所的人员；或由于临时停工放假、单位不景气放假等原因在调查周内暂时处于未工作状态，但不满三个月的人员。

单位就业人员 指报告期末最后一日在本单位工作，并取得工资或其他形式劳动报酬的人员数。该指标为时点指标，不包括最后一日当天及以前已经与单位解除劳动合同关系的人员，是在岗职工、劳务派遣人员及其他就业人员之和。就业人员不包括：

(1) 离开本单位仍保留劳动关系，并定期领取生活费的人员；

(2) 在本单位实习的各类在校学生；

(3) 本单位因劳务外包而使用的人员。

城镇私营和个体就业人员 城镇私营就业人员指在工商管理部门注册登记，其经营地址设在县城关镇(含县城关镇)以上的私营企业就业人员，包括私营企业投资者和雇工。城镇个体就业人员指在工商管理部门注册登记，并持有城镇户口或在城镇长期居住，经批准从事个体工商经营的就业人员，包括个体经营者和在个体工商户劳动的家庭帮工和雇工。

3 第三产业增加值

简要说明

国内生产总值数据是由国家统计局国民经济核算司根据不同产业部门、不同支出构成的特点和资料来源情况计算的。

本年鉴公布的国内生产总值以及与之有关的指标数据，最后一年数据不是最终数，还会在获得更多的财务和行政记录等资料后发生变动。如果遇到普查，在能够获得更详细的基础资料的情况下，国内生产总值的历史数据还会发生变动。2016 年，国家统计局改革研发支出的核算方法，将能够为所有者带来经济利益的研发支出不再作为中间消耗，而是作为固定资本形成处理。根据新的核算方法，国家统计局修订了 1952-2015 年国内生产总值数据。本年鉴中的数据是修订后的数据。

国内生产总值是一个价值量指标，其价值的变化受价格变化和物量变化两大因素影响。不变价国内生产总值是把按当期价格计算的国内生产总值换算成按某个固定期（基期）价格计算的价值，从而使两个不同时期的价值进行比较时，能够剔除价格变化的影响，以反映物量变化，反映生产活动成果的实际变动。国内生产总值指数就是根据两个时期不变价国内生产总值计算得到的。随着经济的不断发展，各行业的价格结构也会不断发生变化，为了更好地反映这种变化对于经济的影响，计算不变价国内生产总值需要每隔若干年调整一次基期。我国自开始核算国内生产总值以来，共有 1952 年、1957 年、1970 年、1980 年、1990 年、2000 年、2005 年、2010 年、2015 年 9 个不变价基期，目前的基期是 2015 年。也就是说，2016 年及以后年份的不变价国内生产总值是按照 2015 年价格计算的。由于计算不变价国内生产总值采用按不同基期分段计算，因此本年鉴中的不变价国内生产总值数据也按分段方式公布。

本篇中的数据分类基于《国民经济行业分类》（GB/T 4754—2011）和 2012 年制定的《三次产业划分规定》。第一产业是指农、林、牧、渔业（不含农、林、牧、渔服务业）。第二产业是指采矿业（不含开采辅助活动），制造业（不含金属制品、机械和设备修理业），电力、热力、燃气及水生产和供应业，建筑业。第三产业即服务业，是指除第一产业、第二产业以外的其他行业。

本篇所列分地区的数据来自各省、自治区、直辖市统计局的国民经济核算资料。由于采取分级核算，各地区数据相加不等于全国总计。

3-1 第三产业增加值及所占比重

单位：亿元

年 份	国内生产总值	第一产业	第二产业	第三产业	第三产业增加值占国内生产总值比重(%)
1978	3678.7	1018.5	1755.2	905.1	24.6
1979	4100.5	1259.0	1925.4	916.1	22.3
1980	4587.6	1359.5	2204.7	1023.4	22.3
1981	4935.8	1545.7	2269.1	1121.1	22.7
1982	5373.4	1761.7	2397.7	1214.0	22.6
1983	6020.9	1960.9	2663.0	1397.0	23.2
1984	7278.5	2295.6	3124.8	1858.1	25.5
1985	9098.9	2541.7	3886.5	2670.7	29.4
1986	10376.2	2764.1	4515.2	3096.9	29.8
1987	12174.6	3204.5	5274.0	3696.2	30.4
1988	15180.4	3831.2	6607.4	4741.8	31.2
1989	17179.7	4228.2	7300.9	5650.6	32.9
1990	18872.9	5017.2	7744.3	6111.4	32.4
1991	22005.6	5288.8	9129.8	7587.0	34.5
1992	27194.5	5800.3	11725.3	9668.9	35.6
1993	35673.2	6887.6	16473.1	12312.6	34.5
1994	48637.5	9471.8	22453.1	16712.5	34.4
1995	61339.9	12020.5	28677.5	20641.9	33.7
1996	71813.6	13878.3	33828.1	24107.2	33.6
1997	79715.0	14265.2	37546.0	27903.8	35.0
1998	85195.5	14618.7	39018.5	31558.3	37.0
1999	90564.4	14549.0	41080.9	34934.5	38.6
2000	100280.1	14717.4	45664.8	39897.9	39.8
2001	110863.1	15502.5	49660.7	45700.0	41.2
2002	121717.4	16190.2	54105.5	51421.7	42.2
2003	137422.0	16970.2	62697.4	57754.4	42.0
2004	161840.2	20904.3	74286.9	66648.9	41.2
2005	187318.9	21806.7	88084.4	77427.8	41.3
2006	219438.5	23317.0	104361.8	91759.7	41.8
2007	270232.3	27788.0	126633.6	115810.7	42.9
2008	319515.5	32753.2	149956.6	136805.8	42.8
2009	349081.4	34161.8	160171.7	154747.9	44.3
2010	413030.3	39362.6	191629.8	182038.0	44.1
2011	489300.6	46163.1	227038.8	216098.6	44.2
2012	540367.4	50902.3	244643.3	244821.9	45.3
2013	595244.4	55329.1	261956.1	277959.3	46.7
2014	643974.0	58343.5	277571.8	308058.6	47.8
2015	689052.1	60862.1	282040.3	346149.7	50.2
2016	743585.5	63672.8	296547.7	383365.0	51.6
2017	827121.7	65467.6	334622.6	427031.5	51.6

注：1.本表按当年价格计算。

3-2 第三产业分行业增加值

单位：亿元

年 份	第三产业	#批发和零售业	#交通运输、仓储和邮政业	#住宿和餐饮业	#金融业	#房地产业	#其他
1978	905.1	242.3	182.0	44.6	76.5	79.9	265.5
1979	916.1	200.9	193.7	44.0	75.9	86.3	298.4
1980	1023.4	193.8	213.4	47.4	85.8	96.4	368.1
1981	1121.1	231.1	220.8	54.1	91.6	99.9	403.2
1982	1214.0	171.4	246.9	62.3	130.6	110.8	469.3
1983	1397.0	198.7	275.0	72.5	168.9	121.8	535.0
1984	1858.1	363.5	338.6	96.8	230.5	162.3	637.0
1985	2670.7	802.4	421.8	138.3	293.8	215.2	765.5
1986	3096.9	852.6	499.0	163.2	401.0	298.1	845.6
1987	3696.2	1059.6	568.5	187.1	506.0	382.6	949.2
1988	4741.8	1483.4	685.9	241.4	658.6	473.8	1146.1
1989	5650.6	1536.2	812.9	277.4	1079.6	566.2	1319.9
1990	6111.4	1268.9	1167.2	301.9	1143.7	662.2	1500.7
1991	7587.0	1834.6	1420.5	442.3	1194.7	763.7	1852.1
1992	9668.9	2405.0	1689.2	584.6	1481.5	1101.3	2308.3
1993	12312.6	2816.6	2174.3	712.1	1902.6	1379.6	3206.0
1994	16712.5	3773.4	2788.2	1008.5	2556.5	1909.3	4513.7
1995	20641.9	4778.6	3244.7	1200.1	3209.7	2354.0	5660.0
1996	24107.2	5599.7	3782.6	1336.8	3698.3	2617.6	6841.3
1997	27903.8	6327.4	4149.1	1561.3	4176.1	2921.1	8487.4
1998	31558.3	6913.2	4661.5	1786.9	4314.3	3434.5	10140.9
1999	34934.5	7491.1	5175.9	1941.2	4484.9	3681.8	11824.5
2000	39897.9	8158.6	6161.9	2146.3	4836.2	4149.1	14090.8
2001	45700.0	9119.4	6871.3	2400.1	5195.3	4715.1	16980.9
2002	51421.7	9995.4	7494.3	2724.8	5546.6	5346.4	19816.0
2003	57754.4	11169.5	7914.8	3126.1	6034.7	6172.7	22749.2
2004	66648.9	12453.8	9306.5	3664.8	6586.8	7174.1	26746.1
2005	77427.8	13966.2	10668.8	4195.7	7469.5	8516.4	31725.0
2006	91759.7	16530.7	12186.3	4792.6	9951.7	10370.5	36881.9
2007	115810.7	20937.8	14605.1	5548.1	15173.7	13809.7	44492.1
2008	136805.8	26182.3	16367.6	6616.1	18313.4	14738.7	53063.2
2009	154747.9	29001.5	16522.4	6957.0	21798.1	18966.9	59835.2
2010	182038.0	35904.4	18783.6	7712.0	25680.4	23569.9	68464.3
2011	216098.6	43730.5	21842.0	8565.4	30678.9	28167.6	80763.9
2012	244821.9	49831.0	23763.2	9536.9	35188.4	31248.3	92629.2
2013	277959.3	56284.1	26042.7	10228.3	41191.0	35987.6	105302.8
2014	308058.6	62423.5	28500.9	11158.5	46665.2	38000.8	118322.7
2015	346149.7	66186.7	30487.8	12153.7	57872.6	41701.0	134605.5
2016	383365.0	71290.7	33058.8	13358.1	61121.7	48190.9	153008.9
2017	427031.5	77743.7	36802.7	14594.1	65748.9	53850.7	174687.1

注：本表按当年价格计算。

3-3 第三产业分行业增加值构成

单位：%

年 份	第三产业	#批发和零售业	#交通运输、仓储和邮政业	#住宿和餐饮业	#金融业	#房地产业	#其他
1978	100.0	26.8	20.1	4.9	8.5	8.8	29.3
1979	100.0	21.9	21.1	4.8	8.3	9.4	32.6
1980	100.0	18.9	20.9	4.6	8.4	9.4	36.0
1981	100.0	20.6	19.7	4.8	8.2	8.9	36.0
1982	100.0	14.1	20.3	5.1	10.8	9.1	38.7
1983	100.0	14.2	19.7	5.2	12.1	8.7	38.3
1984	100.0	19.6	18.2	5.2	12.4	8.7	34.3
1985	100.0	30.0	15.8	5.2	11.0	8.1	28.7
1986	100.0	27.5	16.1	5.3	13.0	9.6	27.3
1987	100.0	28.7	15.4	5.1	13.7	10.4	25.7
1988	100.0	31.3	14.5	5.1	13.9	10.0	24.2
1989	100.0	27.2	14.4	4.9	19.1	10.0	23.4
1990	100.0	20.8	19.1	4.9	18.7	10.8	24.6
1991	100.0	24.2	18.7	5.8	15.7	10.1	24.4
1992	100.0	24.9	17.5	6.0	15.3	11.4	23.9
1993	100.0	22.9	17.7	5.8	15.5	11.2	26.0
1994	100.0	22.6	16.7	6.0	15.3	11.4	27.0
1995	100.0	23.2	15.7	5.8	15.5	11.4	27.4
1996	100.0	23.2	15.7	5.5	15.3	10.9	28.4
1997	100.0	22.7	14.9	5.6	15.0	10.5	30.4
1998	100.0	21.9	14.8	5.7	13.7	10.9	32.1
1999	100.0	21.4	14.8	5.6	12.8	10.5	33.8
2000	100.0	20.4	15.4	5.4	12.1	10.4	35.3
2001	100.0	20.0	15.0	5.3	11.4	10.3	37.2
2002	100.0	19.4	14.6	5.3	10.8	10.4	38.5
2003	100.0	19.3	13.7	5.4	10.4	10.7	39.4
2004	100.0	18.7	14.0	5.5	9.9	10.8	40.1
2005	100.0	18.0	13.8	5.4	9.6	11.0	41.0
2006	100.0	18.0	13.3	5.2	10.8	11.3	40.2
2007	100.0	18.1	12.6	4.8	13.1	11.9	38.4
2008	100.0	19.1	12.0	4.8	13.4	10.8	38.8
2009	100.0	18.7	10.7	4.5	14.1	12.3	38.7
2010	100.0	19.7	10.3	4.2	14.1	12.9	37.6
2011	100.0	20.2	10.1	4.0	14.2	13.0	37.4
2012	100.0	20.4	9.7	3.9	14.4	12.8	37.8
2013	100.0	20.2	9.4	3.7	14.8	12.9	37.9
2014	100.0	20.3	9.3	3.6	15.1	12.3	38.4
2015	100.0	19.1	8.8	3.5	16.7	12.0	38.9
2016	100.0	18.6	8.6	3.5	15.9	12.6	39.9
2017	100.0	18.2	8.6	3.4	15.4	12.6	40.9

注：本表按当年价格计算。

3-4 第三产业不变价增加值

单位：亿元

年 份	第三产业	#批发和零售业	#交通运输、仓储和邮政业	#住宿和餐饮业	#金融业	#房地产业	#其他
				按1970年价格计算			
1978	888.8	253.3	179.7	44.8	77.0	65.0	255.5
1979	958.5	275.4	194.6	49.8	75.5	67.6	281.2
1980	1016.6	270.3	202.9	51.7	81.0	73.0	322.8
				按1980年价格计算			
1980	1023.4	193.8	213.4	47.4	85.8	96.4	368.1
1981	1121.5	251.0	217.4	55.7	89.8	93.0	395.3
1982	1263.4	249.1	242.1	73.3	128.5	101.5	447.7
1983	1448.2	302.0	265.1	87.5	162.6	106.7	501.3
1984	1729.0	376.7	304.6	94.6	212.6	136.3	578.2
1985	2042.1	503.0	346.6	100.6	249.0	170.4	644.7
1986	2293.7	550.5	394.6	116.3	324.3	214.4	664.1
1987	2630.4	631.6	432.6	127.5	397.5	277.2	732.3
1988	2976.9	705.9	486.7	159.5	477.8	312.4	799.3
1989	3150.7	630.3	507.2	175.4	601.1	362.2	837.9
1990	3234.8	597.1	549.5	181.5	614.1	384.8	869.1
				按1990年价格计算			
1990	6111.4	1268.9	1167.2	301.9	1143.7	662.2	1500.7
1991	6673.8	1334.6	1290.4	326.5	1176.1	741.4	1732.6
1992	7514.8	1474.9	1420.2	414.7	1252.1	938.7	1932.0
1993	8429.3	1601.5	1598.2	448.9	1393.2	1039.7	2254.4
1994	9387.5	1732.6	1734.4	570.7	1528.8	1164.1	2538.6
1995	10334.0	1875.2	1924.8	629.1	1663.7	1308.9	2799.7
1996	11286.4	2018.4	2137.3	672.1	1795.2	1361.7	3154.0
1997	12463.7	2195.4	2333.9	745.7	1957.3	1418.0	3651.1
1998	13510.9	2338.3	2581.0	828.2	2057.4	1526.9	4002.5
1999	14760.5	2541.9	2895.2	892.1	2167.5	1617.6	4460.1
2000	16203.5	2781.3	3143.7	975.4	2318.5	1732.6	5044.4
				按2000年价格计算			
2000	39897.9	8158.6	6161.9	2146.3	4836.2	4149.1	14090.8
2001	43991.2	8900.6	6704.6	2310.4	5175.1	4605.1	15902.0
2002	48604.0	9684.7	7182.5	2590.9	5563.7	5061.4	18075.7
2003	53240.7	10647.2	7622.6	2911.0	5977.0	5557.6	20031.0
2004	58628.6	11346.4	8726.1	3270.2	6256.0	5885.5	22574.2
2005	65873.9	12824.4	9703.9	3671.2	7140.0	6605.7	25278.2
				按2005年价格计算			
2005	77427.8	13966.2	10668.8	4195.7	7469.5	8516.4	31725.0
2006	88371.6	16684.6	11732.4	4723.0	9243.1	9834.8	35160.5
2007	102574.3	20057.5	13117.2	5177.3	11630.2	12230.1	39199.2
2008	113319.7	23236.6	14078.2	5674.3	13037.6	12347.3	43561.0
2009	124184.2	26002.9	14552.9	5887.4	15170.1	13806.0	47242.8
2010	136191.5	29798.8	15930.6	6371.4	16525.3	14842.9	50999.8
				按2010年价格计算			
2010	182038.0	35904.4	18783.6	7712.0	25680.4	23569.9	68464.3
2011	199310.5	40379.7	20598.3	8106.2	27647.9	25312.3	75024.7
2012	215283.7	44538.3	21852.4	8629.3	30258.8	26499.3	81114.5
2013	233150.5	49221.6	23294.2	8966.1	33455.3	28409.0	87159.2
2014	251352.9	54015.4	24807.0	9485.8	36776.7	28990.9	94568.7
2015	271954.1	57318.2	25812.8	10071.6	42675.0	29915.7	103379.1
				按2015年价格计算			
2015	346149.7	66186.7	30487.8	12153.7	57872.6	41701.0	134605.5
2016	372785.0	70909.9	32495.2	13049.9	60481.8	45298.3	147315.3
2017	402428.8	75976.3	35431.3	13982.9	63195.1	47846.9	162679.2

注：1.更换基期的年份有两个不变价数据，一个按上一基期价格计算，一个按新基期价格计算。
2.有关不变价国内生产总值的解释见简要说明。

3-5 第三产业分行业增加值及占GDP的比重

行　　业	2015		2016	
	增加值(亿元)	占GDP的比重(%)	增加值(亿元)	占GDP的比重(%)
第三产业	**346149.7**	**50.2**	**383365.0**	**51.6**
批发和零售业	66186.7	9.6	71290.7	9.6
交通运输、仓储和邮政业	30487.8	4.4	33058.8	4.4
住宿和餐饮业	12153.7	1.8	13358.1	1.8
信息传输、软件和信息技术服务业	18546.1	2.7	21899.1	2.9
金融业	57872.6	8.4	61121.7	8.2
房地产业	41701.0	6.1	48190.9	6.5
租赁和商务服务业	17111.5	2.5	19483.3	2.6
科学研究和技术服务业	13479.6	2.0	14590.7	2.0
水利、环境和公共设施管理业	3851.9	0.6	4253.8	0.6
居民服务、修理和其他服务业	10854.5	1.6	12792.7	1.7
教育	24253.1	3.5	26770.4	3.6
卫生和社会工作	14955.1	2.2	17092.0	2.3
文化、体育和娱乐业	4931.2	0.7	5483.7	0.7
公共管理、社会保障和社会组织	26622.6	3.9	30643.1	4.1

注：1.本表按当年价格计算。
2.本表中的分行业增加值之和不等于第三产业增加值。

3-6 第三产业分行业增加值指数

(上年=100)

年 份	第三产业	#批发和零售业	#交通运输、仓储和邮政业	#住宿和餐饮业	#金融业	#房地产业	#其他
1978	113.6	123.1	108.9	118.1	110.1	105.7	111.2
1979	107.8	108.7	108.3	111.1	98.0	104.1	110.1
1980	106.1	98.1	104.3	103.9	107.3	107.9	114.8
1981	109.6	129.5	101.9	117.5	104.7	96.5	107.4
1982	112.7	99.3	111.4	131.6	143.1	109.1	113.3
1983	114.6	121.2	109.5	119.4	126.5	105.2	112.0
1984	119.4	124.7	114.9	108.1	130.7	127.7	115.3
1985	118.1	133.5	113.8	106.3	117.1	125.0	111.5
1986	112.3	109.4	113.9	115.6	130.2	125.9	103.0
1987	114.7	114.7	109.6	109.7	122.6	129.3	110.3
1988	113.2	111.8	112.5	125.1	120.2	112.7	109.1
1989	105.8	89.3	104.2	109.9	125.8	115.9	104.8
1990	102.7	94.7	108.3	103.5	102.2	106.2	103.7
1991	109.2	105.2	110.6	108.2	102.8	112.0	115.4
1992	112.6	110.5	110.1	127.0	106.5	126.6	111.5
1993	112.2	108.6	112.5	108.2	111.3	110.8	116.7
1994	111.4	108.2	108.5	127.1	109.7	112.0	112.6
1995	110.1	108.2	111.0	110.2	108.8	112.4	110.3
1996	109.2	107.6	111.0	106.8	107.9	104.0	112.7
1997	110.4	108.8	109.2	110.9	109.0	104.1	115.8
1998	108.4	106.5	110.6	111.1	105.1	107.7	109.6
1999	109.2	108.7	112.2	107.7	105.4	105.9	111.4
2000	109.8	109.4	108.6	109.3	107.0	107.1	113.1
2001	110.3	109.1	108.8	107.6	107.0	111.0	112.9
2002	110.5	108.8	107.1	112.1	107.5	109.9	113.7
2003	109.5	109.9	106.1	112.4	107.4	109.8	110.8
2004	110.1	106.6	114.5	112.3	104.7	105.9	112.7
2005	112.4	113.0	111.2	112.3	114.1	112.2	112.0
2006	114.1	119.5	110.0	112.6	123.7	115.5	110.8
2007	116.1	120.2	111.8	109.6	125.8	124.4	111.5
2008	110.5	115.9	107.3	109.6	112.1	101.0	111.1
2009	109.6	111.9	103.4	103.8	116.4	111.8	108.5
2010	109.7	114.6	109.5	108.2	108.9	107.5	108.0
2011	109.5	112.5	109.7	105.1	107.7	107.4	109.6
2012	108.0	110.3	106.1	106.5	109.4	104.7	108.1
2013	108.3	110.5	106.6	103.9	110.6	107.2	107.5
2014	107.8	109.7	106.5	105.8	109.9	102.0	108.5
2015	108.2	106.1	104.1	106.2	116.0	103.2	109.3
2016	107.7	107.1	106.6	107.4	104.5	108.6	109.4
2017	108.0	107.1	109.0	107.1	104.5	105.6	110.4

注：本表按不变价格计算。

3-7 第三产业分行业增加值指数

(1978年＝100)

年 份	第三产业	#批发和零售业	#交通运输、仓储和邮政业	#住宿和餐饮业	#金融业	#房地产业	#其他
1978	100.0	100.0	100.0	100.0	100.0	100.0	100.0
1979	107.8	108.7	108.3	111.1	98.0	104.1	110.1
1980	114.4	106.7	112.9	115.5	105.2	112.3	126.3
1981	125.3	138.2	115.0	135.6	110.2	108.4	135.6
1982	141.2	137.2	128.1	178.5	157.6	118.2	153.7
1983	161.9	166.3	140.2	213.1	199.5	124.3	172.0
1984	193.3	207.4	161.1	230.3	260.8	158.7	198.4
1985	228.3	277.0	183.3	244.8	305.4	198.4	221.3
1986	256.4	303.2	208.8	283.1	397.8	249.7	227.9
1987	294.0	347.8	228.8	310.5	487.6	322.9	251.3
1988	332.7	388.7	257.5	388.5	586.1	363.8	274.3
1989	352.2	347.1	268.3	426.9	737.4	421.8	287.5
1990	361.6	328.8	290.7	441.8	753.3	448.2	298.2
1991	394.8	345.8	321.4	477.9	774.6	501.7	344.3
1992	444.6	382.2	353.7	607.0	824.7	635.3	383.9
1993	498.7	414.9	398.0	657.0	917.6	703.6	448.0
1994	555.4	448.9	432.0	835.3	1006.9	787.8	504.5
1995	611.4	485.9	479.4	920.8	1095.8	885.8	556.4
1996	667.7	523.0	532.3	983.8	1182.4	921.6	626.8
1997	737.4	568.8	581.3	1091.4	1289.2	959.6	725.6
1998	799.3	605.9	642.8	1212.2	1355.1	1033.3	795.4
1999	873.3	658.6	721.1	1305.7	1427.6	1094.7	886.4
2000	958.6	720.7	782.9	1427.7	1527.0	1172.5	1002.5
2001	1057.0	786.2	851.9	1536.8	1634.0	1301.4	1131.3
2002	1167.8	855.5	912.6	1723.4	1756.7	1430.3	1286.0
2003	1279.2	940.5	968.5	1936.4	1887.2	1570.5	1425.1
2004	1408.7	1002.2	1108.8	2175.3	1975.3	1663.2	1606.0
2005	1582.8	1132.8	1233.0	2442.0	2254.4	1866.7	1798.4
2006	1806.5	1353.3	1355.9	2748.9	2789.7	2155.7	1993.1
2007	2096.8	1626.9	1516.0	3013.3	3510.2	2680.7	2222.1
2008	2316.5	1884.7	1627.0	3302.6	3935.0	2706.4	2469.3
2009	2538.6	2109.1	1681.9	3426.6	4578.6	3026.2	2678.0
2010	2784.0	2417.0	1841.1	3708.3	4987.6	3253.4	2891.0
2011	3048.2	2718.2	2019.0	3897.9	5369.8	3493.9	3168.0
2012	3292.4	2998.2	2141.9	4149.4	5876.9	3657.8	3425.2
2013	3565.7	3313.4	2283.2	4311.4	6497.7	3921.4	3680.4
2014	3844.1	3636.1	2431.5	4561.3	7142.7	4001.7	3993.3
2015	4159.1	3858.5	2530.1	4843.0	8288.3	4129.4	4365.4
2016	4479.2	4133.8	2696.7	5200.1	8662.0	4485.6	4777.5
2017	4835.4	4429.2	2940.3	5571.9	9050.6	4738.0	5275.8

注：本表按不变价格计算。

3-8 三次产业贡献率和对国内生产总值增长的拉动

单位：%，百分点

年份	贡献率				对国内生产总值增长的拉动			
	国内生产总值	第一产业	第二产业	第三产业	国内生产总值	第一产业	第二产业	第三产业
1978	100.0	9.8	61.8	28.4	11.7	1.1	7.2	3.3
1979	100.0	20.9	53.6	25.6	7.6	1.6	4.1	1.9
1980	100.0	-4.8	85.6	19.2	7.8	-0.4	6.7	1.5
1981	100.0	40.5	17.7	41.8	5.1	2.1	0.9	2.1
1982	100.0	38.6	28.8	32.6	9.0	3.5	2.6	2.9
1983	100.0	23.9	43.5	32.7	10.8	2.6	4.7	3.5
1984	100.0	25.6	42.7	31.7	15.2	3.9	6.5	4.8
1985	100.0	4.1	61.2	34.8	13.4	0.5	8.2	4.7
1986	100.0	9.8	53.2	36.9	8.9	0.9	4.8	3.3
1987	100.0	10.2	55.0	34.8	11.7	1.2	6.4	4.1
1988	100.0	5.4	61.3	33.4	11.2	0.6	6.9	3.7
1989	100.0	15.9	44.0	40.1	4.2	0.7	1.8	1.7
1990	100.0	40.2	39.8	20.0	3.9	1.6	1.6	0.8
1991	100.0	6.8	61.1	32.2	9.3	0.6	5.7	3.0
1992	100.0	8.1	63.2	28.7	14.2	1.2	9.0	4.1
1993	100.0	7.6	64.4	28.0	13.9	1.1	8.9	3.9
1994	100.0	6.3	66.3	27.4	13.0	0.8	8.6	3.6
1995	100.0	8.7	62.8	28.5	11.0	1.0	6.9	3.1
1996	100.0	9.3	62.2	28.5	9.9	0.9	6.2	2.8
1997	100.0	6.5	59.1	34.5	9.2	0.6	5.5	3.2
1998	100.0	7.2	59.7	33.0	7.8	0.6	4.7	2.6
1999	100.0	5.6	56.9	37.4	7.7	0.4	4.4	2.9
2000	100.0	4.1	59.6	36.2	8.5	0.4	5.1	3.1
2001	100.0	4.6	46.4	49.0	8.3	0.4	3.9	4.1
2002	100.0	4.1	49.4	46.5	9.1	0.4	4.5	4.2
2003	100.0	3.1	57.9	39.0	10.0	0.3	5.8	3.9
2004	100.0	7.3	51.8	40.8	10.1	0.7	5.2	4.1
2005	100.0	5.2	50.5	44.3	11.4	0.6	5.8	5.0
2006	100.0	4.4	49.7	45.9	12.7	0.6	6.3	5.8
2007	100.0	2.7	50.1	47.3	14.2	0.4	7.1	6.7
2008	100.0	5.2	48.6	46.2	9.7	0.5	4.7	4.5
2009	100.0	4.0	52.3	43.7	9.4	0.4	4.9	4.1
2010	100.0	3.6	57.4	39.0	10.6	0.4	6.1	4.2
2011	100.0	4.2	52.0	43.8	9.5	0.4	5.0	4.2
2012	100.0	5.2	49.9	44.9	7.9	0.4	3.9	3.5
2013	100.0	4.3	48.5	47.2	7.8	0.3	3.8	3.7
2014	100.0	4.7	47.8	47.5	7.3	0.3	3.5	3.5
2015	100.0	4.6	42.4	52.9	6.9	0.3	2.9	3.7
2016	100.0	4.3	38.2	57.5	6.7	0.3	2.6	3.9
2017	100.0	4.9	36.3	58.8	6.9	0.3	2.5	4.0

注：1.产业贡献率指各产业增加值增量与GDP增量之比。
2.产业拉动指GDP增长速度与各产业贡献率之乘积。
3.本表按不变价格计算。

3-9 各地区第三产业分行业增加值

单位：亿元

地区	第三产业	批发和零售业	交通运输、仓储和邮政业	住宿和餐饮业	金融业	房地产业	其他
北京	22567.76	2486.80	1208.40	413.81	4655.37	1766.20	12037.18
天津	10786.64	2306.98	780.40	309.10	1951.75	783.27	4655.14
河北	15040.13	2833.01	2497.88	492.66	2053.44	1690.31	5472.83
山西	8030.37	1078.54	1052.14	401.77	1320.05	798.73	3379.14
内蒙古	8046.76	1815.47	1050.02	732.29	1099.85	458.59	2890.54
辽宁	12307.16	3002.13	1310.02	476.87	1964.58	1132.18	4421.38
吉林	6850.66	1208.30	603.12	374.84	709.64	525.58	3429.18
黑龙江	8876.83	1857.41	801.33	566.81	932.35	656.35	4062.58
上海	21191.54	4393.36	1344.54	412.33	5330.54	1873.05	7837.72
江苏	43169.73	8070.23	3097.67	1406.82	6783.87	5016.54	18794.60
浙江	27602.26	6217.29	1938.17	1218.51	3533.05	3222.54	11472.70
安徽	11597.45	1910.47	875.38	500.57	1663.59	1390.48	5256.96
福建	14612.67	2392.78	1889.69	465.07	2055.53	1768.48	6041.12
江西	8543.07	1415.12	866.30	465.58	1107.12	890.55	3798.40
山东	34858.60	9283.73	3268.01	1665.39	3651.56	3091.37	13898.54
河南	19308.02	3263.06	2162.85	1314.65	2509.19	2222.21	7836.06
湖北	16507.38	2682.21	1420.01	814.18	2640.86	1642.98	7307.14
湖南	16759.07	2666.71	1496.01	705.38	1610.31	1019.35	9261.31
广东	48085.73	8976.59	3580.94	1646.85	6853.01	7635.96	19392.38
广西	8194.11	1326.17	955.70	436.13	1273.40	885.48	3317.23
海南	2503.35	496.72	248.94	221.44	308.94	434.90	792.41
重庆	9564.03	1595.88	939.46	424.78	1813.73	1048.25	3741.93
四川	18389.74	2574.15	1595.80	1023.46	3203.27	2039.83	7953.23
贵州	6080.42	812.74	1070.22	439.19	787.88	283.05	2687.34
云南	7833.00	1567.79	366.59	523.58	1194.67	345.50	3834.87
西藏	674.55	75.10	34.08	35.27	110.20	33.49	386.41
陕西	9274.48	1762.33	832.62	497.62	1300.10	861.53	4020.28
甘肃	4038.36	563.23	293.50	229.91	553.59	274.30	2123.83
青海	1224.01	169.15	103.69	48.96	274.60	60.89	566.72
宁夏	1612.37	160.92	199.31	58.66	314.69	120.84	757.95
新疆	4999.23	702.18	668.15	180.03	623.53	323.16	2502.18

注：本表按当年价格计算。

3-10 各地区第三产业分行业增加值构成

(第三产业增加值=100)

地 区	批发和零售业	交通运输、仓储和邮政业	住宿和餐饮业	金融业	房地产业	其他
北 京	11.0	5.4	1.8	20.6	7.8	53.3
天 津	21.4	7.2	2.9	18.1	7.3	43.2
河 北	18.8	16.6	3.3	13.7	11.2	36.4
山 西	13.4	13.1	5.0	16.4	9.9	42.1
内蒙古	22.6	13.0	9.1	13.7	5.7	35.9
辽 宁	24.4	10.6	3.9	16.0	9.2	35.9
吉 林	17.6	8.8	5.5	10.4	7.7	50.1
黑龙江	20.9	9.0	6.4	10.5	7.4	45.8
上 海	20.7	6.3	1.9	25.2	8.8	37.0
江 苏	18.7	7.2	3.3	15.7	11.6	43.5
浙 江	22.5	7.0	4.4	12.8	11.7	41.6
安 徽	16.5	7.5	4.3	14.3	12.0	45.3
福 建	16.4	12.9	3.2	14.1	12.1	41.3
江 西	16.6	10.1	5.4	13.0	10.4	44.5
山 东	26.6	9.4	4.8	10.5	8.9	39.9
河 南	16.9	11.2	6.8	13.0	11.5	40.6
湖 北	16.2	8.6	4.9	16.0	10.0	44.3
湖 南	15.9	8.9	4.2	9.6	6.1	55.3
广 东	18.7	7.4	3.4	14.3	15.9	40.3
广 西	16.2	11.7	5.3	15.5	10.8	40.5
海 南	19.8	9.9	8.8	12.3	17.4	31.7
重 庆	16.7	9.8	4.4	19.0	11.0	39.1
四 川	14.0	8.7	5.6	17.4	11.1	43.2
贵 州	13.4	17.6	7.2	13.0	4.7	44.2
云 南	20.0	4.7	6.7	15.3	4.4	49.0
西 藏	11.1	5.1	5.2	16.3	5.0	57.3
陕 西	19.0	9.0	5.4	14.0	9.3	43.3
甘 肃	13.9	7.3	5.7	13.7	6.8	52.6
青 海	13.8	8.5	4.0	22.4	5.0	46.3
宁 夏	10.0	12.4	3.6	19.5	7.5	47.0
新 疆	14.0	13.4	3.6	12.5	6.5	50.1

注：本表按当年价格计算。

3-11 各地区第三产业分行业增加值指数

(上年=100)

地 区	第三产业	批发和零售业	交通运输、仓储和邮政业	住宿和餐饮业	金融业	房地产业	其他
北 京	107.3	106.7	112.1	101.9	107.1	98.4	108.6
天 津	106.0	105.1	106.1	105.2	108.0	88.8	108.8
河 北	111.3	110.0	108.4	110.8	111.9	104.4	115.4
山 西	107.8	100.8	112.8	105.8	105.4	106.1	110.4
内蒙古	106.2	106.0	110.7	105.8	108.1	97.9	102.1
辽 宁	105.0	105.7	105.6	102.3	104.6	104.4	104.6
吉 林	107.6	103.9	105.1	102.4	104.2	103.9	111.3
黑龙江	108.8	106.3	107.1	106.9	106.7	104.4	111.9
上 海	107.5	106.7	110.9	104.1	110.6	86.9	110.7
江 苏	108.5	106.4	107.5	105.9	109.0	103.1	111.0
浙 江	109.2	107.6	107.5	105.0	107.6	109.1	111.6
安 徽	109.9	106.0	104.6	107.3	110.9	105.0	113.5
福 建	110.2	107.4	108.3	104.1	106.5	107.6	114.6
江 西	110.5	106.3	106.3	107.0	111.3	108.6	113.9
山 东	109.1	108.6	112.9	110.5	110.1	108.0	108.4
河 南	109.4	107.8	108.3	108.8	106.5	104.8	112.9
湖 北	109.5	106.5	106.9	106.4	109.0	112.3	111.4
湖 南	110.3	105.9	106.3	107.2	110.8	104.0	113.2
广 东	108.7	105.4	109.5	102.6	108.8	107.2	111.5
广 西	109.6	107.9	108.6	106.7	108.7	111.5	110.6
海 南	110.3	105.1	113.4	108.8	110.1	119.0	109.1
重 庆	109.9	107.6	108.7	108.4	108.1	104.1	113.9
四 川	109.8	106.7	107.1	107.3	106.8	107.4	113.4
贵 州	111.5	110.0	110.6	109.6	113.4	106.0	112.9
云 南	109.5	107.3	109.6	107.4	106.3	106.8	112.2
西 藏	109.9	105.3	106.8	103.1	117.8	96.9	110.9
陕 西	108.9	108.5	106.9	107.7	106.3	106.5	110.2
甘 肃	106.5	103.5	108.1	106.0	105.3	101.9	107.7
青 海	107.9	102.5	107.8	105.3	107.6	105.0	110.6
宁 夏	109.2	108.7	99.1	106.5	106.8	103.6	114.9
新 疆	109.5	116.6	118.0	105.8	111.4	105.2	107.4

注：本表按不变价格计算。

【主要统计指标解释】

国内生产总值（GDP） 指一个国家所有常住单位在一定时期内生产活动的最终成果。国内生产总值有三种表现形态，即价值形态、收入形态和产品形态。从价值形态看，它是所有常住单位在一定时期内生产的全部货物和服务价值与同期投入的全部非固定资产货物和服务价值的差额，即所有常住单位的增加值之和；从收入形态看，它是所有常住单位在一定时期内创造的各项收入之和，包括劳动者报酬、生产税净额、固定资产折旧和营业盈余；从产品形态看，它是所有常住单位在一定时期内最终使用的货物和服务价值与货物和服务净出口价值之和。在实际核算中，国内生产总值有三种计算方法，即生产法、收入法和支出法。三种方法分别从不同的方面反映国内生产总值及其构成。

对于一个地区来说，称为地区生产总值或地区GDP。

4 第三产业固定资产投资

简要说明

一、主要内容

固定资产投资资料通过对一定时期第三产业建造和购置固定资产活动的数量方面的描述，反映报告期内第三产业固定资产投资的规模和速度、结构和比例关系、资金来源及投资效果等。

二、统计范围

第三产业固定资产投资统计的范围包括：城乡建设项目投资、房地产开发投资，国防、人防建设项目投资及农户投资。

三、资料来源

跨省、自治区、直辖市项目资料来自国务院各部门；农户固定资产投资资料来自国家统计局住户调查办公室的住户调查；除此以外的固定资产投资统计资料均来自国家统计局固定资产投资统计司统计调查。

四、统计调查方法

除农户固定资产投资统计采用抽样调查方法外，其他均为全面调查。

五、统计口径变化

自 1997 年起，除房地产开发投资、非农户投资、农户投资及城镇和工矿区私人建房投资外，固定资产投资的统计起点由 5 万元提高到 50 万元。

自 2006 年起，非农户固定资产投资统计改为按项目统计，调查方法由抽样调查改为全面统计报表，起点提高到 50 万元。

自 2006 年起，城镇和工矿区私人建房投资改为按项目统计，起点为 50 万元。

自 2011 年起，除房地产开发投资、农村农户投资外，固定资产投资项目统计起点由 50 万元提高到 500 万元。

2011 年起，城镇固定资产投资数据发布口径改为固定资产投资（不含农户），等于原口径的城镇固定资产投资加上农村企事业组织项目投资。

4-1 按行业门类分第三产业全社会固定资产投资

单位：亿元

行业门类	2006	2007	2008	2009	2010	2011
第三产业合计	**58769.2**	**72766.7**	**90802.7**	**121453.1**	**152096.7**	**170250.6**
农、林、牧、渔服务业						
开采辅助活动						
金属制品、机械和设备修理业						
批发和零售业	2265.3	2880.3	3741.8	5132.8	6032.2	7439.4
交通运输、仓储和邮政业	12138.1	14154.0	17024.4	24974.7	30074.5	28291.7
住宿和餐饮业	1095.7	1519.4	1959.2	2625.4	3366.8	3956.6
信息传输、软件和信息技术服务业	1875.9	1848.1	2162.6	2589.0	2454.5	2174.4
金融业	121.4	157.6	260.6	360.2	489.4	638.7
房地产业	24524.4	32438.9	40441.8	49358.5	64877.3	81686.1
租赁和商务服务业	725.6	949.3	1355.9	2036.2	2692.6	3382.8
科学研究和技术服务业	495.3	560.0	782.0	1200.8	1379.3	1679.8
水利、环境和公共设施管理业	8152.7	10154.3	13534.3	19874.4	24827.6	24523.1
居民服务、修理和其他服务业	389.5	434.7	522.0	801.9	1114.1	1443.3
教育	2270.2	2375.6	2523.8	3521.2	4033.6	3894.6
卫生和社会工作	769.0	885.0	1155.6	1858.6	2119.0	2330.3
文化、体育和娱乐业	955.4	1243.4	1589.9	2383.4	2959.4	3162.0
公共管理、社会保障和社会组织	2990.5	3166.1	3748.5	4735.9	5676.6	5647.8
国际组织	0.1		0.3	0.2		

注：自2013年起，三产划分按《国家统计局关于印发<三次产业划分规定>的通知》(国统字[2012]108号)执行，农林牧渔业、采矿业和制造业仅包括该门类下的第三产业投资。

4-1 续表

单位：亿元

行业门类	2012	2013	2014	2015	2016	2017
第三产业合计	**205435.8**	**250293.1**	**290533.7**	**320199.1**	**353546.2**	**382227.1**
农、林、牧、渔服务业		2292.2	2771.1	3500.5	3935.6	3746.0
开采辅助活动		517.6	508.3	424.5	342.8	237.7
金属制品、机械和设备修理业		328.3	327.1	337.5	300.5	277.6
批发和零售业	9810.7	12720.5	15800.2	18924.9	18166.9	16779.9
交通运输、仓储和邮政业	31444.9	36790.1	43215.7	49200.0	53890.4	61449.9
住宿和餐饮业	5153.5	6041.1	6230.1	6546.7	5976.2	6145.0
信息传输、软件和信息技术服务业	2692.0	3084.9	4110.0	5521.9	6325.5	6997.4
金融业	923.9	1242.0	1363.0	1367.2	1310.2	1121.5
房地产业	99159.3	118809.4	131348.2	134284.3	142359.4	146225.5
租赁和商务服务业	4700.4	5893.2	7965.2	9447.9	12341.9	13357.1
科学研究和技术服务业	2475.8	3133.2	4219.1	4752.0	5567.8	5932.5
水利、环境和公共设施管理业	29621.6	37663.9	46225.0	55679.6	68647.6	82106.1
居民服务、修理和其他服务业	1905.0	2099.3	2371.7	2730.3	2750.9	2752.6
教育	4613.0	5433.0	6708.7	7726.8	9326.7	11104.3
卫生和社会工作	2617.1	3139.3	3991.5	5175.6	6282.1	7327.9
文化、体育和娱乐业	4271.3	5231.1	6178.4	6728.3	7834.2	8734.8
公共管理、社会保障和社会组织	6047.4	5874.1	7200.5	7851.1	8187.7	7931.5
国际组织						

4-2 按行业门类分第三产业投资占全社会投资比重

单位：%

行业门类	2006	2007	2008	2009	2010	2011
第三产业合计	**53.4**	**53.0**	**52.5**	**54.1**	**54.7**	**54.7**
农、林、牧、渔服务业						
开采辅助活动						
金属制品、机械和设备修理业						
批发和零售业	2.1	2.1	2.2	2.3	2.2	2.4
交通运输、仓储和邮政业	11.0	10.3	9.9	11.1	10.8	9.1
住宿和餐饮业	1.0	1.1	1.1	1.2	1.2	1.3
信息传输、软件和信息技术服务业	1.7	1.3	1.3	1.2	0.9	0.7
金融业	0.1	0.1	0.2	0.2	0.2	0.2
房地产业	22.3	23.6	23.4	22.0	23.3	26.2
租赁和商务服务业	0.7	0.7	0.8	0.9	1.0	1.1
科学研究和技术服务业	0.5	0.4	0.5	0.5	0.5	0.5
水利、环境和公共设施管理业	7.4	7.4	7.8	8.8	8.9	7.9
居民服务、修理和其他服务业	0.4	0.3	0.3	0.4	0.4	0.5
教育	2.1	1.7	1.5	1.6	1.5	1.3
卫生和社会工作	0.7	0.6	0.7	0.8	0.8	0.7
文化、体育和娱乐业	0.9	0.9	0.9	1.1	1.1	1.0
公共管理、社会保障和社会组织	2.7	2.3	2.2	2.1	2.0	1.8
国际组织						

4-2 续表

单位：%

行业门类	2012	2013	2014	2015	2016	2017
第三产业合计	**54.8**	**56.1**	**56.7**	**57.0**	**58.3**	**59.6**
农、林、牧、渔服务业		0.5	0.5	0.6	0.6	0.6
开采辅助活动		0.1	0.1	0.1	0.1	
金属制品、机械和设备修理业		0.1	0.1	0.1		
批发和零售业	2.6	2.9	3.1	3.4	3.0	2.6
交通运输、仓储和邮政业	8.4	8.2	8.4	8.8	8.9	9.6
住宿和餐饮业	1.4	1.4	1.2	1.2	1.0	1.0
信息传输、软件和信息技术服务业	0.7	0.7	0.8	1.0	1.0	1.1
金融业	0.2	0.3	0.3	0.2	0.2	0.2
房地产业	26.5	26.6	25.7	23.9	23.5	22.8
租赁和商务服务业	1.3	1.3	1.6	1.7	2.0	2.1
科学研究和技术服务业	0.7	0.7	0.8	0.8	0.9	0.9
水利、环境和公共设施管理业	7.9	8.4	9.0	9.9	11.3	12.8
居民服务、修理和其他服务业	0.5	0.5	0.5	0.5	0.5	0.4
教育	1.2	1.2	1.3	1.4	1.5	1.7
卫生和社会工作	0.7	0.7	0.8	0.9	1.0	1.1
文化、体育和娱乐业	1.1	1.2	1.2	1.2	1.3	1.4
公共管理、社会保障和社会组织	1.6	1.3	1.4	1.4	1.4	1.2
国际组织						

4-3 各地区按登记注册类型分第三产业全社会固定资产投资

单位：亿元

地　区	总　计	内　资	国　有	集　体	股份合作	联　营	有限责任公司
全　国	**382227.1**	**371942.3**	**118080.1**	**6103.4**	**510.7**	**468.3**	**139456.0**
北　京	7415.2	6746.4	1075.0	29.7	83.4	0.1	4983.6
天　津	7547.5	7243.6	895.3	342.9	6.0	40.6	3723.7
河　北	15513.7	15247.2	3308.8	65.9	33.9	6.6	5264.1
山　西	3354.7	3327.0	907.6	37.4	2.7	0.4	826.7
内蒙古	7519.2	7514.5	4388.4	42.0	2.0	6.1	1708.5
辽　宁	4215.9	3843.4	744.4	7.0	3.2	0.2	1633.1
吉　林	6174.4	6122.8	1728.0	22.0	3.0	6.5	2070.3
黑龙江	5974.3	5937.4	1851.3	44.9	12.8	1.5	1953.8
上　海	6216.8	5486.8	1240.8	19.9	0.3	0.7	3183.9
江　苏	26426.3	25000.2	6140.2	624.4	23.3	91.9	8410.4
浙　江	22084.7	21329.1	4703.3	466.9	31.3	20.2	8729.1
安　徽	15482.0	15291.8	5270.5	110.1	20.1	11.2	5220.0
福　建	16553.3	16006.9	4234.2	804.0	5.4	32.9	6095.0
江　西	9698.8	9595.0	3153.4	33.9	15.7	26.4	3602.4
山　东	26933.6	26339.0	6312.2	1081.7	21.9	10.5	8652.3
河　南	22810.4	22651.7	5235.2	316.5	13.3	19.8	10310.4
湖　北	18085.8	17841.9	5958.5	268.0	91.6	38.9	6350.0
湖　南	19244.7	19067.5	5818.6	254.9	19.1	45.0	7085.1
广　东	25222.3	23334.8	5033.8	768.3	37.9	36.1	10561.5
广　西	12245.5	12016.7	3637.7	55.3	12.1	5.1	4360.2
海　南	3922.8	3700.1	511.2	2.5	6.3	6.5	2268.8
重　庆	11243.4	10751.8	2702.9	72.2	13.9	7.8	4676.2
四　川	21513.4	21180.2	7593.0	79.7	8.0	5.7	8653.4
贵　州	12096.3	11986.2	4354.9	48.0	5.8	6.3	5728.6
云　南	15039.6	14916.9	8354.1	248.7	2.5	2.0	3927.5
西　藏	1494.6	1494.6	1198.1	3.5	0.3	6.0	187.1
陕　西	16511.4	16320.0	7980.7	203.7	22.1	8.5	5113.8
甘　肃	4320.7	4316.9	1750.3	36.7	3.5	6.7	1452.1
青　海	2507.7	2499.5	1540.0	3.9			489.0
宁　夏	2128.0	2118.0	859.4	4.7		15.7	460.1
新　疆	8455.1	8439.2	5434.5	4.0	9.4	2.4	1664.1
不分地区	4275.0	4275.0	4164.0				111.0

4-3 续表

单位：亿元

地区	股份有限公司	私营	个体	其他	港澳台商投资	外商投资
全国	**8132.3**	**77865.0**	**8189.7**	**13136.8**	**7253.8**	**3031.0**
北京	195.6	302.3	57.3	19.3	580.3	88.5
天津	119.2	1828.0	24.6	263.5	189.1	114.8
河北	328.3	5519.2	324.9	395.6	126.3	140.2
山西	24.8	1101.2	250.3	175.9	12.8	14.9
内蒙古	131.7	990.0	116.6	129.1	3.2	1.5
辽宁	81.4	1210.2	128.4	35.5	211.0	161.5
吉林	245.0	1616.3	215.6	216.1	46.4	5.3
黑龙江	94.7	1343.3	159.7	475.4	24.0	13.0
上海	147.8	885.4	5.1	3.0	573.4	156.6
江苏	563.9	8581.2	224.6	340.3	1023.1	403.0
浙江	367.1	5887.7	556.7	566.8	609.2	146.4
安徽	280.6	3640.6	326.6	412.2	155.0	35.2
福建	317.1	3134.3	313.6	1070.4	349.4	197.0
江西	250.1	2014.8	267.5	230.7	89.0	14.7
山东	622.7	6528.1	629.1	2480.5	357.8	236.7
河南	581.3	4064.7	518.6	1591.9	132.2	26.5
湖北	421.8	3499.4	375.7	837.9	190.3	53.6
湖南	390.3	4283.3	584.0	587.3	139.8	37.5
广东	771.0	4572.9	523.9	1029.5	1269.1	618.4
广西	197.7	2895.8	498.8	353.9	121.9	106.9
海南	309.7	443.8	112.4	38.8	163.7	59.0
重庆	278.5	2344.2	92.1	564.0	385.3	106.3
四川	646.3	3291.9	543.5	358.6	186.6	146.6
贵州	111.1	1423.4	168.1	140.1	99.8	10.3
云南	252.2	1671.6	375.4	83.0	80.4	42.3
西藏	6.4	69.5	8.9	14.7		
陕西	209.7	2084.0	301.6	396.0	106.3	85.2
甘肃	73.5	778.9	108.7	106.4	1.0	2.7
青海	61.0	303.2	68.2	34.1	8.2	
宁夏	12.8	674.5	76.8	14.1	8.6	1.4
新疆	39.1	881.3	232.4	172.1	10.7	5.2
不分地区						

4-4 各地区按行业门类分第三产业全社会固定资产投资

单位：亿元

地　区	第三产业合　计	农、林、牧、渔服务业	开采辅助活动	金属制品、机械和设备修理业	批发和零售业	交通运输、仓储和邮政业	住宿和餐饮业	信息传输、软件和信息技术服务业	金融业	房地产业
全　国	**382227.1**	**3746.0**	**237.7**	**277.6**	**16779.9**	**61449.9**	**6145.0**	**6997.4**	**1121.5**	**146225.5**
北　京	7415.2	2.6		9.1	30.7	1129.1	10.8	282.0	28.4	4482.1
天　津	7547.5	28.4	1.6	13.0	740.7	537.0	74.0	209.4	14.1	2826.9
河　北	15513.7	148.2	4.4	9.0	798.2	2135.5	209.0	327.4	58.8	5810.7
山　西	3354.7	27.2	14.3	2.0	104.0	425.5	27.6	28.0	1.5	1618.3
内蒙古	7519.2	182.9	22.7	13.2	374.1	1180.2	98.8	190.9	21.8	1578.2
辽　宁	4215.9	12.3	2.1	0.5	113.4	602.0	72.9	55.9	12.9	2421.7
吉　林	6174.4	161.1	24.4	11.7	554.7	1211.7	183.6	396.0	70.1	1184.7
黑龙江	5974.3	218.1	5.0	8.0	838.2	1200.5	248.4	252.6	40.3	1061.0
上　海	6216.8	0.7	0.9	3.8	19.8	960.3	13.8	123.5	16.8	3863.5
江　苏	26426.3	128.4	1.1	19.4	1652.4	2891.0	418.9	611.2	121.7	10977.0
浙　江	22084.7	89.0		12.7	276.1	2967.5	331.8	336.9	57.7	10959.2
安　徽	15482.0	126.0	3.6	10.5	605.6	1667.8	193.5	274.0	62.1	6863.0
福　建	16553.3	99.4	2.0	16.3	713.5	2808.9	214.1	364.5	17.6	5815.6
江　西	9698.8	88.0	2.7	12.1	877.4	734.6	215.3	204.8	62.5	2933.3
山　东	26933.6	264.6	15.7	26.5	1899.9	3955.0	425.5	321.7	136.9	10077.4
河　南	22810.4	191.6	25.7	6.0	1267.8	2498.5	435.1	310.0	43.0	9971.4
湖　北	18085.8	158.7	7.7	30.0	632.8	2939.9	257.4	149.3	49.0	6794.0
湖　南	19244.7	244.5	8.2	15.3	1341.1	2104.3	355.9	392.2	60.9	5355.4
广　东	25222.3	82.0	0.7	14.7	709.2	3759.6	312.1	541.9	70.0	13928.2
广　西	12245.5	145.9	7.0	14.8	663.7	2005.6	248.8	245.8	54.3	3875.7
海　南	3922.8	21.3		0.9	47.3	486.0	84.1	108.2	0.7	2285.2
重　庆	11243.4	73.9	26.6	5.1	218.4	1954.8	153.6	106.2	8.3	4412.1
四　川	21513.4	220.0	2.6	3.9	463.6	4492.6	410.3	286.7	27.7	8366.9
贵　州	12096.3	69.7	25.2	1.3	317.5	2334.3	221.0	139.5	17.9	3644.8
云　南	15039.6	313.0		1.2	382.8	3741.7	358.6	136.0	8.8	4764.6
西　藏	1494.6	40.4	0.4	0.1	32.8	581.7	26.2	9.0	1.5	224.2
陕　西	16511.4	224.2	6.9	11.5	655.7	1891.2	286.7	225.0	19.6	5342.7
甘　肃	4320.7	74.2	15.6	1.4	184.6	956.6	102.8	53.1	6.2	1366.5
青　海	2507.7	43.8	1.9	2.4	41.0	730.5	40.5	88.9	1.0	709.4
宁　夏	2128.0	32.8		0.4	42.0	330.1	16.6	72.6	3.0	816.4
新　疆	8455.1	233.1	8.7	0.8	181.0	1978.5	97.4	154.2	26.6	1895.4
不分地区	4275.0					4257.3				

4-4 续表 单位：亿元

地 区	租赁和商务服务业	科学研究和技术服务业	水利、环境和公共设施管理业	居民服务、修理和其他服务业	教 育	卫生和社会工作	文化、体育和娱乐业	公共管理、社会保障和社会组织	国际组织
全 国	**13357.1**	**5932.5**	**82106.1**	**2752.6**	**11104.3**	**7327.9**	**8734.8**	**7931.5**	
北 京	284.0	73.4	758.9	0.2	129.3	66.2	108.5	20.1	
天 津	763.7	458.9	1385.2	188.8	118.0	45.4	92.3	50.1	
河 北	557.0	426.8	3554.2	100.2	317.8	334.9	511.2	210.5	
山 西	55.8	31.5	738.6	11.5	76.5	70.0	61.6	60.7	
内蒙古	117.9	104.9	2818.1	53.3	163.1	154.1	231.2	213.6	
辽 宁	95.1	30.2	449.5	29.8	79.9	91.7	96.0	50.0	
吉 林	293.4	138.3	1268.6	108.9	168.1	144.3	156.1	98.7	
黑龙江	290.3	241.7	845.4	134.2	159.5	175.6	142.0	113.4	
上 海	145.7	58.6	785.4	1.4	96.4	51.1	56.9	18.4	
江 苏	1596.8	768.5	4692.8	311.2	677.4	534.4	546.8	477.5	
浙 江	704.4	131.8	4702.5	88.1	517.5	275.8	484.9	148.8	
安 徽	612.8	280.6	3299.1	108.8	443.4	255.5	254.3	421.4	
福 建	335.0	115.6	4486.7	99.1	387.3	265.3	432.4	380.1	
江 西	579.3	135.9	2544.7	84.3	234.9	202.4	198.5	588.2	
山 东	1381.1	953.0	3753.9	248.5	1168.1	651.4	976.0	678.3	
河 南	428.7	295.2	4982.0	153.3	763.4	594.5	657.4	187.1	
湖 北	788.4	242.3	4371.6	149.4	363.6	344.2	390.4	417.0	
湖 南	897.8	434.4	5421.3	163.9	692.7	483.9	650.2	622.6	
广 东	610.9	266.8	3548.9	47.2	528.5	333.6	304.0	163.8	
广 西	802.3	146.0	2515.8	99.8	517.7	237.8	310.4	354.2	
海 南	27.9	32.3	472.6	8.8	81.9	84.8	150.4	30.3	
重 庆	239.7	45.4	3295.6	38.7	292.7	138.9	135.6	97.9	
四 川	535.5	92.5	4784.2	69.5	711.2	479.3	319.1	247.6	
贵 州	420.5	44.1	3653.3	71.4	507.6	253.4	319.8	54.8	
云 南	70.3	27.7	3035.4	71.1	584.9	288.1	310.1	945.3	
西 藏	20.1	5.5	276.0	18.8	48.2	28.0	33.1	148.6	
陕 西	328.2	203.5	5705.5	148.6	584.8	347.4	391.8	138.4	
甘 肃	94.1	38.7	777.3	81.5	151.7	105.3	130.9	180.0	
青 海	71.9	11.6	475.4	8.2	56.2	39.8	63.0	122.3	
宁 夏	27.5	28.4	467.2	7.6	68.1	86.4	55.7	73.3	
新 疆	181.1	68.3	2222.7	46.5	413.9	164.5	164.1	618.2	
不分地区			17.6						

4-5 按行业分第三产业固定资产投资(不含农户)

单位：亿元

行业	投资额	新建	扩建	改建和技术改造	建筑安装工程投资	设备工器具购置	其他费用
第三产业合计	**375040.2**	**316309.2**	**26121.5**	**22608.3**	**288873.5**	**26693.8**	**59472.8**
农、林、牧、渔服务业	**3746.0**	**2864.1**	**522.8**	**273.9**	**3024.5**	**482.3**	**239.1**
开采辅助活动	**237.7**	**132.3**	**26.5**	**71.6**	**163.4**	**61.3**	**13.0**
金属制品、机械和设备修理业	**277.6**	**130.1**	**41.3**	**86.6**	**185.0**	**77.8**	**14.8**
批发和零售业	**16541.8**	**11562.5**	**2240.8**	**2092.1**	**12559.5**	**2905.4**	**1076.9**
批发业	8452.3	5634.7	1265.1	1144.9	6290.3	1677.4	484.5
零售业	8089.5	5927.8	975.8	947.1	6269.2	1227.9	592.4
交通运输、仓储和邮政业	**61185.8**	**46043.6**	**6898.2**	**5118.3**	**46674.0**	**6191.7**	**8320.1**
铁路运输业	8006.2	5767.3	960.7	233.5	5347.7	1313.9	1344.6
道路运输业	40303.6	30846.8	4459.6	4321.6	32513.0	1964.0	5826.6
水上运输业	1886.4	1385.6	203.8	96.7	1345.2	364.8	176.4
航空运输业	2394.9	908.0	376.3	47.3	859.4	1246.5	289.0
管道运输业	347.9	263.2	20.6	62.9	228.6	67.5	51.7
装卸搬运和运输代理业	1115.1	901.0	105.9	59.0	821.8	217.9	75.4
仓储业	6855.8	5759.0	742.1	282.9	5362.9	956.2	536.7
邮政业	276.0	212.7	29.3	14.4	195.4	60.9	19.7
住宿和餐饮业	**6106.6**	**4662.5**	**683.9**	**683.4**	**5061.2**	**615.9**	**429.6**
住宿业	4289.1	3479.8	397.0	369.5	3593.5	364.1	331.4
餐饮业	1817.6	1182.7	286.9	313.8	1467.6	251.7	98.2
信息传输、软件和信息技术服务业	**6987.4**	**4368.6**	**623.0**	**1179.4**	**3848.5**	**2651.3**	**487.6**
电信、广播电视和卫星传输服务	2489.3	1386.7	236.9	706.8	1253.7	1116.5	119.2
互联网和相关服务	1080.7	729.3	59.4	102.7	590.9	422.7	67.1
软件和信息技术服务业	3417.4	2252.6	326.8	369.9	2003.9	1112.2	301.3
金融业	**1121.5**	**880.9**	**78.3**	**92.1**	**840.2**	**157.4**	**123.9**
货币金融服务	467.6	340.4	32.9	38.7	332.6	92.4	42.6
资本市场服务	357.6	292.1	24.5	33.0	292.2	34.9	30.5
保险业	123.4	106.8	4.0	9.8	85.9	12.9	24.6
其他金融业	172.8	141.7	16.9	10.6	129.4	17.2	26.2
房地产业	**139733.5**	**135408.1**	**1761.1**	**1467.4**	**103461.3**	**2418.1**	**33854.1**
租赁和商务服务业	**13304.2**	**10279.8**	**907.4**	**979.3**	**9668.2**	**2193.4**	**1442.5**
租赁业	1319.2	343.8	61.5	64.9	297.2	1001.0	21.1
商务服务业	11985.0	9936.0	845.8	914.4	9371.1	1192.5	1421.4
科学研究和技术服务业	**5932.5**	**4483.6**	**560.9**	**549.5**	**4186.2**	**1341.2**	**405.0**
研究和试验发展	1525.1	1238.8	131.5	104.7	1075.6	309.8	139.8
专业技术服务业	1880.9	1367.1	175.6	207.3	1362.4	407.2	111.3
科技推广和应用服务业	2526.4	1877.7	253.8	237.4	1748.3	624.2	153.9
水利、环境和公共设施管理业	**82105.3**	**66228.5**	**7516.4**	**7441.3**	**68101.6**	**3892.8**	**10110.9**
水利管理业	10020.8	7859.4	940.8	1122.1	8434.2	338.6	1248.0
生态保护和环境治理业	3822.3	2842.0	322.4	559.8	2901.3	438.8	482.2
公共设施管理业	68262.1	55527.1	6253.1	5759.4	56766.1	3115.4	8380.6
居民服务、修理和其他服务业	**2686.2**	**1926.9**	**309.7**	**337.2**	**2077.0**	**417.0**	**192.1**
居民服务业	1583.8	1186.2	173.2	182.2	1264.8	193.3	125.7
机动车、电子产品和日用产品修理业	539.3	332.5	89.8	86.6	391.6	123.2	24.6
其他服务业	563.0	408.2	46.7	68.4	420.6	100.5	41.9
教育	**11083.5**	**8596.9**	**1471.1**	**562.4**	**9330.6**	**819.7**	**933.3**
卫生和社会工作	**7327.4**	**5368.0**	**860.1**	**458.5**	**5792.2**	**1036.1**	**499.1**
卫生	5243.3	3610.1	668.1	362.4	4041.3	868.5	333.5
社会工作	2084.1	1758.0	192.0	96.1	1750.9	167.6	165.6
文化、体育和娱乐业	**8731.9**	**7432.7**	**683.0**	**469.7**	**7026.2**	**793.1**	**912.6**
新闻和出版业	89.5	70.3	7.9	7.6	68.7	11.3	9.5
广播、电视、电影和影视录音制作业	534.3	444.5	32.1	31.8	441.9	75.3	17.0
文化艺术业	3787.4	3141.8	315.0	253.8	3095.2	292.1	400.1
体育	1809.7	1593.7	128.7	71.5	1506.8	125.4	177.5
娱乐业	2511.0	2182.4	199.3	105.0	1913.6	288.9	308.4
公共管理、社会保障和社会组织	**7931.3**	**5940.0**	**936.9**	**745.7**	**6874.0**	**639.2**	**418.1**
中国共产党机关	45.1	25.0	13.9	2.9	40.5	2.7	1.9
国家机构	5303.3	4149.4	444.8	474.6	4472.4	525.1	305.8
人民政协、民主党派	6.7	5.4	0.5	0.8	5.4	0.6	0.7
社会保障	393.1	360.2	15.7	11.6	352.6	9.7	30.8
群众团体、社会团体和其他成员组织	381.6	271.5	66.1	29.2	325.0	32.0	24.5
基层群众自治组织	1801.5	1128.4	395.9	226.6	1678.0	69.1	54.4
国际组织							

4-6 按行业门类分第三产业固定资产投资(不含农户)

单位：亿元

行业门类	2006	2007	2008	2009	2010	2011
第三产业合计	**52705.6**	**65190.2**	**81588.0**	**108572.5**	**136491.7**	**163364.6**
农、林、牧、渔服务业						
开采辅助活动						
金属制品、机械和设备修理业						
批发和零售业	1896.5	2450.6	3193.0	4491.0	5233.4	7379.7
交通运输、仓储和邮政业	11224.5	12997.1	15700.5	23271.3	27883.1	27765.9
住宿和餐饮业	938.7	1329.9	1735.0	2328.6	2980.2	3918.8
信息传输、软件和信息技术服务业	1772.0	1819.4	2131.3	2543.5	2392.9	2174.2
金融业	118.7	151.9	252.8	348.5	477.7	638.7
房地产业	21586.2	28619.2	35914.2	43127.6	57633.1	75663.7
租赁和商务服务业	662.6	860.7	1255.1	1880.4	2486.4	3379.9
科学研究和技术服务业	465.1	521.2	717.6	1084.0	1269.2	1679.8
水利、环境和公共设施管理业	7506.7	9276.0	12279.1	17878.9	22333.7	24520.7
居民服务、修理和其他服务业	183.6	235.8	312.7	518.6	757.1	1219.1
教育	2128.8	2220.9	2355.4	3242.5	3718.1	3890.4
卫生和社会工作	708.0	809.4	1065.9	1698.0	1959.5	2330.2
文化、体育和娱乐业	858.2	1129.8	1436.5	2125.4	2605.9	3155.6
公共管理、社会保障和社会组织	2655.8	2768.4	3239.0	4034.2	4761.6	5647.8
国际组织	0.1					

4-6 续表

单位：亿元

行业门类	2012	2013	2014	2015	2016	2017
第三产业合计	**198021.8**	**242089.8**	**282003.4**	**311980.2**	**345836.5**	**375040.2**
农、林、牧、渔服务业		2292.2	2771.1	3500.5	3935.6	3746.0
开采辅助活动		517.6	508.3	424.5	342.8	237.7
金属制品、机械和设备修理业		328.3	327.1	337.5	300.5	277.6
批发和零售业	9762.9	12601.1	15552.5	18681.4	17939.1	16541.8
交通运输、仓储和邮政业	30881.4	36329.4	42889.5	48974.8	53628.5	61185.8
住宿和餐饮业	5107.6	6012.4	6188.7	6504.2	5947.4	6106.6
信息传输、软件和信息技术服务业	2691.3	3084.9	4103.0	5516.4	6318.7	6987.4
金融业	923.9	1242.0	1363.0	1367.2	1310.2	1121.5
房地产业	92639.4	111379.6	123558.2	126706.2	135283.7	139733.5
租赁和商务服务业	4694.7	5874.6	7953.5	9435.8	12315.7	13304.2
科学研究和技术服务业	2475.8	3133.2	4219.1	4751.5	5567.8	5932.5
水利、环境和公共设施管理业	29618.4	37662.7	46224.4	55679.0	68647.2	82105.3
居民服务、修理和其他服务业	1685.8	1994.4	2275.6	2628.2	2676.6	2686.2
教育	4608.2	5399.9	6705.6	7723.2	9323.7	11083.5
卫生和社会工作	2617.0	3138.3	3991.0	5174.7	6281.6	7327.4
文化、体育和娱乐业	4268.1	5225.5	6174.1	6724.1	7830.1	8731.9
公共管理、社会保障和社会组织	6047.4	5873.7	7198.6	7850.9	8187.5	7931.3
国际组织						

4-7 按行业、登记注册类型和控股情况分第三产业固定资产投资(不含农户)

单位：亿元

行　业	投资额	内　资	港澳台商投资	外商投资	国有控股	集体控股	私人控股
第三产业合计	**375040.2**	**364755.4**	**7253.8**	**3031.0**	**190205.4**	**11530.6**	**131218.6**
农、林、牧、渔服务业	**3746.0**	**3741.1**	**1.0**	**3.9**	**1934.6**	**188.9**	**1293.7**
开采辅助活动	**237.7**	**235.5**	**0.5**	**1.7**	**82.7**	**6.7**	**130.2**
金属制品、机械和设备修理业	**277.6**	**263.7**	**4.6**	**9.3**	**51.5**	**3.4**	**179.7**
批发和零售业	**16541.8**	**16338.7**	**109.9**	**93.2**	**1800.7**	**587.6**	**12060.8**
批发业	8452.3	8350.6	58.1	43.6	670.6	216.1	6493.9
零售业	8089.5	7988.1	51.8	49.6	1130.1	371.6	5567.0
交通运输、仓储和邮政业	**61185.8**	**60223.2**	**684.5**	**278.1**	**48479.3**	**834.9**	**8830.2**
铁路运输业	8006.2	8000.5	1.9	3.8	7812.0	13.2	96.3
道路运输业	40303.6	40230.9	63.1	9.5	35622.5	612.4	2763.8
水上运输业	1886.4	1809.7	41.7	35.0	1266.4	32.3	430.2
航空运输业	2394.9	2177.4	212.3	5.2	1956.5	9.8	210.7
管道运输业	347.9	313.0	28.8	6.0	272.5	10.2	48.8
装卸搬运和运输代理业	1115.1	1090.2	21.7	3.2	171.1	10.5	808.2
仓储业	6855.8	6328.2	312.3	215.3	1317.1	144.3	4283.3
邮政业	276.0	273.1	2.8	0.1	61.1	2.1	188.7
住宿和餐饮业	**6106.6**	**6003.9**	**57.7**	**45.0**	**844.7**	**199.2**	**4344.3**
住宿业	4289.1	4194.5	56.5	38.0	666.8	151.7	2971.1
餐饮业	1817.6	1809.3	1.2	7.0	178.0	47.6	1373.1
信息传输、软件和信息技术服务业	**6987.4**	**6352.3**	**401.8**	**233.4**	**2720.1**	**83.5**	**3062.2**
电信、广播电视和卫星传输服务	2489.3	2171.5	198.0	119.8	1926.8	37.7	145.1
互联网和相关服务	1080.7	924.0	126.8	29.9	294.9	12.4	558.4
软件和信息技术服务业	3417.4	3256.8	76.9	83.7	498.4	33.4	2358.8
金融业	**1121.5**	**1087.4**	**13.1**	**21.0**	**483.8**	**82.8**	**341.6**
货币金融服务	467.6	451.8	10.9	4.9	239.5	73.5	79.5
资本市场服务	357.6	356.1	1.4	0.1	138.7	2.2	152.5
保险业	123.4	107.3		16.0	32.4	1.4	41.1
其他金融业	172.8	172.1	0.8		73.2	5.6	68.4
房地产业	**139733.5**	**132447.1**	**5299.5**	**1986.9**	**38510.6**	**4277.7**	**73011.5**
租赁和商务服务业	**13304.2**	**12815.4**	**332.8**	**156.0**	**5230.0**	**478.9**	**5868.1**
租赁业	1319.2	1005.4	224.5	89.3	438.6	11.0	515.7
商务服务业	11985.0	11810.0	108.3	66.7	4791.5	468.0	5352.4
科学研究和技术服务业	**5932.5**	**5818.4**	**46.0**	**68.0**	**1695.3**	**143.0**	**3337.1**
研究和试验发展	1525.1	1455.4	30.0	39.8	486.7	35.6	819.1
专业技术服务业	1880.9	1865.7	3.9	11.3	713.6	66.8	907.2
科技推广和应用服务业	2526.4	2497.4	12.1	17.0	495.0	40.6	1610.8
水利、环境和公共设施管理业	**82105.3**	**81865.9**	**178.2**	**61.1**	**63815.9**	**3014.5**	**10339.1**
水利管理业	10020.8	10006.6	6.6	7.6	8827.0	345.2	426.0
生态保护和环境治理业	3822.3	3761.5	38.7	22.1	2675.0	136.4	796.1
公共设施管理业	68262.1	68097.8	133.0	31.4	52314.0	2533.0	9116.9
居民服务、修理和其他服务业	**2686.2**	**2658.7**	**22.1**	**5.4**	**995.3**	**126.1**	**1279.9**
居民服务业	1583.8	1562.0	18.0	3.9	787.2	100.0	503.9
机动车、电子产品和日用产品修理业	539.3	537.5	0.8	0.9	42.1	9.1	450.0
其他服务业	563.0	559.1	3.3	0.6	166.0	17.0	326.1
教育	**11083.5**	**11070.9**	**7.4**	**5.2**	**8408.6**	**348.1**	**1539.2**
卫生和社会工作	**7327.4**	**7283.3**	**21.4**	**22.7**	**4320.8**	**246.9**	**2081.6**
卫生	5243.3	5203.8	21.4	18.1	3475.4	165.9	1148.6
社会工作	2084.1	2079.5		4.6	845.5	81.0	933.0
文化、体育和娱乐业	**8731.9**	**8619.0**	**72.9**	**40.0**	**4143.3**	**344.7**	**3312.5**
新闻和出版业	89.5	89.5			64.5	1.7	20.6
广播、电视、电影和影视录音制作业	534.3	523.7	9.4	1.1	177.8	4.5	313.2
文化艺术业	3787.4	3761.4	24.1	1.9	2281.4	186.9	930.6
体育	1809.7	1791.2	13.7	4.8	1071.7	65.0	506.5
娱乐业	2511.0	2453.1	25.6	32.2	547.9	86.6	1541.6
公共管理、社会保障和社会组织	**7931.3**	**7931.0**	**0.3**		**6688.0**	**563.7**	**206.9**
中国共产党机关	45.1	45.1			43.1	0.3	0.3
国家机构	5303.3	5303.2	0.2		4957.0	115.2	77.3
人民政协、民主党派	6.7	6.7			3.8	0.5	2.0
社会保障	393.1	393.1			337.0	11.5	20.1
群众团体、社会团体和其他成员组织	381.6	381.4	0.1		145.7	47.0	68.1
基层群众自治组织	1801.5	1801.5			1201.4	389.3	39.2
国际组织							

4-8 按行业分第三产业固定资产投资(不含农户)资金来源和新增固定资产

单位：亿元

行业	本年资金来源合计						投资额	新增固定资产
		国家预算资金	国内贷款	利用外资	自筹资金	其他资金		
第三产业合计	**389578.2**	**34279.8**	**53078.9**	**772.9**	**201844.4**	**99602.1**	**375040.2**	**201105.8**
农、林、牧、渔服务业	**3485.1**	**711.2**	**156.6**	**5.0**	**2340.1**	**272.2**	**3746.0**	**3094.6**
开采辅助活动	**218.6**	**10.8**	**8.2**		**192.2**	**7.5**	**237.7**	**187.7**
金属制品、机械和设备修理业	**259.9**	**14.2**	**13.2**		**224.1**	**8.4**	**277.6**	**179.8**
批发和零售业	**15632.3**	**172.9**	**872.0**	**40.7**	**13889.9**	**656.8**	**16541.8**	**12382.8**
批发业	8048.8	71.5	431.1	22.6	7198.5	325.2	8452.3	6297.5
零售业	7583.5	101.4	440.9	18.1	6691.5	331.6	8089.5	6085.3
交通运输、仓储和邮政业	**51482.3**	**8766.9**	**11832.4**	**201.4**	**24479.4**	**6202.2**	**61185.8**	**29645.4**
铁路运输业	6831.8	981.0	1720.4	36.2	2058.7	2035.5	8006.2	1169.4
道路运输业	33013.4	7179.8	8372.0	95.5	13791.2	3574.9	40303.6	20227.8
水上运输业	1601.8	214.8	257.7	4.4	1026.3	98.6	1886.4	1117.2
航空运输业	2146.9	229.4	887.3		785.9	244.3	2394.9	1599.4
管道运输业	297.8	12.3	45.3		236.9	3.2	347.9	197.8
装卸搬运和运输代理业	1024.0	12.3	104.8	8.7	871.4	26.8	1115.1	625.0
仓储业	6309.0	131.3	436.0	56.6	5472.3	212.8	6855.8	4520.6
邮政业	257.6	5.9	8.8		236.8	6.1	276.0	188.1
住宿和餐饮业	**5720.7**	**70.8**	**385.4**	**16.4**	**4925.2**	**323.0**	**6106.6**	**4399.5**
住宿业	3990.6	51.2	326.4	8.4	3355.5	249.0	4289.1	2913.1
餐饮业	1730.1	19.6	59.0	8.0	1569.6	74.0	1817.6	1486.4
信息传输、软件和信息技术服务业	**6306.8**	**151.2**	**287.3**	**8.7**	**5615.4**	**244.2**	**6987.4**	**4784.4**
电信、广播电视和卫星传输服务	2144.6	79.1	71.0	1.1	1942.3	51.1	2489.3	1849.8
互联网和相关服务	977.6	31.9	48.2	3.7	809.3	84.5	1080.7	736.5
软件和信息技术服务业	3184.6	40.2	168.0	4.0	2863.8	108.7	3417.4	2198.1
金融业	**995.1**	**26.7**	**40.7**	**0.7**	**882.5**	**44.6**	**1121.5**	**649.4**
货币金融服务	432.1	14.8	16.7	0.7	383.4	16.6	467.6	341.4
资本市场服务	302.3	7.2	10.9		272.6	11.6	357.6	168.6
保险业	104.9	0.6	0.4		91.9	12.0	123.4	46.2
其他金融业	155.8	4.1	12.7		134.6	4.4	172.8	93.2
房地产业	**182347.2**	**3736.1**	**28808.2**	**215.3**	**67626.8**	**81960.7**	**139733.5**	**57764.1**
租赁和商务服务业	**12346.0**	**521.6**	**1410.6**	**44.6**	**9729.9**	**639.3**	**13304.2**	**8622.2**
租赁业	1219.0	15.4	232.5	5.5	937.1	28.6	1319.2	1239.2
商务服务业	11126.9	506.3	1178.1	39.1	8792.8	610.7	11985.0	7383.0
科学研究和技术服务业	**5644.6**	**272.6**	**377.2**	**24.6**	**4688.5**	**281.6**	**5932.5**	**3931.6**
研究和试验发展	1430.5	73.5	93.8	2.2	1199.1	61.9	1525.1	829.7
专业技术服务业	1774.4	134.8	87.7	13.4	1414.6	124.0	1880.9	1365.5
科技推广和应用服务业	2439.7	64.3	195.7	9.1	2074.8	95.7	2526.4	1736.4
水利、环境和公共设施管理业	**71302.5**	**13228.1**	**6570.7**	**141.5**	**45211.3**	**6150.9**	**82105.3**	**50218.0**
水利管理业	8548.6	2967.3	760.7	13.6	3840.8	966.2	10020.8	6050.5
生态保护和环境治理业	3366.5	577.1	359.0	16.0	2157.7	256.7	3822.3	2264.5
公共设施管理业	59387.4	9683.7	5451.0	112.0	39212.8	4928.0	68262.1	41903.1
居民服务、修理和其他服务业	**2530.3**	**206.5**	**142.6**	**3.2**	**2078.3**	**99.7**	**2686.2**	**2054.8**
居民服务业	1467.6	177.5	98.1	1.2	1121.6	69.2	1583.8	1131.3
机动车、电子产品和日用产品修理业	521.8	6.1	24.3	1.0	479.7	10.8	539.3	464.1
其他服务业	540.9	22.9	20.2	1.1	477.0	19.7	563.0	459.4
教育	**9906.4**	**2700.4**	**718.5**	**16.1**	**5685.0**	**786.5**	**11083.5**	**7341.1**
卫生和社会工作	**6560.7**	**1037.8**	**420.7**	**11.9**	**4591.2**	**499.1**	**7327.4**	**4460.2**
卫生	4639.9	811.7	293.0	9.7	3134.8	390.5	5243.3	3222.2
社会工作	1920.8	226.0	127.7	2.2	1456.4	108.5	2084.1	1238.0
文化、体育和娱乐业	**7818.0**	**749.6**	**650.8**	**35.1**	**5720.5**	**661.9**	**8731.9**	**5415.1**
新闻和出版业	83.9	4.1	11.0		66.9	1.9	89.5	50.6
广播、电视、电影和影视录音制作业	458.5	21.2	23.4	2.5	340.1	71.4	534.3	402.7
文化艺术业	3448.3	471.3	294.8	4.9	2372.4	305.0	3787.4	2330.0
体育	1590.7	211.2	166.1	16.6	1060.5	136.3	1809.7	1107.8
娱乐业	2236.6	41.8	155.7	11.1	1880.7	147.3	2511.0	1524.0
公共管理、社会保障和社会组织	**7021.8**	**1902.6**	**384.0**	**7.8**	**3964.2**	**763.3**	**7931.3**	**5975.2**
中国共产党机关	42.1	12.0	2.6		24.6	2.9	45.1	33.9
国家机构	4858.7	1456.0	266.8	6.6	2673.0	456.4	5303.3	3740.7
人民政协、民主党派	6.3	1.4	0.59		3.2	1.1	6.7	5.2
社会保障	335.7	84.7	28.8	0.2	162.0	60.0	393.1	270.7
群众团体、社会团体和其他成员组织	354.6	46.7	10.3	0.2	268.3	29.1	381.6	323.8
基层群众自治组织	1424.3	301.7	74.9	0.8	833.1	213.9	1801.5	1601.0
国际组织								

4-9 各地区按行业门类分第三产业固定资产投资(不含农户)

单位：亿元

地区	第三产业合计	农、林、牧、渔服务业	开采辅助活动	金属制品、机械和设备修理业	批发和零售业	交通运输、仓储和邮政业	住宿和餐饮业	信息传输、软件和信息技术服务业	金融业	房地产业
全国	**375040.2**	**3746.0**	**237.7**	**277.6**	**16541.8**	**61185.8**	**6106.6**	**6987.4**	**1121.5**	**139733.5**
北京	7357.8	2.6		9.1	30.7	1128.4	10.6	282.0	28.4	4425.9
天津	7536.7	28.4	1.6	13.0	740.4	532.0	74.0	209.4	14.1	2821.4
河北	15206.5	148.2	4.4	9.0	795.3	2116.3	208.9	327.4	58.8	5526.4
山西	3108.5	27.2	14.3	2.0	97.5	393.8	25.2	28.0	1.5	1421.1
内蒙古	7412.8	182.9	22.7	13.2	372.0	1180.2	97.7	189.8	21.8	1477.5
辽宁	4089.8	12.3	2.1	0.5	95.2	595.9	72.5	55.9	12.9	2320.3
吉林	6123.9	161.1	24.4	11.7	554.6	1205.0	182.1	396.0	70.1	1142.6
黑龙江	5934.7	218.1	5.0	8.0	837.7	1198.3	248.4	252.6	40.3	1025.2
上海	6211.6	0.7	0.9	3.8	19.8	960.3	13.8	123.5	16.8	3858.3
江苏	26244.4	128.4	1.1	19.4	1649.5	2883.2	418.8	611.2	121.7	10810.8
浙江	21553.2	89.0		12.7	276.1	2966.0	331.4	336.9	57.7	10468.6
安徽	15164.2	126.0	3.6	10.5	602.8	1664.6	193.5	274.0	62.1	6551.6
福建	16283.6	99.4	2.0	16.3	706.3	2805.5	213.1	364.5	17.6	5577.9
江西	9441.2	88.0	2.7	12.1	876.0	723.8	215.2	204.8	62.5	2688.3
山东	26330.1	264.6	15.7	26.5	1804.6	3955.0	419.5	317.7	136.9	9592.0
河南	22310.3	191.6	25.7	6.0	1252.4	2487.5	434.1	310.0	43.0	9507.2
湖北	17723.9	158.7	7.7	30.0	630.2	2892.7	256.4	149.3	49.0	6483.9
湖南	18706.4	244.5	8.2	15.3	1320.3	2104.3	353.3	388.7	60.9	4849.7
广东	24916.8	82.0	0.7	14.7	708.8	3759.6	311.6	541.9	70.0	13623.6
广西	11783.5	145.9	7.0	14.8	660.8	1981.6	248.5	245.8	54.3	3454.8
海南	3811.2	21.3		0.9	45.7	486.0	84.1	108.2	0.7	2175.3
重庆	11166.0	73.9	26.6	5.1	218.1	1954.6	147.9	106.2	8.3	4341.5
四川	21004.3	220.0	2.6	3.9	457.8	4467.0	401.9	286.7	27.7	7910.8
贵州	11933.2	69.7	25.2	1.3	299.6	2334.3	218.0	138.6	17.9	3504.5
云南	14732.0	313.0		1.2	380.5	3718.2	358.3	136.0	8.8	4483.3
西藏	1494.6	40.4	0.4	0.1	32.8	581.7	26.2	9.0	1.5	224.2
陕西	16217.3	224.2	6.9	11.5	652.2	1869.4	285.7	225.0	19.6	5076.4
甘肃	4217.3	74.2	15.6	1.4	177.1	956.6	102.7	52.8	6.2	1277.1
青海	2448.3	43.8	1.9	2.4	30.8	730.5	40.5	88.9	1.0	660.3
宁夏	2053.0	32.8		0.4	41.1	317.7	16.6	72.6	3.0	754.9
新疆	8248.2	233.1	8.7	0.8	175.2	1978.5	96.1	154.1	26.6	1698.0
不分地区	4275.0					4257.3				

4-9 续表 单位：亿元

地区	租赁和商务服务业	科学研究和技术服务业	水利、环境和公共设施管理业	居民服务、修理和其他服务业	教育	卫生和社会工作	文化、体育和娱乐业	公共管理、社会保障和社会组织	国际组织
全国	**13304.2**	**5932.5**	**82105.3**	**2686.2**	**11083.5**	**7327.4**	**8731.9**	**7931.3**	
北京	283.8	73.4	758.9	0.1	129.3	66.2	108.5	20.1	
天津	763.7	458.9	1385.2	188.8	118.0	45.4	92.3	50.1	
河北	556.8	426.8	3554.2	99.6	317.8	334.9	511.2	210.5	
山西	53.3	31.5	738.6	8.2	74.7	69.5	61.4	60.6	
内蒙古	117.9	104.9	2818.1	52.0	163.1	154.1	231.2	213.6	
辽宁	95.1	30.2	449.5	29.7	79.9	91.7	96.0	50.0	
吉林	293.2	138.3	1268.6	108.9	168.1	144.3	156.1	98.7	
黑龙江	290.3	241.7	845.4	133.3	159.3	175.6	142.0	113.4	
上海	145.7	58.6	785.4	1.4	96.4	51.1	56.9	18.4	
江苏	1595.9	768.5	4692.8	307.1	677.4	534.4	546.8	477.5	
浙江	668.3	131.8	4702.5	85.5	517.5	275.8	484.6	148.8	
安徽	612.8	280.6	3299.1	108.3	443.4	255.5	254.3	421.4	
福建	333.6	115.6	4486.7	97.7	369.6	265.3	432.4	380.1	
江西	579.3	135.9	2544.7	84.0	234.9	202.4	198.5	588.2	
山东	1380.2	953.0	3753.9	239.0	1167.2	651.4	974.6	678.3	
河南	422.5	295.2	4981.2	151.6	763.4	594.5	657.4	187.1	
湖北	788.2	242.3	4371.6	148.7	363.6	344.2	390.2	417.0	
湖南	897.7	434.4	5421.3	158.3	692.6	483.9	650.2	622.6	
广东	610.9	266.8	3548.9	47.2	528.5	333.6	304.0	163.8	
广西	801.9	146.0	2515.8	86.3	517.7	237.8	310.4	354.2	
海南	27.9	32.3	472.6	8.7	81.9	84.8	150.4	30.3	
重庆	239.3	45.4	3295.6	38.6	292.7	138.8	135.6	97.9	
四川	532.9	92.5	4784.2	59.3	711.2	479.3	318.8	247.6	
贵州	420.0	44.1	3653.3	71.0	507.6	253.4	319.8	54.8	
云南	70.3	27.7	3035.4	70.9	584.9	288.1	310.1	945.3	
西藏	20.1	5.5	276.0	18.8	48.2	28.0	33.1	148.6	
陕西	328.1	203.5	5705.5	147.0	584.8	347.4	391.8	138.4	
甘肃	94.1	38.7	777.3	76.0	151.7	105.3	130.4	180.0	
青海	71.9	11.6	475.4	8.2	56.2	39.8	63.0	122.3	
宁夏	27.5	28.4	467.2	7.5	68.1	86.4	55.7	73.3	
新疆	181.1	68.3	2222.7	44.3	413.9	164.5	164.1	618.2	
不分地区			17.6						

【主要统计指标解释】

全社会固定资产投资 以货币形式表现的在一定时期内全社会建造和购置固定资产的工作量以及与此有关的费用的总称。该指标是反映固定资产投资规模、结构和发展速度的综合性指标，又是观察工程进度和考核投资效果的重要依据。全社会固定资产投资按登记注册类型可分为国有、集体、个体、联营、股份制、私营和个体、港澳台商、外商、其他等。

固定资产投资（不含农户） 指城镇和农村各种登记注册类型的企业、事业、行政单位，以及城镇个体户进行的计划总投资500万元及以上的建设项目投资和房地产开发投资。包含原口径的城镇固定资产投资加上农村企事业组织项目投资，该口径自2011年起开始使用。之前年份统计数据为城镇固定资产投资口径。

固定资产投资的资金来源 根据固定资产投资的资金来源不同，分为国家预算资金、国内贷款、利用外资、自筹资金和其他资金。

（1）国家预算资金：国家预算包括一般预算、政府性基金预算、国有资本经营预算和社保基金预算。各类预算中用于固定资产投资的资金全部作为国家预算资金填报，其中一般预算中用于固定资产投资的部分包括基建投资、车购税、灾后恢复重建基金和其他财政投资。各级政府债券也应归入国家预算资金。

（2）国内贷款：指报告期内向银行及非银行金融机构借入的各种国内借款，包括银行利用自有资金及吸收的存款发放的贷款、上级主管部门拨入的国内贷款、国家专项贷款（包括煤代油贷款、劳改煤矿专项贷款等），地方财政专项资金安排的贷款、国内储备贷款、周转贷款等。

（3）利用外资：指报告期收到的用于固定资产建造和购置的境外资金（包括设备、材料、技术在内）。包括对外借款（外国政府贷款、国际金融组织贷款、出口信贷、外国银行商业贷款、对外发行债券和股票）、外商直接投资及外商其他投资（包括利用外商投资收益在国内进行固定资产再投资活动的资金）。不包括我国自有外汇资金（国家外汇、地方外汇、留成外汇、调剂外汇和国内银行自有资金发放的外汇贷款等）。计算利用外资时，需要折算成人民币，折算时所使用的外汇汇率按现汇计算，即按报告期末的汇率计算。

（4）自筹资金：指固定资产投资单位在报告期收到的，由各企、事业单位筹集用于固定资产投资的资金，包括各类企事业单位的自有资金和从其他单位筹集的用于固定资产投资的资金，但不包括各类财政性资金、从各类金融机构借入资金和国外资金。

（5）其他资金：在报告期收到的除以上各种资金之外的用于固定资产投资的资金，包括社会集资、个人资金、无偿捐赠的资金及其他单位拨入的资金等。

固定资产投资按国民经济行业分 根据建设项目建成投产后的主要产品种类或主要用途及社会经济活动中类来划分，不能根据项目单位本身的行业类别来划分。如果项目投产后有几种产品，应根据主要产品来确定行业类别。一般情况下，一个建设项目只能属于一种国民经济行业。

新增固定资产 指已经完成建造和购置过程，并已交付生产或使用单位的固定资产的价值，包括已经建成投入生产或交付使用的工程投资和达到固定资产标准的设备、工具、器具的投资及有关应摊入的费用。该指标是表示固定资产投资成果的价值指标，也是反映建设进度，计算固定资产投资效果的重要指标。

5 第三产业双向投资与服务贸易进出口情况

简要说明

一、主要内容

本篇资料主要包括服务贸易、外商直接投资、对外直接投资的分行业统计。其中，服务贸易按国际收支口径统计。

二、资料来源

本篇资料由国家统计局贸易外经统计司负责整理、编辑，资料来源于商务部。

5-1 按行业分对外直接投资

单位：万美元

行业	对外直接投资净额			截至2017年对外直接投资存量
	2015	2016	2017	
总计	**14566715**	**19614943**	**15828830**	**180903652**
#批发和零售业	1921785	2089417	2631102	22642713
交通运输、仓储和邮政业	272682	167881	546792	5476795
住宿和餐饮业	72319	162549	-18509	351305
信息传输、软件和信息技术服务业	682037	1866022	443024	21889737
金融业	2424553	1491809	1878544	20279304
房地产业	778656	1524674	679506	5375505
租赁和商务服务业	3625788	6578157	5427321	61577349
科学研究和技术服务业	334540	423806	239065	2168399
水利、环境和公共设施管理业	136773	84705	21892	238996
居民服务、修理和其他服务业	159948	542429	186526	1901733
教育	6229	28452	13372	328616
卫生和社会工作	8387	48719	35267	138880
文化、体育和娱乐业	174751	386869	26401	811536
公共管理、社会保障和社会组织	160			

5-2 按行业分外商直接投资

行业	2016		2017	
	合同项目（个）	实际使用金额（万美元）	合同项目（个）	实际使用金额（万美元）
总计	**27900**	**12600142**	**35652**	**13103513**
#交通运输、仓储和邮政业	425	508944	517	558803
信息传输、计算机服务和软件业	1463	844249	3169	2091861
批发和零售业	9399	1587016	12283	1147808
住宿和餐饮业	620	36512	703	41914
金融业	2476	1028901	1742	792119
房地产业	378	1965528	737	1685559
租赁和商务服务业	4631	1613171	5087	1673855
科学研究、技术服务和地质勘查业	2444	651989	3391	684373
水利、环境和公共设施管理业	97	42159	156	56951
居民服务和其他服务业	245	49038	349	56723
教育	96	9437	203	7747
卫生、社会保障和社会福利业	77	25411	114	30516
文化、体育和娱乐业	371	26732	476	69846
公共管理和社会组织	2		2	3057

注：本表中的行业分类执行2002年版的国民经济行业分类标准。

5-3 服务进出口分类金额

类　别	进出口		出口		进口	
	金额（亿美元）	同比（%）	金额（亿美元）	同比（%）	金额（亿美元）	同比（%）
总额	**6956.8**	**5.1**	**2280.9**	**8.9**	**4675.9**	**3.4**
运输	1300.5	13.7	371.0	9.7	929.5	15.3
旅行	2935.9	-3.9	388.0	-12.7	2547.9	-2.4
建筑	324.9	53.2	239.3	88.4	85.7	0.7
保险服务	144.6	-14.9	40.5	-0.4	104.1	-19.4
金融服务	53.1	2.0	36.9	16.4	16.2	-20.5
电信、计算机和信息服务	469.4	20.1	277.7	4.7	191.8	52.5
电信服务	35.8	22.1	17.8	17.6	18.0	26.9
计算机和信息服务	433.6	19.9	259.9	3.9	173.7	55.7
知识产权使用费	333.4	32.6	47.6	310.1	285.7	19.2
#研发成果使用费	149.3	20.5	6.5	68.7	142.8	18.9
视听及相关产品许可费	23.3	50.4	1.2	25.5	22.0	52.1
个人、文化和娱乐服务	35.1	21.8	7.6	2.3	27.5	28.6
维护和维修服务	82.0	14.4	59.3	13.9	22.7	15.7
加工服务	182.5	-2.4	180.7	-2.5	1.8	12.3
其他商业服务	1043.9	3.2	615.4	6.2	428.5	-0.9
#技术相关服务	264.4	13.1	149.2	28.0	115.1	-1.7
专业管理和咨询服务	473.0	3.7	311.2	2.6	161.8	5.9
研发成果转让费及委托研发	136.7	8.3	79.7	16.0	57.0	-0.9
政府服务	51.6	26.3	17.0	40.7	34.6	20.3

注：1.2015年起，本表数据按《国际收支手册(第六版)》(BPM6)标准统计。
　　2.增幅按可比口径计算。

【主要统计指标解释】

服务进出口　指常住单位与非常住单位之间相互提供的服务。包括运输，旅行，建筑，保险服务，金融服务，电信、计算机和信息服务，知识产权使用费，个人、文化和娱乐服务，维护和维修服务，加工服务，其他商业服务，政府服务。

外商直接投资　是指外国投资者在我国境内通过设立外商投资企业、合伙企业、与中方投资者共同进行石油资源的合作勘探开发以及设立外国公司分支机构等方式进行投资。外国投资者可以用现金、实物、无形资产、股权等投资，还可以用从外商投资企业获得的利润进行再投资。

对外直接投资　指我国企业、团体等(简称境内投资主体) 在国外及港澳台地区以现金、实物、无形资产等方式投资，并以控制国(境)外企业的经营管理权为核心的经济活动。对外直接投资的内涵主要体现在一经济体通过投资于另一经济体而实现其持久利益的目标。

简要说明

一、主要内容

本篇资料主要反映开采辅助活动和金属制品、机械和设备修理业两个行业的主要经济指标

二、统计范围与统计口径

本篇所涉及的全国统计数据，均未包括香港特别行政区、澳门特别行政区和台湾省的数据。数据统计口径为年主营业务收入在2000万元及以上的开采辅助活动和金属制品、机械和设备修理企业。

三、资料来源

[illegible]

6 第三产业能源消费情况

简要说明

一、主要内容

本篇包括的主要内容有分行业、分主要能源品种的消费量，生活用能源消费量等。

二、统计范围

本篇资料的统计范围为全社会。

三、资料来源

数据均来自历年能源平衡表。

四、计算说明

电力折算标准煤系数按平均发电煤耗计算。

6-1 综合能源平衡表

单位：万吨标准煤

项　　目	1985	1990	1995	2000	2005	2010
能源消费总量	**76682**	**98703**	**131176**	**146964**	**261369**	**360648**
在总量中:						
1.农、林、牧、渔业	4045	4852	5505	4233	6860	7266
2.工业	51068	67578	96191	103014	187914	261377
3.建筑业	1302	1213	1335	2207	3486	5533
4.交通运输、仓储和邮政业	3713	4541	5863	11447	19136	27102
5.批发、零售业和住宿、餐饮业	766	1247	2018	3251	5917	7847
6.其他	2470	3473	4519	6118	10484	15052
7.生活消费	13318	15799	15745	16695	27573	36470

6-1　续表　　单位：万吨标准煤

项　　目	2011	2012	2013	2014	2015	2016
能源消费总量	**387043**	**402138**	**416913**	**425806**	**429905**	**435819**
在总量中:						
1.农、林、牧、渔业	7675	7804	8055	8094	8232	8544
2.工业	278048	284712	291131	295686	292276	290255
3.建筑业	6052	6337	7017	7520	7696	7991
4.交通运输、仓储和邮政业	29694	32561	34819	36336	38318	39651
5.批发、零售业和住宿、餐饮业	9147	10012	10598	10873	11404	12015
6.其他	16843	18407	19763	20084	21881	23154
7.生活消费	39584	42306	45531	47212	50099	54209

6-2 煤炭平衡表

单位：万吨

项　　目	1985	1990	1995	2000	2005	2010
消费量	**81603**	**105523**	**137677**	**135690**	**243375**	**349008**
在消费量中:						
1.农、林、牧、渔业	2209	2095	1857	1051	1802	2147
2.工业	58613	81091	117571	121807	224766	329728
3.建筑业	532	438	440	537	604	731
4.交通运输、仓储和邮政业	2307	2161	1315	882	811	639
5.批发、零售业和住宿、餐饮业	738	1058	977	1461	2627	3192
6.其他	1580	1980	1987	1495	2727	3412
7.生活消费	15624	16700	13530	8457	10039	9159

6-2 续表

单位：万吨

项　　目	2011	2012	2013	2014	2015	2016
消费量	**388961**	**411727**	**424426**	**411613**	**397014**	**384560**
在消费量中:						
1.农、林、牧、渔业	2207	2266	2451	2579	2625	2778
2.工业	368916	391191	403157	390497	375650	363175
3.建筑业	797	767	811	914	878	805
4.交通运输、仓储和邮政业	646	614	615	558	492	404
5.批发、零售业和住宿、餐饮业	3572	3752	3966	3767	3864	3826
6.其他	3612	3883	4136	4046	4159	4081
7.生活消费	9212	9253	9290	9253	9347	9492

6-3 焦炭平衡表

单位：万吨

项目	1985	1990	1995	2000	2005	2010
消费量	**4689.7**	**6914.7**	**10725.3**	**10840.8**	**25105.8**	**38702.8**
在消费量中:						
1.农、林、牧、渔业	20.8	60.1	128.6	70.9	63.5	46.8
2.工业	4627.7	6808.8	10412.0	10554.6	24860.9	38598.7
3.建筑业	7.8	5.2	10.8	19.0	18.4	5.8
4.交通运输、仓储和邮政业	5.7	4.1	10.1	11.2	1.1	0.1
5.批发、零售业和住宿、餐饮业	2.7	7.7	25.7	35.7	64.1	5.1
6.其他	2.0	1.9	6.4	12.2	7.6	2.8
7.生活消费	23.0	26.9	131.6	137.2	90.3	43.5

6-3 续表

单位：万吨

项目	2011	2012	2013	2014	2015	2016
消费量	**42063.3**	**44805.2**	**45851.9**	**46884.9**	**44058.7**	**45462.4**
在消费量中:						
1.农、林、牧、渔业	54.1	57.5	69.2	34.9	49.5	53.1
2.工业	41952.1	44694.8	45694.0	46749.6	43923.0	45324.7
3.建筑业	4.8	6.3	7.7	9.7	6.7	7.1
4.交通运输、仓储和邮政业	0.1	0.1	2.2	2.7	3.0	3.2
5.批发、零售业和住宿、餐饮业	9.2	6.7	35.8	46.6	40.1	41.3
6.其他	1.9	1.9	5.0	5.1	5.4	5.6
7.生活消费	41.1	37.9	38.0	36.4	31.2	27.4

6-4 石油平衡表

单位：万吨

项　　目	1985	1990	1995	2000	2005	2010
消费量	**9169**	**11486**	**16065**	**22496**	**32547**	**44101**
在消费量中:						
1.农、林、牧、渔业	759	1034	1203	789	1452	1383
2.工业	6171	7322	9349	11249	14030	18555
3.建筑业	292	327	243	841	1502	2483
4.交通运输、仓储和邮政业	1176	1683	2864	6399	10928	15079
5.批发、零售业和住宿、餐饮业	38	78	334	247	376	481
6.其他	506	758	1390	1636	1974	2578
7.生活消费	226	285	682	1336	2284	3542

6-4 续表

单位：万吨

项　　目	2011	2012	2013	2014	2015	2016
消费量	**45620**	**47797**	**49971**	**51814**	**55160**	**56403**
在消费量中:						
1.农、林、牧、渔业	1466	1538	1650	1718	1733	1730
2.工业	17986	17753	17595	18217	18908	19093
3.建筑业	2582	2741	3091	3312	3507	3713
4.交通运输、仓储和邮政业	16221	17864	18968	19547	20550	21032
5.批发、零售业和住宿、餐饮业	500	542	565	563	616	585
6.其他	2880	3068	3350	3152	3683	3537
7.生活消费	3984	4292	4752	5305	6162	6713

6-5 原油平衡表

单位：万吨

项　　目	1985	1990	1995	2000	2005	2010
消费量	**9509.5**	**11762.2**	**14886.4**	**21232.0**	**30088.9**	**42874.6**
在消费量中:						
1.农、林、牧、渔业	0.8	0.2	10.1			
2.工业	9389.9	11653.8	14716.3	21052.1	29962.1	42716.6
3.建筑业	74.0	55.2	2.7	3.3		
4.交通运输、仓储和邮政业	44.3	52.1	156.8	175.1	126.9	158.0
5.批发、零售业和住宿、餐饮业	0.1	0.3	0.5	0.2		
6.其他	0.4	0.6	1390.3	1.4		
7.生活消费						

6-5 续表

单位：万吨

项　　目	2011	2012	2013	2014	2015	2016
消费量	**43965.8**	**46678.9**	**48652.2**	**51547.0**	**54088.3**	**56025.9**
在消费量中:						
1.农、林、牧、渔业						
2.工业	43860.4	46559.5	48503.4	51502.1	54052.4	56003.6
3.建筑业						
4.交通运输、仓储和邮政业	105.4	119.4	148.7	44.9	35.9	22.3
5.批发、零售业和住宿、餐饮业						
6.其他						
7.生活消费						

6-6 燃料油平衡表

单位：万吨

项　　目	1985	1990	1995	2000	2005	2010
消费量	**2837.4**	**3367.8**	**3693.7**	**3872.8**	**4244.2**	**3758.0**
在消费量中:						
1.农、林、牧、渔业	3.1	2.9	8.4	0.4	0.7	1.1
2.工业	2662.2	3091.7	3406.2	2975.1	2986.9	2377.3
3.建筑业	18.9	47.3	14.2	16.7	14.2	30.8
4.交通运输、仓储和邮政业	144.1	208.2	227.5	850.0	1201.0	1326.7
5.批发、零售业和住宿、餐饮业	3.1	1.6	6.6	11.6	27.5	8.6
6.其他	6.0	16.1	30.8	19.0	13.9	13.5
7.生活消费						

6-6 续表

单位：万吨

项　　目	2011	2012	2013	2014	2015	2016
消费量	**3662.8**	**3683.3**	**3954.0**	**4400.5**	**4662.0**	**4631.0**
在消费量中:						
1.农、林、牧、渔业	1.3	2.0	2.0	1.3	0.9	1.0
2.工业	2260.2	2241.7	2421.1	2835.7	3133.0	3035.4
3.建筑业	30.6	27.1	59.5	44.6	53.5	51.9
4.交通运输、仓储和邮政业	1345.2	1383.9	1429.0	1486.4	1439.5	1511.4
5.批发、零售业和住宿、餐饮业	9.3	8.7	19.1	17.4	19.0	17.2
6.其他	16.2	19.9	23.4	15.1	16.1	14.1
7.生活消费						

6-7 汽油平衡表

单位：万吨

项　　目	1985	1990	1995	2000	2005	2010
消费量	**1396**	**1900**	**2910**	**3505**	**4855**	**6956**
在消费量中:						
1.农、林、牧、渔业	122	146	180	89	160	169
2.工业	451	589	812	682	442	689
3.建筑业	73	90	104	116	172	275
4.交通运输、仓储和邮政业	477	620	982	1528	2430	3275
5.批发、零售业和住宿、餐饮业	23	46	197	70	129	168
6.其他	238	391	571	793	998	1166
7.生活消费	11	18	64	228	524	1214

6-7 续表

单位：万吨

项　　目	2011	2012	2013	2014	2015	2016
消费量	**7596**	**8166**	**9366**	**9776**	**11368**	**11866**
在消费量中:						
1.农、林、牧、渔业	186	193	199	217	231	224
2.工业	605	581	523	489	477	436
3.建筑业	283	287	326	331	409	437
4.交通运输、仓储和邮政业	3574	3778	4382	4665	5307	5511
5.批发、零售业和住宿、餐饮业	177	200	221	218	243	241
6.其他	1313	1461	1819	1738	2108	2046
7.生活消费	1459	1667	1896	2119	2593	2970

6-8 煤油平衡表

单位：万吨

项　　目	1985	1990	1995	2000	2005	2010
消费量	**385.5**	**350.9**	**512.1**	**871.6**	**1076.8**	**1765.2**
在消费量中:						
1.农、林、牧、渔业	3.3	3.1	3.6	1.5	1.6	0.9
2.工业	20.1	20.6	44.9	84.0	57.5	40.2
3.建筑业	1.3	1.3	3.5	4.0		8.8
4.交通运输、仓储和邮政业	56.2	93.4	250.0	535.9	952.4	1601.1
5.批发、零售业和住宿、餐饮业	0.1	0.6	8.5	14.0	3.7	35.0
6.其他	182.9	127.3	137.3	160.1	36.2	58.7
7.生活消费	121.6	104.6	64.3	72.2	25.5	20.5

6-8 续表

单位：万吨

项　　目	2011	2012	2013	2014	2015	2016
消费量	**1816.7**	**1956.6**	**2164.1**	**2335.4**	**2663.7**	**2970.7**
在消费量中:						
1.农、林、牧、渔业	1.5	1.2	1.2	0.8	1.1	2.2
2.工业	34.2	32.0	27.4	17.4	21.2	20.0
3.建筑业	10.8	7.9	11.4	10.4	12.5	10.0
4.交通运输、仓储和邮政业	1646.4	1787.1	1998.2	2216.0	2504.9	2814.9
5.批发、零售业和住宿、餐饮业	32.2	28.6	13.4	11.3	11.7	11.2
6.其他	68.2	74.2	84.6	50.7	83.3	85.9
7.生活消费	23.5	25.6	27.9	28.9	29.1	26.4

6-9 柴油平衡表

单位：万吨

项 目	1985	1990	1995	2000	2005	2010
消费量	**1939**	**2692**	**4321**	**6806**	**10975**	**14699**
在消费量中:						
1.农、林、牧、渔业	629	882	1001	697	1286	1207
2.工业	644	728	1190	1696	1710	2090
3.建筑业	125	133	118	206	387	490
4.交通运输、仓储和邮政业	454	709	1247	3294	6169	8658
5.批发、零售业和住宿、餐饮业	11	23	104	96	116	197
6.其他	74	217	646	639	900	1287
7.生活消费			16	178	406	771

6-9 续表

单位：万吨

项 目	2011	2012	2013	2014	2015	2016
消费量	**15635**	**16966**	**17151**	**17165**	**17360**	**16839**
在消费量中:						
1.农、林、牧、渔业	1272	1335	1442	1492	1493	1496
2.工业	1824	1748	1676	1595	1516	1413
3.建筑业	519	518	557	552	556	561
4.交通运输、仓储和邮政业	9485	10727	10921	11043	11163	11068
5.批发、零售业和住宿、餐饮业	212	229	234	230	258	232
6.其他	1428	1445	1340	1269	1384	1307
7.生活消费	895	964	982	984	991	761

6-10 液化石油气平衡表

单位：万吨

项　目	1985	1990	1995	2000	2005	2010
消费量	**155.7**	**254.2**	**750.6**	**1389.7**	**2046.5**	**2321.9**
在消费量中:						
1.农、林、牧、渔业			0.1	0.4	3.5	4.7
2.工业	59.9	82.0	192.5	426.1	534.4	586.8
3.建筑业		1.0	0.5	8.9	6.3	7.2
4.交通运输、仓储和邮政业			0.5	16.5	48.7	61.0
5.批发、零售业和住宿、餐饮业	0.5	6.6	17.4	55.5	99.0	72.6
6.其他	4.5	6.1	5.7	24.0	25.8	52.6
7.生活消费	90.8	158.5	534.0	858.3	1328.7	1537.0

6-10 续表

单位：万吨

项　目	2011	2012	2013	2014	2015	2016
消费量	**2470.2**	**2482.2**	**2823.4**	**3289.8**	**3961.2**	**5015.1**
在消费量中:						
1.农、林、牧、渔业	5.6	6.4	6.8	7.1	7.2	6.8
2.工业	661.1	621.0	705.1	835.0	1113.9	1766.8
3.建筑业	7.2	6.8	14.7	16.8	15.1	14.8
4.交通运输、仓储和邮政业	65.5	68.1	89.4	91.8	100.3	104.2
5.批发、零售业和住宿、餐饮业	69.0	76.0	78.5	86.6	84.0	83.6
6.其他	54.8	68.5	83.4	79.4	91.4	83.5
7.生活消费	1607.2	1635.4	1845.6	2173.1	2549.3	2955.4

6-11 天然气平衡表

单位：亿立方米

项 目	1985	1990	1995	2000	2005	2010
消费量	**129.3**	**152.5**	**177.4**	**245.0**	**466.1**	**1080.2**
在消费量中:						
1.农、林、牧、渔业						0.5
2.工业	109.6	120.2	154.4	199.0	327.2	691.8
3.建筑业	14.1	10.6	0.3	0.8	1.5	1.2
4.交通运输、仓储和邮政业	0.8	1.9	1.6	8.8	38.0	106.7
5.批发、零售业和住宿、餐饮业			0.6	3.4	10.8	27.2
6.其他	0.5	1.2	1.2	0.6	9.1	26.0
7.生活消费	4.3	18.6	19.4	32.3	79.4	226.9

注：从2010年起包括液化天然气数据。

6-11 续表

单位：亿立方米

项 目	2011	2012	2013	2014	2015	2016
消费量	**1341.1**	**1497.0**	**1705.4**	**1868.9**	**1931.7**	**2078.1**
在消费量中:						
1.农、林、牧、渔业	0.6	0.6	0.7	0.8	0.9	1.1
2.工业	875.7	980.7	1129.1	1221.3	1234.5	1338.6
3.建筑业	1.3	1.3	2.0	1.9	2.2	1.9
4.交通运输、仓储和邮政业	138.3	154.5	175.8	214.4	237.6	254.8
5.批发、零售业和住宿、餐饮业	33.6	38.7	39.3	46.6	51.3	53.7
6.其他	27.1	32.9	35.6	41.3	45.4	48.2
7.生活消费	264.4	288.3	322.9	342.6	359.8	379.7

6-12 电力平衡表

单位：亿千瓦小时

项　　目	1985	1990	1995	2000	2005	2010
消费量	**4118**	**6230**	**10023**	**13472**	**24940**	**41934**
在消费量中:						
1.农、林、牧、渔业	317	427	582	533	776	976
2.工业	3283	4873	7660	10005	18522	30872
3.建筑业	71	65	160	160	234	483
4.交通运输、仓储和邮政业	63	106	182	281	430	735
5.批发、零售业和住宿、餐饮业	38	76	200	419	752	1292
6.其他	122	202	234	623	1341	2452
7.生活消费	223	481	1006	1452	2885	5125

6-12　续表

单位：亿千瓦小时

项　　目	2011	2012	2013	2014	2015	2016
消费量	**47001**	**49763**	**54203**	**56384**	**58020**	**61297**
在消费量中:						
1.农、林、牧、渔业	1013	1013	1027	1013	1040	1092
2.工业	34692	36232	39237	40803	41550	43089
3.建筑业	572	608	675	722	699	726
4.交通运输、仓储和邮政业	848	915	1001	1059	1126	1251
5.批发、零售业和住宿、餐饮业	1503	1691	1877	1996	2122	2324
6.其他	2753	3084	3398	3615	3919	4395
7.生活消费	5620	6219	6989	7176	7565	8421

【主要统计指标解释】

能源消费总量 是指一定地域内，国民经济各行业和居民家庭在一定时间消费的各种能源的总和。包括：原煤、原油、天然气、水能、核能、风能、太阳能、地热能、生物质能等一次能源；一次能源通过加工转换产生的洗煤、焦炭、煤气、电力、热力、成品油等二次能源和同时产生的其他产品；其他化石能源、可再生能源和新能源。其中水能、风能、太阳能、地热能、生物质能等可再生能源，是指人们通过一定技术手段获得的，并作为商品能源使用的部分。在核算过程中，一次能源、二次能源消费不能重复计算。能源消费总量分为终端能源消费量、能源加工转换损失量和能源损失量三部分。

(1)终端能源消费量：指一定时期内，全国生产和生活消费的各种能源在扣除了用于加工转换二次能源消费量和损失量以后的数量。

(2)能源加工转换损失量：指一定时期内，全国投入加工转换的各种能源数量之和与产出各种能源产品之和的差额。该指标是观察能源在加工转换过程中损失量变化的指标。

(3)能源损失量：指一定时期内，能源在输送、分配、储存过程中发生的损失和由客观原因造成的各种损失量，不包括各种气体能源放空、放散量。

7 第三产业分行业主要指标

7-1 服务业企业

简要说明

一、主要内容

本篇资料主要内容是2017年服务业企业法人单位主要指标，包括规模以上服务业和规模以下服务业，主要分组包括按行业、地区等。

二、统计范围

规模以上服务业：年营业收入1000万元及以上，或年末从业人员50人及以上服务业法人单位，包括：交通运输、仓储和邮政业，信息传输、软件和信息技术服务业，租赁和商务服务业，科学研究和技术服务业，水利、环境和公共设施管理业，教育，卫生和社会工作；以及物业管理、房地产中介服务、自有房地产经营活动和其他房地产业等行业；年营业收入500万元及以上，或年末从业人员50人及以上服务业法人单位，包括：居民服务、修理和其他服务业，文化、体育和娱乐业。

规模以下服务业：年营业收入1000万元以下且年末从业人员50人以下的服务业法人单位，包括：交通运输、仓储和邮政业，信息传输、软件和信息技术服务业，租赁和商务服务业，科学研究和技术服务业，水利、环境和公共设施管理业，教育，卫生和社会工作；以及物业管理、房地产中介服务、自有房地产经营活动和其他房地产业等行业；年营业收入500万元以下且年末从业人员50人以下的服务业法人单位，包括：居民服务、修理和其他服务业，文化、体育和娱乐业。

三、统计调查方法

规模以上服务业企业法人单位为全面调查，规模以下服务业企业法人单位为抽样调查。

四、资料来源

规模以上服务业数据来自《规模以上服务业统计报表制度》调查结果，规模以下服务业数据来自《规模以下服务业抽样调查统计报表制度》调查结果。

五、其他

由于数据四舍五入影响，合计数与各分项之和可能存在细微偏差。

7-1-1 服务业企业法人单位分地区主要指标

地 区	单位数(个)	营业收入(亿元)	资产总计(亿元)	从业人员(万人)
全 国	**3374219**	**270967.1**	**1637573.2**	**6354.8**
北 京	417995	38810.0	271316.4	576.0
天 津	91085	9331.7	59323.9	151.1
河 北	129613	5942.9	43758.6	171.2
山 西	62488	2354.0	31450.5	114.3
内蒙古	45212	2895.6	21547.1	93.0
辽 宁	104732	4949.8	26559.8	174.0
吉 林	43156	1792.4	13296.4	70.2
黑龙江	49441	2228.8	15545.9	101.8
上 海	137255	28893.3	108240.3	374.3
江 苏	298171	27256.5	122116.8	502.2
浙 江	262429	19074.7	179085.0	390.9
安 徽	121712	7810.8	39796.7	182.9
福 建	114701	7413.0	40118.2	197.1
江 西	65640	5320.3	21879.2	148.3
山 东	192033	18199.9	62309.4	449.9
河 南	119206	7810.1	43831.7	288.3
湖 北	110495	7955.4	52447.2	210.2
湖 南	116407	6292.0	32121.5	210.3
广 东	336483	30000.8	150134.8	774.0
广 西	79336	2561.6	27408.7	115.0
海 南	18252	1486.4	15484.8	35.9
重 庆	73439	7080.0	36523.2	189.2
四 川	123469	8228.9	70010.9	273.5
贵 州	38529	2225.8	29577.8	80.3
云 南	55869	4879.8	38081.1	137.4
西 藏	2747	360.9	7760.3	7.2
陕 西	65884	4530.6	27595.3	145.2
甘 肃	27804	1914.6	20252.4	66.8
青 海	10483	492.1	5700.4	25.5
宁 夏	10626	427.9	3435.9	22.4
新 疆	49527	2446.5	20863.3	76.1

7-1-2 服务业企业法人单位分行业主要指标

行　业	单位数 (个)	营业收入 (亿元)	资产总计 (亿元)	从业人员 (万人)
总　计	**3374219**	**270967.1**	**1637573.2**	**6354.8**
铁路运输业	1969	8036.4	60229.9	142.2
道路运输业	195687	25481.9	117208.8	750.6
水上运输业	9776	6955.8	27879.0	69.4
航空运输业	1462	7578.7	24452.8	64.3
管道运输业	165	1425.9	5510.4	3.5
装卸搬运和运输代理业	91453	12735.7	13869.8	165.3
仓储业	30140	6588.9	24541.9	77.6
邮政业	17635	5071.3	4332.0	138.9
电信、广播电视和卫星传输服务	13378	16917.7	57903.0	148.7
互联网和相关服务	49284	8823.7	20356.7	80.7
软件和信息技术服务业	311008	27851.6	55011.4	467.9
物业管理业	129111	5415.0	10893.0	501.7
房地产中介服务业	90617	1556.7	4438.8	105.7
自有房地产经营活动	20310	1708.8	21977.2	31.9
其他房地产业	11309	454.5	10611.0	15.6
租赁业	95310	3767.3	25418.8	93.3
商务服务业	1100780	75066.3	933903.4	1544.7
研究和试验发展	60433	3235.6	16128.2	78.9
专业技术服务业	204877	21147.1	61647.3	486.1
科技推广和应用服务业	231724	6528.9	35106.9	226.9
水利管理业	7363	278.8	3850.7	13.6
生态保护和环境治理业	8756	891.5	6228.0	19.0
公共设施管理业	50925	4272.0	44943.2	158.7
居民服务业	98924	2069.9	3999.1	134.9
机动车、电子产品和日用产品修理业	94089	2388.9	4057.7	95.7
其他服务业	71018	1650.3	4440.2	142.5
教育	72903	2367.8	5005.9	164.8
卫生	34498	3120.7	5434.9	133.4
社会工作	8116	154.1	1667.2	35.6
新闻和出版业	5122	1685.7	5713.1	25.2
广播、电视、电影和影视录音制作业	23026	2476.2	9242.1	40.4
文化艺术业	78083	1204.9	4474.6	82.6
体育	20308	565.6	2024.6	25.1
娱乐业	134660	1493.1	5071.3	89.2

7-1-3 规模以上服务业企业法人单位分地区主要指标

地　区	单位数(个)	年初存货(亿元)	流动资产合计(亿元)	应收账款(亿元)	存货(亿元)	固定资产原价(亿元)	累计折旧(亿元)	本年折旧(亿元)	资产总计(亿元)
全　国	**163289**	**39090.6**	**316168.5**	**37287.8**	**41969.1**	**208148.4**	**67041.3**	**9962.5**	**799720.1**
北　京	14564	2387.3	69499.7	8336.4	2652.8	23964.0	7923.4	1101.5	197096.7
天　津	3943	1775.5	11594.3	1640.4	1880.5	5522.5	1830.0	257.6	24094.6
河　北	4951	654.9	5446.2	759.4	775.6	5278.0	2056.2	335.3	12553.1
山　西	1275	104.3	1643.7	249.0	117.4	2676.9	891.1	136.8	5934.4
内　蒙	1540	693.8	3178.7	376.6	673.7	4514.0	1307.3	149.6	9294.9
辽　宁	3472	918.1	5294.2	793.8	855.8	7574.9	2551.8	272.7	15901.2
吉　林	3307	1111.2	3286.4	232.7	940.1	2139.8	854.8	136.9	6100.6
黑龙江	1070	2212.7	4323.9	900.9	2156.8	2864.9	1074.6	144.6	7860.3
上　海	10644	2232.1	29257.8	4035.6	2376.4	13421.7	4937.1	706.1	69698.2
江　苏	16331	4232.2	23963.6	3189.4	4637.3	12543.0	4110.3	676.5	51512.9
浙　江	10413	1736.1	16681.5	1633.1	2076.2	9473.0	3597.5	554.6	34863.2
安　徽	4405	1490.3	5667.5	559.8	1738.7	5027.8	1392.5	226.6	15575.9
福　建	5824	662.8	5183.7	594.2	675.3	5326.2	1721.7	262.4	15979.5
江　西	4292	668.3	2939.6	420.3	725.4	4665.1	1035.3	241.4	9377.7
山　东	12368	949.4	8184.3	1267.7	918.8	10051.9	4242.4	559.5	21392.6
河　南	9198	1474.8	8179.9	948.5	1858.1	11021.2	2566.8	402.6	26288.8
湖　北	4627	1946.7	10696.1	1442.8	1950.6	7471.4	1986.7	280.6	28032.3
湖　南	5721	3507.9	10652.6	929.5	4441.6	3578.6	1160.2	205.7	18700.2
广　东	20386	2581.5	47103.5	4330.9	2507.8	30589.1	10637.1	1394.6	109490.5
广　西	2536	546.7	4807.1	301.9	552.5	2766.2	992.8	164.8	11414.6
海　南	592	62.6	1426.9	159.4	118.0	2008.7	589.2	116.5	5912.1
重　庆	4407	2936.3	9374.3	956.1	3170.2	5719.6	1379.7	229.8	22996.7
四　川	6441	1624.6	10569.0	1075.1	1613.3	5625.4	1970.6	382.2	24464.2
贵　州	2394	770.4	3470.0	292.1	751.6	3238.8	716.8	214.9	9015.8
云　南	1896	822.8	4253.0	441.0	845.6	5734.7	1497.6	206.1	14455.9
西　藏	108	2.8	119.3	12.7	3.5	241.4	102.5	22.6	371.5
陕　西	3236	432.4	3982.1	764.7	391.9	6886.6	2006.5	250.1	11997.3
甘　肃	1145	133.5	1425.0	128.9	135.7	3586.6	435.2	84.6	7321.5
青　海	282	154.1	792.7	155.3	152.2	1309.2	340.5	44.0	2519.0
宁　夏	438	26.7	341.7	35.9	32.5	432.7	177.8	31.4	1088.5
新　疆	1483	237.6	2830.1	323.7	243.0	2894.5	955.4	169.8	8415.5

7-1-3 续表 1

地 区	应付账款(亿元)	负债合计(亿元)	所有者权益合计(亿元)	营业收入(亿元)	主营业务收入(亿元)	营业成本(亿元)	主营业务成本(亿元)	税金及附加(亿元)	主营业务税金及附加(亿元)
全 国	**37122.7**	**415365.3**	**384385.0**	**178644.4**	**173548.5**	**132497.0**	**128859.1**	**1335.2**	**1206.6**
北 京	7844.3	85681.1	111415.5	32265.2	31573.9	22850.0	22559.4	231.8	215.3
天 津	1140.8	14664.0	9430.6	6264.4	6055.2	5173.7	4993.8	67.8	64.2
河 北	864.3	8034.0	4519.1	3814.2	3743.4	3044.9	2993.2	21.9	19.3
山 西	404.1	3121.4	2813.0	1200.5	1169.3	995.8	973.9	5.1	4.6
内 蒙	522.8	5606.6	3688.3	1412.1	1360.8	1156.6	1118.0	9.3	8.2
辽 宁	691.3	8387.4	7513.7	3775.6	3641.0	3219.1	3100.8	24.3	20.7
吉 林	246.8	3797.6	2303.0	1207.4	1170.0	964.4	939.9	9.0	8.1
黑龙江	421.9	6020.3	1839.9	1489.0	1423.5	1411.4	1381.7	6.7	5.4
上 海	3726.9	32213.2	37485.0	24314.9	23862.5	18623.4	18322.7	102.0	88.0
江 苏	2147.0	29646.8	21866.1	13642.9	13086.7	10434.1	9971.9	111.5	98.1
浙 江	2020.9	18374.3	16488.9	13589.8	13363.5	9318.2	9206.6	84.9	80.4
安 徽	622.4	7964.9	7609.3	3058.9	2918.2	2292.3	2168.3	24.8	20.2
福 建	793.6	8559.3	7420.2	3943.4	3844.9	2984.0	2932.2	25.7	23.4
江 西	573.3	5175.2	4202.5	2402.1	2357.4	1834.9	1799.8	23.6	22.0
山 东	1457.4	12164.6	9228.0	8022.7	7824.0	5946.5	5815.2	84.4	77.4
河 南	1157.7	14672.0	11616.8	5440.1	5300.1	3866.0	3763.8	61.5	57.6
湖 北	1094.5	15451.0	12582.6	4493.0	4368.5	3420.9	3329.3	36.2	33.1
湖 南	982.9	10305.4	8394.8	3270.8	3193.9	2445.3	2393.3	29.0	27.2
广 东	5011.7	58293.7	51227.5	24325.2	23346.9	16843.2	16071.8	221.6	197.5
广 西	324.3	6839.1	4575.5	1636.5	1590.2	1190.1	1154.0	15.4	13.2
海 南	367.5	3553.0	2359.2	1036.0	956.4	789.2	744.7	6.0	5.3
重 庆	757.8	12573.0	10423.7	3622.1	3392.9	2674.5	2499.9	31.4	27.6
四 川	1107.6	14210.7	10253.5	4836.7	4615.1	3646.9	3439.3	35.1	32.2
贵 州	424.5	5477.5	3538.2	1225.7	1186.1	872.8	847.3	8.2	7.7
云 南	620.2	7436.6	7019.2	2268.5	2190.0	1787.2	1737.0	14.9	11.5
西 藏	69.2	319.8	51.6	60.4	59.2	56.4	55.1	0.3	0.2
陕 西	938.6	6469.2	5528.1	3171.3	3099.5	2375.4	2329.9	23.0	21.2
甘 肃	251.9	4283.4	3038.0	801.0	865.3	684.3	665.9	5.1	4.7
青 海	117.9	1125.9	1393.2	280.7	274.7	272.6	266.9	0.9	0.8
宁 夏	70.7	553.6	534.9	247.1	236.1	178.9	172.6	1.6	1.5
新 疆	347.8	4390.4	4025.2	1526.3	1479.4	1144.1	1110.8	12.0	9.8

7-1-3 续表 2

地 区	销售费用(亿元)	管理费用(亿元)	财务费用(亿元)	利息收入(亿元)	利息支出(亿元)	投资收益(亿元)	营业利润(亿元)
全 国	**10134.4**	**20024.1**	**5041.0**	**1746.4**	**6216.8**	**13317.9**	**23537.8**
北 京	2546.8	4478.8	1022.5	580.0	1595.5	7252.6	8335.9
天 津	208.5	477.8	137.2	26.7	138.3	115.4	329.7
河 北	164.9	349.8	124.7	27.9	145.4	57.0	127.4
山 西	53.3	123.2	64.8	5.9	76.0	54.5	13.5
内 蒙	61.0	131.2	114.8	6.0	125.8	119.1	84.7
辽 宁	141.7	355.0	111.5	34.3	127.8	55.0	37.3
吉 林	81.4	141.9	49.1	20.7	69.4	6.9	30.5
黑龙江	76.9	145.7	33.3	34.1	106.6	23.8	-65.4
上 海	1420.9	3068.4	291.2	141.6	381.2	1488.4	2283.6
江 苏	619.9	1253.2	362.1	64.5	312.6	290.6	1207.9
浙 江	691.9	1665.9	177.0	133.7	246.6	356.4	2022.5
安 徽	149.8	262.7	119.4	20.3	119.4	152.3	365.8
福 建	280.2	377.2	108.6	27.8	125.5	209.1	410.5
江 西	122.9	194.5	93.6	13.4	45.2	15.8	172.0
山 东	381.1	672.6	169.6	44.9	188.8	144.4	887.1
河 南	215.5	422.1	270.6	30.8	295.2	97.6	711.5
湖 北	189.6	413.0	150.8	36.4	182.9	69.0	375.5
湖 南	180.1	323.7	77.2	18.7	83.3	51.8	273.2
广 东	1421.7	3142.9	644.7	267.1	735.5	2120.1	4281.8
广 西	94.1	172.6	81.1	19.3	97.0	48.3	136.3
海 南	71.8	105.1	69.5	8.2	87.4	74.5	72.7
重 庆	168.6	371.8	124.5	28.8	152.1	21.4	262.5
四 川	269.1	501.2	154.7	86.5	229.8	188.2	463.7
贵 州	73.8	148.8	99.9	4.8	97.5	23.1	48.6
云 南	107.1	173.5	114.9	23.2	137.9	190.7	290.8
西 藏	6.4	15.9	1.2	0.6	1.1	0.5	-20.3
陕 西	162.4	287.8	134.3	11.6	146.3	30.6	227.8
甘 肃	45.4	78.2	78.6	6.5	86.5	20.2	21.8
青 海	12.9	29.7	4.5	0.9	8.9	2.8	-20.5
宁 夏	31.4	28.9	7.8	0.9	7.5	7.2	5.4
新 疆	83.1	110.9	47.1	20.2	63.8	30.7	163.8

7-1-3 续表 3

地区	营业外收入（亿元）	营业外支出（亿元）	利润总额（亿元）	所得税费用（亿元）	应付职工薪酬（亿元）	应交增值税（亿元）	从业人员（万人）
全国	**3322.3**	**945.9**	**25916.1**	**3436.4**	**30629.2**	**4299.6**	**2973.1**
北京	345.5	143.6	8532.3	664.8	6150.9	764.4	360.2
天津	106.0	23.3	412.9	88.6	694.0	135.7	60.9
河北	97.8	30.5	194.7	76.0	609.9	76.3	83.1
山西	27.1	6.1	34.6	21.6	190.6	22.8	32.0
内蒙	47.2	16.3	110.9	13.1	304.5	44.1	37.3
辽宁	74.8	27.8	80.6	34.6	856.7	70.9	88.1
吉林	34.5	4.9	60.2	11.6	193.8	25.0	31.3
黑龙江	38.0	32.3	-59.6	7.7	406.6	31.2	38.8
上海	414.0	66.3	2631.6	429.3	3729.3	608.0	236.3
江苏	310.3	74.8	1444.3	225.9	1962.7	322.9	231.2
浙江	227.3	62.4	2191.3	283.1	2065.0	300.5	199.6
安徽	58.3	12.1	412.4	57.2	411.4	81.6	61.3
福建	67.6	18.6	459.5	77.3	657.0	79.1	82.6
江西	46.4	12.2	206.2	32.3	306.8	75.6	50.3
山东	130.1	25.8	991.6	166.6	1184.5	192.3	160.3
河南	92.4	22.0	781.9	92.8	858.0	121.6	134.0
湖北	99.1	20.0	454.7	84.8	840.2	104.3	90.9
湖南	92.1	26.9	338.4	53.0	482.7	69.8	73.3
广东	535.2	163.0	4658.6	690.9	4813.6	626.8	437.9
广西	41.8	7.1	171.0	29.2	325.3	50.9	47.7
海南	14.8	4.5	82.8	26.3	153.5	19.5	15.1
重庆	155.1	64.7	356.7	52.3	669.6	71.3	90.7
四川	91.4	20.8	537.4	96.4	905.7	111.5	111.4
贵州	37.1	7.9	78.1	19.1	246.3	35.0	36.0
云南	36.2	10.3	316.7	44.1	391.6	68.1	44.4
西藏	4.4	1.1	-17.0	-0.7	16.1	1.5	1.6
陕西	31.9	24.0	233.6	27.9	675.5	98.3	70.0
甘肃	22.6	3.6	40.7	9.0	133.4	26.7	20.5
青海	8.1	2.8	-15.2	1.4	74.8	2.8	7.1
宁夏	4.6	2.4	7.6	2.5	55.0	8.0	8.1
新疆	30.5	7.7	186.6	17.5	264.0	53.0	31.0

7-1-4 规模以上服务业企业法人单位分行业主要指标

行业	单位数(个)	年初存货(亿元)	流动资产合计(亿元)	应收账款(亿元)	存货(亿元)	固定资产原价(亿元)	累计折旧(亿元)	本年折旧(亿元)	资产总计(亿元)
全国	**163289**	**39090.6**	**316168.5**	**37287.8**	**41969.1**	**208148.4**	**67041.3**	**9962.5**	**799720.1**
铁路运输业	254	216.3	5692.8	1640.5	220.8	31373.2	6072.5	791.4	48012.8
道路运输业	23348	1620.7	20007.7	2587.9	1453.5	41461.2	8597.1	1465.0	86203.0
水上运输业	2501	237.0	5353.9	639.7	243.6	10840.6	3460.3	431.8	21504.2
航空运输业	356	63.2	3819.1	453.5	63.4	13291.2	4143.8	650.2	19306.3
管道运输业	85	124.4	910.9	72.3	171.3	4327.5	1340.4	181.4	4402.4
装卸搬运和运输代理业	7098	83.9	4289.3	1201.0	86.6	2376.2	773.3	125.5	7581.4
仓储业	4345	8012.8	11490.1	599.7	7828.9	3428.3	1024.1	159.7	15794.9
邮政业	1396	56.0	1863.2	459.7	65.6	1486.9	739.7	87.1	3258.7
电信、广播电视和卫星传输服务	2376	218.8	13194.2	1786.3	229.2	40464.0	23718.4	3209.4	52113.1
互联网和相关服务	2007	46.9	13573.3	858.7	52.9	1426.1	631.5	164.9	17221.1
软件和信息技术服务业	14677	1271.0	25353.8	6190.1	1562.7	3327.7	1349.3	298.1	36495.6
物业管理业	12837	281.5	5166.6	444.1	268.6	1845.7	564.8	89.0	8606.8
房地产中介服务业	1107	13.6	1761.4	151.3	13.6	136.8	54.6	9.6	2228.3
自有房地产经营活动	2350	532.5	9131.5	324.6	509.2	4032.6	1053.0	143.0	23024.6
其他房地产业	140	1472.8	4252.2	143.3	1625.4	384.0	108.3	25.2	6959.0
租赁业	1786	66.8	2225.7	460.7	64.3	1982.5	638.2	153.8	6413.1
商务服务业	32057	17373.6	134144.2	9789.0	19788.7	23499.7	5317.7	776.4	340776.9
研究和试验发展	1924	372.6	4125.9	662.2	395.8	1189.7	436.5	75.8	6902.8
专业技术服务业	14088	2198.7	20276.7	4639.5	2392.4	6531.5	2370.9	370.4	33331.9
科技推广和应用服务业	5066	354.6	4649.7	930.5	401.3	1145.8	340.3	74.2	7823.0
水利管理业	250	47.2	442.3	34.0	40.6	533.8	155.3	15.7	1374.6
生态保护和环境治理业	632	69.8	1080.4	293.1	93.8	602.1	180.9	31.4	2489.0
公共设施管理业	4753	3174.6	10728.1	1248.6	3135.8	4222.4	928.9	168.4	22729.7
居民服务业	2694	93.5	690.7	53.0	97.6	360.7	124.6	22.1	1236.7
机动车、电子产品和日用产品修理业	2561	58.2	531.8	80.6	61.9	148.8	55.8	9.5	1092.7
其他服务业	1880	37.8	401.4	72.9	39.9	169.8	49.9	10.3	634.3
教育	5463	25.6	1226.9	147.9	21.1	1453.8	450.2	83.4	2861.2
卫生	5519	99.1	1651.7	436.4	108.2	1993.1	715.8	137.5	3422.7
社会工作	279	1.3	46.0	6.4	1.3	54.0	8.9	1.9	119.0
新闻和出版业	1243	358.9	2520.8	223.5	382.1	717.7	341.0	33.7	4456.2
广播、电视、电影和影视录音制作业	3034	266.7	3583.9	485.9	300.0	1095.7	684.8	56.2	5945.8
文化艺术业	1775	91.2	687.4	68.1	99.5	363.9	91.8	18.4	1548.8
体育	952	42.3	517.2	55.6	40.3	465.8	193.2	19.8	1231.8
娱乐业	2456	106.6	777.6	47.1	109.3	1415.6	325.5	72.3	2617.7

7-1-4 续表 1

行　　业	应付账款(亿元)	负债合计(亿元)	所有者权益合计(亿元)	营业收入(亿元)	主营业务收入(亿元)	营业成本(亿元)	主营业务成本(亿元)	税金及附加(亿元)	主营业务税金及附加(亿元)
全　　国	**37122.7**	**415365.3**	**384385.0**	**178644.4**	**173548.5**	**132497.0**	**128859.1**	**1335.2**	**1206.6**
铁路运输业	2699.4	18669.8	29343.0	6676.5	6302.2	6107.8	5784.6	17.0	14.6
道路运输业	3692.7	51663.6	34539.4	17964.0	17401.4	15248.0	14828.4	160.8	148.1
水上运输业	706.9	11298.6	10205.5	5612.8	5225.1	4499.9	4184.3	33.9	28.7
航空运输业	979.3	10491.7	8814.6	6318.6	6084.8	5407.1	5266.2	28.2	25.6
管道运输业	205.8	1348.6	3053.9	1190.5	1177.4	680.1	668.6	8.3	7.4
装卸搬运和运输代理业	948.0	4344.9	3236.5	9002.9	8816.5	8053.2	7847.4	18.3	16.0
仓储业	431.5	12528.1	3265.2	4866.1	4708.1	4521.3	4415.3	26.8	23.2
邮政业	375.2	1815.2	1443.5	3991.2	3884.4	3353.9	3313.1	16.9	15.3
电信、广播电视和卫星传输服务	6168.1	20812.8	31300.3	15575.4	15291.9	10243.4	9975.0	63.8	51.8
互联网和相关服务	1378.6	11231.8	5989.3	7697.5	7625.4	3895.1	3824.5	62.0	61.0
软件和信息技术服务业	3972.9	18844.5	17651.1	22218.2	21862.7	13742.5	13516.4	119.8	114.2
物业管理业	316.2	5912.7	2722.8	4010.5	3792.6	2864.0	2723.7	49.2	45.1
房地产中介服务业	92.8	1764.1	464.1	925.7	914.3	552.4	543.8	7.3	7.1
自有房地产经营活动	381.2	13618.4	9406.2	1406.1	1281.0	606.0	562.3	76.8	70.4
其他房地产业	113.6	4404.3	2554.8	293.5	281.9	186.0	185.0	10.1	9.9
租赁业	233.0	4302.3	2110.9	1203.6	1158.2	883.5	849.7	10.8	10.1
商务服务业	5811.3	166182.1	174594.9	34730.2	33632.6	26313.6	25664.4	319.5	274.7
研究和试验发展	913.1	3777.5	3125.3	2043.5	1974.2	1426.2	1372.5	14.4	12.8
专业技术服务业	4174.6	18928.4	14404.9	15899.8	15699.5	12246.6	12077.3	100.4	91.5
科技推广和应用服务业	716.5	4497.9	3325.0	3011.4	2913.8	2177.2	2097.3	22.7	20.3
水利管理业	23.4	705.6	669.0	122.9	95.9	88.8	70.1	1.6	1.2
生态保护和环境治理业	185.0	1300.1	1188.9	538.3	528.0	372.4	365.7	5.0	4.6
公共设施管理业	724.7	13028.2	9701.5	2685.4	2592.8	1844.3	1786.6	70.5	68.4
居民服务业	73.2	816.4	420.2	633.8	608.4	362.7	345.8	5.9	5.6
机动车、电子产品和日用产品修理业	64.2	634.0	458.7	674.4	650.3	514.7	494.7	5.8	5.4
其他服务业	36.2	334.9	299.4	493.7	482.0	354.5	345.6	4.6	4.3
教育	188.9	1583.9	1277.2	1480.9	1442.4	860.6	826.4	12.1	11.4
卫生	524.4	2218.8	1203.9	2776.7	2714.4	1996.4	1925.7	4.9	4.4
社会工作	8.3	74.9	44.1	33.9	33.1	22.4	22.1	0.2	0.2
新闻和出版业	243.1	1727.6	2728.6	1329.1	1264.5	861.8	831.8	14.0	13.3
广播、电视、电影和影视录音制作业	475.4	2905.5	3040.2	1816.2	1731.9	1301.1	1258.5	20.7	18.8
文化艺术业	62.1	821.1	727.8	455.4	440.9	295.5	287.6	6.0	5.6
体育	66.9	1065.1	168.7	350.7	342.1	270.1	267.5	7.0	6.5
娱乐业	136.3	1711.9	905.8	615.1	593.8	344.1	331.2	9.9	9.2

7-1-4 续表 2

行 业	销售费用(亿元)	管理费用(亿元)	财务费用(亿元)	利息收入(亿元)	利息支出(亿元)	投资收益(亿元)	营业利润(亿元)
全 国	**10134.4**	**20024.1**	**5041.0**	**1746.4**	**6216.8**	**13317.9**	**23537.8**
铁路运输业	10.8	257.6	383.8	20.1	352.7	29.4	-38.9
道路运输业	360.7	1182.8	1157.2	57.3	1100.8	355.8	645.2
水上运输业	65.2	368.4	260.9	36.7	247.1	236.1	631.3
航空运输业	280.5	249.0	99.9	27.5	205.4	115.3	458.9
管道运输业	11.0	44.4	14.2	18.8	30.5	1.0	426.1
装卸搬运和运输代理业	183.2	488.7	65.3	11.9	50.4	129.0	325.7
仓储业	213.5	258.7	129.8	88.9	312.5	37.4	138.5
邮政业	89.8	368.4	7.0	2.0	5.8	33.4	183.8
电信、广播电视和卫星传输服务	1829.0	1079.8	-44.0	160.0	130.8	2294.2	4595.1
互联网和相关服务	781.7	1261.6	-132.5	150.7	19.1	108.7	1939.0
软件和信息技术服务业	2262.0	3974.8	98.6	93.8	181.3	395.0	2394.2
物业管理业	184.6	645.2	63.1	25.1	73.1	43.2	259.2
房地产中介服务业	158.0	163.8	10.5	4.0	9.9	42.3	76.4
自有房地产经营活动	80.2	349.8	205.4	92.6	269.6	316.8	428.2
其他房地产业	6.5	28.7	22.6	3.5	20.4	11.7	49.8
租赁业	48.9	110.5	58.3	8.1	56.9	17.5	101.8
商务服务业	1764.7	4404.0	2182.9	715.2	2613.9	8372.9	7962.1
研究和试验发展	90.0	381.5	29.7	27.4	45.6	100.4	209.3
专业技术服务业	389.6	1829.4	136.2	102.3	179.1	300.1	1375.8
科技推广和应用服务业	164.9	426.4	24.5	29.6	47.2	102.2	282.1
水利管理业	2.4	20.1	11.4	4.1	16.1	3.9	7.6
生态保护和环境治理业	15.6	54.2	14.0	3.0	14.4	8.8	88.9
公共设施管理业	140.4	317.9	105.2	18.3	94.9	54.0	285.1
居民服务业	93.6	104.9	8.3	1.4	6.5	2.1	60.3
机动车、电子产品和日用产品修理业	55.1	58.1	6.2	2.0	6.6	8.5	42.9
其他服务业	35.0	73.4	4.6	0.7	4.3	2.4	24.8
教育	155.6	321.1	17.3	6.7	15.5	13.1	127.9
卫生	209.1	445.1	31.4	2.4	22.5	5.9	89.2
社会工作	2.5	8.3	1.1	0.1	1.0	0.1	-0.4
新闻和出版业	130.2	258.4	-0.5	13.2	14.0	67.8	151.1
广播、电视、电影和影视录音制作业	143.3	204.3	20.3	13.8	28.7	85.7	205.1
文化艺术业	39.2	72.4	9.7	2.0	8.9	11.8	51.3
体育	49.1	96.7	11.5	1.7	8.2	4.1	-80.0
娱乐业	88.4	115.6	27.1	1.5	22.7	7.1	40.2

7-1-4 续表 3

行　业	营业外收入(亿元)	营业外支出(亿元)	利润总额(亿元)	所得税费用(亿元)	应付职工薪酬(亿元)	应交增值税(亿元)	从业人员(万人)
全　国	**3322.3**	**945.9**	**25916.1**	**3436.4**	**30629.2**	**4299.6**	**2973.1**
铁路运输业	30.0	54.5	-60.7	95.3	1765.9	178.2	116.8
道路运输业	901.0	86.7	1460.5	278.2	3022.2	432.3	430.3
水上运输业	127.3	39.0	719.7	132.8	626.2	81.1	47.9
航空运输业	148.9	30.9	576.9	133.1	1151.4	81.6	52.7
管道运输业	6.9	1.9	431.2	93.8	51.6	52.9	2.8
装卸搬运和运输代理业	40.5	-11.2	380.3	80.6	568.0	64.9	62.6
仓储业	191.8	17.3	313.3	54.1	261.1	48.5	32.7
邮政业	16.8	7.7	193.0	40.5	1003.8	43.0	96.5
电信、广播电视和卫星传输服务	118.3	100.4	4609.4	474.2	2133.2	492.3	143.0
互联网和相关服务	37.2	31.9	1944.5	234.7	1047.3	180.8	47.3
软件和信息技术服务业	299.0	68.1	2626.0	359.9	4261.5	704.8	248.7
物业管理业	67.4	14.4	305.0	78.8	1484.7	149.6	288.9
房地产中介服务业	7.3	3.6	80.1	22.8	417.3	41.7	39.1
自有房地产经营活动	48.3	20.4	457.1	67.5	177.4	59.9	16.1
其他房地产业	18.7	6.5	62.0	7.1	19.3	7.7	1.4
租赁业	19.5	6.0	115.3	28.4	117.2	49.4	15.5
商务服务业	706.4	318.9	8352.4	696.7	5532.1	761.5	605.8
研究和试验发展	57.2	10.0	256.5	36.1	444.7	50.8	24.1
专业技术服务业	116.6	41.4	1446.3	247.2	2992.8	434.2	220.6
科技推广和应用服务业	39.1	10.8	310.4	41.6	439.2	65.6	37.6
水利管理业	11.6	0.7	21.9	2.2	25.4	6.4	2.7
生态保护和环境治理业	9.7	1.6	97.1	13.8	60.9	24.5	5.7
公共设施管理业	74.2	21.3	338.3	65.3	442.7	78.8	81.1
居民服务业	7.3	2.0	65.5	14.3	158.7	13.2	31.4
机动车、电子产品和日用产品修理业	3.5	1.0	45.5	8.5	94.5	24.3	15.0
其他服务业	7.9	1.0	31.7	5.6	228.1	17.2	56.6
教育	17.8	6.5	139.4	22.3	516.2	30.9	72.6
卫生	22.6	15.1	97.4	28.1	717.1	5.1	92.1
社会工作	0.7	0.2	0.1	0.5	9.8	0.3	2.1
新闻和出版业	60.6	8.7	203.7	12.8	311.8	41.3	20.5
广播、电视、电影和影视录音制作业	46.8	15.3	236.5	30.5	217.0	40.8	19.6
文化艺术业	25.4	3.1	73.7	11.9	83.9	12.1	12.7
体育	23.0	4.1	-61.1	3.4	129.0	9.9	10.0
娱乐业	13.0	6.1	47.1	14.0	117.2	14.1	20.5

【主要统计指标解释】

存货 指企业在日常活动中持有以备出售的产成品或商品、处在生产过程中的在产品、在生产过程或提供劳务过程中耗用的材料或物料等，通常包括原材料、在产品、半成品、产成品、商品以及周转材料等。根据会计“资产负债表”中“存货”项目的期末余额数填报。其中：“年初存货”根据会计“资产负债表”中“存货”项目的年初余额数填报。

流动资产合计 资产满足以下条件之一应归为流动资产：（1）预计在一个正常营业周期中变现、出售或耗用，主要包括存货、应收账款等；（2）主要为交易目的而持有；（3）预计在资产负债表日起一年内（含一年）变现；（4）自资产负债日起一年内，交换其他资产或清偿负债的能力不受限制的现金或现金等价物。包括货币资金、应收票据、应收账款、存货等项目。根据会计“资产负债表”中“流动资产合计”项目的期末余额数填报。

应收账款 指企业因销售商品、提供劳务等经营活动所形成的债权，包括应向客户收取的货款、增值税款和为客户代垫的运杂费等。根据会计“资产负债表”中“应收账款”项目的期末余额数填报。

固定资产原价 指固定资产的成本，包括企业在购置、自行建造、安装、改建、扩建、技术改造某项固定资产时所发生的全部支出总额。根据会计“固定资产”科目的期末借方余额填报。

本年折旧 指企业在报告期内提取的固定资产折旧合计数。可以根据会计“财务状况变动表”中“固定资产折旧”项的数值填报。若企业执行2001年《企业会计制度》，可以根据会计核算中《资产减值准备、投资及固定资产情况表》内“当年计提的固定资产折旧总额”项本年增加数填报。

资产总计 指企业过去的交易或者事项形成的、由企业拥有或者控制的、预期会给企业带来经济利益的资源。资产一般按流动性（资产的变现或耗用时间长短）分为流动资产和非流动资产。其中流动资产可分为货币资金、交易性金融资产、应收票据、应收账款、预付款项、其他应收款、存货等；非流动资产可分为长期股权投资、固定资产、无形资产及其他非流动资产等。根据会计“资产负债表”中“资产总计”项目的期末余额数填报。

执行《企业会计准则》或《小企业会计准则》的企业：资产总计=流动资产合计+非流动资产合计；执行其他企业会计制度的企业资产包括流动资产、长期投资、固定资产、无形资产和其他资产等。

负债合计 指企业过去的交易或者事项形成的，预期会导致经济利益流出企业的现时义务。负债一般按偿还期长短分为流动负债和非流动负债。根据会计“资产负债表”中“负债合计”项目的期末余额数填报。

执行《企业会计准则》或《小企业会计准则》的企业：负债合计=流动负债合计+非流动负债合计；执行其他企业会计制度的企业负债包括流动负债和长期负债。

所有者权益合计 指企业资产扣除负债后由所有者享有的剩余权益。公司的所有者权益又称股东权益。包括实收资本、资本公积、盈余公积、未分配利润等。根据会计“资产负债表”中“所有者权益合计”项目的期末余额数填报。

营业收入 指企业经营主要业务和其他业务所确认的收入总额。营业收入合计包括“主营业务收入”和“其他业务收入”。根据会计“利润表”中“营业收入”项目的本期金额数填报。

主营业务收入 指企业确认的销售商品、提供劳务等主营业务的收入。根据会计“主营业务收入”科目的期末贷方余额（结转前）填报。执行《企业会计准则》或《小企业会计准则》的企业，如未设置该科目，以“营业收入”代替填报。

营业成本 指企业经营主要业务和其他业务所发生的成本总额。包括企业（单位）在报告期内从事销售商品、提供劳务等日常活动发生的各种耗费。包括“主营业务成本”和“其他业务成本”。根据会计“利润表”中“营业成本”项目的本期金额数填报。

主营业务成本 指企业经营主要业务所发生的成本总额。根据会计“主营业务成本”科目的期末借方余额（结转前）填报。执行《企业会计准则》或《小企业会计准则》的企业，如未设置该科目，以“营业成本”代替填报。

税金及附加 指企业因从事生产经营活动按税法规定应缴纳的消费税、城市维护建设税、资源税、教育费附加及房产税、土地使用税、车船使用税、印花税等相关税费。根据会计“利润表”中“税金及附加”项目的本年累计数填报。

主营业务税金及附加 指企业经营主要业务应负担的消费税、城市维护建设税、资源税、教育费附加及房产税、土地使用税、车船使用税、印花税等相关税费。根据会计“主营业务税金及附加”科目的本年各月借方余额（结转前）填报。如未设置该科目，以“税金及附加”代替填报。

销售费用 指企业在销售商品和材料、提供劳务的过程中发生的各种费用，包括保险费、包装费、展览费和广告费、商品维修费、预计产品质量保证损失、运输费、装卸费等以及为销售本企业商品而专设的销售机构（含销售网点、售后服务网点等）的职工薪酬、业务费、折旧费等经营费用。建筑业企业销售费用指企业从事施工生产活动过程中发生的各项费用，包括应由企业负担的运输费、装卸费、包装费、保险费、维修费、展览费、差旅费、广告费和其他经费。房地产企业销售费用指企业在从事主要经营业务过程中所发生的各项销售费用，包括转让、销售、结算和出租开发产品等。执行《企业会计准则》或《小企业会计准则》的企业，根据会计“利润表”中“销售费用”项目的本期金额数填报。执行其他企业会计制度的企业，根据会计“利润表”中“营业费用（或经营费用）”项目的本期金额数填报。

管理费用 指企业为组织和管理企业生产经营所发生的费用，包括企业在筹建期间内发生的开办费、董事会和行政管理部门在企业经营管理中发生的，或者应当由企业统一负担的公司经费等。根据会计“利润表”中“管理费用”项目的本期金额数填报。

财务费用 指企业为筹集生产经营所需资金等而发生的筹资费用，包括企业生产经营期间发生的利息支出（减利息收入）、汇兑损失（减汇兑收益）以及相关的手续费等。根据会计“利润表”中“财务费用”项目的本期金额数填报。

利息收入 指非金融企业存款业务所确认的利息金额。根据企业“财务费用明细帐”中“财务费用——利息收入”科目的本期发生额填报。如果企业没有设置该科目，此处可填“0”。

利息支出 指企业短期借款利息、长期借款利息、应付票据利息、票据贴现利息、应付债券利息、长期应付引进国外设备款利息等利息支出。根据企业“财务费用明细帐”中“财务费用——利息支出”科目的本期发生额填报。如果企业没有单独设立“利息收入”科目，应填报利息支出减去银行存款等的利息收入后的净额。

投资收益 指企业确认的投资收益或投资损失，反映企业以各种方式对外投资所取得的收益。根据会计“利润表”中“投资收益”项目的本期金额数填报。如为投资损失以“-”号记。

营业利润 指企业从事生产经营活动所取得的利润。执行《企业会计准则》的企业，营业利润为营业收入减去营业成本、营业税金及附加、销售费用、管理费用、财务费用、资产减值损失，再加上公允价值变动收益和投资收益。执行《小企业会计准则》的企业，营业利润为营业收入减去营业成本、营业税金及附加、销售费用、管理费用、财务费用，再加上投资收益后的金额；执行其他企业会计制度的企业，营业利润为主营业务收入减去主营业务成本、主营业务税金及附加，加上其他业务利润后，再减去销售费用、管理费用、财务费用后的金额。根据会计“利润表”中“营业利润”项目的本期金额数填报。

营业外收入 指企业发生的与经营业务无直接关系的各项收入，包括非流动资产处置利得、非货币性资产交换利得、债务重组利得、政府补助、盘盈利得、捐赠利得等。执行《企业会计准则》或《小企业会计准则》的企业，根据会计“利润表”中“营业外收入”项目的本年累计数填报；执行其他企业会计制度的企业，根据会计“损益表”中“营业外收入”项目、“补贴收入”项目的本年累计数填报。

营业外支出 指企业发生的与经营业务无直接关系的各项支出，包括非流动资产处置损失、非货币性资产交换损失、债务重组损失、公益性捐赠支出、非常损失、盘亏损失等。根据会计“利润表”中“营业外支出”项目的本期金额数填报。

利润总额 指企业在一定会计期间的经营成果，是生产经营过程中各种收入扣除各种耗费后的盈余，反映企业在报告期内实现的盈亏总额。根据会计“利润表”中“利润总额”项目的本期金额数填报。执行《企业会计准则》或《小企业会计准则》的企业，利润总额为营业利润加上营业外收入，减去营业外支出后的金额；执行其他企业会计制度的企业，利润总额为营业利润加上投资收益、政府补助、营业外收入，再减去营业外支出后的金额。

所得税费用 所得税费用由两部分组成：当期所得税和递延所得税。当期所得税是指企业按照税法规定计算确定的针对当期发生的交易和事项，应交纳给税务部门的所得税金额，即应交所得税。递延所得税是指按照所得税准则规定应予确认的递延所得税资产和递延所得税负债应有的金额相对于原已确认金额之间的差异。执行《企业会计准则》或《小企业会计准则》的企业，根据会计“利润表”中“所得税费用”项目的本年累计数填报；执行其他企业会计制度的企业，根据会计“损益表”中“所得税”项目的本年累计数填报。

应付职工薪酬 指企业为获得职工提供的服务而给予各种形式的报酬以及其他相关支出。包括职工工资、奖金、津贴和补贴，职工福利费，医疗保险费、养老保险费、失业保险费、工伤保险费和生育保险费等社会保险费，住房公积金，工会经费和职工教育经费，非货币性福利，因解除与职工的劳动关系给予的补偿，其他与获得职工提供的服务相关的支出。执行《企业会计准则》或《小企业会计准则》的企业，根据会计科目“应付职工薪酬”的本年贷方累计发生额填报；执行其他企业会计制度的企业，应将本年上述职工薪酬包含的科目归并填报。

应交增值税 指按照税法规定，以销售货物、服务、无形资产、不动产或提供加工、修理修配劳务的增值额和货物进口金额为计税依据而课征的一种流转税。填报本指标时，应按权责发生制核算企业本期应负担的增值税，有两种计算方法，可选其一，一旦确定，原则上不得更改。

计算方法一：

根据本期会计科目（1）“销项税额”、“进项税额转出”、“出口退税”年初至期末贷方累计发生额（一般与期末贷方余额相等，因为年初贷方余额为零），（2）“进项税额”年初至期末借方累计发生额，即期末借方余额 - 年初借方余额，（3）“出口抵减内销产品应纳税额”、“减免税款”年初至期末借方累计发生额（一般与期末借方余额相等，因为年初借方余额为零），取值后按照下述公式计算填报：

应交增值税 = 销项税额 - （进项税额 - 进项税额转出） - 出口抵减内销产品应纳税额 - 减免税款 + 出口退税

计算方法二：

根据本期《增值税纳税申报表（一般纳税人适用）》（以“国家税务总局公告2013年32

号”版式为例）“销项税额”（第11栏）、“进项税额”（第12栏）、“进项税额转出”（第14栏）、“免、抵、退应退税额”（第15栏）、“简易计税办法计算的应纳税额”（第21栏）、“按简易计税办法计算的纳税检查应补缴税额”（第22栏）、“应纳税额减征额”（第23栏）栏目“一般货物、劳务和应税服务”列中“本年累计”列，按照下述公式计算填报:

应交增值税=销项税额 -（进项税额 - 进项税额转出 - 免、抵、退应退税额）+简易计税办法计算的应纳税额+按简易计税办法计算的纳税检查应补缴税额 - 应纳税额减征额

计算方法说明及填报要求:

（1）计算公式均体现权责发生制，本期发生的进项税额全部参与计算，相当于不设置留抵，同时也不抵扣会计账簿或增值税纳税申报表中上年年末留抵的进项税额，公式计算结果可以为负数。

（2）按照公式计算本指标后，不应再加增值税减免税额，因为这部分价值不再形成企业缴纳义务。

从业人员　指报告期内(年度、月度)平均拥有的从事服务业活动的人员数。按“谁用工，谁统计”的原则实施统计，包括参加企业服务业活动的正式人员，劳务派遣人员和临时聘用人员。不包括在本企业领取工资、股息、红利未参加服务业活动的人员。

7 第三产业分行业主要指标

7-2　农林牧渔服务业

简要说明

一、主要内容

2010 年以来各地区农林牧渔服务业产值。

二、资料来源

资料来源于《中国农村统计年鉴》。

7-2-1 各地区农林牧渔服务业产值

(按当年价格计算) 单位：亿元

地 区	2010年	2011年	2012年	2013年	2014年	2015年	2016年	2017年
全 国	**2554.6**	**2873.4**	**3194.3**	**3555.5**	**3940.5**	**4341.3**	**4828.9**	**5353.1**
北 京	5.9	6.6	7.5	8.0	8.4	8.7	8.7	8.7
天 津	9.0	10.0	10.2	10.3	10.7	11.1	12.0	12.1
河 北	201.8	224.2	241.5	266.5	290.2	313.2	342.0	375.5
山 西	56.9	63.8	70.5	76.5	83.6	86.7	89.5	92.6
内蒙古	28.3	31.7	34.7	37.8	40.2	42.2	44.6	47.0
辽 宁	122.1	138.0	154.1	174.7	194.5	200.8	203.1	209.4
吉 林	53.1	60.0	63.5	64.4	67.4	68.2	72.6	75.0
黑龙江	53.7	65.2	77.3	88.6	101.0	114.7	130.4	140.4
上 海	8.7	9.7	10.7	11.7	11.5	11.0	10.6	11.3
江 苏	221.0	252.7	280.8	309.6	352.9	400.0	437.7	478.3
浙 江	41.6	46.7	51.1	54.9	60.0	65.1	70.4	78.1
安 徽	104.8	120.3	132.9	146.9	162.5	173.6	218.4	239.5
福 建	82.2	89.6	95.9	103.9	112.5	122.2	132.1	139.9
江 西	75.1	79.9	85.4	91.2	98.8	106.0	111.3	120.5
山 东	272.5	295.1	325.1	363.4	400.9	432.0	510.7	594.7
河 南	201.0	220.5	237.2	263.6	294.5	327.4	361.6	404.3
湖 北	117.4	132.9	155.2	178.0	209.5	255.4	308.5	386.8
湖 南	177.2	204.1	235.2	259.9	281.5	302.5	345.9	392.0
广 东	133.0	148.8	162.7	178.2	193.0	206.6	225.7	245.3
广 西	90.1	103.8	117.0	131.4	150.2	166.7	189.3	213.9
海 南	23.0	27.0	31.5	35.2	39.7	44.0	49.5	55.9
重 庆	13.6	15.7	17.9	19.9	22.2	26.2	30.3	34.3
四 川	74.6	82.0	93.1	109.3	122.3	140.4	160.4	169.9
贵 州	51.5	61.7	67.8	75.0	80.7	107.3	147.6	162.2
云 南	63.9	72.0	80.1	90.4	100.0	111.8	123.0	131.7
西 藏	3.1	3.0	3.1	3.1	3.3	3.8	4.3	4.3
陕 西	80.4	91.6	105.2	118.7	129.3	137.9	150.5	162.8
甘 肃	112.0	125.6	137.6	154.8	168.9	182.2	138.4	148.4
青 海	3.9	4.2	4.6	4.9	5.3	5.7	6.0	6.3
宁 夏	11.9	13.9	15.8	17.9	19.8	21.7	22.9	24.5
新 疆	61.5	73.0	89.3	106.8	124.9	146.2	171.0	187.3

注：2010-2017年数据根据第三次全国农业普查结果进行了修订(下同)。

【主要统计指标解释】

农林牧渔服务业 指对农、林、牧、渔业生产活动进行的各种支持性服务活动，不包括各种科学技术和专业技术服务活动。具体包括灌溉服务、农产品初级加工服务、其他农业服务、林业服务、兽医服务、其他畜牧服务、渔业服务等。

农林牧渔服务业产值 指对农林牧渔业生产活动进行的各种支持性服务活动的价值，等于农林牧渔服务业营业收入。

7 第三产业分行业主要指标

7-3 开采辅助活动和金属制品、机械和设备修理业

简要说明

一、主要内容

本篇资料是反映开采辅助活动和金属制品、机械和设备修理业两个行业的主要经济指标。

二、统计范围与统计口径

本篇所涉及的全国统计数据，均未包括香港特别行政区、澳门特别行政区和台湾省的数据，数据统计口径为年主营业务收入在2000万元及以上的开采辅助活动和金属制品、机械和设备修理企业。

三、资料来源

本篇资料来自工业统计年报数据。

四、数据使用注意事项

2017年全国规模以上工业企业主要指标数据与上年数据之间存在不可比因素，其主要原因是:（一）根据统计制度，每年定期对规模以上工业企业调查范围进行调整。每年有部分企业达到规模标准纳入调查范围，也有部分企业因规模变小而退出调查范围，还有新建投产企业、破产、注（吊）销企业等变化。（二）加强统计执法，对统计执法检查中发现的不符合规模以上工业统计要求的企业进行了清理，对相关基数依规进行了修正。（三）加强数据质量管理，剔除跨地区、跨行业重复统计数据。根据国家统计局最新开展的企业组织结构调查情况，对企业集团（公司）跨地区、跨行业重复计算进行了剔重。

7-3-1 开采辅助活动业主要经济指标

年 份	资产总计 (亿元)	营业收入 (亿元)	平均用工人数 (万人)
2012	2543.02	1893.67	
2013	2821.94	2215.33	32.35
2014	2262.36	2118.74	30.97
2015	2760.84	1755.93	29.18
2016	2825.78	1574.66	29.27
2017	2553.60	1600.73	26.80

注：2017年数据与上年数据之间存在不可比因素，原因详见“简要说明四”。以下相关表均同。

7-3-2 金属制品、机械和设备修理业主要经济指标

年 份	资产总计 (亿元)	营业收入 (亿元)	平均用工人数 (万人)
2012	1170.75	896.44	
2013	1184.10	929.91	16.90
2014	1096.17	853.60	15.35
2015	1303.91	977.77	16.69
2016	2198.00	1194.85	17.04
2017	1734.00	1093.53	15.16

7-3-3 按地区分组开采辅助活动业主要经济指标

地区	资产总计（亿元）	营业收入（亿元）	平均用工人数（万人）
全国	**2553.60**	**1600.73**	**26.80**
北京	417.82	133.47	1.89
天津	387.28	230.53	3.92
河北			
山西			
内蒙古			
辽宁	161.36	124.71	4.86
吉林	169.56	114.72	2.07
黑龙江	140.15	75.47	0.71
上海			
江苏			
浙江			
安徽	3.44	4.42	0.13
福建			
江西			
山东			
河南	113.89	93.10	1.39
湖北	77.11	63.03	0.66
湖南			
广东	58.89	16.62	0.15
广西			
海南			
重庆			
四川			
贵州			
云南			
西藏			
陕西	156.11	89.73	1.18
甘肃	28.33	32.22	0.31
青海			
宁夏			
新疆	297.58	207.30	3.24

注：出于对企业数据的保密原则，地区企业数小于3的不予公开，故分地区数据之和不等于总计。

7-3-4 按地区分组金属制品、机械和设备修理业主要经济指标

地 区	资产总计 (亿元)	营业收入 (亿元)	平均用工人数 (万人)
全 国	**1734.00**	**1093.53**	**15.16**
北 京	409.14	96.12	1.33
天 津	21.18	19.43	0.24
河 北	31.52	20.83	0.68
山 西	12.21	13.25	0.27
内蒙古			
辽 宁	135.16	52.56	1.18
吉 林	5.67	3.53	0.11
黑龙江	10.31	3.51	0.09
上 海	237.82	181.51	2.47
江 苏	9.12	14.75	0.14
浙 江	160.30	61.17	1.47
安 徽	95.64	37.46	0.35
福 建	102.21	200.37	0.84
江 西			
山 东	23.74	45.56	0.40
河 南	41.44	35.70	0.70
湖 北	33.03	41.07	0.58
湖 南	7.36	6.40	0.23
广 东	203.54	179.39	2.03
广 西	66.17	18.72	0.55
海 南			
重 庆	7.08	10.91	0.28
四 川	56.63	25.80	0.47
贵 州	3.06	1.19	0.02
云 南			
西 藏			
陕 西	6.68	3.46	0.07
甘 肃	37.97	11.48	0.32
青 海			
宁 夏			
新 疆	3.23	2.96	0.11

注：出于对企业数据的保密原则，地区企业数小于3的不予公开，故分地区数据之和不等于总计。

【主要统计指标解释】

资产总计 指企业过去的交易或者事项形成的、由企业拥有或者控制的、预期会给企业带来经济利益的资源。资产一般按流动性分为流动资产和非流动资产。其中流动资产可分为货币资金、交易性金融资产、应收票据、应收账款、预付款项、其他应收款、存货等；非流动资产可分为长期股权投资、固定资产、无形资产及其他非流动资产等。来源于会计“资产负债表”中“资产总计”项目的期末余额数。

营业收入 指企业经营主要业务和其他业务所确认的收入总额。营业收入合计包括“主营业务收入”和“其他业务收入”。来源于会计“利润表”中“营业收入”项目的本期金额数。

平均用工人数 指报告期企业平均实际拥有的、参与本企业生产经营活动的人员数。

7 第三产业分行业主要指标

7-4 批发和零售业

简要说明

一、主要内容

批发和零售业企业主要财务状况和商品购销存情况。

二、统计范围

限额以上批发和零售业企业。

三、统计调查方法

对限额以上批发和零售业企业采用全面调查的方法。

四、限额标准

批发业企业，年主营业务收入2000万元及以上。

零售业企业，年主营业务收入500万元及以上。

五、资料来源

本部分统计资料由国家统计局贸易外经统计司根据《批发和零售业统计报表制度》搜集的资料加工整理而得。

7-4-1 限额以上批发和零售业企业年末资产负债

单位：亿元

项目	资产总计	#流动资产合计	#固定资产合计	负债合计	所有者权益合计
总计	**283210.4**	**217094.3**	**17346.0**	**203099.6**	**80127.8**
一、批发业	**222004.5**	**175375.6**	**9165.4**	**161596.8**	**60449.8**
#国有控股	82022.5	59898.4	4193.2	56166.9	25899.2
(一)按登记注册类型分					
内资企业	**186776.8**	**146379.6**	**8357.5**	**136560.3**	**50256.9**
国有企业	11646.6	9270.9	877.2	5737.3	5909.3
集体企业	396.2	282.1	37.6	294.8	101.4
股份合作企业	69.6	58.1	6.8	56.3	13.3
联营企业	24.6	21.7	1.1	19.3	5.4
国有联营企业	2.6	2.4	0.2	0.6	2.0
集体联营企业	6.8	4.1	1.0	5.4	1.4
国有与集体联营企业	14.4	14.4		12.8	1.7
其他联营企业	0.8	0.8		0.5	0.3
有限责任公司	96250.9	75834.5	3730.0	73076.9	23221.6
国有独资公司	17825.8	12157.5	1099.9	12713.7	5159.4
其他有限责任公司	78425.2	63677.0	2630.1	60363.2	18062.2
股份有限公司	23650.6	15222.3	1373.7	14743.9	8902.9
私营企业	54563.8	45572.4	2293.9	42534.6	12025.8
私营独资企业	172.3	138.6	25.4	125.8	46.5
私营合伙企业	10.4	8.5	0.9	6.5	3.8
私营有限责任公司	52770.7	44178.5	2166.5	41410.3	11356.9
私营股份有限公司	1610.5	1246.7	101.1	992.0	618.5
其他企业	174.4	117.7	37.3	97.2	77.2
港、澳、台商投资企业	**15058.6**	**12418.2**	**352.6**	**11290.4**	**3769.5**
合资经营企业	2300.5	1788.8	58.1	1676.4	624.1
合作经营企业	75.5	60.1	4.6	61.3	14.1
独资经营企业	12158.2	10207.2	266.8	9231.1	2928.4
投资股份有限公司	302.4	195.4	16.0	180.5	121.9
其他港澳台商投资企业	222.0	166.8	7.1	141.1	80.9
外商投资企业	**20169.1**	**16577.7**	**455.3**	**13746.0**	**6423.4**
中外合资经营企业	3804.8	3075.3	98.3	3084.6	720.6
中外合作经营企业	25.7	23.3	1.6	21.8	3.9
外资企业	15872.7	13120.0	336.5	10407.7	5465.1
外商投资股份有限公司	183.4	121.7	11.9	94.0	89.4
其他外商投资企业	282.4	237.4	7.1	137.9	144.4
(二)按国民经济行业分					
农、林、牧产品批发	8447.6	5886.7	624.5	5831.2	2615.8
食品、饮料及烟草制品批发	22752.3	17838.2	1698.4	12426.6	10325.7
#米、面制品及食用油批发	4148.8	3250.2	310.2	3403.0	745.8
肉、禽、蛋、奶及水产品批发	1251.7	884.1	162.9	820.8	430.9
酒、饮料及茶叶批发	5315.1	4551.0	181.6	3284.8	2030.3
烟草制品批发	6680.4	5444.5	607.0	1404.9	5275.5
纺织、服装及家庭用品批发	21797.1	18367.4	576.5	16757.8	5039.3
#服装批发	4853.9	3569.9	164.6	3131.6	1722.3
鞋帽批发	1039.5	893.8	43.2	664.6	374.9
家用电器批发	8516.0	7779.7	82.2	7540.7	975.4

注：限额以上批发和零售业企业中，因包含了部分视同法人单位，财务指标数据存在资产总计≠负债合计+所有者权益合计的问题(下表同)。

7-4-1 续表 1

单位：亿元

项　　目	资产总计	#流动资产合计	#固定资产合计	负债合计	所有者权益合计
文化、体育用品及器材批发	6330.3	4985.1	200.6	4341.5	1988.8
#文具用品批发	1075.9	955.7	31.5	833.0	242.9
体育用品及器材批发	442.6	395.9	15.7	348.8	93.7
图书批发	1489.3	957.2	83.8	945.0	544.2
医药及医疗器材批发	15255.5	12917.0	591.2	11129.5	4123.5
#西药批发	9242.3	7826.4	325.1	6756.9	2485.4
中药批发	2880.4	2463.3	112.2	2241.9	638.5
矿产品、建材及化工产品批发	102278.4	77997.1	4291.3	77379.7	24942.5
#煤炭及制品批发	16009.8	11015.4	840.2	11876.7	4133.0
石油及制品批发	20866.8	14555.4	2062.6	14921.1	5989.5
金属及金属矿批发	38461.0	31303.7	658.2	30811.1	7649.8
建材批发	8458.5	6556.9	237.6	6362.5	2095.7
化肥批发	2864.0	2245.9	130.1	2229.5	634.5
农药批发	309.6	236.3	6.3	209.6	100.0
机械设备、五金产品及电子产品批发	35614.1	29742.8	941.0	26220.1	9395.3
#汽车批发	9772.4	8174.6	259.9	7644.1	2128.3
计算机、软件及辅助设备批发	2618.2	2378.4	39.8	2059.9	558.3
通讯及广播电视设备批发	4157.5	3721.7	51.0	3306.6	851.0
贸易经纪与代理	5072.3	4287.5	69.4	4063.2	1009.1
其他批发业	4456.9	3353.7	172.6	3447.0	1009.8
二、零售业	**61205.9**	**41718.7**	**8180.6**	**41502.9**	**19678.0**
#国有控股	12662.7	7927.2	2018.1	7703.3	4909.7
（一）按登记注册类型分					
内资企业	**51262.0**	**35830.4**	**7180.7**	**35902.2**	**15334.7**
国有企业	651.8	406.9	149.7	367.8	284.0
集体企业	219.4	133.3	51.8	127.3	92.1
股份合作企业	59.0	36.0	17.1	39.1	19.8
联营企业	30.1	16.4	5.6	9.5	20.6
国有联营企业	3.4	3.1	0.3	2.6	0.8
集体联营企业	4.6	3.5	0.9	1.8	2.8
国有与集体联营企业	9.8	4.4	3.6	2.2	7.5
其他联营企业	12.2	5.4	0.8	2.8	9.4
有限责任公司	23030.0	16671.6	2961.0	17074.9	5955.1
国有独资公司	1454.9	897.4	243.1	1014.4	440.5
其他有限责任公司	21575.1	15774.2	2717.9	16060.5	5514.6
股份有限公司	10110.3	5823.2	1657.6	5766.4	4318.5
私营企业	17066.3	12695.6	2304.7	12481.4	4585.2
私营独资企业	321.0	183.7	102.0	129.5	191.6
私营合伙企业	44.8	25.9	11.1	23.1	21.8
私营有限责任公司	15846.6	11888.3	2092.2	11789.8	4057.0
私营股份有限公司	853.9	597.7	99.3	539.0	314.8
其他企业	95.2	47.5	33.3	35.8	59.4
港、澳、台商投资企业	**5884.2**	**2970.1**	**565.2**	**2764.6**	**3119.6**
合资经营企业	1579.2	1001.9	158.2	750.0	829.2

7-4-1 续表 2

单位：亿元

项　　目	资产总计			负债合计	所有者权益合计
		#流动资产合计	#固定资产合计		
合作经营企业	45.2	29.5	9.8	17.4	27.8
独资经营企业	4070.7	1822.2	366.5	1873.0	2197.7
投资股份有限公司	126.6	80.9	18.8	82.5	44.1
其他港澳台商投资企业	62.5	35.6	11.9	41.8	20.8
外商投资企业	**4059.8**	**2918.2**	**434.7**	**2836.1**	**1223.7**
中外合资经营企业	1090.5	706.7	143.4	651.7	438.8
中外合作经营企业	92.8	55.7	6.8	54.7	38.2
外资企业	2478.8	1884.5	232.4	1800.8	678.0
外商投资股份有限公司	166.1	70.1	33.7	120.7	45.4
其他外商投资企业	231.6	201.2	18.3	208.2	23.4
(二)按国民经济行业分					
综合零售	16709.2	8693.5	3118.6	10735.3	5974.0
#百货零售	11436.5	5426.8	2160.5	6646.0	4790.5
超级市场零售	4903.5	3038.1	888.5	3794.5	1109.0
食品、饮料及烟草制品专门零售	2203.9	1488.2	374.4	1202.5	1001.4
#粮油零售	290.2	181.4	63.7	174.1	116.0
肉、禽、蛋、奶及水产品零售	251.2	141.7	68.3	133.2	118.0
酒、饮料及茶叶零售	567.3	416.7	71.6	314.0	253.3
烟草制品零售	149.7	107.6	10.5	53.8	95.9
纺织、服装及日用品专门零售	3539.4	2646.1	336.6	2394.7	1144.7
#服装零售	2381.4	1760.2	222.4	1627.2	754.2
文化、体育用品及器材专门零售	2624.5	1836.8	316.0	1491.4	1133.2
#体育用品及器材零售	138.6	98.1	25.5	83.6	55.1
图书、报刊零售	1218.4	775.2	175.8	629.8	588.6
医药及医疗器材专门零售	3401.9	2701.3	192.6	2437.8	964.2
#药品零售	3179.5	2548.5	177.5	2300.6	878.9
汽车、摩托车、燃料及零配件专门零售	22699.2	16661.5	2885.6	16124.2	6549.8
#汽车零售	15830.7	12320.3	1727.2	12179.5	3651.4
机动车燃料零售	6362.4	3924.9	1109.7	3586.8	2750.3
家用电器及电子产品专门零售	5065.4	3931.4	326.4	3326.1	1739.3
#日用家电设备零售	2928.3	2220.4	172.6	1926.4	1001.9
计算机、软件及辅助设备零售	743.8	632.1	33.8	439.5	304.3
通信设备零售	464.5	374.9	23.6	327.8	136.7
五金、家具及室内装饰材料专门零售	1483.5	980.2	282.1	936.0	547.4
货摊、无店铺及其他零售业	3478.8	2779.7	348.2	2854.9	624.0
#互联网零售	2470.5	2172.0	103.1	2232.2	238.4
(三)按零售业态分					
有店铺零售	56575.0	37858.2	7949.4	37761.4	18788.5
#超市	3013.3	1031.5	275.0	1118.3	1895.0
大型超市	4815.9	2894.4	979.1	3778.5	1037.5
百货店	9688.5	5332.4	1963.7	6364.0	3324.5
专业店	20442.7	14660.3	2496.8	13298.6	7116.4
专卖店	15554.1	11994.3	1657.9	11133.6	4420.9
无店铺零售	4630.9	3860.5	231.2	3741.4	889.5

7-4-2 各地区限额以上批发和零售业企业年末资产负债

单位：亿元

地 区	资产总计	#流动资产合计	#固定资产合计	负债合计	所有者权益合计
全 国	**283210.4**	**217094.3**	**17346.0**	**203099.6**	**80127.8**
北 京	43379.2	31883.8	994.6	30889.8	12489.4
天 津	14365.4	11811.3	399.0	11743.0	2622.1
河 北	5111.7	3983.8	657.0	3859.7	1252.0
山 西	5334.1	3713.2	600.4	4030.3	1303.8
内蒙古	2445.5	1785.0	284.5	1900.3	545.2
辽 宁	5863.3	4642.4	510.2	4671.8	1179.1
吉 林	2415.1	1802.7	391.0	1869.7	535.1
黑龙江	2573.6	1939.8	317.2	2076.8	493.6
上 海	32023.0	25147.9	992.6	22726.5	9297.2
江 苏	22430.2	17530.8	1542.1	16324.0	6103.6
浙 江	22698.9	17535.7	1062.4	17098.7	5600.1
安 徽	5454.0	4194.6	487.3	3775.6	1678.5
福 建	11625.1	8764.4	585.2	7317.0	4308.1
江 西	2495.3	1860.6	321.4	1689.0	806.2
山 东	13471.8	10224.2	1475.7	10078.6	3430.1
河 南	6205.6	4689.7	805.6	4156.2	2096.8
湖 北	6764.3	4933.4	902.5	4667.1	2097.2
湖 南	5773.7	2883.4	653.9	2802.9	2970.8
广 东	35864.6	29514.8	1471.8	26446.8	9418.9
广 西	3580.6	2757.8	221.9	2538.5	1042.1
海 南	1587.8	1185.0	78.7	947.5	640.3
重 庆	4627.8	3643.3	373.9	3204.1	1424.0
四 川	5813.6	4464.2	515.8	4136.2	1677.3
贵 州	4069.6	3391.0	260.4	2528.3	1541.3
云 南	4398.4	3291.3	338.5	2691.9	1706.5
西 藏	160.5	118.3	23.9	89.8	70.7
陕 西	4321.3	3147.6	396.5	2876.9	1445.3
甘 肃	1592.7	1003.8	202.4	889.3	701.0
青 海	1456.3	1285.1	66.1	1180.0	276.4
宁 夏	969.8	778.0	71.8	701.2	275.8
新 疆	4337.7	3187.2	341.6	3192.3	1099.4

7-4-3 各地区限额以上批发业企业年末资产负债

单位：亿元

地 区	资产总计	#流动资产合计	#固定资产合计	负债合计	所有者权益合 计
全 国	**222004.5**	**175375.6**	**9165.4**	**161596.8**	**60449.8**
北 京	38737.7	28374.6	699.0	27353.5	11384.2
天 津	13089.9	11056.0	239.0	10808.6	2281.0
河 北	3471.0	2897.7	345.1	2669.4	801.6
山 西	4146.7	2888.5	384.0	3093.6	1053.0
内蒙古	1741.0	1313.2	141.6	1328.3	412.8
辽 宁	4140.6	3457.7	251.4	3270.0	862.1
吉 林	1316.4	1142.5	99.5	1070.8	245.5
黑龙江	1738.1	1434.7	136.7	1433.7	301.1
上 海	28370.8	22419.6	579.4	20122.5	8248.8
江 苏	16420.9	13712.1	699.5	12398.5	4019.7
浙 江	18943.4	14897.0	594.0	14250.0	4693.3
安 徽	3533.4	2848.9	176.9	2507.4	1026.0
福 建	9683.5	7376.9	365.2	6246.2	3437.2
江 西	1487.1	1165.4	179.4	1052.9	434.3
山 东	9329.7	7363.1	770.9	7024.1	2305.6
河 南	4018.9	3149.9	421.0	2722.4	1343.9
湖 北	4199.1	3271.8	428.0	2872.2	1326.9
湖 南	2177.3	1587.3	219.3	1462.5	714.7
广 东	29096.8	24043.1	1029.9	22057.2	7040.6
广 西	2602.6	1988.6	125.5	1854.4	748.2
海 南	1292.2	986.3	33.7	758.2	534.1
重 庆	3269.1	2733.5	173.7	2260.0	1009.0
四 川	3529.1	2939.2	195.3	2618.7	910.4
贵 州	2891.6	2508.6	113.1	1672.8	1218.8
云 南	3272.7	2530.7	175.3	1932.0	1340.8
西 藏	93.6	76.3	10.7	52.1	41.4
陕 西	2646.7	2016.4	146.4	1795.2	852.4
甘 肃	1045.3	662.6	118.3	546.6	498.7
青 海	1332.9	1200.7	36.8	1091.9	241.0
宁 夏	736.8	617.2	44.3	547.7	196.3
新 疆	3649.6	2715.4	232.8	2723.5	926.1

7-4-4 各地区限额以上零售业企业年末资产负债

单位：亿元

地区	资产总计	#流动资产合计	#固定资产合计	负债合计	所有者权益合计
全国	**61205.9**	**41718.7**	**8180.6**	**41502.9**	**19678.0**
北京	4641.5	3509.2	295.6	3536.3	1105.2
天津	1275.4	755.3	160.0	934.4	341.0
河北	1640.6	1086.2	311.9	1190.3	450.3
山西	1187.4	824.6	216.4	936.7	250.8
内蒙古	704.5	471.9	142.9	572.0	132.5
辽宁	1722.7	1184.7	258.8	1401.8	317.0
吉林	1098.7	660.2	291.5	798.9	289.6
黑龙江	835.5	505.1	180.5	643.1	192.5
上海	3652.3	2728.3	413.2	2604.1	1048.4
江苏	6009.3	3818.7	842.6	3925.5	2083.9
浙江	3755.5	2638.7	468.4	2848.7	906.8
安徽	1920.7	1345.6	310.4	1268.2	652.4
福建	1941.7	1387.4	220.0	1070.8	870.9
江西	1008.1	695.2	142.0	636.2	371.9
山东	4142.2	2861.1	704.9	3054.5	1124.5
河南	2186.6	1539.8	384.6	1433.8	752.8
湖北	2565.2	1661.6	474.4	1794.9	770.3
湖南	3596.4	1296.1	434.6	1340.3	2256.1
广东	6767.8	5471.7	441.9	4389.6	2378.3
广西	977.9	769.2	96.5	684.1	293.9
海南	295.6	198.7	45.1	189.4	106.2
重庆	1358.7	909.8	200.2	944.1	414.9
四川	2284.4	1525.0	320.5	1517.5	766.9
贵州	1177.9	882.4	147.3	855.4	322.5
云南	1125.7	760.7	163.1	759.9	365.8
西藏	66.9	42.0	13.2	37.7	29.3
陕西	1674.6	1131.3	250.1	1081.7	592.9
甘肃	547.5	341.1	84.1	342.7	202.4
青海	123.4	84.4	29.3	88.1	35.3
宁夏	233.0	160.8	27.6	153.5	79.4
新疆	688.1	471.8	108.8	468.8	173.3

7-4-5 限额以上批发和零售业企业损益及分配

单位：亿元

项目	主营业务收入	主营业务成本	销售费用	管理费用	财务费用	利润总额
总计	**552809.5**	**510827.2**	**19323.6**	**9065.5**	**2428.9**	**12288.1**
一、批发业	**445793.6**	**416935.3**	**12083.9**	**5746.4**	**1766.2**	**9232.2**
#国有控股	166878.3	156799.3	3234.8	1510.8	547.2	3600.6
(一)按登记注册类型分						
内资企业	**380157.2**	**358916.3**	**7796.5**	**4134.0**	**1701.6**	**6947.0**
国有企业	19422.3	15609.5	462.0	557.8	-27.2	1522.0
集体企业	753.7	700.6	20.4	16.2	5.3	14.9
股份合作企业	219.8	211.2	4.0	2.1	0.6	2.0
联营企业	27.1	24.2	1.5	0.4	0.2	0.6
国有联营企业	5.1	4.3	0.2	0.2		0.4
集体联营企业	5.7	5.2	0.1	0.1	0.1	0.1
国有与集体联营企业	15.1	13.5	1.3	0.1	0.1	0.1
其他联营企业	1.3	1.2				
有限责任公司	196313.2	187278.7	3633.8	1665.5	908.8	2997.3
国有独资公司	38385.7	36939.5	476.9	273.6	159.1	554.8
其他有限责任公司	157927.6	150339.2	3157.0	1391.9	749.7	2442.5
股份有限公司	37736.8	35784.8	998.2	356.7	168.7	750.7
私营企业	124963.8	118666.6	2659.4	1523.3	642.2	1619.1
私营独资企业	379.0	333.4	9.0	8.1	1.5	22.3
私营合伙企业	38.8	36.1	6.7	0.8	0.1	2.7
私营有限责任公司	121508.6	115502.7	2537.3	1456.5	626.3	1507.8
私营股份有限公司	3037.4	2794.3	106.3	57.9	14.2	86.3
其他企业	720.5	640.7	17.2	11.9	3.0	40.5
港、澳、台商投资企业	**21911.4**	**19616.8**	**1204.3**	**637.4**	**35.7**	**641.1**
合资经营企业	3615.8	3449.6	59.0	57.6	18.7	89.9
合作经营企业	130.6	118.7	6.5	2.2	0.1	3.6
独资经营企业	17744.6	15671.5	1117.6	566.0	14.0	532.9
投资股份有限公司	155.5	134.1	10.7	6.8	0.7	5.6
其他港澳台商投资企业	265.0	243.0	10.5	4.8	2.1	9.1
外商投资企业	**43725.0**	**38402.2**	**3083.1**	**975.0**	**29.0**	**1644.1**
中外合资经营企业	13521.2	12460.3	742.4	77.6	29.4	228.2
中外合作经营企业	50.9	47.6	2.0	1.2	0.2	-0.4
外资企业	28981.8	24908.0	2226.0	867.6	-0.9	1368.3
外商投资股份有限公司	443.0	347.8	68.9	14.0	0.3	13.6
其他外商投资企业	728.0	638.5	43.8	14.6		34.3
(二)按国民经济行业分						
农、林、牧产品批发	8644.6	8203.1	177.5	148.8	95.4	230.5
食品、饮料及烟草制品批发	39675.2	32184.5	2069.1	1144.5	9.3	2806.6
#米、面制品及食用油批发	5992.8	5619.3	249.7	94.8	39.3	76.1
肉、禽、蛋、奶及水产品批发	2681.9	2398.4	122.7	62.5	12.0	80.5
酒、饮料及茶叶批发	6652.3	5108.4	713.7	180.5	9.7	681.3
烟草制品批发	15134.8	10931.6	382.6	554.6	-97.7	1686.6
纺织、服装及家庭用品批发	36590.2	32369.7	2290.6	973.0	111.4	1061.7
#服装批发	7345.2	6231.9	528.6	289.5	33.6	315.0
鞋帽批发	1914.6	1596.8	111.8	114.5	6.1	91.7
家用电器批发	12001.2	11075.3	575.2	215.1	8.9	180.9

7-4-5 续表 1 单位：亿元

项　　目	主营业务收入	主营业务成本	销售费用	管理费用	财务费用	利润总额
文化、体育用品及器材批发	8889.2	8107.2	379.7	197.1	31.0	272.0
#文具用品批发	2273.7	2158.6	50.8	33.0	5.6	26.8
体育用品及器材批发	916.6	833.7	68.4	25.8	1.0	24.4
图书批发	902.8	747.2	68.6	52.6	-7.9	70.2
医药及医疗器材批发	23791.3	20842.2	1562.0	650.1	129.6	750.3
#西药批发	14678.5	13231.2	749.1	310.4	92.9	391.9
中药批发	4729.9	4119.3	367.6	115.2	22.3	118.5
矿产品、建材及化工产品批发	247376.2	240465.9	2694.8	1340.5	1120.9	1991.9
#煤炭及制品批发	25614.5	24617.0	423.5	180.1	181.6	266.6
石油及制品批发	61622.9	59624.4	847.4	274.3	178.3	616.9
金属及金属矿批发	103286.0	101592.3	561.1	354.6	471.2	376.1
建材批发	12736.2	12130.2	193.6	144.6	91.8	193.3
化肥批发	4320.6	4133.7	76.5	42.8	36.7	27.1
农药批发	388.4	346.6	20.2	9.9	5.0	10.0
机械设备、五金产品及电子产品批发	67942.6	62520.4	2675.4	1113.3	198.0	1873.7
#汽车批发	24378.1	22285.6	1338.6	169.2	20.6	717.0
计算机、软件及辅助设备批发	5650.1	5404.6	101.2	78.7	20.7	57.9
通讯及广播电视设备批发	9941.1	9365.5	274.7	147.5	33.7	132.8
贸易经纪与代理	5296.8	5091.4	76.6	63.2	28.9	85.9
其他批发业	7587.5	7150.9	158.1	115.9	41.7	159.6
二、零售业	**107015.8**	**93891.9**	**7239.7**	**3319.1**	**662.6**	**3055.9**
#国有控股	18734.6	16665.4	1150.7	450.4	51.1	619.4
(一)按登记注册类型分						
内资企业	**93591.1**	**83131.8**	**5442.3**	**2729.4**	**618.2**	**2468.2**
国有企业	998.5	867.6	59.5	41.0	3.0	38.6
集体企业	809.6	710.3	29.3	25.4	4.1	37.5
股份合作企业	155.9	134.5	5.8	6.6	1.5	4.9
联营企业	84.5	73.9	3.0	1.6	0.1	5.7
国有联营企业	11.3	9.3	0.5	0.2		1.2
集体联营企业	25.4	22.6	0.7	0.6	0.1	1.3
国有与集体联营企业	24.6	22.2	1.1	0.5		0.9
其他联营企业	23.2	19.7	0.8	0.4		2.3
有限责任公司	43623.1	38831.4	2711.8	1203.5	268.8	984.6
国有独资公司	1952.0	1742.2	98.7	52.6	3.0	70.4
其他有限责任公司	41671.0	37089.2	2613.1	1151.0	265.8	914.3
股份有限公司	12165.5	10846.1	804.4	316.5	47.4	354.3
私营企业	35484.0	31449.3	1816.8	1124.9	291.3	1018.4
私营独资企业	1089.6	910.6	39.6	34.2	9.1	79.7
私营合伙企业	134.9	114.7	5.6	4.6	0.9	7.9
私营有限责任公司	32930.5	29282.7	1685.4	1042.1	269.4	882.4
私营股份有限公司	1329.0	1141.3	86.3	44.0	11.9	48.5
其他企业	270.1	218.7	11.5	9.8	1.9	24.1
港、澳、台商投资企业	**6450.5**	**5165.9**	**887.4**	**305.1**	**22.3**	**279.3**
合资经营企业	1693.2	1388.9	199.1	72.4	5.3	108.2

7-4-5 续表 2

单位：亿元

项　　目	主营业务收入	主营业务成本	销售费用	管理费用	财务费用	利润总额
合作经营企业	76.3	63.9	5.9	3.7	0.2	4.9
独资经营企业	4432.7	3511.8	645.7	220.7	15.3	154.1
投资股份有限公司	154.4	124.8	24.4	5.2	0.8	3.0
其他港澳台商投资企业	93.8	76.4	12.3	3.1	0.7	9.1
外商投资企业	**6974.2**	**5594.2**	**910.0**	**284.6**	**22.1**	**308.4**
中外合资经营企业	2621.7	2119.8	313.9	84.0	3.0	151.2
中外合作经营企业	106.7	88.2	16.9	3.6		5.1
外资企业	3358.5	2607.9	494.5	176.9	15.5	144.7
外商投资股份有限公司	194.0	153.1	26.1	14.0	3.0	2.5
其他外商投资企业	693.2	625.2	58.7	6.1	0.6	4.9
(二)按国民经济行业分						
综合零售	20295.9	17175.4	2178.9	946.6	153.8	602.8
#百货零售	10526.9	8859.8	930.4	584.5	106.1	453.4
超级市场零售	8779.5	7490.2	1134.3	304.5	42.5	146.2
食品、饮料及烟草制品专门零售	3821.0	3072.9	321.1	158.0	23.7	251.0
#粮油零售	500.9	442.4	26.5	14.5	4.2	19.7
肉、禽、蛋、奶及水产品零售	650.6	553.2	34.8	25.4	4.4	30.9
酒、饮料及茶叶零售	902.8	723.0	62.2	38.6	7.1	65.9
烟草制品零售	194.9	160.9	13.7	9.5	0.2	16.9
纺织、服装及日用品专门零售	5076.0	3568.8	907.6	337.8	31.8	251.6
#服装零售	3119.0	2112.6	626.9	230.8	23.5	140.9
文化、体育用品及器材专门零售	3056.4	2464.7	262.9	174.5	19.5	149.4
#体育用品及器材零售	241.2	177.9	42.8	16.4	1.8	2.8
图书、报刊零售	1073.2	828.3	103.6	82.7	0.4	81.6
医药及医疗器材专门零售	4979.8	4207.6	429.4	178.1	34.9	290.1
#药品零售	4728.8	4019.5	405.8	161.5	32.9	268.6
汽车、摩托车、燃料及零配件专门零售	49941.8	46165.6	1707.0	919.1	313.2	1003.8
#汽车零售	36976.1	34489.3	1097.9	746.1	285.0	600.3
机动车燃料零售	11963.5	10773.0	567.9	147.5	23.1	378.8
家用电器及电子产品专门零售	8818.2	7849.4	533.5	246.6	36.2	168.0
#日用家电设备零售	3459.5	3069.7	232.9	93.2	13.6	74.5
计算机、软件及辅助设备零售	2286.9	2062.7	108.8	48.2	5.0	55.3
通信设备零售	1052.9	943.3	73.0	31.4	5.9	15.5
五金、家具及室内装饰材料专门零售	2933.0	2412.5	165.8	133.8	25.5	177.9
货摊、无店铺及其他零售业	8093.8	6975.1	733.5	224.7	23.9	161.3
#互联网零售	6658.9	5778.2	640.9	158.1	16.5	78.6
(三)按零售业态分						
有店铺零售	96214.7	84480.2	6285.2	3021.1	632.1	2927.1
#超市	3035.8	2574.5	242.7	120.6	24.8	90.3
大型超市	8399.8	7185.0	1115.6	295.3	35.0	130.6
百货店	9667.3	8057.6	859.4	564.2	107.4	430.6
专业店	36477.0	32525.0	1827.2	900.2	206.0	1239.4
专卖店	33029.0	29435.1	1835.5	902.3	222.4	815.8
无店铺零售	10801.2	9411.7	954.5	298.1	30.5	128.8

7-4-6 各地区限额以上批发和零售业企业损益及分配

单位：亿元

地　区	主营业务收入	主营业务成本	销售费用	管理费用	财务费用	利润总额
全　国	**552809.5**	**510827.2**	**19323.6**	**9065.5**	**2428.9**	**12288.1**
北　京	52380.2	48454.0	2131.9	1018.4	227.2	1190.8
天　津	26311.8	25402.1	474.0	199.3	178.4	108.4
河　北	9018.7	8356.1	285.4	153.8	50.3	157.1
山　西	8226.9	7733.5	238.1	134.7	58.6	51.9
内蒙古	3728.0	3408.6	159.0	68.0	23.6	50.1
辽　宁	14468.6	13775.5	332.7	194.8	66.9	225.2
吉　林	3379.5	3050.3	162.8	95.9	28.8	78.8
黑龙江	4133.7	3809.6	131.4	80.3	26.0	83.9
上　海	83190.5	76639.0	3712.6	1354.4	165.1	1773.7
江　苏	48209.4	44545.5	1596.4	790.9	208.3	1204.1
浙　江	49271.9	46570.8	1306.2	600.9	248.8	816.0
安　徽	10055.4	9042.1	449.2	189.4	36.1	268.3
福　建	24759.1	23117.1	633.0	349.5	124.0	579.0
江　西	4441.9	3884.7	223.5	110.0	17.5	155.9
山　东	29706.4	27396.5	874.1	477.9	171.9	709.5
河　南	13519.5	12002.7	445.1	303.7	92.7	552.5
湖　北	15240.1	13749.7	653.8	313.4	73.4	402.2
湖　南	9350.8	8213.7	432.7	228.6	49.2	310.2
广　东	72999.7	67562.9	2648.3	1276.6	254.3	1521.5
广　西	6495.2	6031.6	193.2	109.1	31.6	106.4
海　南	2116.8	1902.7	91.0	30.9	19.8	65.8
重　庆	10412.6	9403.2	375.0	198.3	41.7	337.5
四　川	12017.3	10820.6	550.6	215.3	54.5	265.7
贵　州	5184.4	4317.2	203.2	102.1	18.8	468.9
云　南	8230.0	7438.6	281.7	116.8	37.1	329.2
西　藏	224.0	184.5	17.5	8.2	-0.2	7.9
陕　西	11433.2	10549.3	370.9	170.2	43.4	263.8
甘　肃	4252.5	4002.6	97.6	48.6	18.2	59.3
青　海	1195.4	1101.1	31.1	15.6	8.3	29.3
宁　夏	1332.9	1251.7	40.7	16.9	14.2	6.1
新　疆	7522.9	7109.7	180.7	92.7	40.5	109.0

7-4-7 各地区限额以上批发业企业损益及分配

单位：亿元

地 区	主营业务收入	主营业务成本	销售费用	管理费用	财务费用	利润总额
全 国	**445793.6**	**416935.3**	**12083.9**	**5746.4**	**1766.2**	**9232.2**
北 京	45238.2	42156.7	1509.1	791.1	185.8	1064.1
天 津	24309.4	23611.6	317.1	130.5	164.2	129.3
河 北	6340.2	5936.9	131.8	68.9	27.1	124.3
山 西	6289.5	5960.7	133.4	80.3	42.8	52.0
内蒙古	2526.1	2320.6	90.4	36.6	14.9	30.8
辽 宁	11747.8	11334.0	166.8	87.5	38.5	87.2
吉 林	1870.5	1707.2	92.5	29.7	11.1	47.0
黑龙江	2738.9	2571.3	64.4	35.6	13.9	37.7
上 海	76668.7	71415.8	2851.4	1003.6	145.0	1580.4
江 苏	38413.5	35869.9	1015.7	504.6	147.8	889.7
浙 江	42373.4	40451.3	815.4	394.8	203.1	681.4
安 徽	6474.0	5839.0	256.6	94.0	16.8	182.1
福 建	20018.9	18943.3	360.8	211.6	104.3	415.4
江 西	2810.9	2444.9	134.8	60.5	6.5	110.6
山 东	21724.5	20321.3	476.5	270.3	114.3	460.9
河 南	9004.6	8082.4	226.8	163.1	53.0	350.9
湖 北	10363.2	9474.0	352.0	173.1	41.0	248.8
湖 南	4855.0	4255.5	186.4	106.6	19.6	179.4
广 东	61555.6	57754.2	1673.4	927.2	206.7	1066.9
广 西	4815.1	4520.5	98.8	64.1	24.8	63.5
海 南	1613.5	1474.8	55.2	14.5	16.1	41.4
重 庆	7278.1	6677.1	175.0	103.6	25.5	232.4
四 川	7103.0	6448.6	234.0	92.9	28.5	150.1
贵 州	3332.4	2665.1	110.2	64.8	7.9	413.7
云 南	6090.7	5518.0	160.3	69.6	27.0	273.4
西 藏	96.2	66.0	12.1	5.0	-0.4	6.5
陕 西	8146.8	7693.3	172.9	61.5	26.2	150.4
甘 肃	3433.5	3274.9	52.9	29.6	11.2	38.0
青 海	987.2	915.1	19.2	8.9	0.5	24.5
宁 夏	1047.4	1002.5	18.5	8.0	11.5	2.5
新 疆	6527.1	6228.8	119.5	54.2	30.9	97.0

7-4-8 各地区限额以上零售业企业损益及分配

单位：亿元

地 区	主营业务收入	主营业务成本	销售费用	管理费用	财务费用	利润总额
全 国	**107015.8**	**93891.9**	**7239.7**	**3319.1**	**662.6**	**3055.9**
北 京	7142.0	6297.4	622.8	227.4	41.4	126.7
天 津	2002.4	1790.5	156.9	68.8	14.2	-20.9
河 北	2678.6	2419.1	153.7	84.9	23.2	32.8
山 西	1937.4	1772.9	104.7	54.4	15.9	
内蒙古	1201.9	1088.0	68.6	31.4	8.7	19.3
辽 宁	2720.8	2441.6	166.0	107.4	28.3	138.1
吉 林	1509.0	1343.0	70.2	66.2	17.7	31.7
黑龙江	1394.9	1238.3	67.0	44.7	12.1	46.1
上 海	6521.8	5223.2	861.3	350.8	20.0	193.3
江 苏	9795.8	8675.6	580.7	286.4	60.5	314.4
浙 江	6898.5	6119.6	490.8	206.0	45.7	134.5
安 徽	3581.3	3203.1	192.6	95.4	19.3	86.3
福 建	4740.2	4173.8	272.2	137.9	19.7	163.7
江 西	1631.0	1439.7	88.7	49.5	11.0	45.4
山 东	7982.0	7075.2	397.6	207.6	57.6	248.6
河 南	4514.9	3920.3	218.3	140.6	39.7	201.6
湖 北	4877.0	4275.8	301.8	140.2	32.4	153.4
湖 南	4495.8	3958.1	246.4	122.0	29.6	130.8
广 东	11444.0	9808.7	974.9	349.4	47.6	454.6
广 西	1680.1	1511.1	94.4	45.1	6.8	42.8
海 南	503.3	427.9	35.8	16.4	3.6	24.4
重 庆	3134.6	2726.1	200.1	94.6	16.1	105.1
四 川	4914.3	4372.0	316.6	122.4	25.9	115.6
贵 州	1852.0	1652.0	92.9	37.4	10.9	55.2
云 南	2139.3	1920.6	121.4	47.1	10.1	55.8
西 藏	127.8	118.5	5.4	3.2	0.2	1.3
陕 西	3286.4	2856.0	198.1	108.7	17.2	113.4
甘 肃	819.0	727.7	44.7	19.0	7.0	21.3
青 海	208.3	186.0	11.9	6.7	7.7	4.8
宁 夏	285.5	249.2	22.2	9.0	2.7	3.6
新 疆	995.8	880.9	61.1	38.5	9.6	12.0

7-4-9 限额以上批发和零售业企业商品购、销、存情况（按登记注册类型分）

单位：亿元

项目	商品购进额	#进口	商品销售额	#出口	期末商品库存额
总计	**572287.8**	**43743.8**	**630181.3**	**23617.1**	**43397.0**
一、批发业	**468165.4**	**40754.0**	**507096.0**	**23544.6**	**31609.0**
#国有控股	177408.3	12791.3	191437.3	5827.5	11147.1
内资企业	**403011.1**	**24208.4**	**431793.3**	**19429.1**	**25829.3**
国有企业	16955.4	930.9	22034.8	518.8	2376.1
集体企业	750.7	49.2	835.4	12.1	46.0
股份合作企业	244.7	14.8	252.3	1.3	9.0
联营企业	27.7	0.7	30.6	1.0	4.6
国有联营企业	4.4	0.1	6.0		0.5
集体联营企业	5.4		5.7		1.5
国有与集体联营企业	16.7	0.6	17.5	1.0	2.4
其他联营企业	1.2		1.4		0.2
有限责任公司	211113.8	14106.8	224355.9	8224.7	12284.9
国有独资公司	41716.4	1654.8	43716.1	893.9	2028.9
其他有限责任公司	169397.4	12452.0	180639.8	7330.7	10256.0
股份有限公司	41290.5	2966.3	42205.4	2079.2	4029.4
私营企业	131956.1	6138.4	141304.4	8590.9	7056.1
私营独资企业	375.7	2.4	420.2	1.5	20.6
私营合伙企业	29.7	0.6	43.2		1.9
私营有限责任公司	128497.4	6045.5	137457.0	8442.3	6803.0
私营股份有限公司	3053.3	89.9	3384.0	147.0	230.7
其他企业	672.2	1.2	774.6	1.2	23.2
港、澳、台商投资企业	**21967.4**	**3026.2**	**24946.4**	**675.7**	**2256.8**
合资经营企业	3949.3	172.1	4168.8	30.4	261.2
合作经营企业	115.9	5.5	144.6	10.6	2.7
独资经营企业	17501.7	2790.2	20162.9	623.1	1968.4
投资股份有限公司	138.2	11.8	174.6	5.1	12.6
其他港澳台商投资企业	262.2	46.6	295.6	6.5	11.8
外商投资企业	**43186.9**	**13519.4**	**50356.2**	**3439.8**	**3522.9**
中外合资经营企业	14354.1	640.5	15751.7	188.3	613.7
中外合作经营企业	44.0	10.1	52.1		3.6
外资企业	27734.7	12603.9	33266.4	3161.1	2814.2
外商投资股份有限公司	384.5	28.9	501.0	5.1	28.6
其他外商投资企业	669.6	236.0	784.9	85.2	62.8

7-4-9 续表 单位：亿元

项　　目	商品购进额	#进口	商品销售额	#出口	期末商品库存额
二、零售业	**104122.4**	**2989.8**	**123085.3**	**72.5**	**11788.0**
#国有控股	17854.8	263.6	23361.3	10.7	1582.9
内资企业	**91700.9**	**2175.7**	**107396.3**	**65.5**	**10244.6**
国有企业	959.3	28.7	1122.9	1.0	106.6
集体企业	812.2	0.6	895.7		45.1
股份合作企业	156.7		171.8		13.0
联营企业	77.9		93.2		1.8
国有联营企业	8.8		12.8		0.3
集体联营企业	24.9		27.0		0.5
国有与集体联营企业	23.7		28.5		0.2
其他联营企业	20.5		24.9		0.8
有限责任公司	43057.2	1143.2	49744.5	29.4	4233.4
国有独资公司	1846.0	58.3	2383.9	5.7	180.3
其他有限责任公司	41211.2	1084.9	47360.6	23.6	4053.2
股份有限公司	11433.8	45.9	15317.0	0.6	1630.9
私营企业	34973.2	956.6	39768.8	34.5	4201.2
私营独资企业	1052.5	2.3	1181.7	0.2	67.8
私营合伙企业	131.1	2.2	146.0		7.9
私营有限责任公司	32513.9	935.2	36928.0	33.8	3962.3
私营股份有限公司	1275.8	17.0	1513.1	0.5	163.2
其他企业	230.6	0.6	282.4		12.6
港、澳、台商投资企业	**5880.2**	**430.8**	**7422.0**	**5.3**	**883.0**
合资经营企业	1639.2	81.0	2043.6	0.9	235.2
合作经营企业	69.6	0.2	85.6		4.5
独资经营企业	3946.4	342.6	5011.3	3.8	613.6
投资股份有限公司	138.6	2.8	172.8		23.7
其他港澳台商投资企业	86.4	4.3	108.7	0.6	6.0
外商投资企业	**6541.4**	**383.3**	**8266.9**	**1.7**	**660.4**
中外合资经营企业	2476.2	151.3	3246.8	0.1	251.1
中外合作经营企业	107.2	0.7	120.4		11.3
外资企业	3029.6	227.7	3904.2	1.5	348.5
外商投资股份有限公司	148.8		220.4		21.4
其他外商投资企业	779.6	3.7	775.2	0.1	28.2

7-4-10 限额以上批发和零售业企业商品购、销、存情况（按国民经济行业分）

单位：亿元

项　　目	商品购进额	#进口	商品销售额	#出口	期末商品库存额
总　　计	**572287.8**	**43743.8**	**630181.3**	**23617.1**	**43397.0**
一、批发业	**468165.4**	**40754.0**	**507096.0**	**23544.6**	**31609.0**
农、林、牧产品批发	8817.0	885.1	9372.5	162.2	2281.0
食品、饮料及烟草制品批发	35739.2	1902.8	45356.9	891.7	3589.3
#米、面制品及食用油批发	6339.1	954.3	6702.0	219.3	983.5
肉、禽、蛋、奶及水产品批发	2466.1	269.2	2874.1	159.3	261.3
酒、饮料及茶叶批发	6132.7	148.7	7789.6	40.1	589.5
烟草制品批发	12039.1	46.2	17530.1	94.8	1064.3
纺织、服装及家庭用品批发	37122.5	1945.5	40821.4	7313.3	4938.3
#服装批发	6645.4	397.6	8086.1	2588.6	794.9
鞋帽批发	1827.0	87.0	2103.8	705.6	172.1
家用电器批发	14040.2	361.0	13617.2	535.9	2896.2
文化、体育用品及器材批发	9189.9	533.4	9958.1	589.6	1359.7
#文具用品批发	2361.5	144.1	2544.0	113.2	145.0
体育用品及器材批发	929.7	15.5	1038.0	87.9	80.9
图书批发	907.8	31.8	990.5	3.4	171.0
医药及医疗器材批发	24633.2	3071.1	27133.3	291.5	2640.3
#西药批发	15021.9	651.4	16789.6	158.5	1550.4
中药批发	4517.2	152.4	5360.6	39.1	502.1
矿产品、建材及化工产品批发	269457.6	16682.0	282417.3	5235.4	10799.2
#煤炭及制品批发	27995.0	693.6	29855.2	128.7	912.5
石油及制品批发	67127.3	4594.2	69832.7	1086.0	2789.1
金属及金属矿批发	113960.8	6943.9	118491.0	1485.0	4387.0
建材批发	13378.2	765.9	14347.5	499.2	568.3
化肥批发	4338.6	187.0	4605.1	130.8	406.5
农药批发	343.2	7.0	400.7	91.2	42.0
机械设备、五金产品及电子产品批发	69993.7	14026.8	77802.8	6973.1	5169.8
#汽车批发	25214.7	4292.6	28503.9	435.4	1681.2
计算机、软件及辅助设备批发	5768.4	942.9	6345.4	874.0	487.3
通讯及广播电视设备批发	11880.3	3095.3	12226.0	450.5	741.1
贸易经纪与代理	5351.8	1103.7	5789.8	1571.9	236.6
其他批发业	7860.4	603.7	8443.8	516.0	594.7

7-4-10 续表

单位：亿元

项　　目	商品购进额	#进口	商品销售额	#出口	期末商品库存额
二、零售业	**104122.4**	**2989.8**	**123085.3**	**72.5**	**11788.0**
(一)按国民经济行业分					
综合零售	19457.6	187.4	24251.9	3.1	2886.3
#百货零售	9656.1	130.4	13025.8	0.8	1233.8
超级市场零售	8866.0	39.1	10102.4	2.3	1575.5
食品、饮料及烟草制品专门零售	3345.7	26.8	4209.1	3.4	325.5
#粮油零售	412.2	0.7	533.8		48.0
肉、禽、蛋、奶及水产品零售	592.9	1.0	695.1	1.3	30.4
酒、饮料及茶叶零售	837.2	3.6	1015.1	0.6	113.3
烟草制品零售	181.2	10.8	217.4		38.9
纺织、服装及日用品专门零售	4001.3	294.8	5823.5	7.9	979.7
#服装零售	2446.8	221.5	3629.5	4.5	638.9
文化、体育用品及器材专门零售	2803.9	106.2	3380.3	15.8	666.0
#体育用品及器材零售	181.5	0.9	276.4	0.3	44.7
图书、报刊零售	1013.7	54.7	1111.8	1.7	206.8
医药及医疗器材专门零售	4901.8	16.3	5648.6	0.5	662.4
#药品零售	4685.7	4.7	5364.3	0.2	637.6
汽车、摩托车、燃料及零配件专门零售	50133.2	2206.6	57245.0	13.8	4707.0
#汽车零售	38518.1	2176.3	41218.5	7.9	4138.8
机动车燃料零售	10709.6	18.0	14900.2	4.9	465.4
家用电器及电子产品专门零售	8894.1	47.3	10046.8	2.5	916.3
#日用家电设备零售	3554.6	7.1	3991.0		467.6
计算机、软件及辅助设备零售	2360.5	22.9	2583.7	0.3	161.9
通信设备零售	1007.3	5.7	1192.6	0.1	122.3
五金、家具及室内装饰材料专门零售	2765.2	28.2	3335.2	10.4	227.7
货摊、无店铺及其他零售业	7819.7	76.1	9144.7	15.2	417.1
#互联网零售	6529.6	60.1	7588.1	8.6	329.2
(二)按零售业态分					
有店铺零售	93523.2	2876.3	110722.3	40.4	11050.2
#超市	2912.9	8.7	3329.5	0.4	944.1
大型超市	8473.3	13.7	9811.8	2.1	942.4
百货店	8751.8	152.5	12054.6	0.8	1147.1
专业店	35152.1	822.6	41780.1	15.2	3558.5
专卖店	33022.0	1773.5	37375.8	10.8	3992.2
无店铺零售	10599.3	113.5	12363.0	32.1	737.8

7-4-11 各地区限额以上批发和零售业企业商品购、销、存情况

单位：亿元

地区	商品购进额	#进口	商品销售额	#出口	期末商品库存额
全国	**572287.8**	**43743.8**	**630181.3**	**23617.1**	**43397.0**
北京	56886.3	9181.6	61113.3	2419.5	5420.2
天津	28624.7	1616.6	30203.3	496.4	1621.6
河北	9173.8	151.8	10313.2	102.0	858.0
山西	8670.3	58.6	9589.9	48.3	585.0
内蒙古	3665.2	210.3	4199.5	49.6	556.2
辽宁	15167.4	206.0	16555.1	218.1	932.7
吉林	3466.1	57.9	3993.1	14.3	536.7
黑龙江	4020.7	554.9	4671.3	60.2	557.0
上海	85537.4	13542.5	95340.3	3959.7	5795.1
江苏	50071.9	1673.9	54534.9	2482.6	5159.1
浙江	52137.8	2966.2	56602.1	4560.9	2811.1
安徽	10172.7	304.8	11491.6	222.1	948.0
福建	25582.6	2177.0	28556.9	1591.0	1509.7
江西	3823.3	36.7	4860.1	67.9	422.0
山东	29812.8	872.6	32944.0	1042.4	1903.5
河南	13388.3	176.0	15284.1	105.0	1086.3
湖北	15808.8	136.1	17799.0	386.1	1298.7
湖南	9232.8	136.0	10457.0	58.4	857.3
广东	77594.6	6880.0	82435.8	4528.4	5460.9
广西	6630.7	191.0	7430.8	322.6	451.8
海南	2103.8	63.0	2353.4	20.4	120.7
重庆	10240.8	432.6	11678.0	186.1	601.1
四川	12218.5	266.1	13702.9	123.9	885.7
贵州	4763.5	41.9	5901.1	105.5	386.7
云南	7956.0	340.7	9325.8	255.0	742.8
西藏	210.4	2.6	248.7		26.4
陕西	10862.9	88.3	12856.1	99.5	571.5
甘肃	4113.2	28.4	4438.3	19.6	290.3
青海	946.0	2.8	1245.1	5.4	62.0
宁夏	1508.1	10.3	1540.4	2.8	115.9
新疆	7896.3	1336.7	8516.2	63.3	822.9

7-4-12 各地区限额以上批发业企业商品购、销、存情况

单位：亿元

地 区	商品购进额	#进口	商品销售额	#出口	期末商品库存额
全 国	**468165.4**	**40754.0**	**507096.0**	**23544.6**	**31609.0**
北 京	49417.7	8969.2	52999.9	2418.0	4722.3
天 津	26760.0	1488.7	27911.6	496.1	1459.1
河 北	6471.1	90.6	7211.4	101.9	323.9
山 西	6771.2	22.9	7342.3	47.8	265.1
内蒙古	2480.8	191.1	2848.6	49.5	426.3
辽 宁	12519.8	129.5	13370.3	216.5	655.6
吉 林	1951.2	33.9	2021.0	13.8	362.2
黑龙江	2665.7	532.5	3012.8	60.2	413.5
上 海	79626.0	13098.4	87903.0	3959.0	4901.7
江 苏	40834.1	1432.6	43334.1	2477.7	3720.9
浙 江	45201.2	2618.1	48203.2	4556.9	2039.9
安 徽	6670.6	253.8	7387.0	221.5	601.1
福 建	20891.5	2039.9	22784.0	1576.7	1141.2
江 西	2266.2	11.2	3075.3	65.7	195.6
山 东	21828.4	796.0	24025.2	1039.5	1156.9
河 南	8984.2	113.1	10126.8	103.0	672.0
湖 北	10656.0	61.1	11901.2	385.0	805.4
湖 南	5093.0	48.3	5491.7	56.0	445.2
广 东	66848.7	6471.1	69501.4	4515.5	4081.8
广 西	4946.4	164.6	5501.1	320.9	283.6
海 南	1593.7	34.2	1765.9	20.4	56.0
重 庆	7275.5	348.6	8143.4	183.4	368.1
四 川	7345.0	113.3	8211.5	118.6	473.3
贵 州	3031.5	8.4	3808.3	105.5	225.7
云 南	5977.0	308.6	6853.2	252.7	522.7
西 藏	77.9	0.6	108.7		10.6
陕 西	7766.5	25.7	9129.2	91.7	266.7
甘 肃	3346.5	17.4	3525.2	19.6	196.9
青 海	763.7	2.7	1012.1	5.4	40.5
宁 夏	1200.7	4.4	1210.4	2.8	71.8
新 疆	6903.7	1323.7	7376.1	63.3	703.3

7-4-13 各地区限额以上零售业企业商品购、销、存情况

单位：亿元

地 区	商品购进额	#进口	商品销售额	#出口	期末商品库存额
全 国	**104122.4**	**2989.8**	**123085.3**	**72.5**	**11788.0**
北 京	7468.6	212.4	8113.4	1.6	697.9
天 津	1864.7	127.9	2291.7	0.3	162.5
河 北	2702.7	61.2	3101.8	0.1	534.1
山 西	1899.1	35.6	2247.5	0.5	320.0
内蒙古	1184.4	19.2	1350.9	0.1	129.9
辽 宁	2647.7	76.5	3184.8	1.6	277.0
吉 林	1514.9	24.0	1972.2	0.5	174.5
黑龙江	1355.0	22.4	1658.5		143.5
上 海	5911.3	444.1	7437.3	0.8	893.4
江 苏	9237.7	241.3	11200.8	4.9	1438.3
浙 江	6936.6	348.1	8398.9	4.0	771.3
安 徽	3502.1	51.0	4104.5	0.6	346.9
福 建	4691.1	137.1	5772.9	14.4	368.4
江 西	1557.1	25.5	1784.8	2.2	226.4
山 东	7984.4	76.6	8918.8	2.9	746.6
河 南	4404.1	62.9	5157.3	2.0	414.2
湖 北	5152.8	75.0	5897.8	1.1	493.3
湖 南	4139.8	87.7	4965.3	2.4	412.1
广 东	10745.9	408.9	12934.4	12.9	1379.1
广 西	1684.3	26.5	1929.6	1.7	168.2
海 南	510.2	28.8	587.5		64.6
重 庆	2965.3	84.0	3534.5	2.7	233.1
四 川	4873.5	152.8	5491.3	5.2	412.4
贵 州	1732.0	33.6	2092.8		161.0
云 南	1979.0	32.2	2472.5	2.3	220.2
西 藏	132.5	2.0	140.0		15.8
陕 西	3096.5	62.6	3726.9	7.8	304.8
甘 肃	766.7	11.0	913.1		93.4
青 海	182.3	0.1	233.0		21.4
宁 夏	307.5	6.0	330.0		44.1
新 疆	992.6	12.9	1140.1		119.6

【主要统计指标解释】

资产总计 指企业过去的交易或者事项形成的、由企业拥有或者控制的、预期会给企业带来经济利益的资源。资产一般按流动性（资产的变现或耗用时间长短）分为流动资产和非流动资产。其中流动资产可分为货币资金、变易性金融资产、应收票据、应收帐款、预付帐款、其他应收款、存货等；非流动资产可分为长期股权投资、固定资产、无形资产及其他非流动资产等。

流动资产合计 资产满足以下条件之一应归为流动资产：（1）预计在一个正常营业周期中变现、出售或耗用，主要包括存货、应收账款等；（2）主要为交易目的而持有；（3）预计在资产负债表日起一年内（含一年）变现；（4）自资产负债日起一年内，交换其他资产或清偿负债的能力不受限制的现金或现金等价物。包括货币资金、应收票据、应收账款、存货等项目。

固定资产合计 指企业为生产商品、提供劳务、出租或经营管理而持有的，使用寿命超过一个会计年度的有形资产。包括使用期限超过一年的房屋、建筑物、机器、机械、运输工具以及其他与生产、经营有关的设备、器具、工具等。固定资产合计是时点指标，表示固定资产经过扣减折旧、减值准备等后的期末余额。

负债合计 指企业过去的交易或者事项形成的，预期会导致经济利益流出企业的现时义务。负债一般按偿还期长短分为流动负债和非流动负债。

所有者权益合计 指企业资产扣除负债后由所有者享有的剩余权益。公司的所有者权益又称股东权益。包括实收资本、资本公积、盈余公积、未分配利润等。

主营业务收入 指企业确认的销售商品、提供劳务等主营业务的收入。

主营业务成本 指企业经营主要业务所发生的成本总额。

销售费用 指企业在销售商品和材料、提供劳务的过程中发生的各种费用，包括保险费、包装费、展览费和广告费、商品维修费、预计产品质量保证损失、运输费、装卸费等以及为销售本企业商品而专设的销售机构（含销售网点、售后服务网点等）的职工薪酬、业务费、折旧费等经营费用。

管理费用 指企业为组织和管理企业生产经营所发生的费用，包括企业在筹建期间内发生的开办费、董事会和行政管理部门在企业经营管理中发生的，或者应当由企业统一负担的公司经费等。

财务费用 指企业为筹集生产经营所需资金等而发生的筹资费用，包括企业生产经营期间发生的利息支出（减利息收入）、汇兑损失（减汇兑收益）以及相关的手续费等。

利润总额 指企业在一定会计期间的经营成果，是生产经营过程中各种收入扣除各种耗费后的盈余，反映企业在报告期内实现的盈亏总额。

商品购进额 指从本企业以外的单位和个人购进（包括从国外直接进口）作为转卖或加工后转卖的商品金额（含增值税）。本指标反映批发和零售业从国内外市场上购进商品的总价。

进口 指直接从国外进口或委托外贸企业代理进口的商品金额，不包括从国内有关单位购进的进口商品。对外贸易企业只统计自主经营进口的商品，不统计受托代理进口的商品。

商品销售额 指对本单位以外的单位和个人出售的商品金额（包括售给本单位消费用的商品，含增值税），在批发和零售业中，本指标反映在国内市场上销售商品以及出口商品的总价。

出口 指直接向国（境）外出口商品和委托外贸企业代理出口的商品金额，商品出口不包括售给外贸企业出口或加工后出口的商品，以及在国内市场以外币销售的商品。外贸企业只统计自主经营出口的商品，不包括受托代理出口的商品。

零售额 指售给个人用于生活消费和社会集团用于公共消费的商品金额。

期末商品库存额 对于批发和零售业法人单位和个体经营户，是指报告期末取得所有权的全部商品金额（含增值税）；对于批发和零售业产业活动单位，是指报告期末实际在库且归属法人具有所有权的全部商品金额（含增值税）。这个指标反映批发和零售业的商品库存情况，以及对市场商品供应的保证程度。

7 第三产业分行业主要指标

7-5 交通运输、仓储和邮政业

简要说明

一、主要内容

1. 交通运输、仓储和邮政业企业法人单位分地区主要指标。

2. 交通运输业资料主要包括：主要运输方式的线路里程、运输设备拥有量、技术质量情况，各种运输方式完成的货物运输量和旅客运输量，规模以上港口码头长度、泊位数量及货物吞吐量，城市公共交通运营线路网长度、运营车（船）数量及客运量等资料。

3. 邮政业资料主要包括：全国邮政主要业务量、营业网点及邮政邮路情况、邮政通信服务水平等。

二、调查范围及统计单位

1. 铁路资料：包括国家铁路（含控股合资）、地方铁路和非控股合资铁路运营情况，不含军用铁路及由厂矿企事业单位自建的铁路专用线和专用铁路。国家铁路（含控股合资）和非控股合资铁路运营资料来源于各铁路局及所属运输企业（公司）。地方铁路运营资料来源于各省地方铁路管理部门。

2. 公路、水路、港口资料：（1）公路和水路线路里程为年末通车和通航里程数，不含未正式投入使用的公路和航道里程；（2）民用汽车拥有量及机动车和汽车驾驶员人数，根据公安部交通管理局所属各省（自治区、直辖市）车管部门登记注册的车辆资料和驾驶员资料整理，不含军用车辆；（3）公路营运汽车拥有量，根据各省（自治区、直辖市）道路运输主管部门登记注册的从事公路运输的营业性运输车辆资料整理，属于民用汽车的一部分；（4）营业性民用运输船舶拥有量，根据各省（自治区、直辖市）交通运输主管部门登记注册的从事水上客、货运输的营业性船舶资料整理，不含非运输船舶及农业、渔业生产船舶；（5）公路、水路客货运输量资料，由交通运输部负责收集整理；（6）公路、水路运输量统计包括全面调查和非全面调查两种方式，统计范围是在各省交通运输主管部门登记注册的从事公路、水路客、货运输的营业性的车辆和船舶所完成的运输量；（7）规模以上港口的统计范围为年通过能力在1000万吨以上的沿海港口和200万吨以上的内河港口，以及从事外贸、集装箱装卸的港口，具体范围由交通运输部划定。

3. 管道运输资料：包括输原油、输成品油、输天然气及输其他气体的管道长度和完成的运输量。统计范围包括：油气田企业直接通向炼油厂、化工厂、电站等用户及装车站、油码头的管道，炼油厂通向用户（包括商业石油公司油库）的成品油管道，独立核算的管道运输企业通向用户及装车（站）栈桥、油码头的管道。管道运输资料主要来源于中国石油天然气集团公司、中国石油化工集团公司和中国海洋石油总公司所属的管道运输企业，由三家集团公司分别负责收集审核本部门资料。

4. 民航运输资料：统计对象为在我国境内注册从事民用航空运输飞行和通用航空飞行的航空运输企业和民用航空机场，不包括在我国境内运输飞行的外国航空公司。统计内容为各航空公司从事国内运输、港澳台运输、国际运输的定期航班航线条数及里程、运输量及飞机构成和运营情况、通用航空飞行完成情况等。

5. 城市公共交通资料：统计范围为全国所有设市城市的城市公共交通情况。

6. 邮政业资料：包括全国邮政企业和获得快递业务经营许可的快递企业，为社会公众提供的各类邮政及快递服务。

三、资料来源

本篇资料由国家统计局服务业统计司负责整理、编辑。有关交通运输、仓储和邮政业企业法人单位分地区主要指标来源于《规模以上服务业统计报表制度》和《规模以下服务业抽样调查统计报表制度》调查结果。有关交通运输业资料分别来源于公安部交通管理局所属各省车管部门、交通运输部、中国民用航空局、中国铁路总公司、中国石油天然气集团公司、中国石油化工集团公司和中国海洋石油总公司。有关邮政业资料来源于国家邮政局。

7-5-1 交通运输、仓储和邮政业企业法人单位分地区主要指标

地 区	单位数(个)	营业收入(亿元)	资产总计(亿元)	从业人员(万人)
全 国	**348287**	**73874.6**	**278024.7**	**1411.8**
北 京	16362	5510.8	19350.0	80.2
天 津	12262	2753.1	10304.5	22.9
河 北	15461	2163.0	5612.4	31.0
山 西	8390	1051.0	5145.6	33.3
内蒙古	6826	1127.9	6506.4	27.3
辽 宁	13334	2278.3	10575.0	59.6
吉 林	5178	709.8	4608.4	18.1
黑龙江	5523	929.5	7635.8	36.0
上 海	17049	8260.8	19974.6	83.2
江 苏	33921	5843.7	14633.1	97.7
浙 江	21873	3818.8	10972.3	63.1
安 徽	13240	2795.7	8103.2	50.9
福 建	12993	2733.3	8719.3	41.1
江 西	11530	2328.2	8327.4	54.6
山 东	28808	6688.4	12320.7	126.2
河 南	14361	2729.3	12774.8	78.8
湖 北	11312	1989.6	13494.9	51.4
湖 南	9233	1115.4	3966.8	34.7
广 东	34651	8113.0	29962.8	144.6
广 西	8768	799.4	5367.4	29.1
海 南	1507	794.3	3472.5	8.1
重 庆	5726	2138.9	5962.2	50.8
四 川	11182	1855.6	18667.9	59.8
贵 州	3631	619.1	5326.0	14.3
云 南	5694	1524.5	9529.9	27.1
西 藏	214	54.9	146.1	1.3
陕 西	7340	1272.6	6676.3	36.6
甘 肃	2952	518.6	3062.9	19.7
青 海	969	166.3	1781.7	5.9
宁 夏	1388	114.8	488.4	2.9
新 疆	6609	1076.2	4555.6	21.4

7-5-2 交通运输业基本情况

指　　标	2009	2010	2011	2012	2013	2014	2015	2016	2017
运输线路长度　（万公里）									
铁路营业里程	8.55	9.12	9.32	9.76	10.31	11.18	12.10	12.40	12.70
#高速铁路	0.27	0.51	0.66	0.94	1.10	1.65	1.98	2.30	2.52
公路里程	386.08	400.82	410.64	423.75	435.62	446.39	457.73	469.63	477.35
#高速公路	6.51	7.41	8.49	9.62	10.44	11.19	12.35	13.10	13.64
内河航道里程	12.37	12.42	12.46	12.50	12.59	12.63	12.70	12.71	12.70
#等级航道	6.15	6.23	6.26	6.37	6.49	6.54	6.63	6.64	6.62
定期航班航线里程	234.51	276.51	349.06	328.01	410.60	463.72	531.72	634.81	748.30
国际航线	91.99	107.02	149.44	128.47	150.32	176.72	239.44	282.80	324.59
国内航线	142.52	169.50	199.62	199.54	260.29	287.00	292.28	352.01	423.72
管道输油(气)里程	6.91	7.85	8.33	9.01	9.85	10.57	10.87	11.34	11.93
输油管	3.55	3.85	3.95	4.13	4.32	4.52	4.66	4.99	5.37
输气管	3.35	4.00	4.38	4.88	5.52	6.05	6.21	6.34	6.56
客运量总计　（万人）	**2976898**	**3269508**	**3526319**	**3804035**	**2122992**	**2032218**	**1943271**	**1900194**	**1848620**
铁路	152451	167609	186226	189337	210597	230460	253484	281405	308379
公路	2779081	3052738	3286220	3557010	1853463	1736270	1619097	1542759	1456784
水运	22314	22392	24556	25752	23535	26293	27072	27234	28300
民航	23052	26769	29317	31936	35397	39195	43618	48796	55156
旅客周转量总计　（亿人公里）	**24834.9**	**27894.3**	**30984.0**	**33383.1**	**27571.7**	**28647.1**	**30058.9**	**31258.5**	**32812.8**
铁路	7878.9	8762.2	9612.3	9812.3	10595.6	11241.9	11960.6	12579.3	13456.9
公路	13511.4	15020.8	16760.2	18467.5	11250.9	10996.8	10742.7	10228.7	9765.2
水运	69.4	72.3	74.5	77.5	68.3	74.3	73.1	72.3	77.7
民航	3375.2	4039.0	4537.0	5025.7	5656.8	6334.2	7282.6	8378.1	9513.0
货运量总计　（万吨）	**2825222**	**3241807**	**3696961**	**4099400**	**4098900**	**4167296**	**4175886**	**4386763**	**4804850**
铁路	333348	364271	393263	390438	396697	381334	335801	333186	368865
公路	2127834	2448052	2820100	3188475	3076648	3113334	3150019	3341259	3686858
水运	318996	378949	425968	458705	559785	598283	613567	638238	667846
民航	445.5	563.0	557.5	545.0	561.3	594.1	629.3	668	706
管道	44598	49972	57073	61238	65209	73752	75870	73411	80576

注：1.从2005年起，公路里程包括村道，与以前年度数据不可比(以下相关表同)。
2.2008年，公路、水路客货运输量和周转量统计口径发生变化，不宜进行历史对比(以下相关表同)。
3.2011年起民航航线里程改为定期航班航线里程(以下相关表同)。
4.2013年公路水路客货运输数据，源自2013年交通运输业经济统计专项调查，统计范围口径有所调整(下同)。
5.从2013年起,管道运输由中国石油天然气集团公司、中国石油化工集团公司和中国海洋石油总公司提供(下同)。

7-5-2 续表

指　标	2009	2010	2011	2012	2013	2014	2015	2016	2017
货物周转量总计　（亿吨公里）	**122133.3**	**141837.4**	**159323.6**	**173770.7**	**168013.8**	**181667.7**	**178355.9**	**186629.5**	**197372.6**
铁路	25239.2	27644.1	29465.8	29187.1	29173.9	27530.2	23754.3	23792.3	26962.2
公路	37188.8	43389.7	51374.7	59534.9	55738.1	56846.9	57955.7	61080.1	66771.5
水运	57556.7	68427.5	75423.8	81707.6	79435.7	92774.6	91772.5	97338.8	98611.2
民航	126.2	178.9	173.9	163.9	170.3	187.8	208.1	222.4	243.6
管道	2022.4	2197.2	2885.4	3177.3	3495.9	4328.3	4665.4	4195.9	4784.1
规模以上港口货物吞吐量(万吨)	**697159**	**810180**	**911814**	**977473**	**1064891**	**1118803**	**1146382**	**1188872**	**1267173**
沿海规模以上港口	475480.6	548358	616292	665245	728098	769557	784578	810933	865464
#外贸	197921.5	226938	252318	276221	302431	320839	325326	339026	358817
内河规模以上港口	221678.5	261822	295522	312228	336793	349246	361804	377939	401710
#外贸	18296	21025	23967	26831	29961	32091	36046	39558	43482
民用汽车拥有量　（万辆）	**6280.61**	**7801.83**	**9356.32**	**10933.09**	**12670.14**	**14598.11**	**16284.45**	**18574.54**	**20906.67**
#载客汽车	4845.09	6124.13	7478.37	8943.01	10561.78	12326.70	14095.88	16278.24	18469.54
载货汽车	1368.60	1597.55	1787.99	1894.75	2010.62	2125.46	2065.62	2171.89	2338.85
#私人汽车拥有量	4574.91	5938.71	7326.79	8838.60	10501.68	12339.36	14099.10	16330.22	18515.11
#载客汽车	3808.33	4989.50	6237.46	7637.87	9198.23	10945.39	12737.23	14896.27	17001.51
载货汽车	753.40	931.52	1067.43	1175.63	1275.49	1352.78	1330.65	1401.16	1478.40
民用运输船舶拥有量　（艘）	**176932**	**178407**	**179242**	**178591**	**172554**	**171977**	**165905**	**160144**	**144924**
机动船	149367	155624	157950	158309	155340	154974	149659	144568	131746
驳船	27565	22783	21292	20282	17214	17003	16246	15576	13178
规模以上港口码头泊位　（个）	**20091**	**20333**	**20524**	**20450**	**20379**	**20516**	**20363**	**19712**	**18329**
沿海规模以上港口	5372	5529	5612	5715	5761	5923	6115	6096	6209
#万吨级	1214	1293	1366	1453	1524	1633	1750	1814	1913
内河规模以上港口	14719	14804	14912	14735	14618	14593	14248	13616	12120
#万吨级	293	318	340	369	394	406	416	423	418
民用飞机　（架）	**2181**	**2405**	**3191**	**3589**	**4004**	**4168**	**4554**	**5046**	**5593**
#运输飞机	1417	1597	1764	1941	2145	2370	2650	2950	3296
通用航空飞机	555	606	1124	1320	1519	1798	1904	2096	2297

7-5-3 各地区交通运输业职工人数(2017年底)

单位：人

地 区	铁 路 运输业	道 路 运输业	水 上 运输业	航 空 运输业	管 道 运输业
全 国	**1848032**	**3846122**	**441227**	**624318**	**36965**
北 京	107648	282494	242	81327	5548
天 津	20252	55494	17427	9976	437
河 北	51668	117390	23630	5487	1203
山 西	113340	84034	68	6100	317
内蒙古	103297	68690	27	4672	62
辽 宁	107152	133234	47452	20240	2100
吉 林	62234	53566	59	6550	1013
黑龙江	130016	73285	3508	9578	614
上 海	39422	188720	53622	85911	1370
江 苏	23883	251916	71741	15241	9905
浙 江	27305	167380	25529	15016	50
安 徽	39458	143166	12421	4465	
福 建	41423	103841	15879	19261	37
江 西	60840	105139	6819	3388	119
山 东	82549	225533	57181	19713	3382
河 南	112658	253742	3451	7823	245
湖 北	86808	166875	15631	10551	4481
湖 南	76921	102379	2773	9138	271
广 东	60902	397181	49000	134402	248
广 西	64366	69308	6096	8238	
海 南	6444	22582	5674	21736	28
重 庆	30231	175496	11505	14102	35
四 川	68316	190266	10475	38394	649
贵 州	35289	55903	465	10581	165
云 南	39345	81574	207	26962	365
西 藏	69	5256		1029	
陕 西	102425	112073	139	12473	662
甘 肃	59056	51114	73	2395	78
青 海	22621	17560		2280	
宁 夏	17842	11549	133	2758	
新 疆	54252	79382		14531	3581

7-5-4 运输线路长度

单位：万公里

年 份	铁路营业里程	#国家铁路电气化里程	公路里程	#高速公路	内河航道里程	定期航班航线里程	#国际航线	管道输油(气)里程
1978	5.17	0.10	89.02		13.60	14.89	5.53	0.83
1980	5.33	0.17	88.83		10.85	19.53	8.12	0.87
1981	5.39	0.17	89.75		10.87	21.83	8.28	0.97
1982	5.33	0.18	90.70		10.86	23.27	9.99	1.04
1983	5.46	0.23	91.51		10.89	22.91	9.99	1.08
1984	5.48	0.30	92.67		10.93	26.02	10.74	1.10
1985	5.52	0.41	94.24		10.91	27.72	10.60	1.17
1986	5.58	0.44	96.28		10.94	32.43	10.76	1.30
1987	5.60	0.46	98.22		10.98	38.91	14.89	1.38
1988	5.62	0.57	99.96	0.01	10.94	37.38	12.83	1.43
1989	5.70	0.64	101.43	0.03	10.90	47.19	16.64	1.51
1990	5.79	0.69	102.83	0.05	10.92	50.68	16.64	1.59
1991	5.78	0.78	104.11	0.06	10.97	55.91	17.74	1.62
1992	5.81	0.84	105.67	0.07	10.97	83.66	30.30	1.59
1993	5.86	0.89	108.35	0.11	11.02	96.08	27.87	1.64
1994	5.90	0.90	111.78	0.16	11.02	104.56	35.19	1.68
1995	6.24	0.97	115.70	0.21	11.06	112.90	34.82	1.72
1996	6.49	1.01	118.58	0.34	11.08	116.65	38.63	1.93
1997	6.60	1.20	122.64	0.48	10.98	142.50	50.44	2.04
1998	6.64	1.30	127.85	0.87	11.03	150.58	50.44	2.31
1999	6.74	1.40	135.17	1.16	11.65	152.22	52.33	2.49
2000	6.87	1.49	167.98	1.63	11.93	150.29	50.84	2.47
2001	7.01	1.69	169.80	1.94	12.15	155.36	51.69	2.76
2002	7.19	1.74	176.52	2.51	12.16	163.77	57.45	2.98
2003	7.30	1.81	180.98	2.97	12.40	174.95	71.53	3.26
2004	7.44	1.86	187.07	3.43	12.33	204.94	89.42	3.82
2005	7.54	1.94	334.52	4.10	12.33	199.85	85.59	4.40
2006	7.71	2.34	345.70	4.53	12.34	211.35	96.62	4.81
2007	7.80	2.40	358.37	5.39	12.35	234.30	104.74	5.45
2008	7.97	2.50	373.02	6.03	12.28	246.18	112.02	5.83
2009	8.55	3.02	386.08	6.51	12.37	234.51	91.99	6.91
2010	9.12	3.27	400.82	7.41	12.42	276.51	107.02	7.85
2011	9.32	3.43	410.64	8.49	12.46	349.06	149.44	8.33
2012	9.76	3.55	423.75	9.62	12.50	328.01	128.47	9.01
2013	10.31	3.60	435.62	10.44	12.59	410.60	150.32	9.85
2014	11.18	3.69	446.39	11.19	12.63	463.72	176.72	10.57
2015	12.10	7.47	457.73	12.35	12.70	531.72	239.44	10.87
2016	12.40	8.03	469.63	13.10	12.71	634.81	282.80	11.34
2017	12.70	8.66	477.35	13.64	12.70	748.30	324.59	11.93

7-5-5 客运量

单位：万人

年 份	总计	铁路	公路	水运	民航
1952	24518	16352	4559	3605	2
1957	63821	31262	23772	8780	7
1962	122154	75003	30737	16397	17
1965	96334	41245	43693	11369	27
1970	130056	52455	61812	15767	22
1975	192969	70465	101350	21015	139
1978	253993	81491	149229	23042	231
1980	341785	92204	222799	26439	343
1985	620206	112110	476486	30863	747
1986	688211	108579	544259	34377	996
1987	746422	112479	593682	38951	1310
1988	809592	122645	650473	35032	1442
1989	791374	113805	644508	31778	1283
1990	772682	95712	648085	27225	1660
1991	806048	95080	682681	26109	2178
1992	860855	99693	731774	26502	2886
1993	996634	105458	860719	27074	3383
1994	1092882	108738	953940	26165	4039
1995	1172596	102745	1040810	23924	5117
1996	1245357	94797	1122110	22895	5555
1997	1326094	93308	1204583	22573	5630
1998	1378717	95085	1257332	20545	5755
1999	1394413	100164	1269004	19151	6094
2000	1478573	105073	1347392	19386	6722
2001	1534122	105155	1402798	18645	7524
2002	1608150	105606	1475257	18693	8594
2003	1587497	97260	1464335	17142	8759
2004	1767453	111764	1624526	19040	12123
2005	1847018	115583	1697381	20227	13827
2006	2024158	125656	1860487	22047	15968
2007	2227761	135670	2050680	22835	18576
2008	2867892	146193	2682114	20334	19251
2009	2976898	152451	2779081	22314	23052
2010	3269508	167609	3052738	22392	26769
2011	3526319	186226	3286220	24556	29317
2012	3804035	189337	3557010	25752	31936
2013	2122992	210597	1853463	23535	35397
2014	2032218	230460	1736270	26293	39195
2015	1943271	253484	1619097	27072	43618
2016	1900194	281405	1542759	27234	48796
2017	1848620	308379	1456784	28300	55156

7-5-6 客运量构成

单位：%

年 份	总计	铁路	公路	水运	民航
1952	100.0	66.7	18.6	14.7	0.01
1957	100.0	49.0	37.2	13.8	0.01
1962	100.0	61.4	25.2	13.4	0.01
1965	100.0	42.8	45.4	11.8	0.03
1970	100.0	40.3	47.5	12.1	0.02
1975	100.0	36.5	52.5	10.9	0.07
1978	100.0	32.1	58.8	9.1	0.09
1980	100.0	27.0	65.2	7.7	0.10
1985	100.0	18.1	76.8	5.0	0.12
1986	100.0	15.8	79.1	5.0	0.14
1987	100.0	15.1	79.5	5.2	0.18
1988	100.0	15.1	80.3	4.3	0.18
1989	100.0	14.4	81.4	4.0	0.16
1990	100.0	12.4	83.9	3.5	0.21
1991	100.0	11.8	84.7	3.2	0.27
1992	100.0	11.6	85.0	3.1	0.34
1993	100.0	10.6	86.4	2.7	0.34
1994	100.0	9.9	87.3	2.4	0.37
1995	100.0	8.8	88.8	2.0	0.44
1996	100.0	7.6	90.1	1.8	0.45
1997	100.0	7.0	90.8	1.7	0.42
1998	100.0	6.9	91.2	1.5	0.42
1999	100.0	7.2	91.0	1.4	0.44
2000	100.0	7.1	91.1	1.3	0.45
2001	100.0	6.9	91.4	1.2	0.49
2002	100.0	6.6	91.7	1.2	0.53
2003	100.0	6.1	92.2	1.1	0.55
2004	100.0	6.3	91.9	1.1	0.69
2005	100.0	6.3	91.9	1.1	0.75
2006	100.0	6.2	91.9	1.1	0.79
2007	100.0	6.1	92.1	1.0	0.83
2008	100.0	5.1	93.5	0.7	0.67
2009	100.0	5.1	93.4	0.7	0.77
2010	100.0	5.1	93.4	0.7	0.82
2011	100.0	5.3	93.2	0.7	0.83
2012	100.0	5.0	93.5	0.7	0.84
2013	100.0	9.9	87.3	1.1	1.67
2014	100.0	11.3	85.4	1.3	1.90
2015	100.0	13.0	83.3	1.4	2.24
2016	100.0	14.8	81.2	1.4	2.57
2017	100.0	16.7	78.8	1.5	2.98

7-5-7 旅客周转量

单位：亿人公里

年 份	总计	铁路	公路	水运	民航
1952	248.02	200.64	22.64	24.50	0.24
1957	496.55	361.30	88.07	46.38	0.80
1962	1085.56	859.01	141.46	83.92	1.17
1965	697.04	478.99	168.20	47.37	2.48
1970	1031.05	718.19	240.06	71.01	1.79
1975	1434.55	954.09	374.48	90.59	15.39
1978	1743.07	1093.22	521.30	100.63	27.92
1980	2281.34	1383.16	729.50	129.12	39.56
1985	4436.39	2416.14	1724.88	178.65	116.72
1986	4896.51	2586.71	1981.74	182.06	146.00
1987	5418.18	2843.06	2190.43	195.92	188.77
1988	6208.91	3260.31	2528.24	203.92	216.44
1989	6074.56	3037.41	2662.11	188.27	186.77
1990	5628.35	2612.64	2620.32	164.91	230.48
1991	6178.32	2828.05	2871.74	177.21	301.32
1992	6949.38	3152.24	3192.64	198.38	406.12
1993	7858.00	3483.30	3700.70	196.40	477.60
1994	8591.42	3636.04	4220.30	183.50	551.58
1995	9001.90	3545.70	4603.10	171.80	681.30
1996	9164.80	3347.60	4908.79	160.57	747.84
1997	10055.48	3584.86	5541.40	155.70	773.52
1998	10636.74	3773.42	5942.81	120.27	800.24
1999	11299.74	4135.94	6199.20	107.30	857.30
2000	12261.05	4532.59	6657.42	100.50	970.54
2001	13155.13	4766.82	7207.08	89.88	1091.35
2002	14125.63	4969.38	7805.77	81.78	1268.70
2003	13810.50	4788.61	7695.60	63.10	1263.19
2004	16309.08	5712.17	8748.38	66.25	1782.28
2005	17466.74	6061.96	9292.08	67.77	2044.93
2006	19197.21	6622.12	10130.85	73.58	2370.66
2007	21592.58	7216.31	11506.77	77.78	2791.73
2008	23196.70	7778.60	12476.11	59.18	2882.80
2009	24834.94	7878.89	13511.44	69.38	3375.24
2010	27894.26	8762.18	15020.81	72.27	4039.00
2011	30984.03	9612.29	16760.25	74.53	4536.96
2012	33383.09	9812.33	18467.55	77.48	5025.74
2013	27571.65	10595.62	11250.94	68.33	5656.76
2014	28647.13	11241.85	10996.75	74.34	6334.19
2015	30058.90	11960.60	10742.66	73.08	7282.55
2016	31258.46	12579.29	10228.71	72.33	8378.13
2017	32812.80	13456.92	9765.18	77.66	9513.04

7-5-8 旅客周转量构成

单位：%

年 份	总计	铁路	公路	水运	民航
1952	100.0	80.9	9.1	9.9	0.1
1957	100.0	72.8	17.7	9.3	0.2
1962	100.0	79.1	13.0	7.7	0.1
1965	100.0	68.7	24.1	6.8	0.4
1970	100.0	69.7	23.3	6.9	0.2
1975	100.0	66.5	26.1	6.3	1.1
1978	100.0	62.7	29.9	5.8	1.6
1980	100.0	60.6	32.0	5.7	1.7
1985	100.0	54.5	38.9	4.0	2.6
1986	100.0	52.8	40.5	3.7	3.0
1987	100.0	52.5	40.4	3.6	3.5
1988	100.0	52.5	40.7	3.3	3.5
1989	100.0	50.0	43.8	3.1	3.1
1990	100.0	46.4	46.6	2.9	4.1
1991	100.0	45.8	46.5	2.9	4.9
1992	100.0	45.4	45.9	2.9	5.8
1993	100.0	44.3	47.1	2.5	6.1
1994	100.0	42.3	49.1	2.1	6.4
1995	100.0	39.4	51.1	1.9	7.6
1996	100.0	36.5	53.6	1.8	8.2
1997	100.0	35.7	55.1	1.5	7.7
1998	100.0	35.5	55.9	1.1	7.5
1999	100.0	36.6	54.9	0.9	7.6
2000	100.0	37.0	54.3	0.8	7.9
2001	100.0	36.2	54.8	0.7	8.3
2002	100.0	35.2	55.3	0.6	9.0
2003	100.0	34.7	55.7	0.5	9.1
2004	100.0	35.0	53.6	0.4	10.9
2005	100.0	34.7	53.2	0.4	11.7
2006	100.0	34.5	52.8	0.4	12.3
2007	100.0	33.4	53.3	0.4	12.9
2008	100.0	33.5	53.8	0.3	12.4
2009	100.0	31.7	54.4	0.3	13.6
2010	100.0	31.4	53.8	0.3	14.5
2011	100.0	31.0	54.1	0.2	14.6
2012	100.0	29.4	55.3	0.2	15.1
2013	100.0	38.4	40.8	0.2	20.5
2014	100.0	39.2	38.4	0.3	22.1
2015	100.0	39.8	35.7	0.2	24.2
2016	100.0	40.2	32.7	0.2	26.8
2017	100.0	41.0	29.8	0.2	29.0

7-5-9 旅客运输平均运距

单位：公里

年 份	总计	铁路	公路	水运	民航
1952	101	123	50	68	1200
1957	78	116	37	53	1143
1962	89	115	46	51	688
1965	72	116	38	42	919
1970	79	137	39	45	814
1975	74	135	37	43	1107
1978	69	134	35	44	1208
1980	67	150	33	49	1153
1985	72	216	36	58	1563
1986	71	238	36	53	1466
1987	73	253	37	50	1441
1988	77	266	39	58	1501
1989	77	267	41	59	1456
1990	73	273	40	61	1388
1991	77	297	42	68	1383
1992	81	316	44	75	1407
1993	79	330	43	73	1412
1994	79	334	44	70	1366
1995	77	345	44	72	1331
1996	74	353	44	70	1346
1997	76	384	46	69	1374
1998	77	397	47	59	1391
1999	81	413	49	56	1407
2000	83	431	49	52	1444
2001	86	453	51	48	1450
2002	88	471	53	44	1476
2003	87	492	53	37	1442
2004	92	511	54	35	1470
2005	95	524	55	34	1479
2006	95	527	54	33	1485
2007	97	532	56	34	1503
2008	81	532	47	29	1497
2009	83	517	49	31	1464
2010	85	523	49	32	1509
2011	88	516	51	30	1548
2012	88	518	52	30	1574
2013	130	503	61	29	1598
2014	141	488	63	28	1616
2015	155	472	66	27	1670
2016	165	447	66	27	1717
2017	177	436	67	27	1725

7-5-10 货运量

单位：万吨

年 份	总计	铁路	公路	水运	民航	管道
1952	31516	13217	13158	5141	0.2	
1957	80365	27421	37505	15438	0.8	
1962	85521	35261	32794	17464	1.8	
1965	121083	49100	48987	22993	2.7	
1970	150359	68132	56779	25444	3.7	
1975	202478	88955	72499	34987	4.7	6032
1978	248946	110119	85182	43292	6.4	10347
1980	546537	111279	382048	42676	8.9	10525
1985	745763	130709	538062	63322	19.5	13650
1986	853557	135635	620113	82962	22.4	14825
1987	948229	140653	711424	80979	29.9	15143
1988	982195	144948	732315	89281	32.8	15618
1989	988435	151489	733781	87493	31.0	15641
1990	970602	150681	724040	80094	37.0	15750
1991	985793	152893	733907	83370	45.2	15578
1992	1045899	157627	780941	92490	57.5	14783
1993	1115902	162794	840256	97938	69.4	14845
1994	1180396	163216	894914	107091	82.9	15092
1995	1234938	165982	940387	113194	101.1	15274
1996	1298421	171024	983860	127430	115.0	15992
1997	1278218	172149	976536	113406	124.7	16002
1998	1267427	164309	976004	109555	140.1	17419
1999	1293008	167554	990444	114608	170.4	20232
2000	1358682	178581	1038813	122391	196.7	18700
2001	1401786	193189	1056312	132675	171.0	19439
2002	1483447	204956	1116324	141832	202.1	20133
2003	1564492	224248	1159957	158070	219.0	21998
2004	1706412	249017	1244990	187394	276.7	24734
2005	1862066	269296	1341778	219648	306.7	31037
2006	2037060	288224	1466347	248703	349.4	33436
2007	2275822	314237	1639432	281199	401.8	40552
2008	2585937	330354	1916759	294510	407.6	43906
2009	2825222	333348	2127834	318996	445.5	44598
2010	3241807	364271	2448052	378949	563.0	49972
2011	3696961	393263	2820100	425968	557.5	57073
2012	4099400	390438	3188475	458705	545.0	61238
2013	4098900	396697	3076648	559785	561.3	65209
2014	4167296	381334	3113334	598283	594.1	73752
2015	4175886	335801	3150019	613567	629.3	75870
2016	4386763	333186	3341259	638238	668	73411
2017	4804850	368865	3686858	667846	706	80576

注：1.从1979年起，公路运输包括社会车辆完成数量；从1984年起，还包括私营运输完成的数量(后相同)，从2008年起公路运输量统计原则上为营运车辆。水路运输量统计范围为在交通运输主管部门审批、备案、从事营业性货物运输生产的船舶。

2.1993年及以后年份，铁路货物运输指标口径有调整，增加了行包运量(后相同)。

3.本资料从2012年开始，将1980年以前的公路、水路货运历史数据按部门口径进行了调整(以下各表同)。

7-5-11 货运量构成

单位：%

年 份	总计	铁路	公路	水运	民航	管道
1952	100.0	41.9	41.7	16.3		
1957	100.0	34.1	46.7	19.2		
1962	100.0	41.3	38.3	20.4		
1965	100.0	40.5	40.5	19.0		
1970	100.0	45.4	37.8	16.9		
1975	100.0	43.9	35.8	17.3		3.0
1978	100.0	44.3	34.2	17.4		4.2
1980	100.0	20.4	69.9	7.8		1.9
1985	100.0	17.5	72.1	8.5		1.6
1986	100.0	15.9	72.7	9.7		1.7
1987	100.0	14.8	75.0	8.5		1.6
1988	100.0	14.7	74.6	9.1		1.6
1989	100.0	15.4	74.2	8.9		1.6
1990	100.0	15.6	74.6	8.3		1.6
1991	100.0	15.5	74.4	8.5		1.6
1992	100.0	15.1	74.7	8.8		1.4
1993	100.0	14.6	75.3	8.8	0.01	1.3
1994	100.0	13.8	75.8	9.1	0.01	1.3
1995	100.0	13.4	76.1	9.2	0.01	1.2
1996	100.0	13.2	75.8	9.8	0.01	1.2
1997	100.0	13.5	76.4	8.9	0.01	1.3
1998	100.0	13.0	77.0	8.6	0.01	1.4
1999	100.0	13.0	76.6	8.9	0.01	1.6
2000	100.0	13.1	76.5	9.0	0.01	1.4
2001	100.0	13.8	75.4	9.5	0.01	1.4
2002	100.0	13.8	75.3	9.6	0.01	1.4
2003	100.0	14.3	74.1	10.1	0.01	1.4
2004	100.0	14.6	73.0	11.0	0.02	1.4
2005	100.0	14.5	72.1	11.8	0.02	1.7
2006	100.0	14.1	72.0	12.2	0.02	1.6
2007	100.0	13.8	72.0	12.4	0.02	1.8
2008	100.0	12.8	74.1	11.4	0.02	1.7
2009	100.0	11.8	75.3	11.3	0.02	1.6
2010	100.0	11.2	75.5	11.7	0.02	1.5
2011	100.0	10.6	76.3	11.5	0.02	1.5
2012	100.0	9.5	77.8	11.2	0.01	1.5
2013	100.0	9.7	75.1	13.7	0.01	1.6
2014	100.0	9.2	74.7	14.4	0.01	1.8
2015	100.0	8.0	75.4	14.7	0.02	1.8
2016	100.0	7.6	76.2	14.5	0.02	1.7
2017	100.0	7.7	76.7	13.9	0.01	1.7

7-5-12 货物周转量

单位：亿吨公里

年 份	总计	铁路	公路	水运	民航	管道
1952	762	601.6	14.5	145.8		
1957	1810	1345.9	48.0	415.6	0.08	
1962	2236	1721.1	62.1	452.6	0.15	
1965	3464	2698.7	95.1	670.2	0.25	
1970	4566	3496.0	138.1	931.3	0.35	
1975	7296	4255.6	202.7	2574.7	0.60	262
1978	9829	5345.2	274.1	3779.2	0.97	430
1980	12027	5717.5	764.0	5052.8	1.41	491
1985	18365	8125.7	1903.2	7729.3	4.15	603
1986	20147	8764.8	2118.0	8647.9	4.81	612
1987	22229	9471.5	2660.4	9465.1	6.52	625
1988	23826	9877.6	3220.4	10070.4	7.32	650
1989	25592	10394.2	3374.8	11186.8	6.93	629
1990	26208	10622.4	3358.1	11591.9	8.18	627
1991	27987	10972.0	3428.0	12955.5	10.10	621
1992	29218	11575.6	3755.4	13256.2	13.42	617
1993	30647	12090.9	4070.5	13860.8	16.61	608
1994	33435	12632.0	4486.3	15686.6	18.58	612
1995	35909	13049.5	4694.9	17552.2	22.30	590
1996	36590	13106.2	5011.2	17862.5	24.93	585
1997	38385	13269.9	5271.5	19235.0	29.10	579
1998	38089	12560.1	5483.4	19405.8	33.45	606
1999	40568	12910.3	5724.3	21263.0	42.34	628
2000	44321	13770.5	6129.4	23734.2	50.27	636
2001	47710	14694.1	6330.4	25988.9	43.72	653
2002	50686	15658.4	6782.5	27510.6	51.55	683
2003	53859	17246.7	7099.5	28715.8	57.90	739
2004	69445	19288.8	7840.9	41428.7	71.80	815
2005	80258	20726.0	8693.2	49672.3	78.90	1088
2006	88840	21954.4	9754.2	55485.7	94.28	1551
2007	101419	23797.0	11354.7	64284.8	116.39	1866
2008	110300	25106.3	32868.2	50262.7	119.60	1944
2009	122133	25239.2	37188.8	57556.7	126.23	2022
2010	141837	27644.1	43389.7	68427.5	178.90	2197
2011	159324	29465.8	51374.7	75423.8	173.91	2885
2012	173771	29187.1	59534.9	81707.6	163.89	3177
2013	168014	29173.9	55738.1	79435.7	170.29	3496
2014	181668	27530.2	56846.9	92774.6	187.77	4328
2015	178356	23754.3	57955.7	91772.5	208.07	4665
2016	186629	23792.3	61080.1	97338.8	222.4	4195.9
2017	197373	26962.2	66771.5	98611.2	243.6	4784.1

7-5-13 货物周转量构成

单位：%

年 份	总计	铁路	公路	水运	民航	管道
1952	100.0	79.0	1.9	19.1		
1957	100.0	74.4	2.7	23.0		
1962	100.0	77.0	2.8	20.2	0.01	
1965	100.0	77.9	2.7	19.3	0.01	
1970	100.0	76.6	3.0	20.4	0.01	
1975	100.0	58.3	2.8	35.3	0.01	3.6
1978	100.0	54.4	2.8	38.4	0.01	4.4
1980	100.0	47.5	6.4	42.0	0.01	4.1
1985	100.0	44.2	10.4	42.1	0.02	3.3
1986	100.0	43.5	10.5	42.9	0.02	3.0
1987	100.0	42.6	12.0	42.6	0.03	2.8
1988	100.0	41.5	13.5	42.3	0.03	2.7
1989	100.0	40.6	13.2	43.7	0.03	2.5
1990	100.0	40.5	12.8	44.2	0.03	2.4
1991	100.0	39.2	12.2	46.3	0.04	2.2
1992	100.0	39.6	12.9	45.4	0.05	2.1
1993	100.0	39.5	13.3	45.2	0.05	2.0
1994	100.0	37.8	13.4	46.9	0.06	1.8
1995	100.0	36.3	13.1	48.9	0.06	1.6
1996	100.0	35.8	13.7	48.8	0.07	1.6
1997	100.0	34.6	13.7	50.1	0.08	1.5
1998	100.0	33.0	14.4	50.9	0.09	1.6
1999	100.0	31.8	14.1	52.4	0.10	1.5
2000	100.0	31.1	13.8	53.6	0.11	1.4
2001	100.0	30.8	13.3	54.5	0.09	1.4
2002	100.0	30.9	13.4	54.3	0.10	1.3
2003	100.0	32.0	13.2	53.3	0.11	1.4
2004	100.0	27.8	11.3	59.7	0.10	1.2
2005	100.0	25.8	10.8	61.9	0.10	1.4
2006	100.0	24.7	11.0	62.5	0.11	1.7
2007	100.0	23.5	11.2	63.4	0.11	1.8
2008	100.0	22.8	29.8	45.6	0.11	1.8
2009	100.0	20.7	30.4	47.1	0.10	1.7
2010	100.0	19.5	30.6	48.2	0.13	1.5
2011	100.0	18.5	32.2	47.3	0.11	1.8
2012	100.0	16.8	34.3	47.0	0.09	1.8
2013	100.0	17.4	33.2	47.3	0.10	2.1
2014	100.0	15.2	31.3	51.1	0.10	2.4
2015	100.0	13.3	32.5	51.5	0.12	2.6
2016	100.0	12.7	32.7	52.2	0.12	2.2
2017	100.0	13.7	33.8	50.0	0.12	2.4

7-5-14 货物运输平均运距

单位：公里

年 份	总计	铁路	公路	水运	民航	管道
1952	242	455	11	284		
1957	225	491	13	269	1000	
1962	261	488	19	259	833	
1965	286	550	19	291	930	
1970	304	513	24	366	951	
1975	360	478	28	736	1280	434
1978	395	485	32	873	1516	416
1980	220	514	20	1184	1580	467
1985	246	622	35	1221	2129	442
1986	236	646	34	1042	2146	413
1987	234	673	37	1169	2182	413
1988	243	681	44	1128	2231	416
1989	259	686	46	1279	2237	402
1990	270	705	46	1447	2211	398
1991	284	718	47	1554	2234	399
1992	279	734	48	1433	2335	417
1993	275	743	48	1415	2394	410
1994	283	774	50	1465	2241	406
1995	291	786	50	1551	2206	386
1996	282	766	51	1402	2168	366
1997	300	771	54	1696	2334	362
1998	301	764	56	1771	2388	348
1999	314	771	58	1855	2485	310
2000	326	771	59	1939	2555	340
2001	340	761	60	1959	2556	336
2002	342	764	61	1940	2551	339
2003	344	769	61	1817	2643	336
2004	407	775	63	2211	2595	329
2005	431	770	65	2261	2572	350
2006	436	762	67	2231	2698	464
2007	446	757	69	2286	2896	460
2008	427	760	171	1707	2934	443
2009	432	757	175	1804	2833	453
2010	438	759	177	1806	3177	440
2011	431	749	182	1771	3120	506
2012	424	748	187	1781	3007	519
2013	410	735	181	1419	3034	536
2014	436	722	183	1551	3161	587
2015	427	707	184	1496	3306	615
2016	425	714	183	1525	3330	572
2017	411	731	181	1477	3450	594

7-5-15 各地区客运量

单位：万人

地 区	总计	铁路	公路	水运
全 国	**1848620**	**308379**	**1456784**	**28300**
北 京	58871	13931	44940	
天 津	17440	4792	12538	110
河 北	50023	11527	38494	2
山 西	25155	7664	17333	158
内蒙古	14867	5446	9421	
辽 宁	72483	14266	57665	552
吉 林	32989	7663	25203	123
黑龙江	34670	10412	23917	341
上 海	15485	11617	3420	448
江 苏	126783	19786	104566	2431
浙 江	104497	20114	80099	4284
安 徽	69105	11487	57365	253
福 建	51134	11624	37585	1925
江 西	62997	10224	52506	268
山 东	65299	14151	49111	2037
河 南	114351	15252	98753	345
湖 北	103144	15747	86772	625
湖 南	114936	12872	100390	1674
广 东	137418	28766	105919	2733
广 西	48578	9838	38083	657
海 南	14660	2674	10107	1879
重 庆	60522	6349	53307	866
四 川	109093	12631	94098	2364
贵 州	91803	5796	83809	2198
云 南	44622	4754	38569	1299
西 藏	1319	320	999	
陕 西	67880	8908	58580	393
甘 肃	42638	4467	38080	90
青 海	6274	1134	5070	70
宁 夏	7345	650	6518	177
新 疆	27083	3515	23568	
不分地区	55156			

注：不分地区合计数为民航完成客运量。

7-5-16 各地区旅客周转量

单位：亿人公里

地 区	总计	铁路	公路	水运
全 国	**32812.80**	**13456.92**	**9765.18**	**77.66**
北 京	253.16	153.76	99.40	
天 津	266.91	193.90	72.83	0.18
河 北	1282.78	1042.72	239.94	0.12
山 西	373.76	223.29	150.36	0.11
内蒙古	362.66	220.01	142.65	
辽 宁	939.83	634.92	298.85	6.06
吉 林	425.36	262.21	162.99	0.17
黑龙江	452.05	274.59	177.07	0.38
上 海	224.81	107.34	116.67	0.79
江 苏	1515.26	765.15	746.89	3.22
浙 江	1096.04	658.17	431.56	6.31
安 徽	1153.69	746.17	407.11	0.41
福 建	604.23	373.61	227.83	2.78
江 西	1000.29	722.66	277.29	0.34
山 东	1247.26	754.14	481.04	12.07
河 南	1761.74	1024.49	736.62	0.63
湖 北	1278.14	791.81	482.27	4.06
湖 南	1500.54	970.47	526.60	3.47
广 东	2012.47	872.08	1129.53	10.85
广 西	778.31	404.61	370.38	3.32
海 南	129.29	47.94	77.51	3.84
重 庆	496.34	201.12	289.54	5.68
四 川	881.52	358.00	521.29	2.23
贵 州	720.13	249.48	463.93	6.72
云 南	453.39	142.24	308.27	2.88
西 藏	44.76	18.10	26.66	
陕 西	760.86	471.03	289.15	0.68
甘 肃	619.65	371.71	247.76	0.17
青 海	136.80	86.95	49.77	0.09
宁 夏	99.19	43.26	55.84	0.09
新 疆	428.54	270.97	157.57	
不分地区	9513.04			

注：不分地区合计数为民航完成旅客周转量。

7-5-17 各地区货运量

单位：万吨

地区	总计	铁路	公路	水运
全国	**4804850**	**368865**	**3686858**	**667846**
北京	20110	736	19374	
天津	51800	8736	34720	8345
河北	228854	17100	207340	4413
山西	189516	74616	114880	20
内蒙古	213318	65835	147483	
辽宁	216135	17740	184273	14122
吉林	49903	5097	44728	78
黑龙江	56398	11161	44127	1110
上海	96850	488	39743	56619
江苏	220532	5949	128915	85668
浙江	242504	4071	151920	86513
安徽	403426	8940	280471	114015
福建	132227	3175	95599	33453
江西	154437	4871	138074	11492
山东	327006	22295	288052	16659
河南	230114	10087	207066	12961
湖北	188107	4253	147711	36143
湖南	225551	4185	198806	22560
广东	392381	8606	288904	94871
广西	174642	6634	139602	28405
海南	21351	963	11223	9165
重庆	115536	2012	95019	18506
四川	172922	6982	158190	7750
贵州	96242	5279	89298	1665
云南	129298	4568	124064	667
西藏	2203	56	2148	
陕西	163079	39162	123721	196
甘肃	66204	6052	60117	35
青海	17923	3052	14871	
宁夏	38187	6528	31659	
新疆	84395	9635	74760	
不分地区	83696			2414

注：不分地区合计数中包括民航、管道及中国远洋运输集团总公司海外公司完成货运量。

7-5-18 各地区货物周转量

单位：亿吨公里

地 区	总计	铁路	公路	水运
全 国	**197373**	**26962**	**66772**	**98611**
北 京	958	799	159	
天 津	2170	480	398	1291
河 北	13382	4278	7899	1204
山 西	4185	2426	1759	
内蒙古	5147	2382	2764	
辽 宁	12757	1090	3059	8609
吉 林	1635	483	1152	
黑龙江	1658	737	913	7
上 海	24999	10	298	24691
江 苏	9058	297	2378	6382
浙 江	10106	216	1821	8069
安 徽	11430	747	5180	5503
福 建	6780	136	1214	5430
江 西	4217	533	3433	252
山 东	9719	1311	6650	1758
河 南	8229	1967	5342	920
湖 北	6345	814	2742	2789
湖 南	4301	813	2991	497
广 东	27920	271	3637	24012
广 西	4613	710	2457	1447
海 南	864	15	79	771
重 庆	3374	180	1069	2126
四 川	2696	764	1677	256
贵 州	1656	603	1009	45
云 南	1825	448	1360	16
西 藏	136	30	106	
陕 西	3761	1642	2118	1
甘 肃	2440	1391	1049	
青 海	519	266	253	
宁 夏	754	254	500	
新 疆	2176	870	1307	
不分地区	7563			2536

注：不分地区合计数中包括民航、管道及中国远洋运输集团总公司海外公司完成货物周转量。

7-5-19 全国铁路基本情况

指 标		2009	2010	2011	2012	2013	2014	2015	2016	2017
运输线路里程	**（公里）**									
营业里程		85517.9	91178.5	93249.6	97625.5	103144.6	111821.1	120970.4	123991.9	126969.9
#高速铁路		2698.7	5133.4	6601.0	9356.0	11028.0	16456.0	19838.0	22980.0	25163.8
复线里程		33194.7	37487.2	39499.7	43654.6	48192.3	56725.0	64687.1	68072.6	71760.5
电气化铁路里程		35653.0	42464.4	46064.0	50867.2	55649.1	65055.5	74746.6	80310.0	86553.4
正线延展里程		119661.5	129438.8	133839.0	142338.3	152320.8	169806.7	186521.9	193443.6	200049.2
运输设备										
机车拥有量	（台）	18922	19431	20721	20797	20835	21096	21366	21453	21420
客车拥有量	（辆）	49354	52275	54731	57721	58965	60629	67706	70872	72262
货车拥有量	（辆）	601412	625110	651175	670801	721850	716578	768516	764783	808736
客货运输										
客运量	（万人）	152451	167609	186226	189337	210597	230460	253484	281405	308379
旅客周转量	（亿人公里）	7878.89	8762.18	9612.29	9812.33	10595.62	11241.85	11960.60	12579.29	13456.92
货运量	（万吨）	333348	364271	393263	390438	396697	381334	335801	333186	368865
货物周转量	（亿吨公里）	25239.17	27644.13	29465.79	29187.09	29173.89	27530.19	23754.31	23792.26	26962.20

7-5-20 各地区铁路线路年末里程

(按地区分)　　单位：公里

地　区	正线延展里程	营业里程	正式营业里程
总　计	**200049.2**	**126969.9**	**126969.9**
北　京	2112.0	1264.3	1264.3
天　津	2226.2	1148.9	1148.9
河　北	12441.5	7162.0	7162.0
山　西	8843.4	5316.8	5316.8
内蒙古	17006.2	12674.7	12674.7
辽　宁	9508.4	5914.7	5914.7
吉　林	7091.2	5044.1	5044.1
黑龙江	8639.8	6232.2	6232.2
上　海	836.3	465.1	465.1
江　苏	4813.6	2816.4	2816.4
浙　江	4758.2	2624.0	2624.0
安　徽	7266.8	4274.6	4274.6
福　建	4892.0	3191.4	3191.4
江　西	7244.3	4280.5	4280.5
山　东	9472.4	5726.4	5726.4
河　南	9942.2	5414.7	5414.7
湖　北	7346.0	4215.5	4215.5
湖　南	7681.3	4744.5	4744.5
广　东	7138.0	4200.7	4200.7
广　西	7879.9	5191.4	5191.4
海　南	1700.6	1033.4	1033.4
重　庆	3234.0	2166.0	2166.0
四　川	7162.6	4831.7	4831.7
贵　州	4936.8	3284.5	3284.5
云　南	4944.9	3681.7	3681.7
西　藏	780.3	785.1	785.1
陕　西	8314.6	4972.1	4972.1
甘　肃	8095.5	4663.8	4663.8
青　海	3425.2	2349.5	2349.5
宁　夏	1594.0	1352.1	1352.1
新　疆	8720.8	5946.9	5946.9

7-5-21 国家铁路货物发送量及到达量

(按地区分)　　单位：万吨

地区	2017年		2016年		2017年比2016年增减	
	发送量	到达量	发送量	到达量	发送量	到达量
总　计	**291759**	**291759**	**265086**	**265086**	**26673**	**26673**
北　京	704	1242	725	1280	-21	-38
天　津	8735	11527	8149	10249	586	1278
河　北	13739	60184	13805	51490	-67	8694
山　西	72194	8709	62410	7216	9785	1492
内蒙古	37185	14112	32338	12786	4847	1326
辽　宁	15801	24816	14712	21741	1089	3075
吉　林	4790	8633	3669	7804	1122	828
黑龙江	10385	10540	8976	10183	1409	356
上　海	472	727	461	750	11	-23
江　苏	5720	7719	5335	7372	385	347
浙　江	3463	4166	3308	3885	155	281
安　徽	8938	9142	9263	8624	-325	518
福　建	3175	3615	2917	3462	258	153
江　西	4785	7088	4294	7024	491	64
山　东	18036	21784	17001	21145	1035	639
河　南	9331	12570	9454	11697	-123	873
湖　北	3787	8264	3682	8197	105	67
湖　南	4002	8172	3954	7655	48	518
广　东	7285	6153	7138	5961	147	192
广　西	6632	6612	5896	6742	736	-130
海　南	963	1037	793	860	170	176
重　庆	1808	4938	1789	4403	20	535
四　川	5678	11673	5742	10740	-64	932
贵　州	5278	6521	5634	5921	-356	599
云　南	4402	7742	4156	7199	247	543
西　藏	55	556	65	576	-9	-20
陕　西	12985	6130	10954	5249	2031	881
甘　肃	6003	6353	5859	6064	144	289
青　海	3051	2096	2833	1953	218	143
宁　夏	2744	1225	2955	1257	-211	-32
新　疆	9633	7715	6820	5600	2812	2115

7-5-22 全国铁路机、客、货车拥有量

车类名称	2000	2005	2008	2009	2010	2011	2012	2013	2014	2015	2016	2017
机车 （台）	**15253**	**17473**	**18437**	**18922**	**19431**	**20721**	**20797**	**20835**	**21096**	**21366**	**21453**	**21420**
内燃机车	10826	12114	12021	11805	10990	11081	10602	9961	9485	9132	8974	8568
电力机车	3516	5166	6298	7010	8369	9625	10180	10859	11596	12219	12464	12837
客车 （辆）	**37249**	**41974**	**45076**	**49354**	**52275**	**54731**	**57721**	**58965**	**60629**	**67706**	**70872**	**72262**
货车 （辆）	**443902**	**548368**	**591793**	**601412**	**625110**	**651175**	**670801**	**721850**	**716578**	**768516**	**764783**	**808736**

7-5-23 国家铁路主要工农业产品运输量

指 标	2017年	2016年	2017年比2016年	
			增减数	增减(%)
煤运量 （亿吨）	14.91	13.18	1.73	13.16
石油运量 （万吨）	11747	12478	-731	-5.86
钢铁运量 （万吨）	17131	15276	1855	12.14
木材运量 （万立方米）	2557	2409	148	6.14
粮食运量 （万吨）	7795	5981	1814	30.33

7-5-24 全国铁路客货运输量

(按地区分)

地 区	客 运 量 (万人)	旅客周转量 (万人公里)	货 运 量 (万吨)	货物周转量 (万吨公里)
总 计	**308379**	**134569204**	**368865**	**269622039**
北 京	13931	1537625	736	7991740
天 津	4792	1939024	8736	4804553
河 北	11527	10427170	17100	42783552
山 西	7664	2232856	74616	24262711
内蒙古	5446	2200101	65835	23822871
辽 宁	14266	6349180	17740	10897018
吉 林	7663	2622108	5097	4828551
黑龙江	10412	2745949	11161	7371460
上 海	11617	1073421	488	100798
江 苏	19786	7651531	5949	2974891
浙 江	20114	6581743	4071	2157923
安 徽	11487	7461693	8940	7469727
福 建	11624	3736114	3175	1358997
江 西	10224	7226626	4871	5325094
山 东	14151	7541416	22295	13108433
河 南	15252	10244936	10087	19665687
湖 北	15747	7918093	4253	8140488
湖 南	12872	9704715	4185	8131289
广 东	28766	8720840	8606	2709810
广 西	9838	4046122	6634	7096804
海 南	2674	479427	963	150767
重 庆	6349	2011164	2012	1796581
四 川	12631	3579954	6982	7637905
贵 州	5796	2494781	5279	6028362
云 南	4754	1422419	4568	4483736
西 藏	320	180978	56	304738
陕 西	8908	4710306	39162	16417707
甘 肃	4467	3717143	6052	13907199
青 海	1134	869476	3052	2660328
宁 夏	650	432617	6528	2535465
新 疆	3515	2709676	9635	8696856

7-5-25 国家铁路分货类货物运输量

货类品名	2017年			2016年		
	货物发送量（万吨）	货物周转量（百万吨公里）	平均运程（公里）	货物发送量（万吨）	货物周转量（百万吨公里）	平均运程（公里）
总　计	**291759**	**2407223**	**825**	**265086**	**2125340**	**802**
煤	149130	970716	651	131791	825267	626
石油	11747	91534	779	12478	101085	810
焦碳	8165	86518	1060	7659	78539	1025
金属矿石	38749	216903	560	36188	191244	528
钢铁及有色金属	17131	160057	934	15276	150840	987
非金属矿石	5706	28934	507	5071	26837	529
磷矿石	1257	11733	934	1298	12950	998
矿物性建筑材料	8712	29097	334	9471	37824	399
水泥	2306	8029	348	2131	7974	374
木材	2557	19952	780	2409	18794	780
粮食	7795	153890	1974	5981	107086	1790
零担	1328	18336	1380	3709	41350	1115
集装箱	17735	263699	1487	11990	189088	1577

7-5-26 公路线路年末里程

单位：万公里

指　　标	2006	2007	2008	2009	2010	2011	2012	2013	2014	2015	2016	2017
公路线路里程	**345.70**	**358.37**	**373.02**	**386.08**	**400.82**	**410.64**	**423.75**	**435.62**	**446.39**	**457.73**	**469.63**	**477.35**
按技术等级分												
等级公路	228.29	253.54	277.85	305.63	330.47	345.36	360.96	375.56	390.08	404.63	422.65	433.86
高速公路	4.53	5.39	6.03	6.51	7.41	8.49	9.62	10.44	11.19	12.35	13.10	13.64
一级公路	4.53	5.01	5.42	5.95	6.44	6.81	7.43	7.95	8.54	9.10	9.92	10.52
二级公路	26.27	27.64	28.52	30.07	30.87	32.05	33.15	34.05	34.84	36.04	37.11	38.05
三级公路	35.47	36.39	37.42	37.90	38.80	39.36	40.19	40.70	41.42	41.82	42.44	42.90
四级公路	157.48	179.10	200.46	225.20	246.95	258.64	270.58	282.41	294.10	305.32	320.09	328.74
等外公路	117.41	104.83	95.16	80.46	70.35	65.28	62.79	60.07	56.31	53.10	46.97	43.49
按路面类型分												
有铺装路面里程	99.65	125.03	146.48	172.00	191.80	210.34	229.51	246.54	263.62	283.64	313.74	338.52
简易铺装路面里程	52.86	52.62	53.08	53.25	52.42	51.23	50.35	49.22	48.13	46.55	42.70	40.96
未铺装路面里程	193.19	180.72	173.45	160.83	156.60	149.07	143.89	139.87	134.64	127.53	113.19	97.86
按行政等级分												
国道	13.34	13.71	15.53	15.85	16.40	16.94	17.34	17.68	17.92	18.53	35.48	35.84
省道	23.96	25.52	26.32	26.60	26.98	30.40	31.21	31.79	32.28	32.97	31.33	33.38
县道	50.65	51.44	51.23	51.95	55.40	53.36	53.95	54.68	55.20	55.43	56.21	55.07
乡道	98.76	99.84	101.11	101.96	105.48	106.60	107.67	109.05	110.51	111.32	114.72	115.77
专用公路	5.80	5.71	6.72	6.72	6.77	6.90	7.37	7.68	8.03	8.17	6.83	7.20
村道	153.20	162.15	172.10	183.00	189.77	196.44	206.22	214.74	222.45	231.31	225.05	230.08
公路晴雨通车里程	**265.30**	**282.74**	**304.52**	**329.64**	**353.24**							
公路养护里程	**268.21**	**304.00**	**350.59**	**368.83**	**387.59**	**398.04**	**411.68**	**425.14**	**435.38**	**446.56**	**459.00**	**467.46**
公路绿化里程	**123.58**	**142.39**	**167.69**	**177.29**	**194.34**	**204.45**	**220.21**	**230.75**	**238.78**	**248.96**	**259.45**	**267.83**

注：统计指标“公路晴雨通车里程”、“公路养护里程”和“公路绿化里程”2005年及以前年份数据不包括村道上的该类基础设施，因统计范围不同，故2006年及以后年份数据与历史数据不可比；“公路晴雨通车里程”2011年起已不纳入统计。

7-5-27 各地区公路线路年末里程

单位：公里

年 份	总 计	等级公路						等外公路
			高速	一级	二级	三级	四级	
1980	888250	521134		196	12587	108291	400060	367116
1985	942395	606443		422	21194	128541	456286	335952
1990	1028348	741104	522	2617	43376	169756	524833	287244
1995	1157009	910754	2141	9580	84910	207282	606841	246255
1996	1185789	946418	3422	11779	96990	216619	617608	239371
1997	1226405	997496	4771	14637	111564	230787	635737	228909
1998	1278474	1069243	8733	15277	125245	257947	662041	209231
1999	1351691	1156736	11605	17716	139957	269078	718380	194955
2000	1679848	1315931	16285	25219	177787	305435	791206	363916
2001	1698012	1336044	19437	25214	182102	308626	800665	361968
2002	1765222	1382926	25130	27468	197143	315141	818044	382296
2003	1809828	1438738	29745	29903	211929	324788	842373	371090
2004	1870661	1515826	34288	33522	231715	335347	880954	354835
2005	3345187	2139887	41005	41687	248199	347160	1461835	1205299
2006	3456999	2282872	45339	45289	262678	354734	1574833	1174128
2007	3583715	2535383	53913	50093	276413	363922	1791042	1048332
2008	3730164	2778521	60302	54216	285226	374215	2004563	951642
2009	3860823	3056265	65055	59462	300686	379023	2252038	804558
2010	4008229	3304709	74113	64430	308743	387967	2469456	703520
2011	4106387	3453590	84946	68119	320536	393613	2586377	652796
2012	4237508	3609600	96200	74271	331455	401865	2705809	627908
2013	4356218	3755567	104438	79491	340466	407033	2824138	600652
2014	4463913	3900834	111936	85362	348351	414199	2940986	563079
2015	4577296	4046290	123523	90964	360410	418237	3053157	531005
2016	4696263	4226543	130973	99152	371102	424443	3200874	469719
2017	4773469	4338560	136449	105224	380481	429035	3287372	434909

注：以《1949-2010年全国交通运输统计摘要》为准，1996年和2000年的数据有所调整。

7-5-27 续表 单位：公里

地 区	总 计	等级公路						等外公路
			高速	一级	二级	三级	四级	
全 国	**4773469**	**4338560**	**136449**	**105224**	**380481**	**429035**	**3287372**	**434909**
北 京	22226	22226	1013	1450	3985	3949	11829	
天 津	16532	16532	1248	1204	3133	1181	9765	
河 北	191693	186266	6531	5983	20419	19973	133360	5427
山 西	142855	140201	5335	2638	15691	19102	97434	2654
内蒙古	199423	192222	6320	7056	17235	31385	130225	7201
辽 宁	122705	111358	4212	4094	18212	32443	52396	11347
吉 林	103896	98908	3119	2154	9498	9148	74989	4988
黑龙江	165989	140698	4512	2657	11797	34252	87480	25291
上 海	13322	13322	829	502	3607	2696	5688	
江 苏	158475	155803	4688	14234	23084	15661	98137	2672
浙 江	120101	118848	4154	6765	10263	8197	89469	1253
安 徽	203285	201081	4673	4151	10879	20897	160482	2204
福 建	108012	91297	5039	1161	10669	8532	65897	16715
江 西	162285	134863	5916	2917	10837	13165	102027	27422
山 东	270590	269698	5821	10312	24854	26145	202566	892
河 南	267805	232813	6523	3350	26360	21174	175407	34992
湖 北	269484	259591	6252	5874	22712	10795	213959	9893
湖 南	239724	217251	6419	1669	13865	5709	189590	22473
广 东	219580	206461	8347	11628	19210	18978	148299	13119
广 西	123259	112619	5259	1443	12714	8296	84907	10640
海 南	30684	30232	795	374	1781	1589	25693	452
重 庆	147881	120915	3023	773	7963	5515	103641	26966
四 川	329950	294809	6821	3669	14912	13632	255775	35142
贵 州	194379	148839	5835	1313	7468	7235	126988	45540
云 南	242546	208526	5022	1354	11941	8937	181272	34021
西 藏	89343	77911	38	578	1038	10151	66106	11432
陕 西	174395	159026	5279	1575	9393	15776	127003	15369
甘 肃	142252	124788	4016	429	8894	13521	97927	17465
青 海	80895	68470	3223	680	7522	5276	51768	12425
宁 夏	34561	34432	1609	1845	3820	6336	20822	129
新 疆	185338	148554	4578	1392	16725	29388	96472	36783

注：以《1949—2010年全国交通运输统计摘要》为准，1996年和2000年的数据有所调整。

7-5-28 民用汽车拥有量

年 份	民用汽车总计（万辆）	载客汽车（万辆）					载货汽车（万辆）
			大型	中型	小型	微型	
1978	135.84	25.90					100.17
1980	178.29	35.08					129.90
1985	321.12	79.45					223.20
1990	551.36	162.19					368.48
1995	1040.00	417.90					585.43
2000	1608.91	853.73					716.32
2001	1802.04	993.96					765.24
2002	2053.17	1202.37	75.48	104.80	789.74	232.34	812.22
2003	2382.93	1478.81	75.76	115.96	1017.21	269.88	853.51
2004	2693.71	1735.91	78.06	124.54	1248.89	284.42	893.00
2005	3159.66	2132.46	82.13	131.65	1618.35	300.32	955.55
2006	3697.35	2619.57	87.34	137.00	2083.40	311.83	986.30
2007	4358.36	3195.99	93.82	140.52	2646.47	315.18	1054.06
2008	5099.61	3838.92	100.39	143.19	3271.14	324.19	1126.07
2009	6280.61	4845.09	107.95	145.80	4246.90	344.44	1368.60
2010	7801.83	6124.13	116.44	146.07	5498.36	363.25	1597.55
2011	9356.32	7478.37	126.54	147.41	6827.54	376.88	1787.99
2012	10933.09	8943.01	128.13	131.78	8302.63	380.47	1894.75
2013	12670.14	10561.78	131.38	117.06	9951.46	361.87	2010.62
2014	14598.11	12326.70	139.61	112.06	11748.19	326.84	2125.46
2015	16284.45	14095.88	140.07	89.66	13580.48	285.66	2065.62
2016	18574.54	16278.24	146.03	83.82	15813.84	234.55	2171.89
2017	20906.67	18469.54	152.94	78.95	18038.69	198.96	2338.85

注：1.小轿车包括在载客汽车中（下表同）。

2.从2002年起，载客汽车和载货汽车的分项、其他汽车统计口径有调整，与以前年份不可比（下表同）。

7-5-28 续表

年 份					其他汽车（万辆）	机动车驾驶员（万人）	
	重型	中型	轻型	微型			#汽车驾驶员
1978							192.45
1980							245.23
1985							462.44
1990						1635.85	790.96
1995						3501.52	1673.39
2000						7655.56	3746.51
2001						8455.04	4462.68
2002	148.28	218.69	360.58	84.66	38.58	9362.03	4827.08
2003	136.79	243.70	390.79	82.22	50.61	10611.04	5368.07
2004	153.90	233.94	425.74	79.43	64.80	11769.04	7101.64
2005	168.07	236.66	484.51	66.31	71.66	13069.52	8017.76
2006	174.01	235.39	532.13	44.76	91.49	14213.87	9317.24
2007	186.74	243.46	587.22	36.63	108.31	15363.88	10567.15
2008	200.84	249.73	644.96	30.54	134.62	17336.56	12276.80
2009	315.08	262.21	765.33	25.97	66.92	19167.58	13740.73
2010	394.80	269.75	911.88	21.12	80.14	20068.47	15129.89
2011	460.58	267.80	1042.07	17.54	89.96	22817.62	17416.76
2012	472.51	229.20	1179.65	13.40	95.33	25250.83	20028.52
2013	501.97	196.40	1300.02	12.23	97.75	26955.93	21742.70
2014	533.67	188.09	1385.77	17.93	145.95	29892.32	24812.07
2015	530.05	148.87	1375.79	10.90	122.95	32853.05	28012.99
2016	569.48	138.69	1455.29	8.43	124.41	35876.98	30328.77
2017	635.41	130.68	1566.30	6.46	98.28	36016.94	31658.20

7-5-29 各地区民用汽车拥有量

地 区	民用汽车总计（万辆）	载客汽车（万辆）	大型	中型	小型	微型	载货汽车（万辆）
全 国	**20906.67**	**18469.54**	**152.94**	**78.95**	**18038.69**	**198.96**	**2338.85**
北 京	563.10	520.83	6.48	7.94	504.55	1.86	36.67
天 津	287.69	253.99	2.64	1.30	247.99	2.06	31.94
河 北	1387.21	1207.34	6.59	2.25	1168.01	30.48	174.34
山 西	591.98	525.67	3.34	1.25	507.00	14.09	63.94
内蒙古	480.22	421.72	2.87	1.15	411.94	5.76	55.97
辽 宁	727.08	633.15	7.39	4.62	615.60	5.54	90.19
吉 林	387.15	344.06	3.46	1.48	334.70	4.43	41.29
黑龙江	435.32	371.57	4.61	2.15	361.24	3.58	61.07
上 海	360.96	328.17	5.12	2.78	319.21	1.06	30.81
江 苏	1612.82	1499.72	11.14	4.63	1473.89	10.07	105.65
浙 江	1395.80	1266.84	7.03	3.63	1244.91	11.28	124.53
安 徽	708.93	605.79	5.10	2.50	594.79	3.41	99.79
福 建	557.01	486.46	3.32	2.50	476.76	3.88	68.35
江 西	465.90	398.10	2.79	1.48	391.15	2.69	65.13
山 东	1929.55	1711.66	12.41	4.22	1661.46	33.57	210.72
河 南	1274.45	1124.70	7.52	3.79	1100.51	12.88	144.63
湖 北	679.81	601.48	5.78	2.99	590.65	2.07	74.32
湖 南	683.19	613.37	5.47	4.42	600.14	3.34	66.92
广 东	1894.22	1691.96	17.47	6.49	1660.09	7.91	196.00
广 西	502.13	431.16	3.62	1.76	421.06	4.72	68.45
海 南	113.21	98.22	1.51	0.63	95.59	0.49	14.32
重 庆	370.47	328.42	3.00	1.18	323.48	0.77	40.26
四 川	990.30	890.61	7.46	2.44	866.95	13.77	95.97
贵 州	414.01	355.32	2.80	2.07	348.50	1.96	56.49
云 南	622.66	525.58	2.91	2.46	513.62	6.59	94.43
西 藏	40.88	26.60	0.43	0.33	25.49	0.34	13.98
陕 西	549.51	489.63	3.74	1.89	478.05	5.96	56.04
甘 肃	287.45	233.73	2.31	1.16	228.80	1.46	51.86
青 海	99.57	82.56	0.84	0.57	80.59	0.55	16.17
宁 夏	130.94	101.50	0.92	0.41	99.56	0.61	28.39
新 疆	363.15	299.62	2.90	2.47	292.44	1.81	60.24

注：1.小轿车包括在载客汽车中（下表同）。
2.从2002年起，载客汽车和载货汽车的分项、其他汽车统计口径有调整，与以前年份不可比（下表同）。

7-5-29 续表

地 区					其他汽车（万辆）	机动车驾驶员（万人）	
	重型	中型	轻型	微型			#汽车驾驶员
全 国	**635.41**	**130.68**	**1566.30**	**6.46**	**98.28**	**36016.94**	**31658.20**
北 京	7.11	3.00	26.42	0.13	5.61	1083.52	1079.60
天 津	6.46	1.13	24.12	0.23	1.76	434.01	433.46
河 北	61.71	4.58	107.78	0.28	5.53	2031.99	1981.91
山 西	26.76	1.29	35.57	0.31	2.38	927.53	912.37
内蒙古	16.81	1.65	37.38	0.13	2.53	726.54	678.62
辽 宁	28.72	4.66	56.73	0.09	3.74	1290.27	1216.81
吉 林	13.24	2.06	25.93	0.06	1.81	720.59	662.98
黑龙江	18.13	4.50	38.34	0.10	2.68	835.23	798.03
上 海	18.29	4.97	7.55		1.98	715.68	701.55
江 苏	42.41	11.46	51.70	0.07	7.45	2732.38	2476.84
浙 江	20.27	4.17	99.18	0.91	4.44	2077.71	1962.59
安 徽	34.74	2.88	62.07	0.10	3.35	1392.43	1281.45
福 建	11.51	2.12	54.47	0.24	2.20	1184.85	931.76
江 西	21.15	4.20	39.75	0.04	2.67	1310.57	1031.91
山 东	66.87	8.39	135.16	0.30	7.17	2804.17	2703.27
河 南	48.57	4.22	91.65	0.19	5.12	0.23	0.21
湖 北	17.90	5.86	50.51	0.05	4.01	1544.60	1362.08
湖 南	13.88	5.16	47.83	0.06	2.90	1480.86	1099.14
广 东	33.25	11.81	148.49	2.45	6.26	3415.33	2953.09
广 西	16.75	6.00	45.35	0.35	2.52	1369.08	977.94
海 南	1.49	1.17	11.65	0.02	0.67	211.85	113.56
重 庆	12.15	2.88	25.23		1.79	811.97	665.95
四 川	22.39	7.72	65.81	0.06	3.71	2138.53	1737.38
贵 州	8.01	4.17	44.30	0.01	2.20	877.30	659.57
云 南	13.71	7.76	72.94	0.03	2.65	1295.56	919.32
西 藏	2.63	1.78	9.52	0.06	0.30	42.20	39.00
陕 西	16.62	2.95	36.41	0.06	3.84	1024.22	953.29
甘 肃	9.78	3.06	38.99	0.03	1.87	597.06	486.29
青 海	2.98	0.76	12.41	0.02	0.84	153.52	136.46
宁 夏	6.36	0.93	21.07	0.04	1.05	208.08	184.90
新 疆	14.76	3.41	41.98	0.09	3.28	579.06	516.88

7-5-30 私人汽车拥有量

单位：万辆

年 份	私人汽车总计	载客汽车					载货汽车					其他汽车
			大型	中型	小型	微型		重型	中型	轻型	微型	
1985	28.49	1.93					26.48					
1990	81.62	24.07					57.48					
1995	249.96	114.15					131.83					
2000	625.33	365.09					259.09					
2001	770.78	469.85					298.95					
2002	968.98	623.76	9.89	35.87	408.49	169.51	341.29	48.27	84.40	158.67	49.95	3.94
2003	1219.23	845.87	7.36	42.51	586.90	209.10	367.35	44.47	95.20	176.58	51.09	6.00
2004	1481.66	1069.69	7.20	46.95	786.63	228.91	402.82	53.40	94.69	203.85	50.87	9.15
2005	1848.07	1383.93	7.61	50.88	1079.78	245.66	452.11	62.50	100.34	243.29	45.98	12.04
2006	2333.32	1823.57	11.19	56.20	1491.18	265.00	494.91	64.23	108.64	288.94	33.09	14.84
2007	2876.22	2316.91	7.91	55.73	1984.29	268.98	539.45	68.89	110.44	332.69	27.43	19.86
2008	3501.39	2880.50	8.57	57.97	2533.28	280.68	596.39	73.28	115.68	384.12	23.31	24.50
2009	4574.91	3808.33	8.72	59.96	3436.26	303.39	753.40	108.73	129.59	494.97	20.12	13.17
2010	5938.71	4989.50	9.34	61.00	4593.46	325.70	931.52	141.44	140.52	632.77	16.78	17.69
2011	7326.79	6237.46	9.99	62.34	5823.62	341.52	1067.43	164.28	144.52	744.39	14.24	21.90
2012	8838.60	7637.87	8.26	55.43	7226.48	347.71	1175.63	168.13	128.51	867.64	11.35	25.09
2013	10501.68	9198.23	6.95	46.95	8810.51	333.83	1275.49	174.39	111.85	978.73	10.52	27.95
2014	12339.36	10945.39	7.70	42.10	10590.75	304.83	1352.78	182.68	104.90	1050.60	14.59	41.20
2015	14099.10	12737.23	8.27	28.89	12432.26	267.81	1330.65	173.86	86.62	1060.70	9.47	31.22
2016	16330.22	14896.27	4.99	24.84	14645.61	220.83	1401.16	184.82	79.77	1129.13	7.45	32.79
2017	18515.11	17001.51	4.58	22.17	16788.42	186.35	1478.40	193.98	73.22	1205.66	5.54	35.19

7-5-31 各地区私人汽车拥有量

单位：万辆

地 区	私人汽车总 计	载客汽车					载货汽车					其他汽车
			大型	中型	小型	微型		重型	中型	轻型	微型	
全 国	**18515.11**	**17001.51**	**4.58**	**22.17**	**16788.42**	**186.35**	**1478.40**	**193.98**	**73.22**	**1205.66**	**5.54**	**35.19**
北 京	466.61	453.68	0.32	4.51	447.16	1.69	11.82	0.88	0.37	10.57		1.11
天 津	242.51	224.23	0.11	0.44	221.94	1.74	17.74	1.64	0.44	15.52	0.12	0.54
河 北	1279.38	1155.24	0.61	0.73	1123.88	30.02	121.82	28.24	3.46	89.87	0.25	2.32
山 西	533.70	491.39	0.05	0.26	477.59	13.49	41.37	11.92	0.71	28.46	0.28	0.95
内蒙古	439.36	398.06	0.14	0.39	391.92	5.60	40.26	7.92	0.96	31.27	0.11	1.04
辽 宁	620.99	575.49	0.62	1.89	567.68	5.30	44.46	6.56	2.40	35.44	0.06	1.05
吉 林	349.80	318.85	0.41	0.50	313.67	4.27	30.30	6.94	1.57	21.74	0.05	0.65
黑龙江	385.96	341.54	0.51	0.83	336.84	3.36	43.69	8.44	3.34	31.83	0.08	0.73
上 海	274.38	273.63	0.11	0.78	271.74	1.00	0.53	0.18	0.17	0.18		0.22
江 苏	1401.92	1349.10	0.04	1.08	1338.57	9.42	50.21	15.77	4.94	29.44	0.06	2.61
浙 江	1227.09	1149.89	0.08	0.79	1139.67	9.35	76.19	3.07	1.27	71.05	0.80	1.01
安 徽	612.37	561.52	0.07	0.41	557.79	3.26	49.54	3.12	1.19	45.15	0.08	1.31
福 建	491.72	443.85	0.04	0.47	439.65	3.69	47.14	2.72	1.23	42.98	0.23	0.73
江 西	412.75	374.27	0.02	0.16	371.54	2.55	37.79	2.90	2.25	32.61	0.03	0.69
山 东	1736.35	1603.02	0.57	1.57	1569.40	31.48	130.12	12.80	4.56	112.57	0.19	3.21
河 南	1155.83	1061.25	0.06	0.50	1048.24	12.44	92.21	9.57	2.97	79.51	0.16	2.37
湖 北	605.67	554.35	0.04	0.50	551.91	1.90	49.82	6.52	3.88	39.39	0.04	1.50
湖 南	630.42	572.94	0.09	0.73	569.14	2.98	55.90	8.80	4.29	42.77	0.05	1.58
广 东	1678.99	1560.65	0.36	2.73	1550.72	6.83	116.10	8.78	5.68	99.36	2.27	2.25
广 西	450.61	402.74	0.03	0.47	397.67	4.57	46.83	6.49	4.02	36.01	0.32	1.03
海 南	97.94	86.29	0.03	0.16	85.69	0.41	11.41	0.83	0.99	9.58	0.02	0.23
重 庆	320.14	298.98	0.01	0.12	298.21	0.63	20.67	0.71	1.03	18.94		0.49
四 川	884.86	821.27	0.06	0.40	808.25	12.56	62.08	5.59	4.15	52.29	0.05	1.51
贵 州	374.34	328.80	0.02	0.17	326.72	1.90	44.62	3.41	2.76	38.44	0.01	0.92
云 南	568.11	486.85	0.03	0.33	480.30	6.19	80.08	8.71	6.26	65.08	0.03	1.18
西 藏	35.94	23.75	0.02	0.08	23.34	0.32	12.08	2.17	1.66	8.19	0.05	0.12
陕 西	495.03	452.73	0.03	0.17	446.75	5.78	40.94	8.38	2.40	30.11	0.06	1.35
甘 肃	240.86	204.02	0.01	0.16	202.96	0.89	36.12	4.35	2.03	29.72	0.02	0.71
青 海	82.38	70.68	0.01	0.11	70.17	0.40	11.39	1.06	0.54	9.78	0.01	0.31
宁 夏	118.77	94.52	0.02	0.13	93.78	0.59	23.75	4.16	0.76	18.79	0.03	0.50
新 疆	300.32	267.95	0.06	0.61	265.54	1.74	31.41	1.34	0.95	29.03	0.08	0.96

7-5-32 进口汽车拥有量

单位：辆

年 份	汽车总计	载客汽车	大型	中型	小型	微型
2002	1361750	1025959	24798	69266	897362	34533
2003	1445408	1155590	21686	75699	1034475	23730
2004	1360832	1129985	19009	66065	1029846	15065
2005	1697266	1454215	18754	79698	1337564	18199
2006	1780998	1590420	16159	69930	1487474	16857
2007	1964763	1799331	15628	67223	1701016	15464
2008	2225960	2098630	14896	63790	2005820	14124
2009	2527684	2449870	14700	61961	2357902	15307
2010	3162537	3098870	15062	59691	3005826	18291
2011	3982087	3925188	15799	57520	3825373	26496
2012	4935806	4887568	15152	48960	4783708	39748
2013	5967943	5922756	13616	36486	5820386	52268
2014	7015557	6958216	12004	27554	6852228	66430
2015	7794809	7752665	11965	22023	7643189	75488
2016	8835108	8788953	9567	20049	8670133	89204
2017	9925636	9871584	8753	18171	9742044	102616

7-5-32 续表

单位：辆

年 份	载货汽车	重型	中型	轻型	微型	其他汽车
2002	314172	87422	48797	165326	12627	21619
2003	264075	73361	31510	150120	9084	25743
2004	207798	49963	22836	129021	5978	23049
2005	213621	48905	22078	139741	2897	29430
2006	160552	33594	9808	116610	540	30026
2007	134672	28896	7452	98032	292	30760
2008	96597	20698	5318	70335	246	30733
2009	57515	22788	3534	31009	184	20299
2010	41073	19921	2532	18459	161	22594
2011	34567	18134	1991	14329	113	22332
2012	27090	13660	802	12543	85	21148
2013	26159	12432	838	12858	31	19028
2014	34780	15760	1177	17109	734	22561
2015	30107	12277	512	17290	28	12724
2016	35182	13988	523	20646	25	10973
2017	45844	19173	454	26191	26	8208

7-5-33 各地区进口汽车拥有量

单位：辆

地区	汽车总计	载客汽车					载货汽车					其他汽车
			大型	中型	小型	微型		重型	中型	轻型	微型	
全国	**9925636**	**9871584**	**8753**	**18171**	**9742044**	**102616**	**45844**	**19173**	**454**	**26191**	**26**	**8208**
北京	680205	673811	812	973	665690	6336	4876	1	37	4837	1	1518
天津	156817	155359	152	353	152724	2130	1315	662	10	643		143
河北	298750	296756	271	361	292110	4014	1800	406	16	1378		194
山西	174528	173853	367	403	170025	3058	587	50	8	527	2	88
内蒙古	239082	237524	347	393	234858	1926	1417	72	12	1333		141
辽宁	410952	407895	662	701	404193	2339	2689	417	51	2220	1	368
吉林	153620	152591	215	340	151126	910	916	51	11	851	3	113
黑龙江	183972	181940	330	480	180300	830	1799	529	42	1228		233
上海	427945	423875	472	760	420224	2419	2730	2524	18	188		1340
江苏	831217	828581	564	1681	809549	16787	2228	1426	10	791	1	408
浙江	1071253	1067506	386	1374	1051183	14563	3641	2469	16	1153	3	106
安徽	189856	189219	125	305	186714	2075	584	239	3	342		53
福建	354117	352665	200	771	345974	5720	1349	996	4	349		103
江西	129101	128057	124	166	126610	1157	889	652	2	235		155
山东	537249	534778	627	1381	524691	8079	2138	661	23	1450	4	333
河南	325538	324519	364	715	322049	1391	887	155	8	721	3	132
湖北	255413	254486	205	560	252193	1528	818	327	9	482		109
湖南	283320	282381	179	371	279808	2023	678	235	6	436	1	261
广东	1309746	1303129	714	1489	1291385	9541	6250	4869	43	1336	2	367
广西	168670	168014	123	509	165444	1938	371	154	19	198		285
海南	60120	59925	137	224	59101	463	153	17		136		42
重庆	204456	203835	63	176	202215	1381	543	173	1	369		78
四川	452467	450363	246	553	445400	4164	1887	613	20	1253	1	217
贵州	129214	128781	75	222	127551	933	312	50	11	251		121
云南	247102	245406	198	796	240831	3581	1509	678	18	813		187
西藏	25506	25286	52	133	25070	31	210	2	2	204	2	10
陕西	265058	263907	163	504	260964	2276	974	231	6	737		177
甘肃	93204	92729	138	370	91767	454	304	28	2	274		171
青海	36113	35717	95	246	35330	46	249	5	4	238	2	147
宁夏	61375	60673	79	151	60194	249	607	183	7	417		95
新疆	169670	168023	268	710	166771	274	1134	298	35	801		513

7-5-34 新注册民用汽车数量

单位：辆

年份	新注册民用汽车	载客汽车					载货汽车					其他汽车
			大型	中型	小型	微型		重型	中型	轻型	微型	
2002	3371951	2294649	97200	145062	1491479	560908	993761	186498	220969	501985	84309	83541
2003	4337485	3160859	100284	157523	2421951	481101	1075692	168363	259173	576073	72083	100934
2004	4511823	3332297	96462	138357	2841668	255810	1029497	228523	194438	564061	42475	150029
2005	5286287	4157504	99489	105314	3712056	240645	1024034	162859	175576	639557	46042	104749
2006	5730432	4678667	95428	82758	4382206	118275	925294	139120	147689	616910	21575	126471
2007	6079209	5000042	91087	72059	4772468	64428	917603	155155	157867	591014	13567	161564
2008	7631839	6226814	112811	64024	5928095	121884	1168226	236749	185338	733343	12796	236799
2009	12459452	10248554	114984	69548	9794452	269570	2148355	500593	242679	1391249	13834	62543
2010	15288186	12546891	148234	76519	12086273	235865	2637605	769644	238595	1614803	14563	103690
2011	16242474	13694540	163258	76472	13244774	210036	2442601	726854	173140	1535590	7017	105333
2012	17725011	15248801	163517	71013	14875884	138387	2386173	560063	139793	1681908	4409	90037
2013	20309394	17522965	168946	81160	17173792	99067	2689898	739027	133402	1814385	3084	96531
2014	22051905	19366787	151405	79646	19050695	85041	2542287	630588	104425	1805471	1803	142831
2015	23317507	21202815	191034	67080	20862002	82699	2043257	454979	72274	1513773	2231	71435
2016	25665383	23209669	187487	57112	22914036	51034	2371909	627015	73429	1670295	1170	83805
2017	28003955	24802416	171474	46657	24507374	76911	3087575	980068	66974	2037906	2627	113964

7-5-35 各地区新注册民用汽车数量

单位：辆

地 区	新注册民用汽车	载客汽车					载货汽车					其他汽车
			大型	中型	小型	微型		重型	中型	轻型	微型	
全 国	**28003955**	**24802416**	**171474**	**46657**	**2.5E+07**	**76911**	**3087575**	**980068**	**66974**	**2037906**	**2627**	**113964**
北 京	625962	567230	6414	3856	555659	1301	49962	8626	1893	38154	1289	8770
天 津	291436	249617	2439	782	242181	4215	39354	9416	507	29253	178	2465
河 北	1811156	1584117	5781	1287	1572993	4056	220795	89070	2246	129479		6244
山 西	736892	626320	4991	669	618171	2489	108473	55738	2595	50139	1	2099
内蒙古	534088	474792	3053	580	470240	919	57304	15128	2361	39814	1	1992
辽 宁	739376	654997	8217	1389	644930	461	81973	35275	2341	44357		2406
吉 林	440605	392182	3397	601	387941	243	46650	17676	635	28338	1	1773
黑龙江	497943	436207	5337	811	429898	161	60062	22518	1611	35933		1674
上 海	536770	487588	5871	1370	479259	1088	46554	29062	3882	13610		2628
江 苏	2183613	2028250	9837	2275	2010195	5943	146891	59989	9223	77674	5	8472
浙 江	1701388	1534131	7309	1660	1513935	11227	161645	35810	2836	122991	8	5612
安 徽	1210718	1051025	7503	2228	1039134	2160	154384	58115	2644	93625		5309
福 建	755935	661951	3774	1713	654932	1532	90597	19753	1445	69399		3387
江 西	780633	676989	4102	1108	667762	4017	100898	42746	1987	56162	3	2746
山 东	2148202	1865453	10650	2131	1842325	10347	274664	98017	3286	172416	945	8085
河 南	1947788	1728821	8582	3815	1709320	7104	211152	86210	2044	122897	1	7815
湖 北	1072411	948489	7007	2535	937120	1827	118345	32345	3457	82815	28	5577
湖 南	1087330	994286	9522	2963	979117	2684	89517	21103	2145	66265	4	3527
广 东	2654056	2384680	23193	3107	2350774	7606	261083	53061	4907	202968	147	8293
广 西	718637	635813	3868	1550	629021	1374	80690	21520	1588	57581	1	2134
海 南	192402	168424	2414	878	164361	771	23212	2941	692	19579		766
重 庆	551171	492277	2215	732	488441	889	57312	25968	2024	29320		1582
四 川	1392877	1253138	7102	1549	1242702	1785	134841	37661	4048	93131	1	4898
贵 州	737570	654008	3423	1800	648279	506	80744	11114	1070	68559	1	2818
云 南	824102	703721	2895	1296	698501	1029	117236	18412	1148	97675	1	3145
西 藏	52430	34527	340	152	33973	62	17547	3848	715	12975	9	356
陕 西	743473	657206	5147	1625	649630	804	82297	28941	1573	51782	1	3970
甘 肃	358366	302808	3243	578	298809	178	53879	7222	823	45834		1679
青 海	123435	102412	891	379	101133	9	20310	3625	309	16376		713
宁 夏	158717	122646	599	145	121798	104	35080	9496	235	25348	1	991
新 疆	394473	328311	2358	1093	324840	20	64124	19662	1004	43457	1	2038

7-5-36 公路营运汽车拥有量

年 份	汽车总计（万辆）	载客汽车		载货汽车			
		辆数（万辆）	客位（万客位）	辆数（万辆）	#普通载货汽车	吨位（万吨）	#普通载货汽车
1990	31.30	10.76	468.92	20.22	19.82	131.61	127.06
1995	27.49	13.73	480.61	13.75	13.12	103.13	94.56
2000	702.82	216.81	2524.45	486.02	475.24	1667.70	1573.73
2001	764.39	255.12	2701.68	509.27	496.65	1733.58	1621.40
2002	826.34	289.55	2972.32	536.78	520.27	1808.45	1674.79
2003	924.64	352.19	3430.64	572.45	553.23	1941.52	1788.86
2004	1067.18	439.09	3872.21	628.09	604.93	2338.61	2119.64
2005	733.22	128.40	1859.28	604.82	580.28	2537.75	2282.15
2006	802.58	161.92	2312.41	640.66	598.43	2822.69	2343.13
2007	849.22	164.73	2428.81	684.49	648.01	3135.69	2643.74
2008	930.61	169.64	2560.36	760.97	720.18	3686.20	3139.76
2009	1087.35	180.79	2799.71	906.56	859.27	4655.23	4002.80
2010	1133.32	83.13	2017.09	1050.19	996.43	5999.82	5223.23
2011	1263.75	84.34	2086.66	1179.41	1116.36	7261.20	6273.51
2012	1339.89	86.71	2166.55	1253.19	1184.58	8062.14	6963.29
2013	1504.73	85.26	2170.26	1419.48	1080.75	9613.91	5008.34
2014	1537.93	84.58	2189.55	1453.36	1091.32	10292.47	5241.45
2015	1473.12	83.93	2148.58	1389.19	1011.87	10366.50	4982.50
2016	1435.77	84.00	2140.26	1351.77	946.03	10826.78	4843.83
2017	1450.22	81.61	2099.18	1368.62	902.90	11774.81	4868.40

注：1.小轿车包括在载客汽车中。
2.1999年以前数据仅为公路部门营运汽车，1999年为全国营运汽车。2000年起为全国运输汽车(含营运和非营运汽车)。2005年起为全国营运汽车（不含非营运汽车)。
3.从2010年起，公路营运载客汽车不包括在公路运输管理部门管理并注册登记的公共汽车和出租汽车。

7-5-37 各地区公路营运汽车拥有量

地区	汽车总计（万辆）	载客汽车		载货汽车			
		辆数（万辆）	客位（万客位）	辆数（万辆）	#普通载货汽车	吨位（万吨）	#普通载货汽车
全　国	**1450.22**	**81.61**	**2099.18**	**1368.62**	**902.90**	**11774.81**	**4868.40**
北　京	25.92	7.21	82.99	18.71	15.22	106.68	62.79
天　津	19.27	0.82	33.93	18.45	12.21	131.05	36.23
河　北	146.50	2.47	70.82	144.02	73.32	1408.35	338.87
山　西	58.90	1.49	38.23	57.41	25.38	681.38	158.16
内蒙古	33.08	1.16	39.38	31.92	20.95	254.65	108.72
辽　宁	79.49	3.09	86.45	76.39	53.50	561.57	229.07
吉　林	33.46	1.37	45.00	32.10	23.54	226.22	115.37
黑龙江	49.84	1.58	51.86	48.26	37.50	369.81	229.30
上　海	25.57	4.33	65.06	21.23	7.85	257.70	60.42
江　苏	85.92	5.08	168.56	80.85	52.70	764.17	334.80
浙　江	36.80	2.36	81.89	34.45	21.47	315.04	123.23
安　徽	68.99	2.82	82.25	66.17	41.84	637.94	285.97
福　建	25.80	1.58	45.85	24.22	14.93	231.82	76.93
江　西	34.61	1.57	45.87	33.04	18.12	357.78	136.40
山　东	109.09	2.40	83.75	106.69	43.12	1310.18	340.22
河　南	102.32	4.13	127.63	98.18	60.96	875.62	330.17
湖　北	37.94	3.60	82.30	34.34	24.86	279.42	144.73
湖　南	33.28	4.04	98.83	29.25	22.73	215.74	113.27
广　东	71.72	3.89	165.29	67.83	45.24	579.26	221.86
广　西	53.12	2.66	82.34	50.46	42.57	321.22	217.84
海　南	6.91	0.61	18.19	6.30	5.68	27.08	17.55
重　庆	31.35	1.83	47.52	29.52	24.58	219.35	161.06
四　川	60.02	4.93	116.96	55.09	45.04	386.28	231.11
贵　州	21.40	2.87	61.86	18.54	16.98	97.96	84.24
云　南	65.30	4.95	81.44	60.35	56.48	274.75	226.38
西　藏	6.24	0.54	9.94	5.71	5.25	41.78	37.01
陕　西	41.02	1.88	54.59	39.14	30.30	256.29	139.15
甘　肃	32.54	2.04	46.62	30.51	27.41	148.05	111.34
青　海	8.29	0.34	10.07	7.95	6.58	49.33	29.72
宁　夏	10.10	0.50	15.75	9.60	5.23	102.25	39.13
新　疆	35.42	3.47	57.94	31.94	21.35	286.10	127.35

注：1.小轿车包括在载客汽车中。
2.1999年以前数据仅为公路部门营运汽车，1999年为全国营运汽车。2000年起为全国运输汽车(含营运和非营运汽车)。2005年起为全国营运汽车（不含非营运汽车）。
3.从2010年起，公路营运载客汽车不包括在公路运输管理部门管理并注册登记的公共汽车和出租汽车

7-5-38 内河航道年末里程

单位：公里

地 区	2010	#等级航道	2013	#等级航道	2014	#等级航道	2015	#等级航道	2016	#等级航道	2017	#等级航道
全 国	**124242**	**62290**	**125853**	**64900**	**126280**	**65362**	**127001**	**66257**	**127099**	**66409**	**127019**	**66160**
北 京												
天 津	88	88	88	88	88	88	88	88	88	88	88	88
河 北												
山 西	467	139	467	139	467	139	467	139	467	139	467	139
内蒙古	2403	2380	2403	2380	2403	2380	2403	2380	2403	2380	2403	2380
辽 宁	413	413	413	413	413	413	413	413	413	413	413	413
吉 林	1456	1381	1456	1381	1456	1381	1456	1381	1456	1381	1456	1381
黑龙江	5098	4723	5098	4723	5098	4723	5098	4723	5098	4723	5098	4723
上 海	2226	845	2268	937	2191	916	2176	983	2176	998	2142	1004
江 苏	24228	7649	24333	8515	24360	8547	24389	8731	24383	8733	24383	8740
浙 江	9703	4832	9743	4953	9765	4974	9765	4985	9765	4985	9761	4981
安 徽	5596	5006	5642	5060	5642	5060	5641	5064	5641	5064	5641	5064
福 建	3245	1269	3245	1269	3245	1269	3245	1269	3245	1269	3245	1269
江 西	5638	2349	5638	2349	5638	2349	5638	2349	5638	2349	5638	2349
山 东	1150	1035	1117	1030	1117	1030	1117	1030	1117	1030	1117	1029
河 南	1267	1150	1267	1150	1267	1150	1403	1286	1403	1286	1403	1286
湖 北	8260	5792	8271	5803	8433	5980	8433	5980	8433	5980	8433	5980
湖 南	11495	4126	11496	4127	11496	4127	11496	4127	11496	4127	11496	4127
广 东	11844	4306	12097	4668	12151	4668	12151	4668	12151	4668	12109	4411
广 西	5433	3352	5478	3352	5704	3483	5707	3487	5707	3487	5707	3487
海 南	343	76	343	76	343	76	343	76	343	76	343	76
重 庆	4331	1801	4331	1801	4331	1801	4331	1801	4352	1852	4352	1852
四 川	10720	3825	10720	3848	10720	3848	10818	3945	10818	3945	10818	3945
贵 州	3442	2094	3649	2354	3661	2399	3664	2402	3664	2402	3664	2402
云 南	2877	2206	3551	2816	3551	2816	3939	3203	3979	3244	3979	3244
西 藏												
陕 西	1066	558	1066	558	1066	558	1146	558	1146	558	1146	558
甘 肃	914	381	914	381	914	456	914	456	911	456	911	456
青 海	421	409	629	618	629	618	629	618	674	663	674	663
宁 夏	117	105	130	115	130	115	130	115	130	115	130	115
新 疆												

注：1.从2003年起，长江干流通航里程由各省分别统计，不再单列。
2.从2003年起，内河航道里程为内河航道通航里程数。

7-5-39 民用运输船舶拥有量

年份	机动船					驳船		
	艘数(艘)	净载重量(吨)	载客量(客位)	总功率(千瓦)	#拖船功率	艘数(艘)	净载重量(吨)	载客量(客位)
1995	299717	40940087	979985		1707115	57998	9449652	17722
2000	185018	42640605	1014013	19354496	1439743	44658	8640504	18258
2001	169329	45526726	1048915	20884813	1370221	41457	8968670	27902
2002	165936	48372587	945387	21995838	1433547	37041	8683075	33405
2003	163813	60745234	971514	26156815	1269607	40457	9871079	30631
2004	166854	75114059	961562	30527287	1197191	43846	11058522	34666
2005	165900	90756392	977846	36399287	1480381	41394	11030057	33496
2006	157805	98241489	1025861	39068361	1538957	36555	12015595	33355
2007	157544	106441173	1004546	39366720	1520924	34227	12373412	22316
2008	152247	111047702	994495	43550959	1564439	31943	13121439	14050
2009	149367	133384848	979384	46209122	1120381	27565	12702991	2166
2010	155624	168985654	1001395	53304379	1410719	22783	11422911	2260
2011	157950	202602789	1004622	59496603	1600896	21292	10040453	3768
2012	158309	218793742	1021260	63894591	1531873	20282	9692502	3798
2013	155340	234317614	1031711	64846571	1235661	17214	9692720	1287
2014	154974	247399826	1030973	70598481	1424950	17003	10452402	1334
2015	149659	261434867	1015939	72596807	1424426	16246	11007996	1391
2016	144568	255170820	999008	67018157	1445786	15576	11056320	3124
2017	131746	246750827	964377	66181982	1532698	13178	9765519	3122

7-5-40 各地区民用运输船舶拥有量

地区	机动船					驳船		
	艘数(艘)	净载重量(吨)	载客量(客位)	总功率(千瓦)	#拖船功率	艘数(艘)	净载重量(吨)	载客量(客位)
全国	**131746**	**246750827**	**964377**	**66181982**	**1532698**	**13178**	**9765519**	**3122**
北京								
天津	251	4820258	1761	1095436	183685	10	34569	
河北	1589	1876311	17733	464857	21530			
山西	258	6900	4071	16617				
内蒙古								
辽宁	468	8634817	32097	1385516	23588	10	34197	
吉林	407	12064	11052	31064	2794	27	14250	
黑龙江	1191	162763	22295	163107	39514	315	193400	
上海	1454	31920168	39741	11963494	99712	47	122339	
江苏	30732	38657510	43001	9827510	388334	5135	3743001	
浙江	14497	25874061	88679	6660551	146862	26	7092	
安徽	24488	45763082	15151	10537306	39394	1021	503208	
福建	1761	9720530	31750	2761823	8204	1	1128	
江西	3060	2371268	11982	749002	7136	2	1730	
山东	6658	13681287	66738	3381702	362767	4702	4418452	
河南	5302	9859565	15067	2157626	3231	303	273890	
湖北	3466	7132533	37766	1766131	51163	129	246671	
湖南	5235	4186165	67794	1430738	4865	260	40051	2038
广东	8274	22802909	82419	6257815	116703	16	26108	
广西	7964	8815579	103656	2083181		2	1250	
海南	513	1948035	40195	737477				
重庆	2907	6663380	43205	1656136	15226	29	44746	
四川	5525	1318554	61559	590819	15825	941	57578	
贵州	2106	176267	54349	160840		2	308	
云南	1236	156276	28778	125038	756	4	300	
西藏								
陕西	1159	31559	20205	49254	395	196	1251	1084
甘肃	414	1254	7020	46279				
青海	105	1748	2794	19034				
宁夏	723		13519	39417	1014			
新疆								
不分地区	3	155984		24212				

注：不分地区数据为中国远洋运输集团总公司海外公司数。

7-5-41 沿海主要规模以上港口码头泊位数(2017年底)

港口	总计			生产用			非生产用	
	码头长度(米)	泊位个数(个)	#万吨级	码头长度(米)	泊位个数(个)	#万吨级	码头长度(米)	泊位个数(个)
总计	**864459**	**6209**	**1913**	**800000**	**5324**	**1892**	**64459**	**885**
#大连	44978	248	104	41101	223	104	3877	25
营口	19709	93	61	18975	86	61	734	7
秦皇岛	17161	92	44	15928	72	44	1233	20
天津	37634	160	122	35478	145	117	2156	15
烟台	33680	205	89	32550	195	89	1130	10
威海	16058	99	34	15188	94	33	870	5
青岛	29939	127	84	28818	121	84	1121	6
日照	18785	74	63	18479	73	63	306	1
上海	106079	1078	181	72473	563	172	33606	515
连云港	15867	67	57	15570	65	57	297	2
宁波-舟山	94452	701	171	89667	613	171	4785	88
台州	13224	182	9	13024	180	9	200	2
温州	17010	207	20	16872	206	20	138	1
福州	26916	193	59	26572	187	58	344	6
厦门	30682	184	76	29658	165	76	1024	19
汕头	9898	92	19	9627	87	19	271	5
深圳	32800	155	73	31075	141	73	1725	14
广州	54508	553	76	49686	485	73	4822	68
湛江	17388	132	36	16353	119	36	1035	13
北海	7672	62	15	7612	61	15	60	1
防城	16343	128	39	16283	123	39	60	5
海口	9576	69	34	9385	68	33	191	1
八所	2488	12	9	2488	12	9		

注：1.从2006年起，宁波－舟山港统计范围包括原宁波港和舟山港。
2.从2007年起，烟台港统计范围包括原烟台港和龙口港。
3.从2011年起，厦门港统计范围包括原厦门港和漳州港。

7-5-42 内河主要规模以上港口码头泊位数(2017年底)

港口	总计			生产用			非生产用	
	码头长度(米)	泊位个数(个)	#万吨级	码头长度(米)	泊位个数(个)	#万吨级	码头长度(米)	泊位个数(个)
总计	**833754**	**12120**	**418**	**793878**	**11456**	**418**	**39876**	**664**
#重庆	88069	1102		67078	742		20991	360
宜昌	24300	245		22799	227		1501	18
武汉	22188	231		19436	199		2752	32
黄石	7892	89		7462	83		430	6
九江	16671	167		14466	137		2205	30
安庆	7775	94		6553	75		1222	19
池州	8395	90		8395	90			
铜陵	7934	83	3	7889	82	3	45	1
芜湖	14186	138	13	14186	138	13		
马鞍山	9426	123	1	9376	122	1	50	1
南京	29312	231	60	28672	221	60	640	10
镇江	22602	211	42	22482	209	42	120	2
泰州	19721	154	56	19721	154	56		
扬州	7603	44	23	7603	44	23		
江阴	14341	98	31	14191	96	31	150	2
常州	4134	32	9	4134	32	9		
南通	19207	111	54	18652	105	54	555	6
上海(内河)	44752	919		44447	914		305	5

注：从2009年起，重庆港统计范围发生变化，包括原重庆、涪陵、万州、重庆航管处四个港区，与历史数据不可比。

7-5-43 沿海主要规模以上港口货物吞吐量

单位：万吨

港口	1985	1990	1995	2000	2005	2010	2015	2016	2017
总计	**31154**	**48321**	**80166**	**125603**	**292777**	**548358**	**784578**	**810933**	**865464**
#大连	4381	4952	6417	9084	17085	31399	41482	43660	45517
营口	98	237	1156	2268	7537	22579	33849	35217	36267
秦皇岛	4419	6945	8382	9743	16900	26297	25309	18682	24520
天津	1856	2063	5787	9566	24069	41325	54051	55056	50056
烟台	689	668	1361	1774	4506	15033	25163	26537	28816
威海		100	379	669	1015	2407	4213	4340	4468
青岛	2611	3034	5103	8636	18678	35012	48453	50036	51031
日照		925	1452	2674	8421	22597	33707	35007	36136
上海	11291	13959	16567	20440	44317	56320	64906	64482	70542
连云港	929	1137	1716	2708	6016	12739	19756	20082	20605
宁波-舟山	1040	2554	6853	11547	26881	63300	88929	92209	100933
台州				950	2067	4706	6237	6771	7057
温州		307	601	859	3097	6408	8490	8406	8926
福州		561	1032	2426	7443	7125	13967	14516	14838
厦门		529	1314	1965	4771	12728	21023	20911	21116
汕头	201	279	716	1284	1736	3509	5181	4985	4890
深圳				5697	15351	22098	21706	21410	24136
广州	1772	4163	7299	11128	25036	41095	50053	52254	57003
湛江	1231	1557	1885	2038	4647	13638	22036	25612	28209
北海		82	201	265	437	1251	2468	2750	3169
防城						7650	11504	10688	10355
海口	170	288	468	808	2118	5700	9204	9952	11297
八所	388	431	275	378	486	893	1767	1516	1605

注：1.从2006年起，宁波-舟山港统计范围包括原宁波港和舟山港，以往年度数据为原宁波港数据。
2.从2007年起，烟台港统计范围包括原烟台港和龙口港，以往年度数据为原烟台港数据。
3.从2011年起，厦门港统计范围包括原厦门港和漳州港。

7-5-44 内河主要规模以上港口货物吞吐量

单位：万吨

港 口	2000	2004	2005	2006	2007	2008	2009	2010
总 计	**44452**	**86414**	**101418**	**117510**	**138208**	**159481**	**221678**	**261822**
#上海(内河)	5853	10575	10749	6709	6918	7362	9738	9019
南 京	6679	9589	10686	10091	10859	11125	12146	14719
江 阴	666	2683	4278	5739	7218	8740	10103	12522
常 州	379	540	805	2347	2029	2282	2724	3156
苏 州	364	9059	11919	15085	18377	20348	24634	
南 通	2748	7218	8327	10386	12339	13214	13641	15070
扬 州	419	889	1179	1398	1591	1938	2938	3642
泰 州	187	1285	1581	2787	2128	2592	7467	9890
镇 江	2153	4839	5847	6318	7824	8705	8713	10634
芜 湖	830	1831	1850	3934	4681	5514	5710	6609
马鞍山	626	1713	2011	2393	3684	4697	4191	4826
铜 陵	314	380	352	2405	2860	2872	3157	3914
安 庆	729	1479	1835	2839	2852	2800	2554	2813
池 州	155	1073	1752	1952	2101	2250	2244	2576
九 江	623	842	928	760	733	596	2852	3291
武 汉	1738	4281	4939	5034	5278	5592	5409	6620
黄 石	227	675	1003	1195	962	1032	1520	1605
宜 昌	217	305	226	518	734	715	653	818
重 庆	781	820	950	1073	1317	1470	8612	9668

注：从2009年起,重庆港统计范围发生变化，包括原重庆、涪陵、万州、重庆航管处四个港区，与历史数据不可比。

7-5-44 续表

单位：万吨

港 口	2011	2012	2013	2014	2015	2016	2017
总 计	**295522**	**312228**	**336793**	**349246**	**361804**	**377939**	**401710**
#上海(内河)	10326	9819	9301	8575	6834	5695	4509
南 京	17333	19197	20201	21001	21454	21973	23637
江 阴	12934	13248	12590	12462	12228	13197	15971
常 州	2769	2667	3067	3314	3619	4031	4714
苏 州					53990	57937	60456
南 通	17331	18526	20494	21599	21827	22614	23572
扬 州	4370	4841	6189	7866	7345	8163	9424
泰 州	12038	13210	15425	15822	16803	17000	19942
镇 江	11806	13460	14098	14061	13010	13137	14203
芜 湖	7473	8260	9313	10847	12009	13101	12806
马鞍山	5306	6809	7489	8101	9205	10571	11014
铜 陵	4729	5507	5905	7045	8011	11004	11095
安 庆	3010	3225	3006	3137	4002	2278	2401
池 州	3137	3488	3914	4279	4137	4548	4783
九 江	3907	4827	6030	8036	10425	11328	11717
武 汉	7602	7632	7701	8150	8455	9000	10018
黄 石	1781	1874	2098	2454	3643	3804	4039
宜 昌	770	682	554	639	719	763	1010
重 庆	11606	12502	13676	14665	15750	17372	19722

7-5-45 沿海规模以上港口分货类吞吐量

单位：万吨

货类名称	2015			2016			2017		
	合计	出港	进港	合计	出港	进港	合计	出港	进港
总　计	**784578**	**341424**	**443154**	**810933**	**354066**	**456867**	**865464**	**375730**	**489734**
煤炭	137870	78631	59239	138566	78469	60097	151640	86674	64965
石油、天然气及制品	72942	21240	51702	79954	22993	56961	85994	22989	63005
#原油	44315	7888	36427	48473	8576	39898	52118	8507	43611
金属矿石	134412	24975	109437	140726	25663	115064	145304	25438	119866
钢铁	29421	20144	9277	29584	20184	9400	31768	20768	11000
矿建材料	61693	24555	37138	59932	25131	34801	62825	24435	38390
水泥	6913	2083	4830	6886	2138	4748	7112	2093	5019
木材	4948	748	4200	5458	715	4743	5649	724	4925
非金属矿石	13516	5453	8063	14007	6012	7995	16679	7302	9378
化肥和农药	3510	2497	1013	2551	1770	781	2374	1494	880
盐	885	108	777	857	149	708	1179	168	1011
粮食	17336	4651	12686	17190	5016	12174	21393	7103	14289
机械、设备、电器	21378	11119	10259	21541	11813	9728	22171	12006	10164
化工原料及制品	14292	5652	8640	14783	5875	8908	15245	6184	9061
有色金属	1340	519	821	1157	567	590	1014	312	702
轻工、医药产品	9746	4905	4841	10366	5394	4972	9863	5241	4623
农林牧渔业产品	3938	1139	2799	3826	1172	2654	4102	1295	2807
其他	250437	133007	117430	263549	141007	122542	281151	151504	129647

7-5-46 内河规模以上港口分货类吞吐量

单位：万吨

货类名称	2015			2016			2017		
	合 计	出 港	进 港	合 计	出 港	进 港	合 计	出 港	进 港
总　计	**361804**	**150500**	**211304**	**377939**	**159355**	**218584**	**401710**	**165601**	**236109**
煤炭	69350	22430	46921	76577	24478	52099	81739	25057	56681
石油、天然气及制品	12415	4585	7830	13045	4880	8165	14182	5172	9010
#原油	3124	714	2410	2920	695	2226	2981	633	2348
金属矿石	48183	13616	34567	50538	15174	35364	57477	17899	39578
钢铁	18509	10356	8153	17796	10359	7438	18637	9864	8773
矿建材料	115995	46425	69570	116890	47719	69171	115355	46342	69014
水泥	23768	17792	5976	26214	19910	6304	27284	20891	6393
木材	2976	659	2318	3580	960	2619	4017	935	3081
非金属矿石	12142	6633	5509	12533	7070	5463	12568	6310	6258
化肥和农药	2487	1289	1198	2471	1280	1190	2492	1339	1153
盐	872	504	367	797	408	389	1093	606	487
粮食	7794	2513	5282	7762	2396	5365	11371	3577	7794
机械、设备、电器	856	681	175	967	745	223	1362	1034	327
化工原料及制品	10109	4010	6099	11173	4308	6865	11683	4518	7165
有色金属	312	202	110	320	195	125	383	183	200
轻工、医药产品	1882	851	1031	1964	862	1102	2124	879	1245
农林牧渔业产品	1528	612	916	1444	628	816	1494	628	865
其他	32625	17343	15282	33868	17984	15884	38449	20365	18084

7-5-47 民用航空航线及飞机年末数

指　标	2000	2005	2010	2011	2012	2013	2014	2015	2016	2017
定期航班航线条数　（条）	**1165**	**1257**	**1880**	**2290**	**2457**	**2876**	**3142**	**3326**	**3794**	**4418**
国际航线	133	233	302	443	381	427	490	660	739	803
国内航线	1032	1024	1578	1847	2076	2449	2652	2666	3055	3615
#港澳台地区航线	42	43	85	91	99	107	114	109	109	96
定期航班航线里程（公里）	**1502887**	**1998501**	**2765147**	**3490571**	**3280114**	**4106000**	**4637214**	**5317230**	**6348144**	**7483033**
国际航线	508405	855932	1070167	1494387	1284712	1503150	1767210	2394434	2828015	3245859
国内航线	994482	1142569	1694980	1996184	1995402	2602850	2870004	2922796	3520129	4237174
#港澳台地区航线	55759	61056	121437	135103	133333	168363	179320	171621	166812	147537
定期航班通航机场　（个）	**139**	**135**	**175**	**178**	**180**	**190**	**200**	**206**	**216**	**228**
民用飞机期末架数　（架）	**982**	**1386**	**2405**	**3191**	**3589**	**4004**	**4168**	**4554**	**5046**	**5593**
运输飞机	527	863	1597	1764	1941	2145	2370	2650	2950	3296
大中型飞机	462	785	1453	1601	1769	1985	2218	2499	2789	3120
#B737	186	358	650	700	756	854	958	1104	1216	1357
B747	19	22	40	40	40	29	24	26	26	27
B757	48	64	48	51	46	45	41	35	33	35
B767	16	27	18	15	13	11	9	9	13	12
A320	60	115	281	357	432	503	579	645	728	814
小型飞机	65	78	144	163	172	160	152	151	161	176
通用航空飞机	301	383	606	1124	1320	1519	1798	1904	2096	2297

注：2011年起民用航空航线条数改为定期航班航线条数,民航通航机场改为定期航班通航机场。

7-5-48 民用航空运输量及通用航空飞行时间

指　标	2000	2005	2010	2011	2012
客运量　（万人）	**6722**	**13827**	**26769**	**29317**	**31936**
国际航线	690	1225	1931	2118	2336
国内航线	6031	12602	24838	27199	29600
#港澳台地区航线	403	509	672	760	834
旅客周转量　（万人公里）	**9705437**	**20449288**	**40389960**	**45369629**	**50257366**
国际航线	2328154	4524063	7589325	8780512	9919798
国内航线	7377283	15925225	32800635	36589118	40337568
#港澳台地区航线	502405	709205	981817	1116167	1238849
货(邮)运量　（吨）	**1967123**	**3067168**	**5630371**	**5574779**	**5450342**
国际航线	492356	771551	1926315	1780427	1565170
国内航线	1474767	2295618	3704056	3794352	3885173
#港澳台地区航线	135442	169247	216603	210028	207678
货邮周转量　（万吨公里）	**502683**	**788954**	**1788982**	**1739131**	**1638894**
国际航线	291550	452450	1253028	1187527	1064527
国内航线	211133	336504	535954	551604	574366
#港澳台地区航线	19495	26263	28700	27607	27120
运输总周转量（万吨公里）	**1225007**	**2612724**	**5384490**	**5774427**	**6103217**
国际航线	465190	855235	1929689	1968352	1944881
国内航线	759818	1757488	3454801	3806075	4158336
#港澳台地区航线	56878	89509	115895	126425	136648
通用航空飞行时间（小时）	**48707**	**84859**	**391135**	**502731**	**517037**
#农林业航空作业	22922	25428	29619	33158	31873
#航空护林	3927	6508	7748	9211	7453
播种造林	4060	1929	1419	2010	1315
工业航空作业	25785	36514	65430	56682	77075

7-5-48 续表

指　　标	2013	2014	2015	2016	2017
客运量　　　（万人）	**35397**	**39195**	**43618**	**48796**	**55156**
国际航线	2655	3155	4207	5162	5545
国内航线	32742	36040	39411	43634	49611
#港澳台地区航线	904	1005	1020	985	1027
旅客周转量　（万人公里）	**56567596**	**63341903**	**72825513**	**83781348**	**95130358**
国际航线	11457554	13168010	17168359	21603850	24765095
国内航线	45110042	50173893	55657154	62177498	70365262
#港澳台地区航线	1317488	1496639	1517768	1441033	1482485
货(邮)运量　　　（吨）	**5612526**	**5940988**	**6292942**	**6680105**	**7058921**
国际航线	1545310	1684272	1868444	1931921	2220776
国内航线	4067216	4256716	4424498	4748184	4838144
#港澳台地区航线	198561	223332	221014	219608	241502
货邮周转量　（万吨公里）	**1702918**	**1877715**	**2080683**	**2224493**	**2435523**
国际航线	1091742	1237182	1411425	1503386	1705867
国内航线	611176	640533	669258	721108	729656
#港澳台地区航线	26156	29931	28465	27505	30512
运输总周转量（万吨公里）	**6717231**	**7481156**	**8516516**	**9625107**	**10830751**
国际航线	2106757	2401117	2926107	3405834	3884753
国内航线	4610474	5080039	5590410	6219274	6945998
#港澳台地区航线	142276	161733	162201	154316	160960
通用航空飞行时间（小时）	**590890**	**674944**	**778408**	**764685**	**837496**
#农林业航空作业	34118	38220	42064	51028	59578
#航空护林	6574	7026	10245	11943	15476
播种造林	1178	956	1394	733	1157
工业航空作业	96354	84259	85468	82875	89336

7-5-49　民用航空主要机型运用情况

机　　型	期末飞机架数（架）	运输飞行小时（小时）	运输飞行里程（万公里）	平均每可用机年生产飞行小时（小时/架）	平均每可用机日生产飞行小时（小时/架/日）	正班平均载运率（%）
总　计	**5593**	**10596915**	**655575.3**	**2198**	**6.0**	**73.5**
#B747-400	4	3592	220.2	1264	3.5	58.3
B747-400F	12	29793	2248.4	3234	8.9	84.0
B737-800	1107	3527363	210501.5	3558	9.8	78.3
B737-700	151	474780	26275.8	3213	8.8	76.0
B737-300	1	2330	123.7	3049	8.4	74.5
B737F	60	82361	4496.5	1789	4.9	65.3
B767-300	7	26725	1708.8	3492	9.6	69.2
B757-200	6	23322	1503.4	2960	8.1	66.0
B777-300ER	56	261825	21581.2	5135	14.1	61.7
B777-200A	6	21651	1438.9	3823	10.5	64.6
B787-9	34	108794	8586.4	4868	13.3	69.7
B787-8	26	114146	9025.6	4665	12.8	66.8
A321	319	1042946	62565.7	3615	9.9	72.4
A320	800	2733344	165908.6	3750	10.3	80.2
A319	181	608546	36525.1	3528	9.7	70.3
A330-300	110	372894	25832.2	4279	11.7	65.8
A330-200	107	467517	35056.8	4813	13.2	60.7

7-5-50 各地区城市公共交通运营线路总长度(2017年底)

单位：公里

地 区	公共汽车、无轨电车	公交专用车道	轨道交通			
				地铁	轻轨	有轨电车
全 国	**1069377**	**10915**	**4570**	**4063**	**203**	**149**
北 京	19290	907	608	590		9
天 津	18883	65	175	115	52	8
河 北	58526	160	28	28		
山 西	29671	329				
内蒙古	30715	295				
辽 宁	34685	988	235	108	104	24
吉 林	17434	194	83	18	47	18
黑龙江	29070	117	22	22		
上 海	24161	350	666	637		
江 苏	74722	1147	578	523		55
浙 江	91990	777	180	180		
安 徽	31481	249	52	52		
福 建	31181	213	55	55		
江 西	29865	61	49	49		
山 东	130942	1117	54	45		9
河 南	28568	349	94	94		
湖 北	26874	368	234	234		
湖 南	29239	387	69	50		
广 东	105909	1239	742	714		28
广 西	30271	237	32	32		
海 南	7543	25				
重 庆	18336		264	166		
四 川	44670	577	175	175		
贵 州	16284	122				
云 南	46225	93	86	86		
西 藏	1580					
陕 西	18389	257	89	89		
甘 肃	11404	13				
青 海	9702	14				
宁 夏	8495	75				
新 疆	13274	190				

注：上海市轨道交通合计中包括磁悬浮运营线路总长度29公里；含江苏(昆山)境内约6公里。

7-5-51 各地区城市公共交通运营车(船)拥有量(2017年底)

单位：辆

地区	公共汽电车、轨道交通车辆合计(标台)	公共汽电车	轨道交通	公共汽电车	#天然气车	液化石油气车	无轨电车	轨道交通	地铁	轻轨	有轨电车	出租汽车	轮渡运营船数(艘)
全国	**812198**	**739319**	**72879**	**651208**	**181942**	**4928**	**2505**	**28617**	**26620**	**789**	**546**	**1395789**	**264**
北京	49831	36572	13259	25624	8076		1171	5342	5274		14	68484	
天津	16636	14567	2069	12686	709			842	666	152	24	31940	
河北	34850	34355	495	32268	10155			198	198			72872	
山西	16072	16072		14313	3326	103	106					42926	
内蒙古	12354	12354		11644	3834	21						67825	
辽宁	31447	29087	2360	24323	6773	193	66	952	672	208	72	93260	
吉林	13984	12521	1463	12418	5460			608	132	429	47	71138	
黑龙江	22431	22161	270	20201	4668	455		108	108			104350	36
上海	33718	21835	11883	17461	111		354	4753	4736			46397	44
江苏	59330	53179	6151	44909	11608	40		2579	2310		269	59994	15
浙江	45549	42819	2730	39021	7985	399	150	1092	1092			44361	5
安徽	27088	26323	765	22413	5782	108		306	306			55810	
福建	22631	21761	870	19794	3075			348	348			24208	32
江西	17390	14083	3307	12718	1496	2		294	294			18363	4
山东	68895	68243	652	62351	15558	56	216	265	258		7	72120	4
河南	35132	34037	1095	30859	4648	20	124	438	438			62212	
湖北	29813	26423	3390	22886	8201		40	1356	1356			42631	47
湖南	32260	31409	851	27072	3185			345	330			35424	3
广东	85733	73888	11845	65772	15378	3350	278	4837	4724		113	68477	66
广西	15927	15627	300	14599	1830	47		120	120			21678	
海南	4454	4454		4166	617							7619	
重庆	18183	15704	2479	13734	8999			1176	600			23940	8
四川	40184	36644	3540	31617	20841	82		1416	1416			41669	
贵州	10655	10655		9575	4438							31336	
云南	17021	15791	1230	15744	1420			492	492			29493	
西藏	791	791		658								2637	
陕西	18782	16907	1875	14711	7609	50		750	750			35960	
甘肃	8714	8714		8271	2867							37146	
青海	4202	4202		4006	2461							13183	
宁夏	5222	5222		4486	2814							16122	
新疆	12923	12923		10908	8018	2						52214	

注：1.轨道交通车辆中包括上海磁悬浮车辆17辆。
2.2014年起，公共汽电车、轨道交通车辆数为经过折算后的标准营运台数，与往年数据不可比，下表同。

7-5-52 各地区城市公共交通客运量

单位：万人次

地 区	客运总量	公共汽电车	轨道交通	出租汽车	轮渡
全 国	**12733991**	**7228664**	**1843000**	**3654029**	**8298**
北 京	752774	335595	377801	39378	
天 津	209826	138124	35155	36547	
河 北	379322	201589	4037	173696	
山 西	258247	157950		100297	
内蒙古	288982	127866		161116	
辽 宁	715008	397720	48831	268457	
吉 林	376019	177086	9586	189347	
黑龙江	596214	266527	7679	321754	254
上 海	650758	220072	353769	75911	1006
江 苏	736344	467839	132782	135112	611
浙 江	537337	383846	45219	108050	222
安 徽	385802	207278	4272	174252	
福 建	305078	227450	4874	69777	2977
江 西	202509	130281	10971	61217	40
山 东	555616	419313	6649	129604	50
河 南	429739	257219	25230	147290	
湖 北	581029	343691	92683	143683	972
湖 南	478037	295202	23347	159459	29
广 东	1262102	656993	450141	152964	2004
广 西	177690	131837	9644	36209	
海 南	53184	34242		18942	
重 庆	448943	265332	74310	109169	132
四 川	630219	404243	53004	172972	
贵 州	316480	176354		140126	
云 南	260844	167353	12483	81008	
西 藏	24077	9169		14908	
陕 西	423852	240427	60534	122891	
甘 肃	231835	143869		87966	
青 海	75498	45170		30328	
宁 夏	84367	43656		40711	
新 疆	306263	155372		150891	

注：上海轨道交通客运量含江苏(昆山)境内约2011万人次。

7-5-53 省会城市和计划单列市公共交通运营线路总长度(2017年底)

单位：公里

城市	公共汽车、无轨电车	公交专用车道	轨道交通			
				地铁	轻轨	有轨电车
北京	19290	907	608	590		9
天津	18883	65	175	115	52	8
石家庄	3822	107	28	28		
太原	3341	154				
呼和浩特	2394	214				
沈阳	4837	417	54	54		
大连	4610	261	181	54	104	24
长春	4788	161	83	18	47	18
哈尔滨	5690	117	22	22		
上海	24161	350	666	637		
南京	11112	198	364	348		17
杭州	13557	164	105	105		
宁波	11377	132	75	75		
合肥	3774	147	52	52		
福州	4695	124	25	25		
厦门	7241	60	30	30		
南昌	5007	28	49	49		
青岛	11087	230	54	45		9
济南	6117	190				
郑州	4781	121	94	94		
武汉	9008	216	234	234		
长沙	5570	226	69	50		
广州	17433	420	398	391		8
深圳	20895	491	298	286		12
南宁	6144	47	32	32		
海口	2727	25				
重庆	16164		264	166		
成都	12318	400	175	175		
贵阳	4640	90				
昆明	13274	93	86	86		
拉萨	849					
西安	6371	239	89	89		
兰州	2348	13				
西宁	1475	14				
银川	2642	75				
乌鲁木齐	3266	185				

注：上海市轨道交通合计中包括磁悬浮运营线路总长度29公里；广州轨道交通运营线路长度含佛山境内约21公里。

7-5-54 省会城市和计划列市公共交通运营车(船)拥有量(2017年底)

单位：辆

城市	公共汽电车、轨道交通车辆合计(标台)	公共汽电车	轨道交通	公共汽电车	#天然气车	液化石油气车	无轨电车	轨道交通	地铁	轻轨	有轨电车	出租汽车	轮渡运营船数(艘)
北京	49831	36572	13259	25624	8076		1171	5342	5274		14	68484	
天津	16636	14567	2069	12686	709			842	666	152	24	31940	
石家庄	7823	7328	495	5730	3589			198	198			7858	
太原	2944	2944		2252	1160		106					8292	
呼和浩特	2885	2885		2228	1788							6207	
沈阳	9364	8404	960	6496	2170	107		384	384			19649	
大连	8249	6849	1400	5453	1433		66	568	288	208	72	11645	
长春	6160	4697	1463	4387	3531			608	132	429	47	18554	
哈尔滨	9847	9577	270	7519	3756			108	108			18193	36
上海	33718	21835	11883	17461	111		354	4753	4736			46397	44
南京	14410	10752	3658	8765	2933			1517	1442		75	14057	15
杭州	12930	11115	1815	9087	3242		150	726	726			12934	
宁波	8186	7271	915	6000	1662			366	366			4827	2
合肥	8213	7448	765	5762	2345			306	306			9902	
福州	5904	5484	420	4485	484			168	168			6340	2
厦门	6185	5735	450	4536	723			180	180			5630	30
南昌	7743	4436	3307	3736	633			294	294			5453	
济南	8763	8763		7838	3490		95	265	258		7	10853	4
青岛	10664	10012	652	6973	1554		121					9267	
郑州	9153	8058	1095	6180	377			438	438			10965	
武汉	14831	11441	3390	9049	2782		40	1356	1356			17508	36
长沙	11674	10823	851	8361	350			345	330			7820	
广州	23861	17954	5907	14852	3297	3344	278	2408	2380		28	22279	52
深圳	27155	21535	5620	17430	46			2284	2224		60	18379	
南宁	5580	5280	300	4314	1350			120	120			7443	
海口	2480	2480		2140	397							2895	
重庆	17261	14782	2479	12768	8759			1176	600			21871	5
成都	20959	17419	3540	14382	12952			1416	1416			12208	
贵阳	4088	4088		3345	3180							8623	
昆明	8476	7246	1230	6159	891			492	492			8187	
拉萨	656	656		514								1670	
西安	11108	9233	1875	7780	4941			750	750			14062	
兰州	3886	3886		3034	1722							9845	
西宁	2171	2171		1742	1452							5666	
银川	2752	2752		2202	1672							4930	
乌鲁木齐	5721	5721		4412	3622							13003	

注：轨道交通车辆中包括上海磁悬浮车辆17辆。

7-5-55 省会城市和计划单列市公共交通客运量

单位：万人次

城 市	客运总量	公共汽电车	轨道交通	出租汽车	轮渡
北 京	1003778	335595	377801	290382	
天 津	369039	138124	35155	195760	
石 家 庄	105080	42005	4037	59038	
太 原	89677	38370		51307	
呼和浩特	84693	42872		41821	
沈 阳	327959	104244	30645	193070	
大 连	203215	96197	18187	88831	
长 春	297793	71909	9586	216298	
哈 尔 滨	290328	136246	7679	146087	316
上 海	936381	220072	353769	361305	1235
南 京	262861	89802	97892	74748	419
杭 州	260549	147076	33986	79487	
宁 波	92752	44434	11233	36896	189
合 肥	156840	57238	4272	95330	
福 州	97939	45110	4854	47970	5
厦 门	133604	83909	20	46845	2830
南 昌	95094	39103	10971	45020	
济 南	188535	111105	6649	70732	49
青 岛	124041	76072		47969	
郑 州	218581	85569	25230	107782	
武 汉	411434	148163	92683	169745	843
长 沙	158249	69118	23347	65784	
广 州	715481	238504	280561	194158	2258
深 圳	499580	165425	165602	168553	
南 宁	91119	41314	9644	40161	
海 口	49397	20953		28444	
重 庆	553046	248136	74310	230422	178
成 都	315208	168527	53004	93677	
贵 阳	120200	58243		61957	
昆 明	129877	83793	12483	33601	
拉 萨	35538	8079		27459	
西 安	325353	133465	60534	131354	
兰 州	164490	86511		77979	
西 宁	86973	34672		52301	
银 川	62716	29321		33395	
乌鲁木齐	214007	82981		131026	

7-5-56 邮政主要业务量

指 标		2009	2010	2011	2012	2013
邮政行业业务总量	(亿元)	1639.9	1985.3	1607.7	2036.8	2725.1
函件	(万件)	753244.8	740141.0	737840.5	707405.0	634148.8
包裹	(万件)	7229.6	6642.5	6883.0	6875.5	6924.8
快递	(万件)	185784.8	233892.0	367311.1	568548.0	918674.9
汇兑	(万笔)	27177.4	28043.2	26474.3	22913.4	18520.6
订销报纸累计份数	(万份)	1621040.2	1717080.6	1817050.7	1892652.5	1942934.7
订销杂志累计份数	(万份)	102073.1	104756.3	107701.6	112009.7	113720.0
报刊期发数	(万份)	13909.5	17158.3	15007.7	15401.6	15140.9
纪特邮票	(万枚)	110088.5	114622.5	102857.5	118276.0	118335.3

注：1.邮政业务总量、快递的统计口径2006年及以前为中国邮政集团，2007年起为规模以上(年业务收入200万元以上)邮政业法人企业数据，2013年起为全国邮政企业和获得快递业务经营许可的快递服务企业(下表同)。
2.邮政业务总量2010年及以前按2000年不变价格计算；2011年按2010年不变价格计算，按可比价格比上年增长25.0%。

7-5-56 续表

指 标		2014	2015	2016	2017
邮政行业业务总量	(亿元)	3696.1	5078.7	7397.2	9763.7
函件	(万件)	560955.7	458142.2	361948.3	314841.0
包裹	(万件)	6024.2	4243.4	2794.0	2657.2
快递	(万件)	1395925.3	2066636.8	3128315.1	4005591.9
汇兑	(万笔)	12527.4	8241.7	5804.4	3743.4
订销报纸累计份数	(万份)	1912277.3	1880361.3	1786989.7	1766328.4
订销杂志累计份数	(万份)	107618.1	99977.1	84415.0	79261.4
报刊期发数	(万份)	14936.8	15539.5	13617.5	12572.8
纪特邮票	(万枚)	138990.4	157000.8	154320.6	140219.4

7-5-57 各地区邮政主要业务量

地 区	邮政行业业务总量（亿元）	函 件（万件）	包 裹（万件）	汇 兑（万笔）	订销报纸累计份数（万份）	订销杂志累计份数（万份）	报刊期发 数（万份）	纪特邮票（万枚）
全 国	**9763.7**	**314841.0**	**2657.2**	**3743.4**	**1766328.4**	**79261.4**	**12572.8**	**140219.4**
北 京	419.3	27702.1	222.8	159.9	67076.9	2780.8	460.2	13237.5
天 津	106.1	3100.4	56.0	29.9	17274.0	887.6	125.8	3620.7
河 北	269.0	5482.7	128.8	83.4	76591.2	3463.1	477.5	5047.9
山 西	72.4	2729.0	43.2	69.1	51993.4	1675.6	263.5	3168.9
内蒙古	34.3	735.3	31.9	61.0	31759.4	1009.9	175.8	3294.5
辽 宁	127.2	5700.3	79.6	143.4	51035.1	2290.4	383.8	4606.3
吉 林	57.8	1716.8	53.0	57.9	29166.8	1138.9	160.2	3519.6
黑龙江	79.4	3725.8	55.0	41.9	39885.8	2144.7	240.4	5162.0
上 海	711.9	67372.3	249.9	252.2	80962.7	2295.4	583.4	6762.7
江 苏	880.9	28595.0	151.5	382.0	146974.8	6239.2	1094.7	8918.8
浙 江	1728.4	30471.2	142.4	205.5	136452.7	5238.2	907.8	6754.4
安 徽	248.0	4924.7	74.3	39.0	64946.5	3864.4	509.3	4919.7
福 建	392.9	11564.6	64.1	92.2	69871.2	2897.4	517.5	5112.4
江 西	129.7	2997.0	50.1	87.1	53341.7	2230.5	343.5	5166.4
山 东	392.9	6977.8	198.8	167.8	109286.4	6363.2	1150.7	8097.2
河 南	332.7	11864.7	153.8	425.9	107396.4	4155.6	883.4	6758.4
湖 北	265.7	6780.4	72.6	49.9	64783.9	2796.5	396.3	6521.0
湖 南	192.6	2542.5	45.4	94.6	67171.7	4107.3	516.4	4490.9
广 东	2526.3	66587.5	140.2	299.1	74389.9	4709.4	548.3	8318.9
广 西	88.0	2977.5	65.0	97.3	34794.7	2647.6	324.9	1942.5
海 南	19.0	418.5	18.0	18.5	17460.0	483.4	97.8	904.6
重 庆	100.0	1767.5	36.5	27.5	33554.6	2721.5	292.0	2185.0
四 川	269.3	3264.7	94.6	134.1	102121.6	3661.1	674.9	4247.9
贵 州	53.2	7772.8	13.3	160.4	38020.9	1866.8	216.9	4398.1
云 南	66.2	1777.8	81.9	203.2	45522.7	1667.2	259.3	1808.3
西 藏	3.4	202.6	18.6	25.0	11350.7	515.8	66.1	446.8
陕 西	116.3	1908.1	100.1	54.0	48106.7	1952.6	302.3	3740.4
甘 肃	26.7	864.0	61.1	53.6	30959.0	1244.5	187.1	1741.4
青 海	6.0	483.5	41.7	15.1	9921.7	274.3	48.0	678.9
宁 夏	15.3	365.7	10.6	24.7	6780.2	339.0	44.7	1224.8
新 疆	32.5	1468.4	102.6	188.4	47375.2	1599.5	320.7	3422.5

7-5-58 邮政业营业网点及邮路

指　　标		2008	2009	2010	2011	2012
邮政业营业网点	(处)	69146	65672	75739	78667	95572
信筒信箱	(个)	224023	206597	171043	148206	150271
邮路总长度(单程)	(公里)	3693464	4027751	4635569	5140272	5855107
#航空邮路	(公里)	1908316	2178332	2529232	2718292	3160292
铁路邮路	(公里)	236860	248876	269700	309027	320144
汽车邮路	(公里)	1385102	1450782	1753027	2017483	2289077
城市投递段道(单程)	(公里)	1111749	1324378	1461321	1171464	1327674
农村投递路线(单程)	(公里)	3656936	3676051	3690561	3632579	3731657

注：营业网点1998年及以前为邮电局所，1999-2006年为邮政局所，统计口径从2002年起为邮政局所和邮政代办点，2007年邮政业营业网点数据包括邮政企业和年业务收入200万元以上快递企业，2013年起为全国邮政企业和获得快递业务经营许可的快递服务企业。

7-5-58　续表

指　　标		2013	2014	2015	2016	2017
邮政业营业网点	(处)	125115	137562	188637	216708	278025
信筒信箱	(个)	147351	142330	129572	127678	125409
邮路总长度(单程)	(公里)	5897229	6305556	6376429	6585049	9384668
#航空邮路	(公里)	3334949	3622873	3558821	3712222	5996105
铁路邮路	(公里)	395809	232976	218014	203729	215205
汽车邮路	(公里)	2070847	2361997	2486461	2644714	3156199
城市投递段道(单程)	(公里)	1282319	1435111	1371041	1474841	1628446
农村投递路线(单程)	(公里)	3744733	3775875	3756043	3767660	3805332

7-5-59 分地区邮政营业网点及邮路

地 区	邮政业营业网点(处)	信筒信箱(个)	邮路总长度(单程)(公里)	#航空邮路	#铁路邮路	#汽车邮路	城市投递段道(单程)(公里)	农村投递路线(单程)(公里)
全 国	**278025**	**125409**	**9384668**	**5996105**	**215205**	**3156199**	**1628446**	**3805332**
北 京	5106	5200	565619	480220	19007	65804	52139	20178
天 津	2084	3214	117486	90700	2456	24330	22791	20298
河 北	7014	2731	203289	76753		125273	68910	199771
山 西	6596	1425	89303	37263		51709	38371	109632
内蒙古	4605	1540	282129	185847	2426	93631	64891	122016
辽 宁	7125	3650	298684	214518	5866	78192	66677	114163
吉 林	4711	1572	183551	145878	3005	34651	32403	91767
黑龙江	5818	2454	177532	84721	22733	70078	45000	119750
上 海	16374	3025	189648	47102	8641	133200	56829	34493
江 苏	15190	8177	539417	291760		247657	98753	262951
浙 江	26487	25579	758228	361407	48442	346885	109769	188093
安 徽	10652	2533	185191	38175	1109	145859	49316	146126
福 建	9308	8239	456716	386390		69992	41005	98721
江 西	10238	2066	90254	5953		84269	40920	90373
山 东	14936	5778	452268	269749		182383	111820	280037
河 南	12150	4187	425176	288756	3499	132459	68593	192167
湖 北	14222	2385	199008	68433	3317	127258	55007	196030
湖 南	9810	2450	170706	31992		138597	88014	214278
广 东	24234	5772	2009200	1675061	49734	283549	160081	251582
广 西	7631	4293	263994	186668		77118	30433	110579
海 南	1714	3223	86508	67189		18851	16932	30595
重 庆	6583	2025	136593	88925	2023	45645	35818	55607
四 川	18962	12970	291551	139168	2121	142414	55503	181379
贵 州	8047	2075	148484	91556		56928	39530	71176
云 南	7970	1909	290966	162764	13839	114346	35091	169787
西 藏	1073	833	64694	36600	1972	26122	6706	102462
陕 西	8466	1411	169302	97104	1385	69163	49076	118892
甘 肃	4863	2143	188054	110159	2019	75714	38487	112385
青 海	970	345	86279	50578	2092	33609	7913	35626
宁 夏	1319	314	56489	47432		9057	10358	8410
新 疆	3767	1891	208349	137284	19519	51458	31313	56007

7-5-60 邮政通信服务水平

指 标		2008	2009	2010	2011	2012
已通邮的行政村比重	(%)	98.5	98.8	99.0	98.0	99.1
城区每日平均投递次数	(次)	2.1	2.0	2.1	2.1	2.0
农村每周平均投递次数	(次)	5.0	5.0	4.9	5.0	5.0
平均每一营业网点服务面积	(平方公里)	138.8	146.2	126.8	122.0	100.4
平均每一营业网点服务人口	(万人)	1.9	2.0	1.8	1.7	1.4
平均每人每年发函件数	(件)	5.6	5.7	5.5	5.5	5.2
平均每百人每年订报刊数	(份)	11.9	10.4	12.8	11.1	11.4

7-5-60 续表

指 标		2013	2014	2015	2016	2017
已通邮的行政村比重	(%)	99.2	99.4	99.8	99.4	100.0
城区每日平均投递次数	(次)	2.0	2.1	1.9	2.0	2.0
农村每周平均投递次数	(次)	5.0	4.8	4.9	5.0	5.1
平均每一营业网点服务面积	(平方公里)	76.7	69.8	50.9	44.3	34.5
平均每一营业网点服务人口	(万人)	1.1	1.0	0.7	0.6	0.5
平均每人每年发函件数	(件)	4.7	4.1	3.3	2.7	2.3
平均每百人每年订报刊数	(份)	11.1	10.9	11.3	9.9	9.0

7-5-61 各地区邮政通信服务水平

地 区	平均每一营业网点服务面积（平方公里）	平均每一营业网点服务人口（万人）	城区每日平均投递次数（次）	农村每周平均投递次数（次）
全 国	**34.53**	**0.50**	**2.0**	**5.1**
北 京	3.29	0.43	2.0	8.1
天 津	5.28	0.75	2.0	6.6
河 北	27.09	1.07	1.7	5.6
山 西	22.74	0.56	1.9	6.0
内蒙古	238.87	0.55	1.6	3.8
辽 宁	21.05	0.61	2.7	4.6
吉 林	38.21	0.58	1.7	4.0
黑龙江	79.06	0.65	2.0	4.7
上 海	0.35	0.15	2.3	10.9
江 苏	6.58	0.53	2.1	7.4
浙 江	3.78	0.21	1.9	6.7
安 徽	12.20	0.59	1.9	5.8
福 建	12.89	0.42	1.8	5.0
江 西	15.63	0.45	1.9	3.2
山 东	10.04	0.67	2.1	6.5
河 南	13.17	0.79	2.0	5.6
湖 北	12.66	0.41	2.2	5.0
湖 南	21.41	0.70	1.8	5.2
广 东	7.43	0.46	2.0	7.9
广 西	30.14	0.64	1.7	3.6
海 南	19.84	0.54	2.0	6.6
重 庆	12.50	0.47	1.9	5.0
四 川	25.31	0.44	2.1	4.5
贵 州	21.13	0.44	2.0	4.8
云 南	47.68	0.60	1.7	2.7
西 藏	1118.36	0.31	1.4	1.6
陕 西	22.44	0.45	1.8	4.4
甘 肃	80.20	0.54	1.9	4.3
青 海	742.27	0.62	1.6	2.9
宁 夏	50.04	0.52	1.8	5.7
新 疆	424.74	0.65	1.7	3.9

7-5-62 快递业务量

年 份	快递(万件)	快递业务收入(万元)	年 份	快递(万件)	快递业务收入(万元)
1990	343.3		2004	19771.9	
1991	566.7		2005	22880.3	
1992	959.2		2006	26988.0	
1993	2156.2		2007	120189.6	3425851.6
1994	4019.5		2008	151329.3	4084274.6
1995	5562.7		2009	185785.8	4790030.7
1996	7096.6		2010	233892.0	5746029.8
1997	6878.9		2011	367311.1	7579878.2
1998	7667.7		2012	568548.0	10553324.2
1999	9091.3		2013	918674.9	14416815.3
2000	11031.4		2014	1395925.3	20453586.2
2001	12652.7		2015	2066636.8	27696465.9
2002	14036.2		2016	3128315.1	39743601.3
2003	17237.8		2017	4005591.9	49571088.8

注：快递业务量2006年及以前为邮政特快专递，2007年起为规模以上(年业务收入200万元以上)快递服务企业业务量，2013年起为获得快递业务经营许可的快递服务企业业务量。

7-5-62 续表

地 区	快递(万件)	快递业务收入(万元)	地 区	快递(万件)	快递业务收入(万元)
北 京	227452.1	3038329.8	河 南	107377.6	1159337.9
天 津	50199.0	763314.9	湖 北	101277.9	1190450.7
河 北	119389.3	1264880.7	湖 南	59181.6	641882.9
山 西	24359.1	299901.6	广 东	1013468.0	11466893.4
内蒙古	11035.3	239592.8	广 西	31750.3	448672.2
			海 南	5915.8	126970.8
辽 宁	51434.5	680585.6			
吉 林	17569.4	304484.0	重 庆	32874.9	447311.3
黑龙江	23185.6	358414.8	四 川	110795.9	1274785.5
			贵 州	15781.9	311536.8
上 海	311503.7	8688851.6	云 南	22775.8	360114.9
江 苏	359627.8	4081730.6	西 藏	567.5	20487.7
浙 江	793231.1	6682204.0			
安 徽	86332.3	895715.9	陕 西	45750.7	563581.1
福 建	166110.7	1619683.4	甘 肃	7201.7	148095.9
江 西	43754.5	491976.7	青 海	1449.7	38832.9
山 东	151474.6	1705165.2	宁 夏	3721.5	67784.4
			新 疆	9042.4	189518.9

注：快递业务量2006年及以前为邮政特快专递，2007年起为规模以上(年业务收入200万元以上)快递服务企业业务量，2013年起为获得快递业务经营许可的快递服务企业业务量。

【主要统计指标解释】

铁路营业里程 又称营业长度（包括正式营业里程和临时营业里程），指办理客货运输业务的铁路正线总长度。凡是全线或部分建成双线及以上的线路，以第一线的实际长度计算；复线、站线、段管线、岔线和特殊用途线以及不计算运费的联络线都不计算营业里程。

电气化铁路里程 指在全部铁路营业里程中已安装了供电线路及设备，可以供电力机车牵引列车运行的区段的总里程。

公路里程 指报告期末公路的实际长度。统计范围：包括城间、城乡间、乡（村）间能行驶汽车的公共道路，公路通过城镇街道的里程，公路桥梁长度、隧道长度、渡口宽度。不包括城市街道里程，断头路里程，农（林）业生产用道路里程，工（矿）企业等内部道路里程。统计原则：按已竣工验收或交付使用的实际里程计算；两条或多条公路共同经由同一路段的重复里程，只计算一次。

内河航道里程 指报告期末在江河、湖泊、水库、渠道和运河水域内，船舶、排筏在不同水位期可以通航的实际航道里程数。内河航道里程按主航道中心线实际长度计算。两省以河为界的航道里程，双方均按一半计算。

定期航班航线里程 指定期航班营运里程的总长度，以万公里为计算单位。航线里程的统计分为按重复距离计算和按不重复距离计算两种形式。“按重复距离计算”是指不同航线的相同航段距离可以重复累加；“按不重复距离计算”则不同航线相同航段只统计一次。

输油（气）管道长度 也称输油（气）里程，指油品（或天然气）的实际输送距离，一般按输油（气）管道的单线长度计算。若包括复线和备用线长度则称为输油（气）管道延展长度，是指管道铺设的实际长度。通常使用的是不包括复线的“输油（气）管道里程”。

货（客）运量 指在一定时期内，各种运输工具实际运送的货物（旅客）数量。货运按吨计算，客运按人计算。货物不论运输距离长短、货物类别，均按实际重量统计。旅客不论行程远近或票价多少，均按一人一次客运量统计；半价票、小孩票也按一人统计。

货物（旅客）周转量 指在一定时期内，由各种运输工具运送的货物（旅客）数量与其相应运输距离的乘积之总和。计算货物（旅客）周转量通常按发出站与到达站之间的最短距离，也就是计费距离计算。计算公式：货物（旅客）周转量=Σ（货物（旅客）运输量×运输距离）。

货（客）运密度 指报告期内某种运输方式在营运线路的某一区段平均每公里线路通过的货物（旅客）运输周转量。计算公式：货（客）运密度=货物（旅客）周转量/营业线路长度。

旅客运输平均运距 指报告期内平均每一位旅客的旅行距离。计算公式：旅客运输平均运距=旅客周转量/客运量。

货物运输平均运距 指报告期内平均每一吨货物的运输距离。计算公式：货物运输平均运距=货物周转量/货运量。

铁路货车平均静载重 指铁路货车在始发站静止状态下平均每车装载的货物重量，用以分析货车完成装车时车辆载重力的利用情况。计算公式：货车平均静载量=货物发送吨数/装车数。

静载重的多少取决于运送货物的性质、种类、车辆的类型和装载技术的高低。根据货车的平均标记载重与静载重进行对比，可以反映货车载重能力的利用程度。计算公式：货车载重力利用率（%）=货车平均静载重/货车平均标记载重×100%。

铁路货运机车日产量 指在一定时期内，平均每台货运机车在一昼夜内所完成的总重吨公里数，包括载运货物的重量和车辆本身的自重。该指标从时间和牵引能力两方面反映了机车运用效率。计算公式：货运机车平均日产量= 货运总重吨公里数/货运机车台日数。

民用汽车拥有量 指报告期末，在公安交通管理部门按照《机动车注册登记工作规范》，已注册登记领有民用车辆牌照的全部汽车数量。汽车拥有量统计的主要分类：根据汽车结构分为载客汽车、载货汽车及其他汽车；根据汽车所有者不同分为个人（私人）汽车、单位汽车；根据汽车的使用性质分为营运汽车、非营运汽车；根据汽车大小规格不同，载客汽车分为大型、中型、小型和微型，载货汽车分为重型、中型、轻型和微型。

机动船 又称自航船，指装有各种发动机推进装置，以机械动力行驶的船舶。

驳船 指本身无动力装置，或只设简易动力装置，依靠拖船或推船带动的平底船。

拖船 指专门拖带其它船舶、船队、木排的船舶。

船舶净载重量 指报告期末所拥有船舶的总载重量减去燃（物）料、淡水、粮食及供应品、人员及其行李等的重量及船舶常数后，能够装载货物的实际重量。

沿海港口 指位于海沿岸，具有一定设施和条件，供船舶停靠、旅客上下、货物装卸、生活物料供应等作业的港口。

内河港口 指位于江、河、湖沿岸，具有一定设施和条件，供船舶停靠、旅客上下、货物装卸、生活物料供应等作业的港口。

港口货物吞吐量 指经由水路进出港区范围，并经过装卸的货物数量。按货物流向分为进港吞吐量和出港吞吐量；按货物贸易性质分为内贸货物吞吐量和外贸货物吞吐量；按货物的类别分，可根据现行的交通行业标准《运输货物分类和代码》分类。

定期航班航线条数 指定期航班营运的航线条数。按国内航线（其中：港澳台航线）、国际航线分类统计。

国际航线 指航线中任一航段的起讫点（技术经停点除外）在外国领土上的航线。

国内航线 指航线中各航段的起讫点（技术经停点除外）都在国内的航线。

地区航线 指航线中任一航段的起讫点在香港、澳门或台湾的航线（经香港、澳门、台湾飞往外国的航线统计为国际航线）。

飞机架数 指报告期末实有在册飞机数量，包括停场待修、在厂检修的飞机和租借飞机。

运输飞机 从事公共航空运输的民用飞机。分为大中型飞机和小型飞机，大中型飞机指100座及以上的运输飞机，小型飞机指100座以下的运输飞机。

正班平均载运率 指报告期内正班飞行所完成的运输总周转量与可提供周转量之比。

城市公共交通 指城市中供公众乘用的、经济方便的各种交通方式的总称。包括公共汽车、电车、轨道交通（地铁、轻轨、有轨电车、磁悬浮、索道、缆车等）、出租汽车、公共轮渡等客运交通设施。

运营线路网长度 指公共交通线路所通过的运营线路净长度。计算公式：运营线路网长度=运营线路总长度－Σ重复的线路长度

运营线路总长度 指全部运营线路长度之和。计算公式：运营线路长度=Σ各条运营线路长度=Σ〔1/2（上行起点至终点里程+下行起点至终点里程+上下行终点掉头里程〕。

单向行驶的环行线路长度等于起点至终点里程与终点下客站至起点里程之和的一半，不包括折返、试车、联络线等非运营线路。

公交专用车道 指为了调整公共交通车辆与其他社会车辆的路权使用分配关系，提高公共交通车辆运营速度和道路资源利用率，而科学、合理设置的公共交通优先车道、专用车道（路）、路口专用线（道）、专用街道、单向优先专用线（道）等。

运营车数 指城市中用于公共交通运营业务的全部车辆数。地铁和轻轨在统计时一自然节为一辆。出租汽车指已经领取出租汽车专用牌照的运营车辆，包括技术完好的、在修的、长期行驶的以及拟报废尚未经上级机关批准的车辆。

轮渡运营船数 指用于城市客渡运营业务的全部船舶数。不含旅游客轮（长途旅游、市内供游人游览江、河、湖泊的船只）。

城市公共交通客运总量 指报告期内城市公共交通各种运输方式运送乘客的总人次。

邮政行业业务总量 指以货币形式表示的邮政行业企业为社会提供各类邮政服务或其他服务的总数量，是用于观察邮政业务发展变化总趋势的综合性总量指标。邮政业务总量是以各类业务的实物量分别乘以相应的不变单价，求出各类业务的货币量加总求得。

营业网点 指拥有固定地址、直接对外营业，可收寄邮件和快件的营业场所和服务机构数量。

邮政局所 指经邮政部门审批许可，有固定的局所地址、领有上级发给的日戳或戳记，直接对外营业，至少办理出售邮票和收寄挂号信函两种业务的服务机构。按级别可分为邮政支局、自办邮政所、代办邮政所和其他局所。

邮路 指各邮政局所之间，邮政局所与车站、码头、机场、转运站、邮件处理中心、报刊社之间，邮区中心局与邮政局所及各邮区中心局之间由自办或委办人员按固定班期规定路线交换邮件（包括机要文件，下同）、报刊的路线。包括农村地区运邮兼投递的路线，不包括城市、农村地区纯投递路线。按运输方式可分为航空邮路、铁路邮路、汽车邮路、水路邮路和其他邮路等。

农村投递路线 指农村邮政支局所自办或委办人员按固定班期、规定路线至农村乡（镇）、行政村等收件单位投递邮件、报刊所走的路线。

营业网点服务面积 指报告期行政区域平均每一营业网点服务的面积。计算公式:

$$每一营业网点服务面积=\frac{行政区域土地面积（平方公里）}{营业网点总数（处）}$$

营业网点服务人口 指报告期行政区域平均每一营业网点服务的人口数。计算公式:

$$每一营业网点服务人口=\frac{行政区域总人口数（万人）}{营业网点总数（处）}$$

7 第三产业分行业主要指标

7-6　住宿和餐饮业

简要说明

一、主要内容

住宿和餐饮业企业主要财务状况和经营情况。

二、统计范围

限额以上住宿和餐饮业企业。

三、统计调查方法

对限额以上住宿和餐饮业企业采用全面调查的方法。

四、限额标准

住宿业企业，年主营业务收入200万元及以上。

餐饮业企业，年主营业务收入200万元及以上。

五、资料来源

本部分统计资料由国家统计局贸易外经统计司根据《住宿和餐饮业统计报表制度》搜集的资料加工整理而得。

7-6-1 限额以上住宿和餐饮业企业年末资产负债

单位：亿元

项　　目	资产总计	#流动资产合计	#固定资产合计	负债合计	所有者权益合计
总　　计	**17650.0**	**7146.5**	**6486.9**	**12790.9**	**4860.1**
一、住宿业	**12648.1**	**4881.0**	**4914.1**	**9279.1**	**3369.0**
#国有控股	3525.4	1068.5	1617.6	2082.0	1443.4
(一)按登记注册类型分					
内资企业	**10397.7**	**4075.0**	**3996.6**	**7696.3**	**2701.4**
国有企业	1010.7	298.7	520.9	536.5	474.2
集体企业	74.7	28.5	36.1	52.3	22.5
股份合作企业	18.0	7.9	5.7	15.4	2.6
联营企业	7.6	3.4	2.4	4.1	3.5
国有联营企业	5.3	2.4	1.5	2.2	3.1
集体联营企业	1.1	0.1	0.7	1.3	-0.2
国有与集体联营企业	1.0	0.9	0.2	0.4	0.7
其他联营企业	0.1			0.1	-0.1
有限责任公司	5882.2	2255.8	2267.7	4419.3	1462.9
国有独资公司	660.4	205.4	270.2	384.2	276.2
其他有限责任公司	5221.8	2050.4	1997.5	4035.0	1186.8
股份有限公司	472.1	189.0	147.0	282.8	189.3
私营企业	2908.3	1284.2	1004.0	2374.0	534.3
私营独资企业	106.3	39.8	51.8	56.3	49.9
私营合伙企业	26.2	10.1	12.1	13.2	13.0
私营有限责任公司	2657.0	1185.6	894.2	2218.7	438.3
私营股份有限公司	118.8	48.7	45.9	85.7	33.1
其他企业	24.1	7.4	12.8	12.0	12.1
港、澳、台商投资企业	**1513.8**	**534.3**	**618.3**	**1072.2**	**441.7**
合资经营企业	603.5	222.5	215.9	493.7	109.8
合作经营企业	106.3	44.4	45.0	59.3	47.0
独资经营企业	758.0	253.5	331.9	488.5	269.5
投资股份有限公司	33.6	10.2	19.0	22.4	11.2
其他投资企业	12.5	3.6	6.5	8.4	4.1
外商投资企业	**736.5**	**271.7**	**299.1**	**510.6**	**225.9**
中外合资经营企业	339.5	108.4	120.7	243.3	96.2
中外合作经营企业	109.4	44.0	57.4	97.9	11.5
外资企业	264.6	113.9	107.9	160.3	104.3
外商投资股份有限公司	8.6	2.4	2.5	5.5	3.0
其他外商投资企业	14.5	3.1	10.6	3.5	11.0
(二)按国民经济行业分					
旅游饭店	10628.9	3989.3	4248.5	7868.5	2760.5
一般旅馆	1699.9	728.1	577.6	1166.9	533.0
其他住宿业	319.3	163.6	88.0	243.7	75.5

7-6-1 续表 单位：亿元

项　　目	资产总计	#流动资产合计	#固定资产合计	负债合计	所有者权益合　　计
二、餐饮业	**5002.0**	**2265.4**	**1572.8**	**3511.8**	**1491.1**
#国有控股	413.0	176.1	148.5	261.9	151.1
(一)按登记注册类型分					
内资企业	**4147.4**	**1886.7**	**1377.2**	**2982.7**	**1165.5**
国有企业	102.2	26.2	50.1	58.0	44.3
集体企业	19.2	9.3	7.2	12.1	7.1
股份合作企业	13.1	8.9	3.0	9.6	3.4
联营企业	5.1	2.2	0.3	3.2	1.9
国有联营企业					
集体联营企业	4.0	1.8	0.3	2.3	1.7
国有与集体联营企业					
其他联营企业	1.1	0.4		0.9	0.2
有限责任公司	1571.7	695.9	553.1	1214.3	357.4
国有独资公司	74.0	25.3	36.2	49.2	24.8
其他有限责任公司	1497.7	670.6	516.9	1165.1	332.6
股份有限公司	243.9	112.8	54.4	139.9	104.0
私营企业	2173.9	1023.6	701.2	1537.5	637.2
私营独资企业	150.7	56.6	73.7	66.0	84.7
私营合伙企业	17.3	7.5	6.7	6.6	10.7
私营有限责任公司	1922.5	922.6	594.5	1408.2	515.1
私营股份有限公司	83.4	36.9	26.3	56.7	26.6
其他企业	18.3	7.8	7.9	8.2	10.1
港、澳、台商投资企业	**498.6**	**246.4**	**111.2**	**313.0**	**185.7**
合资经营企业	109.1	45.1	22.9	59.9	49.2
合作经营企业	10.4	5.6	2.3	13.9	-3.4
独资经营企业	370.9	189.6	84.9	235.0	135.9
投资股份有限公司	7.7	5.6	1.1	3.7	4.0
其他投资企业	0.6	0.5		0.5	0.1
外商投资企业	**355.9**	**132.4**	**84.4**	**216.1**	**139.9**
中外合资经营企业	76.5	27.0	26.6	44.3	32.2
中外合作经营企业	3.6	2.8	0.2	2.2	1.4
外资企业	243.9	88.8	53.8	149.0	94.9
外商投资股份有限公司	15.6	6.8	1.3	9.8	5.8
其他外商投资企业	16.3	7.0	2.5	10.8	5.5
(二)按国民经济行业分					
正餐服务	4205.6	1885.7	1404.5	3044.6	1161.9
快餐服务	539.4	218.1	130.4	310.7	228.7
饮料及冷饮服务	134.0	78.1	16.6	80.9	53.1
其他餐饮业	123.0	83.6	21.2	75.5	47.5

7-6-2 各地区限额以上住宿和餐饮业企业年末资产负债

单位：亿元

地 区	资产总计	#流动资产合计	#固定资产合计	负债合计	所有者权益合 计
全 国	**17650.0**	**7146.5**	**6486.9**	**12790.9**	**4860.1**
北 京	1802.2	760.0	563.8	1313.5	488.8
天 津	271.0	131.0	82.9	230.6	40.4
河 北	405.3	174.2	158.2	344.0	61.3
山 西	238.3	87.8	104.2	219.6	18.7
内蒙古	247.9	79.3	114.2	181.4	66.5
辽 宁	436.0	163.1	178.0	370.2	65.8
吉 林	147.5	50.2	78.3	97.2	50.2
黑龙江	123.5	36.9	64.3	84.9	38.6
上 海	1339.1	610.3	363.6	845.6	493.5
江 苏	1305.5	434.6	551.3	956.3	349.3
浙 江	1317.1	491.0	513.1	1037.9	279.2
安 徽	487.6	181.0	174.0	355.7	131.9
福 建	637.7	245.6	246.1	410.8	226.9
江 西	319.9	117.9	121.7	214.6	105.3
山 东	867.7	318.2	379.8	621.0	246.8
河 南	554.6	236.2	203.4	344.3	210.3
湖 北	561.8	193.5	228.5	373.0	188.7
湖 南	590.3	216.4	231.2	364.5	225.8
广 东	2272.1	1060.8	708.5	1836.2	436.7
广 西	279.1	110.4	108.6	219.0	60.1
海 南	519.0	248.4	163.1	358.3	160.8
重 庆	415.6	187.0	143.3	291.7	123.9
四 川	717.1	298.8	266.1	533.0	184.1
贵 州	255.0	116.3	87.0	164.7	90.3
云 南	489.2	192.7	203.0	329.8	159.4
西 藏	43.9	10.3	28.0	15.2	28.7
陕 西	515.5	187.2	225.4	361.3	154.2
甘 肃	206.1	97.0	75.8	128.9	77.2
青 海	60.7	25.0	26.7	30.3	30.4
宁 夏	59.2	27.7	24.5	52.0	7.2
新 疆	164.6	57.6	70.3	105.4	59.3

7-6-3 各地区限额以上住宿业企业年末资产负债

单位：亿元

地区	资产总计	#流动资产合计	#固定资产合计	负债合计	所有者权益合计
全国	**12648.1**	**4881.0**	**4914.1**	**9279.1**	**3369.0**
北京	1412.6	513.8	519.1	1026.7	385.9
天津	181.0	83.7	59.6	155.8	25.1
河北	325.7	138.2	131.6	278.5	47.2
山西	127.5	45.1	60.6	116.1	11.3
内蒙古	128.3	38.8	68.3	85.8	42.4
辽宁	308.8	114.7	133.4	261.3	47.6
吉林	103.8	33.8	57.3	78.7	25.1
黑龙江	105.6	28.6	57.3	73.4	32.3
上海	890.7	335.6	291.6	500.1	390.7
江苏	810.5	254.4	356.7	587.5	222.9
浙江	932.9	329.3	381.1	736.7	196.2
安徽	264.5	92.2	98.8	204.7	59.8
福建	516.7	188.0	213.2	336.9	179.8
江西	250.7	90.7	99.1	170.6	80.1
山东	491.9	189.1	217.9	365.5	126.4
河南	420.9	179.5	156.7	279.3	141.6
湖北	301.5	95.0	127.8	201.1	100.4
湖南	467.3	176.6	178.3	296.2	171.1
广东	1723.6	764.8	581.8	1458.5	265.1
广西	238.8	91.4	95.8	187.4	51.4
海南	508.5	242.6	160.4	347.0	161.5
重庆	280.5	129.1	95.1	222.9	57.7
四川	477.4	196.1	180.0	362.4	115.0
贵州	213.9	95.2	73.1	140.4	73.4
云南	404.1	144.0	175.5	282.6	121.5
西藏	40.3	9.3	26.0	13.3	27.0
陕西	349.9	116.2	166.7	260.7	89.2
甘肃	157.4	78.2	55.1	105.6	51.7
青海	47.2	20.9	20.9	23.1	24.1
宁夏	44.0	20.1	20.0	38.1	5.9
新疆	121.7	46.2	55.2	82.3	39.4

7-6-4 各地区限额以上餐饮业企业年末资产负债

单位：亿元

地　区	资产总计	#流动资产合计	#固定资产合计	负债合计	所有者权益合　　计
全　国	**5002.0**	**2265.4**	**1572.8**	**3511.8**	**1491.1**
北　京	389.7	246.3	44.6	286.8	102.9
天　津	90.1	47.3	23.3	74.7	15.3
河　北	79.7	36.0	26.7	65.5	14.1
山　西	110.8	42.6	43.6	103.5	7.3
内蒙古	119.6	40.5	45.9	95.6	24.1
辽　宁	127.1	48.5	44.6	109.0	18.2
吉　林	43.7	16.5	21.0	18.5	25.1
黑龙江	17.8	8.3	7.0	11.5	6.3
上　海	448.4	274.6	71.9	345.5	102.8
江　苏	495.0	180.2	194.5	368.8	126.4
浙　江	384.2	161.7	132.0	301.3	83.0
安　徽	223.2	88.8	75.2	151.0	72.2
福　建	121.0	57.7	32.8	74.0	47.0
江　西	69.2	27.3	22.6	44.0	25.2
山　东	375.9	129.1	161.9	255.5	120.4
河　南	133.7	56.7	46.8	65.0	68.7
湖　北	260.3	98.5	100.7	171.9	88.4
湖　南	123.0	39.8	53.0	68.3	54.7
广　东	548.6	296.0	126.7	377.7	171.6
广　西	40.2	19.0	12.8	31.6	8.7
海　南	10.5	5.8	2.7	11.3	-0.8
重　庆	135.1	57.8	48.2	68.9	66.2
四　川	239.7	102.7	86.1	170.6	69.1
贵　州	41.1	21.1	13.9	24.3	16.8
云　南	85.1	48.6	27.6	47.2	37.9
西　藏	3.6	1.1	2.0	1.9	1.7
陕　西	165.6	71.0	58.7	100.6	65.0
甘　肃	48.7	18.8	20.7	23.2	25.4
青　海	13.5	4.1	5.7	7.2	6.3
宁　夏	15.1	7.6	4.5	13.8	1.3
新　疆	42.9	11.4	15.1	23.1	19.8

7-6-5 限额以上住宿和餐饮业企业损益及分配

单位：亿元

项　　目	主营业务收入	主营业务成本	销售费用	管理费用	财务费用	利润总额
总　　计	**8735.6**	**4089.0**	**2528.6**	**1641.3**	**231.4**	**267.3**
一、住宿业	**3731.5**	**1501.5**	**1050.1**	**1051.7**	**170.8**	**-12.4**
#国有控股	939.2	347.8	291.9	308.4	25.4	-18.7
(一)按登记注册类型分						
内资企业	**3208.9**	**1325.0**	**922.2**	**875.2**	**144.7**	**-43.4**
国有企业	337.1	121.6	113.9	112.6	2.6	-3.7
集体企业	37.6	14.0	12.4	8.6	0.4	2.4
股份合作企业	7.4	2.9	2.1	1.8	0.3	-0.1
联营企业	3.6	1.1	1.7	0.6		0.2
国有联营企业	2.1	0.6	1.1	0.2	0.1	0.1
集体联营企业	0.4	0.2	0.2	0.1		
国有与集体联营企业	0.6	0.1	0.3	0.2		0.1
其他联营企业	0.4	0.2	0.1	0.1		
有限责任公司	1519.7	593.9	441.3	452.7	81.8	-42.2
国有独资公司	144.9	57.4	40.5	50.8	4.7	-5.9
其他有限责任公司	1374.8	536.5	400.8	401.9	77.1	-36.3
股份有限公司	115.3	51.3	31.4	31.0	5.0	-1.3
私营企业	1173.2	531.8	316.7	264.7	54.3	0.8
私营独资企业	81.1	49.9	10.1	8.7	1.9	8.0
私营合伙企业	22.5	13.1	3.8	3.1	0.4	1.7
私营有限责任公司	1016.9	441.8	292.2	242.8	49.4	-10.3
私营股份有限公司	52.8	27.1	10.6	10.2	2.5	1.4
其他企业	15.1	8.4	2.8	3.0	0.2	0.4
港、澳、台商投资企业	**339.7**	**115.3**	**81.6**	**116.7**	**19.5**	**10.3**
合资经营企业	140.1	42.8	36.2	46.9	10.1	5.2
合作经营企业	37.2	15.7	6.9	8.2	0.4	5.7
独资经营企业	149.6	51.9	34.6	58.1	8.8	-1.1
投资股份有限公司	9.9	3.7	3.3	2.5	0.1	0.3
其他投资企业	2.9	1.2	0.5	0.9		0.2
外商投资企业	**182.9**	**61.2**	**46.3**	**59.9**	**6.6**	**20.6**
中外合资经营企业	78.5	19.2	22.2	28.3	3.2	16.8
中外合作经营企业	31.3	15.6	7.3	7.8	1.7	-0.7
外资企业	61.4	21.6	14.8	20.3	1.5	3.4
外商投资股份有限公司	3.2	0.8	0.7	1.1		0.4
其他外商投资企业	8.4	3.9	1.2	2.3	0.2	0.7
(二)按国民经济行业分						
旅游饭店	2893.7	1112.7	841.1	859.5	145.6	-35.4
一般旅馆	752.0	349.2	189.7	169.4	20.1	21.8
其他住宿业	85.9	39.6	19.2	22.8	5.0	1.1

7-6-5 续表 单位：亿元

项　目	主营业务收入	主营业务成本	销售费用	管理费用	财务费用	利润总额
二、餐饮业	**5004.0**	**2587.4**	**1478.5**	**589.6**	**60.6**	**279.7**
#国有控股	227.2	118.1	68.2	41.3	1.8	8.5
(一)按登记注册类型分						
内资企业	**3536.5**	**1983.6**	**884.9**	**448.2**	**56.5**	**151.8**
国有企业	55.9	31.6	13.9	12.4	0.3	-0.7
集体企业	23.0	15.6	3.7	2.2	0.2	1.0
股份合作企业	12.0	6.7	3.6	1.7	0.1	0.5
联营企业	1.1	0.7	0.1	0.1		0.1
国有联营企业						
集体联营企业	0.8	0.6	0.1	0.1		0.1
国有与集体联营企业						
其他联营企业	0.3	0.1				
有限责任公司	1115.1	579.4	327.8	157.6	18.1	32.2
国有独资公司	36.6	20.0	9.8	7.7	0.5	-0.2
其他有限责任公司	1078.5	559.3	318.0	149.9	17.6	32.4
股份有限公司	131.4	71.0	35.0	17.0	4.0	11.0
私营企业	2165.7	1256.1	497.0	254.9	33.3	105.5
私营独资企业	271.2	184.4	27.8	20.7	3.2	28.0
私营合伙企业	29.5	18.4	5.4	2.9	0.3	2.0
私营有限责任公司	1789.2	1010.7	445.9	222.4	28.0	71.9
私营股份有限公司	75.7	42.6	17.9	8.8	1.9	3.6
其他企业	32.4	22.4	3.9	2.3	0.5	2.1
港、澳、台商投资企业	**620.4**	**220.6**	**294.2**	**57.4**	**3.7**	**49.1**
合资经营企业	112.7	46.9	46.8	10.5	0.8	7.8
合作经营企业	16.5	7.2	6.6	2.1	0.1	-0.1
独资经营企业	488.0	165.3	239.7	44.3	2.8	41.0
投资股份有限公司	1.5	0.7	0.5	0.2		0.1
其他投资企业	1.8	0.6	0.7	0.2		0.3
外商投资企业	**847.1**	**383.2**	**299.4**	**84.0**	**0.3**	**78.8**
中外合资经营企业	176.5	76.6	63.8	16.7	0.3	19.2
中外合作经营企业	7.1	5.5	0.5	0.9		0.1
外资企业	604.3	275.7	211.0	60.6	-0.1	55.5
外商投资股份有限公司	28.6	12.6	10.6	3.1	0.1	3.0
其他外商投资企业	30.7	12.8	13.4	2.6		1.1
(二)按国民经济行业分						
正餐服务	3447.7	1871.8	913.5	450.7	56.9	144.1
快餐服务	1140.5	522.5	418.4	104.8	2.9	94.2
饮料及冷饮服务	201.8	57.3	99.5	12.5		33.2
其他餐饮业	214.1	135.8	47.1	21.7	0.7	8.2

7-6-6 各地区限额以上住宿和餐饮业企业损益及分配

单位：亿元

地 区	主营业务收入	主营业务成本	销售费用	管理费用	财务费用	利润总额
全 国	**8735.6**	**4089.0**	**2528.6**	**1641.3**	**231.4**	**267.3**
北 京	979.2	353.3	367.1	202.5	18.9	57.6
天 津	131.3	58.2	45.8	29.1	3.5	-1.6
河 北	107.1	47.1	37.9	27.4	6.3	-11.5
山 西	80.5	36.1	29.9	19.9	3.0	-9.7
内蒙古	81.6	39.0	24.2	19.9	1.9	-6.8
辽 宁	164.6	70.5	54.6	38.6	6.3	-6.6
吉 林	53.9	25.1	15.2	13.5	1.9	-1.6
黑龙江	41.4	18.0	12.6	11.9	1.2	-2.2
上 海	945.4	374.3	346.4	165.4	11.0	68.8
江 苏	613.3	292.1	172.5	123.2	15.9	9.3
浙 江	602.9	255.9	191.5	133.2	23.2	10.7
安 徽	208.3	110.8	50.4	35.3	7.5	4.8
福 建	391.2	215.0	88.0	62.8	9.5	13.2
江 西	111.4	55.4	25.7	21.6	4.6	3.0
山 东	470.0	253.4	108.7	79.0	12.7	14.5
河 南	300.6	167.4	51.5	44.2	8.7	25.5
湖 北	344.9	181.7	85.6	46.7	8.1	18.3
湖 南	288.4	155.6	56.3	50.2	9.5	9.8
广 东	1255.6	571.1	395.6	216.3	29.9	46.3
广 西	116.4	49.0	37.6	25.9	4.3	-0.8
海 南	117.8	34.0	37.2	45.0	4.7	-3.7
重 庆	297.7	176.9	48.8	37.1	6.9	23.3
四 川	335.8	172.2	84.4	55.6	11.7	10.6
贵 州	99.9	53.9	18.0	20.8	5.2	1.3
云 南	149.3	79.6	31.4	34.6	5.6	-4.3
西 藏	9.0	3.1	3.6	3.7	0.1	-0.9
陕 西	288.8	165.2	64.9	44.5	4.6	5.5
甘 肃	72.0	38.2	18.0	13.5	2.2	-0.4
青 海	12.6	6.1	4.1	3.3	0.6	-1.1
宁 夏	15.1	7.1	5.3	3.9	0.7	-2.0
新 疆	49.6	23.6	15.7	12.5	1.2	-1.8

7-6-7 各地区限额以上住宿业企业损益及分配

单位：亿元

地 区	主营业务收入	主营业务成本	销售费用	管理费用	财务费用	利润总额
全 国	**3731.5**	**1501.5**	**1050.1**	**1051.7**	**170.8**	**-12.4**
北 京	367.5	101.4	112.9	131.4	16.6	17.7
天 津	39.3	14.8	12.4	17.5	2.1	-4.8
河 北	67.4	27.0	25.4	21.0	5.0	-10.7
山 西	32.8	12.3	13.1	11.0	1.8	-5.2
内蒙古	34.9	13.5	12.1	10.4	0.7	-4.5
辽 宁	66.1	22.2	23.8	25.5	4.7	-9.4
吉 林	28.0	12.1	8.4	8.7	1.4	-1.9
黑龙江	29.8	11.7	9.5	10.5	0.8	-2.3
上 海	275.2	85.9	75.1	87.4	7.9	29.6
江 苏	230.3	90.6	70.0	70.4	10.6	-8.8
浙 江	287.4	94.1	98.1	89.2	17.2	-5.0
安 徽	68.2	32.3	16.6	18.5	4.1	-3.2
福 建	190.0	88.5	47.9	43.5	7.9	2.6
江 西	68.1	30.7	16.4	16.7	3.9	-0.1
山 东	203.3	95.1	54.9	45.6	6.9	1.5
河 南	163.9	84.4	31.7	31.9	6.2	9.9
湖 北	111.4	52.2	28.6	24.1	4.4	1.3
湖 南	156.5	79.1	30.2	36.8	7.1	0.9
广 东	532.5	215.5	151.5	135.3	25.4	7.8
广 西	72.9	26.1	24.6	20.7	3.6	-2.4
海 南	108.8	30.2	33.7	43.4	4.6	-3.6
重 庆	87.2	42.0	20.1	18.1	4.8	0.3
四 川	141.2	62.9	38.8	34.7	7.8	-2.6
贵 州	64.6	31.5	13.5	16.2	4.6	-1.6
云 南	88.8	41.1	21.4	28.5	4.6	-8.3
西 藏	8.1	2.7	3.4	3.5	0.1	-1.0
陕 西	117.1	57.9	30.2	27.7	2.7	-2.6
甘 肃	39.8	20.2	10.0	9.1	1.7	-1.9
青 海	8.2	3.7	2.7	2.6	0.4	-0.9
宁 夏	8.3	3.7	3.2	2.3	0.4	-1.4
新 疆	33.5	16.2	10.0	9.6	0.8	-1.9

7-6-8 各地区限额以上餐饮业企业损益及分配

单位：亿元

地 区	主营业务收入	主营业务成本	销售费用	管理费用	财务费用	利润总额
全 国	**5004.0**	**2587.4**	**1478.5**	**589.6**	**60.6**	**279.7**
北 京	611.7	251.9	254.2	71.2	2.3	39.9
天 津	91.9	43.4	33.4	11.7	1.4	3.2
河 北	39.7	20.1	12.5	6.5	1.3	-0.8
山 西	47.7	23.8	16.8	9.0	1.2	-4.5
内蒙古	46.6	25.5	12.1	9.6	1.3	-2.4
辽 宁	98.4	48.3	30.8	13.1	1.6	2.7
吉 林	25.9	13.0	6.9	4.8	0.4	0.3
黑龙江	11.6	6.4	3.2	1.4	0.3	
上 海	670.1	288.4	271.3	78.0	3.1	39.1
江 苏	383.0	201.6	102.5	52.8	5.3	18.1
浙 江	315.5	161.8	93.4	44.1	5.9	15.6
安 徽	140.1	78.4	33.8	16.8	3.5	8.0
福 建	201.2	126.5	40.1	19.3	1.6	10.6
江 西	43.3	24.7	9.3	4.9	0.7	3.0
山 东	266.7	158.3	53.8	33.5	5.8	13.0
河 南	136.6	83.1	19.9	12.2	2.4	15.6
湖 北	233.5	129.6	57.0	22.5	3.8	17.1
湖 南	131.8	76.5	26.1	13.4	2.4	8.9
广 东	723.2	355.6	244.1	81.1	4.6	38.5
广 西	43.5	22.9	12.9	5.2	0.7	1.6
海 南	9.0	3.8	3.5	1.5	0.1	
重 庆	210.5	134.8	28.8	19.0	2.1	23.0
四 川	194.6	109.3	45.7	20.8	3.9	13.3
贵 州	35.3	22.4	4.4	4.6	0.6	2.9
云 南	60.6	38.5	10.0	6.2	1.0	4.0
西 藏	1.0	0.5	0.2	0.2		
陕 西	171.7	107.3	34.7	16.8	1.9	8.1
甘 肃	32.1	18.1	8.0	4.4	0.5	1.5
青 海	4.4	2.4	1.4	0.7	0.2	-0.2
宁 夏	6.8	3.5	2.1	1.6	0.2	-0.6
新 疆	16.1	7.3	5.7	3.0	0.4	0.1

7-6-9 限额以上住宿和餐饮业企业经营情况

单位：亿元

项 目	营业额	#客房收入	#餐费收入
总 计	**9276.7**	**2366.2**	**6135.4**
一、住宿业	**3963.9**	**2051.2**	**1403.3**
#国有控股	994.1	455.3	355.9
(一)按登记注册类型分			
内资企业	**3416.2**	**1778.3**	**1224.5**
国有企业	359.9	158.9	139.2
集体企业	39.7	18.6	14.0
股份合作企业	8.6	3.4	3.1
联营企业	3.8	2.1	1.4
国有联营企业	2.2	1.2	0.8
集体联营企业	0.5	0.2	0.2
国有与集体联营企业	0.7	0.4	0.2
其他联营企业	0.4	0.3	0.2
有限责任公司	1607.7	811.4	575.1
国有独资公司	153.0	70.5	56.5
其他有限责任公司	1454.7	741.0	518.7
股份有限公司	122.0	57.7	43.6
私营企业	1258.5	717.4	442.1
私营独资企业	84.6	47.9	30.6
私营合伙企业	24.5	10.7	11.2
私营有限责任公司	1094.0	630.0	378.5
私营股份有限公司	55.3	28.7	22.0
其他企业	16.1	8.8	5.9
港、澳、台商投资企业	**357.1**	**173.8**	**120.2**
合资经营企业	146.8	70.0	51.3
合作经营企业	38.7	19.3	12.1
独资经营企业	158.1	77.4	51.7
投资股份有限公司	10.8	5.7	4.1
其他投资企业	2.8	1.4	1.1
外商投资企业	**190.6**	**99.2**	**58.6**
中外合资经营企业	82.2	41.5	25.8
中外合作经营企业	30.6	15.4	8.6
外资企业	65.5	35.9	19.4
外商投资股份有限公司	3.7	2.3	1.1
其他外商投资企业	8.7	4.1	3.8
(二)按国民经济行业分			
旅游饭店	3059.4	1462.4	1166.9
一般旅馆	813.3	537.4	210.3
其他住宿业	91.3	51.5	26.1

7-6-9 续表 单位：亿元

项　　目	营业额	#客房收入	#餐费收入
二、餐饮业	**5312.8**	**314.9**	**4732.1**
#国有控股	248.1	27.5	176.6
(一)按登记注册类型分			
内资企业	**3750.1**	**305.6**	**3215.2**
国有企业	58.6	13.2	40.4
集体企业	23.9	3.4	17.9
股份合作企业	13.8	0.4	11.9
联营企业	1.1	0.3	0.7
国有联营企业			
集体联营企业	0.8	0.2	0.6
国有与集体联营企业			
其他联营企业	0.3	0.1	0.1
有限责任公司	1187.1	113.5	984.1
国有独资公司	40.7	4.7	23.5
其他有限责任公司	1146.4	108.8	960.7
股份有限公司	146.6	9.2	121.1
私营企业	2285.4	162.7	2010.3
私营独资企业	285.3	15.2	256.8
私营合伙企业	30.5	2.0	27.5
私营有限责任公司	1889.2	139.0	1658.0
私营股份有限公司	80.5	6.5	68.0
其他企业	33.6	2.9	28.7
港、澳、台商投资企业	**665.0**	**6.7**	**642.8**
合资经营企业	121.5	1.5	117.4
合作经营企业	17.4	0.6	16.4
独资经营企业	522.7	4.3	506.2
投资股份有限公司	1.5	0.1	1.5
其他投资企业	1.9	0.2	1.4
外商投资企业	**897.6**	**2.6**	**874.1**
中外合资经营企业	187.3	1.4	184.3
中外合作经营企业	7.4	0.2	5.1
外资企业	640.2	0.6	627.7
外商投资股份有限公司	30.8	0.3	25.6
其他外商投资企业	31.9	0.1	31.4
(二)按国民经济行业分			
正餐服务	3650.4	311.6	3138.0
快餐服务	1215.1	1.1	1185.0
饮料及冷饮服务	215.8	0.1	204.8
其他餐饮业	231.5	2.1	204.3

7-6-10 各地区限额以上住宿和餐饮业企业经营情况

单位：亿元

地 区	合 计			住宿业			餐饮业		
	营业额	#客房收入	#餐费收入	营业额	#客房收入	#餐费收入	营业额	#客房收入	#餐费收入
全 国	**9276.7**	**2366.2**	**6135.4**	**3963.9**	**2051.2**	**1403.3**	**5312.8**	**314.9**	**4732.1**
北 京	1040.2	217.4	716.8	388.5	213.6	92.8	651.7	3.8	624.0
天 津	140.4	27.6	99.2	43.4	23.3	12.3	97.0	4.3	86.9
河 北	112.7	37.1	65.1	70.5	30.5	32.0	42.2	6.6	33.1
山 西	85.2	25.4	53.3	35.0	16.7	14.4	50.2	8.7	38.9
内蒙古	84.2	25.9	54.4	35.4	17.5	15.4	48.8	8.4	39.0
辽 宁	169.8	38.3	119.0	68.3	34.0	24.7	101.5	4.3	94.3
吉 林	56.8	19.7	33.0	29.7	15.6	11.4	27.1	4.2	21.6
黑龙江	43.0	19.0	19.5	31.3	17.6	9.9	11.7	1.4	9.5
上 海	1015.5	169.4	770.1	289.9	163.1	71.4	725.6	6.3	698.7
江 苏	649.9	148.8	450.4	245.4	111.2	106.6	404.5	37.6	343.8
浙 江	664.0	198.4	422.1	325.0	168.5	128.2	338.9	30.0	293.9
安 徽	217.4	51.4	148.8	71.5	34.7	30.4	145.9	16.6	118.4
福 建	413.9	94.5	283.4	203.1	85.1	88.9	210.8	9.4	194.4
江 西	114.3	41.9	64.5	69.8	35.9	28.3	44.5	6.0	36.3
山 东	494.6	137.4	320.3	213.2	102.9	91.8	281.4	34.5	228.5
河 南	320.3	104.5	193.2	174.3	91.6	68.2	145.9	13.0	125.0
湖 北	371.0	87.0	255.4	117.8	62.9	43.6	253.2	24.1	211.7
湖 南	303.7	93.8	186.6	165.1	81.2	67.3	138.6	12.7	119.4
广 东	1322.5	311.5	872.4	561.5	286.0	180.5	761.0	25.5	691.9
广 西	124.3	49.1	64.8	78.2	46.0	24.5	46.1	3.2	40.4
海 南	121.5	71.5	41.1	112.2	71.2	32.8	9.4	0.4	8.3
重 庆	321.1	59.1	238.2	92.5	46.8	35.7	228.6	12.3	202.5
四 川	355.7	91.9	234.8	150.9	77.8	56.8	204.8	14.1	177.9
贵 州	105.5	45.4	52.8	68.7	42.7	20.4	36.8	2.7	32.4
云 南	160.1	57.9	85.4	96.0	55.5	28.3	64.1	2.4	57.1
西 藏	9.8	5.8	2.7	8.8	5.7	1.9	1.0	0.1	0.9
陕 西	303.0	74.7	203.0	123.4	59.5	53.0	179.7	15.2	150.0
甘 肃	75.5	28.6	43.6	42.1	25.4	14.1	33.4	3.2	29.5
青 海	13.1	6.3	5.9	8.5	5.4	2.4	4.6	1.0	3.5
宁 夏	15.7	5.3	9.4	8.6	4.2	3.6	7.1	1.1	5.8
新 疆	52.1	21.4	26.2	35.4	19.5	11.7	16.8	1.9	14.4

【主要统计指标解释】

营业额 指住宿和餐饮业单位在经营活动中因提供服务或销售商品等取得的全部收入（含增值税），收入主要来源于提供客房、餐费服务、商品销售和其他服务，如商务服务。

客房收入 指住宿和餐饮业单位在经营活动中因提供住宿服务取得的收入（含增值税）。

餐费收入 指本单位为顾客提供就餐服务取得的收入（含增值税）。包括：经烹饪、调制加工后出售的各种食品，如主食、炒菜、凉拌菜等的收入。

7 第三产业分行业主要指标

7-7 信息传输、软件和信息技术服务业

简要说明

一、主要内容

1. 信息传输、软件和信息技术服务业企业法人单位分地区主要指标。

2. 电信主要财务情况，主要包括电信运营企业的资产、营业收入和利润等指标。

3. 软件和信息技术服务业主要经济指标，主要包括软件业务收入等指标。

4. 电信资料主要包括：电信主要电路及设备拥有量、电信主要业务量、电信主要通信能力、电信通信服务水平等。

二、统计范围

1. 电信业包括从事电信运营的中国电信、中国移动、中国联通三家基础电信企业，不含专用网业务资料。

2. 软件和信息技术服务业包括：（1）主营业务收入500万元以上的软件和信息技术服务业等企业。（2）主营业务收入1000万元以上，并有软件研发、系统集成及相关信息技术服务业务收入，且该收入占本企业主营业务30%以上的独立法人单位。（3）主要从事集成电路设计的企业或其集成电路设计和测试的收入占本企业主营业务60%以上，且主营业务收入500万元以上的独立法人单位。

三、资料来源

本篇资料由国家统计局服务业统计司负责整理、编辑，信息传输、软件和信息技术服务业企业法人单位分地区主要指标来源于《规模以上服务业统计报表制度》和《规模以下服务业抽样调查统计报表制度》调查结果。其他资料来源于工业和信息化部。

7-7-1 电信主要财务情况

单位：亿元

指 标	2005	2008	2009	2010	2011	2012
主营业务收入	5840.12	8148.00	8544.09	9079.14	9880.41	10758.29
固定通信业务收入			2849.14	2795.96	2705.79	2802.46
移动通信业务收入			5694.95	6283.17	7174.62	7955.83
主营业务成本	2720.45	3941.61	4116.29	4361.02	4980.15	5240.34
利润总额	1265.07	1750.30	1730.71	1458.46	1668.26	1797.31
资产总额	16419.27	19857.43	21169.05	22194.60	23408.52	25177.34

7-7-1 续表

单位：亿元

指 标	2013	2014	2015	2016	2017
主营业务收入	11668.67	11907.97	11665.16	12001.49	12636.94
固定通信业务收入	2984.17	3314.00	3455.76	3417.95	3545.12
移动通信业务收入	8684.49	8593.98	8209.39	8583.54	9091.82
主营业务成本	5780.65	6554.85	7698.89	8612.91	8632.24
利润总额	1774.14	1663.06	1657.46	1544.86	1658.14
资产总额	26519.94	28228.35	30641.19	31803.87	31654.68

7-7-2 各地区电信主要财务情况

单位：亿元

地 区	主营业务收入	主营业务成本	利润总额	资产总额
全 国	**12636.94**	**8632.24**	**1658.14**	**31654.68**
北 京	587.32	378.60	145.58	1236.23
天 津	160.19	119.36	13.42	344.21
河 北	487.56	353.60	32.52	1034.29
山 西	254.69	202.72	5.59	557.69
内蒙古	229.45	183.04	-4.54	504.57
辽 宁	393.54	286.44	20.56	841.87
吉 林	188.36	158.52	-13.83	411.54
黑龙江	243.74	200.68	-11.30	590.33
上 海	567.70	352.84	109.02	1247.37
江 苏	914.61	604.14	163.01	1843.92
浙 江	775.28	523.78	138.45	1831.34
安 徽	406.16	263.65	65.65	806.30
福 建	451.09	295.09	65.36	987.45
江 西	275.58	187.81	30.78	570.91
山 东	680.90	455.88	94.40	1380.63
河 南	634.41	427.58	90.06	1257.44
湖 北	444.80	293.89	75.08	852.69
湖 南	467.38	292.66	73.85	995.25
广 东	1634.91	1047.85	399.52	4300.00
广 西	339.03	232.03	48.14	632.68
海 南	105.91	76.00	12.19	220.05
重 庆	258.26	182.50	29.67	493.31
四 川	602.00	435.53	64.80	1168.86
贵 州	270.80	188.87	35.81	516.96
云 南	346.52	228.10	45.64	644.03
西 藏	50.98	49.13	-13.83	131.06
陕 西	345.02	245.97	29.46	680.52
甘 肃	197.26	151.06	11.01	411.71
青 海	59.69	49.29	-5.66	139.13
宁 夏	65.05	53.50	-6.32	144.07
新 疆	219.29	185.21	-14.54	494.62
不分地区	-20.56	-73.08	-71.41	4383.65

7-7-3 软件和信息技术服务业主要经济指标

年 份 地 区	软件业务 收 入 (万元)	#软件产品 收 入	#信息技术 服务收入	#嵌入式系统 软件收入	#软件业务出口 (万美元)
2010	135885509.6	49305319.5	65296861.8	21283328.4	2673526.0
2011	188489906.0	61921545.6	95830650.1	30737710.2	3461947.0
2012	247937523.5	78572418.6	129448959.2	39916145.7	3942380.0
2013	305874743.1	98768380.6	160305341.0	46801021.5	4691377.0
2014	370264197.3	121984961.7	187110900.5	61168335.2	4867057.8
2015	428479158.8	136561431.9	222109513.9	69808213.0	4948702.5
2016	482322235.0	150278252.4	260904232.5	71139750.1	4994607.7
2017	551031186.6	169835724.7	306037090.4	75158371.5	5411643.3
北 京	78366515.6	28780763.0	49410450.0	175302.6	249843.0
天 津	13519355.3	3310194.5	9526638.3	682522.5	55912.7
河 北	2378556.8	369809.1	1972130.1	36617.5	1086.4
山 西	298861.6	124380.1	150154.9	24326.6	
内蒙古	157280.5	50385.3	91259.9	15635.2	218.0
辽 宁	19901516.6	8770756.7	10522326.0	608434.0	306795.0
吉 林	5837083.3	1961383.9	3072615.4	803084.0	9421.4
黑龙江	1895875.7	677191.6	1061277.8	157406.4	5164.5
上 海	43414756.2	13750868.8	28147609.5	1516277.9	344604.2
江 苏	89364544.8	22433472.7	38733310.2	28197761.9	621901.1
浙 江	43404221.5	12163301.4	28622850.0	2618070.1	344547.0
安 徽	3411237.9	1294735.2	1682503.3	433999.4	8197.6
福 建	24965223.2	8828088.8	13983811.2	2153323.3	43890.6
江 西	1066180.0	365198.8	687610.3	13370.8	9234.8
山 东	42331438.2	15998762.7	18843274.6	7489400.9	240015.2
河 南	3066830.9	881946.6	2101417.1	83467.2	301.5
湖 北	15311988.0	7486686.1	7186114.5	639187.4	22592.1
湖 南	4548845.4	1390494.7	2771766.4	386584.3	61844.9
广 东	96812074.5	21620008.0	49198710.1	25993356.5	2781019.7
广 西	813490.0	228208.1	570873.3	14408.6	6.2
海 南	1036893.8	257258.2	779318.5	317.2	1172.6
重 庆	12129036.1	2859347.8	7831006.5	1438681.8	16680.8
四 川	27822348.9	10495826.9	16686669.2	639852.8	147168.7
贵 州	1297262.1	191094.8	1027136.7	79030.7	3694.0
云 南	776748.8	178009.8	593341.2	5397.8	200.0
西 藏					
陕 西	15935958.5	5063899.7	9938248.5	933810.4	135852.6
甘 肃	457531.4	126134.1	325799.6	5597.6	
青 海	8744.0	3720.4	3647.9	1375.7	
宁 夏	155507.6	46185.8	105453.6	3868.1	
新 疆	545279.8	127611.2	409766.1	7902.5	278.7

注：本表统计口径为主营业务收入500万元以上的软件和信息技术服务业等企业。

7-7-4 信息传输、软件和信息技术服务业企业法人单位分地区主要指标

地　区	单位数（个）	营业收入（亿元）	资产总计（亿元）	从业人员（万人）
全　国	**373670**	**53593.0**	**133271.1**	**697.3**
北　京	71791	9613.1	41845.4	94.2
天　津	14341	1202.4	3840.8	17.5
河　北	9159	870.1	1827.6	12.6
山　西	3978	354.0	1154.0	10.8
内蒙古	3550	367.4	792.5	7.0
辽　宁	10483	913.2	2083.7	20.4
吉　林	3999	439.7	868.0	9.5
黑龙江	6467	337.9	742.9	10.9
上　海	16661	4605.9	9615.1	48.0
江　苏	34306	6055.5	7367.8	71.8
浙　江	37618	6750.9	10902.2	41.4
安　徽	15312	778.9	863.8	14.9
福　建	11716	1302.7	1857.7	22.0
江　西	4206	557.4	989.0	9.5
山　东	12860	2289.2	7328.1	33.4
河　南	7265	1052.8	2247.7	19.8
湖　北	9110	1013.6	3408.6	20.4
湖　南	12023	872.7	1488.7	19.2
广　东	39399	7376.7	21071.9	95.2
广　西	4239	442.2	848.0	9.8
海　南	1530	223.2	546.8	3.2
重　庆	8072	912.5	2165.1	15.2
四　川	15615	2255.8	3849.8	41.0
贵　州	2517	486.8	812.9	5.9
云　南	5318	558.1	1135.0	10.7
西　藏	108	148.4	168.8	1.0
陕　西	7369	1039.3	2041.2	19.1
甘　肃	1563	253.6	461.0	3.8
青　海	525	85.0	158.8	1.3
宁　夏	478	100.0	294.6	1.7
新　疆	2092	334.1	493.5	6.1

7-7-5 电信主要业务量

指　　标	2007	2008	2009	2010	2011	2012
电信业务总量 (亿元)	18591.3	22247.7	25553.6	29993.2	11725.8	12982.4
固定电话用户合计 (万户)	36563.7	34035.9	31373.2	29434.2	28509.8	27815.3
#公用电话用户	2991.9	2771.5	2708.8	2595.9	2468.3	2347.1
城市电话用户	24859.8	23155.9	21190.0	19658.1	19121.7	18893.4
#住宅电话用户	16988.2	15588.3	12969.5	11973.4	11411.6	11013.2
农村电话用户	11704.0	10880.0	10183.2	9776.1	9388.1	8921.9
#住宅电话用户	10533.1	9612.2	8813.3	8325.0	7861.2	7315.8
移动电话用户合计 (万户)	54730.6	64124.5	74721.4	85900.3	98625.3	111215.5
#3G移动电话用户			1232.2	4705.1	12842.4	23280.3
4G移动电话用户						
互联网拨号用户 (万户)	1941.0	1227.8	754.4	590.1	550.7	569.8
互联网宽带接入用户 (万户)	6641.4	8287.9	10397.8	12629.1	15000.1	17518.3
固定本地电话通话时长合计(亿分钟)					4227.4	3577.7
固定长途电话通话时长合计(亿分钟)	1756.7	1655.8	1314.6	1068.9	856.9	700.7
移动电话通话时长合计 (亿分钟)	23061.3	29355.6	35351.0	43261.2	50472.6	55444.9
#去话通话时长	11224.6	14378.5	17070.3	21129.0	25056.0	27603.5
移动短信业务量 (亿条)	5945.8	6996.9	7726.5	8277.5	8790.0	8973.1

注：1.电信业务总量2010年及以前按2000年不变价格计算；2011年起按2010年不变价格计算，按可比价格比上年增长15.2%；2016年起按2015年不变价格计算，按可比价格比上年增长30.3%。
2.固定长途电话通话时长合计2005年及以前不含固定IP电话通话时长。

7-7-5 续表

指　　标		2013	2014	2015	2016	2017
电信业务总量	(亿元)	15707.2	18138.3	23346.3	15617.0	27596.7
固定电话用户合计	(万户)	26698.5	24943.0	23099.6	20662.4	19375.7
#公用电话用户		2233.4	2056.9	1698.1	1390.5	1258.3
城市电话用户		18456.8	17627.9	17320.8	15619.2	14730.8
#住宅电话用户		10474.3	9896.1	9240.8	8012.3	7358.8
农村电话用户		8241.7	7315.1	5778.9	5043.3	4644.9
#住宅电话用户		6643.4	5769.2	4659.0	3982.7	3605.4
移动电话用户合计	(万户)	122911.3	128609.3	127139.7	132193.4	141748.7
#3G移动电话用户		40161.1	48525.5	27573.0	17080.5	13463.2
4G移动电话用户			9728.4	43038.1	76994.9	99688.9
互联网拨号用户	(万户)	485.1	441.6	331.6	306.3	301.7
互联网宽带接入用户	(万户)	18890.9	20048.3	25946.6	29720.7	34854.0
固定本地电话通话时长合计	(亿分钟)	3023.1	2613.9	2251.1	1876.4	1527.9
固定长途电话通话时长合计	(亿分钟)	590.6	530.1	472.6	400.8	314.1
移动电话通话时长合计	(亿分钟)	58229.7	59012.7	57648.9	56599.0	54004.7
#去话通话时长		28987.7	29270.1	28499.9	28072.8	26904.2
移动短信业务量	(亿条)	8921.0	7674.2	6991.8	6670.9	6641.4

注：1.电信业务总量2010年及以前按2000年不变价格计算；2011年起按2010年不变价格计算，按可比价格比上年增长15.2%；2016年起按2015年不变价格计算，按可比价格比上年增长30.3%。

2.固定长途电话通话时长合计2005年及以前不含固定IP电话通话时长。

7-7-6 各地区电信主要业务量

地区	固定本地电话通话时长（亿分钟）	固定长途电话通话时长（亿分钟）	移动电话通话时长（亿分钟）	移动短信业务量（亿条）	电信业务总量（亿元）	固定电话用户（万户）
全国	**1527.9**	**314.1**	**54004.7**	**6641.4**	**27596.74**	**19375.7**
北京	73.5	38.3	1336.9	591.2	870.58	649.4
天津	17.3	4.6	611.1	35.1	300.67	295.9
河北	102.6	11.2	2517.9	178.1	1096.19	763.8
山西	17.2	2.4	1384.9	280.7	584.21	302.3
内蒙古	18.9	3.4	1145.9	67.4	491.17	232.3
辽宁	55.0	11.1	1824.9	203.3	873.25	777.2
吉林	15.0	3.1	1023.8	59.2	486.10	497.6
黑龙江	28.2	3.4	1314.0	48.7	597.31	430.3
上海	107.5	34.7	1068.6	236.7	693.79	690.9
江苏	119.0	25.5	3276.9	771.6	2066.50	1512.1
浙江	98.1	17.5	2904.5	859.0	1794.18	1211.1
安徽	41.7	9.4	1686.9	118.0	831.80	551.4
福建	58.6	9.1	1697.3	616.8	908.95	776.9
江西	31.1	5.8	1320.8	99.1	661.48	477.0
山东	99.3	13.0	3898.3	283.0	1499.00	883.5
河南	62.0	7.1	3180.7	144.5	1484.62	735.0
湖北	49.0	9.8	1761.9	101.9	857.64	658.8
湖南	50.5	8.2	2161.7	159.6	929.11	674.4
广东	178.5	51.8	5554.9	655.0	3579.70	2406.1
广西	38.2	2.9	1494.6	122.8	711.65	307.7
海南	7.8	1.3	458.0	34.6	251.27	160.5
重庆	35.9	2.9	1238.5	88.5	611.48	566.8
四川	80.4	15.1	3081.1	201.1	1245.99	1636.0
贵州	14.4	2.1	1649.2	93.7	836.12	247.9
云南	32.2	3.2	1800.2	131.9	1143.47	301.1
西藏	0.6	0.4	146.1	13.4	45.21	47.3
陕西	42.8	8.9	1556.5	225.4	836.00	622.8
甘肃	10.3	2.4	1004.4	104.2	456.19	326.8
青海	4.3	0.8	246.2	15.4	161.68	106.7
宁夏	3.6	0.7	296.5	28.2	204.87	62.2
新疆	34.5	4.1	1361.6	73.4	333.28	464.0
不分地区					153.3	

7-7-6 续表

单位：万户

地区	城市电话用户	#住宅电话	农村电话用户	#住宅电话	移动电话用户
全国	**14730.8**	**7358.8**	**4644.9**	**3605.4**	**141748.7**
北京	529.8	226.1	119.7	72.4	3752.1
天津	293.3	92.3	2.6	0.5	1580.1
河北	641.1	344.5	122.7	77.8	7581.8
山西	259.2	85.8	43.1	27.7	3647.9
内蒙古	204.6	86.6	27.7	20.5	2841.2
辽宁	667.2	375.6	110.0	98.2	4755.7
吉林	388.0	217.3	109.6	71.1	2868.8
黑龙江	376.9	304.8	53.4	51.1	3657.1
上海	690.9	389.1			3298.7
江苏	1003.2	455.6	508.9	403.9	8807.7
浙江	978.1	369.3	233.0	154.3	7590.6
安徽	392.6	190.1	158.7	127.5	4884.3
福建	488.2	219.9	288.8	202.3	4295.0
江西	317.4	157.9	159.6	143.5	3449.2
山东	638.5	195.1	245.0	149.1	9943.9
河南	520.0	206.5	215.0	144.2	8553.4
湖北	495.8	247.1	163.0	136.7	4994.1
湖南	467.4	237.3	206.9	172.7	5683.4
广东	1850.7	819.5	555.4	414.3	14796.2
广西	221.3	89.2	86.4	66.5	4385.1
海南	104.5	56.3	56.0	44.7	1007.5
重庆	435.8	310.8	131.0	115.7	3274.9
四川	1027.9	699.5	608.1	555.6	7693.6
贵州	202.5	117.3	45.4	40.2	3485.6
云南	247.0	98.1	54.1	32.6	4228.4
西藏	47.2	32.9	0.1	0.1	290.3
陕西	483.9	321.6	138.9	120.0	4220.6
甘肃	239.2	138.0	87.6	79.6	2526.4
青海	94.9	52.8	11.8	9.8	610.9
宁夏	55.3	23.8	6.9	4.6	792.0
新疆	368.4	198.0	95.6	68.1	2252.3
不分地区					

7-7-7 各地区固定电话用户情况

单位：万户

地区	2007	2008	2009	2010	2011	2012	2013	2014	2015	2016	2017
全国	**36563.7**	**34035.9**	**31373.2**	**29434.2**	**28509.8**	**27815.3**	**26698.5**	**24943.0**	**23099.6**	**20662.4**	**19375.7**
北京	914.6	884.9	893.1	885.6	883.9	883.2	867.6	831.3	784.6	695.0	649.4
天津	398.0	396.6	385.3	366.8	333.9	353.7	352.8	360.6	343.8	311.3	295.9
河北	1526.7	1457.5	1343.9	1251.4	1242.7	1207.7	1152.4	1085.1	978.2	850.6	763.8
山西	823.1	803.0	758.8	720.7	682.2	685.2	584.4	554.2	444.6	343.7	302.3
内蒙古	503.2	462.5	441.6	414.1	379.5	368.3	377.2	359.1	324.5	268.1	232.3
辽宁	1667.1	1604.3	1529.1	1428.0	1352.1	1285.1	1222.4	1151.2	1036.2	890.6	777.2
吉林	729.8	621.7	581.3	595.2	579.3	578.8	579.0	574.8	572.3	520.3	497.6
黑龙江	1081.2	1028.0	870.2	813.5	793.5	776.1	747.8	640.5	596.0	497.4	430.3
上海	1022.0	1015.4	935.5	931.8	926.4	902.9	869.2	840.2	797.3	731.6	690.9
江苏	3224.1	2968.3	2662.4	2498.8	2370.9	2387.2	2289.8	2133.6	1973.0	1708.3	1512.1
浙江	2407.9	2297.6	2130.9	1985.5	1947.9	1882.5	1781.3	1641.9	1471.0	1287.2	1211.1
安徽	1496.2	1379.9	1267.3	1231.0	1243.9	1091.4	976.7	839.8	739.4	613.9	551.4
福建	1482.5	1431.0	1244.8	1045.7	1015.0	1017.3	983.5	933.3	888.5	815.7	776.9
江西	885.2	846.9	748.5	709.6	673.9	644.2	622.4	577.4	568.4	517.5	477.0
山东	2493.9	2421.1	2217.3	1992.2	1896.6	1854.2	1707.6	1418.3	1118.0	970.4	883.5
河南	1854.6	1562.4	1460.6	1426.8	1341.4	1288.7	1224.4	1143.0	1009.7	798.6	735.0
湖北	1280.2	1171.8	1088.3	1026.4	1020.3	1003.6	984.0	907.4	872.5	731.7	658.8
湖南	1321.7	1257.3	1166.9	1077.0	1011.6	953.9	914.4	844.1	787.0	682.7	674.4
广东	3750.2	3573.3	3366.7	3169.1	3147.1	3135.8	3099.9	2950.6	2807.1	2609.7	2406.1
广西	891.0	848.4	787.6	708.9	650.9	599.3	546.3	499.9	439.7	348.9	307.7
海南	240.1	224.7	182.8	179.8	175.0	173.0	173.6	170.0	171.0	169.2	160.5
重庆	722.5	678.9	627.7	582.7	571.3	575.7	580.3	579.5	559.6	541.6	566.8
四川	1755.1	1660.4	1551.2	1419.1	1382.9	1347.1	1313.7	1294.2	1353.4	1490.1	1636.0
贵州	521.2	499.6	451.1	431.2	404.0	380.4	363.0	339.1	312.5	258.7	247.9
云南	628.7	616.3	583.1	562.5	540.1	524.3	485.4	429.8	377.5	335.0	301.1
西藏	67.3	70.7	53.9	43.9	40.5	40.5	40.4	35.9	34.9	38.9	47.3
陕西	925.7	881.2	815.0	781.9	775.5	772.1	769.3	750.8	723.3	679.9	622.8
甘肃	585.3	519.0	453.9	411.9	396.4	377.8	364.3	341.3	326.0	312.3	326.8
青海	123.1	119.4	109.3	103.2	104.2	102.5	101.8	100.2	104.2	102.1	106.7
宁夏	140.3	121.5	114.5	111.9	108.5	105.0	104.7	102.7	84.4	70.5	62.2
新疆	678.1	612.2	550.5	528.0	518.3	517.9	518.7	513.3	501.2	471.0	464.0
不分地区	423.2										

7-7-8 各地区移动电话用户情况

单位：万户

地区	2007	2008	2009	2010	2011	2012	2013	2014	2015	2016	2017
全国	**54730.6**	**64124.5**	**74721.4**	**85900.3**	**98625.3**	**111215.5**	**122911.3**	**128609.3**	**127139.7**	**132193.4**	**141748.7**
北京	1598.3	1616.3	1825.5	2129.8	2576.0	3168.0	3373.8	4076.4	3944.4	3869.0	3752.1
天津	738.3	865.0	992.5	1089.8	1235.6	1325.2	1323.2	1351.8	1369.7	1499.8	1580.1
河北	2814.8	3214.1	3783.2	4353.6	5094.5	5513.1	6006.2	6229.1	6135.6	7121.0	7581.8
山西	1420.4	1698.5	1952.3	2205.2	2446.9	2764.6	3105.5	3332.3	3241.4	3365.7	3647.9
内蒙古	1046.9	1344.4	1616.0	2034.0	2316.2	2550.1	2690.6	2634.6	2377.1	2470.8	2841.2
辽宁	1958.9	2421.5	2882.1	3341.8	3836.5	4291.3	4583.6	4535.6	4289.8	4427.1	4755.7
吉林	1311.1	1362.9	1574.2	1805.4	2004.1	2257.0	2372.1	2612.3	2511.5	2654.8	2868.8
黑龙江	1449.2	1646.3	1865.9	2072.0	2376.6	2663.9	3020.4	3457.8	3329.8	3445.6	3657.1
上海	1776.5	1880.9	2113.2	2361.6	2620.6	3008.3	3200.7	3292.7	3132.4	3156.1	3298.7
江苏	3313.2	3957.0	4940.3	5923.1	6684.8	7471.4	7942.0	8070.4	7993.1	8198.8	8807.7
浙江	3529.2	3976.7	4456.3	5047.4	5756.0	6442.6	7071.8	7370.6	7283.7	7225.9	7590.6
安徽	1410.0	1715.1	2154.6	2798.7	3259.4	3609.8	3958.9	4215.9	4188.3	4343.0	4884.3
福建	1808.7	2368.1	2639.1	3021.8	3553.2	4049.2	4303.3	4276.7	4154.0	4159.0	4295.0
江西	1182.4	1277.3	1548.0	1811.3	2322.1	2573.4	2806.9	2938.5	3030.4	3140.7	3449.2
山东	3738.1	4627.9	5334.5	6190.4	7118.1	7588.9	8333.4	8664.1	9088.8	9594.5	9943.9
河南	2914.5	3501.0	3987.2	4402.0	5062.0	5787.6	7200.2	7712.9	7537.4	7889.0	8553.4
湖北	1940.6	2528.7	3136.9	3454.7	3953.7	4554.1	4416.8	4606.8	4530.5	4683.8	4994.1
湖南	1798.0	2240.3	2752.4	3257.0	3749.1	4262.0	4570.0	4726.1	4692.0	4993.6	5683.4
广东	7842.1	8395.7	8923.3	9624.6	10792.8	12468.0	14706.1	14943.4	14479.7	14349.0	14796.2
广西	1384.3	1623.9	1960.1	2214.5	2532.7	2884.1	3285.6	3553.8	3594.9	3774.2	4385.1
海南	324.8	397.8	496.4	594.3	671.6	775.6	858.3	907.4	894.1	942.3	1007.5
重庆	1176.9	1281.7	1440.9	1664.4	1801.2	2069.6	2380.8	2589.9	2737.7	2880.1	3274.9
四川	2400.4	2852.3	3466.9	4156.4	4817.9	5498.2	6283.3	6608.5	6798.3	7294.5	7693.6
贵州	834.0	1179.0	1453.4	1800.6	2044.3	2321.4	2662.6	2885.3	2941.5	3082.7	3485.6
云南	1346.4	1635.9	1936.4	2244.5	2589.5	2895.8	3395.8	3748.5	3740.1	3942.8	4228.4
西藏	73.7	87.0	124.0	157.6	196.4	235.5	265.6	291.8	268.7	284.4	290.3
陕西	1612.7	1912.2	2337.4	2518.2	2907.2	3264.8	3512.5	3607.2	3567.1	3813.3	4220.6
甘肃	686.4	895.3	1194.7	1390.1	1614.7	1763.5	1976.2	2058.6	2105.3	2203.8	2526.4
青海	221.7	247.2	301.0	397.8	463.5	537.2	542.4	544.0	517.1	539.8	610.9
宁夏	269.8	323.3	382.8	437.3	520.5	591.0	627.2	688.3	636.6	716.4	792.0
新疆	808.3	1051.3	1113.0	1359.9	1670.9	2010.6	2133.9	2077.4	2028.4	2132.1	2252.3
不分地区			37.0	40.5	36.7	19.8	1.6		0.5		

7-7-9 电信主要通信能力

指　　标		2009	2010	2011	2012	2013
光缆线路						
光缆线路长度	（公里）	8294565	9962467	12119303	14793300	17453709
#长途光缆线路长度	（公里）	831011	818133	842341	868175	890018
长途通信						
长途电话交换机容量	（万路端）	1684.9	1641.5	1602.3	1579.7	1280.5
本地网通信						
局用交换机容量	（万门）	49265.6	46537.3	43428.8	43749.3	41089.3
互联网及其他数据通信						
互联网宽带接入端口	（万个）	13835.7	18781.1	23239.4	32108.4	35945.3
移动通信						
移动电话交换机容量	（万户）	144084.7	150284.9	171636.0	184023.8	196557.3

注：2005-2011年长途电话业务电路采用将固定及移动长途电话业务电路、数据通信网长途电路和长途传输出租电路加总统计。

7-7-9 续表

指　　标		2014	2015	2016	2017
光缆线路					
光缆线路长度	（公里）	20612529	24863348	30420755	37801073.4
#长途光缆线路长度	（公里）	928398	965283	994092	1044997.8
长途通信					
长途电话交换机容量	（万路端）	982.9	811.1	681.1	603.5
本地网通信					
局用交换机容量	（万门）	40517.1	26446.5	22441.6	18398.7
互联网及其他数据通信					
互联网宽带接入端口	（万个）	40546.1	57709.4	71276.9	77599.1
移动通信					
移动电话交换机容量	（万户）	205024.9	218150.0	218540.0	242185.8

7-7-10 各地区电信主要通信能力

地 区	固定长途电话交换机容量（万路端）	局用交换机容量（万门）	移动电话交换机容量（万户）	长途光缆线路长度（公里）
全 国	**603.5**	**18398.7**	**242185.8**	**1044998**
北 京	45.8	1238.1	5850.0	4583
天 津	10.6	453.0	3350.0	4135
河 北	25.4	1016.6	13981.0	38188
山 西	21.5	432.0	5562.5	32440
内蒙古	4.6	238.1	6083.3	77865
辽 宁	23.4	1030.5	6499.2	24958
吉 林	8.6	413.4	5103.5	23444
黑龙江	26.2	4525.3	8850.9	53800
上 海	46.4	550.7	5044.0	5331
江 苏	21.2	168.2	10643.7	43110
浙 江	78.4	478.8	15234.7	27714
安 徽	1.8	166.7	8563.2	38899
福 建	4.1	280.2	7263.6	25344
江 西	20.7	408.4	6125.9	25397
山 东	19.1	822.0	13290.4	40667
河 南	18.8	877.7	12239.0	34589
湖 北	3.5	408.4	8833.5	32336
湖 南	41.0	452.9	9803.0	49655
广 东	50.2	701.9	23037.5	55188
广 西	25.3	1034.2	11809.0	39216
海 南	1.5	46.7	1684.0	3376
重 庆	6.5	239.5	4099.0	8173
四 川	37.4	713.9	16388.3	67565
贵 州	2.7	331.4	4908.0	36459
云 南	19.9	684.2	6027.2	51489
西 藏		10.7	2820.0	36584
陕 西	10.1	275.6	5111.5	30813
甘 肃	5.7	76.3	5227.0	35762
青 海	11.0	21.3	927.0	42728
宁 夏	4.8	82.2	1451.0	10954
新 疆	2.8	217.9	6375.0	44235
不分地区	4.6	2.0		

注：电话交换机容量中不包括用户交换机容量。

7-7-11 电信通信服务水平

指　　标		2007	2008	2009	2010	2011	2012
电话普及率	(部/百人)	69.5	74.3	79.9	86.4	94.8	103.1
固定电话普及率	(部/百人)	27.8	25.8	23.6	22.1	21.3	20.6
城市固定电话普及率	(部/百人)	40.6	37.4	33.9	31.2	30.0	27.4
移动电话普及率	(部/百人)	41.6	48.5	56.3	64.4	73.6	82.5
平均每千人拥有公用电话数	(部/千人)	22.8	21.0	20.4	19.5	18.4	17.4
互联网普及率	(%)	16.0	22.6	28.9	34.3	38.3	42.1
移动电话漫游国家和地区	(个)	231	237	237	239	258	258
互联网上网人数	(万人)	21000	29800	38400	45730	51310	56400

7-7-11 续表

指　　标		2013	2014	2015	2016	2017
电话普及率	(部/百人)	109.9	112.3	109.3	110.5	115.9
固定电话普及率	(部/百人)	19.6	18.2	16.8	14.9	13.9
城市固定电话普及率	(部/百人)	25.2	24.0	22.5	19.7	18.1
移动电话普及率	(部/百人)	90.3	94.0	92.5	95.6	102.0
平均每千人拥有公用电话数	(部/千人)	16.4	15.0	12.4	10.1	9.1
互联网普及率	(%)	45.8	47.9	50.3	53.2	55.8
移动电话漫游国家和地区	(个)	258	258	255	258	262
互联网上网人数	(万人)	61758	64875	68826	73125	77198

7-7-12 各地区电信通信服务水平

地 区	电话普及率（部/百人）	固定电话普及率（部/百人）	城市固定电话普及率（部/百人）	移动电话普及率（部/百人）	每千人拥有公用电话（部/千人）
全 国	**115.91**	**13.94**	**18.11**	**101.97**	**9.05**
北 京	202.77	29.92	28.23	172.85	16.65
天 津	120.50	19.00	22.72	101.49	10.13
河 北	110.99	10.16	15.50	100.83	7.74
山 西	106.69	8.17	12.21	98.53	8.41
内蒙古	121.55	9.19	13.05	112.36	4.59
辽 宁	126.64	17.79	22.63	108.85	11.69
吉 林	123.88	18.31	25.21	105.57	12.17
黑龙江	107.88	11.36	16.75	96.53	7.05
上 海	164.98	28.57	32.58	136.40	6.67
江 苏	128.53	18.83	18.17	109.69	11.05
浙 江	155.59	21.41	25.43	134.18	25.10
安 徽	86.90	8.82	11.74	78.09	5.26
福 建	129.68	19.87	19.26	109.82	10.35
江 西	84.94	10.32	12.58	74.62	6.95
山 东	108.21	8.83	10.53	99.38	8.56
河 南	97.17	7.69	10.84	89.48	7.86
湖 北	95.78	11.16	14.17	84.62	10.80
湖 南	92.68	9.83	12.48	82.85	6.51
广 东	154.02	21.54	23.72	132.48	17.76
广 西	96.07	6.30	9.21	89.77	1.46
海 南	126.17	17.34	19.46	108.83	6.36
重 庆	124.93	18.43	22.11	106.49	0.98
四 川	112.38	19.71	24.37	92.67	5.15
贵 州	104.29	6.92	12.29	97.36	2.22
云 南	94.36	6.27	11.02	88.08	6.05
西 藏	100.12	14.02	45.29	86.11	1.00
陕 西	126.28	16.24	22.22	110.04	8.53
甘 肃	108.66	12.45	19.63	96.22	6.12
青 海	119.92	17.83	29.88	102.09	4.68
宁 夏	125.29	9.12	13.98	116.16	4.45
新 疆	111.11	18.98	30.52	92.13	9.78

7-7-13 互联网主要指标

年 份 地 区	域名数 (万个)	网站数 (万个)	网页数 (万个)	互联网宽带接入端口 (万个)	互联网拨号用户 (万户)	移动互联网用户 (万户)
1995					0.7	
1996					3.6	
1997					16.0	
1998					67.7	
1999					299.4	
2000		26.5			900.5	
2001		27.7			3652.7	
2002		37.2			5246.5	
2003		59.6		1802.3	5653.1	
2004		66.9		3578.1	5122.3	
2005	259.2	69.4		4874.7	3559.5	
2006	410.9	84.3	447257.8	6486.4	2644.6	
2007	1193.1	150.4	847108.5	8539.3	1941.0	
2008	1682.6	287.8	1608637.0	10890.4	1227.8	
2009	1681.8	323.2	3360173.2	13835.7	754.4	
2010	865.6	190.8	6000806.0	18781.1	590.1	
2011	774.8	229.6	8658229.8	23239.4	550.7	
2012	1341.2	268.1	12274681.7	32108.4	569.8	
2013	1843.6	320.2	15004076.3	35945.3	485.1	
2014	2059.6	334.9	18991864.9	40546.1	441.6	87522.1
2015	3101.4	422.9	21229622.4	57709.4	331.6	96447.2
2016	4227.6	482.4	23599758.4	71276.9	306.3	109395.0
2017	3848.0	533.3	26039903.0	77599.1	301.7	127153.7
北 京	537.5	70.6	9531606.1	1818.0	46.2	4639.7
天 津	26.5	5.8	467368.4	795.3		1309.6
河 北	63.8	13.1	1054868.6	4126.9		6211.8
山 西	24.4	5.5	327970.9	1840.1	3.4	2956.1
内蒙古	9.9	1.7	13474.7	1294.1		2360.3
辽 宁	47.5	12.3	209977.1	3118.8	16.7	3936.8
吉 林	24.6	3.3	152994.0	1761.1	4.7	2349.6
黑龙江	20.1	4.3	258253.2	1937.2	7.9	2858.7
上 海	240.6	41.5	1892366.4	1810.2		3393.1
江 苏	161.6	28.9	1291048.1	6531.7	3.7	9257.6
浙 江	207.6	40.0	3316217.1	5455.1	29.6	7456.3
安 徽	72.2	8.1	206187.6	2872.2	19.4	4639.7
福 建	882.5	30.3	827546.3	2861.8		3508.8
江 西	33.2	4.4	212189.3	1985.9	0.7	3079.3
山 东	119.6	31.2	502119.7	5596.9	38.8	8508.0
河 南	123.2	23.5	1187272.6	4475.8		7542.4
湖 北	79.0	11.7	189036.0	2605.5	12.7	4116.4
湖 南	112.4	8.8	152334.9	2436.0		4922.5
广 东	397.9	77.7	3274458.2	6482.3	68.8	14160.3
广 西	52.9	5.0	126896.1	2216.4	7.3	3713.4
海 南	38.6	2.5	84745.1	571.6		911.7
重 庆	43.8	5.5	77438.7	1935.2		2831.6
四 川	118.4	23.4	299900.3	4702.8	7.7	6898.5
贵 州	25.5	2.0	17166.7	1325.6		2938.5
云 南	23.3	2.7	177203.9	1661.8	5.6	3680.5
西 藏	1.8	0.2	380.2	154.6		198.7
陕 西	39.6	6.9	160042.5	1993.2	11.4	3668.3
甘 肃	11.7	1.3	11312.2	1099.9	9.8	2034.1
青 海	2.0	0.4	1529.2	310.5	0.9	533.3
宁 夏	3.3	0.7	5714.8	415.0	1.4	682.5
新 疆	8.2	1.1	10284.0	1407.4	5.1	1855.8
不分地区	294.9	59.0				

7-7-13 续表

年份 地区	移动互联网接入流量（万G）	互联网宽带接入用户（万户）	#城市宽带接入用户	#农村宽带接入用户	#家庭宽带接入用户	#单位宽带接入用户
1995						
1996						
1997						
1998						
1999						
2000						
2001						
2002		325.3				
2003		1115.1				
2004		2487.5				
2005		3735.0				
2006		5085.3				
2007		6641.4				
2008		8287.9				
2009		10397.8				
2010		12629.1	9963.5	2475.7		
2011		15000.1	11691.4	3308.8		
2012		17518.3	13442.4	4075.9		
2013		18890.9	14153.6	4737.3		
2014	206193.6	20048.3	15174.6	4873.7	16333.6	3714.8
2015	418753.3	25946.6	19547.2	6398.4	21716.4	4230.2
2016	937863.5	29720.7	22266.6	7454.0	24926.8	4793.9
2017	2459380.3	34854.0	25476.7	9377.3	29552.2	5301.8
北京	78117.9	541.9	471.2	70.8	501.2	40.7
天津	25341.8	339.3	325.0	14.4	248.4	91.0
河北	102527.7	1910.1	1189.1	721.0	1702.4	207.7
山西	49212.9	872.9	687.1	185.8	799.2	73.7
内蒙古	44887.3	494.0	390.5	103.5	429.3	64.7
辽宁	86655.4	1058.6	844.9	213.7	966.4	92.3
吉林	65369.0	501.5	426.5	75.0	470.8	30.6
黑龙江	56155.5	664.6	513.8	150.8	614.3	50.3
上海	48162.7	681.3	681.3		597.3	84.0
江苏	178112.1	3106.1	1953.2	1152.9	2551.3	554.9
浙江	150822.8	2464.6	1860.4	604.2	2013.5	451.0
安徽	85024.9	1323.7	900.8	422.8	1158.6	165.1
福建	71383.3	1373.6	913.6	460.0	1076.7	296.9
江西	57687.9	997.1	687.8	309.3	871.7	125.4
山东	118818.1	2588.7	1744.1	844.6	2278.6	310.2
河南	134407.2	2128.4	1535.6	592.8	1752.1	376.2
湖北	74504.0	1242.9	979.5	263.4	1013.8	229.1
湖南	76087.2	1315.5	941.4	374.0	1014.7	300.8
广东	328666.1	3246.8	2635.0	611.8	2660.6	586.2
广西	63282.7	968.0	671.8	296.2	808.1	159.9
海南	22937.8	228.7	149.1	79.6	188.1	40.7
重庆	54842.8	866.9	661.4	205.5	775.6	91.3
四川	103502.5	2167.5	1430.3	737.2	1923.1	244.4
贵州	84612.3	568.6	436.7	131.9	517.4	51.2
云南	116314.7	812.6	694.2	118.3	619.1	193.5
西藏	2420.2	61.2	55.3	5.9	49.6	11.6
陕西	78748.9	903.2	662.2	241.0	769.7	133.5
甘肃	40620.5	576.4	380.0	196.4	518.7	57.7
青海	17331.4	120.1	105.9	14.2	96.6	23.6
宁夏	20823.4	159.2	140.6	18.6	136.4	22.7
新疆	21999.4	569.9	408.3	161.6	429.0	140.9
不分地区						

【主要统计指标解释】

主营业务收入 指电信企业经营的基础电信业务和增值电信业务所取得的资费收入，以及电信企业之间网间互联电信业务的结算收入。

主营业务成本 指电信企业在通信生产过程中实际发生的与通信生产直接有关的各项费用支出。

利润总额 指电信企业在生产经营过程中，通过销售过程将商品卖给购买方，实现收入，收入扣除当初的投入成本以及其他一系列费用，再加减非经营性质的收支及投资收益。

资产总额 指过去的交易或事项形成并由电信企业拥有或控制的所有资源，该资源预期会给企业带来经济利益，按其流动性分为流动资产和非流动资产。

软件业务收入 指企业在报告期从事软件产品、信息技术服务、嵌入式系统软件三项业务收入的合计。

电信业务总量 指以货币形式表示的电信企业为社会提供各类电信服务的总数量，是用于观察电信业务发展变化总趋势的综合性总量指标。电信业务总量是以各类业务的实物量分别乘以相应的不变单价，求出各类业务的货币量加总求得。

移动短信业务量 指移动电话用户通过移动通信网络短信平台使用短信业务的通信量。

移动电话用户 指在电信企业营业网点办理开户登记手续，通过移动电话交换机进入移动电话网，占用移动电话号码的各类电话用户。包括各类签约用户、智能网预付费用户、无线上网卡用户。

固定电话用户 指在电信企业营业网点办理开户登记手续并已接入固定电话网上的全部电话用户。包括普通电话用户、无线市话用户、公共电话用户、窄带综合业务数字网（N-ISDN）用户、智能网专用接入终端用户等。

城市电话用户 指按行政区划属于中央直辖市、省辖市、地级市、县级市的市区、市郊区及县城区范围内的电话用户数。包括分布在农村地区但以县团级以上建制的独立工矿区、林区、驻军的电话用户。

农村电话用户 指按行政区划属于城市范围以外的乡（镇）、村电话用户。

住宅电话用户 指私人付费或安装在居民住宅并按照私人或住宅电话用户登记注册和收费的各类电话用户。

局用交换机容量 指安装在电信企业内用于接续本地固定电话的电话交换机容量。包括接入网设备容量（安装在电信运营企业用于连接话音用户的远端节点的设备容量）。

移动电话交换机容量 指移动电话交换机根据一定话务模型和交换机处理能力计算出来的最大同时服务用户的数量。按报告期末已割接入网正式投入使用的设备实际容量统计。

互联网宽带接入端口 指用于接入互联网用户的各类实际安装运行的接入端口的数量，包括xDSL用户接入端口、LAN接入端口、其他类型接入端口等，不包括窄带拨号接入端口。

电话普及率 指报告期行政区域总人口中，平均每百人拥有的话机数。计算公式：

$$\text{电话普及率}=\frac{\text{电话机总数(包括移动电话)（部）}}{\text{行政区域总人口数（人）}}\times 100$$

互联网上网人数 指过去半年内使用过互联网的6周岁及以上中国居民人数。

7 第三产业分行业主要指标

7-8　金融业

简要说明

一、主要内容

本篇反映我国金融、证券和保险业发展情况。有以下四个部分：一是金融机构金融活动情况；二是存贷款利率调整情况；三是直接融资情况；四是保险业务情况。

二、资料来源

1. 反映金融机构活动情况的资料包括："金融机构人民币信贷收支表（年底余额）""货币供应量（年底余额）""货币供应量同比增长率""黄金和外汇储备""货币当局资产负债表（年底余额）""其他存款性公司资产负债表（年底余额）""外资银行资产负债表（年底余额）""社会融资规模增量及构成""社会融资规模存量及增长率"。金融机构信贷收支表统计范围包括中国人民银行、国家政策性银行、国有商业银行、其他商业银行、城市信用合作社、农村信用合作社、外资银行、财务公司、信托投资公司、金融租赁公司、邮政储蓄机构。中国人民银行总行根据金融机构的基层单位全面填报、并按各自系统汇总的资料，进行归并和汇总，最后得到金融机构的信贷收支表。

2. 反映存贷款利率调整情况的"金融机构法定存款利率""金融机构法定贷款利率表"，数据来自中国人民银行总行规定的、并对外发布的存贷款利率。

3. 反映直接融资情况的"证券市场基本情况""上市公司数量""上市公司地区分布""证券市场发行情况""股票交易情况""全国期货交易所市场概况""全国交易所上市基金成交概况"，资料由中国证券监督管理委员会提供。

4. 反映保险业务情况的"保险公司业务经济技术指标""保险公司资产情况""保险公司资金运用情况""各地区原保险保费收入和赔付支出情况"等，数据由中国银行保险监督管理委员会提供。

7-8-1 金融机构人民币信贷收支表(年底余额)

单位：亿元

项目	2016	2017	项目	2016	2017
资金来源合计	**1759952.28**	**1931934.41**	**资金运用合计**	**1759952.28**	**1931934.41**
各项存款	**1505863.83**	**1641044.22**	**各项贷款**	**1066040.06**	**1201320.99**
境内存款	1497168.59	1630576.82	境内贷款	1061666.80	1196900.23
住户存款	597751.05	643767.62	住户贷款	333614.74	405045.45
非金融企业存款	502178.44	542404.58	非金融企业及机关团体贷款	718520.56	785495.79
政府存款	270378.71	304852.70	非银行业金融机构贷款	9531.50	6358.99
非银行业金融机构存款	126860.39	139551.92	境外贷款		4420.75
其他存款			债券投资	247604.49	294381.54
境外存款	8695.24	10467.40	股权及其他投资	220820.08	217588.73
金融债券	31578.87	47999.58	黄金占款	2541.50	2541.50
流通中货币	68303.87	70645.60	外汇买卖		
对国际金融机构负债	2406.79	9.47	中央银行外汇占款	219425.26	214788.33
其他	151798.91	172235.54	在国际金融机构资产	3520.89	1313.32

注：1.本表机构包括中国人民银行、银行业存款类金融机构、银行业非存款类金融机构(以下相关表同)。
2.银行业存款类金融机构包括银行、信用社和财务公司。银行业非存款类金融机构包括信托投资公司、金融租赁公司、汽车金融公司和贷款公司等银行业非存款类金融机构。银行业存款类金融机构包括银行、信用社和财务公司(以下相关表同)。
3.自2015年起，“各项存款”含非银行业金融机构存放款项，“各项贷款”含拆放给非银行业金融机构款项(以下相关表同)。

7-8-2 货币供应量(年底余额)

单位：亿元

年 份	货币和准货币(M2)	货币(M1)	流通中货币(M0)	单位活期存款	准货币	单位定期存款	个人存款	其他存款
1990	15293.4	6950.7	2644.4	4306.3	8342.7			
1991	19349.9	8633.3	3177.8	5455.5	10716.6			
1992	25402.2	11731.5	4336.0	7395.2	13670.7			
1993	34879.8	16280.4	5864.7	10415.7	18599.4	1247.9	15203.5	2148.0
1994	46923.5	20540.7	7288.6	13252.1	26382.8	1943.1	21518.8	2920.9
1995	60750.5	23987.1	7885.3	16101.8	36763.4	3324.2	29662.2	3777.0
1996	76094.9	28514.8	8802.0	19712.8	47580.1	5041.9	38520.8	4017.4
1997	90995.3	34826.3	10177.6	24648.7	56169.1	6738.5	46279.8	3150.7
1998	104498.5	38953.7	11204.2	27749.5	65544.9	8301.9	53407.5	3835.5
1999	119897.9	45837.3	13455.5	32381.8	74060.6	9476.8	59621.8	4962.0
2000	134610.3	53147.2	14652.7	38494.5	81463.1	11261.1	64332.4	5869.7
2001	158301.9	59871.6	15688.8	44182.8	98430.3	14180.1	73762.4	10487.8
2002	185007.0	70881.8	17278.0	53603.8	114125.2	16433.8	86910.7	10780.7
2003	221222.8	84118.6	19745.9	64372.6	137104.3	20940.4	103617.7	12546.2
2004	254107.0	95969.7	21468.3	74501.4	158137.2	25382.2	119555.4	13199.7
2005	298755.7	107278.8	24031.7	83247.1	191476.9	33100.0	141051.0	17325.9
2006	345577.9	126028.1	27072.6	98955.4	219549.9	38715.9	161587.3	19246.7
2007	403442.2	152560.1	30375.2	122184.9	250882.1	46932.5	172534.2	31415.4
2008	475166.6	166217.1	34219.0	131998.2	308949.5	60103.1	217885.4	30961.1
2009	610224.5	221445.8	38247.0	183198.8	388778.7	84819.5	260752.7	43206.5
2010	725851.8	266621.5	44628.2	221993.4	459230.3	105858.7	303302.5	50069.1
2011	851590.9	289847.7	50748.5	239099.2	561743.2	166616.0	352797.5	42329.7
2012	974148.8	308664.2	54659.8	254004.5	665484.6	195940.1	411362.6	58181.9
2013	1106525.0	337291.1	58574.4	278716.6	769233.9	232696.6	467031.1	69506.2
2014	1228374.8	348056.4	60259.5	287796.9	880318.4	264055.7	508878.1	107384.6
2015	1392278.1	400953.4	63216.6	337736.9	991324.7	288240.7	552073.5	151010.5
2016	1550066.7	486557.2	68303.9	418253.4	1063509.4	307989.6	603504.2	152015.6
2017	1690235.3	543790.1	70645.6	473144.5	1146445.2	320196.2	649341.5	176907.4

注：1. 2001年6月起，已将证券公司客户保证金计入货币供应量(M2)，含在其他存款项内。
2.自2011年10起，货币供应量已包含住房公积金中心存款和非存款类金融机构在存款类金融机构的存款。

7-8-3 金融机构法定存款利率

单位：年利率%

调整时间	活期	定期					
		三个月	半年	一年	二年	三年	五年
1990.04.15	2.88	6.30	7.74	10.08	10.98	11.88	13.68
1990.08.21	2.16	4.32	6.48	8.64	9.36	10.08	11.52
1991.04.21	1.80	3.24	5.40	7.56	7.92	8.28	9.00
1993.05.15	2.16	4.86	7.20	9.18	9.90	10.80	12.06
1993.07.11	3.15	6.66	9.00	10.98	11.70	12.24	13.86
1996.05.01	2.97	4.86	7.20	9.18	9.90	10.80	12.06
1996.08.23	1.98	3.33	5.40	7.47	7.92	8.28	9.00
1997.10.23	1.71	2.88	4.14	5.67	5.94	6.21	6.66
1998.03.25	1.71	2.88	4.14	5.22	5.58	6.21	6.66
1998.07.01	1.44	2.79	3.96	4.77	4.86	4.95	5.22
1998.12.07	1.44	2.79	3.33	3.78	3.96	4.14	4.50
1999.06.10	0.99	1.98	2.16	2.25	2.43	2.70	2.88
2002.02.21	0.72	1.71	1.89	1.98	2.25	2.52	2.79
2004.10.29	0.72	1.71	2.07	2.25	2.70	3.24	3.60
2006.08.19	0.72	1.80	2.25	2.52	3.06	3.69	4.14
2007.03.18	0.72	1.98	2.43	2.79	3.33	3.96	4.41
2007.05.19	0.72	2.07	2.61	3.06	3.69	4.41	4.95
2007.07.21	0.81	2.34	2.88	3.33	3.96	4.68	5.22
2007.08.22	0.81	2.61	3.15	3.60	4.23	4.95	5.49
2007.09.15	0.81	2.88	3.42	3.87	4.50	5.22	5.76
2007.12.21	0.72	3.33	3.78	4.14	4.68	5.40	5.85
2008.10.09	0.72	3.15	3.51	3.87	4.41	5.13	5.58
2008.10.30	0.72	2.88	3.24	3.60	4.14	4.77	5.13
2008.11.27	0.36	1.98	2.25	2.52	3.06	3.60	3.87
2008.12.23	0.36	1.71	1.98	2.25	2.79	3.33	3.60
2010.10.20	0.36	1.91	2.20	2.50	3.25	3.85	4.20
2010.12.26	0.36	2.25	2.50	2.75	3.55	4.15	4.55
2011.02.09	0.40	2.60	2.80	3.00	3.90	4.50	5.00
2011.04.06	0.50	2.85	3.05	3.25	4.15	4.75	5.25
2011.07.07	0.50	3.10	3.30	3.50	4.40	5.00	5.50
2012.06.08	0.40	2.85	3.05	3.25	4.10	4.65	5.10
2012.07.06	0.35	2.60	2.80	3.00	3.75	4.25	4.75
2014.11.22	0.35	2.35	2.55	2.75	3.35	4.00	
2015.03.01	0.35	2.10	2.30	2.50	3.10	3.75	
2015.05.11	0.35	1.85	2.05	2.25	2.85	3.50	
2015.06.28	0.35	1.60	1.80	2.00	2.60	3.25	
2015.08.26	0.35	1.35	1.55	1.75	2.35	3.00	
2015.10.24	0.35	1.10	1.30	1.50	2.10	2.75	

注：1.2014年11月22日，金融机构存款利率浮动区间由存款基准利率的1.1倍调整为1.2倍。
2.自2014年11月22日起，人民银行不再公布金融机构人民币五年期定期存款基准利率。

7-8-4 金融机构法定贷款利率

单位：年利率%

调整时间	短期贷款		中长期贷款		
	六个月以内（含六个月）	六个月至一年（含一年）	一年至三年（含三年）	三年至五年（含五年）	五年以上
1991.04.21	8.10	8.64	9.00	9.54	9.72
1993.05.15	8.82	9.36	10.80	12.06	12.24
1993.07.11	9.00	10.98	12.24	13.86	14.04
1995.01.01	9.00	10.98	12.96	14.58	14.76
1995.07.01	10.08	12.06	13.50	15.12	15.30
1996.05.01	9.72	10.98	13.14	14.94	15.12
1996.08.23	9.18	10.08	10.98	11.70	12.42
1997.10.23	7.65	8.64	9.36	9.90	10.53
1998.03.25	7.02	7.92	9.00	9.72	10.35
1998.07.01	6.57	6.93	7.11	7.65	8.01
1998.12.07	6.12	6.39	6.66	7.20	7.56
1999.06.10	5.58	5.85	5.94	6.03	6.21
2002.02.21	5.04	5.31	5.49	5.58	5.76
2004.10.29	5.22	5.58	5.76	5.85	6.12
2006.04.28	5.40	5.85	6.03	6.12	6.39
2006.08.19	5.58	6.12	6.30	6.48	6.84
2007.03.18	5.67	6.39	6.57	6.75	7.11
2007.05.19	5.85	6.57	6.75	6.93	7.20
2007.07.21	6.03	6.84	7.02	7.20	7.38
2007.08.22	6.21	7.02	7.20	7.38	7.56
2007.09.15	6.48	7.29	7.47	7.65	7.83
2007.12.21	6.57	7.47	7.56	7.74	7.83
2008.09.16	6.21	7.20	7.29	7.56	7.74
2008.10.09	6.12	6.93	7.02	7.29	7.47
2008.10.30	6.03	6.66	6.75	7.02	7.20
2008.11.27	5.04	5.58	5.67	5.94	6.12
2008.12.23	4.86	5.31	5.40	5.76	5.94
2010.10.20	5.10	5.56	5.60	5.96	6.14
2010.12.26	5.35	5.81	5.85	6.22	6.40
2011.02.09	5.60	6.06	6.10	6.45	6.60
2011.04.06	5.85	6.31	6.40	6.65	6.80
2011.07.07	6.10	6.56	6.65	6.90	7.05
2012.06.08	5.85	6.31	6.40	6.65	6.80
2012.07.06	5.60	6.00	6.15	6.40	6.55
2014.11.22	5.60	5.60	6.00	6.00	6.15
2015.03.01	5.35	5.35	5.75	5.75	5.90
2015.05.11	5.10	5.10	5.50	5.50	5.65
2015.06.28	4.85	4.85	5.25	5.25	5.40
2015.08.26	4.60	4.60	5.00	5.00	5.15
2015.10.24	4.35	4.35	4.75	4.75	4.90

7-8-5 黄金和外汇储备

年 份	黄金储备（万盎司）	外汇储备（亿美元）	年 份	黄金储备（万盎司）	外汇储备（亿美元）
1978	1280	1.67	1998	1267	1449.59
1979	1280	8.40	1999	1267	1546.75
1980	1280	-12.96	2000	1267	1655.74
1981	1267	27.08	2001	1608	2121.65
1982	1267	69.86	2002	1929	2864.07
1983	1267	89.01	2003	1929	4032.51
1984	1267	82.20	2004	1929	6099.32
1985	1267	26.44	2005	1929	8188.72
1986	1267	20.72	2006	1929	10663.40
1987	1267	29.23	2007	1929	15282.49
1988	1267	33.72	2008	1929	19460.30
1989	1267	55.50	2009	3389	23991.52
1990	1267	110.93	2010	3389	28473.38
1991	1267	217.12	2011	3389	31811.48
1992	1267	194.43	2012	3389	33115.89
1993	1267	211.99	2013	3389	38213.15
1994	1267	516.20	2014	3389	38430.18
1995	1267	735.97	2015	5666	33303.62
1996	1267	1050.29	2016	5924	30105.17
1997	1267	1398.90	2017	5924	31399.49

7-8-6 外资银行资产负债表(年底余额)

单位：亿元

项　目	2015	2016	2017
总资产	**27684**	**31670**	**42483**
国外资产	2391	2071	2222
储备资产	2899	4060	3766
准备金	2889	4051	3758
库存现金	10	9	7
对政府债权	1793	1958	2230
对中央银行债权	105		
对其他存款性公司债权	4689	5698	6505
对其他金融性公司债权	2590	2738	3694
对非金融性公司债权	10267	10254	11020
对其他居民部门债权	980	1081	1234
其他资产	1969	3809	11812
总负债	**27684**	**31670**	**42483**
对非金融机构及住户负债	14593	17153	18357
纳入广义货币的存款	11214	12731	13802
单位活期存款	3751	4425	4886
单位定期存款	5959	6996	7645
个人存款	1504	1310	1270
不纳入广义货币的存款	2774	3478	3373
可转让存款	1563	1845	1761
其他存款	1211	1633	1612
其他负债	605	945	1182
对中央银行负债	5	168	284
对其他存款性公司负债	2019	2611	2612
对其他金融性公司负债	1524	1241	941
#计入广义货币的存款	1315	1027	772
国外负债	4241	3247	4884
债券发行	257	184	226
实收资本	1744	1761	1835
其他负债	3301	5305	13344

7-8-7 社会融资规模增量及构成

单位：亿元

年 份	社会融资规模增量	#人民币贷款	#外币贷款(折合人民币)	#委托贷款	#信托贷款	#未贴现银行承兑汇票	#企业债券	#非金融企业境内股票融资
2002	20112	18475	731	175		-695	367	628
2003	34113	27652	2285	601		2010	499	559
2004	28629	22673	1381	3118		-290	467	673
2005	30008	23544	1415	1961		24	2010	339
2006	42696	31523	1459	2695	825	1500	2310	1536
2007	59663	36323	3864	3371	1702	6701	2284	4333
2008	69802	49041	1947	4262	3144	1064	5523	3324
2009	139104	95942	9265	6780	4364	4606	12367	3350
2010	140191	79451	4855	8748	3865	23346	11063	5786
2011	128286	74715	5712	12962	2034	10271	13658	4377
2012	157631	82038	9163	12838	12845	10499	22551	2508
2013	173169	88916	5848	25466	18404	7756	18111	2219
2014	158761	97452	1235	21740	5174	-1198	24329	4350
2015	154063	112693	-6427	15911	434	-10567	29388	7590
2016	178159	124372	-5640	21854	8593	-19514	30025	12416
2017	194445	138432	18	7770	22555	5364	4421	8759

注：社会融资规模增量是指一定时期内实体经济(境内非金融企业和住户)从金融体系获得的资金总额。

7-8-8 社会融资规模存量及增长率

单位：亿元，%

年 份	社会融资规模存量	社会融资规模存量同比增速	#人民币贷款(%)	#外币贷款(折合人民币)(%)	#委托贷款(%)	#信托贷款(%)	#未贴现银行承兑汇票(%)	#企业债券(%)	#非金融企业境内股票融资(%)
2002	148532								
2003	181655	22.3	21.4	26.6	13.3		126.0	132.9	8.0
2004	204143	14.9	14.3	16.8	61.6		-8.0	4.0	8.5
2005	224265	13.5	13.3	11.0	11.8		0.7	129.1	4.2
2006	264500	18.1	16.3	9.0	20.0		44.9	68.7	12.5
2007	321326	21.5	16.4	21.9	29.9	84.0	138.4	41.0	45.8
2008	379765	20.5	18.7	5.1	29.1	84.3	9.2	78.7	17.7
2009	511835	34.8	31.3	55.5	35.8	63.4	36.5	86.2	18.3
2010	649869	27.0	19.9	15.9	44.2	34.4	135.5	42.3	30.9
2011	767791	18.3	16.1	13.1	21.2	13.5	25.6	36.2	17.7
2012	914675	19.1	15.0	27.2	17.1	75.0	21.0	44.4	8.6
2013	1075217	17.6	14.2	7.2	39.7	61.1	12.7	24.2	6.7
2014	1229386	14.3	13.6	4.1	29.2	10.8	-1.1	25.8	11.8
2015	1382824	12.5	13.9	-13.0	18.0	2.0	-14.8	25.1	20.2
2016	1560044	12.8	13.4	-12.9	19.8	15.8	-33.3	22.5	27.6
2017	1747069	12.0	13.2	-5.8	5.9	35.9	13.7	2.9	15.2

注：1.社会融资规模存量是指一定时期末(月末、季末或年末)实体经济(境内非金融企业和住户)从金融体系获得的资金余额。
2. 同比增速为可比口径数据。

7-8-9 证券市场基本情况

项　　目		2015	2016	2017
境内上市公司数（A、B股）	（家）	2827	3052	3485
境内上市外资股公司数(B股)	（家）	101	100	100
境外上市公司数（H股）	（家）	229	241	259
股票总发行股本	（亿股）	43024	48750	53747
#流通股本	（亿股）	37043	41136	45045
股票市价总值	（亿元）	531463	507686	567086
#股票流通市值	（亿元）	417881	393402	449298
股票成交量	（亿股）	171039.47	95525.43	87780.84
股票成交金额	（亿元）	2550541	1277680	1124625
上证综合指数	（收盘）	3539.18	3103.64	3307.17
深证综合指数	（收盘）	2308.91	1969.11	1899.34
期末投资者数	（万个）		11811	13398
平均市盈率				
上海		18.94	15.94	16.30
深圳		62.36	41.21	36.21
平均换手率	(%)			
上海		489.63	158.43	180.47
深圳		826.28	541.76	412.88
交易所债券发行额	（亿元）		28736.67	14393.31
债券成交额	（亿元）	1309219.03	2387096.06	2657768.00
债券现货成交金额	（亿元）	33920.00	51269.93	55597.00
债券回购成交金额	（亿元）	1275299.03	2335826.13	2602171.07
证券投资基金只数	（只）	2723	3873	4848
证券投资基金规模	（亿份）	76674.13	88428.32	110182.12
证券投资基金成交金额	（亿元）	44251.69	111444.32	98051.89
期货总成交量	（万手）	357791.06	413781.27	307102.17
期货总成交额	（亿元）	5542346.94	1956339.41	1878925.88

注：1.股票总发行股本中含(A+H)股公司发行的H股。
2.换手率=全年成交金额/[（本年末流通市值+上年末流通市值)/2]*100%
3.交易所债券包含公司债(非金融)、可转债(非金融)、可交换债(非金融)、可分离债(非金融)和资产证券化产品(非金融)
4.债券成交数据为交易所债券市场数据。
5.期末投资者数量指持有未注销、未休眠的A股、B股、信用账户、衍生品合约账户的一码通账户数量。

7-8-10 上市公司数量

单位：个

年 份	全国合计	上交所	深交所	发A股公司	发B股公司	同时发A股、B股公司
1990	10	8	2			
1991	14	8	6			
1992	53	29	24			
1993	183	106	77	177	41	35
1994	291	171	120	287	58	54
1995	323	188	135	311	70	58
1996	530	293	237	514	85	69
1997	745	383	362	720	101	76
1998	851	438	413	825	106	80
1999	949	484	465	922	108	81
2000	1088	572	516	1060	114	86
2001	1160	646	514	1140	112	92
2002	1224	715	509	1213	111	100
2003	1287	780	507	1277	111	101
2004	1377	837	540	1363	110	96
2005	1381	834	547	1358	109	86
2006	1434	842	592	1411	109	86
2007	1550	860	690	1527	109	86
2008	1625	864	761	1602	109	86
2009	1718	870	848	1696	108	86
2010	2063	894	1169	2041	108	86
2011	2342	931	1411	2320	108	86
2012	2494	954	1540	2472	107	85
2013	2489	953	1536	2468	106	85
2014	2613	995	1618	2592	104	83
2015	2827	1081	1746	2808	101	82
2016	3052	1182	1870	3034	100	82
2017	3485	1396	2089	3467	100	82

7-8-11 上市公司地区分布

单位：个

地 区	上市公司家数	上交所	深交所
全 国	**3485**	**1396**	**2089**
北 京	306	133	173
天 津	49	25	24
河 北	56	22	34
山 西	38	20	18
内蒙古	26	16	10
辽 宁	76	33	43
吉 林	42	18	24
黑龙江	36	25	11
上 海	279	201	78
江 苏	382	158	224
浙 江	415	182	233
安 徽	102	44	58
福 建	132	52	80
江 西	39	16	23
山 东	196	69	127
河 南	78	30	48
湖 北	97	38	59
湖 南	101	28	73
广 东	571	79	492
广 西	36	17	19
海 南	30	11	19
重 庆	50	26	24
四 川	115	39	76
贵 州	27	14	13
云 南	34	14	20
西 藏	15	9	6
陕 西	47	21	26
甘 肃	33	16	17
青 海	12	8	4
宁 夏	13	5	8
新 疆	52	27	25

7-8-12 证券市场发行情况

年份	境内发行金额			境外股票发行金额	新三板股票发行金额	合计
	小计	股票发行金额	交易所债券发行金额			
1992	68.91	68.91				68.91
1993	245.02	245.02		60.84		305.86
1994	213.63	213.63		188.75		402.38
1995	99.78	99.78		31.52		131.31
1996	308.04	308.04		100.57		408.61
1997	859.98	859.98		387.91		1247.89
1998	787.44	787.44		37.83		825.28
1999	873.63	873.63		47.11		920.74
2000	1515.82	1515.82		562.08		2077.90
2001	1238.14	1238.14		73.00		1311.14
2002	720.05	720.05		192.28		912.33
2003	665.51	665.51		537.32		1202.83
2004	650.53	650.53		647.72		1298.24
2005	339.03	339.03		1666.25		2005.29
2006	2374.49	2374.49		3072.57		5447.06
2007	8222.02	7814.74	407.28	927.47		9149.49
2008	4310.44	3312.39	998.05	311.38		4621.83
2009	5645.85	4834.34	811.51	1067.66		6713.50
2010	11120.10	9799.80	1320.30	2343.11		13463.21
2011	8884.13	7154.43	1729.70	732.42	6.48	9623.02
2012	7313.28	4542.40	2770.88	997.82	8.59	8319.69
2013	8238.63	4283.69	3954.94	1063.89	10.02	9312.54
2014	12672.09	8498.45	4173.64	2253.40	132.09	15057.58
2015	38078.46	16456.72	21621.74	2679.71	1216.17	41974.34
2016	57103.75	20435.39	36668.36	1271.01	1390.89	59765.65
2017	55760.48	16613.57	39146.91	1829.19	1336.25	58925.92

注：1.股票筹资包括首发筹资和再筹资，首发筹资2014年之前按上市日统计，2014年(含)之后按发行日统计，再筹资包含公开增发、定向增发、配股、权证和优先股，其中权证为2008年之后开展的业务，优先股为2014年之后开展的业务。
2.债券筹资指交易所债券发行金额。
3.境外股票筹资指在港交所上市的H股的筹资，不含可转债。
4.新三板股票筹资金额中不含优先股。

数据来源：中国证监会、上海证券交易所、深圳证券交易所、全国中小企业股份转让系统。

7-8-13 股票交易情况

项　　目	2010	2011	2012	2013	2014	2015	2016	2017
上市公司数 （家）	**2063**	**2342**	**2494**	**2489**	**2613**	**2827**	**3052**	**3485**
上市股票数 （只）	**2149**	**2428**	**2579**	**2574**	**2696**	**2909**	**3134**	**3567**
A股	2041	2320	2472	2468	2592	2808	3034	3467
B股	108	108	107	106	104	101	100	100
股票总发行股本（亿股）	**26984.49**	**29745.11**	**31833.62**	**33822.04**	**36795.10**	**43024.14**	**48750.29**	**53746.67**
A股	26701.51	29448.59	31551.24	33538.25	36517.75	42753.16	48468.16	53461.94
B股	282.98	296.52	282.38	283.79	277.35	270.98	282.13	284.74
#流通股本	19442.15	22499.86	24778.22	29997.12	32289.25	37043.37	41136.05	45044.87
A股	19160.47	22204.54	24497.05	29714.53	32013.11	36773.67	40855.20	44761.43
B股	281.68	295.32	281.17	282.59	276.14	269.70	280.85	283.45
股票市价总值 （亿元）	**265423.00**	**214758.00**	**230357.62**	**239077.00**	**372546.96**	**531462.70**	**507685.88**	**567086.08**
A股	263221.00	213310.00	228775.33	237403.00	370823.17	529251.65	505772.76	565254.86
B股	2202.00	1448.00	1582.29	1674.00	1723.79	2211.05	1913.12	1831.21
#股票流通市值	193110.00	164921.00	181658.26	199579.54	315624.31	417880.75	393401.67	449298.15
A股	190917.00	163479.00	180082.94	197915.96	313910.42	415680.99	391498.97	447476.33
B股	2193.00	1442.00	1575.32	1663.58	1713.89	2199.76	1902.70	1821.82
股票成交金额 （亿元）	**545634.00**	**421645.00**	**314667.41**	**468729.00**	**742385.26**	**2550541.31**	**1277680.32**	**1124625.11**
A股	563466.00	420339.00	313715.14	466630.00	741378.07	2546837.74	1272358.71	1123647.88
B股	2168.00	1305.00	868.13	1439.00	1007.19	3703.57	1486.02	977.23
总成交股数 （亿股）	**42151.98**	**33956.57**	**32860.54**	**48372.68**	**73383.09**	**171039.48**	**94690.53**	**87780.84**
A股	41806.42	33748.72	32681.93	47916.23	73188.22	170541.00	94480.50	87628.57
B股	345.56	207.85	178.61	263.89	194.87	498.48	210.03	152.27
上证综合指数								
最高	3306.75	3067.46	2478.38	2444.80	3239.36	5178.19	3538.69	3450.50
最低	2319.74	2134.02	1949.46	1849.65	1974.38	2850.71	2638.30	3016.53
收盘	2808.08	2199.42	2269.13	2115.98	3234.68	3539.18	3103.64	3307.17
深证综合指数								
最高	1412.64	1316.19	1020.29	1106.27	1504.48	3156.96	2304.49	2054.02
最低	890.24	828.83	724.97	815.89	1004.93	1408.99	1618.12	1753.53
收盘	1290.86	866.65	881.17	1057.67	1415.19	2308.91	1969.11	1899.34

注：1.本表股票总发行股本不含(A+H)股公司发行的H股。
2.2012、2013年股票总成交金额中包含约定购回式证券成交金额，故总成交金额大于A股B股成交金额之和。

7-8-14 全国期货交易所市场概况

年 份	全年总成交额 (亿元)	全年总成交量 (万手)	全年总实物交割额 (亿元)	全年总实物交割量 (万手)
1993	5521.99	890.69		
1994	31601.41	12110.72		
1995	100565.30	63612.07	181.52	83.09
1996	84119.16	34256.77	174.13	78.33
1997	61170.66	15876.32	93.75	38.18
1998	36967.24	10445.57	48.04	20.56
1999	22343.01	7363.91	109.41	16.12
2000	16082.29	5461.07	65.11	8.40
2001	30144.98	12046.35	57.54	64.85
2002	39490.28	13943.37	101.44	141.16
2003	108396.59	27992.43	127.34	129.54
2004	146935.32	30569.76	181.68	31.32
2005	134463.38	32287.41	141.87	29.23
2006	210063.37	44950.82	216.93	28.68
2007	409740.77	72846.08	275.49	230.88
2008	719173.33	136396.00	323.52	51.29
2009	1305142.92	215751.76	266.73	45.95
2010	2269852.25	304194.19	474.31	65.29
2011	937503.89	100372.56	461.94	60.05
2012	952824.54	134540.06	528.04	58.96
2013	1264673.31	186822.39	465.25	56.79
2014	1279712.53	228827.45	451.58	63.50
2015	1364707.05	323704.12	641.76	115.36
2016	1774124.99	411943.25	777.28	129.19
2017	1633003.86	304642.57	881.94	124.51

注：本表数据仅反映商品期货市场情况。

7-8-15 全国交易所上市基金成交概况

项 目	2016	2017	增减(%)
交易日数 (天)	244	244	
基金成交金额 (亿元)	111444	98052	-12.02
基金日均成交金额 (亿元)	457	402	-12.07
基金成交股数 (亿份)	24609	13627	-44.63
上证基金指数开市	5902	5732	-2.88
上证基金指数最高	5928	6390	7.79
上证基金指数最低	5444	5704	4.78
上证基金指数收市	5734	6220	8.48
深证基金指数开市	8306	5858	-29.47
深证基金指数最高	8721	6406	-26.55
深证基金指数最低	6652	5513	-17.11
深证基金指数收市	8284	6032	-27.18

注：1.自2015年起，基金成交数据包括证券投资基金、交易型货币基金、ETF和LOF。ETF是交易所交易基金的简称，LOF是一种可以在交易所挂牌交易的开放式基金。
2.数据来源：上海、深圳证券交易所。

7-8-16 保险系统机构、人员数(年底数)

项 目	2016			2017		
	机构数(个)	职工人数(人)	#女职工	机构数(个)	职工人数(人)	#女职工
总 计	**203**	**1123180**	**600107**	**222**	**1181849**	**624366**
保险集团公司	**11**	**5290**	**2668**	**12**	**7047**	**4055**
中资保险公司	**135**	**1059516**	**565019**	**145**	**1111990**	**585081**
#总公司	135	51102	25341	145	56580	28460
省级分公司	1605	278761	149546	1701	288069	153157
中心支分公司	8880	404909	224328	9322	423704	228359
支公司	25788	241745	124529	26824	255637	131194
营业部	2370	20175	10349	2407	21896	11223
营销服务部	40760	62727	30926	40741	66002	32688
中外合资公司	**57**	**58374**	**32420**	**57**	**62812**	**35230**
总公司	57	14574	7496	57	14900	7497
省级分公司	327	24426	13648	354	26129	15102

注：2015年，中资保险公司代表处期末职工人数93人。

7-8-17 保险公司业务经济技术指标

单位：亿元

项 目	保 费	赔款及给付
合 计	**36577.8**	**11178.4**
财产保险公司	**10541.4**	**5495.8**
企业财产保险	392.0	225.5
家庭财产保险	62.9	25.4
机动车辆保险	7521.1	3937.9
工程保险	110.2	47.3
责任保险	451.4	201.2
信用保险	214.4	94.7
保证保险	379.2	77.8
船舶保险	48.0	34.8
货物运输保险	100.2	62.2
特殊风险保险	50.4	29.0
农业保险	478.9	333.4
健康险	394.1	309.0
意外伤害保险	312.7	100.7
其他险	25.8	16.8
人寿保险公司	**26036.3**	**5682.1**
寿险	21455.4	4572.6
健康险	3992.5	986.5
人身意外伤害险	588.4	122.9

注：本表人寿保险公司中包括中华控股寿险业务。

7-8-18 保险公司资产情况

单位：亿元

年 份	总资产	#财产险公司	#寿险公司	#再保险公司	#中资公司	#外资公司
2002	6320.00	948.00	5161.00	211.00		
2003	9088.00	1176.00	7657.00	255.00		
2004	11953.68	1411.38	8352.90	262.37	11540.63	413.05
2005	15286.44	1718.81	13458.27	292.70	14630.97	665.64
2006	19704.19	2340.45	17446.26	311.31	18862.60	862.66
2007	28912.78	3880.51	23249.16	877.26	27656.26	1256.51
2008	33418.83	4687.03	27138.45	994.45	31893.93	1524.91
2009	40634.75	4892.62	33655.05	1162.01	38582.37	2052.39
2010	50481.61	5833.52	42642.66	1151.79	47860.49	2621.12
2011	59828.94	7919.95	49798.19	1579.11	56822.12	3006.83
2012	73545.73	9477.47	60991.22	1845.25	70080.33	3465.40
2013	82886.95	10941.45	68250.07	2103.93	78551.67	4335.28
2014	101591.47	14061.48	82487.20	3513.56	94950.98	6640.49
2015	123597.76	18481.13	99324.83	5187.38	115057.96	6539.80
2016	153764.66	23849.82	126557.51	2765.61	144646.59	9118.07
2017	169377.32	24901.04	131885.05	3150.32	158956.86	10420.46

7-8-19 保险公司资金运用情况

单位：亿元

年 份	资金运用余 额	#银行存款	#国 债	#金融债券	#企业债券	#证券投资基金
2004	10778.62	5071.10	2618.44	1026.25	639.73	666.32
2005	14092.69	5165.55	3590.65	1804.71	1204.55	1107.00
2006	17785.40	5989.11	3647.01	2754.25	2121.56	912.08
2007	26647.81	6503.44	3956.56	4897.84	2799.76	2519.41
2008	30552.83	8087.49	4208.26	8754.06	4598.46	1646.46
2009	37417.12	10519.68	4053.82	8746.10	6074.56	2758.78
2010	46046.62	13909.97	4815.78	10038.75	7935.69	2620.73
2011	55192.98	17692.69	4741.90	12418.80	8755.86	2909.92
2012	68542.58	23446.00	4795.02	14832.57	10899.98	3625.58
2013	76873.41	22640.98	4776.73	14811.84	13727.75	3575.52
2014	93314.43	25310.73	5009.88	15067.12	15465.13	4714.28
2015	111795.49	24349.67	5831.12	15215.31	17307.38	8856.50
2016	133910.67	24844.21	7796.24	16260.35	18627.99	8554.46
2017	149206.21	19274.07	10167.99	19153.05	19436.76	7524.77

7-8-20 各地区原保险保费收入和赔付支出情况

单位：亿元

地 区	原保险保费收入			赔付支出		
	小计	财产险业务	人身险业务	小计	财产险业务	人身险业务
全 国	**36577.8**	**9834.6**	**26743.2**	**11178.4**	**5086.1**	**6092.3**
北 京	1973.0	405.6	1567.3	577.7	212.5	365.3
天 津	565.0	141.6	423.4	154.9	74.1	80.8
山 西	823.2	194.1	629.1	259.9	96.7	163.2
河 北	1713.9	487.4	1226.5	547.5	225.4	322.2
内蒙古	570.1	179.8	390.2	186.5	113.3	73.2
辽 宁	946.0	238.0	708.0	279.8	135.0	144.8
吉 林	641.4	155.3	486.1	175.1	82.2	92.9
黑龙江	931.4	169.5	761.9	240.5	92.8	147.7
上 海	1587.2	429.0	1158.2	548.7	233.7	315.0
江 苏	3449.3	814.0	2635.3	983.7	455.6	528.0
浙 江	1844.4	620.3	1224.1	540.1	350.1	190.0
安 徽	1107.4	366.3	741.1	397.7	187.0	210.7
福 建	831.8	227.8	604.0	254.0	115.9	138.1
江 西	727.3	213.7	513.6	216.9	106.9	110.0
山 东	2341.1	586.4	1754.7	710.8	296.6	414.2
河 南	2019.9	443.6	1576.3	625.6	217.5	408.1
湖 北	1347.3	308.5	1038.8	406.5	153.3	253.2
湖 南	1109.7	314.2	795.5	376.7	165.2	211.5
广 东	3275.8	823.0	2452.8	885.3	407.1	478.2
广 西	565.1	196.0	369.1	181.8	85.0	96.9
海 南	164.8	57.1	107.7	49.1	27.1	22.0
重 庆	744.0	183.9	560.1	256.8	96.5	160.4
四 川	1937.6	496.4	1441.3	583.3	241.1	342.2
贵 州	389.3	179.3	210.0	153.8	91.4	62.4
云 南	612.7	255.1	357.5	218.1	115.1	103.1
西 藏	28.0	16.9	11.2	12.4	8.7	3.7
陕 西	869.0	214.2	654.8	260.1	107.7	152.4
甘 肃	366.4	112.3	254.1	119.2	54.9	64.3
青 海	80.2	33.3	46.9	29.3	16.5	12.8
宁 夏	165.3	56.0	109.2	49.5	27.0	22.6
新 疆	523.5	169.9	353.6	173.4	89.1	84.3
集团、总公司本级	68.5	64.4	4.1	65.5	38.9	26.6

注：1.本表数据为各公司上报中国保险统计信息系统年报数据。
2.全国本级是指集团、总公司直接开展的业务，不计入任何地区。

【主要统计指标解释】

信贷资金 指金融机构以信用方式积聚和分配的货币资金。金融机构信贷资金的来源有各项存款、金融债券、对国际金融机构负债、流通中现金等；信贷资金的运用有各项贷款、有价证券及投资、金银占款、外汇占款、财政借款及在国际金融机构中的资产等。

存款 指企业、机关、团体或居民根据资金必须收回的原则，把货币资金存入银行或其他信贷机构保管并取得一定利息的一种信用活动形式。根据存款对象或性质的不同可划分为住户存款、非金融企业存款、政府存款、非银行业金融机构存款、其他存款等科目。它是银行信贷资金的主要来源。

贷款 指银行或其他信贷机构根据资金必须归还的原则，按一定利率，为企业、个人等提供资金的一种信用活动形式。我国银行贷款分为短期贷款、中长期贷款、委托及信托类贷款、其他类贷款等。

保险公司 指在中国境内的、经过保险监督管理部门批准设立，并依法登记注册的各类商业保险公司。

保险金额 指保险人承担赔偿或者给付保险金责任的最高限额。

保费 指投保人为取得保险人在约定范围内所承担赔偿责任而支付给保险人的费用。

赔款 指保险人根据保险合同的规定，向被保险人支付的赔偿保险责任损失的金额。

给付 包括死伤医疗给付和满期给付。死伤医疗给付是指保险人根据人寿保险及长期健康保险合同的规定，因被保险人在保险期内发生保险责任范围内的保险事故支付给被保险人（或受益人）的金额。满期给付是指被保险人生存期满，保险人按人寿保险合同规定支付给被保险人的满期保险金额。

社会融资规模增量 指一定时期内实体经济（境内非金融企业和住户）从金融体系获得的资金总额。主要包括人民币贷款、外币贷款（折合人民币）、委托贷款、信托贷款、未贴现的银行承兑汇票、企业债券、非金融企业境内股票融资、投资性房地产、保险公司赔偿等。

社会融资规模存量 指一定时期（月末、季末或年末）实体经济（境内非金融企业和住户）从金融体系获得的资金余额。

7 第三产业分行业主要指标

7-9 房地产业

简要说明

一、主要内容

本篇资料主要包括：房地产开发企业主要财务情况，房屋开竣工情况、商品房销售情况，土地购置情况等。还包括房地产业（不含房地产开发经营）企业法人单位分地区主要指标。

二、统计范围

本篇资料除了包含房地产业中的房地产开发行业资料外，还包括不含房地产开发经营的房地产企业法人单位主要情况。

三、统计调查方法

调查方法为全面调查和抽样调查。

四、统计口径变化

2004年，除财务指标、平均销售价格、住宅竣工与销售套数为经济普查数据外，其他指标均为快报数据。

商品房销售面积和销售额：2004年及以前的销售数据仅包括现房；2005年及以后的销售数据包括期房和现房。

五、数据来源

本篇资料由国家统计局固定资产投资司根据联网直报房地产开发企业上报的基层数据整理。房地产企业法人单位分地区主要指标由国家统计局服务业司根据《规模以上服务业统计报表制度》和《规模以下服务业抽样调查统计报表制度》调查结果整理。

7-9-1 房地产开发企业经营情况

单位：亿元

年份 地区	主营业务收入	土地转让收入	商品房销售收入	房屋出租收入	其他收入	主营业务税金及附加	营业利润
1995	1731.66	194.40	1258.28	25.79	253.19	90.30	143.41
1996	1968.79	120.34	1533.76	29.99	284.69	92.78	17.98
1997	2218.46	103.28	1755.21	38.79	321.18	104.21	-10.35
1998	2951.21	132.25	2408.41	49.32	361.23	138.81	-10.66
1999	3026.01	103.25	2555.02	62.74	305.00	145.36	-35.09
2000	4515.71	129.61	3896.82	95.32	393.96	214.57	73.28
2001	5471.66	188.99	4729.42	117.35	435.90	273.45	125.47
2002	7077.85	225.13	6145.80	144.57	562.34	370.15	252.91
2003	9137.27	279.72	8153.69	164.33	539.53	493.72	430.37
2004	13314.46	410.09	11752.20	305.58	846.59	413.04	857.97
2005	14769.35	341.43	13316.77	290.29	820.86	845.25	1109.19
2006	18046.76	300.65	16621.36	316.79	807.96	1127.12	1669.89
2007	23397.13	427.92	21604.21	386.81	978.19	1660.30	2436.61
2008	26696.84	466.85	24394.12	521.47	1314.40	1829.20	3432.23
2009	34606.23	498.05	32507.83	544.27	1056.08	2585.49	4728.58
2010	42996.48	519.19	40585.33	742.92	1149.04	3464.66	6111.48
2011	44491.28	664.66	41697.91	904.28	1224.43	3832.98	5798.58
2012	51028.41	819.39	47463.49	1151.55	1593.98	4610.87	6001.33
2013	70706.67	671.42	66697.99	1364.01	1973.25	6204.18	9562.67
2014	66463.80	571.95	62535.06	1464.10	1892.69	5968.43	6143.13
2015	70174.34	600.54	65861.30	1600.42	2112.08	6202.38	6165.54
2016	90091.51	666.32	85163.32	1786.97	2474.89	6651.62	8673.23
2017	95896.90	838.42	90609.15	1568.32	2881.01	5751.77	11728.11
北京	4110.26	128.62	3189.27	297.73	494.64	344.71	846.01
天津	2451.20	61.51	2266.09	23.46	100.14	150.87	254.67
河北	2414.27	38.65	2328.42	8.32	38.88	132.66	315.66
山西	825.51	6.77	785.29	7.89	25.55	38.37	37.16
内蒙古	687.11	0.32	667.14	5.71	13.94	36.82	-39.19
辽宁	2241.11	7.05	2179.92	19.20	34.94	95.66	1.29
吉林	909.80	5.98	873.41	7.24	23.17	45.15	54.58
黑龙江	958.83	0.83	927.61	6.60	23.78	64.00	33.51
上海	6232.48	144.37	5409.06	472.21	206.83	527.19	1653.84
江苏	11061.62	70.49	10749.60	58.21	183.33	578.41	1116.85
浙江	8926.99	31.29	8622.24	62.86	210.61	423.37	823.58
安徽	3363.71	26.32	3225.95	15.84	95.60	162.14	342.00
福建	3598.84	11.12	3417.28	31.86	138.57	259.30	612.79
江西	2260.89	17.80	2197.30	11.62	34.16	102.63	273.94
山东	6534.11	12.56	6332.33	37.67	151.55	338.65	463.54
河南	3894.88	22.76	3684.55	30.32	157.25	198.24	432.52
湖北	3683.47	12.76	3512.87	35.11	122.72	203.05	494.00
湖南	2708.36	14.54	2594.59	14.77	84.46	141.30	141.13
广东	12101.26	20.98	11634.94	245.79	199.55	1109.73	2465.00
广西	1572.95	23.85	1497.43	19.28	32.39	76.58	176.30
海南	1623.61	17.00	1545.65	7.69	53.27	85.18	196.94
重庆	2747.38	66.55	2553.51	37.93	89.39	116.68	167.19
四川	4038.76	15.58	3859.76	30.51	132.91	212.57	349.85
贵州	1583.51	6.65	1488.15	12.42	76.29	87.26	159.52
云南	1349.64	66.80	1174.03	26.39	82.43	58.95	54.60
西藏	52.17	0.75	50.82	0.04	0.56	0.90	4.68
陕西	1925.29	1.12	1868.09	11.12	44.96	72.60	161.81
甘肃	733.00	1.73	715.27	9.20	6.80	28.43	62.05
青海	136.20	0.12	127.27	3.09	5.72	7.91	10.47
宁夏	335.46	1.99	325.25	5.10	3.13	12.67	3.69
新疆	834.22	1.56	806.03	13.16	13.48	39.77	58.13

7-9-2 按登记注册类型分的房地产开发企业资产情况

单位：亿元

地 区	总 计	内 资	国 有	集 体	股份合作	国有联营	集体联营	国有与集体联营	其他联营	国有独资公司
全 国	**722236.02**	**651285.41**	**10727.71**	**1110.80**	**196.50**	**295.07**		**105.89**	**11.13**	**71154.40**
北 京	59060.20	52549.90	815.78	249.10	0.93					3866.01
天 津	28208.74	26359.35	498.97	11.84		4.07				5155.40
河 北	18325.10	17737.13	28.13							202.02
山 西	10358.66	10212.73	128.44	3.67						1198.89
内蒙古	7741.66	7716.46	9.55							456.52
辽 宁	19546.82	16077.46	135.79	2.03	0.80					1981.94
吉 林	6387.37	6214.57	82.19	0.03						431.72
黑龙江	9766.40	9612.53	118.23	0.60	0.21					1134.51
上 海	55208.53	46472.34	3894.34	103.99		5.05				4451.71
江 苏	61005.46	53265.56	722.36	69.87	3.11			104.82		7085.95
浙 江	48101.08	43577.20	249.24	6.72	5.13	285.95				4917.25
安 徽	22988.08	22129.94	421.03	4.64	26.23					2172.53
福 建	30461.11	26880.89	1019.09	25.53	3.75			0.52		4410.97
江 西	12362.91	11688.74	195.08		6.64					1965.65
山 东	41759.82	39553.32	636.59	244.63	37.62					4873.56
河 南	27591.98	26550.68	290.10	10.03	0.86					1677.31
湖 北	26822.83	25445.29	426.75	51.14						2732.99
湖 南	15427.09	14632.85	69.31	0.52						1608.96
广 东	87445.00	70945.12	239.13	298.10	24.99				0.26	2542.08
广 西	13934.85	12895.02	70.04	5.24	0.29					2484.62
海 南	11307.70	9812.61	40.10	3.28				0.55		1597.00
重 庆	24221.14	20896.73	67.26		6.41					4622.38
四 川	26141.90	24123.17	53.15	0.93	74.21					2357.19
贵 州	12025.28	11562.33	47.68		4.15					1873.99
云 南	17660.41	16889.04	128.04	3.00	0.43					2329.72
西 藏	545.81	545.81	5.48						10.87	20.06
陕 西	12676.07	12176.46	168.18	13.26	0.75					1405.91
甘 肃	5147.00	5082.62	106.39	2.40						235.77
青 海	1452.09	1410.24								231.65
宁 夏	3014.37	2946.15	38.93							232.52
新 疆	5540.54	5323.16	22.37	0.25						897.61

7-9-2 续表 1

单位：亿元

地 区	其他有限责任公司	股份有限公司	私营独资	私营合伙	私营有限责任公司	私营股份有限公司	其他内资企业	港澳台商投资	合资经营	合作经营
全 国	**356540.59**	**34455.89**	**293.99**	**15.13**	**167621.46**	**8308.45**	**448.42**	**49427.71**	**16300.29**	**3184.77**
北 京	40662.70	4026.52			2892.18	36.68		3644.83	831.31	688.58
天 津	16040.05	1123.15	129.66		3197.08	47.84	151.30	1096.65	286.63	
河 北	6630.34	754.55			10047.23	74.86		419.14	176.08	
山 西	3637.69	132.67			5008.98	102.38		72.94	36.96	
内蒙古	3783.11	435.61	5.77		2951.95	72.21	1.74	1.80	1.28	
辽 宁	8191.11	602.58	2.16		4954.01	207.04		2093.02	863.44	53.97
吉 林	3631.87	440.16	2.43		1546.40	79.76		164.47	47.99	
黑龙江	5776.48	323.03			2162.25	97.22		125.09	48.16	5.12
上 海	21734.78	6435.13	19.04		8919.18	908.89	0.23	5901.57	2806.13	88.84
江 苏	24151.77	1707.92	72.72	2.44	18666.90	676.91	0.80	5286.55	1689.10	188.24
浙 江	20428.85	1390.62	0.14		16142.31	151.00		2937.64	968.68	129.65
安 徽	12151.84	698.33	7.29		6154.02	443.79	50.23	668.29	282.91	4.37
福 建	13499.07	714.67			6969.29	237.99		2953.76	1574.77	16.75
江 西	5804.07	407.09	0.56	5.46	2938.80	365.40		572.08	230.79	
山 东	21684.09	1475.60	20.80	0.90	9973.62	577.49	28.41	1642.55	754.70	61.64
河 南	18077.79	1180.08	3.71	1.91	5062.05	233.37	13.47	928.14	86.46	64.10
湖 北	14378.58	1786.92	0.39	0.34	5872.00	195.94	0.25	1030.41	273.15	67.04
湖 南	7765.24	611.94	1.71		4281.34	282.44	11.40	661.07	162.36	22.37
广 东	43020.98	6035.94	7.37	0.45	17167.58	1461.38	146.87	11844.26	2427.97	1646.84
广 西	5835.84	277.31			4067.40	154.27		621.14	263.74	2.55
海 南	6281.52	473.15			1288.29	116.19	12.53	1227.10	395.51	
重 庆	9582.48	862.69			5494.31	261.20		2670.82	1211.41	56.80
四 川	14513.33	988.42			5888.30	233.51	14.15	1073.45	255.96	4.98
贵 州	6303.45	236.06		3.49	2874.83	218.69		421.99	148.51	7.69
云 南	9061.31	858.15	3.37		4105.63	399.01	0.37	700.33	90.56	0.42
西 藏	452.40	0.09			56.50	0.42				
陕 西	7194.25	248.24	16.19		2923.03	189.98	16.66	307.92	26.71	74.83
甘 肃	2914.59	72.35	0.18	0.15	1697.16	53.63		56.85	56.85	
青 海	511.79	29.20			571.40	66.20		40.44	40.44	
宁 夏	788.32	17.48	0.50		1602.53	265.87		46.04	46.04	
新 疆	2050.89	110.24			2144.91	96.89		217.38	215.68	

7-9-2 续表 2 单位：亿元

地 区	独 资	股份有限	其 他	外商投资	合资经营	合作经营	独 资	股份有限	其 他
全 国	**27993.54**	**1718.02**	**231.09**	**21522.90**	**6057.73**	**2054.77**	**11705.70**	**1055.70**	**648.99**
北 京	2124.95			2865.46	921.95	516.18	1359.72	67.61	
天 津	746.10	63.93		752.74	102.73	33.07	444.82	125.83	46.29
河 北	242.38		0.68	168.82	25.74	1.01	135.04	6.04	0.99
山 西	27.53	6.40	2.06	72.99	8.77		64.22		
内蒙古			0.52	23.40	14.49		8.92		
辽 宁	1146.13	28.96	0.53	1376.34	543.40	169.79	622.14	38.32	2.71
吉 林	105.18	9.76	1.54	8.33	8.33				
黑龙江	63.90		7.91	28.78	14.95	1.13	12.70		
上 海	2922.63	79.02	4.96	2834.61	648.15	248.67	1416.63	521.17	
江 苏	3217.86	179.55	11.80	2453.35	863.33	127.52	1429.76	0.58	32.15
浙 江	1712.17	109.81	17.32	1586.24	298.03	16.04	1215.64	3.02	53.51
安 徽	374.16	4.20	2.64	189.85	36.98	7.46	92.65	52.76	
福 建	1321.48	31.74	9.02	626.47	37.85		474.27	77.30	37.05
江 西	331.41		9.88	102.08	77.69		18.56	0.03	5.80
山 东	790.09	2.80	33.32	563.95	287.04	129.53	145.23		2.15
河 南	744.70	26.35	6.52	113.17	55.46	1.42	47.55		8.74
湖 北	585.18	103.41	1.62	347.13	131.12		127.93		88.07
湖 南	411.51	29.37	35.46	133.17	79.91	0.64	38.90	0.91	12.82
广 东	7160.38	558.95	50.13	4655.62	849.90	528.68	2984.04	71.42	221.59
广 西	354.86			418.68	221.13		127.69	18.06	51.80
海 南	477.07	352.62	1.90	267.99	32.66	37.83	129.73		67.78
重 庆	1355.52	34.07	13.01	653.59	175.21	130.24	321.93	8.66	17.55
四 川	777.17	30.16	5.17	945.29	493.98	73.58	374.07	3.66	
贵 州	265.79			40.96	8.04	31.97	0.94		
云 南	558.32	50.22	0.80	71.04	25.68		2.98	42.38	
西 藏									
陕 西	176.32	16.70	13.36	191.69	73.95		99.78	17.95	
甘 肃				7.53	5.78		1.75		
青 海				1.42	1.42				
宁 夏				22.19	14.05		8.13		
新 疆	0.76		0.94						

7-9-3 按资质等级分的房地产开发企业资产情况

单位：亿元

地　区	总　计	一　级	二　级	三　级	四　级	暂　定	其　他
全　国	**722236.02**	**76197.28**	**127987.23**	**109682.38**	**83881.48**	**263986.26**	**60501.39**
北　京	59060.20	13192.08	6917.30	4584.50	18970.21	11732.09	3664.01
天　津	28208.74	3285.78	3665.58	1274.26	12462.19	4591.25	2929.69
河　北	18325.10	1894.95	2967.14	2981.05	4950.22	5072.52	459.22
山　西	10358.66	347.32	1660.61	1183.84	3439.51	2805.76	921.62
内蒙古	7741.66	615.76	1242.13	1109.04	3472.23	1068.19	234.30
辽　宁	19546.82	801.95	1890.94	4652.34	233.46	9249.14	2718.99
吉　林	6387.37	236.70	1632.48	1006.80	679.84	2664.09	167.47
黑龙江	9766.40	376.36	2760.87	4243.17	81.27	1380.03	924.69
上　海	55208.53	12187.14	8665.32	3850.74	10.10	25816.78	4678.45
江　苏	61005.46	4333.16	19993.57	2196.14	44.99	27840.35	6597.26
浙　江	48101.08	4464.27	4028.97	8581.44	2072.66	19358.90	9594.84
安　徽	22988.08	883.59	3096.21	4635.22	396.79	12084.33	1891.93
福　建	30461.11	3659.18	4652.09	5874.17	2923.39	11237.62	2114.68
江　西	12362.91	354.76	1938.28	2729.59	1229.28	5565.80	545.20
山　东	41759.82	2976.43	5524.44	6202.82	4308.08	19854.95	2893.10
河　南	27591.98	2157.47	4952.40	3486.55	1074.79	14157.71	1763.06
湖　北	26822.83	3281.09	5992.46	2616.10	1491.65	12564.90	876.63
湖　南	15427.09	722.35	2257.23	6285.08	2516.03	3280.49	365.92
广　东	87445.00	11277.81	8148.75	15868.51	11857.63	30724.19	9568.11
广　西	13934.85	528.74	2422.03	2640.90	546.10	7115.20	681.88
海　南	11307.70	348.14	1362.51	1356.26	903.84	6281.45	1055.51
重　庆	24221.14	2934.39	10564.68	1787.87	35.11	8592.64	306.45
四　川	26141.90	1511.15	6903.08	12182.79	184.78	4052.29	1307.82
贵　州	12025.28	46.66	3285.43	2012.46	1234.53	4408.85	1037.34
云　南	17660.41	1421.02	4848.94	900.82	3795.67	5396.86	1297.10
西　藏	545.81		21.89	108.71	26.30	384.02	4.89
陕　西	12676.07	1012.83	2594.86	2172.80	2970.21	2322.35	1603.02
甘　肃	5147.00	389.62	1089.81	1348.75	761.75	1509.48	47.59
青　海	1452.09	63.70	651.51	305.65	221.74	180.19	29.31
宁　夏	3014.37	373.88	1025.84	517.52	350.13	701.90	45.11
新　疆	5540.54	519.00	1229.92	986.49	636.99	1991.94	176.20

7-9-4 按登记注册类型分的房地产开发企业负债情况

单位：亿元

地区	总计	内资								
			国有	集体	股份合作	国有联营	集体联营	国有与集体联营	其他联营	国有独资公司
全国	**571274.85**	**523448.50**	**6786.89**	**970.45**	**152.02**	**153.60**		**99.63**	**7.97**	**48147.28**
北京	47177.95	42355.48	643.13	239.89	2.00					2559.00
天津	21725.47	20434.59	359.42	8.26		2.90				3599.46
河北	15496.18	15100.92	28.08							151.43
山西	9106.82	8996.22	116.14	3.41						854.47
内蒙古	6695.93	6671.72	9.72							423.22
辽宁	15766.86	13785.56	70.87	2.02	0.84					1348.55
吉林	5252.27	5133.68	40.00	0.02						278.62
黑龙江	6901.93	6803.72	83.53	0.44						762.98
上海	37837.03	33187.98	1654.20	60.75		0.76				2898.32
江苏	47088.91	42248.44	598.22	63.46	0.47			98.71		4772.02
浙江	38401.23	35611.16	198.50	4.11	2.78	149.94				3770.58
安徽	18647.25	18048.30	267.60	4.16	24.66					1547.85
福建	23094.58	20507.96	633.24	24.74	3.62			0.56		2504.83
江西	9698.19	9192.79	125.74		6.20					1206.62
山东	34196.17	32644.82	535.26	237.53	26.64					3425.74
河南	23067.68	22289.63	237.48	5.85	0.50					1035.39
湖北	21368.86	20527.62	344.17	43.06						1973.96
湖南	12504.38	11954.79	56.92	0.12						1227.96
广东	69964.58	57520.43	163.58	247.40	24.10				0.45	1546.48
广西	10794.44	9982.77	57.95	4.34	0.06					1505.82
海南	9344.28	8108.38	35.87	3.23				0.37		1151.81
重庆	18054.90	16038.58	59.71		2.91					2747.91
四川	21144.68	19886.47	44.06	0.48	52.47					1601.69
贵州	9504.55	9108.96	42.87		4.19					1291.82
云南	14748.30	14220.19	97.49	2.39	0.19					1586.01
西藏	338.22	338.22	4.60						7.53	10.52
陕西	10724.27	10381.00	137.40	13.12	0.39					1078.46
甘肃	4269.40	4209.66	85.91	1.53						183.63
青海	1227.49	1195.29								186.58
宁夏	2563.44	2508.30	38.14							177.72
新疆	4568.61	4454.89	17.11	0.15						737.83

7-9-4 续表 1

单位：亿元

地 区	其他有限责任公司	股份有限公司	私营独资	私营合伙	私营有限责任公司	私营股份有限公司	其他内资企业	港澳台商投资	合资经营	合作经营
全 国	**289701.94**	**26751.63**	**251.59**	**12.74**	**142804.11**	**7221.17**	**387.48**	**32897.66**	**10580.36**	**2363.58**
北 京	33418.02	2895.16			2580.89	17.39		2676.78	496.29	503.40
天 津	12696.15	894.28	131.33		2583.55	39.18	120.07	775.80	177.29	
河 北	5719.49	600.27			8533.51	68.15		278.08	123.80	
山 西	3154.72	125.33			4640.85	101.30		42.12	17.93	
内蒙古	3158.77	414.04	5.39		2593.50	65.34	1.74	0.48	0.04	
辽 宁	7262.36	520.11	1.23		4392.68	186.89		1201.35	533.00	50.14
吉 林	3073.46	377.59	2.47		1290.84	70.69		111.56	32.59	
黑龙江	3799.36	302.45			1777.66	77.30		82.72	25.98	1.24
上 海	15662.23	5167.76	14.73		6958.80	770.19	0.25	3099.94	1318.45	53.37
江 苏	19226.17	1317.19	39.42	1.30	15565.17	566.67	-0.35	3237.09	1152.01	147.87
浙 江	16528.47	885.44	0.13		13946.73	124.49		1641.79	568.54	83.52
安 徽	10049.32	556.89	6.19		5157.89	388.41	45.31	454.29	185.69	7.82
福 建	10771.55	535.89			5831.81	201.72		2162.15	1162.24	7.18
江 西	4763.37	315.92		5.24	2458.98	310.71		437.09	192.80	
山 东	17940.15	1169.06	18.75	0.90	8748.16	519.89	22.75	1151.72	586.65	52.49
河 南	15486.42	980.37	3.32	1.16	4346.83	186.31	6.02	691.74	71.27	28.09
湖 北	11842.77	1207.34	0.19	0.16	4941.45	174.32	0.20	572.34	173.59	56.42
湖 南	6394.75	505.54	1.38		3534.69	224.64	8.80	444.88	132.57	22.76
广 东	35047.77	4491.13	7.92	0.41	14526.11	1318.74	146.34	8732.69	1587.39	1233.08
广 西	4599.78	236.45			3444.30	134.07		448.48	192.62	2.15
海 南	5286.78	393.44			1144.04	80.60	12.24	1028.66	403.11	
重 庆	7528.40	688.20			4781.35	230.10		1681.18	806.58	34.88
四 川	12146.85	810.23			5010.89	207.21	12.59	661.16	176.23	3.90
贵 州	4862.26	215.56		3.56	2498.63	190.06		358.49	144.35	6.89
云 南	7633.87	743.24	3.07		3774.14	379.43	0.38	480.69	69.17	0.15
西 藏	267.68	0.04			47.85					
陕 西	6191.09	222.20	15.47		2555.87	155.85	11.15	210.57	17.57	68.21
甘 肃	2412.86	50.52	0.21		1427.38	47.62		52.22	52.22	
青 海	436.97	25.81			486.86	59.08		31.13	31.13	
宁 夏	644.83	12.76	0.41		1392.91	241.53		36.75	36.75	
新 疆	1695.28	91.42			1829.81	83.29		113.73	112.50	

7-9-4 续表 2

单位：亿元

地 区				外商投资					
	独 资	股份有限	其 他		合资经营	合作经营	独 资	股份有限	其 他
全 国	**18555.39**	**1242.76**	**155.59**	**14928.69**	**4047.32**	**1324.74**	**8253.87**	**760.55**	**542.20**
北 京	1677.10			2145.69	686.67	349.53	1089.37	20.11	
天 津	563.87	34.64		515.08	47.17	23.69	317.12	102.03	25.06
河 北	153.68		0.60	117.18	19.08	0.86	91.58	4.61	1.05
山 西	18.48	3.91	1.80	68.48	9.91		58.57		
内蒙古			0.44	23.73	14.44		9.29		
辽 宁	594.82	23.12	0.27	779.95	340.47	81.05	336.77	19.69	1.97
吉 林	70.51	7.88	0.59	7.02	7.02				
黑龙江	49.39		6.11	15.49	10.14	-0.01	5.36		
上 海	1688.80	34.24	5.08	1549.11	307.60	151.57	698.58	391.36	
江 苏	1842.30	88.74	6.17	1603.38	559.99	93.68	930.55	0.12	19.05
浙 江	914.98	65.70	9.05	1148.28	162.99	13.76	920.48	1.36	49.68
安 徽	253.53	4.73	2.52	144.66	24.77	0.77	67.12	51.99	
福 建	959.95	26.34	6.44	424.48	25.35		314.09	49.28	35.76
江 西	236.96		7.33	68.31	53.15		9.64	0.02	5.50
山 东	481.65	2.10	28.83	399.64	202.19	92.63	102.94		1.88
河 南	566.34	20.09	5.95	86.31	51.61	0.94	25.33		8.43
湖 北	284.16	56.56	1.60	268.90	103.77		81.27		83.86
湖 南	247.45	26.09	16.02	104.71	60.59	0.21	32.00	0.86	11.05
广 东	5427.98	455.90	28.34	3711.46	558.17	380.21	2539.23	47.98	185.87
广 西	253.71			363.19	195.13		111.83	16.84	39.39
海 南	333.64	290.02	1.88	207.24	21.64	25.31	95.08		65.21
重 庆	801.89	29.87	7.95	335.14	91.34	57.26	170.57	7.54	8.43
四 川	450.99	25.38	4.66	597.05	385.89	20.43	187.71	3.02	
贵 州	207.24			37.10	3.57	32.85	0.68		
云 南	369.78	41.05	0.54	47.41	19.69		0.99	26.74	
西 藏									
陕 西	105.67	6.40	12.71	132.70	63.94		51.76	17.00	
甘 肃				7.53	5.88		1.64		
青 海				1.07	1.07				
宁 夏				18.39	14.08		4.31		
新 疆	0.53		0.69						

7-9-5 按资质等级分的房地产开发企业负债情况

单位：亿元

地 区	总 计	一 级	二 级	三 级	四 级	暂 定	其 他
全 国	**571274.85**	**56507.50**	**100053.26**	**86434.30**	**68139.49**	**213422.73**	**46717.57**
北 京	47177.95	10123.37	5472.25	3414.61	15560.86	9843.73	2763.13
天 津	21725.47	2706.47	3035.10	947.54	9641.01	3556.15	1839.20
河 北	15496.18	1435.32	2449.52	2480.56	4299.62	4423.07	408.08
山 西	9106.82	304.93	1517.64	1088.75	3115.44	2445.12	634.95
内蒙古	6695.93	458.63	1111.00	996.85	3051.88	922.15	155.41
辽 宁	15766.86	623.71	1591.03	3702.03	202.98	7618.59	2028.52
吉 林	5252.27	164.09	1297.85	834.96	532.27	2306.96	116.15
黑龙江	6901.93	358.43	2108.05	2773.32	56.09	1042.05	563.99
上 海	37837.03	8541.78	5709.49	2772.80	4.32	17695.42	3113.22
江 苏	47088.91	3118.87	15341.38	1704.47	34.42	21769.63	5120.15
浙 江	38401.23	3095.21	3147.56	6565.83	1703.54	15961.57	7927.52
安 徽	18647.25	626.05	2443.65	3670.66	298.90	9934.88	1673.12
福 建	23094.58	2644.34	3729.71	4586.30	2136.76	8680.14	1317.32
江 西	9698.19	283.31	1460.57	1950.85	951.39	4595.09	456.99
山 东	34196.17	2247.91	4301.99	5114.84	3399.11	16621.85	2510.47
河 南	23067.68	1730.12	4111.67	2934.85	936.98	12022.78	1331.28
湖 北	21368.86	2608.10	4462.56	2034.67	1261.63	10273.12	728.80
湖 南	12504.38	605.66	1753.92	5012.26	2088.52	2831.04	212.98
广 东	69964.58	7996.45	6634.93	12346.15	9252.01	25918.07	7816.98
广 西	10794.44	408.23	1746.23	1738.41	428.01	6009.64	463.91
海 南	9344.28	253.69	1081.48	1052.42	752.66	5318.44	885.60
重 庆	18054.90	1876.30	7922.15	1466.12	32.71	6509.41	248.21
四 川	21144.68	1209.97	5498.76	10047.67	124.86	3174.47	1088.96
贵 州	9504.55	38.03	2461.34	1722.56	983.16	3580.76	718.69
云 南	14748.30	1214.33	4050.90	808.86	3222.26	4477.39	974.55
西 藏	338.22		19.13	89.40	26.20	199.26	4.23
陕 西	10724.27	876.76	2235.21	1836.62	2409.06	2003.57	1363.05
甘 肃	4269.40	274.21	925.23	1189.67	562.90	1271.98	45.41
青 海	1227.49	43.49	548.28	270.74	188.08	152.68	24.22
宁 夏	2563.44	311.26	890.57	431.96	305.33	585.20	39.11
新 疆	4568.61	328.49	994.12	847.58	576.51	1678.54	143.37

7-9-6 按登记注册类型分的房地产开发企业所有者权益

单位：亿元

地区	总计	内资								
			国有	集体	股份合作	国有联营	集体联营	国有与集体联营	其他联营	国有独资公司
全国	**150961.17**	**127836.92**	**3940.81**	**140.35**	**44.48**	**141.47**		**6.26**	**3.15**	**23007.12**
北京	11882.25	10194.42	172.65	9.21	-1.08					1307.02
天津	6483.28	5924.76	139.55	3.58		1.17				1555.94
河北	2828.92	2636.21	0.05							50.59
山西	1251.84	1216.51	12.30	0.27						344.43
内蒙古	1045.73	1044.75	-0.17							33.31
辽宁	3779.96	2291.89	64.92		-0.04					633.39
吉林	1135.10	1080.89	42.19	0.02						153.10
黑龙江	2864.47	2808.81	34.71	0.15	0.21					371.53
上海	17371.50	13284.36	2240.14	43.24		4.29				1553.40
江苏	13916.55	11017.12	124.14	6.41	2.64			6.11		2313.92
浙江	9699.85	7966.05	50.74	2.61	2.35	136.01				1146.67
安徽	4340.83	4081.64	153.43	0.48	1.57					624.68
福建	7366.53	6372.93	385.85	0.80	0.13			-0.04		1906.14
江西	2664.71	2495.95	69.34		0.44					759.02
山东	7563.65	6908.50	101.33	7.10	10.97					1447.83
河南	4524.30	4261.04	52.62	4.18	0.36					641.92
湖北	5453.97	4917.67	82.57	8.08						759.03
湖南	2922.71	2678.06	12.39	0.40						381.00
广东	17480.42	13424.69	75.55	50.70	0.89				-0.19	995.60
广西	3140.41	2912.25	12.09	0.90	0.23					978.80
海南	1963.42	1704.23	4.23	0.04				0.18		445.19
重庆	6166.24	4858.15	7.55		3.50					1874.47
四川	4997.23	4236.70	9.09	0.45	21.73					755.50
贵州	2520.73	2453.38	4.81		-0.05					582.16
云南	2912.11	2668.85	30.55	0.61	0.25					743.71
西藏	207.60	207.60	0.87						3.34	9.54
陕西	1951.80	1795.46	30.78	0.15	0.36					327.44
甘肃	877.60	872.96	20.48	0.87						52.14
青海	224.61	214.95								45.08
宁夏	450.93	437.85	0.78							54.80
新疆	971.93	868.27	5.26	0.11						159.78

7-9-6 续表 1

单位：亿元

地区	其他有限责任公司	股份有限公司	私营独资	私营合伙	私营有限责任公司	私营股份有限公司	其他内资企业	港澳台商投资	合资经营	合作经营
全　国	**66838.65**	**7704.26**	**42.40**	**2.39**	**24817.35**	**1087.27**	**60.94**	**16530.04**	**5719.93**	**821.20**
北　京	7244.68	1131.36			311.30	19.29		968.05	335.02	185.18
天　津	3343.90	228.87	-1.67		613.52	8.66	31.23	320.85	109.34	
河　北	910.85	154.28			1513.73	6.71		141.07	52.28	
山　西	482.97	7.34			368.13	1.08		30.81	19.03	
内蒙古	624.34	21.57	0.38		358.45	6.86		1.32	1.24	
辽　宁	928.75	82.46	0.93		561.33	20.16		891.68	330.44	3.83
吉　林	558.41	62.57	-0.03		255.56	9.07		52.90	15.41	
黑龙江	1977.12	20.59			384.59	19.92		42.37	22.18	3.88
上　海	6072.54	1267.37	4.31		1960.38	138.70	-0.01	2801.63	1487.68	35.47
江　苏	4925.60	390.73	33.30	1.14	3101.73	110.24	1.15	2049.46	537.08	40.37
浙　江	3900.37	505.18	0.02		2195.58	26.52		1295.85	400.14	46.13
安　徽	2102.52	141.44	1.10		996.13	55.38	4.92	213.99	97.22	-3.45
福　建	2727.52	178.79			1137.48	36.27		791.61	412.54	9.56
江　西	1040.71	91.17	0.56	0.22	479.82	54.68		134.99	38.00	
山　东	3743.95	306.53	2.05		1225.46	57.61	5.66	490.83	168.05	9.14
河　南	2591.37	199.72	0.39	0.74	715.22	47.06	7.45	236.40	15.19	36.02
湖　北	2535.81	579.58	0.20	0.17	930.56	21.62	0.05	458.07	99.55	10.62
湖　南	1370.49	106.40	0.33		746.65	57.80	2.60	216.19	29.79	-0.39
广　东	7973.20	1544.81	-0.55	0.04	2641.47	142.64	0.53	3111.57	840.57	413.76
广　西	1236.06	40.86			623.10	20.21		172.66	71.12	0.39
海　南	994.74	79.71			144.25	35.59	0.29	198.45	-7.60	
重　庆	2054.09	174.49			712.96	31.10		989.63	404.83	21.92
四　川	2366.48	178.19			877.41	26.30	1.56	412.28	79.73	1.08
贵　州	1441.20	20.50		-0.07	376.19	28.63		63.50	4.16	0.79
云　南	1427.45	114.91	0.30		331.50	19.58	-0.01	219.64	21.39	0.26
西　藏	184.71	0.05			8.65	0.42				
陕　西	1003.17	26.04	0.72		367.16	34.12	5.52	97.35	9.14	6.62
甘　肃	501.73	21.83	-0.03	0.15	269.79	6.01		4.63	4.63	
青　海	74.82	3.39			84.53	7.12		9.31	9.31	
宁　夏	143.49	4.72	0.09		209.63	24.34		9.28	9.28	
新　疆	355.61	18.83			315.09	13.60		103.65	103.18	

7-9-6 续表 2 单位：亿元

地 区				外商投资					
	独 资	股份有限	其 他		合资经营	合作经营	独 资	股份有限	其 他
全 国	**9438.15**	**475.26**	**75.50**	**6594.21**	**2010.41**	**730.03**	**3451.83**	**295.15**	**106.79**
北 京	447.85			719.77	235.29	166.65	270.34	47.49	
天 津	182.23	29.28		237.66	55.56	9.38	127.69	23.80	21.23
河 北	88.70		0.08	51.64	6.66	0.15	43.46	1.43	-0.06
山 西	9.05	2.49	0.25	4.51	-1.13		5.64		
内蒙古			0.08	-0.33	0.04		-0.38		
辽 宁	551.31	5.84	0.26	596.39	202.92	88.73	285.37	18.63	0.74
吉 林	34.67	1.88	0.95	1.31	1.31				
黑龙江	14.51		1.79	13.29	4.81	1.14	7.34		
上 海	1233.83	44.78	-0.13	1285.51	340.54	97.10	718.06	129.81	
江 苏	1375.57	90.81	5.63	849.97	303.35	33.85	499.21	0.46	13.10
浙 江	797.19	44.11	8.27	437.96	135.04	2.28	295.16	1.66	3.83
安 徽	120.64	-0.53	0.12	45.19	12.21	6.69	25.52	0.77	
福 建	361.53	5.40	2.58	201.99	12.50		160.18	28.02	1.29
江 西	94.45		2.55	33.77	24.53		8.93	0.01	0.30
山 东	308.45	0.70	4.49	164.32	84.85	36.90	42.29		0.27
河 南	178.36	6.26	0.58	26.85	3.85	0.48	22.21		0.31
湖 北	301.03	46.85	0.02	78.23	27.35		46.66		4.21
湖 南	164.06	3.29	19.44	28.46	19.33	0.43	6.90	0.04	1.76
广 东	1732.39	103.05	21.79	944.16	291.73	148.47	444.81	23.44	35.71
广 西	101.15			55.49	26.00		15.86	1.22	12.42
海 南	143.42	62.60	0.02	60.74	11.02	12.51	34.65		2.56
重 庆	553.63	4.19	5.06	318.46	83.87	72.98	151.36	1.13	9.12
四 川	326.18	4.78	0.52	348.24	108.09	53.15	186.36	0.64	
贵 州	58.55			3.85	4.47	-0.88	0.26		
云 南	188.55	9.18	0.26	23.63	5.99		1.99	15.65	
西 藏									
陕 西	70.64	10.30	0.65	58.99	10.01		48.02	0.95	
甘 肃				0.01	-0.10		0.11		
青 海				0.35	0.35				
宁 夏				3.80	-0.02		3.82		
新 疆	0.23		0.25						

7-9-7 按资质等级分的房地产开发企业所有者权益

单位：亿元

地 区	总 计	一 级	二 级	三 级	四 级	暂 定	其 他
全 国	**150961.17**	**19689.78**	**27933.97**	**23248.07**	**15742.00**	**50563.53**	**13783.82**
北 京	11882.25	3068.71	1445.05	1169.89	3409.35	1888.36	900.88
天 津	6483.28	579.31	630.48	326.72	2821.18	1035.10	1090.49
河 北	2828.92	459.63	517.62	500.49	650.60	649.45	51.14
山 西	1251.84	42.40	142.97	95.09	324.07	360.64	286.67
内蒙古	1045.73	157.13	131.13	112.19	420.35	146.05	78.89
辽 宁	3779.96	178.25	299.92	950.32	30.48	1630.54	690.47
吉 林	1135.10	72.61	334.63	171.85	147.57	357.13	51.32
黑龙江	2864.47	17.94	652.82	1469.85	25.17	337.99	360.71
上 海	17371.50	3645.35	2955.83	1077.95	5.78	8121.36	1565.23
江 苏	13916.55	1214.28	4652.19	491.67	10.57	6070.73	1477.11
浙 江	9699.85	1369.06	881.41	2015.61	369.12	3397.33	1667.32
安 徽	4340.83	257.54	652.57	964.57	97.89	2149.45	218.81
福 建	7366.53	1014.83	922.38	1287.86	786.62	2557.47	797.36
江 西	2664.71	71.45	477.71	778.74	277.88	970.72	88.21
山 东	7563.65	728.53	1222.45	1087.98	908.97	3233.10	382.63
河 南	4524.30	427.35	840.73	551.70	137.81	2134.94	431.78
湖 北	5453.97	672.99	1529.90	581.43	230.03	2291.78	147.84
湖 南	2922.71	116.69	503.31	1272.81	427.52	449.45	152.94
广 东	17480.42	3281.36	1513.82	3522.37	2605.63	4806.12	1751.13
广 西	3140.41	120.51	675.80	902.49	118.09	1105.55	217.96
海 南	1963.42	94.46	281.02	303.84	151.18	963.01	169.91
重 庆	6166.24	1058.09	2642.53	321.75	2.40	2083.22	58.25
四 川	4997.23	301.18	1404.32	2135.12	59.92	877.82	218.86
贵 州	2520.73	8.63	824.09	289.90	251.38	828.09	318.65
云 南	2912.11	206.69	798.03	91.96	573.40	919.47	322.55
西 藏	207.60		2.76	19.31	0.11	184.76	0.66
陕 西	1951.80	136.07	359.65	336.18	561.15	318.78	239.96
甘 肃	877.60	115.40	164.58	159.08	198.86	237.51	2.17
青 海	224.61	20.20	103.23	34.90	33.66	27.51	5.10
宁 夏	450.93	62.62	135.27	85.56	44.79	116.70	6.00
新 疆	971.93	190.51	235.79	138.91	60.48	313.40	32.83

7-9-8 按登记注册类型分的房地产开发企业营业利润

单位：亿元

地区	总计	内资	国有	集体	股份合作	国有联营	集体联营	国有与集体联营	其他联营	国有独资公司
全国	**11728.11**	**9443.39**	**31.52**	**16.89**	**1.60**	**6.34**		**-0.20**	**1.84**	**435.29**
北京	846.01	678.12	5.09	-1.04	-0.12					35.54
天津	254.67	212.11	-0.63	3.33		0.04				-12.41
河北	315.66	286.43	-0.51							-0.75
山西	37.16	31.98	-0.63	0.02						1.14
内蒙古	-39.19	-39.16	-0.06							-3.63
辽宁	1.29	-43.55	-1.02	-0.01	-0.01					-8.75
吉林	54.58	49.89	-0.10							-0.27
黑龙江	33.51	32.14	-0.82							1.79
上海	1653.84	1167.06	15.16	1.19		0.02				69.28
江苏	1116.85	827.78	-13.20	-0.22	0.19			-0.24		21.85
浙江	823.58	688.83	-1.08	0.38	-0.56	6.28				3.19
安徽	342.00	301.50	2.84	-0.02	-0.91					26.23
福建	612.79	504.90	9.78	-0.05	-0.03					64.43
江西	273.94	268.88	0.19		1.38					6.44
山东	463.54	417.02	0.59	-0.14	0.76					19.77
河南	432.52	393.89	0.84	1.18	0.21					8.55
湖北	494.00	452.69	3.02	0.11						5.11
湖南	141.13	133.72	0.73	0.02						5.37
广东	2465.00	1908.07	5.95	11.79	0.18					90.81
广西	176.30	150.54	0.70		-0.02					1.91
海南	196.94	164.21	0.03	-0.01				0.05		1.07
重庆	167.19	110.37	-0.45		-0.23					11.84
四川	349.85	280.33	0.37	0.15	0.72					31.44
贵州	159.52	134.66								6.33
云南	54.60	56.88	1.94	-0.03						38.03
西藏	4.68	4.68	0.08						1.84	0.52
陕西	161.81	144.62	1.02	0.14	0.03					5.02
甘肃	62.05	61.99	1.35	-0.03						0.17
青海	10.47	0.76								0.54
宁夏	3.69	3.85	0.33							-2.14
新疆	58.13	58.22		0.13						6.88

7-9-8 续表 1

单位：亿元

地 区	其他有限责任公司	股份有限公 司	私营独资	私营合伙	私营有限责任公司	私营股份有限公司	其他内资企 业	港澳台商投 资	合资经营	合作经营
全 国	**6158.43**	**680.04**	**2.53**	**-0.03**	**2050.91**	**62.05**	**-3.82**	**1548.36**	**565.26**	**63.09**
北 京	535.00	101.50			2.77	-0.61		40.75	27.87	3.13
天 津	140.51	22.17	-2.60		64.53	-1.69	-1.16	23.78	14.30	
河 北	106.39	29.78			151.10	0.42		23.48	13.05	
山 西	31.09	2.18			-0.68	-1.15		6.35	6.34	
内蒙古	9.19	-5.88	-0.01		-40.21	1.44	-0.02	0.04	0.01	
辽 宁	-16.20	-16.14	0.01		-2.87	1.44		24.25	16.03	-6.45
吉 林	41.01	-1.48	-0.05		11.27	-0.49		4.30	1.56	
黑龙江	11.25	-3.44			22.89	0.47		1.94	2.54	0.16
上 海	703.69	165.05	-0.49		199.80	13.36		328.96	196.79	4.72
江 苏	493.72	38.51	-0.12	0.13	278.21	8.91	0.05	188.73	34.43	1.94
浙 江	512.86	47.46	-0.01		119.49	0.84		99.57	28.49	0.78
安 徽	182.41	17.51	0.08		73.33	0.19	-0.18	38.45	17.81	-0.45
福 建	332.92	7.97			82.90	6.99		99.73	64.43	0.55
江 西	180.08	10.43		-0.13	63.65	6.84		1.97	-0.25	
山 东	264.07	22.54	3.56	-0.03	101.68	4.36	-0.14	27.35	8.56	0.49
河 南	287.80	20.40	1.05		62.24	11.67	-0.06	33.05	-0.38	2.79
湖 北	308.01	37.57	0.01		100.50	-1.62		28.74	16.47	-0.46
湖 南	72.83	6.21	-0.02		45.04	4.32	-0.78	5.28	-0.77	-0.05
广 东	1168.35	130.49	-0.63	0.01	501.07	0.53	-0.47	412.92	79.99	56.13
广 西	92.60	13.00			42.03	0.32		22.02	5.91	-0.01
海 南	141.14	13.39			4.44	4.91	-0.81	22.30	-6.82	
重 庆	71.23	1.25			20.46	6.28		41.31	17.71	0.27
四 川	185.87	10.30			52.03	-0.57		31.00	13.25	-0.05
贵 州	110.57	-0.59		-0.01	18.05	0.30		24.90	-0.90	0.02
云 南	28.00	2.06			-3.70	-9.41	-0.01	-0.73	-0.35	
西 藏	0.57	-0.01			1.67					
陕 西	101.26	4.63	1.75		30.81	0.21	-0.24	8.36	-0.39	-0.41
甘 肃	17.47	0.59			42.31	0.14				
青 海	2.22	-0.12			-1.51	-0.38		9.64	9.64	
宁 夏	7.33	0.33			-5.46	3.46		-0.01	-0.01	
新 疆	35.18	2.38			13.06	0.58		-0.08	-0.06	

7-9-8 续表 2

单位：亿元

地 区				外商投资					
	独 资	股份有限	其 他		合资经营	合作经营	独 资	股份有限	其 他
全 国	**845.59**	**68.24**	**6.18**	**736.36**	**196.74**	**156.24**	**303.45**	**38.52**	**41.41**
北 京	9.76			127.14	50.53	50.09	15.74	10.78	
天 津	4.34	5.13		18.78	-0.65	0.21	14.15	0.27	4.81
河 北	10.43			5.75	0.75		5.35	-0.36	
山 西	0.13	-0.09	-0.03	-1.18	-0.02		-1.16		
内蒙古			0.03	-0.07	-0.01		-0.06		
辽 宁	14.68	0.07	-0.07	20.59	12.68	11.92	-7.02	3.02	-0.02
吉 林	2.71	0.05	-0.01	0.39	0.39				
黑龙江	-0.61		-0.14	-0.57	-0.51	0.01	-0.07		
上 海	117.44	10.13	-0.12	157.82	33.08	28.69	83.93	12.12	
江 苏	146.14	6.40	-0.18	100.34	30.46	1.53	67.97		0.37
浙 江	70.02	0.49	-0.21	35.18	2.96	-0.07	32.17	0.44	-0.31
安 徽	21.31	-0.16	-0.06	2.05	0.01	0.53	1.62	-0.11	
福 建	34.38	0.38	-0.01	8.16	-0.02		0.48	6.91	0.80
江 西	2.13		0.09	3.09	-0.54		3.80	0.02	-0.19
山 东	18.18	-0.02	0.14	19.17	8.23	-0.21	11.14		
河 南	30.83	-0.22	0.02	5.58	0.05	-0.01	5.43		0.11
湖 北	12.68	0.08	-0.03	12.57	3.94		6.66		1.97
湖 南	5.15	0.07	0.89	2.13	2.18		-1.38		1.33
广 东	242.64	31.03	3.13	144.02	28.78	49.06	37.55	5.58	23.05
广 西	16.13			3.74	1.55		-1.41	-0.27	3.88
海 南	11.24	17.91	-0.03	10.44	2.90	1.17	1.16		5.21
重 庆	21.08	-0.65	2.91	15.51	0.81	9.04	5.27	-0.02	0.42
四 川	17.46	0.32	0.02	38.52	21.82	4.42	12.32	-0.04	
贵 州	25.77			-0.03	0.11	-0.13	-0.01		
云 南	2.20	-2.58		-1.55	-1.86		-0.03	0.34	
西 藏									
陕 西	9.40	-0.11	-0.13	8.82	-1.00		9.98	-0.16	
甘 肃				0.07	0.07				
青 海				0.07	0.07				
宁 夏				-0.14	-0.01		-0.13		
新 疆	-0.02		-0.01						

7-9-9 按资质等级分的房地产开发企业营业利润

单位：亿元

地 区	总 计	一 级	二 级	三 级	四 级	暂 定	其 他
全 国	**11728.11**	**1352.54**	**1735.64**	**1788.74**	**1207.60**	**4792.30**	**851.29**
北 京	846.01	282.42	64.31	37.80	272.56	137.88	51.03
天 津	254.67	-18.76	19.45	23.74	117.63	94.11	18.50
河 北	315.66	69.99	59.99	38.51	73.32	76.70	-2.85
山 西	37.16	6.19	7.24	0.70	-4.05	23.00	4.07
内蒙古	-39.19	-44.78	-1.56	-0.03	1.49	0.46	5.23
辽 宁	1.29	-6.00	20.18	6.19	-0.40	-16.97	-1.72
吉 林	54.58	5.74	24.05	0.88	1.21	22.00	0.70
黑龙江	33.51	10.21	17.62	1.06	-0.33	7.59	-2.65
上 海	1653.84	203.87	262.02	136.26	0.02	884.83	166.84
江 苏	1116.85	78.82	252.55	29.30	0.63	663.59	91.95
浙 江	823.58	140.39	53.85	163.26	23.56	401.93	40.59
安 徽	342.00	14.58	32.70	99.00	11.06	150.90	33.76
福 建	612.79	56.67	72.10	155.77	97.04	191.74	39.47
江 西	273.94	4.85	25.38	57.53	23.80	153.29	9.11
山 东	463.54	70.76	43.70	45.93	42.01	241.36	19.77
河 南	432.52	46.66	51.87	52.07	22.42	217.53	41.96
湖 北	494.00	44.13	161.10	51.95	10.10	212.41	14.32
湖 南	141.13	25.40	34.16	66.02	23.51	-12.34	4.38
广 东	2465.00	266.56	165.07	521.08	392.37	884.87	235.06
广 西	176.30	5.91	30.21	15.03	7.05	104.14	13.97
海 南	196.94	19.75	-1.80	49.58	43.05	85.24	1.13
重 庆	167.19	30.42	93.14	13.41	1.30	23.34	5.58
四 川	349.85	12.73	92.60	159.38	0.87	56.47	27.80
贵 州	159.52	-1.27	98.15	14.06	5.52	34.03	9.03
云 南	54.60	0.03	-5.82	0.55	12.51	34.09	13.23
西 藏	4.68		-0.19	2.10	-0.25	2.46	0.57
陕 西	161.81	10.22	24.30	24.61	32.35	56.05	14.28
甘 肃	62.05	4.96	24.21	16.04	-0.85	17.31	0.38
青 海	10.47	2.40	0.23	0.01	0.06	7.95	-0.17
宁 夏	3.69	4.29	2.20	-0.92	-2.18	1.86	-1.56
新 疆	58.13	5.40	12.62	7.85	0.21	34.50	-2.45

7-9-10 按登记注册类型分的房地产开发企业利润总额

单位：亿元

地 区	总 计	内 资	国 有	集 体	股份合作	国有联营	集体联营	国有与集体联营	其他联营	国有独资公司
全 国	**11811.62**	**9539.95**	**54.73**	**15.48**	**1.45**	**6.53**		**-0.21**	**1.84**	**553.09**
北 京	834.64	670.72	7.33	-0.96	-0.12					36.07
天 津	313.24	269.79	0.41	3.33		0.04				-6.68
河 北	310.57	281.49	-0.51							-0.94
山 西	34.32	29.13	-0.47	0.03						3.33
内蒙古	-34.75	-34.72	-0.06							-3.76
辽 宁	-0.86	-45.84	-1.01	-0.01	-0.01					-6.99
吉 林	53.92	49.20	-0.04							1.27
黑龙江	34.69	33.33	-0.84							1.25
上 海	1657.37	1170.86	15.11	1.25		0.22				73.64
江 苏	1159.75	872.62	-0.75	-1.54	0.19			-0.26		48.85
浙 江	835.87	696.20	-0.12	0.37	-0.57	6.28				7.94
安 徽	363.55	310.78	2.88	-0.02	-0.91					43.01
福 建	600.40	496.46	13.52	-0.01	-0.03					65.00
江 西	274.65	269.53	1.05		1.38					7.75
山 东	472.58	424.95	-0.86	-0.22	0.80					27.79
河 南	426.55	388.35	0.98	1.18	0.21					13.59
湖 北	498.60	459.46	3.72	0.13						8.33
湖 南	141.19	134.35	-0.07	0.02						6.19
广 东	2394.60	1850.24	8.49	11.58	0.06					87.73
广 西	177.23	151.69	0.77		-0.02					1.61
海 南	193.37	163.41	0.54	-0.01				0.05		1.95
重 庆	198.20	141.96	-0.32		-0.23					40.66
四 川	348.15	280.50	0.31	0.16	0.67					36.58
贵 州	162.25	138.08	-0.01							6.30
云 南	56.27	58.39	1.69	-0.03						37.40
西 藏	4.45	4.45	0.08						1.84	0.54
陕 西	161.09	143.92	1.09	0.13	0.03					8.70
甘 肃	62.18	62.12	1.41	-0.03						0.24
青 海	10.27	1.06								0.78
宁 夏	6.80	6.98	0.31							-2.07
新 疆	60.46	60.51	0.11	0.14						7.03

7-9-10 续表 1

单位：亿元

地 区	其他有限责任公司	股份有限公司	私营独资	私营合伙	私营有限责任公司	私营股份有限公司	其他内资企业	港澳台商投资	合资经营	合作经营
全 国	**6195.16**	**683.00**	**2.48**	**-0.03**	**1969.07**	**61.80**	**-4.44**	**1537.63**	**553.01**	**60.80**
北 京	530.17	101.99			-3.14	-0.62		38.83	27.77	2.40
天 津	194.71	23.64	-2.60		59.89	-1.73	-1.22	24.39	14.03	
河 北	105.75	29.33			147.45	0.41		23.44	13.03	
山 西	31.37	2.08			-6.07	-1.15		6.38	6.36	
内蒙古	13.53	-5.89			-39.91	1.39	-0.02	0.04	0.01	
辽 宁	-19.94	-18.01	0.01		-1.47	1.60		23.35	16.04	-7.07
吉 林	38.90	-1.31	-0.05		11.04	-0.61		4.33	1.55	
黑龙江	16.36	-2.77			18.95	0.38		1.95	2.56	0.16
上 海	706.75	167.36	-0.49		193.46	13.56		327.12	197.90	4.67
江 苏	508.82	39.36	-0.13	0.13	269.05	8.86	0.05	186.16	33.45	1.98
浙 江	520.96	47.01	-0.01		113.65	0.69		104.55	30.28	0.87
安 徽	177.58	17.28	0.08		70.41	0.63	-0.18	50.76	17.67	-0.45
福 建	324.97	7.79			79.12	6.11		96.72	63.57	0.55
江 西	177.91	10.19		-0.13	64.57	6.82		2.04	-0.25	
山 东	266.97	22.22	3.56	-0.03	100.41	4.46	-0.15	29.53	11.26	0.12
河 南	282.09	17.82	1.05		59.82	11.62	-0.02	32.62	-0.26	2.75
湖 北	312.87	37.86	0.01		98.21	-1.66		27.19	15.10	-0.46
湖 南	73.83	6.62	-0.02		43.89	4.66	-0.78	4.69	-1.10	-0.05
广 东	1130.51	130.19	-0.67	0.01	483.33	0.11	-1.09	400.80	69.27	55.58
广 西	95.10	13.01			40.84	0.38		21.86	5.87	
海 南	140.47	13.38			2.92	4.90	-0.77	19.37	-7.36	
重 庆	71.99	2.61			20.80	6.45		40.83	15.73	0.23
四 川	186.05	10.24			47.65	-1.15		29.92	13.21	-0.05
贵 州	115.57	-0.80		-0.01	16.72	0.31		23.84	-1.06	0.02
云 南	30.97	3.58			-5.62	-9.60	-0.01	-0.55	-0.32	
西 藏	0.39				1.61					
陕 西	97.05	4.51	1.75		30.67	0.24	-0.26	8.38	-0.40	-0.43
甘 肃	17.54	0.71			42.13	0.13				
青 海	2.06	-0.12			-1.25	-0.41		9.15	9.15	
宁 夏	8.36	0.32			-3.82	3.88		-0.01	-0.01	
新 疆	35.53	2.82			13.75	1.14		-0.06	-0.05	

7-9-10 续表 2

单位：亿元

地 区				外商投资					
	独 资	股份有限	其 他		合资经营	合作经营	独 资	股份有限	其 他
全 国	**848.10**	**69.42**	**6.29**	**734.05**	**197.84**	**156.01**	**300.85**	**37.23**	**42.12**
北 京	8.65			125.10	50.55	47.83	15.94	10.79	
天 津	5.23	5.13		19.06	-0.43	0.30	14.15	0.22	4.82
河 北	10.41			5.64	0.76		5.24	-0.36	
山 西	0.13	-0.09	-0.03	-1.18	-0.02		-1.16		
内蒙古			0.03	-0.07	-0.01		-0.06		
辽 宁	14.30	0.10	-0.02	21.63	13.79	11.93	-7.09	3.02	-0.01
吉 林	2.75	0.05	-0.01	0.39	0.39				
黑龙江	-0.63		-0.15	-0.58	-0.51	0.01	-0.08		
上 海	114.76	9.91	-0.12	159.39	32.91	28.70	85.32	12.46	
江 苏	144.51	6.41	-0.18	100.97	31.68	1.52	67.30		0.46
浙 江	70.52	3.01	-0.14	35.12	2.87	-0.07	32.25	0.44	-0.35
安 徽	33.76	-0.16	-0.06	2.01	-0.01	0.53	1.60	-0.10	
福 建	32.23	0.38	-0.01	7.23	-0.02		-0.32	6.77	0.80
江 西	2.21		0.09	3.07	-0.55		3.81	0.02	-0.20
山 东	18.04	-0.02	0.13	18.11	8.15	-0.20	10.16		
河 南	30.33	-0.21	0.02	5.58	-0.04	-0.01	5.53		0.10
湖 北	12.66	-0.07	-0.03	11.94	3.99		6.22		1.73
湖 南	5.06	-0.09	0.87	2.16	2.22		-1.39		1.32
广 东	241.76	31.03	3.14	143.56	28.48	50.56	36.51	4.20	23.80
广 西	16.00			3.68	1.50		-1.43	-0.27	3.88
海 南	9.71	17.06	-0.03	10.59	2.88	1.17	1.20		5.34
重 庆	22.61	-0.65	2.91	15.41	0.80	9.07	5.17	-0.04	0.42
四 川	16.41	0.33	0.02	37.74	21.11	4.45	12.22	-0.04	
贵 州	24.88			0.33	0.11	0.23	-0.01		
云 南	2.34	-2.57		-1.57	-1.86		-0.03	0.33	
西 藏									
陕 西	9.46	-0.11	-0.14	8.78	-0.98		9.97	-0.20	
甘 肃				0.06	0.07		-0.01		
青 海				0.07	0.07				
宁 夏				-0.18	-0.03		-0.15		
新 疆			-0.01						

7-9-11 按资质等级分的房地产开发企业利润总额

单位：亿元

地 区	总 计	一 级	二 级	三 级	四 级	暂 定	其 他
全 国	**11811.62**	**1376.88**	**1786.01**	**1794.46**	**1238.17**	**4790.91**	**825.19**
北 京	834.64	282.06	65.99	36.44	267.42	134.21	48.54
天 津	313.24	-14.24	20.72	22.93	171.82	92.96	19.05
河 北	310.57	69.57	59.95	39.45	69.90	74.66	-2.96
山 西	34.32	6.85	5.41	0.20	-4.23	22.19	3.89
内蒙古	-34.75	-44.42	-1.46	3.88	1.88	-0.06	5.43
辽 宁	-0.86	-5.98	20.56	6.94	0.64	-22.11	-0.90
吉 林	53.92	4.84	23.18	2.05	1.03	22.18	0.65
黑龙江	34.69	9.98	13.90	1.81	-0.40	7.03	2.37
上 海	1657.37	206.26	263.57	137.81	0.02	886.10	163.61
江 苏	1159.75	87.43	284.35	28.74	0.70	671.18	87.34
浙 江	835.87	141.46	56.70	168.53	25.63	401.49	42.06
安 徽	363.55	14.46	28.59	111.18	10.04	164.64	34.65
福 建	600.40	60.16	70.55	150.27	96.08	187.20	36.16
江 西	274.65	4.71	26.43	57.87	23.85	152.58	9.21
山 东	472.58	72.07	45.62	44.80	46.16	242.66	21.28
河 南	426.55	45.89	50.17	48.23	21.42	220.41	40.43
湖 北	498.60	43.36	159.84	54.26	10.81	216.98	13.34
湖 南	141.19	26.03	33.50	68.29	22.35	-13.32	4.35
广 东	2394.60	264.84	163.78	515.20	372.46	861.77	216.54
广 西	177.23	5.87	32.65	13.94	7.84	102.49	14.44
海 南	193.37	19.73	-2.78	48.48	42.47	85.01	0.46
重 庆	198.20	33.90	111.08	14.68	1.31	31.91	5.32
四 川	348.15	15.10	93.04	155.77	1.22	55.69	27.33
贵 州	162.25	-1.28	103.36	12.77	5.93	32.95	8.53
云 南	56.27	0.29	-5.94	0.34	11.08	37.63	12.88
西 藏	4.45		-0.20	2.09	-0.43	2.44	0.57
陕 西	161.09	10.09	23.16	24.36	33.86	55.87	13.74
甘 肃	62.18	5.07	24.44	15.06	-0.61	17.86	0.36
青 海	10.27	2.50	0.22	-0.03	0.07	7.57	-0.07
宁 夏	6.80	4.69	2.58	-0.26	-2.17	3.53	-1.57
新 疆	60.46	5.57	13.07	8.40	0.03	35.24	-1.85

7-9-12 按登记注册类型分的房地产开发企业主营业务收入

单位：亿元

地 区	总 计	内 资							
			国 有	集 体	股份合作	国有联营	集体联营	国有与集体联营	其他联营	国有独资公司
全 国	**95896.90**	**85835.63**	**474.06**	**161.79**	**17.27**	**4.51**		**0.28**	**10.25**	**3763.66**
北 京	4110.26	3729.63	21.91	3.16						404.86
天 津	2451.20	2224.43	22.55	12.04		2.09				140.20
河 北	2414.27	2321.46	0.44							18.19
山 西	825.51	793.89	3.89	0.19						22.57
内蒙古	687.11	685.68	0.23							40.35
辽 宁	2241.11	1710.09	2.24		0.08					62.17
吉 林	909.80	871.15	0.16							15.90
黑龙江	958.83	934.80	4.79							34.88
上 海	6232.48	4871.75	18.40	6.73		0.16				334.96
江 苏	11061.62	9511.13	98.78	10.31	0.61					416.10
浙 江	8926.99	8129.70	18.00	1.07	1.53	2.27				228.99
安 徽	3363.71	3172.09	18.19	0.05	0.09					149.13
福 建	3598.84	3149.04	53.49	3.75						222.56
江 西	2260.89	2192.46	8.87		2.36					70.39
山 东	6534.11	6169.40	38.81	23.58	4.31					304.25
河 南	3894.88	3792.59	10.58	2.55	1.00					48.90
湖 北	3683.47	3476.69	17.40	8.70						78.39
湖 南	2708.36	2597.21	16.64	0.85						62.00
广 东	12101.26	9992.30	26.58	84.59	2.20				0.02	305.66
广 西	1572.95	1418.76	10.71	0.76	0.38					47.35
海 南	1623.61	1378.08	3.95					0.28		54.45
重 庆	2747.38	2312.43	1.60							167.52
四 川	4038.76	3707.08	4.11	2.07	4.13					147.23
贵 州	1583.51	1525.28	2.99							67.77
云 南	1349.64	1301.20	6.30	0.10						140.20
西 藏	52.17	52.17	0.75						10.24	2.22
陕 西	1925.29	1814.14	36.78	0.77	0.58					95.97
甘 肃	733.00	729.52	20.50	0.08						11.57
青 海	136.20	110.40								7.98
宁 夏	335.46	331.71	0.94							21.06
新 疆	834.22	829.37	3.45	0.44						39.88

7-9-12 续表 1

单位：亿元

地 区								港澳台商投 资		
	其他有限责任公司	股份有限公 司	私营独资	私营合伙	私营有限责任公司	私营股份有限公司	其他内资企 业		合资经营	合作经营
全 国	**50536.24**	**3312.38**	**27.61**	**0.49**	**26427.81**	**1095.06**	**4.22**	**7246.63**	**2599.14**	**332.57**
北 京	2991.15	128.66			177.20	2.69		175.76	87.26	48.90
天 津	1455.67	119.66			465.11	7.11		170.78	75.50	
河 北	882.49	28.95			1381.76	9.63		65.76	36.23	
山 西	349.34	18.42			394.42	5.06		29.89	27.00	
内蒙古	360.19	12.18	0.08		257.01	15.64		1.39	0.02	
辽 宁	968.59	58.67	0.53		580.82	36.99		346.46	156.74	1.01
吉 林	497.48	80.47	0.05		265.31	11.77		37.44	13.90	
黑龙江	504.94	48.79			330.38	11.02		21.80	13.43	4.91
上 海	3029.12	150.29	0.04		1288.80	43.24	0.02	989.03	538.76	15.22
江 苏	4679.14	361.38		0.31	3785.54	158.70	0.27	1050.74	287.12	12.33
浙 江	4743.86	87.67			3026.10	20.19		652.25	214.53	1.69
安 徽	1760.81	128.54	0.52		1059.40	55.37		174.37	93.20	0.09
福 建	2007.54	98.67			723.54	39.50		350.66	221.33	2.36
江 西	1333.26	85.19			614.93	77.44		59.62	27.27	
山 东	3612.63	281.96	17.10	0.01	1793.05	91.47	2.24	266.61	122.47	5.51
河 南	2753.03	154.97	5.30	0.01	737.75	78.47	0.03	86.49	5.53	8.89
湖 北	2125.43	171.08	0.30	0.13	1051.32	23.94		142.17	57.66	0.39
湖 南	1395.07	111.85			945.27	64.76	0.76	83.55	19.50	3.08
广 东	6024.11	600.94	0.11	0.03	2855.53	92.51		1523.58	318.73	214.70
广 西	714.64	82.43			542.02	20.46		110.08	40.80	0.01
海 南	982.92	95.50			219.72	21.04	0.21	191.55	26.57	
重 庆	1255.02	116.60			724.92	46.77		361.50	98.39	7.38
四 川	2304.17	130.84			1066.90	47.63		163.70	62.69	0.22
贵 州	975.09	34.96			421.02	23.46		52.70	10.01	1.68
云 南	761.72	36.35	0.51		334.72	21.28	0.01	38.85	4.24	0.02
西 藏	26.64	0.05			12.28					
陕 西	1095.38	51.13	3.05		513.89	15.91	0.68	63.16	3.53	4.18
甘 肃	376.16	12.14	0.02		302.62	6.42		2.56	2.56	
青 海	55.69	1.71			41.78	3.25		25.70	25.70	
宁 夏	110.29	1.62			173.39	24.41		3.62	3.62	
新 疆	404.69	20.72			341.29	18.90		4.85	4.85	

7-9-12 续表 2

单位：亿元

地 区				外商投资					
	独 资	股份有限	其 他		合资经营	合作经营	独 资	股份有限	其 他
全 国	**3946.98**	**321.41**	**46.52**	**2814.65**	**874.45**	**442.19**	**1261.07**	**92.04**	**144.89**
北 京	39.60			204.87	79.98	104.50	19.26	1.13	
天 津	78.52	16.75		55.99	4.55	1.42	34.46	1.08	14.49
河 北	29.53			27.05	3.28	0.02	21.83	1.91	
山 西	1.49	1.41		1.72	0.02		1.70		
内蒙古			1.37	0.05	0.05				
辽 宁	183.91	4.35	0.44	184.56	81.46	29.46	56.13	17.50	
吉 林	23.23	0.31		1.21	1.21				
黑龙江	3.42		0.04	2.23	1.23	0.02	0.97		
上 海	403.68	31.34	0.04	371.70	91.65	75.64	198.73	5.68	
江 苏	704.14	45.90	1.24	499.76	196.18	24.33	274.73	0.01	4.51
浙 江	419.45	14.53	2.05	145.04	31.59		112.46	0.90	0.10
安 徽	80.97	0.11		17.25	0.90	0.05	14.21	2.09	
福 建	124.89	1.99	0.09	99.13	8.27		49.43	35.01	6.43
江 西	31.99		0.37	8.81	2.09		6.67	0.03	0.02
山 东	133.18	0.04	5.40	98.11	45.37	11.71	41.03		
河 南	70.07	0.55	1.46	15.80	0.68	0.04	14.58		0.51
湖 北	82.96	0.22	0.93	64.61	14.49		30.47		19.66
湖 南	44.78	4.62	11.57	27.59	15.24		5.83	0.02	6.50
广 东	875.31	106.52	8.33	585.38	141.62	140.89	223.94	17.63	61.31
广 西	69.27			44.11	22.96		3.30	0.03	17.82
海 南	79.66	85.32		53.97	12.38	6.76	30.00		4.83
重 庆	241.88	1.42	12.42	73.46	13.91	26.89	23.78	0.15	8.72
四 川	98.37	2.28	0.14	167.97	80.52	15.27	72.19		
贵 州	41.01			5.53	0.34	5.19			
云 南	30.83	3.76		9.59	0.40		0.33	8.86	
西 藏									
陕 西	54.82		0.63	47.99	23.30		24.69		
甘 肃				0.92	0.69		0.24		
青 海				0.10	0.10				
宁 夏				0.13			0.13		
新 疆									

7-9-13 按资质等级分的房地产开发企业主营业务收入

单位：亿元

地 区	总 计	一 级	二 级	三 级	四 级	暂 定	其 他
全 国	**95896.90**	**5589.39**	**15487.08**	**16147.52**	**11020.47**	**41459.50**	**6192.94**
北 京	4110.26	500.52	599.51	320.58	1545.65	973.46	170.54
天 津	2451.20	136.35	285.29	141.96	1203.64	581.39	102.58
河 北	2414.27	198.27	394.48	434.60	647.54	714.88	24.51
山 西	825.51	59.42	157.34	107.28	282.85	210.77	7.84
内蒙古	687.11	48.04	105.83	95.91	335.55	82.14	19.65
辽 宁	2241.11	57.29	239.84	459.85	13.47	1280.05	190.62
吉 林	909.80	87.55	205.77	102.44	101.46	396.18	16.40
黑龙江	958.83	83.65	252.59	416.88	23.52	161.80	20.40
上 海	6232.48	269.44	765.33	475.76	0.27	4207.49	514.19
江 苏	11061.62	501.88	3270.94	375.63	6.86	5834.85	1071.47
浙 江	8926.99	273.38	733.46	1898.37	480.66	4546.25	994.87
安 徽	3363.71	84.57	336.76	755.42	85.95	1833.27	267.74
福 建	3598.84	220.29	351.25	1038.12	464.15	1403.18	121.86
江 西	2260.89	48.39	213.33	415.19	267.42	1184.94	131.62
山 东	6534.11	501.94	798.92	838.36	768.72	3287.40	338.78
河 南	3894.88	242.34	577.15	521.65	218.27	2065.75	269.72
湖 北	3683.47	183.94	745.79	475.50	316.56	1832.05	129.64
湖 南	2708.36	193.02	487.93	1003.80	504.39	466.02	53.19
广 东	12101.26	944.57	725.71	2397.51	2087.37	4913.29	1032.81
广 西	1572.95	62.68	183.15	253.99	92.97	895.02	85.13
海 南	1623.61	35.25	70.52	222.96	237.11	946.95	110.82
重 庆	2747.38	247.57	1327.45	238.86	10.51	884.95	38.06
四 川	4038.76	203.82	956.60	2021.57	26.12	675.29	155.36
贵 州	1583.51	2.82	552.08	265.60	162.12	506.10	94.77
云 南	1349.64	59.40	259.13	99.68	431.28	482.15	18.01
西 藏	52.17		1.61	23.86	1.16	19.07	6.47
陕 西	1925.29	130.49	414.65	321.92	491.20	394.64	172.38
甘 肃	733.00	61.69	185.37	203.40	85.75	187.89	8.90
青 海	136.20	10.23	42.12	24.93	22.41	33.45	3.06
宁 夏	335.46	69.25	111.59	41.35	32.16	77.65	3.47
新 疆	834.22	71.34	135.61	154.59	73.38	381.19	18.10

7-9-14 房地产开发企业土地开发及购置

年 份 地 区	待开发土地面积 (万平方米)	本年土地购置面积 (万平方米)	土地成交价款 (亿元)
1997	17670.10	6641.70	
1998	13530.70	10109.32	
1999	13505.17	11958.90	
2000	14754.77	16905.24	
2001	14582.13	23408.99	
2002	19178.65	31356.78	
2003	21782.58	35696.48	
2004	39635.30	39784.66	2888.57
2005	27522.00	38253.73	3269.32
2006	37523.65	36573.57	3318.04
2007	41483.97	40245.85	4573.18
2008	48161.07	39353.43	4831.68
2009	32816.54	31909.45	5150.14
2010	31457.95	39953.10	8206.71
2011	40220.76	44327.44	8894.03
2012	40195.99	35666.80	7409.64
2013	42280.47	38814.38	9918.29
2014	42136.28	33383.03	10019.88
2015	36638.48	22810.79	7621.61
2016	35121.01	22025.25	9129.31
2017	35747.29	25508.29	13643.39
北 京	694.63	413.30	815.90
天 津	662.56	225.99	177.72
河 北	1351.10	1033.84	260.05
山 西	468.04	269.39	95.55
内蒙古	295.25	283.98	44.34
辽 宁	1222.33	510.61	117.10
吉 林	307.49	668.12	176.33
黑龙江	195.72	246.23	50.32
上 海	409.94	179.73	384.53
江 苏	3627.86	2160.65	1645.77
浙 江	1139.94	2248.87	2102.79
安 徽	3229.79	3776.54	1664.38
福 建	858.45	916.44	758.88
江 西	701.31	576.17	186.52
山 东	2668.56	2090.36	503.17
河 南	2307.03	1015.47	534.87
湖 北	1226.91	676.44	364.06
湖 南	1656.44	1033.39	242.87
广 东	3443.86	1841.19	1575.51
广 西	970.97	675.19	217.18
海 南	767.08	126.53	53.29
重 庆	2232.68	1112.22	568.45
四 川	1393.55	800.76	322.53
贵 州	670.77	438.87	130.49
云 南	979.76	822.61	279.01
西 藏	10.36	26.57	3.40
陕 西	874.63	560.14	227.01
甘 肃	317.85	111.04	17.28
青 海	60.56	44.86	16.23
宁 夏	185.45	164.66	20.04
新 疆	816.43	458.16	87.83

7-9-15 按资质等级分房地产开发企业土地购置面积

单位：平方米

地 区	总 计	一 级	二 级	三 级	四 级	暂 定	其 他
全 国	**255082924**	**6511980**	**23248501**	**23037958**	**18980715**	**146659575**	**36644195**
北 京	4133032	81469	319508	95710	633786	2421564	580995
天 津	2259926				746943	1211994	300989
河 北	10338371		797454	1321649	2820824	5207848	190596
山 西	2693876	108591	266320	187025	404446	1460768	266726
内蒙古	2839758		29078	737224	1545646	414459	113351
辽 宁	5106106	208472	243414	445854	25301	3048935	1134130
吉 林	6681182		1436289	1008967	1099268	2945130	191528
黑龙江	2462255	62286	271184	502818	43671	919341	662955
上 海	1797290	87180	22402	76498		1536715	74495
江 苏	21606516	657997	6329686	575363		10653838	3389632
浙 江	22488686	594996	1176036	1602993	331624	11935722	6847315
安 徽	37765373	406849	484108	1736599	667267	27674032	6796518
福 建	9164358	31442	982359	921483	80127	6011245	1137702
江 西	5761678		258619	538290	465935	3663015	835819
山 东	20903557	1861302	1952321	2196654	2022269	10263931	2607080
河 南	10154674	71342	849599	786720	329204	6164139	1953670
湖 北	6764393		261393	301281	814415	4830209	557095
湖 南	10333887	408212	793294	1717434	1989033	4958635	467279
广 东	18411931	191232	5300	658869	1479702	13323316	2753512
广 西	6751927		406132	474112	139289	5448019	284375
海 南	1265262			48491	45739	924437	246595
重 庆	11122194	578354	2502310	1013828		6854658	173044
四 川	8007628	57004	923915	3986335	22758	2513540	504076
贵 州	4388651		1082498	169053	84476	2929516	123108
云 南	8226148	518301	481292	239983	757513	4135861	2093198
西 藏	265718		59237	86920	99320	20241	
陕 西	5601412	309300	381394	234161	927243	2128137	1621177
甘 肃	1110381		153889	77736	656285	222471	
青 海	448595		69747	213289	4667	123644	37248
宁 夏	1646579		591654	216869	97501	740555	
新 疆	4581580	277651	118069	865750	646463	1973660	699987

7-9-16 房地产开发企业房屋建筑面积和造价

年份 地区	房屋施工面积 (万平方米)	房屋竣工面积 (万平方米)	房屋竣工价值 (亿元)	房屋竣工造价 (元/平方米)
1997	44985.46	15819.70	1859.25	1175
1998	50770.14	17566.60	2139.19	1218
1999	56857.63	21410.83	2467.58	1152
2000	65896.92	25104.86	2859.35	1139
2001	79411.68	29867.36	3369.45	1128
2002	94104.01	34975.75	4141.69	1184
2003	117525.99	41464.06	5279.95	1273
2004	140451.39	42464.87	5952.48	1402
2005	166053.26	53417.04	7752.24	1451
2006	194786.42	55830.92	8729.35	1564
2007	236318.24	60606.68	10039.89	1657
2008	283266.18	66544.77	11947.57	1795
2009	320368.16	72677.43	14689.37	2021
2010	405356.40	78743.88	17542.73	2228
2011	506775.48	92619.94	21975.91	2373
2012	573417.52	99424.96	24836.62	2498
2013	665571.89	101434.99	26805.38	2643
2014	726482.34	107459.05	30261.99	2816
2015	735693.37	100039.10	30552.38	3054
2016	758974.80	106127.71	32252.13	3039
2017	781483.73	101486.41	31512.46	3105
北京	12412.74	1466.67	600.35	4093
天津	8795.82	2023.41	741.34	3664
河北	30318.32	3416.00	971.32	2843
山西	16473.40	1969.92	529.46	2688
内蒙古	15815.41	1714.24	429.31	2504
辽宁	25906.89	2788.28	846.80	3037
吉林	11887.33	1478.85	335.82	2271
黑龙江	10328.47	1651.17	396.22	2400
上海	15362.25	3387.56	2054.31	6064
江苏	59464.23	9581.73	3429.35	3579
浙江	41236.24	6884.18	2809.74	4081
安徽	39169.24	4747.71	1269.60	2674
福建	31939.55	4266.69	1305.56	3060
江西	18806.79	1854.40	441.22	2379
山东	63563.24	8429.06	1987.46	2358
河南	49942.29	6201.71	1270.17	2048
湖北	30510.48	3219.72	993.68	3086
湖南	31691.19	4084.05	1070.93	2622
广东	72492.10	8196.34	2871.97	3504
广西	22689.62	1856.24	518.13	2791
海南	9567.39	1267.16	515.61	4069
重庆	25960.99	5055.73	1721.01	3404
四川	41294.89	5620.73	1571.40	2796
贵州	20385.43	1171.70	256.31	2188
云南	21085.35	2419.63	681.22	2815
西藏	229.85	43.57	8.32	1911
陕西	23630.10	2392.05	741.77	3101
甘肃	9153.46	847.91	236.52	2789
青海	2936.71	440.90	137.48	3118
宁夏	6836.71	1328.62	353.20	2658
新疆	11597.26	1680.48	416.85	2481

7-9-17 房地产开发企业住宅建筑面积和造价

年份 地区	住宅施工面积 （万平方米）	住宅竣工面积 （万平方米）	住宅竣工价值 （亿元）	住宅竣工造价 （元/平方米）
1997	30374.66	12464.70	1269.91	1019
1998	36223.04	14125.73	1484.13	1051
1999	42590.34	17640.67	1831.35	1038
2000	50498.25	20603.32	2173.60	1055
2001	61582.99	24625.40	2622.41	1065
2002	73208.65	28524.70	3190.99	1119
2003	91390.49	33374.61	4128.94	1222
2004	108196.54	34677.18	4688.36	1352
2005	129078.38	43682.85	6060.13	1387
2006	151742.72	45471.75	6717.23	1477
2007	186788.43	49831.35	7853.07	1576
2008	222891.80	54334.10	9295.26	1711
2009	251328.78	59628.71	11500.24	1929
2010	314760.12	63443.10	13527.53	2132
2011	387705.98	74319.05	16947.74	2280
2012	428964.05	79043.20	19147.45	2422
2013	486347.33	78740.62	20039.42	2545
2014	515096.45	80868.26	22079.17	2730
2015	511569.52	73777.36	21569.13	2924
2016	521310.22	77185.19	22827.22	2957
2017	536443.96	71815.12	21402.64	2980
北京	5390.89	604.04	221.43	3666
天津	5911.03	1433.24	473.57	3304
河北	23200.01	2730.13	783.71	2871
山西	11817.12	1413.83	370.00	2617
内蒙古	10394.39	1265.15	306.60	2423
辽宁	18784.00	2214.31	655.43	2960
吉林	8349.19	1030.46	235.03	2281
黑龙江	7432.11	1205.94	271.54	2252
上海	8013.80	1862.74	1020.42	5478
江苏	43554.54	7089.80	2453.43	3461
浙江	24760.01	4338.91	1834.82	4229
安徽	26858.99	3424.98	907.63	2650
福建	20378.76	2891.33	840.38	2907
江西	13659.14	1365.86	327.75	2400
山东	46742.06	6406.46	1481.98	2313
河南	37518.01	4701.53	939.48	1998
湖北	22479.79	2433.72	732.69	3011
湖南	22770.42	3070.28	785.60	2559
广东	49450.82	5784.01	1980.80	3425
广西	16453.90	1478.96	395.89	2677
海南	6981.94	953.86	382.06	4005
重庆	16747.92	3316.37	1102.24	3324
四川	26272.05	3675.76	999.59	2719
贵州	12789.65	785.00	155.72	1984
云南	13534.43	1554.70	423.54	2724
西藏	132.51	26.65	5.42	2035
陕西	16958.61	1873.42	575.32	3071
甘肃	6087.85	619.44	173.75	2805
青海	1735.76	229.45	64.22	2799
宁夏	4346.91	883.54	228.38	2585
新疆	6937.35	1151.25	274.22	2382

7-9-18 按用途分房地产开发企业房屋施工面积

单位：万平方米

年份 地区	房屋施工面积	住宅	#别墅、高档公寓	办公楼	商业营业用房	其他
1997	44985.46	30374.66	1759.19	5335.15	6507.95	2767.34
1998	50770.10	36223.00	2032.10	5072.70	6551.30	2923.10
1999	56857.63	42590.34	1982.21	4383.17	6812.69	3071.43
2000	65896.92	50498.25	2986.69	4058.51	7825.67	3514.48
2001	79411.68	61582.99	3734.88	4120.00	9573.81	4134.88
2002	94104.01	73208.65	5009.23	4392.30	11501.45	5001.61
2003	117525.99	91390.49	5796.55	5088.41	14708.90	6338.19
2004	140451.39	108196.54	6598.11	5982.43	18293.23	7979.20
2005	166053.26	129078.38	8556.24	6618.80	20926.59	9429.49
2006	194786.42	151742.72	11471.45	7395.39	23712.76	11935.55
2007	236318.24	186788.43	14150.10	8321.51	25941.12	15267.18
2008	283266.18	222891.80	14608.82	9582.06	30465.05	20329.71
2009	320368.16	251328.78	14313.93	9996.19	34543.72	24499.46
2010	405356.40	314760.12	16579.52	12144.40	44631.92	33819.96
2011	506775.48	387705.98	18679.25	15991.01	55949.59	47128.90
2012	573417.52	428964.05	18579.98	19434.17	65813.91	59205.39
2013	665571.89	486347.33	19426.87	24577.41	80626.76	74020.40
2014	726482.34	515096.45	21266.37	29927.54	94320.05	87138.30
2015	735693.37	511569.52	20987.64	33044.37	100111.38	90968.10
2016	758974.80	521310.22	20860.01	35029.37	104571.86	98063.36
2017	781483.73	536443.96	21353.68	36014.62	105232.50	103792.65
北京	12412.74	5390.89	429.47	2428.40	1246.34	3347.11
天津	8795.82	5911.03	259.03	693.83	994.93	1196.03
河北	30318.32	23200.01	397.74	829.75	3229.34	3059.22
山西	16473.40	11817.12	127.60	548.93	1979.85	2127.50
内蒙古	15815.41	10394.39	229.36	556.87	3074.62	1789.53
辽宁	25906.89	18784.00	515.42	535.05	4319.76	2268.08
吉林	11887.33	8349.19	327.21	497.41	1813.98	1226.75
黑龙江	10328.47	7432.11	178.58	238.39	1569.10	1088.87
上海	15362.25	8013.80	1748.88	2282.08	2016.16	3050.22
江苏	59464.23	43554.54	2605.47	2503.74	7067.92	6338.03
浙江	41236.24	24760.01	1739.76	2845.86	5014.84	8615.53
安徽	39169.24	26858.99	511.50	1330.35	6694.49	4285.42
福建	31939.55	20378.76	731.45	2203.83	3534.90	5822.06
江西	18806.79	13659.14	413.30	616.15	2775.35	1756.15
山东	63563.24	46742.06	1191.00	2574.61	7492.12	6754.45
河南	49942.29	37518.01	412.29	1699.76	5926.85	4797.67
湖北	30510.48	22479.79	582.86	1157.25	3761.84	3111.61
湖南	31691.19	22770.42	623.55	867.57	4280.94	3772.26
广东	72492.10	49450.82	3001.06	3965.06	7599.47	11476.75
广西	22689.62	16453.90	396.81	735.52	2601.65	2898.55
海南	9567.39	6981.94	776.21	247.98	1165.82	1171.64
重庆	25960.99	16747.92	855.75	907.70	3988.08	4317.29
四川	41294.89	26272.05	992.05	1487.57	6186.89	7348.37
贵州	20385.43	12789.65	352.55	752.50	3908.58	2934.70
云南	21085.35	13534.43	1053.02	840.36	3447.33	3263.23
西藏	229.85	132.51	4.71	9.17	49.00	39.16
陕西	23630.10	16958.61	299.58	1224.76	3109.85	2336.87
甘肃	9153.46	6087.85	55.50	298.59	1605.00	1162.02
青海	2936.71	1735.76	17.71	167.68	640.18	393.09
宁夏	6836.71	4346.91	157.93	357.92	1290.28	841.60
新疆	11597.26	6937.35	366.35	609.97	2847.06	1202.89

7-9-19 按用途分房地产开发企业房屋新开工面积

单位：万平方米

年份/地区	本年房屋新开工面积	住宅	#别墅、高档公寓	办公楼	商业营业用房	其他
1997	14026.98	10996.64	469.72	872.44	1462.45	695.44
1998	20387.90	16637.50	638.60	871.50	1938.65	940.25
1999	22579.41	18797.94	594.06	690.29	2198.56	892.62
2000	29582.64	24401.15	1169.09	898.81	3034.77	1247.91
2001	37394.18	30532.72	1456.69	1072.98	4105.40	1683.08
2002	42800.52	34719.35	2278.17	1254.24	4926.48	1900.45
2003	54707.53	43853.88	2349.29	1466.89	6706.80	2679.96
2004	60413.86	47949.01	2975.69	1704.19	7790.81	2969.85
2005	68064.44	55185.07	2834.97	1671.10	7675.47	3532.79
2006	79252.83	64403.80	4058.32	2134.94	8473.23	4240.86
2007	95401.53	78795.51	4914.41	2141.44	9093.89	5370.70
2008	102553.37	83642.12	4336.97	2471.95	10040.69	6398.62
2009	116422.05	93298.41	3649.80	2860.76	12415.03	7847.84
2010	163646.87	129359.31	5080.05	3668.07	17472.58	13146.91
2011	191236.87	147163.11	5653.01	5399.20	20730.78	17943.77
2012	177333.62	130695.42	4228.31	5986.46	22006.85	18644.89
2013	201207.84	145844.80	4454.59	6887.24	25902.00	22573.80
2014	179592.49	124877.00	4275.01	7349.10	25047.73	22318.66
2015	154453.68	106651.30	3318.41	6569.12	22530.29	18702.96
2016	166928.13	115910.60	3662.14	6415.29	22316.63	22285.61
2017	178653.77	128097.78	4282.68	6139.66	20483.93	23932.41
北京	2361.51	1159.64	60.65	364.61	156.30	680.95
天津	2334.62	1822.72	65.59	67.49	166.68	277.74
河北	8417.21	6568.03	50.99	142.51	810.22	896.45
山西	3305.84	2411.22	27.43	73.93	329.29	491.40
内蒙古	2359.70	1734.67	14.19	37.03	333.75	254.25
辽宁	3806.88	2942.01	77.57	66.37	457.38	341.12
吉林	1907.88	1412.47	12.85	36.11	270.81	188.49
黑龙江	2219.72	1677.77	39.22	32.20	306.45	203.30
上海	2618.00	1402.91	251.70	368.84	297.68	548.57
江苏	13739.10	10263.87	512.86	626.70	1283.04	1565.50
浙江	10117.49	6653.70	375.89	467.18	893.53	2103.08
安徽	11398.66	8601.75	108.77	270.11	1302.52	1224.28
福建	5528.75	3826.31	106.41	241.34	432.02	1029.08
江西	4954.33	3712.08	94.87	110.73	704.69	426.83
山东	14424.99	10918.39	227.40	502.61	1367.65	1636.35
河南	13628.78	10439.82	110.94	360.93	1568.69	1259.34
湖北	7771.87	5961.79	202.24	267.58	903.24	639.25
湖南	8235.91	6089.67	112.71	145.74	995.25	1005.25
广东	16775.55	11694.46	454.54	883.58	1481.36	2716.15
广西	4912.21	3662.39	108.01	67.49	574.18	608.15
海南	2109.74	1649.76	199.15	15.60	236.29	208.10
重庆	5680.04	3759.63	309.72	94.86	768.10	1057.45
四川	11521.59	7604.00	279.96	315.09	1631.17	1971.33
贵州	3310.77	2208.59	67.91	76.19	583.36	442.62
云南	4017.34	2632.02	265.65	104.38	593.19	687.75
西藏	61.07	31.58	2.99	0.05	11.12	18.32
陕西	4279.08	3102.33	42.39	161.32	497.32	518.11
甘肃	2374.63	1442.96	10.03	71.85	492.58	367.25
青海	714.37	381.29	8.00	45.31	174.24	113.53
宁夏	1187.61	815.15	15.37	21.85	203.41	147.21
新疆	2578.54	1514.81	66.66	100.08	658.44	305.21

7-9-20 按用途分房地产开发企业房屋竣工面积

单位：万平方米

年份 地区	本年房屋竣工面积	住宅	#别墅、高档公寓	办公楼	商业营业用房	其他
1997	15819.70	12464.70	554.22	1057.66	1628.44	668.89
1998	17566.60	14125.70	609.00	996.40	1791.50	652.90
1999	21410.83	17640.67	646.03	979.19	2011.84	779.13
2000	25104.86	20603.32	959.34	952.01	2561.97	987.57
2001	29867.36	24625.40	1183.56	974.03	3111.66	1156.27
2002	34975.75	28524.70	1625.58	1013.65	3939.75	1497.65
2003	41464.06	33774.61	1735.87	1077.14	4825.06	1787.25
2004	42464.87	34677.18	2115.31	1034.60	4945.95	1807.14
2005	53417.04	43682.85	2538.79	1416.70	5888.03	2429.46
2006	55830.92	45471.75	2652.85	1393.71	6285.75	2679.72
2007	60606.68	49831.35	3033.34	1545.02	6096.49	3133.82
2008	66544.77	54334.10	2988.71	1824.64	6410.65	3975.38
2009	72677.43	59628.71	3020.47	1652.55	6823.72	4572.46
2010	78743.88	63443.10	3266.37	1815.85	8282.63	5202.30
2011	92619.94	74319.05	3335.27	2266.79	9472.65	6561.45
2012	99424.96	79043.20	3167.91	2315.36	10226.45	7839.94
2013	101434.99	78740.62	2856.04	2789.40	10852.42	9052.56
2014	107459.05	80868.26	2830.20	3144.18	12084.08	11362.54
2015	100039.10	73777.36	2634.04	3419.49	12026.67	10815.59
2016	106127.71	77185.19	2917.42	3629.27	12518.08	12795.18
2017	101486.41	71815.12	2630.01	4006.54	12670.26	12994.49
北京	1466.67	604.04	35.64	321.18	166.94	374.51
天津	2023.41	1433.24	64.96	138.64	209.21	242.32
河北	3416.00	2730.13	65.26	84.41	293.26	308.21
山西	1969.92	1413.83	15.55	84.57	228.03	243.48
内蒙古	1714.24	1265.15	11.03	39.18	252.54	157.37
辽宁	2788.28	2214.31	62.05	35.91	327.72	210.34
吉林	1478.85	1030.46	69.54	58.76	243.86	145.76
黑龙江	1651.17	1205.94	26.75	38.99	257.00	149.24
上海	3387.56	1862.74	348.13	444.83	387.73	692.27
江苏	9581.73	7089.80	394.01	340.64	1085.87	1065.42
浙江	6884.18	4338.91	246.29	391.97	739.72	1413.59
安徽	4747.71	3424.98	52.36	235.08	638.96	448.68
福建	4266.69	2891.33	49.48	144.64	390.35	840.38
江西	1854.40	1365.86	68.32	56.69	287.88	143.97
山东	8429.06	6406.46	104.71	279.91	1028.10	714.60
河南	6201.71	4701.53	50.74	166.97	824.27	508.94
湖北	3219.72	2433.72	69.38	61.78	474.61	249.61
湖南	4084.05	3070.28	77.28	72.73	485.34	455.70
广东	8196.34	5784.01	252.43	258.62	858.66	1295.05
广西	1856.24	1478.96	33.66	31.32	150.96	195.00
海南	1267.16	953.86	62.10	45.79	154.26	113.25
重庆	5055.73	3316.37	114.02	142.01	724.40	872.96
四川	5620.73	3675.76	93.04	171.18	816.43	957.36
贵州	1171.70	785.00	11.63	29.77	195.67	161.26
云南	2419.63	1554.70	127.15	58.57	380.08	426.27
西藏	43.57	26.65		2.34	11.75	2.81
陕西	2392.05	1873.42	11.98	84.12	298.58	135.93
甘肃	847.91	619.44	0.71	26.17	134.54	67.76
青海	440.90	229.45	0.07	51.42	87.78	72.26
宁夏	1328.62	883.54	49.41	64.07	235.19	145.82
新疆	1680.48	1151.25	62.34	44.28	300.58	184.38

7-9-21 按用途分房地产开发企业房屋竣工价值

单位：万元

年份 地区	房屋竣工价值	住宅	#别墅、高档公寓	办公楼	商业营业用房	其他
1998	21391927	14841274	1797188	2696191	2908120	946342
1999	24675822	18313466	3243105	2307508	2821830	1233018
2000	28593463	21736046	4167662	1887549	3435603	1534265
2001	33694469	26224110	4653653	1794697	3972859	1702803
2002	41416949	31909883	4603868	1821081	5421762	2264223
2003	52799528	41289403	3861036	2179823	6707887	2622415
2004	59524820	46883710	3355237	2334105	7443231	2863774
2005	77522369	60601314	6585999	3330709	9442203	4148143
2006	87293459	67172276	7067080	3812779	11523290	4785114
2007	100398923	78530678	7956405	4117505	11996464	5754276
2008	119475659	92952620	7845093	4996314	13651868	7874857
2009	146893651	115002390	8769854	5233193	16690159	9967909
2010	175427347	135275286	10971101	6039054	22433546	11679461
2011	219759131	169477370	12621063	8319008	26176483	15786270
2012	248366202	191474476	12282888	8554573	28992746	19344407
2013	268053771	200394205	11967830	10957180	32756607	23945779
2014	302619873	220791656	13197486	11874068	39277437	30676712
2015	305523769	215691268	13416486	15541035	44141635	30149831
2016	322521317	228272161	14110890	14637590	43366270	36245296
2017	315124591	214026388	12801595	18660131	45027235	37410837
北京	6003518	2214253	236447	1409830	920141	1459294
天津	7413427	4735668	268576	889496	954979	833284
河北	9713242	7837065	238469	233391	824364	818422
山西	5294611	3700023	134471	334768	678461	581359
内蒙古	4293141	3066026	37456	107154	756909	363052
辽宁	8468007	6554332	271197	244897	1149602	519176
吉林	3358238	2350333	183279	124422	577634	305849
黑龙江	3962224	2715396	125774	111566	801290	333972
上海	20543056	10204210	2518412	3360233	3219565	3759048
江苏	34293464	24534282	1986228	1587547	4863351	3308284
浙江	28097354	18348230	1553160	1940115	3456825	4352184
安徽	12695968	9076272	295842	708731	1817104	1093861
福建	13055635	8403779	178248	848144	1318703	2485009
江西	4412176	3277484	185793	141429	718045	275218
山东	19874638	14819762	291905	812765	2600283	1641828
河南	12701690	9394769	162456	393836	1793006	1120079
湖北	9936766	7326869	308643	397382	1601181	611334
湖南	10709318	7856011	328031	243113	1576581	1033613
广东	28719700	19808041	1262365	1502448	3390457	4018754
广西	5181252	3958877	222666	158678	553562	510135
海南	5156135	3820582	244746	267071	699739	368743
重庆	17210136	11022389	507722	919475	3042769	2225503
四川	15714043	9995926	456039	609735	2741329	2367053
贵州	2563134	1557218	37030	105264	523805	376847
云南	6812226	4235428	356117	290239	1216605	1069954
西藏	83232	54236		5500	23043	453
陕西	7417738	5753213	41210	273598	1079710	311217
甘肃	2365232	1737540	1822	95980	360860	170852
青海	1374764	642175	205	169582	300140	262867
宁夏	3532018	2283797	201844	217376	652550	378295
新疆	4168508	2742202	165442	156366	814642	455298

7-9-22 房地产开发企业商品房销售情况

年份 地区	商品房销售面积 （万平方米）	#住宅	商品房销售额 （亿元）	#住宅
1991	3025.46	2745.17	237.86	207.60
1992	4288.86	3812.21	426.59	379.85
1993	6687.91	6035.19	863.71	729.19
1994	7230.35	6118.03	1018.50	730.52
1995	7905.94	6787.03	1257.73	1024.07
1996	7900.41	6898.46	1427.13	1106.90
1997	9010.17	7864.30	1799.48	1407.56
1998	12185.30	10827.10	2513.30	2006.87
1999	14556.53	12997.87	2987.87	2413.73
2000	18637.13	16570.28	3935.44	3228.60
2001	22411.90	19938.75	4862.75	4021.15
2002	26808.29	23702.31	6032.34	4957.85
2003	33717.63	29778.85	7955.66	6543.45
2004	38231.64	33819.89	10375.71	8619.37
2005	55486.22	49587.83	17576.13	14563.76
2006	61857.07	55422.95	20825.96	17287.81
2007	77354.72	70135.88	29889.12	25565.81
2008	65969.83	59280.35	25068.18	21196.00
2009	94755.00	86184.89	44355.17	38432.90
2010	104764.65	93376.60	52721.24	44120.65
2011	109366.75	96528.41	58588.86	48198.32
2012	111303.65	98467.51	64455.79	53467.18
2013	130550.59	115722.69	81428.28	67694.94
2014	120648.54	105187.79	76292.41	62410.95
2015	128494.97	112412.29	87280.84	72769.82
2016	157348.53	137539.93	117627.05	99064.17
2017	169407.82	144788.77	133701.31	110239.51
北京	869.95	608.78	2796.03	2077.01
天津	1482.12	1342.87	2272.30	2032.93
河北	6425.91	5576.99	4628.37	3925.37
山西	2415.92	2246.28	1357.48	1225.90
内蒙古	2067.60	1726.16	956.81	731.69
辽宁	4148.45	3797.05	2771.69	2452.23
吉林	1885.21	1602.06	1135.18	920.85
黑龙江	2255.81	1868.14	1459.72	1134.47
上海	1691.60	1341.62	4026.67	3336.09
江苏	14211.12	12486.66	13066.85	11325.84
浙江	9599.67	7669.70	12339.99	10300.34
安徽	9200.71	7949.28	5865.77	4878.56
福建	5854.05	4526.13	5705.19	4202.00
江西	5841.93	4964.97	3592.52	2879.66
山东	12813.18	11201.04	8096.97	6891.65
河南	13313.89	11707.26	7129.40	5897.68
湖北	8155.21	7363.67	6258.92	5380.31
湖南	8532.25	7368.27	4460.66	3570.76
广东	15958.81	13522.51	18792.76	15437.89
广西	5170.99	4687.41	3016.64	2635.74
海南	2292.61	2173.12	2713.72	2473.18
重庆	6711.00	5452.65	4557.85	3601.56
四川	10869.07	8786.61	6757.11	5173.60
贵州	4696.90	3897.65	2240.77	1623.37
云南	4327.18	3484.49	2561.19	1973.72
西藏	53.25	44.96	35.28	25.19
陕西	3890.40	3419.84	2661.08	2215.17
甘肃	1559.51	1386.04	890.31	738.22
青海	494.04	399.57	296.50	211.71
宁夏	1021.36	870.28	464.13	369.30
新疆	1598.11	1316.70	793.45	597.52

7-9-23 房地产开发企业成套住宅竣工与销售情况

单位：套

年份 地区	住宅竣工套数 合计	#别墅、高档公寓	住宅销售套数 合计	#别墅、高档公寓
1999	1946358	44025		
2000	2139702	59880		
2001	2414392	72207		
2002	2629616	97751		
2003	3021134	108525		
2004	4042219	144949		
2005	3682523	135276	4235372	152339
2006	4005305	139632	5049094	219982
2007	4401203	159423	6251263	257776
2008	4939189	144618	5565827	157455
2009	5548897	143621	8040470	240129
2010	6019767	163207	8817526	223596
2011	7219163	155923	9139672	191881
2012	7642379	161899	9446424	184001
2013	7493133	126444	11046279	202081
2014	7659418	145182	10104351	167469
2015	7050109	126972	10578898	191594
2016	7455409	218297	12822565	258582
2017	6770598	153900	13361411	294616
北京	62796	1183	57950	2763
天津	149400	3340	125150	5536
河北	259478	3524	513767	6017
山西	129811	383	196486	2602
内蒙古	126256	749	158195	1921
辽宁	253544	5782	410420	6434
吉林	111715	6451	164319	1491
黑龙江	133632	1057	200367	1702
上海	180347	22154	139628	14161
江苏	618260	19176	1077200	33582
浙江	375051	9906	634063	16543
安徽	320280	3335	735435	7061
福建	272532	3124	417153	8650
江西	123554	4711	442196	7767
山东	563453	5716	979142	17309
河南	411871	4381	1039431	6635
湖北	218337	3574	682464	9516
湖南	260069	4957	639220	13142
广东	512495	13401	1212690	33581
广西	142705	1130	494930	4230
海南	119210	7652	268435	20223
重庆	385456	6047	582851	21893
四川	374735	5672	884861	19699
贵州	72255	523	347650	5013
云南	132794	5722	286841	13980
西藏	2950		4143	
陕西	187120	320	306586	6189
甘肃	59780	42	126937	430
青海	22568	4	34938	21
宁夏	80390	6174	76202	3549
新疆	107754	3710	121761	2976

7-9-24 按用途分房地产开发企业商品房销售面积

单位：万平方米

年份 地区	商品房销售面积	住宅	#别墅、高档公寓	办公楼	商业营业用房	其他
1997	9010.17	7864.30	254.25	341.43	634.06	170.38
1998	12185.30	10827.10	345.30	400.60	810.80	146.80
1999	14556.53	12997.87	435.74	403.43	1003.17	152.06
2000	18637.13	16570.28	640.72	436.98	1399.31	230.56
2001	22411.90	19938.75	878.19	502.57	1696.15	274.44
2002	26808.29	23702.31	1241.26	538.92	2218.58	348.47
2003	33717.63	29778.85	1449.87	630.49	2833.10	475.19
2004	38231.64	33819.89	2323.05	692.84	3100.29	618.62
2005	55486.22	49587.83	2818.44	1096.23	4081.38	720.78
2006	61857.07	55422.95	3672.44	1231.04	4337.79	865.29
2007	77354.72	70135.88	4581.31	1465.23	4644.61	1109.01
2008	65969.83	59280.35	2865.25	1157.05	4206.06	1326.37
2009	94755.00	86184.89	4626.05	1544.43	5328.03	1697.65
2010	104764.65	93376.60	4219.10	1889.97	6994.84	2503.24
2011	109366.75	96528.41	3729.93	2004.97	7868.65	2964.71
2012	111303.65	98467.51	3476.00	2253.65	7759.28	2823.21
2013	130550.59	115722.69	3632.03	2883.35	8469.22	3475.33
2014	120648.54	105187.79	3047.35	2505.45	9076.93	3878.37
2015	128494.97	112412.29	3487.40	2912.59	9254.79	3915.29
2016	157348.53	137539.93	4470.00	3826.22	10811.96	5170.43
2017	169407.82	144788.77	4743.44	4756.21	12838.14	7024.70
北京	869.95	608.78	88.80	108.34	74.63	78.20
天津	1482.12	1342.87	75.09	43.28	77.42	18.55
河北	6425.91	5576.99	93.22	144.11	496.13	208.68
山西	2415.92	2246.28	30.02	42.60	80.73	46.30
内蒙古	2067.60	1726.16	26.91	48.63	176.43	116.38
辽宁	4148.45	3797.05	84.13	36.55	227.25	87.61
吉林	1885.21	1602.06	34.09	51.15	176.17	55.82
黑龙江	2255.81	1868.14	27.76	45.58	252.74	89.35
上海	1691.60	1341.62	212.04	124.10	79.33	146.55
江苏	14211.12	12486.66	679.26	385.97	967.72	370.77
浙江	9599.67	7669.70	412.01	493.48	698.37	738.12
安徽	9200.71	7949.28	107.39	179.47	872.00	199.96
福建	5854.05	4526.13	146.14	354.25	412.26	561.41
江西	5841.93	4964.97	108.08	140.69	573.67	162.60
山东	12813.18	11201.04	238.94	273.36	823.87	514.91
河南	13313.89	11707.26	94.34	236.90	1148.24	221.49
湖北	8155.21	7363.67	157.14	176.65	483.27	131.61
湖南	8532.25	7368.27	165.26	147.77	714.69	301.52
广东	15958.81	13522.51	543.25	659.40	885.74	891.15
广西	5170.99	4687.41	66.03	81.57	221.94	180.07
海南	2292.61	2173.12	217.86	18.10	68.42	32.96
重庆	6711.00	5452.65	325.64	168.47	634.37	455.51
四川	10869.07	8786.61	253.15	299.29	1004.42	778.75
贵州	4696.90	3897.65	93.41	113.00	573.22	113.03
云南	4327.18	3484.49	292.94	110.58	418.08	314.04
西藏	53.25	44.96		2.14	6.16	
陕西	3890.40	3419.84	82.27	153.11	225.31	92.14
甘肃	1559.51	1386.04	12.70	29.25	106.84	37.40
青海	494.04	399.57	0.41	26.98	58.28	9.21
宁夏	1021.36	870.28	24.89	16.29	103.77	31.01
新疆	1598.11	1316.70	50.29	45.14	196.68	39.58

7-9-25 按用途分房地产开发企业商品房平均销售价格

单位：元/平方米

年份 地区	商品房平均销售价格	住宅	#别墅、高档公寓	办公楼	商业营业用房	其他
1997	1997	1790	5382	4677	3090	2129
1998	2063	1854	4596	5552	3170	1837
1999	2053	1857	4503	5265	3333	1804
2000	2112	1948	4288	4751	3260	1864
2001	2170	2017	4348	4588	3274	2033
2002	2250	2092	4154	4336	3489	1919
2003	2359	2197	4145	4196	3675	2241
2004	2778	2608	5576	5744	3884	2235
2005	3168	2937	5834	6923	5022	2829
2006	3367	3119	6585	8053	5247	3131
2007	3864	3645	7471	8667	5774	3351
2008	3800	3576	7801	8378	5886	3219
2009	4681	4459	9662	10608	6871	3671
2010	5032	4725	10934	11406	7747	4099
2011	5357	4993	10994	12327	8488	4182
2012	5791	5430	11460	12306	9021	4306
2013	6237	5850	12591	12997	9777	4907
2014	6324	5933	12965	11826	9817	5177
2015	6793	6473	15157	12914	9566	4845
2016	7476	7203	15911	14332	9786	4832
2017	7892	7614	14965	13543	10323	5364
北　京	32140	34117	49926	34539	36370	9385
天　津	15331	15139	17951	18327	17291	14117
河　北	7203	7039	10253	10334	9115	4882
山　西	5619	5457	10899	8810	9211	4251
内蒙古	4628	4239	6783	6950	7793	4625
辽　宁	6681	6458	11121	10943	9787	6512
吉　林	6021	5748	10357	7811	8283	5095
黑龙江	6471	6073	12057	11444	8720	5897
上　海	23804	24866	54399	31753	26249	6024
江　苏	9195	9070	14010	10923	11633	5222
浙　江	12855	13430	15779	13661	13906	5343
安　徽	6375	6137	8932	8067	8781	3838
福　建	9746	9284	15557	17560	12279	6678
江　西	6150	5800	7773	8582	8808	5340
山　东	6319	6153	10876	9787	8796	4138
河　南	5355	5038	10155	9555	7658	5691
湖　北	7675	7307	9037	14474	10794	7695
湖　南	5228	4846	8089	9101	8877	4011
广　东	11776	11416	16573	21151	14529	7555
广　西	5834	5623	8945	9540	9560	5049
海　南	11837	11381	18008	17334	18918	24187
重　庆	6792	6605	11107	9623	9926	3612
四　川	6217	5888	11138	9042	10253	3635
贵　州	4771	4165	8820	6667	8719	3737
云　南	5919	5664	6193	8039	8406	4685
西　藏	6626	5604		5798	14374	
陕　西	6840	6477	10897	10519	10368	5564
甘　肃	5709	5326	9403	14016	8839	4457
青　海	6001	5298	13132	8025	10235	3795
宁　夏	4544	4243	6658	8119	6810	3526
新　疆	4965	4538	7885	7745	7407	3862

7-9-26 房地产业(不含房地产开发经营)企业法人单位分地区主要指标

地 区	单位数(个)	营业收入(亿元)	资产总计(亿元)	从业人员(万人)
全 国	**251347**	**9134.9**	**47920.0**	**655.0**
北 京	21765	1519.9	7849.1	52.6
天 津	4609	158.7	1320.3	15.6
河 北	12066	146.5	533.8	18.5
山 西	4618	83.8	412.5	13.2
内蒙古	3678	89.2	216.4	9.8
辽 宁	8871	230.9	1550.0	20.0
吉 林	3260	52.3	159.8	7.0
黑龙江	4979	63.3	282.1	6.6
上 海	10393	764.4	2639.7	37.4
江 苏	19200	787.8	2298.9	56.9
浙 江	15840	487.2	3822.2	39.4
安 徽	8361	196.5	422.5	18.5
福 建	6259	226.8	843.3	18.3
江 西	4622	159.9	490.6	9.3
山 东	17636	628.5	1129.0	44.4
河 南	8513	230.8	2140.9	18.5
湖 北	9343	282.9	995.1	21.6
湖 南	6313	266.1	438.9	19.1
广 东	33754	1554.6	10482.3	101.3
广 西	6779	91.2	1641.8	12.0
海 南	2757	59.2	699.9	5.8
重 庆	6294	308.8	708.6	25.8
四 川	7665	246.2	4286.3	27.1
贵 州	2897	44.8	198.5	7.6
云 南	4942	119.6	346.1	10.9
西 藏	69	9.3	14.4	0.3
陕 西	7325	171.0	523.6	15.8
甘 肃	2805	46.2	249.1	6.7
青 海	941	14.0	119.0	2.9
宁 夏	945	18.1	52.9	3.4
新 疆	3848	76.4	1052.6	8.6

【主要统计指标解释】

主营业务收入 指企业确认的销售商品、提供劳务等主营业务的收入。根据会计“主营业务收入”科目的本年各月贷方余额（结转前）之和填报。如未设置该科目，以“营业收入”代替填报。

土地转让收入 指房地产开发企业按国家规定在报告期转让已经开发的土地和未经开发的土地所得到的收入。根据会计“利润表”和相关核算资料计算填报。

商品房销售收入 指房地产开发企业在报告期售出商品房屋的收入，一次收款的，一次性全部计入销售收入，按合同规定分期收款的，可按合同规定的时间分次计入收入。根据会计“利润表”和相关核算资料计算填报。

房屋出租收入 指房地产开发企业在报告期内，在不改变现有财产所有权关系的条件下，将企业的全部或部分房屋出租给其他单位或个人使用所得到的租金收入。根据会计“利润表”和相关核算资料计算填报。

其他（主营业务）收入 指房地产开发企业在报告期内从事除以上收入外的其他业务活动所得到的收入，包括配套设施销售收入、代建工程结算收入等。根据会计“利润表”和相关核算资料计算填报。

营业利润 指企业从事生产经营活动所取得的利润。执行《企业会计准则》或《小企业会计准则》的企业，营业利润为营业收入减去营业成本、税金及附加、销售费用、管理费用、财务费用、资产减值损失，再加上公允价值变动收益、投资收益和其他收益后的金额，根据会计“利润表”中“营业利润”项目的本年累计数填报。执行其他企业会计制度的企业，营业利润为营业收入减去营业成本、税金及附加、销售费用、管理费用、财务费用，再加上投资收益后的金额，根据会计“损益表”中“营业利润”项目、“投资收益”项目的本年累计数之和填报。

房屋施工面积 指报告期内施工的全部房屋建筑面积。包括本期新开工的房屋建筑面积、上期跨入本期继续施工的房屋建筑面积、上期停缓建在本期恢复施工的房屋建筑面积、本期竣工的房屋建筑面积以及本期施工后又停缓建的房屋建筑面积。多层建筑应填各层建筑面积之和。

房屋新开工面积 指报告期内新开工建设的房屋面积，以单位工程为核算对象，即整栋房屋的全部建筑面积，不能分割计算。不包括在上期开工跨入报告期继续施工的房屋建筑面积和上期停缓建而在本期复工的建筑面积。房屋的开工应以房屋正式开始破土刨槽（地基处理或打永久桩）的日期为准。

房屋竣工面积 指报告期内房屋建筑按照设计要求已全部完工，达到住人和使用条件，经验收鉴定合格或达到竣工验收标准，可正式移交使用的各栋房屋建筑面积的总和。竣工面积以房屋单位工程（栋）为核算对象，在整栋房屋符合竣工条件后按其全部建筑面积一次性计算，而不是按各栋施工房屋中已完成的部分或层次分割计算。

商品房销售面积 指报告期内出售商品房屋的合同总面积（即双方签署的正式买卖合同中所确定的建筑面积）。商品房销售面积由现房销售面积和期房销售面积两部分组成。

商品房销售额 指报告期内出售商品房屋的合同总价款（即双方签署的正式买卖合同中所确定的合同总价）。该指标与商品房销售面积同口径，由现房销售额和期房销售额两部分组成。

住宅竣工套数 指报告期内按照设计要求已全部完工，经验收合格，达到住人或使用条件的正式交给开发公司的成套住宅数量（以设计图纸为准）。

商品住宅销售套数 指报告期内出售商品房屋合同中总的成套住宅数量（即双方签署的正式买卖合同中所确定的成套住宅数量）。由现房销售套数和期房销售套数两部分组成。

房屋竣工价值 指报告期内按规定已经上报竣工的房屋本身的建造价值。一般按房屋设计和预算规定的内容计算。包括竣工房屋本身的基础、结构、屋面、装修以及水、电、卫等附属工程的建筑价值；也包括作为房屋建筑组成部分而列入房屋建筑工程预算内的设备（如电梯、通风设备等）的购置和安装费用。不包括厂房内的工艺设备、工艺管线的购置和安装，工艺设备基础的建造；室外的水、暖、电、卫、道路工程、挡土墙等环境工程的费用；办公和生活用家具的购置等费用；购置土地的费用；迁移补偿费和场地平整的费用及城市建设配套投资。

房屋竣工价值不仅包括该竣工房屋在报告期内完成的价值，也包括跨年施工的房屋在本期以前完成的价值。未竣工而转让给其他单位的房屋建筑工程，出让单位不计算竣工价值，待接受单位继续施工并符合竣工条件后，由接受单位计算其竣工价值，包括出让单位在出让前所完成的价值。房屋竣工价值一般按结算价格（或中标价）计算。

待开发土地面积 指经有关部门批准，通过各种方式获得土地使用权，但尚未开工建设的土地面积。

本年土地购置面积 指在本年内通过各种方式获得土地使用权的土地面积。

7 第三产业分行业主要指标

7-10 租赁和商务服务业

简要说明

一、主要内容

本篇资料主要包括租赁和商务服务业企业法人单位分地区主要指标和律师、公证、调解等情况。

二、资料来源

租赁和商务服务业企业法人单位分地区主要指标由国家统计局服务业司根据《规模以上服务业统计报表制度》和《规模以下服务业抽样调查统计报表制度》调查结果整理。

其他资料由国家统计局社科文司依据司法部相关统计报表制度整理提供。

7-10-1 租赁和商务服务业企业法人单位分地区主要指标

地 区	单位数（个）	营业收入（亿元）	资产总计（亿元）	从业人员（万人）
全 国	**1196090**	**78833.6**	**959322.2**	**1638.1**
北 京	159843	12095.7	159941.2	182.9
天 津	29996	3023.9	32132.0	34.7
河 北	41971	1858.0	31888.0	44.4
山 西	22136	446.5	21955.2	22.2
内蒙古	12980	813.9	11319.1	20.4
辽 宁	33545	660.4	7826.7	25.1
吉 林	12789	204.0	5798.2	9.4
黑龙江	14458	536.1	4607.0	19.0
上 海	52690	11159.1	62949.4	115.7
江 苏	113544	9004.7	79213.0	115.7
浙 江	106627	4713.1	141422.7	136.2
安 徽	42306	2754.2	25571.0	44.7
福 建	44495	1930.6	24160.3	52.7
江 西	22331	1139.9	9880.4	35.9
山 东	60814	4512.6	33068.9	107.5
河 南	29876	1435.8	16493.0	47.8
湖 北	38763	2352.2	27474.9	42.0
湖 南	38876	1981.4	20900.1	48.6
广 东	133902	7978.1	75153.3	236.5
广 西	33539	795.9	17410.6	37.5
海 南	6964	208.3	8038.2	8.6
重 庆	24859	2374.5	22109.6	45.1
四 川	34256	1990.2	35485.1	56.8
贵 州	12542	585.1	19088.4	18.8
云 南	20942	1994.7	22761.8	54.9
西 藏	1030	96.1	2406.5	2.3
陕 西	18446	700.3	13894.7	27.6
甘 肃	8059	708.3	8835.4	12.4
青 海	3579	128.4	3040.8	5.0
宁 夏	3784	71.1	2003.5	7.2
新 疆	16148	580.5	12493.1	20.4

7-10-2 律师、公证和调解工作基本情况

项目		2010	2011	2012	2013	2014	2015	2016	2017
律师工作									
律师事务所	（个）	17230	18235	19361	20609	22166	24425	26150	28382
律师人数	（人）	195170	214968	232384	248623	271452	297175	325540	357193
#专职律师		176000	192546	208356	225000	244000	267536	293586	316771
兼职律师		9294	9740	10108	10550	10545	11199	11567	12369
担任法律顾问	（家）	369129	392456	447993	456847	507289	548260	579360	629742
民事诉讼代理	（件）	1569043	1693635	1779118	1887156	2100102	2476112	2744896	3872852
刑事诉讼辩护及代理	（件）	530800	569330	576050	592486	667391	717283	704447	705213
行政诉讼代理	（件）	51011	52136	43312	57659	64545	86455	98989	156971
非诉讼法律事务	（件）	549453	625229	585358	817703	673080	784264	844414	848806
解答法律询问	（万人次）	474.5	513.6	436.9	452.3	464.3	508.2	530.2	452.4
公证工作									
公证处	（个）	3026	3006	3007	2987	3006	3001	3002	2952
公证员	（人）	11000	12163	12333	12725	12960	13147	13175	13231
办理公证文书	（万件）	1104.8	1076.6	1120.8	1258.9	1221.6	1246.8	1399.7	1448.7
人民调解工作									
人民调解委员会	（万个）	81.8	81.1	81.7	82.0	80.3	79.8	78.4	75.9
调解人员	（万人）	466.9	433.6	428.1	422.9	394.1	391.1	385.2	362.9
调解民间纠纷	（万件）	841.8	893.5	926.6	943.9	933.0	933.1	901.9	874.1

7-10-3 公证业务分类情况

分 类	办证件数 (件)	比 重 (%)
合 计	**14487247**	**100.0**
合同(协议)	1464393	10.1
继承	1272634	8.8
其中：小额继承	365791	2.5
委托	3223976	22.3
声明	895975	6.2
赠与	75708	0.5
遗嘱	148380	1.0
现场监督	254210	1.8
婚姻状况、亲属关系、收养关系	580684	4.0
出生、生存、死亡	452690	3.1
身份、经历、学历、学位、职务、职称	291085	2.0
有无违法犯罪记录	407184	2.8
公司章程	13846	0.1
保全证据	378378	2.6
证书、执照	515355	3.6
签名、印鉴	1027569	7.1
文本相符	1117298	7.7
赋予强制执行效力	1115818	7.7
执行证书	44848	0.3
抵押登记	39055	0.3
提存	3409	0.0
保管	16130	0.1
其他	1148622	7.9

7-10-4 调解民间纠纷分类

项目	调解纠纷(万件)		各类纠纷所占比重(%)	
	2016	2017	2016	2017
合计	**901.9**	**883.3**	**100.0**	**100.0**
#婚姻家庭	175.1	164.5	19.4	18.6
房屋、宅基地	62.4	54.6	6.9	6.2
邻里	229.1	222.6	25.4	25.2
损害赔偿	75.0	71.8	8.3	8.1

【主要统计指标解释】

公证文书 指公证处根据当事人申请，依照事实和法律，按照法定程序制作的，具有法律效力的司法证明文书。

调解人员 指在人民调解委员会担负调解民间纠纷工作的人员，包括调解委员会的委员和调解小组的调解员。

调解民间纠纷 指调解委员会按照法律规定，根据自愿原则，用说服教育的方法调解民间发生的有关民事权利和义务争执的件数，包括调解成功数和调解未成功数。

7 第三产业分行业主要指标

7-11　科学研究和技术服务业

简要说明

一、主要内容

科技活动基本情况，包括 R&D 人员、R&D 经费、科技成果和专利情况；气象、地震、海洋、测绘、质量监督检验检疫等综合技术服务部门业务活动情况；全国技术市场成交合同额情况以及科学研究与技术服务业企业法人单位分地区主要指标等。

二、统计范围

科技活动统计资料范围为研究与试验发展（R&D）活动相对密集行业中的企事业单位和从事综合技术服务活动的单位。其中研究与试验发展（R&D）活动相对密集行业中的企事业单位具体包括规模以上工业法人单位、地级及以上独立核算的政府属科学研究与技术开发机构及科技信息与文献机构、全日制普通高等学校及附属医院以及其他行业（包括农、林、牧、渔业，建筑业，交通运输、仓储和邮政业，信息传输、软件和信息技术服务业，金融业，租赁和商务服务业，科学研究和技术服务业，水利、环境和公共设施管理业，卫生和社会工作，文化、体育和娱乐业等）企事业单位。

三、资料来源

科技活动基本情况资料由国家统计局、科技部、国防科工局、教育部、国家知识产权局等部门提供；研究与试验发展（R&D）课题学科分组情况由科技部、国防科工局、教育部提供；气象、地震、海洋、测绘、产品质量监督和检验检疫等资料，分别由中国气象局、中国地震局、国家海洋局、国家测绘地理信息局、国家质量监督检验检疫总局、海关总署等部门提供；技术市场资料由科技部提供。

科学研究与技术服务业企业法人单位分地区主要指标来源于国家统计局服务业司《规模以上服务业统计报表制度》和《规模以下服务业抽样调查统计报表制度》调查结果。

四、统计调查方法

研究与试验发展（R&D）活动情况采用全面调查取得；科协、测绘、气象、地震、海洋、产品质量监督和检验检疫、专利资料采用抽样等多种调查方法取得。

五、科技活动统计资料口径变动说明

2000 年以前研究与试验发展（R&D）活动统计资料只包括大中型工业企业、政府属研究机构、普通高等学校，2000 年及以后年份扩大到了全社会范围。

7-11-1 科技活动基本情况

指 标		2005	2006	2007	2008	2009	2010	2011
研究与试验发展(R&D)投入情况								
R&D人员全时当量	(万人年)	136.5	150.2	173.6	196.5	229.1	255.4	288.3
#基础研究		11.5	13.1	13.8	15.4	16.5	17.4	19.3
应用研究		29.7	30.0	28.6	28.9	31.5	33.6	35.3
试验发展		95.2	107.1	131.2	152.2	181.1	204.5	233.7
R&D经费内部支出	(亿元)	2450.0	3003.1	3710.2	4616.0	5802.1	7062.6	8687.0
#基础研究		131.2	155.8	174.5	220.8	270.3	324.5	411.8
应用研究		433.5	489.0	492.9	575.2	730.8	893.8	1028.4
试验发展		1885.2	2358.4	3042.8	3820.0	4801.0	5844.3	7246.8
#政府资金		645.4	742.1	913.5	1088.9	1358.3	1696.3	1883.0
企业资金		1642.5	2073.7	2611.0	3311.5	4162.7	5063.1	6420.6
R&D经费内部支出与国内生产总值之比	(%)	1.32	1.37	1.37	1.44	1.66	1.71	1.78
科技成果及获奖数	(项)							
科技成果登记数		32359	33644	34170	35971	38688	42108	44208
国家技术发明奖		40	56	51	55	55	46	55
国家科学技术进步奖		236	241	255	254	282	273	283
技术市场成交额	(亿元)	1551	1818	2227	2665	3039	3907	4764
专利申请受理数	(件)	476264	573178	693917	828328	976686	1222286	1633347
#发明		173327	210490	245161	289838	314573	391177	526412
实用新型		139566	161366	181324	225586	310771	409836	585467
外观设计		163371	201322	267432	312904	351342	421273	521468
专利申请授权数	(件)	214003	268002	351782	411982	581992	814825	960513
#发明		53305	57786	67948	93706	128489	135110	172113
实用新型		79349	107655	150036	176675	203802	344472	408110
外观设计		81349	102561	133798	141601	249701	335243	380290

注：2015年R&D经费支出与国内生产总值之比根据国内生产总值最终核实数据作了相应修正。下同。

7-11-1 续表

指　　标		2012	2013	2014	2015	2016	2017
研究与试验发展(R&D)投入情况							
R&D人员全时当量	(万人年)	324.7	353.3	371.1	375.9	387.8	403.4
#基础研究		21.2	22.3	23.5	25.3	27.5	29.0
应用研究		38.4	39.6	40.7	43.0	43.9	49.0
试验发展		265.1	291.4	306.8	307.5	316.4	325.4
R&D经费内部支出	(亿元)	10298.4	11846.6	13015.6	14169.9	15676.7	17606.1
#基础研究		498.8	555.0	613.5	716.1	822.9	975.5
应用研究		1162.0	1269.1	1398.5	1528.6	1610.5	1849.2
试验发展		8637.6	10022.5	11003.6	11925.1	13243.4	14781.4
#政府资金		2221.4	2500.6	2636.1	3013.2	3140.8	3487.4
企业资金		7625.0	8837.7	9816.5	10588.6	11923.5	13464.9
R&D经费内部支出与国内生产总值之比	(%)	1.91	1.99	2.02	2.06	2.11	2.13
科技成果及获奖数	(项)						
科技成果登记数		51723	52477	53140	55284	58779	59792
国家技术发明奖		77	71	70	66	66	66
国家科学技术进步奖		212	188	202	187	171	170
技术市场成交额	(亿元)	6437	7469	8577	9836	11407	13424
专利申请受理数	(件)	2050649	2377061	2361243	2798500	3464824	3697845
#发明		652777	825136	928177	1101864	1338503	1381594
实用新型		740290	892362	868511	1127577	1475977	1687593
外观设计		657582	659563	564555	569059	650344	628658
专利申请授权数	(件)	1255138	1313000	1302687	1718192	1753763	1836434
#发明		217105	207688	233228	359316	404208	420144
实用新型		571175	692845	707883	876217	903420	973294
外观设计		466858	412467	361576	482659	446135	442996

7-11-2 全国研究与试验发展(R&D)经费内部支出

单位：亿元，%

年 份	R&D经费内部支出	基础研究	应用研究	试验发展	与国内生产总值之比	R&D经费内部支出现价增长
1995	348.7	18.1	92.0	238.6	0.57	
1996	404.5	20.2	99.1	285.1	0.57	16.0
1997	509.2	27.4	132.5	349.3	0.64	25.9
1998	551.1	29.0	124.6	397.5	0.65	8.2
1999	678.9	33.9	151.6	493.5	0.76	23.2
2000	895.7	46.7	151.9	697.0	0.89	31.9
2001	1042.5	55.6	184.9	802.0	0.94	16.4
2002	1287.6	73.8	246.7	967.2	1.06	23.5
2003	1539.6	87.7	311.4	1140.5	1.12	19.6
2004	1966.3	117.2	400.5	1448.7	1.21	27.7
2005	2450.0	131.2	433.5	1885.2	1.31	24.6
2006	3003.1	155.8	489.0	2358.4	1.37	22.6
2007	3710.2	174.5	492.9	3042.8	1.37	23.5
2008	4616.0	220.8	575.2	3820.0	1.44	24.4
2009	5802.1	270.3	730.8	4801.0	1.66	25.7
2010	7062.6	324.5	893.8	5844.3	1.71	21.7
2011	8687.0	411.8	1028.4	7246.8	1.78	23.0
2012	10298.4	498.8	1162.0	8637.6	1.91	18.5
2013	11846.6	555.0	1269.1	10022.5	1.99	15.0
2014	13015.6	613.5	1398.5	11003.6	2.02	9.9
2015	14169.9	716.1	1528.6	11925.1	2.06	8.9
2016	15676.7	822.9	1610.5	13243.4	2.11	10.6
2017	17606.1	975.5	1849.2	14781.4	2.13	12.3

7-11-3 全国研究与试验发展(R&D)人员全时当量

单位：万人年，%

年 份	R&D人员全时当量	基础研究	比重	应用研究	比重	试验发展	比重
1992	67.43	5.84	8.66	20.90	30.99	40.70	60.36
1993	69.78	6.33	9.07	21.49	30.80	41.96	60.13
1994	78.32	7.64	9.76	24.20	30.90	46.48	59.35
1995	75.17	6.66	8.87	22.79	30.32	45.71	60.81
1996	80.40	6.96	8.65	23.65	29.42	49.79	61.93
1997	83.12	7.17	8.63	25.27	30.40	50.68	60.97
1998	75.52	7.87	10.42	24.97	33.06	42.68	56.51
1999	82.17	7.60	9.25	24.15	29.39	50.42	61.36
2000	92.21	7.96	8.63	21.96	23.82	62.28	67.54
2001	95.65	7.88	8.24	22.60	23.63	65.17	68.13
2002	103.51	8.40	8.12	24.73	23.89	70.39	68.00
2003	109.48	8.97	8.19	26.03	23.77	74.49	68.03
2004	115.26	11.07	9.61	27.86	24.17	76.33	66.22
2005	136.48	11.54	8.46	29.71	21.77	95.23	69.78
2006	150.25	13.13	8.74	29.97	19.95	107.14	71.31
2007	173.62	13.81	7.95	28.60	16.47	131.21	75.57
2008	196.54	15.40	7.83	28.94	14.72	152.20	77.44
2009	229.13	16.46	7.18	31.53	13.76	181.14	79.06
2010	255.38	17.37	6.80	33.56	13.14	204.46	80.06
2011	288.29	19.32	6.70	35.28	12.24	233.73	81.07
2012	324.68	21.22	6.53	38.38	11.82	265.09	81.65
2013	353.28	22.32	6.32	39.56	11.20	291.40	82.49
2014	371.06	23.54	6.34	40.70	10.97	306.82	82.69
2015	375.88	25.32	6.73	43.04	11.45	307.53	81.81
2016	387.81	27.47	7.08	43.89	11.32	316.44	81.60
2017	403.36	29.01	7.19	48.96	12.14	325.39	80.67

7-11-4 各地区研究与试验发展(R&D)经费内部支出

单位：万元，%

地 区	R&D经费内部支出	基础研究	应用研究	试验发展	R&D经费内部支出与国内(地区)生产总值之比
全 国	**176061295**	**9754893**	**18492095**	**147814307**	**2.13**
北 京	15796512	2323632	3616704	9856177	5.64
天 津	4587227	336505	689647	3561075	2.47
河 北	4520312	105087	379702	4035523	1.26
山 西	1482347	83269	260841	1138237	0.99
内蒙古	1323278	37402	104900	1180976	0.82
辽 宁	4298825	305773	664538	3328515	1.80
吉 林	1280073	167986	220508	891579	0.84
黑龙江	1465898	228371	275710	961817	0.90
上 海	12052052	925073	1523168	9603811	4.00
江 苏	22600621	676233	1293498	20630890	2.63
浙 江	12663398	310153	503333	11849912	2.45
安 徽	5649198	370370	459693	4819136	2.05
福 建	5430888	189079	391759	4850050	1.68
江 西	2558030	89873	137426	2330731	1.23
山 东	17530070	405322	1001973	16122775	2.41
河 南	5820538	105606	400063	5314870	1.29
湖 北	7006253	279435	897664	5829155	1.92
湖 南	5685310	162137	587051	4936122	1.64
广 东	23436283	1094211	2155998	20186075	2.61
广 西	1421787	173376	193218	1055194	0.70
海 南	231099	70607	55698	104794	0.52
重 庆	3646309	157618	351867	3136824	1.87
四 川	6378500	368796	873480	5136224	1.72
贵 州	958815	98003	125749	735063	0.71
云 南	1577604	162686	194057	1220862	0.95
西 藏	28648	11493	6589	10566	0.22
陕 西	4609363	248698	841060	3519604	2.10
甘 肃	884070	134508	142476	607087	1.15
青 海	179109	24155	27804	127149	0.68
宁 夏	389357	47223	36753	305382	1.13
新 疆	569519	62217	79171	428132	0.52

7-11-5 各地区研究与试验发展(R&D)人员全时当量

单位：人年

地 区	R&D人员全时当量	#研究人员	基础研究	应用研究	试验发展
全 国	**4033597**	**1740442**	**290090**	**489635**	**3253907**
北 京	269835	163535	47429	70539	151874
天 津	103087	48423	7438	16182	79467
河 北	113191	52972	5973	15434	91784
山 西	47694	22294	4573	10472	32650
内蒙古	33030	15129	2126	4186	26718
辽 宁	88858	49390	10908	16062	61889
吉 林	45530	27679	10522	11164	23844
黑龙江	47406	29660	11188	7427	28792
上 海	183462	92389	20376	25415	137671
江 苏	560002	205616	19098	31851	509054
浙 江	398091	124415	9481	17567	371043
安 徽	140452	58142	10365	15833	114254
福 建	140325	52185	6378	13993	119954
江 西	61897	26637	4450	5494	51953
山 东	304820	130465	17742	30211	256867
河 南	162504	64256	4577	14865	143062
湖 北	139990	64166	9122	19964	110917
湖 南	130829	58845	9561	20121	101149
广 东	565287	194453	22106	48805	494382
广 西	36857	20484	6446	11230	19182
海 南	7715	3651	1521	1333	4860
重 庆	79149	35289	5568	10770	62815
四 川	144821	77241	11630	25577	107613
贵 州	28290	13327	3993	3906	20391
云 南	46576	23013	7502	8296	30778
西 藏	1249	911	422	416	412
陕 西	98188	54271	9666	20653	67869
甘 肃	23738	14481	4335	5145	14257
青 海	5656	2819	758	960	3938
宁 夏	9859	4577	1503	1498	6858
新 疆	15212	9729	3338	4264	7610

7-11-6 国家财政科技支出

单位：亿元，%

年 份	国家财政总支出	国家财政科技拨款			科技拨款占财政总支出的比重
			中 央	地 方	
1980	1228.8	64.6			5.26
1981	1138.4	61.6			5.41
1982	1230.0	65.3			5.31
1983	1409.5	79.0			5.61
1984	1701.0	94.7			5.57
1985	2004.3	102.6			5.12
1986	2204.9	112.6			5.11
1987	2262.2	113.8			5.03
1988	2491.2	121.1			4.86
1989	2823.8	127.9			4.53
1990	3083.6	139.1	97.6	41.6	4.51
1991	3386.6	160.7	115.4	45.3	4.74
1992	3742.2	189.3	133.6	55.7	5.06
1993	4642.3	225.6	167.6	58.0	4.86
1994	5792.6	268.3	199.0	69.3	4.63
1995	6823.7	302.4	215.6	86.8	4.43
1996	7937.6	348.6	242.8	105.8	4.39
1997	9233.6	408.9	273.9	134.0	4.43
1998	10798.2	438.6	289.7	148.9	4.06
1999	13187.7	543.9	355.6	188.3	4.12
2000	15886.5	575.6	349.6	226.0	3.62
2001	18902.6	703.3	444.3	258.9	3.72
2002	22053.2	816.2	511.2	305.0	3.70
2003	24650.0	944.6	609.9	335.6	3.83
2004	28486.9	1095.3	692.4	402.9	3.84
2005	33930.3	1334.9	807.8	527.1	3.93
2006	40422.7	1688.5	1009.7	678.8	4.18
2007	49781.4	2135.7	1044.1	1091.6	4.29
2008	62592.7	2611.0	1287.2	1323.8	4.17
2009	76299.9	3276.8	1653.3	1623.5	4.29
2010	89874.2	4196.7	2052.5	2144.2	4.67
2011	109247.8	4797.0	2343.3	2453.7	4.39
2012	125953.0	5600.1	2613.6	2986.5	4.45
2013	140212.1	6184.9	2728.5	3456.4	4.41
2014	151785.6	6454.5	2899.2	3555.4	4.25
2015	175877.8	7005.8	3012.1	3993.7	3.98
2016	187755.2	7760.7	3269.3	4491.4	4.13
2017	203085.5	8383.6	3421.4	4962.1	4.13

7-11-7 科学研究与技术服务业企业法人单位分地区主要指标

地 区	单位数（个）	营业收入（亿元）	资产总计（亿元）	从业人员（万人）
全 国	**497034**	**30911.5**	**112882.4**	**791.8**
北 京	89237	7268.8	31722.0	97.0
天 津	17552	1503.5	4747.2	31.3
河 北	17672	462.5	1728.2	27.4
山 西	7236	201.1	1510.0	9.2
内蒙古	7065	216.7	674.9	9.7
辽 宁	14400	355.4	2424.5	16.5
吉 林	6114	146.2	262.5	7.1
黑龙江	6580	152.8	731.0	8.3
上 海	18423	2532.9	6071.9	42.7
江 苏	53859	3081.1	8253.7	78.8
浙 江	35124	1673.8	4555.2	46.6
安 徽	15900	570.5	1899.5	19.7
福 建	14646	504.6	1924.3	22.1
江 西	5969	271.9	446.9	11.7
山 东	32199	2180.7	4667.3	62.1
河 南	23898	1291.9	6495.2	57.7
湖 北	14732	1250.5	2965.8	32.0
湖 南	15360	883.6	1594.1	31.7
广 东	42867	2874.6	6391.9	77.8
广 西	8547	192.0	883.8	8.4
海 南	1715	81.3	1599.4	2.8
重 庆	6726	497.0	2980.7	14.4
四 川	12022	889.7	3820.5	23.0
贵 州	3666	189.9	1228.0	5.9
云 南	5679	348.4	1551.5	9.3
西 藏	370	34.5	4759.7	1.0
陕 西	7883	729.3	1559.5	18.6
甘 肃	2923	229.5	3865.0	6.6
青 海	1251	45.3	339.8	2.4
宁 夏	1148	56.3	203.5	2.7
新 疆	6271	195.2	1024.9	7.0

7-11-8 研究与开发机构科技活动情况

指　　标	2005	2006	2007	2008	2009	2010	2011
机构基本情况							
机构数　（个）	3901	3803	3775	3727	3707	3696	3673
#中央属	679	673	674	678	691	686	686
地方属	3222	3130	3101	3049	3016	3010	2987
研究与试验发展(R&D)投入情况							
R&D人员　（万人）	24.1	25.7	29.0	30.4	32.3	34.2	36.2
R&D人员全时当量　（万人年）	21.5	23.1	25.5	26.0	27.7	29.3	31.6
#基础研究	2.8	3.2	3.6	3.8	4.1	4.2	5.0
应用研究	8.3	8.9	9.3	9.7	10.3	10.9	11.3
试验发展	10.4	11.0	12.6	12.5	13.4	14.2	15.2
R&D经费内部支出　（亿元）	513.1	567.3	687.9	811.3	996.0	1186.4	1306.7
#基础研究	58.0	67.9	74.7	92.7	110.6	129.9	160.2
应用研究	176.3	196.2	227.1	271.3	350.9	387.6	417.2
试验发展	278.7	303.2	386.1	447.2	534.4	668.9	729.3
#政府资金	424.7	481.2	592.9	699.7	849.5	1036.5	1106.1
企业资金	17.6	17.3	26.2	28.2	29.8	34.2	39.9
国外资金	1.8	2.6	3.4	4.0	4.2	3.4	4.9
其他资金	68.1	66.1	65.3	79.3	112.4	112.2	155.8
研究与试验发展(R&D)项目(课题)情况							
R&D项目(课题)数　（项）	39072	42262	49453	54900	61135	67050	70967
R&D项目(课题)人员全时当量　（万人年）	17.6	20.2	22.2	22.9	23.7	25.4	27.3
R&D项目(课题)经费内部支出　（亿元）	353.5	365.4	451.7	537.7	579.8	681.5	807.1
科技产出及成果情况							
发表科技论文　（篇）	109995	118211	126527	132072	138119	140818	148039
#国外发表	15638	17597	19596	21498	25882	26862	31598
出版科技著作　（种）	3578	3791	4134	4691	4788	3922	4292
专利申请受理数　（件）	6814	8026	9802	12536	15773	19192	24059
#发明专利	5064	6200	7782	9864	12361	14979	18227
专利申请授权数　（件）	3234	3499	4036	5048	6391	8698	12126
#发明专利	2088	2191	2467	3102	4077	5249	7862

7-11-8 续表

指　　标	2012	2013	2014	2015	2016	2017
机构基本情况						
机构数　（个）	3674	3651	3677	3650	3611	3547
#中央属	710	711	720	715	734	728
地方属	2964	2940	2957	2935	2877	2819
研究与试验发展(R&D)投入情况						
R&D人员　（万人）	38.8	40.9	42.3	43.6	45.0	46.2
R&D人员全时当量　（万人年）	34.4	36.4	37.4	38.4	39.0	40.6
#基础研究	5.7	6.1	6.6	7.1	8.4	8.4
应用研究	12.1	13.0	12.8	13.1	12.7	14.3
试验发展	16.5	17.3	18.0	18.1	17.9	17.8
R&D经费内部支出　（亿元）	1548.9	1781.4	1926.2	2136.5	2260.2	2435.7
#基础研究	197.9	221.6	258.9	295.3	337.4	384.4
应用研究	469.3	525.8	552.9	618.4	642.1	699.4
试验发展	881.7	1034.0	1114.4	1222.8	1280.7	1351.9
#政府资金	1292.7	1481.2	1581.0	1802.7	1851.6	2025.9
企业资金	47.4	60.9	62.9	65.4	90.4	91.9
国外资金	5.1	5.7	9.1	5.0	3.9	4.4
其他资金	203.8	233.5	273.8	263.4	314.2	313.6
研究与试验发展(R&D)项目(课题)情况						
R&D项目(课题)数　（项）	79343	85069	91465	99559	100925	112472
R&D项目(课题)人员全时当量　（万人年）	31.1	32.7	34.0	34.9	34.4	35.9
R&D项目(课题)经费内部支出　（亿元）	1078.3	1221.7	1272.7	1513.8	1592.5	1720.8
科技产出及成果情况						
发表科技论文　（篇）	158647	164440	171928	169989	175169	177572
#国外发表	35173	41072	47032	47301	50010	54500
出版科技著作　（种）	4458	4619	5023	5662	5714	5459
专利申请受理数　（件）	30418	37040	41966	46559	52331	56267
#发明专利	23406	28628	32265	35092	39854	43426
专利申请授权数　（件）	16551	20095	24870	30104	32442	35350
#发明专利	10935	12542	15786	19720	21816	24283

7-11-9 研究与开发机构研究与试验发展(R&D)课题学科分组情况

学 科	R&D课题数 (个)	R&D课题参加人员全时当量 (人年)	R&D项目(课题)经费内部支出 (万元)
全 国	**112472**	**359411**	**17207732**
数 学	480	388	13861
信息科学与系统科学	538	2444	169996
力 学	456	664	22628
物理学	4616	8297	426598
化 学	4372	8553	274971
天文学	1761	1788	89932
地球科学	11424	16201	832856
生物学	11187	14282	460709
心理学	241	372	12396
农 学	17564	29266	641757
林 学	2583	4893	81785
畜牧、兽医科学	2899	5165	152205
水产学	1926	2674	84916
基础医学	1292	3061	75741
临床医学	2912	6699	227208
预防医学与卫生学	1134	3651	80615
军事医学与特种医学	31	59	1237
药 学	1400	2489	99692
中医学与中药学	2976	5675	96194
工程与技术科学基础学科	2340	20946	705186
信息与系统科学相关工程与技术	1114	1954	98595
自然科学相关工程与技术	2205	3490	129895
测绘科学技术	1632	2028	97569
材料科学	3942	10482	305610
矿山工程技术	137	338	7259
冶金工程技术	66	89	1904
机械工程	496	2424	74786
动力与电气工程	742	3138	158350
能源科学技术	838	2887	70295
核科学技术	699	15242	909765
电子、通信与自动控制技术	3943	59200	3071748
计算机科学技术	1969	7903	358446
化学工程	968	1103	31555
产品应用相关工程与技术	194	427	9339
纺织科学技术	23	81	2691
食品科学技术	493	863	21291
土木建筑工程	368	1080	27475
水利工程	3029	2660	108635
交通运输工程	1157	3388	179925
航空、航天科学技术	2913	80677	6423081
环境科学技术	4575	6781	221313
安全科学技术	705	1960	68142
管理学	968	1949	32691
马克思主义	109	220	5197
哲 学	144	203	2748
宗教学	83	145	1995
语言学	82	106	1284
文 学	194	344	7689
艺术学	157	463	6174
历史学	453	806	19192
考古学	367	1122	35827
经济学	2068	3085	59817
政治学	327	629	10801
法 学	486	297	11450
军事学	57	73	2545
社会学	634	1204	26443
民族学	359	690	18543
新闻学与传播学	92	119	2958
图书馆、情报与文献学	368	767	19793
教育学	991	1021	9909
体育科学	153	332	3691
统计学	40	77	838

7-11-10 高等学校科技活动情况

指　　标		2005	2006	2007	2008	2009	2010	2011
高等学校基本情况								
学校数	(个)	1792	1867	1908	2263	2305	2358	2409
#理工农医		786	800	786	827	1003	970	975
人文社科		815	843	840	869	954	963	997
R&D机构	(个)	3936	4154	4502	5159	5784	7833	8630
研究与试验发展(R&D) 投入情况								
R&D人员	(万人)	38.7	42.1	44.8	47.8	50.9	59.4	63.2
R&D人员全时当量	(万人年)	22.7	24.2	25.4	26.6	27.5	29.0	29.9
#基础研究		7.8	9.0	9.4	10.9	11.3	12.0	12.9
应用研究		11.1	11.3	12.0	13.7	14.1	14.8	15.0
试验发展		3.9	3.9	4.0	2.0	2.1	2.1	2.0
R&D经费内部支出	(亿元)	242.3	276.8	314.7	390.2	468.2	597.3	688.8
#基础研究		56.7	71.4	86.8	114.8	145.5	179.9	226.7
应用研究		125.0	137.3	161.8	208.9	250.0	337.0	372.4
试验发展		60.6	68.2	66.1	66.5	72.6	80.3	89.8
#政府资金		133.1	151.5	177.7	225.5	262.2	358.8	405.1
企业资金		88.9	101.2	110.3	134.9	171.7	198.5	242.9
研究与试验发展(R&D)项目(课题)情况								
R&D项目(课题)数	(项)	280327	365294	375425	429096	476708	547717	604107
R&D项目(课题)人员全时当量	(万人年)	22.5	26.8	25.2	26.6	27.4	28.9	29.9
R&D项目(课题)经费内部支出	(亿元)	193.5	287.0	258.2	323.2	363.5	467.0	535.3
科技产出及成果情况								
发表科技论文	(篇)	728082	830948	905985	964877	1016354	1062512	1109965
#国外发表		69857	90722	108727	134058	156750	182247	218301
出版科技著作	(种)	33064	34633	35733	37541	40919	38101	37472
专利申请受理数	(件)	20094	24490	29860	40610	56641	72744	95592
#发明专利		14673	18059	21864	29337	36241	44132	54362
专利申请授权数	(件)	8843	12043	14111	19248	25570	37490	53055
#发明专利		4715	6650	8251	10216	14408	18055	25064

7-11-10 续表

指　　标		2012	2013	2014	2015	2016	2017
高等学校基本情况							
学校数	（个）	2442	2491	2529	2560	2596	2631
#理工农医		1039	1070	1356	1713	2021	2162
人文社科		1090	1150	1540	1814	2199	2325
R&D机构	（个）	9225	9842	10632	11732	13062	14971
研究与试验发展（R&D）投入情况							
R&D人员	（万人）	67.8	71.5	76.3	83.9	85.2	91.4
R&D人员全时当量	（万人年）	31.4	32.5	33.5	35.5	36.0	38.2
#基础研究		14.0	14.7	15.5	16.4	16.7	18.1
应用研究		15.4	15.9	16.1	17.2	17.3	18.3
试验发展		1.9	1.9	1.9	1.9	2.0	1.9
R&D经费内部支出	（亿元）	780.6	856.7	898.1	998.6	1072.2	1266.0
#基础研究		275.7	307.6	328.6	391.0	432.5	531.1
应用研究		402.7	441.3	476.4	516.3	528.4	623.1
试验发展		102.2	107.8	93.1	91.3	111.4	111.8
#政府资金		474.1	516.9	536.5	637.3	687.8	804.5
企业资金		260.5	289.3	302.7	301.5	310.5	360.4
研究与试验发展（R&D）项目（课题）情况							
R&D项目(课题)数	（项）	657027	711010	766731	841520	894279	966780
R&D项目(课题)人员全时当量	（万人年）	31.3	32.4	33.5	35.4	36.0	38.2
R&D项目(课题)经费内部支出	（亿元）	607.3	662.7	701.8	765.6	777.2	877.0
科技产出及成果情况							
发表科技论文	（篇）	1117742	1127210	1152147	1220467	1267881	1308110
#国外发表		226097	249637	278599	313698	355483	390235
出版科技著作	（种）	38760	37866	39326	43136	44518	45591
专利申请受理数	（件）	113430	133865	149961	190351	236665	277524
#发明专利		66755	81251	93415	109911	137755	157131
专利申请授权数	（件）	74550	84930	85006	127329	149524	169679
#发明专利		34441	35873	39468	55021	66419	78254

7-11-11 高等学校研究与试验发展(R&D)课题学科分组情况

学　　科	R&D课题数（个）	R&D课题参加人员全时当量（人年）	R&D项目(课题)经费内部支出（万元）
全　国	**966780**	**381984**	**8769921**
数　学	12902	6124	107855
信息科学与系统科学	10371	4748	187767
力　学	3621	1727	84360
物理学	14822	7694	304443
化　学	22591	11518	329576
天文学	544	219	6338
地球科学	15916	6971	274723
生物学	24838	12336	388210
心理学	862	335	6895
农　学	20233	9888	313605
林　学	4620	2515	58231
畜牧、兽医科学	7325	3483	112072
水产学	2662	1126	32921
基础医学	24333	16171	275840
临床医学	60644	47666	557770
预防医学与卫生学	3505	2305	48961
军事医学与特种医学	153	91	1688
药　学	8732	4780	147744
中医学与中药学	19251	13433	128306
工程与技术科学基础学科	5433	2299	102694
信息与系统科学相关工程与技术	7185	3638	133817
自然科学相关工程与技术	4383	2167	137481
测绘科学技术	2049	1134	47167
材料科学	26739	13341	493439
矿山工程技术	7878	3472	116182
冶金工程技术	2649	1266	89110
机械工程	26500	13339	485406
动力与电气工程	15917	7128	316637
能源科学技术	4724	2415	99629
核科学技术	1041	582	18626
电子、通信与自动控制技术	25845	12208	461511
计算机科学技术	28134	13878	335805
化学工程	14400	6397	233305
产品应用相关工程与技术	1159	713	18174
纺织科学技术	2300	1222	36500
食品科学技术	7383	3594	99042
土木建筑工程	21853	10444	430122
水利工程	4196	2031	72927
交通运输工程	10533	4826	182773
航空、航天科学技术	4966	2058	239858
环境科学技术	17743	7852	278224
安全科学技术	1851	898	28708
管理学	93327	22750	271715
马克思主义	19805	4852	23507
哲　学	6687	1512	13271
宗教学	1125	291	2016
语言学	26399	6812	29410
文　学	21278	5094	27124
艺术学	38300	9332	75143
历史学	11267	2550	28232
考古学	2012	353	14003
经济学	60301	14111	128659
政治学	10454	2413	15104
法　学	27430	5797	46082
军事学	27	12	380
社会学	25398	5906	46792
民族学	7585	2129	11944
新闻学与传播学	11646	2535	21731
图书馆、情报与文献学	7212	1812	10818
教育学	67855	16971	91934
体育科学	15934	4116	19130
统计学	3799	954	11826
其　他	6153	1654	56665

7-11-12 全国气象部门基本情况

项 目	2000	2005	2007	2008	2009	2010	2011
气象观测业务台站 （个）							
地面观测	2819	2405	2431	2438	2416	2418	2419
高空探测	156	120	123	121	118	120	120
自动气象站	550	7813	23130	28235	31553	30693	33259
天气雷达观测	238	253	304	313	330	342	259
大气成分观测		21	31	35	35	28	28
太阳辐射观测	99	105	103	142	157	100	100
农业气象观测	1125	769	739	635	653	653	653
生态与农业气象观测试验	68	67	69	67	68	68	68
卫星云图接收	319	435	496	621	311	361	363
大气本底站	4	6	7	7	7	7	7
闪电定位监测		234	354	387	417	425	319
沙尘暴监测		85	31	194	182	29	29
紫外线观测		178	174	203	149	164	160
风廓线雷达观测							
空间天气观测							
酸雨观测	82	299	334	330	337	342	342
臭氧观测	3	14	4	20	17	22	36
气象科学数据共享服务数据量 （GB）		**2089**	**11250858**	**5198905**	**245739555**	**3583171**	**398134**
装备							
拥有计算机数(台)	27724	50683	63350.3	72133	79349	90040	98101
#高性能计算机		62	65	61	72	106	108
服务器及工作站		768	1046	1196	1751	2428	3124
个人计算机（含个人服务器）		47950	59610	67853	73750	82744	89530
云图接收机数 （台）	354	506	438	453	407	421	453
电视会商系统设备 （套）		729	1041	1296	1805	1895	2071
人工影响天气作业							
设备高炮 （门）		6393	6969	6311	6973	6902	6636
火箭发射系统 （部）		4129	5039	4862	6355	7034	7109
人员 （人）							
全国气象部门职工总数	59113	53214	53321	53265	53180	53606	53665

注：2006年起气象科学数据共享服务数据量是全国气象部门利用网络向社会提供气象资料的数据量，2005年以前是国家气象信息中心气象科学数据共享服务网的数据量。

7-11-12 续表

项　　目	2012	2013	2014	2015	2016	2017
气象观测业务台站　（个）						
地面观测	2423	2424	2423	2422	2423	2425
高空探测	120	120	120	120	120	120
自动气象站	45926	53184	55488	57405	57435	57435
天气雷达观测	230	212	224	233	242	242
大气成分观测	28	28	28	28	28	28
太阳辐射观测	100	100	100	100	100	100
农业气象观测	653	653	653	653	653	653
生态与农业气象观测试验	68	68	68	70	70	70
卫星云图接收	363	364	364	364	380	380
大气本底站	7	7	7	7	7	7
闪电定位监测	334	334	391	490	490	490
沙尘暴监测	29	29	29	29	29	29
紫外线观测	153	157	168	158	164	155
风廓线雷达观测			61	31	31	69
空间天气观测			17	44	84	87
酸雨观测	365	365	365	376	376	376
臭氧观测	36	41	48	71	53	68
气象科学数据共享服务数据量　（GB）	**4409824**	**505077**	**348736**	**901068**	**274157**	**339876**
装备						
拥有计算机数(台)	108370	113208	108521	126982	136952	143876
#高性能计算机	143	96	100	233	341	274
服务器及工作站	4249	5005	6169	7584	15862	16945
个人计算机（含个人服务器）	97250	100368	102252	119165	120749	126657
云图接收机数　（台）	453	542	698	812	747	840
电视会商系统设备　（套）	2208	2529				
人工影响天气作业						
设备高炮　（门）	6654	6761	6593	6542	6320	6183
火箭发射系统　（部）	7213	7632	7507	8209	7950	8311
人员　（人）						
全国气象部门职工总数	53956	54426	54155	53587	53153	52495

7-11-13 各地区气象业务站点及观测项目情况

单位：个

地区和单位	地面观测业务	高空探测业务	自动气象站	天气雷达观测业务	农业气象观测站	环境气象观测站	闪电定位监测业务	卫星云图接收业务
全国	**2425**	**120**	**57435**	**242**	**723**	**663**	**490**	**380**
北京	20	1	348	1	7	21	1	3
天津	13		261	1	5	14	4	2
河北	142	3	2888	5	30	35	11	7
山西	109	1	1727	9	31	34	7	14
内蒙古	119	12	1688	13	35	21	39	7
辽宁	62	2	1550	5	28	52	14	17
吉林	55	3	1393	7	25	23	23	7
黑龙江	84	4	1267	11	39	20	23	8
上海	14	1	230	2	1	5	4	6
江苏	70	3	1723	11	22	47	25	6
浙江	72	3	2480	9	14	37	22	30
安徽	81	2	2363	10	25	7	7	5
福建	70	3	1953	7	27	4	9	19
江西	92	2	2452	9	19	24	12	10
山东	123	3	1714	13	20	36	13	15
河南	119	3	2431	12	39	29	19	29
湖北	82	3	2322	11	32	34	32	17
湖南	97	3	3464	10	26	7	10	7
广东	86	4	2324	11	28	16	9	9
广西	91	6	2399	11	29	12	11	13
海南	21	3	472	3	7	10	6	5
重庆	35	1	1997	4	14	42	5	4
四川	156	7	4753	10	47	13	24	15
贵州	84	2	2948	9	19	11	12	14
云南	125	5	3414	8	26	8	24	27
西藏	39	5	127	6	5	8	24	9
陕西	99	4	1537	8	22	21	11	21
甘肃	81	9	2159	7	27	16	5	17
青海	52	7	437	2	19	12	33	16
宁夏	25	1	893	4	10	9	5	6
新疆	105	14	1721	13	44	31	46	15
其他	2				1	4		

注：农业气象观测站包括生态与农业气象观测试验站；环境气象站包括大气成分观测站、大气本底站、沙尘暴监测站、紫外线观测站、酸雨观测站和臭氧观测站。

7-11-14 地震台、网基本情况

单位：个

地区	国家地震观测台、网			国家地震遥测台、网	市、县地震台		
	国家级台	省级台	强震观测点		市、县级台	企业台	宏观观测点
全国	**199**	**227**	**2545**	**1489**	**1355**	**305**	**35609**
北京	10	2	265	48	79	1	125
天津	5	5	120	34			75
河北	6	30	169	78	61	4	3778
山西	6	4	51	71	87	16	2053
内蒙古	8	24	48	49	35		591
辽宁	7	11	90	44	29	5	1444
吉林	5	6	15	39	29		1133
黑龙江	9	2	95	81	43	11	5019
上海	2			33	7		28
江苏	8	7	126	29	95	1	1014
浙江	5	1	37	31	51	7	190
安徽	3	9	20	16	83	2	729
福建	4	10	39	162	28	8	577
江西	2	6	6	28			1118
山东	6	20	146	142	136	5	3130
河南	3	8	24	17	32	4	2181
湖北	5	8	52	39	12	33	1313
湖南	4	3	4	30	28	6	351
广东	6	7	122	75	40	5	172
广西	6	3	130	31	42	30	1123
海南	2	3	14	24	16		308
重庆	1	2	3	40		7	523
四川	14	13	7	72	80	5	2354
贵州	4	1			2		44
云南	13	5	308	14	113	119	2508
西藏	15	10	4	25			
陕西	6	6	145	56	75	6	1791
甘肃	9	12	239	53	72	7	901
青海	5	2	55	40	12	20	107
宁夏	4	3	59	15	10		310
新疆	16	4	152	73	58	3	619

7-11-15 各地区测绘生产完成情况

地区和单位	大地测量		地理信息数据生产(幅)	地图编制		
	GNSS大地控制点测量(点)	水准测量(公里)		地形图(幅)	专题地图(种)	地图集(种)
全　国	**2153**	**37924**	**529296**	**183352**	**2230**	**187**
北　京		2126	17825		960	3
天　津			12365			
河　北			38896	5624	214	
山　西			624	1532	74	2
内蒙古			5171	1145	2	3
辽　宁			4953	1500		
吉　林	127	1985	8695			2
黑龙江			33905	19006	131	5
上　海			34930	34242	1	1
江　苏		1300	10591			3
浙　江			20271		16	12
安　徽			10436	18049	88	2
福　建	175	3730	717		130	
江　西			3927	129	44	1
山　东		21	6432			1
河　南	40	591	17151	9610	16	3
湖　北			5690			2
湖　南			119375	13287	76	98
广　东	599	3222	9823	2916	8	2
广　西			6555	4935	138	5
海　南			3365	1264	8	1
重　庆	138	320	4893		20	8
四　川	857	14186	35000	27503	122	5
贵　州			1026	1073		
云　南			3834	2173	51	3
西　藏				147	2	
陕　西		7565	21832	20730	5	6
甘　肃			1825	37	1	3
青　海			3426	3678	23	9
宁　夏		2484	907	388	3	1
新　疆	122	100	5259	4648	37	6
青　岛						
大　连			30			
宁　波	16	294	4925	4925		
深　圳	79		7946			
厦　门						
重庆测绘院			4285	4811		
中国地图出版集团					60	
中国测绘科学研究院			62411			
国家基础地理信息中心						
卫星测绘应用中心						

7-11-16 各地区测绘成果提供情况

地区和单位	地形图合计(张)	1:10000	1:50000	测绘基准成果(点)	航摄成果(平方千米)	专题地图(张)
全国	**252033**	**41369**	**29728**	**266511**	**770525**	**646724**
北京	3694	47		6562		
天津				8		
河北	2110	1670	316	1071	192942	
山西	2076	1728	341	839		3158
内蒙古	6415	2565	2463	22749	30354	6100
辽宁	1509	1262	247	1920		197
吉林	3966	1927	2039	3107	42680	777
黑龙江	2146	1440	550	3764		
上海	166768			15255		565789
江苏	1077	895	170	5343		
浙江	239	12	92	1743	24480	
安徽	1319	1226	93	1949	1149	
福建	291	277	14	1346		
江西	2222	1910	275	1995		
山东	1389	535	851	1089	1160	
河南	903	635	266	160		44453
湖北	130		126	2182	58092	
湖南	3134	2197	922	6256		
广东	3897	3703	167	1104		10305
广西	1365	934	425	86147	35070	17
海南	304	81	223	2177	4383	1758
重庆	3120	1518	165	158		582
四川	1288	537	721	1409	3999	80
贵州	708	3	703	9418	188670	
云南	3886	3666	205	7321		
西藏	1279	29	1237	10421		10328
陕西	4588	4073	508	11046	33370	
甘肃	5907	4342	1497	15416		1358
青海	1523	376	1091	1096	90145	1170
宁夏	1089	873	216	403		
新疆	8166	2908	4976	18472	33521	648
青岛						
大连	27					
宁波	2451			211		1
深圳	1066			245		3
厦门	1966			29		
国家基础地理信息中心	10015		8829	24100	30510	

7-11-17　产品质量国家监督抽查情况

项　　目	抽查企业（家）	抽查产品（批）	不合格产品（批）
合　　计	**19124**	**20192**	**1713**
日用及纺织品	2209	2245	323
轻工产品	2863	2895	236
机械及安防产品	2180	2257	96
电子电器	1601	1625	270
电工及材料	3065	3783	359
建筑装饰装修材料	3377	3417	267
农业生产资料	1459	1463	76
食品相关产品	2370	2507	86

7-11-18　各地区产品质量情况

单位：%

地　区	产品质量等级优等品率	质量损失率	产品质量合格率
全　国	**57.10**	**2.03**	**93.77**
北　京	60.00	3.29	96.29
天　津	53.60	1.33	97.10
河　北	55.20	2.52	92.64
山　西	53.40	1.58	94.83
内蒙古	54.60	1.61	96.05
辽　宁	58.70	2.88	96.22
吉　林	51.20	2.08	96.97
黑龙江	54.30	1.70	96.88
上　海	63.60	1.03	94.96
江　苏	55.00	2.14	93.42
浙　江	65.40	1.27	93.80
安　徽	57.70	1.62	94.72
福　建	57.10	3.59	93.76
江　西	60.50	1.79	91.44
山　东	55.40	1.91	93.79
河　南	55.40	2.18	95.65
湖　北	54.00	2.05	94.23
湖　南	62.30	1.27	91.91
广　东	69.10	2.65	93.20
广　西	57.50	2.55	93.35
海　南	60.80	1.85	92.01
重　庆	49.00	2.69	96.31
四　川	45.70	1.84	91.92
贵　州	51.90	2.69	95.68
云　南	58.20	1.37	93.89
西　藏	60.80	0.55	92.78
陕　西	51.60	1.91	92.97
甘　肃	54.60	1.75	97.10
青　海	49.70	1.32	91.84
宁　夏	42.20	2.38	96.03
新　疆	49.80	3.43	92.15

注：本资料由75个重点工业城市抽样数据汇总而成。

7-11-19 产品质量省级监督抽查情况

地 区	抽查企业 (家)	抽查产品 (批)	不合格产品 (批)
全 国	**96196**	**134009**	**9857**
北 京	1387	1812	86
天 津	773	943	13
河 北	4698	5161	211
山 西	2317	3380	68
内蒙古	2173	3546	163
辽 宁	2933	3658	178
吉 林	651	690	16
黑龙江	123	182	2
上 海	4121	5451	528
江 苏	12412	12412	1655
浙 江	4870	4870	334
安 徽	3013	3213	145
福 建	4742	6315	232
江 西	1559	1791	139
山 东	2428	2503	116
河 南	6767	10683	501
湖 北	1822	3517	138
湖 南	3829	7384	436
广 东	7132	9156	1278
广 西	1262	1965	95
海 南	536	1552	106
重 庆	7010	15477	1249
四 川	8913	13739	710
贵 州	1947	2292	138
云 南	1626	2263	439
西 藏	261	473	76
陕 西	1847	2703	182
甘 肃	2485	3090	276
青 海	238	431	28
宁 夏	651	1223	63
新 疆	1670	2134	256

7-11-20 各地区出入境货物检验检疫情况

地 区	批 次 (批)	#不合格	货 值 (万美元)	#不合格
全 国	**9065132**	**594876**	**84140107**	**11038637**
北 京	166295	3723	1227098	10691
天 津	308095	48951	5515523	1100836
河 北	124599	4491	3528756	613686
山 西	21414	114	152341	3765
内蒙古	293728	27207	1027512	80085
辽 宁	334308	15628	6733196	676389
吉 林	67180	1568	465439	11624
黑龙江	182968	7109	1104022	22147
上 海	1255985	122094	11221466	1042035
江 苏	599586	33932	10508672	1840634
浙 江	945614	30352	9334525	888028
安 徽	77181	1208	521283	9035
福 建	399940	25017	4427006	908455
江 西	63131	867	402023	4687
山 东	889160	14721	14458463	1997283
河 南	69210	2225	2207447	26572
湖 北	105699	1189	792104	19629
湖 南	81815	1586	474687	6325
广 东	2239116	120255	16709615	2530531
广 西	124411	3399	2832508	808754
海 南	17657	806	813311	21533
重 庆	40806	1264	371920	8575
四 川	33210	2010	288650	15265
贵 州	16330	332	245866	9145
云 南	96284	5756	975585	37935
西 藏	2316	6	17145	5
陕 西	27882	941	218263	33047
甘 肃	16351	110	214284	550
青 海	2962	21	44398	122
宁 夏	7917	46	91564	773
新 疆	45293	4655	1417149	19070

7-11-21 各地区技术市场成交额

单位：万元

地 区	2000	2005	2008	2009	2010	2011
全 国	**6507519**	**15513694**	**26652288**	**30390024**	**39065753**	**47635589**
北 京	1402871	4895922	10272173	12362450	15795367	18902752
天 津	262581	507093	866122	1054611	1193390	1693819
河 北	94143	103827	165906	172112	192931	262471
山 西	5258	47980	128425	162068	184911	224825
内蒙古	60287	109939	94423	147651	271464	226719
辽 宁	347817	865167	997290	1197095	1306811	1596633
吉 林	71390	122261	196066	197598	188090	262614
黑龙江	152382	142585	412565	488550	529123	620682
上 海	738952	2317328	3861695	4354108	4314374	4807491
江 苏	449568	1008296	940246	1082184	2493406	3334316
浙 江	276275	386954	589189	564581	603478	718968
安 徽	61012	142553	324865	356174	461470	650337
福 建	172601	171959	179690	232594	356569	345712
江 西	69299	111227	77641	97893	230479	341861
山 东	288135	983614	660126	719391	1006769	1263778
河 南	211621	263737	254425	263046	272002	387602
湖 北	276000	501823	628971	770329	907218	1256876
湖 南	286833	417394	477024	440432	400940	353901
广 东	482104	1124740	2016319	1709850	2358949	2750647
广 西	17741	94059	26996	17662	41362	56377
海 南		10007	35602	5556	32651	34584
重 庆	296594	357059	621884	383158	794410	681453
四 川	104150	190823	435313	545977	547393	678330
贵 州	620	10488	20356	17806	77191	136483
云 南	187742	159175	50547	102469	108827	117144
西 藏						
陕 西	92560	188977	438300	698074	1024140	2153664
甘 肃	26413	172736	297560	356287	430845	526386
青 海		11812	77033	84967	114051	168443
宁 夏	6402	14131	8898	8982	9972	39447
新 疆	66168	80029	73963	12078	45188	43783
港澳台			49309	124063	126750	249756
国 外			1373366	1660227	2645234	2747738

7-11-21 续表

单位：万元

地 区	2012	2013	2014	2015	2016	2017
全 国	**64370683**	**74691254**	**85771790**	**98357896**	**114069816**	**134242245**
北 京	24585034	28517239	31371854	34538855	39409752	44868872
天 津	2323275	2761575	3885631	5034369	5526361	5514411
河 北	378178	315581	292228	395438	589959	889245
山 西	306088	527681	484595	512007	425622	941471
内蒙古	1060962	387390	139393	153872	120492	196087
辽 宁	2306648	1733775	2174648	2674927	3232180	3858317
吉 林	251180	347167	285756	264697	1164198	2199199
黑龙江	1004473	1017747	1202776	1272637	1258091	1467121
上 海	5187473	5316804	5924481	6637838	7809858	8106177
江 苏	4009141	5275020	5431585	5729178	6356425	7784223
浙 江	813079	814958	872527	980966	1983716	3247310
安 徽	861592	1308253	1698313	1904669	2173748	2495697
福 建	500920	446885	391913	521448	432204	754634
江 西	397796	430552	507593	648484	790077	962096
山 东	1400153	1793981	2492942	3075545	3959453	5116448
河 南	399435	402406	407919	450442	587075	768528
湖 北	1963922	3976158	5806801	7893407	9038371	10330773
湖 南	422420	772098	979342	1050578	1056287	2031915
广 东	3649384	5293936	4132478	6625775	7581650	9370755
广 西	25238	73449	115833	73132	339922	394228
海 南	5666	38693	6525	21861	34431	41079
重 庆	540188	902760	1562007	572366	1471870	513581
四 川	1112438	1485752	1990506	2823202	2993006	4058307
贵 州	96743	183972	200392	259626	204437	807409
云 南	454779	420003	479233	518364	582559	847625
西 藏						440
陕 西	3348153	5332787	6400198	7218211	8027887	9209395
甘 肃	730619	999936	1145162	1296958	1506615	1629587
青 海	192989	268863	291001	468849	569190	677186
宁 夏	29135	14289	31823	35202	40526	66679
新 疆	53853	29953	28223	30322	42755	57554
港澳台	353197	67307	91608	158797	678396	604530
国 外	5606534	3434284	4946503	4515877	4082703	4431367

7-11-22 海洋观测预报单位机构、人员情况

项　　目	中心站	观测站	海洋预报机构
一、机构数（个）			
1994	7	56	4
1995	9	57	4
1996	10	56	4
1997	10	60	4
1998	10	56	4
1999	12	60	4
2000	12	60	4
2001	12	60	4
2002	12	63	4
2003	12	63	4
2004	12	63	4
2005	12	63	4
2006	12	63	4
2007	12	63	4
2008	12	67	4
2009	14	73	4
2010	14	73	4
2011	15	73	4
2012	16	74	4
2013	16	74	4
2014	17	73	5
2015	17	73	5
2016	17	73	5
2017	17	79	5
二、人员数（人）			
1994	267	558	652
1995	348	580	658
1996	379	557	649
1997	531	592	932
1998	395	525	617
1999	362	468	621
2000	362	468	621
2001	362	468	621
2002	530	427	734
2003	530	427	734
2004	530	427	734
2005	530	427	734
2006	696	469	655
2007	696	469	657
2008	696	523	657
2009	948	444	601
2010	932	446	587
2011	968	431	588
2012	978	436	574
2013	989	435	617
2014	1343	427	1143
2015	1263	487	1143
2016	1263	487	1143
2017	1263	487	1143

7-11-23 海洋观测调查情况

项　　目	合计	志愿船观测	断面观测	台站观测	浮标观测
站点数　（个）	354	59	119	124	52
观测数据　(MB)	16325.4	2956.4	364.8	12707.8	296.4

【主要统计指标解释】

研究与试验发展（R&D） 指在科学技术领域，为增加知识总量，以及运用这些知识去创造新的应用进行的系统的、创造性的活动，包括基础研究、应用研究、试验发展三类活动。

基础研究 指为了获得关于现象和可观察事实的基本原理的新知识(揭示客观事物的本质、运动规律，获得新发现、新学说)而进行的实验性或理论性研究，它不以任何专门或特定的应用或使用为目的。

应用研究 指为获得新知识而进行的创造性研究，主要针对某一特定的目的或目标。应用研究是为了确定基础研究成果可能的用途，或是为达到预定的目标探索应采取的新方法（原理性）或新途径。

试验发展 指利用从基础研究、应用研究和实际经验所获得的现有知识，为产生新的产品、材料和装置，建立新的工艺、系统和服务，以及对已产生和建立的上述各项作实质性的改进而进行的系统性工作。

研究与试验发展人员全时当量 是国际上通用的、用于比较科技人力投入的指标，指R&D全时人员（全年从事R&D活动累积工作时间占全部工作时间的90%及以上人员）工作量与非全时人员按实际工作时间折算的工作量之和。例如：有2个R&D全时人员（工作时间分别为0.9年和1年）和3个R&D非全时人员(工作时间分别为0.2年、0.3年和0.7年)，则R&D人员全时当量为1+1+0.2+0.3+0.7=3.2人年。

政府资金 指调查单位R&D经费内部支出中来自各级政府部门的各类资金，包括财政科学技术拨款、科学基金、教育等部门事业费以及政府部门预算外资金的实际支出。

企业资金 指调查单位R&D经费内部支出中来自本企业的自有资金和接受其他企业委托而获得的经费，以及科研院所、高校等事业单位从企业获得的资金的实际支出。

专利 是专利权的简称，是发明创造经审查合格后，由国务院专利行政部门依据专利法授予申请人对该项发明创造享有的专有权。发明创造是指发明、实用新型和外观设计。

发明专利 指对产品、方法或者其改进所提出的新的技术方案。

实用新型专利 指对产品的形状、构造或者其结合所提出的适于实用的新的技术方案。

外观设计专利 指对产品的形状、图案或者其结合以及色彩与形状、图案的结合所作出的富有美感并适于工业应用的新设计。

7 第三产业分行业主要指标

7-12 水利、环境和公共设施管理业

简要说明

一、主要内容

本篇主要反映我国水环境、大气环境、工业固体废物、生态环境、自然灾害和突发环境事件、环境污染治理投资、城市环境、农村环境等情况。水利、环境和公共设施管理业企业法人单位分地区主要指标。

二、资料来源

水资源、供水和用水情况由水利部提供；“三废”排放及处理、工业污染治理投资、空气质量、噪声监测、海水水质、自然保护区和突发环境事件等情况由生态环境部提供；地质灾害和海洋灾害情况由自然资源部提供；湿地、森林火灾和森林病虫鼠害情况由国家林业和草原局提供；城市环境和城市基础设施建设投资情况由住房和城乡建设部提供；农村环境、地震灾害、公共交通等情况分别由国家卫生健康委、农村农业部、中国地震局、交通运输部提供。

水利、环境和公共设施管理业企业法人单位分地区主要指标来源于国家统计局服务业司《规模以上服务业统计报表制度》和《规模以下服务业抽样调查统计报表制度》调查结果。

7-12-1 水利、环境和公共设施管理业企业法人单位分地区主要指标

地区	单位数（个）	营业收入（亿元）	资产总计（亿元）	从业人员（万人）
全国	**67044**	**5442.2**	**55022.0**	**191.3**
北京	4421	556.9	4264.8	9.6
天津	1702	154.3	3682.5	3.2
河北	3627	118.2	1014.7	8.2
山西	1653	60.0	631.6	4.3
内蒙古	1747	116.2	1328.9	5.5
辽宁	2444	88.4	830.3	5.2
吉林	818	20.6	368.0	2.3
黑龙江	921	27.2	988.8	3.2
上海	1688	395.4	3145.2	10.1
江苏	5883	585.2	6427.0	14.9
浙江	5479	455.8	3981.9	13.6
安徽	2978	165.2	1806.0	6.2
福建	2549	131.6	1540.3	5.6
江西	1408	123.1	824.6	5.0
山东	5059	466.8	1697.9	17.6
河南	3045	226.7	2167.1	11.9
湖北	2220	296.9	2571.5	6.2
湖南	2379	142.6	1959.4	6.6
广东	4276	374.4	3517.3	13.8
广西	1448	65.9	859.4	3.3
海南	330	46.3	350.5	1.9
重庆	1624	171.5	1588.5	5.8
四川	2241	280.5	2294.1	7.5
贵州	1022	51.3	1570.4	4.7
云南	1430	65.3	1925.6	3.8
西藏	24	1.6	17.0	0.2
陕西	2490	151.8	1384.5	5.6
甘肃	616	22.9	1560.5	1.5
青海	251	3.0	168.0	1.3
宁夏	265	25.8	200.0	0.5
新疆	1006	50.7	355.8	2.3

7-12-2 环境保护基本情况

指　　标	2005	2006	2007	2008	2009	2010	2011
水环境							
水资源总量 (亿立方米)	28053	25330	25255	27434	24180	30906	23257
地表水	26982	24358	24242	26377	23125	29798	22214
地下水	8091	7643	7617	8122	7267	8417	7215
地表水与地下水资源重复量	7020	6671	6604	7065	6212	7308	6171
人均水资源量 (立方米/人)	2152	1932	1916	2071	1816	2310	1730
供水总量 (亿立方米)	5633	5795	5819	5910	5965	6022	6107
#地表水	4572	4707	4724	4796	4839	4882	4953
地下水	1039	1066	1069	1085	1095	1107	1109
用水总量 (亿立方米)	5633	5795	5819	5910	5965	6022	6107
#农业	3580	3664	3600	3663	3723	3689	3744
工业	1285	1344	1403	1397	1391	1447	1462
生活	675	694	710	729	748	766	790
废水排放总量 (亿吨)	525	537	557	572	589	617	659
#工业废水排放量	243	240	247	242	234	237	231
生活污水排放量	281	297	310	330	355	380	428
化学需氧量排放量 (万吨)	1414	1428	1382	1321	1278	1238	2500
#工业	555	542	511	458	440	435	355
生活	859	887	871	863	838	803	939
农业							1186
氨氮排放量 (万吨)	150	141	132	127	123	120	260
#工业	53	42	34	30	27	27	28
生活	97	99	98	97	95	93	148
农业							83
大气环境							
工业废气排放量 (亿立方米)	268988	330990	388169	403866	436064	519168	674509
二氧化硫排放量 (万吨)	2549	2589	2468	2321	2214	2185	2218
#工业	2168	2235	2140	1991	1866	1864	2017
生活	381	354	328	330	348	321	200
氮氧化物排放量 (万吨)							2404
#工业							1730
生活							37
机动车							638
烟(粉)尘排放总量							1279
#工业							1101
生活							115
机动车							63

7-12-2 续表 1

指　　标		2005	2006	2007	2008	2009	2010	2011
固体废物								
一般工业固体废物产生量	(万吨)							322772
危险废物产生量	(万吨)							3431
一般工业固体废物综合利用量	(万吨)							195215
危险废物综合利用量	(万吨)							1773
一般工业固体废物综合利用率	(%)							60.5
危险废物综合利用率	(%)							51.7
一般工业固体废物处置量	(万吨)							70465
危险废物处置量	(万吨)							916
一般工业固体废物贮存量	(万吨)							60424
危险废物贮存量	(万吨)							824
一般工业固体废物倾倒丢弃量	(万吨)							433
生态环境								
森林面积	(万公顷)	19545	19545	19545	19545	20769	20769	20769
森林覆盖率	(%)	20.36	20.36	20.36	20.36	21.63	21.63	21.63
当年造林面积	(万公顷)	540	384	391	535	626	591	600
自然保护区数	(个)	2349	2395	2531	2538	2541	2588	2640
#国家级		243	265	303	303	319	319	335
自然保护区面积	(万公顷)	14995	15154	15188	14894	14775	14944	14971
湿地面积	(万公顷)	3848.6	3848.6	3848.6	3848.6	5360.3	5360.3	5360.3
湿地面积占国土面积比重	(%)	4.0	4.0	4.0	4.0	5.6	5.6	5.6
自然灾害								
发生地质灾害次数	(处)	17751	102804	25364	26580	10580	30670	15804
#滑坡		9367	88523	15478	13450	6310	22250	11504
崩塌		7654	13160	7722	8080	2378	5688	2445
泥石流		566	417	1215	843	1442	1981	1358
发生地震灾害次数	(次)	13	10	3	17	8	12	18
#5.0级以上		11	9	2	12	7	5	14
海洋赤潮发生次数	(次)	82	93	82	68	68	69	55
森林火灾次数	(次)	11542	8170	9260	14144	8859	7723	5550
#重大		16	7	4	13	35	22	9
特大		3	5			1	4	
森林火灾受害森林面积	(万公顷)	7.4	40.8	2.9	5.3	4.6	4.6	2.7
林业有害生物发生面积	(万公顷)	961.0	1100.7	1209.7	1141.8	1142.0	1164.2	1168.1
林业有害生物防治面积	(万公顷)	640.7	735.5	801.2	784.0	819.4	812.4	728.5
林业有害生物防治率	(%)	66.7	66.8	66.2	68.7	71.8	69.8	62.4

7-12-2 续表 2

指　　标	2005	2006	2007	2008	2009	2010	2011
环境污染							
突发环境事件次数 (次)	1406	842	462	474	418	420	542
环境污染治理投资							
环境污染治理投资 (亿元)	2565.2	2779.5	3668.8	4937.0	5258.4	7612.2	7114.0
环境污染治理投资占国内生产总值比重 (%)	1.38	1.28	1.37	1.56	1.52	1.86	1.47
城镇环境基础设施建设投资(亿元)	1466.9	1528.4	1749.0	2247.7	3245.1	5182.2	4557.2
#燃气	164.3	179.2	187.0	199.2	219.2	357.9	444.1
集中供热	250.0	252.5	272.4	328.2	441.5	557.5	593.3
排水	431.5	403.6	517.1	637.2	1035.5	1172.7	971.6
园林绿化	456.3	475.2	601.6	823.9	1137.6	2670.6	1991.9
市容环境卫生	164.8	217.9	171.0	259.2	411.2	423.5	556.2
工业污染治理投资 (亿元)	458.2	483.9	552.4	542.6	442.6	397.0	444.4
#治理废水	133.7	151.1	196.1	194.6	149.5	129.6	157.7
治理废气	213.0	233.3	275.3	265.7	232.5	188.2	211.7
治理固体废物	27.4	18.3	18.3	19.7	21.9	14.3	31.4
治理噪声	3.1	3.0	1.8	2.8	1.4	1.4	2.2
治理其他	81.0	78.3	60.7	59.8	37.4	62.0	41.4
当年完成环保验收项目环保投资 (亿元)	640.1	767.2	1367.4	2146.7	1570.7	2033.0	2112.4
城市环境情况							
城区面积 (万平方公里)	41.3	16.7	17.6	17.8	17.5	17.9	18.4
城市建设用地面积 (万平方公里)		3.2	3.6	3.9	3.9	4.0	4.2
城市污水处理率 (%)	52.0	55.7	62.9	70.2	75.3	82.3	83.6
城市燃气普及率 (%)	82.1	79.1	87.4	89.6	91.4	92.0	92.4
城市生活垃圾清运量 (万吨)	15577	14841	15215	15438	15734	15805	16395
城市生活垃圾无害化处理率 (%)	51.7	52.2	62.0	66.8	71.4	77.9	79.7
城市人均公园绿地面积 (平方米)	7.89	8.30	8.98	9.71	10.66	11.18	11.80
城市公园个数 (个)	7077	6908	7913	8557	9050	9955	10780
农村环境情况							
农村累计使用卫生厕所户数(万户)	13740	13873	14442	15166	16056	17138	18019
农村卫生厕所普及率 (%)	55.3	55.0	57.0	59.7	63.2	67.4	69.2
农村累计使用卫生公厕户数(万户)	1034.1	2126.3	2049.0	2739.5	2970.7	2827.7	2972.8
农村沼气池产气量 (亿立方米)	72.9	83.6	101.7	118.4	130.8	139.6	152.8
农村太阳能热水器 (万平方米)	3205.6	3941.0	4286.4	4758.7	4997.1	5488.9	6231.9
农村太阳灶数 (万台)	68.6	86.5	111.9	135.7	148.4	161.7	213.9

7-12-2 续表 3

指 标	2012	2013	2014	2015	2016	2017
水环境						
水资源总量 (亿立方米)	29529	27958	27267	27963	32466	28761
地表水	28373	26839	26264	26901	31274	27746
地下水	8296	8081	7745	7797	8855	8310
地表水与地下水资源重复量	7141	6963	6742	6735	7662	7295
人均水资源量 (立方米/人)	2186	2060	1999	2039	2355	2075
供水总量 (亿立方米)	6131	6183	6095	6103	6040	6043
#地表水	4953	5007	4920	4970	4912	4946
地下水	1134	1126	1117	1069	1057	1017
用水总量 (亿立方米)	6131	6183	6095	6103	6040	6043
#农业	3903	3922	3869	3852	3768	3766
工业	1381	1406	1356	1335	1308	1277
生活	740	750	767	794	822	838
废水排放总量 (亿吨)	685	695	716	735	711	700
#工业废水排放量	222	210	205	199	153	130
生活污水排放量	463	485	510	535	557	569
化学需氧量排放量 (万吨)	2424	2353	2295	2224	1047	1022
#工业	338	319	311	293	122	89
生活	913	890	864	847	859	896
农业	1154	1126	1102	1069	57	32
氨氮排放量 (万吨)	254	246	239	230	142	140
#工业	26	25	23	22	10	7
生活	145	141	138	134	130	131
农业	81	78	76	73	1	1
大气环境						
工业废气排放量 (亿立方米)	635519	669361	694190	685190	698527	
二氧化硫排放量 (万吨)	2118	2044	1974	1859	1103	875
#工业	1912	1835	1740	1557	808	583
生活	206	209	234	297	295	292
氮氧化物排放量 (万吨)	2338	2227	2078	1851	1394	1259
#工业	1658	1546	1405	1181	764	637
生活	39	41	45	65	52	47
机动车	640	641	628	585	579	574
烟(粉)尘排放总量	1236	1278	1741	1538	1011	796
#工业	1029	1095	1456	1233	751	571
生活	143	124	227	250	206	174
机动车	64	59	57	56	53	51

注：2017年生态环境部工业废气排放量数据延迟发布。

7-12-2 续表 4

指　　标		2012	2013	2014	2015	2016	2017
固体废物							
一般工业固体废物产生量	(万吨)	329044	327702	325620	327079	309210	331592
危险废物产生量	(万吨)	3465	3157	3634	3976	5347	6937
一般工业固体废物综合利用量	(万吨)	202462	205916	204330	198807	184096	181187
危险废物综合利用量	(万吨)	2005	1700	2062	2050	2824	4043
一般工业固体废物综合利用率	(%)	61.5	62.8	62.1	60.3	59.1	54.0
危险废物综合利用率	(%)	57.8	53.9	56.4	51.2	51.8	57.0
一般工业固体废物处置量	(万吨)	70745	82969	80388	73034	65522	79798
危险废物处置量	(万吨)	698	701	929	1174	1606	2552
一般工业固体废物贮存量	(万吨)	59786	42634	45033	58365	62599	78397
危险废物贮存量	(万吨)	847	811	691	810	1158	871
一般工业固体废物倾倒丢弃量	(万吨)	144	129	59	56	32	73
生态环境							
森林面积	(万公顷)	20769	20769	20769	20769	20769	20769
森林覆盖率	(%)	21.63	21.63	21.63	21.63	21.63	21.63
当年造林面积	(万公顷)	560	610	555	768	720	768
自然保护区数	(个)	2669	2697	2729	2740	2750	2750
#国家级		363	407	428	428		
自然保护区面积	(万公顷)	14979	14631	14699	14703	14733	14717
湿地面积	(万公顷)	5360.3	5360.3	5360.3	5360.3	5360.3	5360.3
湿地面积占国土面积比重	(%)	5.6	5.6	5.6	5.6	5.6	5.6
自然灾害							
发生地质灾害次数	(处)	14675	15374	10937	8355	10997	7521
#滑坡		11112	9832	8149	5668	8194	5524
崩塌		2152	3288	1860	1870	1905	1356
泥石流		952	1547	554	483	652	387
发生地震灾害次数	(次)	12	14	20	14	16	12
#5.0级以上		11	14	19	14	12	8
海洋赤潮发生次数	(次)	73	46	56	35	68	68
森林火灾次数	(次)	3966	3929	3703	2936	2034	3223
#重大		1		2	6	1	4
特大				1			3
森林火灾受害森林面积	(万公顷)	1.4	1.4	1.9	1.3	0.6	2.5
林业有害生物发生面积	(万公顷)	1176.9	1223.0	1206.4	1218.4	1211.3	1253.1
林业有害生物防治面积	(万公顷)	782.6	766.8	787.4	877.8	833.8	962.2
林业有害生物防治率	(%)	66.5	62.7	65.3	72.0	68.8	76.8

7-12-2 续表 5

指 标	2012	2013	2014	2015	2016	2017
环境污染						
突发环境事件次数 (次)	542	712	471	334	304	302
环境污染治理投资						
环境污染治理投资 (亿元)	8253.5	9037.2	9575.5	8806.3	9219.8	9539.0
环境污染治理投资占国内生产总值比重 (%)	1.55	1.54	1.51	1.28	1.24	1.15
城镇环境基础设施建设投资(亿元)	5062.7	5223.0	5463.9	4946.8	5412.0	6085.7
#燃气	551.8	607.9	574.0	463.1	532.0	566.7
集中供热	798.1	819.5	763.0	687.8	662.5	778.3
排水	934.1	1055.0	1196.1	1248.5	1485.5	1727.5
园林绿化	2380.0	2234.9	2338.5	2075.4	2170.9	2390.2
市容环境卫生	398.6	505.7	592.2	472.0	561.1	623.0
工业污染治理投资 (亿元)	500.5	849.7	997.7	773.7	819.0	681.5
#治理废水	140.3	124.9	115.2	118.4	108.2	76.4
治理废气	257.7	640.9	789.4	521.8	561.5	446.3
治理固体废物	24.7	14.0	15.1	16.1	46.7	12.7
治理噪声	1.2	1.8	1.1	2.8	0.6	1.3
治理其他	76.5	68.1	76.9	114.5	102.0	144.9
当年完成环保验收项目环保投资 (亿元)	2690.4	2964.5	3113.9	3085.8	2988.8	2771.7
城市环境情况						
城区面积 (万平方公里)	18.3	18.3	18.4	19.2	19.8	19.8
城市建设用地面积 (万平方公里)	4.6	4.7	5.0	5.2	5.3	5.5
城市污水处理率 (%)	87.3	89.3	90.2	91.9	93.4	94.5
城市燃气普及率 (%)	93.2	94.3	94.6	95.3	95.8	96.3
城市生活垃圾清运量 (万吨)	17081	17239	17860	19142	20362	21521
城市生活垃圾无害化处理率 (%)	84.8	89.3	91.8	94.1	96.6	97.7
城市人均公园绿地面积 (平方米)	12.26	12.64	13.08	13.35	13.70	14.01
城市公园个数 (个)	11604	12401	13037	13834	15370	15633
农村环境情况						
农村累计使用卫生厕所户数(万户)	18628	19401	19939	20684	21460	21701
农村卫生厕所普及率 (%)	71.7	74.1	76.1	78.4	80.3	81.7
农村累计使用卫生公厕户数(万户)	2896.6	3165.1	3990.9	3879.5	3502.6	2997.7
农村沼气池产气量 (亿立方米)	157.6	157.8	155.0	153.9	144.9	123.8
农村太阳能热水器 (万平方米)	6801.8	7294.6	7782.9	8232.6	8623.7	8723.5
农村太阳灶数 (万台)	220.7	226.4	230.0	232.6	227.9	222.3

注：1. 2011年生态环境部对统计制度中的指标体系、调查方法及相关技术规定等进行了修订，统计范围扩展为工业源、农业源、城镇生活源、机动车、集中式污染治理设施5个部分。2016年生态环境部对统计制度进行了修订，农业源改为大型畜禽养殖场。2016年之后数据与以前年份不可比，且2016年、2017年为初步数。

2. 2012年起，生活用水量中的牲畜用水量调整至农业用水量中。

3. 森林面积和森林覆盖率2009-2014年为第八次全国森林资源清查数(2009-2013年)，包括香港、澳门特别行政区和台湾省数据；2005-2008年为第七次清查数(2004-2008年)，包括香港、澳门特别行政区和台湾省数据。

4. 2007年起，造林总面积中增加无林地和疏林地新封山育林面积；2015年起，造林面积包括人工造林、飞播造林、新封山育林、退化林修复和人工更新。

5. 湿地面积和湿地面积占国土面积比重2009-2014年为第二次全国湿地资源调查(2009-2013)资料，包括台湾省和香港、澳门特别行政区数据；2005-2008年为全国首次湿地调查(1995-2003)资料，不包括台湾省和香港、澳门特别行政区数据。

7-12-3 水资源情况

地 区	水资源总量（亿立方米）				人均水资源量（立方米/人）
		地表水资源量	地下水资源量	地表水与地下水资源重复量	
全 国	**28761.2**	**27746.3**	**8309.6**	**7294.7**	**2074.5**
北 京	29.8	12.0	20.4	2.6	137.2
天 津	13.0	8.8	5.5	1.3	83.4
河 北	138.3	60.0	116.3	38.0	184.5
山 西	130.2	87.8	104.1	61.7	352.7
内蒙古	309.9	194.1	207.3	91.5	1227.5
辽 宁	186.3	161.0	86.6	61.3	426.0
吉 林	394.4	339.8	133.3	78.7	1447.3
黑龙江	742.5	626.5	273.2	157.2	1957.1
上 海	34.0	27.8	9.2	3.0	140.6
江 苏	392.9	295.4	114.5	17.0	490.3
浙 江	895.3	881.9	204.3	190.9	1592.1
安 徽	784.9	717.8	201.0	133.9	1260.8
福 建	1055.6	1054.2	287.5	286.1	2711.9
江 西	1655.1	1637.2	379.5	361.6	3592.5
山 东	225.6	139.1	151.1	64.6	226.1
河 南	423.1	311.2	206.5	94.6	443.2
湖 北	1248.8	1219.3	319.0	289.5	2118.9
湖 南	1912.4	1905.7	436.8	430.1	2795.5
广 东	1786.6	1777.0	440.7	431.1	1611.9
广 西	2388.0	2386.0	446.6	444.6	4912.1
海 南	383.9	380.5	96.8	93.4	4165.7
重 庆	656.1	656.1	116.1	116.1	2142.9
四 川	2467.1	2466.0	607.5	606.4	2978.9
贵 州	1051.5	1051.5	260.8	260.8	2947.4
云 南	2202.6	2202.6	762.0	762.0	4602.4
西 藏	4749.9	4749.9	1086.0	1086.0	142311.3
陕 西	449.1	422.6	141.6	115.1	1174.5
甘 肃	238.9	231.8	133.4	126.3	912.5
青 海	785.7	764.3	355.7	334.3	13188.9
宁 夏	10.8	8.7	19.3	17.2	159.2
新 疆	1018.6	969.5	587.0	537.9	4206.4

7-12-4 供水用水情况

地区	供水总量(亿立方米)	地表水	地下水	其他	用水总量(亿立方米)	农业	工业	生活	生态	人均用水量(立方米/人)
全国	**6043.4**	**4945.5**	**1016.7**	**81.2**	**6043.4**	**3766.4**	**1277.0**	**838.1**	**161.9**	**435.9**
北京	39.5	12.4	16.6	10.5	39.5	5.1	3.5	18.3	12.7	181.9
天津	27.5	19.0	4.6	3.9	27.5	10.7	5.5	6.1	5.2	176.3
河北	181.6	59.4	116.0	6.2	181.6	126.1	20.3	27.0	8.2	242.3
山西	74.9	39.6	31.1	4.2	74.9	45.5	13.5	12.8	3.0	202.9
内蒙古	188.0	99.2	85.3	3.4	188.0	138.1	15.7	11.0	23.1	744.7
辽宁	131.1	72.4	54.5	4.2	131.1	81.6	18.6	25.4	5.5	299.8
吉林	126.7	81.5	44.7	0.4	126.7	89.8	18.1	14.1	4.7	465.0
黑龙江	353.1	188.9	163.1	1.0	353.1	316.4	19.7	15.4	1.5	930.7
上海	104.8	104.8			104.8	16.7	62.7	24.6	0.8	433.3
江苏	591.3	575.3	8.4	7.7	591.3	280.6	250.1	58.5	2.1	737.8
浙江	179.5	176.2	1.3	2.0	179.5	80.9	46.1	47.0	5.5	319.2
安徽	290.3	256.5	30.8	3.0	290.3	158.2	92.2	33.8	6.2	466.3
福建	192.0	186.4	5.0	0.7	192.0	91.2	64.4	33.2	3.2	493.3
江西	248.0	237.6	8.3	2.1	248.0	156.3	60.5	28.9	2.3	538.3
山东	209.5	121.1	79.7	8.7	209.5	134.0	28.8	34.6	12.0	210.0
河南	233.8	113.1	115.5	5.1	233.8	122.8	51.0	40.2	19.8	244.9
湖北	290.3	281.4	8.8	0.1	290.3	148.1	87.8	53.2	1.2	492.6
湖南	326.9	311.7	15.2	0.1	326.9	193.7	86.0	44.5	2.8	477.8
广东	433.5	417.3	13.8	2.3	433.5	220.3	107.0	100.9	5.3	391.1
广西	284.9	273.1	10.5	1.4	284.9	195.8	46.0	40.2	3.0	586.0
海南	45.6	42.3	3.1	0.2	45.6	33.3	3.0	8.4	0.8	494.8
重庆	77.4	76.1	1.1	0.2	77.4	25.4	30.4	20.5	1.1	252.8
四川	268.4	254.3	12.1	1.9	268.4	160.5	51.4	50.7	5.8	324.1
贵州	103.5	101.1	1.8	0.6	103.5	58.9	24.8	18.8	0.9	290.1
云南	156.6	149.9	3.7	3.1	156.6	108.5	23.4	21.7	3.1	327.2
西藏	31.4	27.8	3.6		31.4	26.9	1.5	2.7	0.2	940.8
陕西	93.0	58.2	32.6	2.3	93.0	58.2	14.3	17.0	3.5	243.2
甘肃	116.1	87.1	25.1	3.9	116.1	92.3	10.4	8.7	4.7	443.5
青海	25.8	20.7	5.0	0.2	25.8	19.2	2.5	2.9	1.2	433.1
宁夏	66.1	60.3	5.5	0.2	66.1	56.7	4.5	2.3	2.5	974.3
新疆	552.3	440.9	109.8	1.6	552.3	514.4	13.1	14.7	10.2	2280.8

注：1.生态用水仅包括部分河湖、湿地人工补水和城市环境用水。
2.2012年起，生活用水量中的牲畜用水量调整至农业用水量中。

7-12-5 各地区废水中主要污染物排放情况

地区	废水排放总量（万吨）	废水中主要污染物排放量											
		COD（万吨）	氨氮（万吨）	总氮（万吨）	总磷（万吨）	石油类（吨）	挥发酚（吨）	铅（千克）	汞（千克）	镉（千克）	六价铬（千克）	总铬（千克）	砷（千克）
全国	**6996610**	**1022.0**	**139.5**	**216.5**	**11.8**	**5202.1**	**233.1**	**38348**	**880**	**7127**	**27712**	**100052**	**34317**
北京	133188	8.2	0.6	1.9	0.1	19.9	1.0	4		1	47	52	5
天津	90790	9.3	1.4	2.2	0.1	163.0	0.1	66	11	7	22	86	1
河北	253685	48.7	7.1	10.3	0.5	237.5	8.2	316	7	5	2054	9270	23
山西	135057	19.5	3.1	4.7	0.3	113.6	18.1	80	9	8	18	54	1304
内蒙古	104251	15.0	1.9	2.6	0.2	141.8	18.6	2349	34	112	57	343	657
辽宁	237971	25.4	4.8	7.6	0.2	344.0	13.4	63	3	7	200	2275	12
吉林	121464	17.4	2.4	3.4	0.2	313.7	1.6	203	7	78	95	243	1684
黑龙江	138121	24.8	3.8	5.6	0.2	149.4	1.4	25	1	3	41	164	2
上海	211951	14.2	3.7	7.8	0.3	493.0	1.1	90	32	20	382	2313	219
江苏	575196	74.4	10.1	17.1	0.9	348.4	35.3	588	1	33	5599	24135	110
浙江	453935	41.9	6.7	12.0	0.5	188.5	0.5	550	8	77	4167	14704	303
安徽	233838	49.6	5.8	8.4	0.4	222.3	12.3	640	29	83	472	1529	341
福建	238279	39.5	5.4	7.9	0.5	54.7	0.2	1277	9	97	430	1848	558
江西	189362	52.0	5.8	8.1	0.5	159.7	6.2	7004	129	2942	2572	5967	10055
山东	499884	52.1	8.0	14.1	0.7	266.6	25.1	1075	5	32	481	5585	199
河南	409107	43.1	6.2	9.4	0.5	174.4	2.4	451	15	61	152	1586	52
湖北	272694	51.9	7.2	10.8	0.6	165.9	5.4	1462	4	101	6239	10825	1023
湖南	300563	57.6	8.3	10.3	0.6	331.5	3.6	2976	39	702	586	1800	6766
广东	882020	100.1	13.8	21.9	1.0	201.9	1.7	3232	153	527	1222	7409	814
广西	198144	45.6	4.8	8.9	0.5	67.8	0.7	1399	17	251	558	881	1671
海南	44081	7.8	1.1	1.5	0.1	17.1		4	4	2	15	60	16
重庆	200677	25.3	3.5	5.0	0.3	117.9	0.3	64	1	4	312	574	12
四川	362438	67.5	7.9	11.5	0.9	162.5	9.3	1378	87	132	589	2314	970
贵州	118017	27.2	3.4	4.7	0.4	163.6	0.3	209	3	30	397	974	66
云南	185112	33.1	4.1	5.9	0.5	40.0	10.2	7657	198	870	137	1095	4104
西藏	7176	2.5	0.3	0.4		0.1		14		3		6	118
陕西	175955	19.6	2.6	3.7	0.3	149.2	13.7	807	19	326	109	2095	572
甘肃	64514	13.2	1.9	2.4	0.3	76.5	24.6	3417	24	534	356	1006	928
青海	27115	5.7	0.8	1.7	0.1	101.2	2.3	600	14	61	1	86	809
宁夏	30735	10.0	0.6	1.1		36.3	6.7	42	5	1	383	461	52
新疆	101291	19.9	2.3	3.5	0.2	180.1	8.8	306	14	21	16	315	871

注：本表数据为初步数。

7-12-6 全海域未达到第一类海水水质标准的海域面积

单位：平方公里

海区	第二类水质海域面积	第三类水质海域面积	第四类水质海域面积	劣于第四类水质海域面积
全国	**49830**	**28540**	**18240**	**33720**
渤海	8940	3970	2120	3710
黄海	17280	7090	2610	1240
东海	17610	9260	11400	22210
南海	6000	8220	2110	6560

7-12-7 环保重点城市空气质量情况

单位：微克/立方米

城市	二氧化硫年平均浓度	二氧化氮年平均浓度	可吸入颗粒物(PM_{10})年平均浓度	一氧化碳日均值第95百分位浓度(毫克/立方米)	臭氧日最大8小时第90百分位浓度	细颗粒物($PM_{2.5}$)年平均浓度	空气质量达到及好于二级的天数(天)
北京	8	46	84	2.1	193	58	226
天津	16	50	94	2.8	192	62	209
石家庄	33	54	154	3.6	201	86	151
唐山	40	59	119	3.8	205	66	205
秦皇岛	26	49	82	2.9	170	44	268
邯郸	36	51	154	3.4	195	86	142
保定	29	50	135	3.6	218	84	159
太原	54	54	131	2.5	185	65	176
大同	44	32	73	3.0	154	36	301
阳泉	49	48	116	2.5	198	61	193
长治	43	41	103	3.1	188	60	195
临汾	79	37	122	4.1	214	79	128
呼和浩特	29	45	95	2.8	167	43	255
包头	28	42	93	2.7	159	44	277
赤峰	23	20	70	2.3	133	34	318
沈阳	37	40	85	1.9	166	50	256
大连	17	28	58	1.4	163	34	300
鞍山	30	36	85	2.4	158	48	263
抚顺	24	34	81	1.7	144	47	275
本溪	27	31	71	2.3	116	40	318
锦州	45	38	78	2.0	172	48	255
长春	26	40	78	1.9	142	46	276
吉林	18	29	79	1.8	147	52	259
哈尔滨	25	44	84	2.0	133	58	271
齐齐哈尔	22	22	65	1.5	112	38	319
牡丹江	10	26	65	1.3	105	36	329
上海	12	44	55	1.2	181	39	275
南京	16	47	76	1.5	179	40	264
无锡	13	46	77	1.6	184	44	247
徐州	22	44	119	1.7	187	66	176
常州	18	45	76	1.5	184	48	249
苏州	14	48	64	1.4	173	42	261
南通	21	38	64	1.4	179	39	266
连云港	18	33	73	1.5	153	45	289
扬州	18	40	93	1.4	192	54	228
镇江	15	43	88	1.2	182	55	232
杭州	11	45	72	1.3	173	45	271
宁波	10	38	60	1.1	158	37	311

7-12-7 续表 1 单位：微克/立方米

城市	二氧化硫年平均浓度	二氧化氮年平均浓度	可吸入颗粒物(PM_{10})年平均浓度	一氧化碳日均值第95百分位浓度（毫克/立方米）	臭氧日最大8小时第90百分位浓度	细颗粒物($PM_{2.5}$)年平均浓度	空气质量达到及好于二级的天数(天)
温州	12	41	65	1.0	145	38	329
湖州	15	38	64	1.3	187	42	250
绍兴	12	35	70	1.2	170	45	275
合肥	12	52	80	1.4	170	56	224
芜湖	15	49	82	1.6	177	49	249
马鞍山	17	39	83	1.8	188	50	238
福州	6	29	51	0.9	141	27	349
厦门	11	32	48	0.8	117	27	362
泉州	12	28	53	0.9	148	28	345
南昌	15	37	76	1.6	148	41	300
九江	20	29	70	1.2	148	48	287
济南	25	48	128	2.1	193	65	181
青岛	15	38	78	1.3	166	39	283
淄博	41	47	120	2.8	194	65	188
枣庄	30	28	125	1.4	175	63	192
烟台	18	33	68	1.6	163	35	294
潍坊	25	35	116	1.8	186	59	210
济宁	26	41	106	1.9	200	56	217
泰安	25	39	97	1.9	213	58	197
日照	15	37	85	1.4	158	47	273
郑州	21	54	118	2.2	199	66	166
开封	20	39	103	2.2	182	62	188
洛阳	25	42	117	2.4	204	69	166
平顶山	24	40	106	2.1	180	63	185
安阳	31	50	132	4.1	210	79	154
焦作	25	44	125	3.1	208	73	168
三门峡	22	41	98	2.1	181	57	217
武汉	10	50	85	1.6	151	52	255
宜昌	12	35	88	1.7	137	58	258
荆州	18	36	92	1.7	140	56	273
长沙	13	40	69	1.3	153	52	262
株洲	19	36	81	1.4	142	52	272
湘潭	20	37	80	1.3	142	51	267
岳阳	14	25	70	1.4	142	49	305
常德	12	22	77	1.8	147	54	275
张家界	8	22	67	1.9	129	42	324
广州	12	52	56	1.2	162	35	294
韶关	17	29	52	1.4	152	38	326

7-12-7 续表 2

单位：微克/立方米

城　　市	二氧化硫年平均浓度	二氧化氮年平均浓度	可吸入颗粒物(PM_{10})年平均浓度	一氧化碳日均值第95百分位浓度(毫克/立方米)	臭氧日最大8小时第90百分位浓度	细颗粒物($PM_{2.5}$)年平均浓度	空气质量达到及好于二级的天数(天)
深　　圳	8	30	45	1.0	147	28	343
珠　　海	7	32	43	1.0	160	30	322
汕　　头	12	21	49	1.1	140	29	353
湛　　江	10	15	42	1.1	153	29	327
南　　宁	11	35	56	1.4	119	35	337
柳　　州	19	26	66	1.5	127	45	308
桂　　林	15	25	60	1.3	139	44	308
北　　海	9	13	45	1.4	138	28	336
海　　口	6	12	37	0.8	127	20	352
重　　庆	12	46	72	1.4	163	45	277
成　　都	11	53	88	1.7	171	56	235
自　　贡	15	37	89	1.6	150	66	227
攀 枝 花	35	36	67	2.7	119	34	359
泸　　州	17	35	80	1.0	147	53	273
德　　阳	9	30	84	1.3	166	51	247
绵　　阳	9	32	71	1.4	134	48	295
南　　充	12	34	72	1.3	150	46	289
宜　　宾	18	34	80	1.7	146	57	261
贵　　阳	13	27	53	1.1	121	32	347
遵　　义	12	28	54	1.1	109	33	344
昆　　明	15	32	58	1.2	124	28	360
曲　　靖	18	23	54	1.4	126	28	357
玉　　溪	16	22	47	1.9	125	23	362
拉　　萨	8	23	54	1.1	128	20	361
西　　安	19	59	126	2.8	185	73	180
铜　　川	20	35	91	2.2	165	52	242
宝　　鸡	12	41	102	2.1	155	58	247
咸　　阳	21	54	132	2.4	201	79	154
渭　　南	18	56	129	2.3	183	70	165
延　　安	32	52	90	3.0	146	42	313
兰　　州	20	57	111	2.8	161	49	232
金　　昌	27	16	74	1.0	138	24	322
西　　宁	24	40	83	2.8	136	34	294
银　　川	48	42	106	2.5	169	48	232
石 嘴 山	55	32	97	2.0	162	43	243
乌鲁木齐	13	49	105	3.4	122	70	241
克拉玛依	8	23	69	1.6	131	34	318

7-12-8 各地区废气中主要污染物排放情况

地 区	废气中主要污染物排放量		
	二氧化硫 (万吨)	氮氧化物 (万吨)	烟(粉)尘 (万吨)
全 国	**875.40**	**1258.83**	**796.26**
北 京	2.01	14.45	2.04
天 津	5.56	14.23	6.52
河 北	60.24	105.60	80.37
山 西	57.31	52.10	43.38
内蒙古	54.63	50.55	53.62
辽 宁	38.97	60.51	55.75
吉 林	16.61	25.54	19.57
黑龙江	29.37	40.96	40.22
上 海	1.85	19.39	4.70
江 苏	41.07	90.72	39.08
浙 江	19.05	43.20	15.34
安 徽	23.54	49.00	28.08
福 建	13.39	27.72	17.02
江 西	21.55	35.54	27.95
山 东	73.91	115.86	54.96
河 南	28.63	66.29	22.34
湖 北	22.01	37.67	18.80
湖 南	21.46	36.47	20.71
广 东	27.68	82.97	26.08
广 西	17.73	34.56	20.91
海 南	1.43	6.01	2.09
重 庆	25.34	20.40	8.33
四 川	38.91	45.76	22.40
贵 州	68.75	35.97	19.68
云 南	38.44	26.88	22.42
西 藏	0.35	3.02	0.66
陕 西	27.94	33.98	23.67
甘 肃	25.88	21.25	17.71
青 海	9.24	7.23	12.95
宁 夏	20.75	16.17	18.77
新 疆	41.82	38.84	50.15

注：本表数据为初步数。

7-12-9 各地区固体废物处理利用情况

单位：万吨

地区	一般工业固体废物产生量	一般工业固体废物综合利用量	一般工业固体废物处置量	一般工业固体废物贮存量	一般工业固体废物倾倒丢弃量	危险废物产生量	危险废物综合利用量	危险废物处置量	危险废物贮存量
全国	**331592**	**181187**	**79798**	**78397**	**73.0**	**6936.89**	**4043.42**	**2551.56**	**870.87**
北京	630	467	164			18.18	7.72	10.35	0.20
天津	1495	1479	20			24.38	3.17	21.13	0.08
河北	32721	18741	11668	2399		189.82	127.32	64.56	5.05
山西	34162	12190	16684	5877	3.1	70.86	38.34	33.53	1.11
内蒙古	27953	10422	8259	9654	3.3	320.11	143.53	394.76	12.27
辽宁	27466	11346	4407	13514	1.5	106.21	57.43	43.84	9.46
吉林	5143	2300	1496	1381	0.7	178.72	91.70	80.71	32.65
黑龙江	7070	3159	1827	2284	32.6	65.08	25.85	40.65	6.31
上海	1630	1533	100	2		110.44	24.36	85.81	1.91
江苏	12002	11298	591	167	3.0	435.52	170.95	242.22	49.96
浙江	4485	4226	259	57		342.26	138.16	201.33	21.82
安徽	12002	11157	592	561		127.69	69.12	60.90	4.59
福建	5462	3404	1956	163	0.4	95.46	58.79	51.56	9.13
江西	12341	4594	839	6940	0.7	84.50	59.74	26.13	5.58
山东	23925	19026	1900	3164		2043.40	1660.68	295.11	140.40
河南	15685	11537	2769	1604	0.9	188.96	141.19	46.77	21.32
湖北	8112	4812	1021	2624	0.6	115.28	50.80	66.40	1.72
湖南	4354	3597	222	586		328.12	306.95	28.02	13.77
广东	6340	5311	682	399	1.0	264.31	117.17	136.43	17.81
广西	6503	3693	1009	1994	0.5	214.01	147.48	62.22	14.35
海南	437	186	250	3		13.03	2.63	6.19	4.66
重庆	1943	1372	457	124	0.8	60.49	30.08	23.69	9.27
四川	13756	5466	3007	6634	2.7	341.19	176.91	152.28	19.44
贵州	9353	5201	3139	1275	2.7	43.05	13.28	29.37	1.42
云南	13725	5364	6155	2553	4.3	245.62	135.29	59.92	67.14
西藏	382	7	5	371					
陕西	10081	3586	5394	1961	0.1	111.56	34.65	74.43	8.92
甘肃	5334	2453	1276	1679	0.1	162.60	86.46	32.43	47.35
青海	12996	7152	32	5954		295.69	12.04	16.61	268.30
宁夏	4877	1905	2010	988		82.73	56.02	23.63	5.34
新疆	9223	4207	1608	3483	14.0	257.64	55.60	140.56	69.53

7-12-10 各地区城市生活垃圾清运和处理情况

地　区	生活垃圾清运量（万吨）	无害化处理厂数（座）	卫生填埋	焚烧	其他	无害化处理能力（吨/日）	卫生填埋
全　国	**21520.9**	**1013**	**654**	**286**	**73**	**679889**	**360524**
北　京	924.8	24	13	5	6	24341	10341
天　津	306.9	9	4	5		10600	5100
河　北	699.6	53	40	9	4	24606	14156
山　西	479.1	25	18	5	2	14081	9719
内蒙古	369.2	27	24	3		12399	9049
辽　宁	864.5	39	34	3	2	26903	22229
吉　林	495.0	16	10	6		11280	5678
黑龙江	553.2	33	27	5	1	17201	12858
上　海	743.1	15	4	9	2	24650	10350
江　苏	1734.7	67	28	32	7	60267	19960
浙　江	1454.6	71	22	38	11	62052	19287
安　徽	612.2	39	18	17	4	24020	9510
福　建	786.4	29	11	14	4	22268	5418
江　西	451.5	21	18	3		13008	11468
山　东	1591.3	83	39	36	8	50185	19005
河　南	985.6	47	40	6	1	25747	19847
湖　北	908.0	47	33	10	4	25028	11907
湖　南	764.9	32	27	5		24920	20320
广　东	2644.5	80	49	25	6	78185	43337
广　西	438.3	26	19	6	1	13206	8206
海　南	213.1	11	6	5		6145	2240
重　庆	529.7	25	20	4	1	12103	7065
四　川	989.9	48	31	15	2	25822	11262
贵　州	323.5	21	14	6	1	11473	6958
云　南	409.1	28	19	9		11698	4098
西　藏	46.5	5	4	1		1049	349
陕　西	379.2	22	22			18254	18254
甘　肃	254.6	23	20	2	1	7859	4959
青　海	77.7	8	7		1	1779	1659
宁　夏	119.0	12	9	1	2	4531	2871
新　疆	371.4	27	24	1	2	14229	13064

7-12-10 续表

地 区	焚烧	其他	无害化处理量（万吨）	卫生填埋	焚烧	其他	生活垃圾无害化处理率（%）
全 国	**298062**	**21303**	**21034.2**	**12037.6**	**8463.3**	**533.2**	**97.7**
北 京	9200	4800	923.7	438.0	326.5	159.2	99.9
天 津	5500		289.8	152.2	137.6		94.4
河 北	9700	750	698.0	391.1	284.8	22.1	99.8
山 西	4062	300	454.5	333.1	114.9	6.5	94.9
内蒙古	3350		367.0	305.5	61.5		99.4
辽 宁	2780	1894	856.3	728.2	65.5	62.6	99.1
吉 林	5602		355.3	193.8	161.5		71.8
黑龙江	4000	343	457.7	352.7	100.0	5.0	82.7
上 海	13300	1000	743.1	369.8	360.8	12.5	100.0
江 苏	38979	1328	1734.7	415.5	1287.7	31.4	100.0
浙 江	40985	1780	1454.6	598.1	824.4	32.1	100.0
安 徽	13860	650	611.9	267.0	334.9	10.0	99.9
福 建	15100	1750	781.5	269.4	486.7	25.3	99.4
江 西	1540		440.5	387.0	53.5		97.6
山 东	29330	1850	1591.3	656.2	897.3	37.8	100.0
河 南	5850	50	982.1	821.6	159.1	1.3	99.7
湖 北	11721	1400	907.0	479.6	393.0	34.4	99.9
湖 南	4600		763.0	637.3	125.7		99.8
广 东	33438	1410	2591.2	1625.8	910.6	54.8	98.0
广 西	4800	200	438.0	306.5	123.9	7.5	99.9
海 南	3905		213.0	66.3	146.8		100.0
重 庆	5000	38	526.7	310.2	214.0	2.5	99.4
四 川	13960	600	975.4	508.6	456.8	10.0	98.5
贵 州	4300	215	308.1	234.2	71.4	2.4	95.2
云 南	7600		379.4	153.9	225.5		92.7
西 藏	700		44.4	43.4	1.0		95.4
陕 西			375.3	375.3			99.0
甘 肃	2600	300	250.5	151.2	88.5	10.8	98.4
青 海		120	73.7	72.9		0.8	94.8
宁 夏	1500	160	117.9	82.2	34.6	1.2	99.1
新 疆	800	365	328.9	311.1	14.8	3.0	88.6

7-12-11 环保重点城市道路交通噪声监测情况

城　市	等效声级 dB(A)	城　市	等效声级 dB(A)	城　市	等效声级 dB(A)
北　京	69.3	温　州	67.5	深　圳	70.0
天　津	67.7	湖　州	66.5	珠　海	66.1
石家庄	67.3	绍　兴	68.5	汕　头	70.0
唐　山	65.3	合　肥	68.7	湛　江	65.6
秦皇岛	67.1	芜　湖	69.4	南　宁	68.0
邯　郸	68.2	马鞍山	67.3	柳　州	69.1
保　定	69.0	福　州	69.3	桂　林	68.5
太　原	67.8	厦　门	67.3	北　海	65.9
大　同	66.9	泉　州	70.2	海　口	69.2
阳　泉	66.3	南　昌	67.9	重　庆	66.7
长　治	66.7	九　江	67.9	成　都	69.3
临　汾	69.9	济　南	70.6	自　贡	66.8
呼和浩特	68.4	青　岛	68.8	攀枝花	69.3
包　头	64.9	淄　博	66.9	泸　州	71.6
赤　峰	68.2	枣　庄	67.3	德　阳	64.3
沈　阳	70.0	烟　台	68.5	绵　阳	69.8
大　连	67.8	潍　坊	66.8	南　充	67.1
鞍　山	66.1	济　宁	68.4	宜　宾	67.4
抚　顺	67.3	泰　安	68.2	贵　阳	69.1
本　溪	64.7	日　照	65.4	遵　义	67.5
锦　州	68.7	郑　州	69.6	昆　明	67.1
长　春	69.4	开　封	69.2	曲　靖	64.6
吉　林	69.8	洛　阳	66.5	玉　溪	64.6
哈尔滨	73.8	平顶山	63.6	拉　萨	69.1
齐齐哈尔	68.6	安　阳	68.1	西　安	70.6
牡丹江	67.5	焦　作	67.5	铜　川	68.5
上　海	69.9	三门峡	67.1	宝　鸡	67.5
南　京	68.0	武　汉	70.5	咸　阳	66.6
无　锡	67.1	宜　昌	69.1	渭　南	65.1
徐　州	69.2	荆　州	68.1	延　安	62.4
常　州	67.7	长　沙	70.0	兰　州	69.0
苏　州	67.6	株　洲	64.2	金　昌	62.9
南　通	66.7	湘　潭	68.0	西　宁	69.4
连云港	66.4	岳　阳	69.5	银　川	67.5
扬　州	69.0	常　德	69.9	石嘴山	62.6
镇　江	66.7	张家界	70.4	乌鲁木齐	66.1
杭　州	67.8	广　州	69.0	克拉玛依	65.1
宁　波	69.0	韶　关	66.4		

7-12-12 环保重点城市区域环境噪声监测情况

城　市	等效声级 dB(A)	城　市	等效声级 dB(A)	城　市	等效声级 dB(A)
北　京	53.2	温　州	54.8	深　圳	57.5
天　津	53.9	湖　州	53.7	珠　海	52.5
石家庄	54.4	绍　兴	53.7	汕　头	57.1
唐　山	51.9	合　肥	54.4	湛　江	55.1
秦皇岛	53.8	芜　湖	54.4	南　宁	56.1
邯　郸	53.1	马鞍山	55.6	柳　州	55.5
保　定	61.9	福　州	57.5	桂　林	52.2
太　原	53.2	厦　门	55.2	北　海	54.2
大　同	51.3	泉　州	56.0	海　口	56.0
阳　泉	54.2	南　昌	53.6	重　庆	53.1
长　治	52.1	九　江	55.2	成　都	54.3
临　汾	52.4	济　南	53.7	自　贡	56.6
呼和浩特	54.0	青　岛	57.3	攀枝花	51.6
包　头	54.6	淄　博	53.6	泸　州	53.2
赤　峰	54.1	枣　庄	55.5	德　阳	52.2
沈　阳	54.8	烟　台	54.0	绵　阳	56.3
大　连	55.0	潍　坊	55.3	南　充	55.4
鞍　山	53.9	济　宁	51.5	宜　宾	54.3
抚　顺	53.1	泰　安	55.1	贵　阳	58.8
本　溪	54.8	日　照	51.0	遵　义	56.5
锦　州	53.3	郑　州	56.0	昆　明	53.2
长　春	56.2	开　封	53.0	曲　靖	50.9
吉　林	53.3	洛　阳	53.1	玉　溪	53.7
哈尔滨	59.3	平顶山	55.1	拉　萨	48.2
齐齐哈尔	53.5	安　阳	53.7	西　安	56.5
牡丹江	54.7	焦　作	53.8	铜　川	56.0
上　海	55.7	三门峡	55.2	宝　鸡	56.4
南　京	53.6	武　汉	56.1	咸　阳	57.9
无　锡	56.8	宜　昌	52.3	渭　南	55.7
徐　州	55.7	荆　州	52.0	延　安	54.8
常　州	55.3	长　沙	53.3	兰　州	53.9
苏　州	54.4	株　洲	54.4	金　昌	48.5
南　通	56.6	湘　潭	54.5	西　宁	53.8
连云港	52.7	岳　阳	51.6	银　川	53.0
扬　州	53.8	常　德	53.3	石嘴山	48.7
镇　江	53.8	张家界	52.0	乌鲁木齐	54.4
杭　州	55.2	广　州	55.3	克拉玛依	55.1
宁　波	57.6	韶　关	56.7		

7-12-13 各地区湿地面积

地区	湿地面积（千公顷）	自然湿地	近海与海岸	河流	湖泊	沼泽	人工湿地	湿地面积占辖区面积比重(%)
全国	**53602.6**	**46674.7**	**5795.9**	**10552.1**	**8593.8**	**21732.9**	**6745.9**	**5.58**
北京	48.1	24.2		22.7	0.2	1.3	23.9	2.86
天津	295.6	151.1	104.3	32.3	3.6	10.9	144.5	23.94
河北	941.9	694.6	231.9	212.5	26.6	223.6	247.3	5.04
山西	151.9	108.1		96.9	3.1	8.1	43.8	0.97
内蒙古	6010.6	5878.8		463.7	566.2	4848.9	131.8	5.08
辽宁	1394.8	1077.7	713.2	251.5	2.9	110.1	317.1	9.42
吉林	997.6	862.9		223.5	112.0	527.4	134.7	5.32
黑龙江	5143.3	4953.8		733.5	356.0	3864.3	189.5	11.31
上海	464.6	409.0	386.6	7.3	5.8	9.3	55.6	73.27
江苏	2822.8	1948.8	1087.5	296.6	536.7	28.0	874.0	27.51
浙江	1110.1	843.3	692.5	141.2	8.9	0.7	266.8	10.91
安徽	1041.8	713.6		309.6	361.1	42.9	328.2	7.46
福建	871.0	711.2	575.6	135.1	0.3	0.2	159.8	7.18
江西	910.1	710.7		310.8	374.1	25.8	199.4	5.45
山东	1737.5	1103.0	728.5	257.8	62.6	54.1	634.5	11.07
河南	627.9	380.7		368.9	6.9	4.9	247.2	3.76
湖北	1445.0	764.2		450.4	276.9	36.9	680.8	7.77
湖南	1019.7	813.5		398.4	385.8	29.3	206.2	4.81
广东	1753.4	1158.1	815.1	337.9	1.5	3.6	595.3	9.76
广西	754.3	536.6	259.0	268.9	6.3	2.4	217.7	3.20
海南	320.0	242.0	201.7	39.7	0.6		78.0	9.14
重庆	207.2	87.7		87.3	0.3	0.1	119.5	2.51
四川	1747.8	1665.6		452.3	37.4	1175.9	82.2	3.61
贵州	209.7	151.6		138.1	2.5	11.0	58.1	1.19
云南	563.5	392.5		241.8	118.5	32.2	171.0	1.43
西藏	6529.0	6524.0		1434.5	3035.2	2054.3	5.0	5.35
陕西	308.5	276.2		257.6	7.6	11.0	32.3	1.50
甘肃	1693.9	1642.4		381.7	15.9	1244.8	51.5	3.73
青海	8143.6	8001.0		885.3	1470.3	5645.4	142.6	11.27
宁夏	207.2	169.5		97.9	33.5	38.1	37.7	4.00
新疆	3948.2	3678.3		1216.4	774.5	1687.4	269.9	2.38

注：本表为中国第二次湿地调查（2009-2013)资料，按类型分面积数据不包括台湾省、香港特别行政区和澳门特别行政区；湿地面积不包括水稻田湿地。

7-12-14 各地区自然保护基本情况

地区	自然保护区数（个）	自然保护区面积（万公顷）	保护区面积占辖区面积比重（%）
全国	**2750**	**14716.7**	**14.3**
北京	20	13.5	8.2
天津	8	9.1	7.6
河北	45	70.9	3.7
山西	46	110.2	7.0
内蒙古	182	1270.3	10.7
辽宁	105	267.3	13.4
吉林	51	252.6	13.5
黑龙江	250	791.6	16.7
上海	4	13.7	5.3
江苏	31	53.6	3.8
浙江	37	21.2	1.7
安徽	106	50.6	3.6
福建	92	44.5	3.2
江西	200	122.4	7.3
山东	88	113.6	4.9
河南	33	77.8	4.7
湖北	80	106.3	5.7
湖南	128	122.5	5.8
广东	384	185.0	7.1
广西	78	135.0	5.5
海南	49	270.7	6.9
重庆	57	80.2	9.6
四川	169	830.1	17.1
贵州	124	89.4	5.1
云南	160	288.2	7.3
西藏	47	4137.1	33.7
陕西	60	113.1	5.5
甘肃	60	887.1	20.8
青海	11	2177.3	30.1
宁夏	14	53.3	8.0
新疆	31	1958.4	11.8

7-12-15 地质灾害及防治情况

地区	发生地质灾害数量(处)					人员伤亡(人)		直接经济损失(万元)	地质灾害防治项目数(个)	地质灾害防治投资(万元)
		#滑坡	#崩塌	#泥石流	#地面塌陷		#死亡人数			
全国	**7521**	**5524**	**1356**	**387**	**206**	**523**	**329**	**359477**	**17602**	**1635941**
北京	2		2					53	73	15951
天津	1		1					43	6	910
河北	10	1	7	1	1	3	3	189	275	6702
山西	3		2		1	1		55	64	53315
内蒙古	6	2			4				1	800
辽宁	41	12	1	28				7354	17	6931
吉林	63	8	6	49		2		4123	3	2000
黑龙江									11	1010
上海									8	3168
江苏	3	2	1					30	91	30230
浙江	75	47	21	7				1236	5408	328748
安徽	58	23	33	1	1			175	920	30506
福建	82	39	43			4	4	828	685	79952
江西	325	246	55	7	17	10	5	1870	189	33891
山东	5		1		4			25	86	18699
河南	20	8	1		11			279	7	4091
湖北	850	738	80	14	15	33	23	25437	483	67019
湖南	3490	3022	328	51	73	59	33	153116	3177	79747
广东	154	49	90	2	11	3	2	1186	1498	123495
广西	745	320	335	33	52	71	29	13089	370	39731
海南	2		2					25	13	5492
重庆	584	441	116	13	8	37	24	13700	382	55991
四川	175	64	35	76		101	85	71107	1543	207000
贵州	136	94	27	7	3	52	32	18145	459	99216
云南	338	247	48	36	2	57	20	13385	1403	201902
西藏	59	24	12	23		4	4	4280	9	10256
陕西	152	61	80	10	1	50	41	6242	258	48123
甘肃	61	27	13	16	1	19	10	20835	82	40300
青海	7	4	2	1		15	12	889	24	11528
宁夏	13	5	4	2				30		1000
新疆	61	40	10	10	1	2	2	1752	57	28236

7-12-16 各地区森林火灾情况

地 区	森林火灾次数（次）	一般火灾	较大火灾	重大火灾	特别重大火灾	火场总面积（公顷）	受害森林面积（公顷）	公益林	商品林	伤亡人数（人）	#死亡人数	其他损失折款（万元）
全 国	**3223**	**2258**	**958**	**4**	**3**	**44428**	**24502**	**20327**	**4176**	**46**	**30**	**4624**
北 京	3	1	2			23	19	16	3			2
天 津	2	2				9	1	1				
河 北	38	24	14			1157	319	291	28			4
山 西	6	2	4			299	69	13	56	4	4	61
内蒙古	177	91	80	3	3	24805	16780	16517	263	9	3	635
辽 宁	80	47	33			802	356	220	136			181
吉 林	90	80	10			450	174	121	52	1	1	396
黑龙江	97	85	12			883	239	216	23			
上 海												
江 苏	11	11				18	2	1	1			5
浙 江	70	18	52			512	251	111	140	1	1	314
安 徽	127	117	10			242	47	5	43			13
福 建	52	10	42			467	319	103	215			33
江 西	67	9	58			1739	707	103	604			478
山 东	19	8	11			70	50	47	3	7	3	16
河 南	81	76	5			237	14	3	11			14
湖 北	466	427	39			822	217	56	161	2	2	85
湖 南	334	199	135			2196	961	220	741	5	5	323
广 东	302	195	107			1505	733	319	414	1		373
广 西	644	424	220			4380	1351	314	1036	4	4	943
海 南	15	8	7			24	16		16	1	1	3
重 庆	12	11	1			33	12	8	3	3	3	16
四 川	171	152	18	1		1611	1015	986	29	1	1	380
贵 州	18	13	5			234	42	15	28			8
云 南	49	20	29			1032	395	231	164	7	2	110
西 藏	1		1			7	7	7				
陕 西	181	136	45			362	148	145	4			6
甘 肃	6	4	2			15	11	11				13
青 海	16	13	3			178	129	129				183
宁 夏	30	24	6			287	91	91				12
新 疆	58	51	7			33	30	29	1			21

7-12-17 森林有害生物防治情况

地区	合计			森林病害		森林虫害		森林鼠害		有害植物	
	发生面积（公顷）	防治面积（公顷）	防治率（%）	发生面积（公顷）	防治面积（公顷）	发生面积（公顷）	防治面积（公顷）	发生面积（公顷）	防治面积（公顷）	发生面积（公顷）	防治面积（公顷）
全　国	**12531245**	**9621704**	**76.8**	**1330863**	**1017085**	**9059658**	**7144027**	**1941963**	**1332427**	**198761**	**128165**
北　京	30222	29888	98.9	1719	1719	28502	28169				
天　津	49326	47777	96.9	6889	6889	42437	40888				
河　北	472973	446893	94.5	23685	23050	404382	386559	44906	37284		
山　西	235958	183559	77.8	7056	6007	174333	141584	51561	34261	3008	1707
内蒙古	1095076	683195	62.4	160764	82287	721256	480497	213056	120411		
辽　宁	587828	523689	89.1	53251	43472	521590	470134	12987	10084		
吉　林	242815	220253	90.7	23316	20437	178790	166734	40709	33082		
黑龙江	417282	342202	82.0	27554	21754	212593	168524	177134	151924		
上　海	11765	11714	99.6	1289	1277	10476	10437				
江　苏	103254	96754	93.7	7111	7101	94630	89379			1513	274
浙　江	190284	177314	93.2	16393	16302	173892	161012				
安　徽	468520	432798	92.4	50349	40390	418171	392408				
福　建	200498	183675	91.6	19929	18542	180569	165132				
江　西	265094	231660	87.4	50525	47920	214555	183738			15	2
山　东	478721	463140	96.7	78607	76191	400115	386949				
河　南	585971	510911	87.2	110372	97217	475599	413694				
湖　北	504766	424176	84.0	39268	29488	363641	336995	3291	2276	98567	55417
湖　南	461354	272106	59.0	29264	16210	431647	255456	107	107	336	333
广　东	273181	162586	59.5	16313	15864	220024	113602			36845	33121
广　西	362321	46343	12.8	39278	4143	315779	36094	123	123	7142	5983
海　南	23686	10541	44.5	144	45	9778	6704			13764	3791
重　庆	301658	295661	98.0	17832	15724	225157	221698	58335	57905	333	333
四　川	681316	469030	68.8	80526	40144	558905	398496	41826	30332	58	58
贵　州	199018	182758	91.8	13878	13104	172378	159654	3505	3315	9258	6685
云　南	444221	423443	95.3	73816	72318	345417	327663	5652	5405	19336	18057
西　藏	359049	219003	61.0	64015	39032	245007	149457	50027	30514		
陕　西	397400	316307	79.6	36540	27832	275059	218786	85801	69689		
甘　肃	356191	248758	69.8	54073	44381	170800	127711	131314	76663	4	4
青　海	273197	202786	74.2	23382	18583	102335	69849	138935	111954	8545	2400
宁　夏	318437	137908	43.3	1476	1447	115384	44527	201577	91934		
新　疆	2011457	1606176	79.9	182534	166112	1225355	986884	603531	453180	37	
大兴安岭	128406	18699	14.6	19715	2102	31103	4613	77589	11983		

7-12-18 地震灾害情况

年 份 地 区	地震灾害次数 (次)	5.0-5.9级	6.0-6.9级	7.0级以上	人员伤亡 (人)	#死亡人数	直接经济损失 (万元)
2000	10	7	2		2987	10	146792
2001	12	8	2	1	750	9	148449
2002	5	4			362	2	14774
2003	21	10	6	1	7465	319	466040
2004	11	8	1		696	8	94959
2005	13	9	2		882	15	262811
2006	10	9			229	25	79962
2007	3	1	1		422	3	201922
2008	17	6	4	2	446293	69283	85949594
2009	8	5	2		407	3	273782
2010	12	4		1	13795	2705	2361077
2011	18	11	2	1	540	32	6020873
2012	12	8	3		1279	86	828757
2013	14	10	3	1	15965	294	9953631
2014	20	14	4	1	3666	623	3326078
2015	14	13	1		1192	30	1791918
2016	16	8	4		104	1	668693
2017	12	4	3	1	676	38	1476600
湖 北	1						1389
重 庆	1	1			6		
四 川	4	1		1	584	30	806811
云 南	2	1			6		17200
西 藏	1		1		3		20700
甘 肃	1		1		2		
新 疆	2	1	1		75	8	630500

7-12-19 主要海洋灾害情况

灾 种	发生次数 (次)	人员死亡、失踪 (人)	直接经济损失 (亿元)
合 计	**119**	**17**	**56.05**
风暴潮	16	6	55.77
赤 潮	68		
海 浪	34	11	0.27
海 冰	1		0.01

7-12-20 各地区突发环境事件情况

地区	突发环境事件次数（次）	特别重大环境事件	重大环境事件	较大环境事件	一般环境事件
全国	**302**		**1**	**6**	**295**
北京	11				11
天津					
河北	2			1	1
山西	19			1	18
内蒙古	1				1
辽宁	15				15
吉林					
黑龙江					
上海					
江苏	8				8
浙江	13				13
安徽	4				4
福建	15				15
江西	6			1	5
山东	8				8
河南	5				5
湖北	18			1	17
湖南	15			1	14
广东	48				48
广西	8				8
海南	4				4
重庆	12				12
四川	16		1		15
贵州	11				11
云南	4				4
西藏					
陕西	32				32
甘肃	5				5
青海	3				3
宁夏	11			1	10
新疆	8				8

7-12-21 各地区城市市政设施情况

地　区	道路长度（公里）	道路面积（万平方米）	城市桥梁（座）	城市道路照明灯（千盏）	排水管道长度（公里）
全　国	**397830**	**788853**	**69816**	**25936**	**630304**
北　京	8437	13960	2276	236	16794
天　津	7942	14742	1007	370	21240
河　北	15747	34888	1523	935	18332
山　西	8201	18132	1298	545	7645
内蒙古	10035	21277	386	584	12923
辽　宁	17079	30980	1741	1288	20372
吉　林	9083	16671	904	438	10932
黑龙江	12369	19781	1139	632	11990
上　海	5224	10896	2688	579	19766
江　苏	47112	82379	15250	3538	76886
浙　江	21773	42229	10957	1556	45674
安　徽	13997	34208	1601	947	29108
福　建	11427	22238	1902	813	15335
江　西	10289	20547	918	706	15469
山　东	43580	88799	5440	1942	60278
河　南	13876	34735	1425	948	23624
湖　北	19021	34937	2082	800	25857
湖　南	10882	24470	923	666	16479
广　东	39274	70422	7056	2557	70242
广　西	9064	19821	973	696	12305
海　南	2806	5448	205	174	4399
重　庆	9364	19015	1720	584	17335
四　川	16077	33979	2557	1345	28502
贵　州	4345	8930	705	493	7194
云　南	6062	11856	756	500	13616
西　藏	688	1093	34	26	651
陕　西	7886	17538	801	724	9704
甘　肃	4890	10678	629	318	6428
青　海	1117	2753	210	131	1907
宁　夏	2324	6545	216	248	1904
新　疆	7864	14908	494	615	7411

7-12-22 各地区城市污水处理情况

地 区	污水处理厂(座)	污水处理厂污水处理能力(万立方米/日)	污水处理厂污水处理量(万立方米)	其他污水处理设施处理能力(万立方米/日)	其他污水处理设施处理量(万立方米)	污水再生利用量(万立方米)	城市污水处理率(%)	
								#污水处理厂集中处理率
全 国	**2209**	**15743.0**	**4528949**	**1293.7**	**125961**	**713421**	**94.5**	**92.0**
北 京	67	665.6	168755	22.0	4532	105085	97.5	95.0
天 津	47	290.5	91469	3.0	855	26075	92.6	91.7
河 北	85	583.2	162054	4.1	196	40188	97.8	97.7
山 西	38	257.1	68409			16287	92.6	92.6
内蒙古	44	245.1	63085	3.0		16029	95.6	95.6
辽 宁	102	814.2	236834	9.0	1423	18280	93.3	92.8
吉 林	45	409.1	96698	0.2	55	1368	91.3	91.3
黑龙江	67	383.9	97078	45.3	2897	7672	90.0	87.4
上 海	51	821.0	215739		1172		94.5	94.0
江 苏	196	1278.9	363876	494.7	43649	83065	95.3	85.1
浙 江	88	946.4	278596	60.8	9917	19064	95.0	91.7
安 徽	66	493.8	143591	50.4	5293	13674	97.3	93.9
福 建	66	388.9	109564	32.7	3859	6829	92.2	89.1
江 西	47	274.5	87055	3.6	741		95.4	94.6
山 东	189	1140.3	316818	16.1	954	98507	97.0	96.7
河 南	100	741.3	185055	2.5	140	30989	96.9	96.9
湖 北	85	640.0	205148	57.1	4795	28613	94.6	92.5
湖 南	66	541.1	176564	24.9	4118	9624	95.5	93.4
广 东	273	2172.3	672591	7.3	732	153627	94.5	94.4
广 西	46	323.2	98909	373.4	28854		94.0	72.8
海 南	23	99.1	26384	3.8	745	2447	86.8	84.4
重 庆	51	315.8	106174	3.2	857	958	95.5	94.7
四 川	130	630.2	188567	40.3	7101	11681	91.5	88.2
贵 州	51	201.6	55550			958	94.8	94.8
云 南	42	242.9	83845	11.8	1220	1388	94.1	92.7
西 藏	7	26.2	7694				89.0	89.0
陕 西	42	303.0	90518	1.0		5122	92.4	92.4
甘 肃	24	142.9	36972			3737	94.9	94.9
青 海	11	44.4	11914		1161	1759	79.3	72.2
宁 夏	19	92.5	23518			4867	95.3	95.3
新 疆	41	234.0	59925	23.5	695	5528	89.3	88.3

7-12-23 各地区城市绿地和园林

地 区	城市绿地面积（公顷）	#公园绿地	公 园（个）	公园面积（公顷）	建成区绿化覆盖率（%）
全 国	**2921346**	**688441**	**15633**	**444622**	**40.91**
北 京	83501	31019	300	31019	48.42
天 津	44309	11982	135	2839	36.84
河 北	88273	26833	713	20414	41.77
山 西	63987	13647	316	10797	40.61
内蒙古	67171	17511	296	14929	40.22
辽 宁	122999	27339	496	16621	40.73
吉 林	48070	13257	306	9816	35.78
黑龙江	69711	16780	371	11450	35.45
上 海	136327	19805	224	2409	39.10
江 苏	285981	48060	1107	30141	42.97
浙 江	159214	32544	1252	19111	40.36
安 徽	102402	22075	432	14454	42.15
福 建	69755	18049	636	13957	43.69
江 西	63747	16646	468	10601	45.22
山 东	235690	63042	1090	37721	42.09
河 南	101171	30002	438	14242	39.44
湖 北	86713	24421	420	13950	38.43
湖 南	67669	17817	337	12607	41.21
广 东	455838	99885	3219	71798	43.47
广 西	88789	14025	254	10296	39.12
海 南	15343	3636	85	2594	40.06
重 庆	61575	25584	418	13742	40.32
四 川	107505	30912	588	16370	40.00
贵 州	47360	11182	168	10634	37.01
云 南	45173	10895	775	8620	38.87
西 藏	5238	435	36	355	34.81
陕 西	69219	13586	259	7819	39.88
甘 肃	26851	9617	156	5002	33.28
青 海	6426	2137	45	1453	32.55
宁 夏	26418	5747	79	3049	40.41
新 疆	68921	9972	214	5814	39.98

7-12-24 各地区城市设施水平

地 区	城市用水普及率(%)	城市燃气普及率(%)	每万人拥有公共交通车辆(标台)	人均城市道路面积(平方米)	人均公园绿地面积(平方米)	每万人拥有公共厕所(座)
全 国	**98.30**	**96.26**	**14.73**	**16.05**	**14.01**	**2.77**
北 京	100.00	100.00	26.55	7.44	16.20	2.81
天 津	100.00	100.00	19.64	17.41	14.15	1.74
河 北	99.05	98.78	15.34	18.88	14.52	2.95
山 西	97.81	98.34	9.74	15.92	11.98	2.09
内蒙古	99.10	96.01	10.65	23.89	19.66	7.24
辽 宁	98.45	97.14	13.23	13.68	12.07	1.84
吉 林	94.85	92.99	11.15	14.30	11.37	2.93
黑龙江	98.53	87.77	14.09	13.89	11.78	4.01
上 海	100.00	100.00	13.94	4.51	8.19	2.57
江 苏	99.98	99.73	17.42	25.62	14.95	4.02
浙 江	100.00	99.97	16.93	17.28	13.32	3.23
安 徽	99.43	98.57	13.61	22.19	14.32	2.25
福 建	99.56	97.45	15.85	17.41	14.13	3.07
江 西	98.11	97.38	12.55	17.90	14.50	1.95
山 东	99.82	99.57	16.36	25.13	17.84	1.85
河 南	95.88	93.96	12.28	13.90	12.00	3.44
湖 北	99.27	97.13	12.38	15.74	11.00	2.33
湖 南	96.52	93.50	14.43	13.72	9.99	2.01
广 东	97.80	96.88	15.30	12.86	18.24	1.93
广 西	97.63	97.80	10.74	17.56	12.42	1.37
海 南	98.40	98.32	13.54	18.22	12.16	2.33
重 庆	98.05	96.37	11.50	12.67	17.05	2.74
四 川	94.91	91.22	14.46	13.72	12.48	2.38
贵 州	96.54	87.74	11.02	12.18	15.25	2.88
云 南	96.71	75.93	13.60	12.52	11.50	5.38
西 藏	92.80	56.77	10.43	14.70	5.85	4.84
陕 西	95.95	93.61	15.63	16.32	12.64	4.98
甘 肃	98.81	90.56	10.52	16.51	14.87	2.62
青 海	98.93	94.19	14.37	14.40	11.18	3.65
宁 夏	95.66	91.71	15.26	21.83	19.17	2.53
新 疆	98.75	98.32	14.58	19.78	13.23	3.04

【主要统计指标解释】

水资源总量 指当地降水形成的地表和地下产水量，即地表径流量与降水入渗补给量之和，不包括过境水量。

地表水资源量 指河流、湖泊、冰川等地表水体中由当地降水形成的、可以逐年更新的动态水量，即天然河川径流量。

地下水资源量 指当地降水和地表水对饱水岩土层的补给量。

地表水与地下水资源重复量 指地表水和地下水相互转化的部分，即在河川径流量中包括一部分地下水排泄量，地下水补给量中包括一部分来源于地表水的入渗量。

供水总量 指各种水源工程为用户提供的包括输水损失在内的毛供水量。

地表水源供水量 指地表水体工程的取水量，按蓄、引、提、调四种形式统计。从水库、塘坝中引水或提水，均属蓄水工程供水量；从河道或湖泊中自流引水的，无论有闸或无闸，均属引水工程供水量；利用扬水站从河道或湖泊中直接取水的，属提水工程供水量；跨流域调水指水资源一级区或独立流域之间的跨流域调配水量，不包括在蓄、引、提水量中。

地下水源供水量 指水井工程的开采量，按浅层淡水、深层承压水和微咸水分别统计。城市地下水源供水量包括自来水厂的开采量和工矿企业自备井的开采量。

其他水源供水量 包括污水处理再利用、集雨工程、海水淡化等水源工程的供水量。

用水总量 指分配给用户的包括输水损失在内的毛用水量。按用户特性分为农业、工业、生活和生态用水四大类。

农业用水 包括农田灌溉用水、林果地灌溉用水、草地灌溉用水、鱼塘补水和畜禽用水。

工业用水 按新水取用量计，不包括企业内部的重复利用水量。

生活用水 包括城镇生活用水和农村生活用水。城镇生活用水由居民用水和公共用水（含第三产业及建筑业等用水）组成；农村生活用水指居民生活用水。

生态环境补水 仅包括人为措施供给的城镇环境用水和部分河湖、湿地补水。

一般工业固体废物产生量 系指未被列入《国家危险废物名录》或者根据国家规定的危险废物鉴别标准（GB5085）、固体废物浸出毒性浸出方法（GB5086）及固体废物浸出毒性测定方法（GB／T 15555）鉴别方法判定不具有危险特性的工业固体废物。计算公式为：

一般工业固体废物产生量=（一般工业固体废物综合利用量-其中：综合利用往年贮存量）+一般工业固体废物贮存量+（一般工业固体废物处置量-其中：处置往年贮存量）+一般工业固体废物倾倒丢弃量

一般工业固体废物综合利用量 指报告期内企业通过回收、加工、循环、交换等方式，从固体废物中提取或者使其转化为可以利用的资源、能源和其他原材料的固体废物量（包括当年利用的往年工业固体废物累计贮存量）。如用作农业肥料、生产建筑材料、筑路等。综合利用量由原产生固体废物的单位统计。

一般工业固体废物处置量 指报告期内企业将工业固体废物焚烧和用其他改变工业固体废物的物理、化学、生物特性的方法，达到减少或者消除其危险成分的活动，或者将工业固体废物最终置于符合环境保护规定要求的填埋场的活动中，所消纳固体废物的量。

一般工业固体废物贮存量 指报告期内企业以综合利用或处置为目的，将固体废物暂时贮存或堆存在专设的贮存设施或专设的集中堆存场所内的量。专设的固体废物贮存场所或贮存设施必须有防扩散、防流失、防渗漏、防止污染大气、水体的措施。

一般工业固体废物倾倒丢弃量 指报告期内企业将所产生的固体废物倾倒或者丢弃到固体废物污染防治设施、场所以外的量。

危险废物产生量 指当年全年调查对象实际产生的危险废物的量。危险废物指列入国家危险废物名录或者根据国家规定的危险废物鉴别标准和鉴别方法认定的，具有爆炸性、易燃性、易氧化性、毒性、腐蚀性、易传染性疾病等危险特性之一的废物。按《国家危险废物名录》（环境保护部、国家发展和改革委员会2008部令第1号）填报。

危险废物综合利用量 指当年全年调查对象从危险废物中提取物质作为原材料或者燃料的活动中消纳危险废物的量。包括本单位利用或委托、提供给外单位利用的量。

危险废物处置量 指报告期内企业将危险废物焚烧和用其他改变工业固体废物的物理、化学、生物特性的方法，达到减少或者消除其危险成分的活动，或者将危险废物最终置于符合环境保护规定要求的填埋场的活动中，所消纳危险废物的量。处置量包括处置本单位或委托给外单位处置的量。

危险废物贮存量 指将危险废物以一定包装方式暂时存放在专设的贮存设施内的量。专设的贮存设施指对危险废物的包装、选址、设计、安全防护、监测和关闭等符合《危险废物贮存污染控制标准》（GB18597-2001）等相关环保法律法规要求，具有防扩散、防流失、防渗漏、防止污染大气和水体措施的设施。

自然保护区 指对有代表性的自然生态系统、珍稀濒危野生动植物物种的天然分布区、水源涵养区、有特殊意义的自然历史遗迹等保护对象所在的陆地、陆地水体或海域，依法划出一定面积进行特殊保护和管理的区域。以县及县以上各级人民政府正式批准建立的自然保护区为准。风景名胜区、文物保护区不计在内。

湿地 指天然或人工、长久或暂时性的沼泽地、泥炭地或水域地带，包括静止或流动、淡水、半咸水、咸水体，低潮时水深不超过6米的水域以及海岸地带地区的珊瑚滩和海草床、滩涂、红树林、河口、河流、淡水沼泽、沼泽森林、湖泊、盐沼及盐湖。

突发环境事件 指突然发生，造成或者可能造成重大人员伤亡、重大财产损失和对全国或者某一地区的经济社会稳定、政治安定构成重大威胁和损害，有重大社会影响的涉及公共安全的环境事件。

环境污染治理投资 指在工业污染源治理和城市环境基础设施建设的资金投入中，用于形成固定资产的资金。包括工业污染源治理工程投资、建设项目“三同时”环保投资，以及城市环境基础设施建设所投入的资金。

燃气普及率 指报告期末使用燃气的城市人口数与城市人口总数的比率。计算公式为：

$$\text{燃气普及率}=\frac{\text{城市用气人口数}}{\text{城市人口总数}}\times 100\%$$

生活垃圾清运量 指报告期内收集和运送到垃圾处理厂(场)的生活垃圾数量。生活垃圾指城市日常生活或为城市日常生活提供服务的活动中产生的固体废物以及法律行政规定的视为城市生活垃圾的固体废物。包括：居民生活垃圾、商业垃圾、集市贸易市场垃圾、街道清扫垃圾、公共场所垃圾和机关、学校、厂矿等单位的生活垃圾。

生活垃圾无害化处理率 指报告期生活垃圾无害化处理量与生活垃圾产生量比率。在统计上，由于生活垃圾产生量不易取得，可用清运量代替。计算公式为：

$$\text{生活垃圾无害化处理率}=\frac{\text{生活垃圾无害化处理量}}{\text{生活垃圾产生量}}\times 100\%$$

公园绿地 指城市中向公众开放的，以游憩为主要功能，有一定的游憩设施和服务设施，同时兼有健全生态、美化景观、防灾减灾等综合作用的绿化用地。

卫生厕所 指有完整下水道系统的水冲式、三格化粪池式、净化沼气池式、多翁漏斗式公厕以及粪便及时清理并进行高温堆肥无害化处理的非水冲式公厕。

累计使用卫生公厕户数 指农民因某种原因没有兴建自己的卫生厕所，而使用村内卫生公厕户数。

7 第三产业分行业主要指标

7-13 居民服务、修理和其他服务业

简要说明

一、主要内容

本篇资料主要包括居民服务、修理和其他服务业企业法人单位分地区主要指标和婚姻服务状况等。

二、资料来源

婚姻服务状况资料由国家统计局社科文司依据民政部相关统计报表制度整理提供。

居民服务、修理和其他服务业企业法人单位分地区主要指标来源于国家统计局服务业司《规模以上服务业统计报表制度》和《规模以下服务业抽样调查统计报表制度》调查结果。

7-13-1 居民服务、修理和其他服务业企业法人单位分地区主要指标

地 区	单位数（个）	营业收入（亿元）	资产总计（亿元）	从业人员（万人）
全 国	**264031**	**6109.1**	**12497.1**	**373.2**
北 京	17988	396.9	1162.2	22.4
天 津	6549	305.2	1442.0	18.1
河 北	19721	201.8	311.9	14.9
山 西	6162	45.5	157.0	7.1
内蒙古	4277	75.2	177.7	6.1
辽 宁	8398	108.3	279.1	8.5
吉 林	4887	72.9	855.0	5.0
黑龙江	3960	49.5	162.8	7.4
上 海	12482	416.3	713.3	18.3
江 苏	18154	643.7	848.1	27.6
浙 江	15653	291.6	405.5	19.9
安 徽	8113	150.5	125.8	9.2
福 建	9139	224.0	251.4	13.9
江 西	7420	295.2	396.3	8.3
山 东	17641	605.9	707.5	26.2
河 南	11815	334.6	464.0	13.8
湖 北	10269	192.2	378.2	14.3
湖 南	10718	312.5	267.4	18.0
广 东	20779	515.2	655.2	45.5
广 西	6595	65.1	104.7	6.4
海 南	1290	23.8	258.5	1.5
重 庆	10021	315.8	422.5	15.0
四 川	7002	132.0	341.9	12.3
贵 州	5486	75.7	277.1	9.6
云 南	3953	74.4	285.9	5.7
西 藏	255	6.7	6.3	0.5
陕 西	7104	87.5	228.4	8.7
甘 肃	2085	29.4	190.1	2.4
青 海	1480	9.0	32.6	1.5
宁 夏	1077	11.3	34.4	1.5
新 疆	3558	41.5	554.0	3.6

7-13-2 婚姻服务情况

年份 地区	结婚登记 （万对）	内地居民 登记结婚 （万对）	初婚 （万人）	再婚 （万人）	涉外及港澳台 居民登记结婚 （万对）	离婚 （万对）	离婚率 （‰）
1985	831.30	829.06	1607.63	50.48	2.22	45.79	0.44
1990	951.10	948.69	1819.13	78.24	2.38	80.00	0.69
1995	934.10	929.71	1776.07	83.35	4.40	105.60	0.88
2000	848.50	842.00	1581.39	102.62	6.49	121.29	0.96
2005	823.10	816.60	1483.00	163.10	6.43	178.50	1.37
2006	945.00	938.20	1705.60	184.40	6.82	191.30	1.46
2007	991.40	986.30	1779.70	203.10	5.11	209.80	1.59
2008	1098.30	1093.20	1972.50	224.10	5.10	226.90	1.71
2009	1212.40	1207.50	2168.80	256.00	4.92	246.80	1.85
2010	1241.00	1236.10	2200.90	281.10	4.90	267.80	2.00
2011	1302.36	1297.48	2309.88	294.85	4.88	287.40	2.13
2012	1323.59	1318.27	2361.17	286.02	5.33	310.38	2.29
2013	1346.93	1341.43	2385.96	307.89	5.50	350.01	2.57
2014	1306.74	1302.04	2286.81	326.68	4.70	295.73	2.67
2015	1224.71	1220.59	2108.97	340.44	4.12	384.14	2.79
2016	1142.82	1138.61	1913.26	372.39	4.22	415.82	3.02
2017	1063.10	1059.04	1746.33	379.86	4.05	437.40	3.15
北京	15.15	15.05	17.93	12.36	0.09	8.06	3.71
天津	9.51	9.48	15.40	3.61	0.03	5.89	3.78
河北	50.49	50.39	75.05	25.93	0.10	23.24	3.10
山西	28.77	28.76	50.30	7.25	0.02	8.22	2.23
内蒙古	18.70	18.68	26.32	11.08	0.02	10.09	4.00
辽宁	29.19	29.05	51.94	6.43	0.13	16.68	3.81
吉林	20.63	20.55	36.47	4.78	0.08	13.36	4.90
黑龙江	28.67	28.55	48.12	9.22	0.13	19.69	5.19
上海	10.87	10.72	13.84	7.90	0.15	5.88	2.43
江苏	67.55	67.41	106.29	28.81	0.14	28.78	3.59
浙江	34.44	34.16	57.27	11.62	0.28	15.77	2.80
安徽	67.38	67.24	105.33	29.42	0.13	24.21	3.89
福建	29.14	28.66	49.73	8.56	0.49	10.59	2.72
江西	28.91	28.78	47.73	10.09	0.13	11.08	2.41
山东	62.58	62.47	90.17	34.99	0.11	27.25	2.73
河南	86.97	86.89	163.40	10.54	0.08	31.66	3.32
湖北	47.21	47.09	85.31	9.11	0.12	19.93	3.38
湖南	45.77	45.63	69.90	21.65	0.14	20.76	3.03
广东	75.81	75.04	130.41	21.22	0.77	22.03	1.99
广西	37.94	37.66	64.16	11.73	0.28	12.00	2.47
海南	7.58	7.54	13.57	1.59	0.04	1.78	1.93
重庆	26.60	26.54	35.35	17.85	0.06	15.08	4.93
四川	68.95	68.81	102.99	34.92	0.14	31.17	3.76
贵州	40.36	40.31	77.27	3.44	0.04	13.45	3.77
云南	40.28	40.01	64.30	16.25	0.27	12.71	2.66
西藏	3.41	3.41	6.68	0.14		0.40	1.20
陕西	30.06	30.01	48.27	11.85	0.05	10.88	2.84
甘肃	19.79	19.78	38.33	1.25	0.01	5.41	2.07
青海	5.97	5.97	10.27	1.67		1.64	2.76
宁夏	6.03	6.03	9.91	2.16	0.01	2.22	3.27
新疆	18.39	18.38	34.30	2.47	0.01	7.44	3.07

【主要统计指标解释】

离婚率　指当年离婚对数占年平均人口的比重，计算公式为：

$$离婚率=\frac{当年离婚对数}{年平均人口数}\times 1000‰$$

7 第三产业分行业主要指标

7-14 教 育

简要说明

一、主要内容

教育统计资料包括公办教育和民办教育、学历教育和非学历教育。具体有高等教育（研究生教育、普通高等教育和成人高等教育）、中等教育（高中阶段教育和初中阶段教育）、初等教育（小学）、学前教育、特殊教育（盲聋哑和弱智学校等）以及教育经费等资料。主要指标包括学校数、在校学生数、招生数、毕业生数、教职工数和专任教师数等。

教育经费资料主要反映国家教育总费用和教育支出情况。

教育企业法人单位分地区主要指标、15 岁及以上人口受教育程度分地区、分性别主要指标。

二、资料来源

教育经费资料由教育部提供，详细资料见《中国教育经费统计年鉴》（教育部财务司编）。

教育事业统计资料由教育部提供，详细资料见《中国教育统计年鉴》（教育部发展规划司编）；技工学校资料由人力资源和社会保障部提供。

教育企业法人单位分地区数据来源国家统计局服务业司《规模以上服务业统计报表制度》和《规模以下服务业抽样调查统计报表制度》调查结果。

15 岁及以上人口受教育程度数据由国家统计局人口和就业统计司提供。

7-14-1 教育经费情况

单位：万元

年份 地区	合计	国家财政性教育经费	#公共财政教育经费	民办学校中举办者投入	社会捐赠经费	事业收入	#学杂费	其他教育经费
1992	8670491	7287506	5649364		696285		439319	
1995	18779501	14115233	10929473	203672	1628414		2012423	
2000	38490806	25626056	21917652	858537	1139557	9382717	5948304	1483939
2001	46376626	30570100	27056548	1280895	1128852	11575137	7456014	1821643
2002	54800278	34914048	32549425	1725549	1272791	14609169	9227792	2278722
2003	62082653	38506237	36190977	2590148	1045927	17218399	11214985	2721943
2004	72425989	44658575	42444209	3478529	934204	20114268	13465517	3240414
2005	84188391	51610759	49460379	4522185	931613	23399991	15530545	3723842
2006	98153087	63483648	61353481	5490583	899078	24073042	15523301	4206736
2007	121480663	82802142	80943369	809337	930584	31772357	21309082	5166242
2008	145007374	104496296	102129675	698479	1026663	33670711	23492983	5115225
2009	165027065	122310935	119749753	749829	1254991	35275939	25155983	5435371
2010	195618471	146700670	141639029	1054254	1078839	41060664	30155593	5724045
2011	238692936	185867009	178217380	1119320	1118675	44246927	33169742	6341005
2012	286553052	231475698	203141685	1281753	956919	46198404	35048301	6640278
2013	303647182	244882177	214056715	1474089	855445	49262087	37376869	7173384
2014	328064609	264205820	225760099	1313476	796700	54271581	40530393	7477031
2015	361291927	292214511	258618740	1876620	869960	58097239	43173611	8233597
2016	388883850	313962519	277006325	2032733	810447	62768292	47709339	9309860
中　央	36227666	25351988	14883286		314724	8138797	2846879	2422158
地　方	352656184	288610531	262123039	2032733	495724	54629494	44862461	6887702
北　京	11934724	10491718	8822890	9261	10879	1299205	1034188	123662
天　津	5365129	4530501	4258000	2168	3656	736267	610873	92537
河　北	14203834	11888154	11155774	49418	7217	2106271	1755230	152774
山　西	7942196	6633065	6075869	21478	1349	1223188	998978	63115
内蒙古	7624806	6648963	5432898	16182	3795	597735	485656	358132
辽　宁	9206907	7421874	6328446	13099	3893	1693886	1388429	74154
吉　林	6439837	5403748	4959177	17500	3644	907907	786174	107038
黑龙江	7336607	6385696	5959695	7521	1265	903123	791455	39002
上　海	11218946	9237025	8019825	5955	8503	1565521	1255665	401941
江　苏	24020855	19233685	18419418	136862	92081	3828459	3054072	729767
浙　江	18908104	14235711	13136547	145215	34872	3639753	2933513	852553
安　徽	12357931	10304306	9108725	57504	9871	1844677	1520679	141573
福　建	10473975	8403251	7893640	53413	55910	1710075	1409245	251325
江　西	10468837	8816174	8401619	43813	13337	1523413	1267594	72100
山　东	22422970	18754460	18231843	114150	19004	3276472	2807720	258884
河　南	18902582	14922439	12450080	117466	6032	3593113	3069815	263531
湖　北	13009264	10446404	9797918	126305	6898	2251451	1838664	178207
湖　南	13781959	10836439	10273884	82134	6988	2561467	2041954	294931
广　东	33675376	24875764	22439024	505912	93098	7741252	6611376	459350
广　西	10914241	9137061	8507844	35648	9386	1595245	1266473	136901
海　南	3068767	2496491	2139154	71954	2814	439279	357484	58228
重　庆	8863208	7054576	5652593	117792	13178	1430841	1135283	246821
四　川	17620946	14423197	12774499	126748	36263	2852604	2276355	182134
贵　州	10335342	8909339	8402520	44819	9000	1073184	850508	299000
云　南	11886446	10227745	8641229	63876	22110	1226316	992947	346400
西　藏	1857714	1829919	1758336	185	172	22250	16435	5188
陕　西	10049114	8086909	7762893	16157	7661	1782644	1386605	155743
甘　肃	6706137	6065624	5487834	7126	6221	559101	439486	68064
青　海	2162973	1918513	1687874	4966	2065	103591	69574	133837
宁　夏	2072544	1795089	1497139	14464	3242	198793	157980	60956
新　疆	7823914	7196691	6645853	3642	1320	342409	252052	279852

注：1.“民办学校中举办者投入”数据1992-2006年为社会团体和公民个人办学总经费。
2.“公共财政教育经费”数据1992-2012年包括教育事业费、基建经费、教育费附加、科研经费和其他经费，2012年起包括教育事业费、基建经费和教育费附加。

7-14-2 教育企业法人单位分地区主要指标

地区	单位数(个)	营业收入(亿元)	资产总计(亿元)	从业人员(万人)
全国	**72903**	**2367.8**	**5005.9**	**164.8**
北京	5523	277.1	543.8	11.0
天津	763	23.9	66.0	1.8
河北	1671	16.8	86.0	2.6
山西	1630	13.8	155.0	4.3
内蒙古	1654	14.8	37.3	2.2
辽宁	3661	37.3	121.0	4.1
吉林	1044	13.0	64.8	2.2
黑龙江	1086	13.4	28.9	2.9
上海	982	120.9	263.0	5.5
江苏	4715	218.5	267.7	10.5
浙江	3905	97.6	279.4	7.0
安徽	1930	73.1	298.7	4.6
福建	2898	71.3	82.6	6.6
江西	1886	172.4	122.8	4.0
山东	2242	150.3	245.9	8.9
河南	4452	189.2	218.3	12.7
湖北	3171	71.1	170.1	5.0
湖南	4277	90.5	159.0	7.5
广东	8077	350.8	811.4	26.1
广西	2587	13.1	25.3	1.2
海南	581	6.2	88.9	0.9
重庆	2372	55.9	89.7	4.7
四川	3668	96.2	265.7	9.5
贵州	1501	32.8	82.4	3.7
云南	1201	44.1	154.6	2.9
西藏	69	0.1	0.2	
陕西	1335	31.6	51.2	2.6
甘肃	2022	24.2	77.9	4.1
青海	445	28.2	18.0	3.5
宁夏	270	5.4	27.5	0.8
新疆	1285	14.1	102.9	1.2

7-14-3 各级各类学校、教职工和专任教师情况

项　　目	学校数(所)	教职工数(人)	专任教师(人)
高等教育			
研究生培养机构	(815)		
普通高校	(578)		
科研机构	(237)		
普通高等学校	2631	2442995	1633248
本科院校	1243	1772342	1150467
#独立学院	265	162330	122151
高职(专科)院校	1388	669521	482070
其他普通高教机构	(24)	1132	711
成人高等学校	282	41408	23990
民办的其他高等教育机构	(800)	20882	9643
中等教育	**77018**	**7827807**	**6165625**
高中阶段教育	24618	3747959	2615570
高中	13947	2668247	1776374
普通高中	13555	2665073	1773953
完全中学	5460	1056242	531255
高级中学	6780	1331610	1176082
十二年一贯制学校	1315	277221	66616
成人高中	392	3174	2421
中等职业教育	10671	1079712	839196
普通中专	3346	396845	301577
成人中专	1218	59705	44773
职业高中	3617	343767	286053
技工学校	2490	268565	198798
其他中职机构	(312)	10830	7995
初中阶段教育	52400	4079848	3550055
初中	51894	4078076	3548688
初级中学	35696	2763493	2519334
九年一贯制学校	16183	1314104	551604
十二年一贯制学校			73131
完全中学			404179
职业初中	15	479	440
成人初中	506	1772	1367
初等教育	**176718**	**5664652**	**5955726**
普通小学	167009	5645319	5944910
小学	167009	5645319	5282512
九年一贯制学校			596348
十二年一贯制学校			66050
成人小学	9709	19333	10816
#扫盲班	6587	14366	7546
工读学校	**93**	**2922**	**2177**
特殊教育	**2107**	**65138**	**55979**
学前教育	**254950**	**4192850**	**2432138**

注：1.完全中学的学校数和教职工数计入高中阶段教育，九年一贯制学校的校数和教职工数计入初中阶段教育，十二年一贯制学校的校数和教职工数计入高中阶段教育。专任教师按照教育层次划分归类。
2.“()”内数据为不计校数。

7-14-4 各级各类学历教育学生情况

单位：人

项目	毕业生数	招生数	在校生数
高等教育			
研究生	578045	806103	2639561
博士	58032	83878	361997
硕士	520013	722225	2277564
普通本专科	7358287	7614893	27535869
本科	3841839	4107534	16486320
专科	3516448	3507359	11049549
成人本专科	2470370	2175302	5441429
本科	1091226	1023981	2589809
专科	1379144	1151321	2851620
网络本专科生	1777905	2861143	7359267
本科	659559	993253	2587338
专科	1118346	1867890	4771929
中等教育	**26866428**	**29297060**	**84257502**
高中阶段教育	12765032	13824851	39709871
高中	7796262	8000548	23784903
普通高中	7757292	8000548	23745484
完全中学	2372222	2477207	7322134
高级中学	5125357	5169156	15472730
十二年一贯制学校	259713	354185	950620
成人高中	38970		39419
中等职业教育	4968770	5824303	15924968
普通中专	2169933	2462485	7129894
成人中专	604125	568771	1272446
职业高中	1289923	1483979	4140553
技工学校	904789	1309068	3382075
初中阶段教育	14101396	15472209	44547631
初中	13974699	15472209	44420630
初级中学	9978057	10760883	31215383
九年一贯制学校	1916050	2378247	6585126
十二年一贯制学校	307082	398065	1075624
完全中学	1772477	1934058	5541759
职业初中	1033	956	2738
成人初中	126697		127001
初等教育	**16504019**	**17665544**	**101691216**
普通小学	15658999	17665544	100936980
小学	13843045	15688419	89460245
九年一贯制学校	1645350	1787919	10384335
十二年一贯制学校	170604	189206	1092400
成人小学	845020		754236
#扫盲班	282673		304043
工读学校	**3311**	**3187**	**6048**
特殊教育	**69401**	**110843**	**578826**
学前教育	**16526663**	**19379530**	**46001393**

注：1.完全中学、九年一贯制学校和十二年一贯制学校的学生数按教育层次分别计入对应教育阶段的学生数中。
2.特殊教育学生数中包括义务教育阶段随班就读的学生、其他学校附设特教班。

7-14-5 各级各类民办教育学生情况

项　　目	毕业生数(人)	招生数(人)	在校生数(人)
高等教育			
研究生	232	747	1937
博士			
硕士	232	747	1937
普通本专科	1631582	1753700	6284554
本科	921506	1016329	4016810
专科	710076	737371	2267744
成人本专科	65548	99038	227301
本科	7899	15329	30691
专科	57649	83709	196610
另有其他学生数			
民办高校			435387
民办的其他高等教育机构			744657
中等教育			
高中阶段教育			
高中			
普通高中	828656	1114094	3062608
完全中学	335130	428044	1190888
高级中学	297411	400562	1118141
十二年一贯制学校	196115	285488	753579
成人高中			
中等职业教育	562312	786809	2222091
普通中专	276821	405971	1059542
成人中专	88258	116051	220294
职业高中	197233	264787	693448
技工学校			
另有其他学生数			248807
初中阶段教育			
初中	1676066	2090925	5776835
初级中学	516303	577780	1669840
九年一贯制学校	562515	772545	2071731
十二年一贯制学校	243550	322693	865326
完全中学	353673	417881	1169881
职业初中	25	26	57
成人初中			
初等教育			
普通小学	1267129	1376977	8141720
小学	622145	702033	4089909
九年一贯制学校	511457	536022	3224259
十二年一贯制学校	133527	138922	827552
成人小学			
其中：扫盲班			
工读学校	**99**	**256**	**593**
特殊教育	**1378**	**2891**	**13162**
学前教育	**8295846**	**9993192**	**25723434**
另有：民办培训机构			**9014369**

注：1.完全中学、九年一贯制学校和十二年一贯制学校的学生数按教育层次分别计入对应教育阶段的学生数中。
2.特殊教育学生数中包括义务教育阶段随班就读的学生、其他学校附设特教班。
3."另有其他学生数"包括：自考助学班学生、预科生、进修及培训学生数。

7-14-6 各级各类学校情况

单位：所

年 份	普通高等学校	#高职(专科)院校	普通高中	中等职业教育	初中	#职业初中	普通小学	特殊教育	学前教育
1978	598		49215	2760	113130		949323	292	163952
1980	675		31300	3459	87077		917316	292	170419
1985	1016		17318	14190	77529	1626	832309	375	172262
1990	1075		15678	20763	73462	1509	766072	746	172322
1995	1054		13991	22072	68564	1535	668685	1379	180438
2000	1041	442	14564	19727	63898	1194	553622	1539	175836
2001	1225	628	14907	17580	66590	1065	491273	1531	111706
2002	1396	767	15406	15919	65645	984	456903	1540	111752
2003	1552	908	15779	14682	64730	1019	425846	1551	116390
2004	1731	1047	15998	14454	63757	697	394183	1560	117899
2005	1792	1091	16092	14466	62486	601	366213	1593	124402
2006	1867	1147	16153	14693	60885	335	341639	1605	130495
2007	1908	1168	15681	14832	59384	275	320061	1618	129086
2008	2263	1184	15206	14847	57914	213	300854	1640	133722
2009	2305	1215	14607	14388	56320	153	280184	1672	138209
2010	2358	1246	14058	13862	54890	67	257410	1706	150420
2011	2409	1280	13688	13083	54117	54	241249	1767	166750
2012	2442	1297	13509	12654	53216	49	228585	1853	181251
2013	2491	1321	13352	12262	52804	40	213529	1933	198553
2014	2529	1327	13253	11878	52623	26	201377	2000	209881
2015	2560	1341	13240	11202	52405	22	190525	2053	223683
2016	2596	1359	13383	10893	52118	16	177633	2080	239812
2017	2631	1388	13555	10671	51894	15	167009	2107	254950

7-14-7 各级各类学校专任教师情况

单位：万人

年 份	普通高等学校	#高职(专科)院校	普通高中	中等职业教育	初中	#职业初中	普通小学	特殊教育	学前教育
1978	20.6		74.1	9.9	244.1		522.6	0.4	27.8
1980	24.7		57.1	13.3	244.9		549.9	0.5	41.1
1985	34.4		49.2	35.5	216.0		537.7	0.7	55.0
1990	39.5		56.2	66.3	249.9	2.9	558.2	1.4	75.0
1995	40.1		55.1	74.0	282.1	3.7	566.4	2.5	87.5
2000	46.3	8.7	75.7	79.7	328.7	3.8	586.0	3.2	85.6
2001	53.2	12.4	84.0	73.8	338.6	3.7	579.8	2.9	54.6
2002	61.8	15.6	94.6	69.1	346.8	3.7	577.9	3.0	57.1
2003	72.5	19.7	107.1	71.3	349.8	3.1	570.3	3.0	61.3
2004	85.8	23.8	119.1	73.6	350.1	2.4	562.9	3.1	65.6
2005	96.6	26.8	130.0	75.0	349.2	2.0	559.3	3.2	72.2
2006	107.6	31.6	138.7	79.9	347.5	1.2	558.8	3.3	77.6
2007	116.8	35.5	144.3	85.9	347.3	0.9	561.3	3.5	82.7
2008	123.8	37.7	147.6	89.5	347.6	0.7	562.2	3.6	89.9
2009	129.5	39.5	149.3	86.7	351.8	0.5	563.3	3.8	98.6
2010	134.3	40.4	151.8	87.1	352.5	0.2	561.7	4.0	114.4
2011	139.3	41.3	155.7	88.1	352.5	0.2	560.5	4.1	131.6
2012	144.0	41.3	159.5	88.0	350.4	0.2	558.6	4.4	147.9
2013	149.7	43.7	162.9	86.8	348.1	0.1	558.5	4.6	166.3
2014	153.5	43.8	166.3	85.8	348.8	0.1	563.4	4.8	184.4
2015	157.3	45.5	169.5	84.4	347.6	0.1	568.5	5.0	205.1
2016	160.2	46.7	173.3	84.0	348.8		578.9	5.3	223.2
2017	163.3	48.2	177.4	83.9	354.9		594.5	5.6	243.2

7-14-8 各级各类学校招生情况

单位：万人

年 份	普通本专科	#专科	普通高中	中等职业教育	初中	#职业初中	普通小学	特殊教育	学前教育
1978	40.2	12.4	692.9	44.7	2006.0		3315.4	0.6	
1980	28.1	7.7	383.4	58.3	1557.6	6.7	2942.3	0.6	
1985	61.9	30.2	257.5	234.2	1367.0	17.6	2298.2	0.9	
1990	60.9	29.2	249.8	286.1	1389.3	19.4	2064.0	1.6	
1995	92.6	47.8	273.6	498.6	1781.1	28.8	2531.8	5.6	1972.4
2000	220.6	48.7	472.7	408.3	2295.6	32.3	1946.5	5.3	1531.1
2001	268.3	66.6	558.0	399.9	2287.9	30.0	1944.2	5.6	1398.2
2002	320.5	89.1	676.7	473.6	2281.8	29.5	1952.8	5.3	1373.6
2003	382.2	199.6	752.1	515.8	2220.1	24.8	1829.4	4.9	1316.8
2004	447.3	237.4	821.5	566.2	2094.6	16.4	1747.0	5.1	1350.3
2005	504.5	268.1	877.7	655.7	1987.6	11.1	1671.7	4.9	1356.2
2006	546.1	293.0	871.2	747.8	1929.5	5.9	1729.4	5.0	1391.3
2007	565.9	283.8	840.2	810.0	1868.5	4.8	1736.1	6.3	1433.6
2008	607.7	310.6	837.0	812.1	1859.6	3.4	1695.7	6.2	1482.7
2009	639.5	313.4	830.3	868.2	1788.5	2.1	1637.8	6.4	1546.9
2010	661.8	310.5	836.2	870.4	1716.6	1.1	1691.7	6.5	1700.4
2011	681.5	324.9	850.8	813.9	1634.7	0.7	1736.8	6.4	1827.3
2012	688.8	314.8	844.6	754.1	1570.8	0.5	1714.7	6.6	1911.9
2013	699.8	318.4	822.7	674.8	1496.1	0.4	1695.4	6.6	1970.0
2014	721.4	338.0	796.6	619.8	1447.8	0.2	1658.4	7.1	1987.8
2015	737.8	348.4	796.6	601.2	1411.0	0.2	1729.0	8.3	2008.8
2016	748.6	343.2	802.9	593.3	1487.2	0.1	1752.5	9.2	1922.1
2017	761.5	350.7	800.1	582.4	1547.2	0.1	1766.6	11.1	1938.0

7-14-9 各级各类学校在校学生情况

单位：万人

年 份	普通本专科	#专科	普通高中	中等职业教育	初中	#职业初中	普通小学	特殊教育	学前教育
1978	85.6	38.0	1553.1	212.8	4995.2		14624.0	3.1	787.7
1980	114.4	28.2	969.8	586.3	4551.2	13.5	14627.0	3.3	1150.8
1985	170.3	58.0	741.1	476.1	4010.1	45.2	13370.2	4.2	1479.7
1990	206.3	74.3	717.3	763.5	3916.6	47.9	12241.4	7.2	1972.2
1995	290.6	126.8	713.2	1230.2	4727.5	69.7	13195.2	29.6	2711.2
2000	556.1	100.9	1201.3	1284.5	6256.3	88.6	13013.3	37.8	2244.2
2001	719.1	146.8	1405.0	1164.9	6514.4	83.3	12543.5	38.6	2021.8
2002	903.4	193.4	1683.8	1190.8	6687.4	83.4	12156.7	37.5	2036.0
2003	1108.6	479.4	1964.8	1256.7	6690.8	72.4	11689.7	36.5	2003.9
2004	1333.5	595.7	2220.4	1409.2	6527.5	52.5	11246.2	37.2	2089.4
2005	1561.8	713.0	2409.1	1600.0	6214.9	43.1	10864.1	36.4	2179.0
2006	1738.8	795.5	2514.5	1809.9	5958.0	20.6	10711.5	36.3	2263.9
2007	1884.9	860.6	2522.4	1987.0	5736.2	15.3	10564.0	41.9	2348.8
2008	2021.0	916.8	2476.3	2087.1	5585.0	10.8	10331.5	41.7	2475.0
2009	2144.7	964.8	2434.3	2195.2	5440.9	7.3	10071.5	42.8	2657.8
2010	2231.8	966.2	2427.3	2238.5	5279.3	3.4	9940.7	42.6	2976.7
2011	2308.5	958.9	2454.8	2205.3	5066.8	2.6	9926.4	39.9	3424.5
2012	2391.3	964.2	2467.2	2113.7	4763.1	1.9	9695.9	37.9	3685.8
2013	2468.1	973.6	2435.9	1923.0	4440.1	1.1	9360.5	36.8	3894.7
2014	2547.7	1006.6	2400.5	1755.3	4384.6	0.8	9451.1	39.5	4050.7
2015	2625.3	1048.6	2374.4	1656.7	4312.0	0.5	9692.2	44.2	4264.8
2016	2695.8	1082.9	2366.6	1599.0	4329.4	0.4	9913.0	49.2	4413.9
2017	2753.6	1105.0	2374.5	1592.5	4442.1	0.3	10093.7	57.9	4600.1

7-14-10 各级各类学校毕业生情况

单位：万人

年 份	普通本专科	#专科	普通高中	中等职业教育	初中	#职业初中	普通小学	特殊教育	学前教育
1978	16.5	0.8	682.7	40.3	1692.6		2287.9	0.3	
1980	14.7		616.2	73.3	964.8	7.9	2053.3	0.4	
1985	31.6	14.4	196.6	92.5	1007.2	8.9	1999.9	0.4	
1990	61.4	30.6	233.0	240.6	1123.0	13.9	1863.1	0.5	
1995	80.5	48.0	201.6	348.4	1244.4	17.0	1961.5	1.9	
2000	95.0	17.9	301.5	476.7	1633.5	26.4	2419.2	4.3	
2001	103.6	19.3	340.5	430.6	1731.5	24.5	2396.9	4.6	1160.2
2002	133.7	27.7	383.8	380.1	1903.7	23.8	2351.9	4.4	1152.7
2003	187.7	94.8	458.1	346.4	2018.5	22.9	2267.9	4.5	1072.0
2004	239.1	119.5	546.9	359.2	2087.3	16.9	2135.2	4.7	1059.7
2005	306.8	160.2	661.6	418.2	2123.4	16.9	2019.5	4.3	1025.4
2006	377.5	204.8	727.1	479.1	2071.6	9.2	1928.5	4.5	1045.1
2007	447.8	248.2	788.3	530.9	1963.7	6.9	1870.2	5.0	1049.1
2008	512.0	286.3	836.1	580.7	1868.0	5.1	1865.0	5.2	1040.5
2009	531.1	285.6	823.7	624.9	1797.7	3.0	1805.2	5.7	1040.6
2010	575.4	316.4	794.4	665.0	1750.4	1.8	1739.6	5.9	1057.6
2011	608.2	328.5	787.7	660.0	1736.7	1.2	1662.8	4.4	1184.7
2012	624.7	320.9	791.5	674.6	1660.8	0.9	1641.6	4.9	1433.6
2013	638.7	318.7	799.0	674.4	1561.5	0.7	1581.1	5.1	1491.7
2014	659.4	318.0	799.6	622.9	1413.5	0.3	1476.6	4.9	1527.2
2015	680.9	322.3	797.7	567.9	1417.6	0.2	1437.3	5.3	1590.3
2016	704.2	329.8	792.4	533.6	1423.9	0.2	1507.4	5.9	1623.2
2017	735.8	351.6	775.7	496.9	1397.5	0.1	1565.9	6.9	1652.7

7-14-11 研究生和留学人员情况

单位：人

年 份	研究生数			出 国 留学人员	学成回国 留学人员
	毕业生数	招生数	在校学生数		
1978	9	10708	10934	860	248
1980	476	3616	21604	2124	162
1985	17004	46871	87331	4888	1424
1990	35440	29649	93018	2950	1593
1995	31877	51053	145443	20381	5750
2000	58767	128484	301239	38989	9121
2001	67809	165197	393256	83973	12243
2002	80841	202611	500980	125179	17945
2003	111091	268925	651260	117307	20152
2004	150777	326286	819896	114682	24726
2005	189728	364831	978610	118515	34987
2006	255902	397925	1104653	134000	42000
2007	311839	418612	1195047	144000	44000
2008	344825	446422	1283046	179800	69300
2009	371273	510953	1404942	229300	108300
2010	383600	538177	1538416	284700	134800
2011	429994	560168	1645845	339700	186200
2012	486455	589673	1719818	399600	272900
2013	513626	611381	1793953	413900	353500
2014	535863	621323	1847689	459800	364800
2015	551522	645055	1911406	523700	409100
2016	563938	667064	1981051	544500	432500
2017	578045	806103	2639561	608400	480900

7-14-12 技工学校情况

年 份	学校数（所）	教职工数（万人）	毕业生数（万人）	招生数（万人）	在校学生数（万人）
1985	3548	21.5	22.6	35.5	74.2
1986	3765	24.4	23.3	39.4	89.2
1987	3952	26.2	26.5	42.3	103.1
1988	3996	28.0	31.1	46.1	116.1
1989	4102	29.6	36.8	47.0	125.8
1990	4184	30.8	41.3	50.6	133.2
1991	4269	32.5	45.4	54.4	142.2
1992	4392	33.6	45.7	60.2	155.6
1993	4477	33.5	49.7	66.4	171.7
1994	4430	34.0	55.7	71.4	187.1
1995	4521	33.7	68.5	74.6	189.0
1996	4467	33.5	68.1	72.7	191.8
1997	4395	31.0	69.9	73.4	193.1
1998	4362	31.0	68.2	59.4	181.3
1999	4098	26.9	66.2	51.5	156.0
2000	3792	24.0	64.6	50.4	140.1
2001	3470	22.0	47.7	55.1	134.7
2002	3075	20.3	45.4	73.3	153.0
2003	2970	20.2	45.3	91.6	193.1
2004	2884	20.4	53.5	109.7	234.4
2005	2855	20.4	69.0	118.4	275.3
2006	2880	21.5	86.4	134.8	320.8
2007	2995	24.0	99.7	158.5	367.1
2008	3075	24.7	109.0	161.4	397.5
2009	3064	25.8	115.2	156.4	414.3
2010	2998	26.5	121.3	158.6	421.0
2011	2914	26.5	118.9	163.5	429.4
2012	2892	26.7	120.2	156.8	422.8
2013	2882	26.9	116.9	133.5	386.6
2014	2818	26.5	106.8	124.4	339.0
2015	2545	26.0	94.6	121.4	321.5
2016	2526	26.5	93.1	127.2	323.2
2017	2490	26.9	90.5	130.9	338.2

7-14-13 进城务工子女在校情况

单位：人

项　　目	进城务工人员随迁子女	#外省迁入	#本省外县迁入
普通小学			
毕业生数	1383431	628279	755152
招生数	1809889	807701	1002188
#受过学前教育	1800113	803817	996296
在校学生数	10421804	4695084	5726720
#女	4633796	2062379	2571417
初中			
毕业生数	943837	348143	595694
招生数	1299836	546291	753545
在校学生数	3644540	1470075	2174465
#女	1607398	636994	970404

7-14-14 小学学龄儿童净入学率和各级普通学校毕业生升学率

单位：%

年　份	小学学龄儿童净入学率	小学升学率	初中升学率	高中升学率
1990	97.8	74.6	40.6	27.3
1991	97.9	77.7	42.6	28.7
1992	97.2	79.7	43.4	34.9
1993	97.7	81.8	44.1	43.3
1994	98.4	86.6	47.8	46.7
1995	98.5	90.8	48.3	49.9
1996	98.8	92.6	48.8	51.0
1997	98.9	93.7	57.5	48.6
1998	98.9	94.3	50.7	46.1
1999	99.1	94.4	50.0	63.8
2000	99.1	94.9	51.2	73.2
2001	99.1	95.5	52.9	78.8
2002	98.6	97.0	58.3	83.5
2003	98.7	97.9	59.6	83.4
2004	98.9	98.1	63.8	82.5
2005	99.2	98.4	69.7	76.3
2006	99.3	100.0	75.7	75.1
2007	99.5	99.9	80.5	70.3
2008	99.5	99.7	82.1	72.7
2009	99.4	99.1	85.6	77.6
2010	99.7	98.7	87.5	83.3
2011	99.8	98.3	88.9	86.5
2012	99.9	98.3	88.4	87.0
2013	99.7	98.3	91.2	87.6
2014	99.8	98.0	95.1	90.2
2015	99.9	98.2	94.1	92.5
2016	99.9	98.7	93.7	94.5
2017	99.9	98.8	94.9	

注：1.1991年以前的入学率是按7-11周岁统一计算的；从1991年起入学率是按各地不同入学年龄和学制分别计算的。
　　2.高中升学率为普通高校招生数与普通高中毕业生数之比。

7-14-15 各地区普通本专科学生情况

单位：人

地 区	招生数	本 科	专 科	在校学生数	本 科	专 科	毕业生数
全 国	**7614893**	**4107534**	**3507359**	**27535869**	**16486320**	**11049549**	**7358287**
北 京	150511	128213	22298	592878	515269	77609	155444
天 津	138679	85746	52933	514669	341775	172894	139162
河 北	365066	189114	175952	1268873	735827	533046	329972
山 西	203277	121102	82175	762974	488394	274580	210429
内蒙古	122078	62360	59718	448092	252161	195931	117798
辽 宁	249805	166287	83518	980995	702417	278578	268767
吉 林	171239	118321	52918	643872	478823	165049	170059
黑龙江	195192	130031	65161	734166	518129	216037	197183
上 海	135592	95073	40519	514917	376152	138765	134207
江 苏	456629	267396	189233	1767877	1096984	670893	489522
浙 江	255635	146183	109452	1002346	616276	386070	276580
安 徽	307187	160385	146802	1147401	649355	498046	322786
福 建	200005	119024	80981	750987	497440	253547	204417
江 西	288453	134856	153597	1048289	530546	517743	295985
山 东	548479	262937	285542	2015345	1036819	978526	571220
河 南	569361	258032	311329	2004662	1077108	927554	504119
湖 北	394100	213037	181063	1400918	863408	537510	394897
湖 南	357872	178349	179523	1273208	703480	569728	332792
广 东	558417	276627	281790	1925775	1105754	820021	511222
广 西	266945	117893	149052	866716	456835	409881	210666
海 南	52162	28026	24136	185538	110388	75150	50370
重 庆	209497	112934	96563	746859	453829	293030	196414
四 川	433030	225118	207912	1499715	865109	634606	386145
贵 州	199747	86696	113051	627672	317072	310600	149037
云 南	202091	103172	98919	705854	413831	292023	175254
西 藏	9667	5802	3865	35643	24212	11431	9020
陕 西	284672	164600	120072	1069374	670588	398786	305124
甘 肃	131489	71604	59885	466185	292521	173664	124786
青 海	19626	9857	9769	66974	37502	29472	14661
宁 夏	34728	20432	14296	121051	78519	42532	31563
新 疆	103662	48327	55335	346044	179797	166247	78686

7-14-15 续表 单位：人

地 区			授 予 学位数	预 计 毕业生数		
	本 科	专 科			本 科	专 科
全 国	**3841839**	**3516448**	**3771039**	**7804685**	**4031331**	**3773354**
北 京	121362	34082	119482	158210	127780	30430
天 津	79010	60152	77623	143621	83296	60325
河 北	170408	159564	168293	345777	175493	170284
山 西	113275	97154	111556	219074	118607	100467
内蒙古	57501	60297	55965	127958	60747	67211
辽 宁	174113	94654	172505	287960	187254	100706
吉 林	114984	55075	112174	171105	116748	54357
黑龙江	125363	71820	124278	204845	127718	77127
上 海	86945	47262	85166	144227	94853	49374
江 苏	252892	236630	246299	517918	273758	244160
浙 江	146131	130449	144446	293532	157909	135623
安 徽	152059	170727	150310	342659	157679	184980
福 建	121774	82643	120803	215351	127389	87962
江 西	122575	173410	121204	313527	128990	184537
山 东	245517	325703	242100	599314	248133	351181
河 南	253804	250315	249042	570592	267607	302985
湖 北	212847	182050	207659	387197	211687	175510
湖 南	162286	170506	158683	357602	169664	187938
广 东	245563	265659	243473	549584	267581	282003
广 西	88932	121734	87376	228277	103506	124771
海 南	24871	25499	23551	52026	26056	25970
重 庆	104704	91710	101731	208491	110511	97980
四 川	184269	201876	180585	413791	196688	217103
贵 州	75025	74012	71164	166121	72713	93408
云 南	96365	78889	94580	193399	98795	94604
西 藏	5493	3527	5317	9436	5691	3745
陕 西	172708	132416	170176	318079	175165	142914
甘 肃	70242	54544	68391	126452	73670	52782
青 海	7937	6724	7709	18440	8651	9789
宁 夏	17205	14358	16477	32609	18912	13697
新 疆	35679	43007	32921	87511	38080	49431

7-14-16 各地区普通高等学校(机构)情况

单位：人

地区	学校数(所)	教职工数	#校本部教职工	专任教师	正高级	副高级	中级	初级	无职称	行政人员	教辅人员	工勤人员
全　国	**2631**	**2442995**	**2336980**	**1633248**	**208917**	**490184**	**644154**	**181785**	**108208**	**343226**	**220791**	**139715**
北　京	92	142197	123789	69715	19697	24670	21569	2159	1620	24023	17572	12479
天　津	57	47143	45731	31060	4810	10134	12424	2140	1552	7946	4461	2264
河　北	121	105505	103101	72890	10132	22206	29121	6388	5043	14060	9278	6873
山　西	80	59116	57067	40971	2819	10682	16527	7765	3178	7177	5044	3875
内蒙古	53	39598	38888	26408	2813	8497	10310	2740	2048	5976	4076	2428
辽　宁	115	97806	95830	63157	9106	20283	26347	5572	1849	16768	9152	6753
吉　林	62	63351	61076	40097	6586	13154	14790	4566	1001	9106	6575	5298
黑龙江	81	73918	71691	46278	7478	16088	17957	3285	1470	11912	7248	6253
上　海	64	73891	69449	43484	8191	14082	16906	2745	1560	12902	9176	3887
江　苏	167	168583	160390	112888	15677	38866	46116	8043	4186	24523	14612	8367
浙　江	107	92654	88532	62357	9170	19236	26209	3876	3866	15309	8236	2630
安　徽	119	81266	79039	60429	5355	16550	23915	11080	3529	8814	5894	3902
福　建	89	68302	65939	45398	5576	13494	18653	6003	1672	11496	6552	2493
江　西	100	80113	77743	56519	5348	14596	22474	7996	6105	7819	9878	3527
山　东	145	154311	149415	110807	11015	32219	47755	14162	5656	19293	12631	6684
河　南	134	145755	140493	108449	8826	28080	44884	18914	7745	14381	9414	8249
湖　北	129	131395	125821	83507	11237	27764	31009	8314	5183	20042	12943	9329
湖　南	124	102318	99032	70249	7736	20578	28015	7188	6732	13766	9654	5363
广　东	151	154540	148059	104381	13982	28373	42833	7532	11661	22441	14255	6982
广　西	74	66934	59699	43246	4701	11582	17294	3411	6258	8426	4650	3377
海　南	19	14753	14585	9602	1246	2755	3691	1074	836	2216	1505	1262
重　庆	65	58388	56668	41708	4924	11999	17230	4519	3036	7998	4205	2757
四　川	109	121894	116446	83949	9011	22568	32077	14684	5609	15428	9397	7672
贵　州	70	47896	47273	35072	3329	11079	10329	5881	4454	6839	3536	1826
云　南	77	53533	52542	39271	4127	10811	14763	6159	3411	6560	3990	2721
西　藏	7	3707	3623	2484	236	807	990	334	117	586	352	201
陕　西	93	103994	98800	66930	8802	19909	27235	7451	3533	15549	9816	6505
甘　肃	49	41179	38281	28474	3313	9370	11086	3464	1241	5117	2530	2160
青　海	12	6911	6644	4671	799	1501	1027	731	613	817	729	427
宁　夏	19	11695	11321	8196	1393	2352	2068	1481	902	1568	929	628
新　疆	47	30349	30013	20601	1482	5899	8550	2128	2542	4368	2501	2543

7-14-17 各地区普通高中情况

单位：人

地 区	学校数（所）	教职工数	#专任教师	毕业生数	招生数	在校学生数
全 国	**13555**	**2665073**	**1773953**	**7757292**	**8000548**	**23745484**
北 京	304	57783	21452	49685	53755	163977
天 津	187	30028	16504	55239	54984	163601
河 北	630	140800	94430	376969	457055	1291375
山 西	505	99179	63941	260270	227416	719683
内蒙古	293	54651	35652	153262	143632	435827
辽 宁	418	65109	51346	202502	213683	629623
吉 林	244	42952	29934	130110	141705	413783
黑龙江	371	59378	42452	181619	189010	556496
上 海	258	32367	17937	51344	53276	158924
江 苏	564	125374	94719	317594	314573	943365
浙 江	580	92850	69608	246221	259298	773353
安 徽	662	117840	77998	376695	352692	1084974
福 建	534	99759	50720	196523	208867	637102
江 西	475	86681	55727	301912	334383	966977
山 东	592	169272	134446	553774	550056	1654861
河 南	813	164948	124687	631394	709731	2054919
湖 北	532	88156	65929	289536	271228	819413
湖 南	608	112996	75802	344076	398100	1146267
广 东	1030	257489	151435	676686	611384	1892669
广 西	460	79988	55988	281761	350724	974811
海 南	116	26886	13328	56105	56627	171077
重 庆	255	67399	39436	210874	201279	601804
四 川	754	168405	97461	490317	464671	1412959
贵 州	451	84745	64094	323440	348498	1011043
云 南	509	89666	56573	252177	297919	834140
西 藏	34	6002	5187	18339	20587	58758
陕 西	473	85896	57297	266982	243804	756647
甘 肃	384	60975	45386	208113	182636	577281
青 海	101	13081	9093	38284	42437	123865
宁 夏	63	13698	10904	53632	49189	148837
新 疆	355	70720	44487	161857	197349	567073

7-14-18 各地区中等职业学校情况

单位：人

地 区	学校数(所)	教职工数		毕业生数		招生数	在校学生数	预 计 毕业生数
			#专任教师		#获得职业资格证书			
全 国	**8181**	**811147**	**640398**	**4063981**	**3218321**	**4515235**	**12542893**	**4136983**
北 京	89	9824	6338	28981	18042	19422	74511	26723
天 津	73	8421	6108	29111	23553	30316	98415	35298
河 北	609	58789	46119	220087	160310	287128	706167	238023
山 西	449	31852	25196	111375	97569	109692	329291	120429
内蒙古	248	18480	13736	67326	46608	67913	192620	63667
辽 宁	288	27464	20582	96048	62861	103382	314385	103030
吉 林	274	17724	13459	38899	24218	44566	131774	43109
黑龙江	237	19349	14090	74655	51633	64975	203828	71991
上 海	94	12289	8125	36722	31136	34212	106110	35449
江 苏	228	50288	42317	216521	196727	225970	651464	217140
浙 江	251	38324	33925	158960	155182	184672	531910	173074
安 徽	359	33157	27804	279668	247163	287852	760672	270241
福 建	184	19813	16479	117763	109951	116477	345500	115281
江 西	366	17235	12514	105534	52639	112030	344343	106846
山 东	401	60408	48659	248347	206220	261190	793357	262529
河 南	640	62705	49755	318726	249485	420404	1065231	323173
湖 北	289	26595	20211	114889	94647	127224	371206	121541
湖 南	467	34447	27001	194901	159209	250215	686467	209108
广 东	459	58112	45197	342297	232485	322267	993850	331896
广 西	271	28095	20942	199722	131593	252803	686797	211948
海 南	79	6378	4421	33989	16128	45413	118819	33406
重 庆	132	18156	14932	94965	78360	109163	308252	99575
四 川	436	48804	38340	353490	329562	349331	860013	334289
贵 州	192	21839	18181	158978	122463	183061	503118	164982
云 南	374	26342	21680	144267	103555	187900	501015	148670
西 藏	11	1631	1520	5599	509	7462	19300	5285
陕 西	245	18671	13962	95895	75713	98383	262136	86998
甘 肃	209	16659	13787	67833	60848	73230	193859	64082
青 海	39	3041	2433	19455	12851	28004	75047	21859
宁 夏	28	3482	2752	24660	19452	25067	74742	24998
新 疆	160	12773	9833	64318	47649	85511	238694	72343

7-14-19 各地区初中情况

单位：人

地区	学校数（所）	专任教师	城区	镇区	乡村	在校学生数	城区	镇区	乡村
全国	**51894**	**3548688**	**1221327**	**1752616**	**574745**	**44420630**	**15671422**	**22315114**	**6434094**
北京	345	34451	28301	3380	2770	266404	227393	23164	15847
天津	338	26869	18582	5447	2840	262243	179789	55795	26659
河北	2375	187549	52829	99843	34877	2600675	738329	1429555	432791
山西	1835	108283	34628	54335	19320	1082430	384856	556641	140933
内蒙古	683	57604	22312	31729	3563	618655	262142	326356	30157
辽宁	1522	99482	52208	35610	11664	963450	519628	341860	101962
吉林	1172	64637	25476	25628	13533	618704	281681	236607	100416
黑龙江	1429	89672	39418	36609	13645	903983	409233	382855	111895
上海	560	39276	33343	4799	1134	411712	356373	45052	10287
江苏	2148	181859	87105	86287	8467	2086934	1032286	972722	81926
浙江	1735	124699	61863	51141	11695	1558460	775584	649903	132973
安徽	2810	155495	34384	84757	36354	2021627	471914	1143507	406206
福建	1240	99880	34011	47606	18263	1215717	497622	545295	172800
江西	2140	120568	29880	64506	26182	1910421	490289	1055983	364149
山东	2968	275893	104262	145628	26003	3293601	1320251	1688378	284972
河南	4515	299006	70950	160095	67961	4291617	1036126	2400588	854903
湖北	2041	129034	49985	61150	17899	1487131	617505	683979	185647
湖南	3304	171593	41497	92543	37553	2296294	599563	1273612	423119
广东	3536	279821	145595	105821	28405	3561001	1988834	1254252	317915
广西	1757	129756	30181	81285	18290	2034632	458854	1295217	280561
海南	397	25932	9885	13944	2103	333342	147771	163359	22212
重庆	863	76209	30317	39402	6490	990403	404724	506097	79582
四川	3722	201344	52309	113598	35437	2491364	692182	1420415	378767
贵州	2048	127528	25088	80990	21450	1829870	359464	1177240	293166
云南	1668	128970	23954	66392	38624	1872808	344907	987425	540476
西藏	98	10042	2286	6065	1691	124571	24159	77255	23157
陕西	1621	99994	30814	59663	9517	1049654	399606	579678	70370
甘肃	1468	81032	16454	42801	21777	856127	208540	456701	190886
青海	270	16074	4479	8212	3383	205814	60659	106671	38484
宁夏	247	20171	7375	9434	3362	279180	112872	128667	37641
新疆	1039	85965	21556	33916	30493	901806	268286	350285	283235

7-14-20 各地区普通小学情况

单位：人

地区	学校数(所)	专任教师数	城区	镇区	乡村	在校学生数	城区	镇区	乡村
全国	**167009**	**5944910**	**1865679**	**2161813**	**1917418**	**100936980**	**34622854**	**38560500**	**27753626**
北京	984	64514	52954	5033	6527	875849	752970	58638	64241
天津	857	43023	31027	4870	7126	648049	464538	79959	103552
河北	11697	365877	77431	138118	150328	6372170	1478354	2539876	2353940
山西	5646	169057	47825	64705	56527	2281194	848149	960589	472456
内蒙古	1658	99653	32203	47483	19967	1325442	538131	617934	169377
辽宁	3634	140206	67983	40831	31392	1945975	1128955	499570	317450
吉林	4153	108405	35541	35793	37071	1228205	524582	441339	262284
黑龙江	1537	114487	43095	43647	27745	1376526	630141	555327	191058
上海	741	54697	46208	6732	1757	784896	674304	87265	23327
江苏	4075	300216	136754	127185	36277	5402074	2428691	2321417	651966
浙江	3286	205127	100033	72867	32227	3540079	1767299	1277042	495738
安徽	8108	244978	47960	99488	97530	4405178	954231	1951911	1499036
福建	5190	168867	59575	65397	43895	3070865	1245393	1206539	618933
江西	7760	226990	49376	95351	82263	4228966	1021802	1960562	1246602
山东	9738	421877	140812	160891	120174	7084730	2518781	2731127	1834822
河南	20372	527021	104311	191470	231240	9820554	2171044	3882353	3767157
湖北	5378	203304	71194	74630	57480	3545680	1387044	1357390	801246
湖南	7757	265887	66451	119328	80108	5116575	1329693	2466916	1319966
广东	10258	507788	271998	125715	110075	9419581	5372837	2371466	1675278
广西	8454	247133	52316	83114	111703	4637548	1051929	1660135	1925484
海南	1388	49790	14699	20053	15038	809483	313341	339414	156728
重庆	2954	125270	45343	50869	29058	2099536	861705	883921	353910
四川	5721	325016	76019	145698	103299	5518361	1437617	2579964	1500780
贵州	7113	202061	36794	84390	80877	3620770	736316	1634653	1249801
云南	11186	227269	35469	61568	130232	3752041	693101	1043503	2015437
西藏	806	20429	3201	6144	11084	315122	49484	92290	173348
陕西	4752	159061	49041	75897	34123	2523085	950834	1208343	363908
甘肃	6172	141962	24315	48536	69111	1855722	440375	724143	691204
青海	758	27319	6208	10401	10710	465091	119600	187135	158356
宁夏	1353	34239	10230	11007	13002	581350	204967	193702	182681
新疆	3523	153387	29313	44602	79472	2286283	526646	646077	1113560

7-14-21 各地区特殊教育情况

单位：人

地 区	学校数（所）	专任教师数	毕业生数	招生数	在校学生数	#女
全 国	**2107**	**55979**	**69401**	**110843**	**578826**	**207005**
北 京	21	993	1545	907	6440	2279
天 津	20	624	325	549	3987	1364
河 北	161	3319	1693	3124	17112	6187
山 西	73	1656	1662	2508	12684	5027
内蒙古	44	1405	1129	2324	11094	4174
辽 宁	75	2048	989	1654	11226	3723
吉 林	50	1595	780	1466	8797	3129
黑龙江	73	1925	1292	2780	12375	4355
上 海	30	1268	1684	1192	7409	2596
江 苏	101	3437	3630	4267	27512	9445
浙 江	86	2566	2910	3069	18532	6531
安 徽	72	1647	1634	4983	27354	9584
福 建	71	2070	4010	4067	25099	8559
江 西	89	1428	4206	5966	30330	10933
山 东	147	5183	4044	5375	28501	9925
河 南	148	3776	2127	6509	30672	10835
湖 北	84	1765	1278	2294	13953	4765
湖 南	79	1996	3070	6295	31192	10717
广 东	133	4451	4254	8893	44084	13833
广 西	79	1577	1758	4573	22080	7325
海 南	7	246	313	548	2556	851
重 庆	36	965	2162	3348	18585	6750
四 川	127	2798	9557	10361	53461	20171
贵 州	76	1728	2407	5269	25840	9552
云 南	64	1605	6007	7358	34075	13525
西 藏	5	214	271	769	4050	1784
陕 西	58	1255	1411	3226	14683	5432
甘 肃	41	877	1232	2531	13492	4881
青 海	16	184	414	1173	5061	2037
宁 夏	13	397	555	1009	5319	2060
新 疆	28	981	1052	2456	11271	4676

7-14-22 各地区各级学校生师比

(教师人数=1)

年 份 地 区	普通小学	初 中	普通高中	中等职业学校	普通高校
2005	19.43	17.80	18.54	21.34	16.85
2006	19.17	17.15	18.13	22.65	17.93
2007	18.82	16.52	17.48	23.13	17.28
2008	18.38	16.07	16.78	23.32	17.23
2009	17.88	15.47	16.30	25.27	17.27
2010	17.70	14.98	15.99	25.69	17.33
2011	17.71	14.38	15.77	24.97	17.42
2012	17.36	13.59	15.47	24.19	17.52
2013	16.76	12.76	14.95	22.97	17.53
2014	16.78	12.57	14.44	21.34	17.68
2015	17.05	12.41	14.01	20.47	17.73
2016	17.12	12.41	13.65	19.84	17.07
2017	16.98	12.52	13.39	18.98	17.52
北 京	13.58	7.73	7.64	13.13	17.13
天 津	15.06	9.76	9.91	15.79	18.24
河 北	17.42	13.87	13.68	14.56	17.11
山 西	13.49	10.00	11.26	13.65	18.28
内蒙古	13.30	10.74	12.22	10.91	17.47
辽 宁	13.88	9.68	12.26	14.64	17.45
吉 林	11.33	9.57	13.82	10.18	17.84
黑龙江	12.02	10.08	13.11	12.12	15.51
上 海	14.35	10.48	8.86	13.06	16.82
江 苏	17.99	11.48	9.96	16.00	15.65
浙 江	17.26	12.50	11.11	15.60	15.12
安 徽	17.98	13.00	13.91	25.38	18.52
福 建	18.19	12.17	12.56	21.02	15.95
江 西	18.63	15.85	17.35	23.63	18.03
山 东	16.79	11.94	12.31	15.81	17.99
河 南	18.63	14.35	16.48	22.29	18.32
湖 北	17.44	11.53	12.43	16.84	17.44
湖 南	19.24	13.38	15.12	23.06	18.37
广 东	18.55	12.73	12.50	22.82	17.68
广 西	18.77	15.68	17.41	31.72	17.78
海 南	16.26	12.85	12.84	24.76	18.18
重 庆	16.76	13.00	15.26	22.43	17.94
四 川	16.98	12.37	14.50	21.03	19.37
贵 州	17.92	14.35	15.77	25.24	17.89
云 南	16.51	14.52	14.74	24.60	19.35
西 藏	15.43	12.40	11.33	12.70	15.49
陕 西	15.86	10.50	13.21	19.61	17.99
甘 肃	13.07	10.57	12.72	13.70	17.19
青 海	17.02	12.80	13.62	26.28	15.64
宁 夏	16.98	13.84	13.65	17.77	17.21
新 疆	14.91	10.49	12.75	18.41	18.18

7-14-23 每十万人口各级学校平均在校生数

单位：人

年份 地区	学前教育	小学	初中阶段	高中阶段	高等教育
1991	1907	10502	3465	1355	304
1992	2072	10413	3518	1365	313
1993	2190	10656	3599	1448	376
1994	2219	10819	3681	1293	433
1995	2262	11010	3945	1610	457
1996	2208	11273	4180	1780	470
1997	2058	11435	4289	1905	482
1998	1944	11287	4408	1978	519
1999	1864	10855	4656	2032	594
2000	1782	10335	4969	2000	723
2001	1602	9937	5161	2021	931
2002	1595	9525	5240	2283	1146
2003	1560	9100	5209	2523	1298
2004	1617	8725	5058	2824	1420
2005	1676	8358	4781	3070	1613
2006	1731	8192	4557	3321	1816
2007	1787	8037	4364	3409	1924
2008	1873	7819	4227	3463	2042
2009	2001	7584	4097	3495	2128
2010	2230	7448	3955	3504	2189
2011	2554	7403	3779	3495	2253
2012	2736	7196	3535	3411	2335
2013	2876	6913	3279	3227	2418
2014	2977	6946	3222	3100	2488
2015	3118	7086	3152	2965	2524
2016	3211	7211	3150	2887	2530
2017	3327	7300	3213	2861	2576
北　京	2050	4031	1226	1245	5300
天　津	1674	4149	1679	1820	4072
河　北	3179	8530	3481	2822	2328
山　西	2791	6196	2940	3119	2401
内蒙古	2540	5260	2455	2559	1969
辽　宁	2179	4445	2201	2303	2859
吉　林	1666	4494	2264	2123	3038
黑龙江	1472	3623	2380	2158	2403
上　海	2367	3243	1701	1099	3498
江　苏	3257	6753	2609	2316	3045
浙　江	3503	6333	2788	2635	2345
安　徽	3242	7110	3263	3123	2250
福　建	4272	7927	3138	2717	2352
江　西	3505	9209	4160	3150	2676
山　东	2787	7122	3311	2796	2519
河　南	4458	10303	4502	3551	2455
湖　北	2991	6025	2527	2156	3000
湖　南	3357	7500	3366	2905	2419
广　东	4013	8564	3238	3128	2454
广　西	4423	9586	4206	3686	2383
海　南	3973	8828	3635	3402	2261
重　庆	3145	6888	3249	3305	3084
四　川	3177	6679	3015	2889	2339
贵　州	4316	10185	5147	4502	2129
云　南	2922	7864	3925	3094	1999
西　藏	3213	9520	3763	2358	1678
陕　西	3804	6617	2753	3076	3582
甘　肃	3562	7110	3280	3098	2217
青　海	3495	7843	3471	3647	1391
宁　夏	3415	8613	4136	3412	2278
新　疆	6035	9534	3761	3712	1863

7-14-24 中国出国留学和外国来华留学人员情况

单位：万人

指　标	2015	2016	2017
出国留学人员总数	**52.37**	**54.45**	**60.84**
国家公派	2.59	3.00	3.12
单位公派	1.60	1.63	3.59
自费留学	48.18	49.82	54.13
留学回国人员总数	**40.91**	**43.25**	**48.09**
国家公派	2.11	2.25	
单位公派	1.42	2.00	
自费留学	37.38	39.00	
来华留学人员总数	**39.76**	**44.28**	**48.92**
亚　洲	24.02	26.50	
欧　洲	6.67	7.13	
非　洲	4.98	6.16	
美　洲	3.49	3.81	
大洋洲	0.60	0.68	

注：本表数据来源于教育部官网统计信息。

【主要统计指标解释】

国家财政性教育经费 主要包括公共财政教育经费，各级政府征收用于教育的税费，企业办学中的企业拨款，校办产业和社会服务收入用于教育的经费等。

公共财政教育经费 指中央、地方各级财政或上级主管部门在本年度内安排，并划拨到各级各类学校、教育行政单位、教育事业单位，列入国家预算支出科目的教育经费。包括教育事业费、基建经费和教育费附加。

普通高等学校 指通过国家普通高等教育招生考试，招收高中毕业生为主要培养对象，实施高等学历教育的全日制大学、独立设置的学院、独立学院和高等专科学校、高等职业学校及其他普通高校机构。

大学、独立设置的学院主要实施本科及本科层次以上的教育。独立学院主要实施本科层次的教育。高等专科学校、高等职业学校实施专科层次的教育。

其他机构是指承担国家普通招生计划任务不计校数的机构，包括普通高等学校分校、大专班等。

成人高等学校 指通过国家成人高等教育招生考试，招收具有高中毕业或同等学力的人员为主要培养对象，利用函授、业余、脱产等多种形式，对其实施高等学历教育的学校。包括：职工高等学校、农民高等学校、管理干部学院、教育学院、独立函授学院、广播电视大学、其他机构。其他机构是指承担国家成人招生计划任务不计校数的机构。

小学学龄儿童净入学率 指调查范围内已入小学学习的学龄儿童占校内外学龄儿童总数的比重。计算公式为：

$$\text{小学学龄儿童净入学率}=\frac{\text{已入学的小学学龄儿童数}}{\text{校内外小学学龄儿童总数}}\times 100\%$$

7 第三产业分行业主要指标

7-15 卫生和社会工作

简要说明

一、主要内容

本篇资料主要包括卫生事业、民政事业等内容。

卫生经费资料包括卫生总费用、政府卫生支出、社会服务事业费用等。

卫生统计资料主要包括卫生机构、卫生人员、卫生设施以及各级各类医疗卫生机构服务、妇幼保健、疾病控制、居民病伤死亡原因、医疗保障等情况。

社会服务统计资料主要包括社会服务床位数、社会救助、医疗救助、社区服务机构、社会工作师等情况。

卫生和社会工作企业法人单位分地区主要指标。

二、资料来源

卫生资料由国家卫生健康委员会统计信息中心提供。社会服务资料由民政部提供。

详细资料分别见《中国卫生统计年鉴》(卫健委统计信息中心编)、《中国民政统计年鉴》(民政部规划财务司编)。

卫生和社会工作企业法人单位分地区主要指标来源国家统计局服务业司《规模以上服务业统计报表制度》和《规模以下服务业抽样调查统计报表制度》调查结果。

7-15-1 卫生总费用

年份	卫生总费用(亿元)				卫生总费用构成(%)			人均卫生费用(元)			卫生总费用与GDP之比(%)
	合计	政府卫生支出	社会卫生支出	个人现金卫生支出	政府卫生支出	社会卫生支出	个人现金卫生支出	合计	城市	农村	
1978	110.21	35.44	52.25	22.52	32.16	47.41	20.43	11.45			3.00
1979	126.19	40.64	59.88	25.67	32.21	47.45	20.34	12.94			3.08
1980	143.23	51.91	60.97	30.35	36.24	42.57	21.19	14.51			3.12
1981	160.12	59.67	62.43	38.02	37.27	38.99	23.74	16.00			3.24
1982	177.53	68.99	70.11	38.43	38.86	39.49	21.65	17.46			3.30
1983	207.42	77.63	64.55	65.24	37.43	31.12	31.45	20.14			3.44
1984	242.07	89.46	73.61	79.00	36.96	30.41	32.64	23.20			3.33
1985	279.00	107.65	91.96	79.39	38.58	32.96	28.46	26.36			3.07
1986	315.90	122.23	110.35	83.32	38.69	34.93	26.38	29.38			3.04
1987	379.58	127.28	137.25	115.05	33.53	36.16	30.31	34.73			3.12
1988	488.04	145.39	189.99	152.66	29.79	38.93	31.28	43.96			3.21
1989	615.50	167.83	237.84	209.83	27.27	38.64	34.09	54.61			3.58
1990	747.39	187.28	293.10	267.01	25.06	39.22	35.73	65.37	158.82	39.31	3.96
1991	893.49	204.05	354.41	335.03	22.84	39.67	37.50	77.14	187.56	45.61	4.06
1992	1096.86	228.61	431.55	436.70	20.84	39.34	39.81	93.61	222.01	55.34	4.03
1993	1377.78	272.06	524.75	580.97	19.75	38.09	42.17	116.25	268.58	68.45	3.86
1994	1761.24	342.28	644.91	774.05	19.43	36.62	43.95	146.95	332.56	85.49	3.62
1995	2155.13	387.34	767.81	999.98	17.97	35.63	46.40	177.93	401.28	101.48	3.51
1996	2709.42	461.61	875.66	1372.15	17.04	32.32	50.64	221.38	467.43	134.34	3.77
1997	3196.71	523.56	984.06	1689.09	16.38	30.78	52.84	258.58	537.85	157.16	4.01
1998	3678.72	590.06	1071.03	2017.63	16.04	29.11	54.85	294.86	625.94	194.63	4.32
1999	4047.50	640.96	1145.99	2260.55	15.84	28.31	55.85	321.78	701.98	203.22	4.47
2000	4586.63	709.52	1171.94	2705.17	15.47	25.55	58.98	361.88	812.95	214.93	4.57
2001	5025.93	800.61	1211.43	3013.88	15.93	24.10	59.97	393.80	841.20	244.77	4.53
2002	5790.03	908.51	1539.38	3342.14	15.69	26.59	57.72	450.75	987.07	259.33	4.76
2003	6584.10	1116.94	1788.50	3678.67	16.96	27.16	55.87	509.50	1108.91	274.67	4.79
2004	7590.29	1293.58	2225.35	4071.35	17.04	29.32	53.64	583.92	1261.93	301.61	4.69
2005	8659.91	1552.53	2586.40	4520.98	17.93	29.87	52.21	662.30	1126.36	315.83	4.62
2006	9843.34	1778.86	3210.92	4853.56	18.07	32.62	49.31	748.84	1248.30	361.89	4.49
2007	11573.97	2581.58	3893.72	5098.66	22.31	33.64	44.05	875.96	1516.29	358.11	4.28
2008	14535.40	3593.94	5065.60	5875.86	24.73	34.85	40.42	1094.52	1861.76	455.19	4.55
2009	17541.92	4816.26	6154.49	6571.16	27.46	35.08	37.46	1314.26	2176.63	561.99	5.03
2010	19980.39	5732.49	7196.61	7051.29	28.69	36.02	35.29	1490.06	2315.48	666.30	4.84
2011	24345.91	7464.18	8416.45	8465.28	30.66	34.57	34.77	1806.95	2697.48	879.44	4.98
2012	28119.00	8431.98	10030.70	9656.32	29.99	35.67	34.34	2076.67	2999.28	1064.83	5.20
2013	31668.95	9545.81	11393.79	10729.34	30.14	35.98	33.88	2327.37	3234.12	1274.44	5.32
2014	35312.40	10579.23	13437.75	11295.41	29.96	38.05	31.99	2581.66	3558.31	1412.21	5.48
2015	40974.64	12475.28	16506.71	11992.65	30.45	40.29	29.27	2980.80	4058.50	1603.60	5.95
2016	46344.88	13910.31	19096.68	13337.90	30.01	41.21	28.78	3351.74			6.23
2017	52598.28	15205.87	22258.81	15133.60	28.91	42.32	28.77	3783.83			6.36

注：1.本表系按当年价格核算数，2017年为初步测算数。
2.2001年起卫生总费用不含高等医学教育经费，2006年起包括城乡医疗救助经费。

7-15-2 各地区卫生总费用(2016年)

地 区	卫生总费用构成(%)			卫生总费用与GDP之比(%)	人均卫生费 用(元)
	政府卫生支 出	社会卫生支 出	个人卫生支 出		
全 国	**30.01**	**41.21**	**28.78**	**6.23**	**3351.74**
北 京	22.84	60.87	16.29	7.98	9429.73
天 津	25.60	43.73	30.67	4.62	5294.21
河 北	28.04	35.59	36.37	6.31	2710.58
山 西	31.74	37.20	31.05	7.48	2650.33
内蒙古	33.50	33.04	33.46	5.00	3599.67
辽 宁	21.33	42.21	36.46	6.67	3390.89
吉 林	29.26	36.84	33.90	6.47	3501.19
黑龙江	24.15	40.90	34.95	7.74	3133.43
上 海	23.43	57.77	18.80	6.52	7595.98
江 苏	22.42	52.24	25.34	4.34	4200.21
浙 江	21.67	50.33	27.99	5.45	4603.84
安 徽	33.50	36.39	30.11	6.73	2652.17
福 建	31.08	43.84	25.09	4.34	3226.83
江 西	42.93	29.84	27.24	5.90	2374.79
山 东	24.24	45.81	29.95	4.93	3372.70
河 南	32.13	34.74	33.13	6.11	2594.03
湖 北	31.76	34.78	33.46	5.89	3270.56
湖 南	29.11	38.63	32.26	6.10	2820.97
广 东	27.63	47.91	24.46	5.19	3812.46
广 西	38.45	35.37	26.18	6.75	2557.03
海 南	38.43	39.16	22.42	7.48	3306.78
重 庆	31.91	38.68	29.40	6.00	3492.19
四 川	29.32	41.54	29.14	8.12	3238.64
贵 州	45.88	30.76	23.36	7.46	2472.37
云 南	36.03	35.25	28.72	8.88	2754.12
西 藏	68.45	26.09	5.46	10.85	3780.94
陕 西	29.05	39.13	31.81	6.95	3535.66
甘 肃	37.66	33.23	29.11	10.47	2889.18
青 海	46.64	25.84	27.52	9.32	4043.05
宁 夏	33.99	36.98	29.03	7.95	3730.50
新 疆	31.08	43.18	25.74	9.97	4012.89

7-15-3 社会服务事业费支出情况

单位：亿元

年 份 地 区	社会服务事业费总支出	抚恤	退役安置	社会福利	社会救助	自然灾害生活救助	离退休行政事业单位	其他
2003	498.9	87.9	59.0	78.9	153.1	52.9	13.1	54.0
2004	577.4	104.1	74.1	52.1	223.6	51.1	13.9	58.5
2005	718.4	143.6	88.9	55.6	279.6	62.6	13.7	74.4
2006	915.4	178.8	115.7	65.3	372.0	79.0	14.0	90.6
2007	1215.5	210.8	165.0	87.6	509.7	79.8	24.8	137.8
2008	2146.5	253.6	180.6	103.1	806.7	609.8	26.5	166.2
2009	2181.9	310.3	225.7	124.1	1098.1	199.2	30.0	194.5
2010	2697.5	362.7	269.0	109.9	1302.0	237.2	30.4	386.3
2011	3229.1	428.3	302.3	232.2	1766.3	128.7	35.3	336.0
2012	3683.7	517.0	372.1	319.5	1866.1	163.4	39.0	406.7
2013	4276.5	618.4	435.3	397.6	2172.4	178.7	43.6	430.6
2014	4404.1	636.6	456.8	480.9	2197.5	124.4	44.2	463.6
2015	4926.4	686.8	582.7	562.8	2347.4	148.5	50.1	548.2
2016	5440.2	769.8	625.6	753.4	2492.8	156.1	48.4	594.0
2017	5932.7	827.3	723.4	920.5	2609.8	128.0	47.9	676.0
中央级	26.9	0.4		0.8		1.5	0.8	23.5
北 京	283.0	15.3	130.7	50.7	23.5	0.1	6.0	56.8
天 津	97.6	9.6	13.9	17.8	31.1	0.3	0.8	24.2
河 北	249.1	48.3	55.5	28.0	94.0	4.9	2.8	15.6
山 西	142.8	26.2	13.7	14.3	72.3	3.7	1.1	11.5
内蒙古	153.0	11.1	10.3	22.6	85.5	4.4	2.0	17.2
辽 宁	200.0	21.6	48.8	21.6	75.9	1.8	2.1	28.2
吉 林	122.9	15.1	11.0	15.6	62.9	4.2	1.1	13.0
黑龙江	162.2	21.3	13.7	16.8	99.5	2.0	1.4	7.5
上 海	177.4	13.1	24.0	73.7	44.4	0.1	0.6	21.4
江 苏	325.2	51.6	45.7	83.3	98.3	1.4	2.8	42.2
浙 江	210.0	34.7	17.6	49.4	70.9	3.3	1.8	32.4
安 徽	220.6	34.5	15.4	28.5	123.1	3.5	1.8	13.8
福 建	103.9	16.6	11.9	21.0	34.7	3.0	1.4	15.2
江 西	186.9	26.9	6.4	15.0	119.1	10.8	0.5	8.2
山 东	339.5	79.1	78.6	45.2	102.1	1.4	1.6	31.5
河 南	260.7	54.9	25.3	33.8	122.6	2.1	1.8	20.1
湖 北	256.4	42.5	22.7	31.0	124.1	7.2	1.8	27.1
湖 南	275.9	53.6	15.3	37.6	135.6	11.7	0.7	21.4
广 东	372.3	45.6	34.1	80.6	131.1	2.7	6.4	71.8
广 西	178.5	24.6	6.4	24.7	98.1	3.9	1.5	19.3
海 南	30.0	3.3	2.3	5.6	13.1	0.8	0.1	4.7
重 庆	156.3	21.9	12.3	22.4	81.4	2.5	0.9	14.8
四 川	366.4	63.7	30.6	54.3	176.9	8.1	2.3	30.4
贵 州	173.4	17.5	4.6	17.1	111.2	8.6	0.1	14.3
云 南	240.4	25.2	14.7	20.9	136.9	7.4	1.4	34.0
西 藏	27.3	0.6	2.1	2.4	11.9	3.0	0.1	7.2
陕 西	209.9	30.5	26.8	37.2	87.4	6.9	0.5	20.6
甘 肃	149.0	7.7	11.6	13.7	102.4	6.0	0.6	7.0
青 海	57.8	2.0	3.7	15.4	29.5	2.3	0.1	4.9
宁 夏	42.6	1.6	1.4	3.6	24.9	1.5	0.2	9.5
新 疆	134.6	6.7	12.1	16.1	85.3	7.3	0.5	6.5

7-15-4 卫生和社会工作企业法人单位分地区主要指标

地 区	单位数（个）	营业收入（亿元）	资产总计（亿元）	从业人员（万人）
全 国	**42614**	**3274.9**	**7102.1**	**169.0**
北 京	2108	230.7	277.2	6.2
天 津	613	54.0	168.4	2.5
河 北	745	19.7	155.2	4.2
山 西	1422	51.9	119.0	4.2
内蒙古	689	39.9	126.9	2.3
辽 宁	2584	169.7	279.8	8.9
吉 林	814	69.2	171.4	5.5
黑龙江	751	61.0	118.9	3.4
上 海	1139	164.3	161.6	4.2
江 苏	1984	338.4	444.1	11.6
浙 江	1729	177.3	639.3	6.7
安 徽	889	98.4	161.7	3.9
福 建	1465	78.0	102.0	3.6
江 西	771	111.4	126.4	3.9
山 东	1632	226.1	256.7	8.9
河 南	4538	36.6	284.8	13.2
湖 北	1938	146.6	194.9	6.3
湖 南	1708	164.1	226.9	7.7
广 东	2825	324.9	367.5	11.4
广 西	764	33.1	31.2	2.4
海 南	206	7.1	15.4	0.8
重 庆	1076	121.7	120.2	5.3
四 川	5361	249.1	339.3	18.9
贵 州	1204	73.7	113.7	5.2
云 南	752	72.6	130.1	5.9
西 藏	53	5.7	8.9	0.2
陕 西	837	74.8	114.5	4.0
甘 肃	1027	35.8	1781.7	4.3
青 海	156	3.6	6.8	0.4
宁 夏	168	11.1	27.5	0.7
新 疆	666	24.4	30.5	2.1

7-15-5 医疗卫生机构情况

单位：个

年 份	合计	#医院	#综合医院	#中医医院	#专科医院	#基层医疗卫生机构	#社区卫生服务中心(站)	#乡 镇卫生院
1949	3670	2600						
1950	8915	2803	2692	4	85			
1955	67725	3648	3351	67	188			
1960	261195	6020	5173	330	401			24849
1965	224266	5330	4747	131	339			36965
1970	149823	5964	5353	117	385			56568
1975	151733	7654	6817	160	543			54026
1978	169732	9293	7539	447	643			55018
1980	180553	9902	7859	678	694			55413
1981	800205	10252	8044	781	718			55500
1982	801869	10471	8146	878	731			55496
1983	870686	10901	8370	1009	772			55559
1984	905424	11381	8545	1218	810			55549
1985	978540	11955	9197	1485	938			47387
1986	999102	12442	9363	1646	1030			46967
1987	1012804	12962	9657	1790	1097			47177
1988	1012485	13544	9916	1932	1190			47529
1989	1027522	14090	10242	2046	1265			47523
1990	1012690	14377	10424	2115	1362			47749
1991	1003769	14628	10562	2195	1345			48140
1992	1001310	14889	10774	2269	1376			46117
1993	1000531	15436	11426	2298	1438			45024
1994	1005271	15595	11549	2336	1440			51929
1995	994409	15663	11586	2361	1445			51797
1996	1078131	15833	11696	2405	1473			51277
1997	1048657	15944	11771	2413	1488			50981
1998	1042885	16001	11779	2443	1495			50071
1999	1017673	16678	11868	2441	1533			49694
2000	1034229	16318	11872	2453	1543	1000169		49229
2001	1029314	16197	11834	2478	1576	995670		48090
2002	1005004	17844	12716	2492	2237	973098	8211	44992
2003	806243	17764	12599	2518	2271	774693	10101	44279
2004	849140	18393	12900	2611	2492	817018	14153	41626
2005	882206	18703	12982	2620	2682	849488	17128	40907
2006	918097	19246	13120	2665	3022	884818	22656	39975
2007	912263	19852	13372	2720	3282	878686	27069	39876
2008	891480	19712	13119	2688	3437	858015	24260	39080
2009	916571	20291	13364	2728	3716	882153	27308	38475
2010	936927	20918	13681	2778	3956	901709	32739	37836
2011	954389	21979	14328	2831	4283	918003	32860	37295
2012	950297	23170	15021	2889	4665	912620	33562	37097
2013	974398	24709	15887	3015	5127	915368	33965	37015
2014	981432	25860	16524	3115	5478	917335	34238	36902
2015	983528	27587	17430	3267	6023	920770	34321	36817
2016	983394	29140	18020	3462	6642	926518	34327	36795
2017	986649	31056	18921	3695	7220	933024	34652	36551

注：1.村卫生室数计入医疗卫生机构数中；2.2008年社区卫生服务中心(站)减少的原因是江苏省约5000家农村社区卫生服务站划归村卫生室；3.2002年起,医疗卫生机构数不再包括高中等医学院校本部、药检机构、国境卫生检疫所和非卫生部门举办的计划生育指导站；4.2013年起，医疗卫生机构数包括原计生部门主管的计划生育技术服务机构；5.1996年以前门诊部(所)不包括私人诊所。

7-15-5 续表

单位：个

年 份	#村卫生室	#门诊部(所)	#专业公共卫生机构	#疾病预防控制中心	#专科疾病防治院(所/站)	#妇幼保健院(所/站)	#卫生监督所(中心)
1949		769			11	9	
1950		3356		61	30	426	
1955		51600		315	287	3944	
1960		213823		1866	683	4213	
1965		170430		2499	822	2910	
1970		79600		1714	607	1124	
1975		80739		2912	683	2128	
1978		94395		2989	887	2571	
1980		102474		3105	1138	2745	
1981	610079	111189		3202	1197	2789	
1982	608431	113916		3271	1272	2827	
1983	674669	115826		3274	1326	2851	
1984	707168	117028		3339	1458	2955	
1985	777674	126604		3410	1566	2996	
1986	795963	127575		3475	1635	3059	
1987	807844	128459		3512	1697	3082	
1988	806497	128422		3532	1727	3103	
1989	820798	128112		3591	1747	3112	
1990	803956	129332		3618	1781	3148	
1991	794733	128665		3652	1818	3187	
1992	796523	125873		3673	1845	3187	
1993	806945	115161		3729	1872	3115	
1994	813529	105984		3711	1905	3190	
1995	804352	104406		3729	1895	3179	
1996	755565	237153		3737	1887	3172	
1997	733624	229474		3747	1893	3180	
1998	728788	229349		3746	1889	3191	
1999	716677	226588		3763	1877	3180	
2000	709458	240934	11386	3741	1839	3163	
2001	698966	248061	11471	3813	1783	3132	
2002	698966	219907	10787	3580	1839	3067	571
2003	514920	204468	10792	3584	1749	3033	838
2004	551600	208794	10878	3588	1583	2998	1284
2005	583209	207457	11177	3585	1502	3021	1702
2006	609128	212243	11269	3548	1402	3003	2097
2007	613855	197083	11528	3585	1365	3051	2553
2008	613143	180752	11485	3534	1310	3011	2675
2009	632770	182448	11665	3536	1291	3020	2809
2010	648424	181781	11835	3513	1274	3025	2992
2011	662894	184287	11926	3484	1294	3036	3022
2012	653419	187932	12083	3490	1289	3044	3088
2013	648619	195176	31155	3516	1271	3144	2967
2014	645470	200130	35029	3490	1242	3098	2975
2015	640536	208572	31927	3478	1234	3078	2986
2016	638763	216187	24866	3481	1213	3063	2986
2017	632057	229221	19896	3456	1200	3077	2992

7-15-6 各地区医疗卫生机构情况

单位：个

地区	合计	医院				基层医疗卫生机构		
		小计	#综合医院	#中医医院	#专科医院	小计	#社区卫生服务中心(站)	#乡镇卫生院
全国	**986649**	**31056**	**18921**	**3695**	**7220**	**933024**	**34652**	**36551**
北京	9976	656	259	161	185	9090	1957	
天津	5539	426	284	51	88	4960	587	142
河北	80912	1846	1265	218	322	78207	1274	1972
山西	42490	1388	684	213	464	40581	937	1308
内蒙古	24218	775	422	113	145	22868	1194	1313
辽宁	35767	1268	713	155	378	33540	1238	1014
吉林	20828	654	360	87	192	19647	388	780
黑龙江	20283	1089	724	152	196	18398	629	982
上海	5144	363	180	19	118	4574	1009	
江苏	32037	1727	1015	121	420	29118	2780	1057
浙江	31979	1204	529	162	438	30189	5687	1150
安徽	24491	1095	701	107	251	22635	1881	1367
福建	27217	606	360	80	153	26078	676	881
江西	37791	669	427	104	125	36311	573	1582
山东	79050	2451	1502	263	611	75106	2372	1612
河南	71089	1632	1003	257	331	67307	1391	2055
湖北	36357	979	569	118	261	34756	1182	1137
湖南	58624	1313	773	144	361	56302	746	2229
广东	49874	1464	844	163	423	47071	2543	1192
广西	34008	589	350	95	120	32034	300	1264
海南	5180	208	153	18	31	4846	175	299
重庆	19682	749	459	92	161	18748	472	881
四川	80481	2219	1444	222	490	77487	940	4466
贵州	28034	1270	940	95	203	26378	701	1362
云南	24684	1252	838	136	244	22868	568	1355
西藏	6826	148	109		9	6533	12	678
陕西	35861	1150	766	157	210	33808	604	1549
甘肃	28857	526	307	91	97	26579	602	1374
青海	6375	212	122	13	37	5980	255	404
宁夏	4271	209	143	24	37	3966	166	220
新疆	18724	919	676	64	119	17059	813	926

7-15-6 续表 单位：个

地区	基层医疗卫生机构		专业公共卫生机构					
	#村卫生室	#门诊部(所)	小计	#疾病预防控制中心	#专科疾病防治院(所/站)	#健康教育所(站)	#妇幼保健院(所/站)	#卫生监督所(中心)
全国	**632057**	**229221**	**19896**	**3456**	**1200**	**165**	**3077**	**2992**
北京	2696	4437	110	28	25		20	18
天津	2541	1685	97	23	15	1	20	19
河北	60225	14728	801	189	11	2	192	178
山西	28942	9097	455	135	8	12	135	131
内蒙古	13625	6736	508	119	51	22	113	116
辽宁	19519	11750	775	131	80	10	109	90
吉林	10108	8370	404	67	54	3	70	40
黑龙江	10842	5939	746	164	108		144	139
上海	1187	2378	112	19	20	1	20	17
江苏	15319	9960	911	116	43	6	110	104
浙江	11535	11806	394	100	16	1	88	100
安徽	15331	4055	666	121	48	4	118	112
福建	18608	5913	470	96	26		88	85
江西	29734	4414	744	149	108	5	112	111
山东	53024	18052	1302	172	133	3	161	104
河南	56462	7392	1897	179	22	4	161	178
湖北	24636	7776	534	115	73	1	102	107
湖南	42144	11179	961	147	84	2	137	133
广东	26459	16867	1215	135	130	31	128	150
广西	20770	9700	1353	117	34	1	104	110
海南	2638	1734	117	25	15	3	24	24
重庆	10991	6390	152	41	15	3	42	39
四川	56216	15855	708	206	25	11	203	200
贵州	20543	3722	356	100	10		98	95
云南	13446	7493	524	153	30	9	145	142
西藏	5324	519	143	82			55	1
陕西	24978	6668	800	120	5	6	116	116
甘肃	17032	7567	1639	103	7	15	99	94
青海	4518	803	179	56	1	4	50	55
宁夏	2301	1279	86	25		5	21	24
新疆	10363	4957	737	223	3		92	160

7-15-7 村卫生室情况

单位：个

年份 地区	合计	村办	乡卫生院设点	联合办	私人办	其他
1985	777674	305537	29769	88803	323904	29661
1990	803956	266137	29963	87149	381844	38863
1995	804352	297462	36388	90681	354981	
2000	709458	300864	47101	89828	255179	16486
2005	583209	313633	32396	38561	180403	18216
2006	609128	333790	34803	36805	186524	17206
2007	613855	340082	33633	33649	186841	19650
2008	613143	342692	40248	31698	180157	18348
2009	632770	350515	45434	31035	183699	22087
2010	648424	365153	49678	32650	177080	23863
2011	662894	372661	56128	33639	175747	24719
2012	653419	370099	58317	32278	167025	25700
2013	648619	371579	59896	32690	158811	25643
2014	645470	349428	59396	29180	160549	46917
2015	640536	353196	60231	29208	153353	44548
2016	638763	351016	60419	29336	152164	45828
2017	632057	349025	63598	28687	147046	43701
北京	2696	2413	6	3	260	14
天津	2541	854	727	118	269	573
河北	60225	28854	2208	1069	24542	3552
山西	28942	19755	1041	740	3608	3798
内蒙古	13625	5260	2224	447	4760	934
辽宁	19519	8492	375	157	9848	647
吉林	10108	4004	1483	1188	2957	476
黑龙江	10842	7246	1702	148	1218	528
上海	1187	891	183	31		82
江苏	15319	8253	3972	1867	26	1201
浙江	11535	7073	1331	154	1950	1027
安徽	15331	7167	2884	1892	900	2488
福建	18608	11587	651	235	4261	1874
江西	29734	13571	285	1617	12747	1514
山东	53024	26429	14127	4536	4428	3504
河南	56462	33688	848	2831	16168	2927
湖北	24636	15552	3519	2953	1810	802
湖南	42144	28171	1485	930	8089	3469
广东	26459	19139	1524	149	4973	674
广西	20770	13857	798	186	5240	689
海南	2638	775	165	27	1191	480
重庆	10991	6624	1265	353	1497	1252
四川	56216	27794	3541	2583	19077	3221
贵州	20543	9063	2247	547	6749	1937
云南	13446	10078	1363	624	434	947
西藏	5324	1748	2606	145		825
陕西	24978	19639	565	380	3806	588
甘肃	17032	6806	3764	752	4022	1688
青海	4518	1823	625	581	1041	448
宁夏	2301	707	411	213	641	329
新疆	10363	1712	5673	1231	534	1213

7-15-8 卫生人员情况

单位：人

年 份	卫生人员	卫生技术人员					乡村医生和卫生员	其他技术人员	管理人员	工勤技能人员
			#执业(助理)医师	#执业医师	#注册护士	#药师(士)				
1949	541240	505040	363400	314000	32800	3357			11877	24323
1950	611240	555040	380800	327400	37800	8080			21877	34323
1955	1052787	874063	500398	402409	107344	60974			86465	92259
1960	1769205	1504894	596109	427498	170143	119293			132034	132277
1965	1872300	1531600	762804	510091	234546	117314		10996	168845	160899
1970	6571795	1453247	702304	446251	295147		4779280	10813	156862	171593
1975	7435212	2057068	877716	521617	379545	219904	4841695	14122	251420	270907
1978	7883041	2463931	978152	609608	405223	266570	4777469	22950	298104	320587
1980	7355483	2798241	1153234	709473	465798	308438	3820776	27834	310805	397827
1981	7199133	3011038	1243787	620291	525311	323786	3403012	29622	318721	436740
1982	6954413	3142943	1307205	668010	563912	342451	2996609	32207	326883	455771
1983	6757244	3252836	1352651	704060	595569	351002	2667214	37830	326927	472437
1984	6622973	3343998	1381456	716365	616080	358969	2409327	42539	341271	485838
1985	5606105	3410910	1413281	724238	636974	365145	1293094	46052	358812	497237
1986	5725854	3506517	1444150	745592	680583	372760	1279935	50957	370056	518389
1987	5842621	3608618	1481754	777333	717596	382121	1278499	57255	371167	527082
1988	5924557	3723756	1618174	1095926	829261	394287	1247045	65063	368227	520466
1989	6028234	3809097	1718018	1257668	921687	401098	1241275	73530	384890	519442
1990	6137711	3897921	1763086	1302997	974541	405978	1231510	85504	396694	526082
1991	6278458	3984974	1779545	1310933	1011943	409325	1253324	91265	408819	540076
1992	6409307	4073986	1808194	1327875	1039674	413598	1269061	99177	417670	549413
1993	6540522	4117067	1831665	1372471	1056096	413025	1325106	113138	432903	552311
1994	6630710	4199217	1882180	1425375	1093544	417166	1323701	116921	438084	552787
1995	6704395	4256923	1917772	1454926	1125661	418520	1331017	120782	450013	545660
1996	6735097	4311845	1941235	1475232	1162609	424952	1316095	125480	444571	537106
1997	6833962	4397805	1984867	1505342	1198228	428295	1317786	133369	448047	536955
1998	6863315	4423721	1999521	1513975	1218836	423644	1327633	145060	435507	531394
1999	6894985	4458669	2044672	1561584	1244844	418574	1324937	150041	434997	526341
2000	6910383	4490803	2075843	1603266	1266838	414408	1319357	157533	426789	515901
2001	6874527	4507700	2099658	1637337	1286938	404087	1290595	157961	412757	505514
2002	6528674	4269779	1843995	1463573	1246545	357659	1290595	179962	332628	455710
2003	6216971	4380878	1942364	1534046	1265959	357378	867778	199331	318692	450292
2004	6332739	4485983	1999457	1582442	1308433	355451	883075	209422	315595	438664
2005	6447246	4564050	2042135	1622684	1349589	349533	916532	225697	312826	428141
2006	6681184	4728350	2099064	1678031	1426339	353565	957459	235466	323705	436204
2007	6964389	4913186	2122925	1715460	1558822	325212	931761	243460	356569	519413
2008	7251803	5174478	2201904	1791881	1678091	330525	938313	255149	356854	527009
2009	7781448	5535124	2329206	1905436	1854818	341910	1050991	275006	362665	557662
2010	8207502	5876158	2413259	1972840	2048071	353916	1091863	290161	370548	578772
2011	8616040	6202858	2466094	2020154	2244020	363993	1126443	305981	374885	605873
2012	9115705	6675549	2616064	2138836	2496599	377398	1094419	319117	372997	653623
2013	9790483	7210578	2794754	2285794	2783121	395578	1081063	359819	420971	718052
2014	10234213	7589790	2892518	2374917	3004144	409595	1058182	379740	451250	755251
2015	10693881	8007537	3039135	2508408	3241469	423294	1031525	399712	472620	782487
2016	11172945	8454403	3191005	2651398	3507166	439246	1000324	426171	483198	808849
2017	11748972	8988230	3390034	2828999	3804021	452968	968611	451480	509093	831558

注：1. 卫生人员和卫生技术人员包括获得“卫生监督员”证书的公务员；
2. 2013年起卫生人员数包括卫生计生部门主管的计划生育技术服务机构人员数；
3. 执业(助理)医师数包括村卫生室执业(助理)医师数；
4. 1985年以前乡村医生和卫生员系赤脚医生数。

7-15-9 各地区卫生人员情况

单位：人

地区	合计	卫生技术人员					乡村医生和卫生员	其他技术人员	管理人员	工勤技能人员
		小计	#执业(助理)医师	#执业医师	#注册护士	#药师(士)				
全国	**11748972**	**8988230**	**3390034**	**2828999**	**3804021**	**452968**	**968611**	**451480**	**509093**	**831558**
北京	315238	245984	94417	88934	103459	14082	3247	17438	20179	28390
天津	129554	100966	41127	38645	38205	6000	4973	5143	10046	8426
河北	590569	425229	191941	149885	158383	17542	79741	27302	21023	37274
山西	318990	233287	94281	81477	96849	10445	37935	12207	14041	21520
内蒙古	233062	180386	70301	60459	71866	10827	18128	9935	11071	13542
辽宁	380915	291191	115715	104323	127445	13806	23995	15356	20001	30372
吉林	224342	168031	70552	61810	67149	7899	16097	9069	14034	17111
黑龙江	300301	229403	88477	75558	90446	11431	21688	9993	17296	21921
上海	227750	186917	67907	64196	83939	10014	829	11458	13005	15541
江苏	692473	547676	217146	181276	236906	28839	30934	29496	29125	55242
浙江	555716	459661	178704	155076	187717	27885	7792	22208	19826	46229
安徽	407457	313478	120839	97680	138139	14460	40869	15095	15057	22958
福建	300571	231388	83966	73323	101209	14578	25256	11483	9030	23414
江西	317798	235741	83648	70083	104109	14549	43421	9181	9446	20009
山东	917894	688565	264570	227649	293647	34810	109657	41406	31978	46288
河南	827645	581004	220314	165802	241571	26792	109457	37508	36100	63576
湖北	510044	399685	147340	122070	184283	18663	39530	21339	20642	28848
湖南	536677	415563	173037	132578	172580	20523	44460	19637	22490	34527
广东	864114	707491	257974	212657	307664	40298	24051	26899	32155	73518
广西	404763	305279	101141	82249	131693	17405	34147	12818	16668	35851
海南	77417	60398	20764	17268	28382	2973	3012	2841	3833	7333
重庆	255854	191572	68549	55216	84853	8800	20076	9120	13303	21783
四川	709899	530306	194909	162709	228548	24945	64771	20123	32617	62082
贵州	301876	225914	75533	60382	97970	8762	35105	11465	15011	14381
云南	369151	283894	93925	77892	128513	10932	37308	14399	10818	22732
西藏	33413	16526	7603	5720	4460	783	12685	1149	1197	1856
陕西	393846	310228	93209	78249	126983	15359	31853	3629	25218	22918
甘肃	199155	146880	56147	45395	58444	6485	21358	7983	11131	11803
青海	56098	41729	15508	13193	16475	2077	7121	2617	1634	2997
宁夏	62022	49715	18187	16208	21568	2976	3244	2167	2886	4010
新疆	224368	174143	62303	51037	70566	8028	15871	11016	8232	15106

7-15-10 每千人口卫生技术人员数

单位：人

年 份	卫生技术人员			执业(助理)医师			其中:执业医师	注册护士		
	合计	城市	农村	合计	城市	农村		合计	城市	农村
1949	0.93	1.87	0.73	0.67	0.70	0.66	0.58	0.06	0.25	0.02
1955	1.42	3.49	1.01	0.81	1.24	0.74	0.70	0.14	0.64	0.04
1960	2.37	5.67	1.85	1.04	1.97	0.90	0.79	0.23	1.04	0.07
1965	2.11	5.37	1.46	1.05	2.22	0.82	0.70	0.32	1.45	0.10
1970	1.76	4.88	1.22	0.85	1.97	0.66	0.43	0.29	1.10	0.14
1975	2.24	6.92	1.41	0.95	2.66	0.65	0.57	0.41	1.74	0.18
1980	2.85	8.03	1.81	1.17	3.22	0.76	0.72	0.47	1.83	0.20
1985	3.28	7.92	2.09	1.36	3.35	0.85	0.70	0.61	1.85	0.30
1990	3.45	6.59	2.15	1.56	2.95	0.98	1.15	0.86	1.91	0.43
1995	3.59	5.36	2.32	1.62	2.39	1.07	1.23	0.95	1.59	0.49
1998	3.64	5.30	2.35	1.65	2.34	1.11	1.25	1.00	1.64	0.51
1999	3.64	5.24	2.38	1.67	2.33	1.14	1.27	1.02	1.64	0.52
2000	3.63	5.17	2.41	1.68	2.31	1.17	1.30	1.02	1.64	0.54
2001	3.62	5.15	2.38	1.69	2.32	1.17	1.32	1.03	1.65	0.54
2002	3.41			1.47			1.17	1.00		
2003	3.48	4.88	2.26	1.54	2.13	1.04	1.22	1.00	1.59	0.50
2004	3.53	4.99	2.24	1.57	2.18	1.04	1.25	1.03	1.63	0.50
2005	3.50	5.82	2.69	1.56	2.46	1.26	1.24	1.03	2.10	0.65
2006	3.60	6.09	2.70	1.60	2.56	1.26	1.28	1.09	2.22	0.66
2007	3.72	6.44	2.69	1.61	2.61	1.23	1.30	1.18	2.42	0.70
2008	3.90	6.68	2.80	1.66	2.68	1.26	1.35	1.27	2.54	0.76
2009	4.15	7.15	2.94	1.75	2.83	1.31	1.43	1.39	2.82	0.81
2010	4.39	7.62	3.04	1.80	2.97	1.32	1.47	1.53	3.09	0.89
2011	4.58	7.90	3.19	1.82	3.00	1.33	1.49	1.66	3.29	0.98
2012	4.94	8.54	3.41	1.94	3.19	1.40	1.58	1.85	3.65	1.09
2013	5.27	9.18	3.64	2.04	3.39	1.48	1.67	2.04	4.00	1.22
2014	5.56	9.70	3.77	2.12	3.54	1.51	1.74	2.20	4.30	1.31
2015	5.84	10.21	3.90	2.22	3.72	1.55	1.84	2.37	4.58	1.39
2016	6.12	10.42	4.08	2.31	3.79	1.61	1.92	2.54	4.75	1.50
2017	6.47	10.87	4.28	2.44	3.97	1.68	2.04	2.74	5.01	1.62

注：1.城市包括直辖市区和地级市辖区，农村包括县及县级市。
　　2.合计分母系常住人口数，分城乡分母为户籍人口数。

7-15-11 各地区每千人口卫生技术人员数

单位：人

地区	卫生技术人员			执业(助理)医师			注册护士		
	合计	城市	农村	合计	城市	农村	合计	城市	农村
全 国	**6.47**	**10.87**	**4.28**	**2.44**	**3.97**	**1.68**	**2.74**	**5.01**	**1.62**
北 京	11.33	17.63		4.35	6.76		4.77	7.42	
天 津	6.48	9.50	7.72	2.64	3.80	4.24	2.45	3.68	1.67
河 北	5.66	9.47	3.98	2.55	3.86	1.95	2.11	4.18	1.25
山 西	6.30	13.03	4.10	2.55	4.91	1.80	2.62	6.12	1.42
内蒙古	7.13	12.96	5.13	2.78	4.74	2.13	2.84	5.81	1.78
辽 宁	6.66	11.52	3.41	2.65	4.43	1.47	2.92	5.35	1.26
吉 林	6.18	8.32	5.04	2.60	3.47	2.13	2.47	3.59	1.86
黑龙江	6.05	10.25	4.19	2.34	3.77	1.72	2.39	4.61	1.32
上 海	7.73	13.08	7.68	2.81	4.70	3.86	3.47	5.92	2.52
江 苏	6.82	10.14	4.99	2.70	3.73	2.16	2.95	4.73	1.94
浙 江	8.13	13.03	6.87	3.16	4.89	2.78	3.32	5.62	2.62
安 徽	5.01	7.26	3.19	1.93	2.56	1.33	2.21	3.59	1.24
福 建	5.92	10.11	4.08	2.15	3.72	1.46	2.59	4.63	1.69
江 西	5.10	10.70	3.26	1.81	3.60	1.20	2.25	5.27	1.32
山 东	6.88	11.10	4.84	2.64	4.21	1.88	2.93	5.09	1.90
河 南	6.08	11.75	3.53	2.30	4.10	1.42	2.53	5.68	1.28
湖 北	6.77	10.09	4.83	2.50	3.51	1.88	3.12	5.06	2.04
湖 南	6.06	12.10	4.15	2.52	4.42	1.87	2.52	5.95	1.51
广 东	6.33	11.36	3.90	2.31	4.06	1.50	2.75	5.11	1.54
广 西	6.25	9.10	3.89	2.07	3.10	1.25	2.70	4.28	1.54
海 南	6.52	13.65	4.10	2.24	4.63	1.43	3.07	6.78	1.79
重 庆	6.23	7.88	3.69	2.23	2.73	1.40	2.76	3.75	1.41
四 川	6.39	8.54	4.47	2.35	3.05	1.69	2.75	4.07	1.74
贵 州	6.31	15.59	3.63	2.11	5.56	1.17	2.74	7.44	1.49
云 南	5.91	14.61	4.56	1.96	5.13	1.46	2.68	7.05	1.99
西 藏	4.90	9.97	3.04	2.26	4.59	1.40	1.32	3.36	0.59
陕 西	8.09	11.56	5.65	2.43	3.69	1.57	3.31	5.28	2.00
甘 肃	5.59	8.73	3.80	2.14	3.21	1.50	2.23	4.03	1.27
青 海	6.98	22.04	4.13	2.59	7.50	1.68	2.76	10.42	1.28
宁 夏	7.29	10.57	4.56	2.67	3.84	1.69	3.16	4.92	1.69
新 疆	7.12	14.71	6.43	2.55	5.45	2.27	2.89	6.48	2.52

7-15-12 医疗卫生机构床位数

单位：万张

年 份	合计	#医院				#基层医疗卫生机构			#专业公共卫生机构		
			#综合医院	#中医医院	#专科医院		#社区卫生服务中心(站)	#乡 镇卫生院		#妇 幼保健院(所/站)	#专科疾病防治院(所/站)
1949	8.46	8.00									
1950	11.91	9.71	8.46	0.01	0.74					0.27	
1955	36.28	21.53	17.08	0.14	2.80					0.57	
1960	97.68	59.14	44.74	1.42	7.95			4.63		0.88	1.74
1965	103.33	61.20	48.04	1.04	7.49			13.25		0.92	
1970	126.15	70.50	57.21	1.01	7.79			36.80		0.70	
1975	176.43	94.02	76.33	1.37	11.11			62.03		0.97	2.88
1978	204.20	110.00	87.33	3.40	12.10			74.73		1.16	2.63
1980	218.44	119.58	94.11	5.00	12.87			77.54		1.64	2.73
1981	223.38	124.09	96.80	5.79	13.49			76.31		1.97	2.71
1982	228.03	128.52	99.83	6.40	13.90			75.32		2.33	2.73
1983	234.16	134.53	103.99	7.24	14.58			74.62		2.75	2.85
1984	241.24	141.24	108.00	8.65	15.29			73.14		3.18	2.96
1985	248.71	150.86	112.77	11.23	16.56			72.06		3.46	2.95
1986	256.25	155.98	117.52	12.52	17.71			71.12		3.67	3.06
1987	268.50	165.34	123.71	14.21	19.03			72.30		4.00	3.07
1988	279.49	174.70	129.06	15.55	20.23			72.61		4.35	3.00
1989	286.70	181.46	133.60	16.60	20.93			72.30		4.50	3.10
1990	292.54	186.89	136.90	17.57	21.95			72.29		4.66	3.10
1991	299.19	192.61	140.55	18.82	22.26			72.92		4.80	3.17
1992	304.94	197.66	144.10	20.04	22.71			73.28		5.00	3.22
1993	309.90	203.64	156.63	21.35	24.37			73.08		4.50	3.03
1994	313.40	207.04	158.70	22.18	24.85			73.24		4.80	2.98
1995	314.06	206.33	158.72	22.72	24.51			73.31		5.13	3.07
1996	309.96	209.65	159.73	23.75	24.86			73.47		5.60	2.83
1997	313.45	211.92	161.21	24.46	24.97			74.24		6.02	3.06
1998	314.30	213.41	162.00	24.95	25.01			73.77		6.30	2.90
1999	315.90	215.07	163.25	25.33	25.03			73.40		6.63	2.93
2000	317.70	216.67	164.09	25.93	25.08	76.65		73.48	11.86	7.12	2.84
2001	320.12	215.56	150.50	24.60	25.65	77.14		74.00	12.02	7.40	2.70
2002	313.61	222.18	168.38	24.67	26.21	71.05	1.20	67.13	12.37	7.98	3.18
2003	316.40	226.95	171.34	26.02	26.72	71.05	1.21	67.27	12.61	8.09	3.38
2004	326.84	236.35	177.68	27.55	28.26	71.44	1.81	66.89	12.73	8.70	3.12
2005	336.75	244.50	183.47	28.77	29.21	72.58	2.50	67.82	13.58	9.41	3.34
2006	351.18	256.04	190.29	30.32	32.05	76.19	4.12	69.62	13.50	9.93	2.80
2007	370.11	267.51	197.16	32.16	34.37	85.03	7.66	74.72	13.29	10.62	2.59
2008	403.87	288.29	211.28	35.03	37.77	97.10	9.80	84.69	14.66	11.73	2.64
2009	441.66	312.08	227.11	38.56	41.67	109.98	13.13	93.34	15.40	12.61	2.71
2010	478.68	338.74	244.95	42.42	45.95	119.22	16.88	99.43	16.45	13.44	2.93
2011	515.99	370.51	267.07	47.71	49.65	123.37	18.71	102.63	17.81	14.59	3.14
2012	572.48	416.15	297.99	54.80	55.74	132.43	20.32	109.93	19.82	16.16	3.57
2013	618.19	457.86	325.52	60.88	62.11	134.99	19.42	113.65	21.49	17.55	3.85
2014	660.12	496.12	349.99	66.50	68.58	138.12	19.59	116.72	22.30	18.48	3.76
2015	701.52	533.06	372.10	71.54	76.25	141.38	20.10	119.61	23.63	19.54	4.03
2016	741.05	568.89	392.79	76.18	84.46	144.19	20.27	122.39	24.72	20.65	4.00
2017	794.03	612.05	417.24	81.82	94.56	152.85	21.84	129.21	26.26	22.11	4.08

7-15-13 各地区医疗卫生机构床位数

单位：张

地区	合计	#医院	#基层医疗卫生机构	#社区卫生服务中心(站)	#乡镇卫生院	#专业公共卫生机构	#妇幼保健院(所/站)	#专科疾病防治院(所/站)
全国	**7940252**	**6120484**	**1528528**	**218358**	**1292076**	**262570**	**221136**	**40833**
北京	120645	113664	4410	4383		2571	2017	554
天津	68409	60158	7313	3161	4017	708	63	645
河北	395036	299523	81551	9924	70892	12947	12587	290
山西	197525	154184	38538	4120	31014	3833	3663	160
内蒙古	150325	118697	26763	4721	21807	4313	3940	373
辽宁	298609	252969	37918	7044	30515	3572	1378	2074
吉林	153657	126595	21725	3525	17945	3065	2028	1037
黑龙江	241732	200838	32216	7737	23947	7728	4151	3571
上海	134607	115916	16350	16350		1478	1327	151
江苏	469182	369784	89444	21336	67806	7357	5687	1665
浙江	313520	277076	25775	7472	17917	9000	8485	448
安徽	305746	233219	65020	7994	56758	6837	4026	2781
福建	182375	139362	33457	3444	29940	7795	6015	1749
江西	234047	160095	59242	4432	54432	12800	9685	3115
山东	584812	441032	116629	18577	95369	24091	20092	3935
河南	558998	413827	121016	12211	108084	23990	22393	1572
湖北	376185	270862	88850	15179	72127	16473	14136	2333
湖南	452335	319455	113958	13257	100353	18762	14252	4510
广东	492064	393449	68548	8728	58822	29281	23126	6155
广西	241140	161506	65031	1929	63035	13816	13338	477
海南	41954	32514	7302	1133	6130	1509	1384	125
重庆	206376	150545	51039	8547	41127	4087	3620	467
四川	563475	411911	139395	11582	127062	12169	11794	319
贵州	232990	178296	46200	3469	41754	8300	7635	665
云南	274809	210840	55566	5159	50003	7515	6894	571
西藏	16103	11749	3659	90	3569	655	655	
陕西	241265	193150	38821	3314	35140	8526	7610	916
甘肃	146613	111206	30213	4251	25758	4626	4564	50
青海	38321	32028	5789	1203	4506	504	464	40
宁夏	39820	34822	3686	326	3354	1212	1212	
新疆	167577	131212	33104	3760	28893	3050	2915	85

7-15-14 各地区医疗卫生机构门诊服务情况

地 区	诊 疗 人次数 (万人次)	#门急诊	观察室留观病例数 (万人)	健康检查人数 (万人)	急诊病死率 (%)	观察室病死率 (%)	居民平均就诊次数 (次)
全 国	**818311.00**	**784782.54**	**4944.69**	**41855.78**	**0.07**	**0.09**	**5.90**
北 京	22468.66	22231.42	229.43	832.57	0.09	0.14	10.35
天 津	12144.66	11647.18	129.19	549.55	0.08	0.06	7.80
河 北	43213.79	39843.13	193.25	1502.58	0.15	0.11	5.75
山 西	13485.33	12377.92	50.21	863.23	0.14	0.13	3.64
内蒙古	10442.05	9771.57	45.69	517.47	0.13	0.10	4.13
辽 宁	20042.27	18635.99	242.93	955.79	0.13	0.09	4.59
吉 林	10843.29	9624.74	52.05	456.89	0.10	0.09	3.99
黑龙江	11790.66	10971.22	38.36	617.79	0.40	0.36	3.11
上 海	26579.44	26152.84	17.84	959.60	0.11	2.52	10.99
江 苏	58433.70	56793.04	170.68	3059.81	0.04	0.04	7.28
浙 江	59514.12	58282.63	127.03	2769.60	0.03	0.16	10.52
安 徽	28012.23	26678.60	140.39	1504.86	0.07	0.01	4.48
福 建	22635.62	22003.42	71.40	1016.93	0.03	0.03	5.79
江 西	21605.15	20641.10	141.80	1500.99	0.04	0.02	4.67
山 东	64436.32	61428.91	409.85	3152.77	0.16	0.10	6.44
河 南	58520.14	55480.30	159.99	2990.13	0.09	0.11	6.12
湖 北	35601.84	34318.95	334.93	1685.31	0.06	0.04	6.03
湖 南	27058.41	25113.38	387.02	1627.67	0.03	0.04	3.94
广 东	83620.22	81695.83	526.87	4429.60	0.03	0.05	7.49
广 西	26103.06	25425.44	151.79	1404.95	0.03	0.04	5.34
海 南	4961.64	4901.41	18.47	228.19	0.03	0.03	5.36
重 庆	15552.73	14986.89	225.62	790.06	0.08	0.01	5.06
四 川	48530.89	46576.48	283.80	3055.34	0.07	0.04	5.85
贵 州	15241.79	14624.46	149.87	845.61	0.05	0.22	4.26
云 南	25464.00	24917.84	349.05	1005.27	0.04	0.06	5.30
西 藏	1599.56	1500.12	9.82	177.61	0.05	0.05	4.75
陕 西	19155.39	18699.22	23.24	996.39	0.08	0.15	4.99
甘 肃	13458.01	12589.77	113.26	793.31	0.11	0.53	5.12
青 海	2545.48	2338.52	37.10	184.04	0.18	0.01	4.26
宁 夏	4008.58	3867.80	50.16	197.72	0.13	0.02	5.88
新 疆	11241.97	10662.45	63.60	1184.15	0.14	0.24	4.60

7-15-15 各地区医疗卫生机构住院服务情况

地　区	入院人数（万人）	出院人数（万人）	住院病人手术人次（万人次）	病死率（%）	每床出院人数（人）	每百门急诊入院人数（人）	居民年住院率（%）
全　国	**24435.88**	**24315.71**	**5595.71**	**0.36**	**30.7**	**4.46**	**17.61**
北　京	328.65	328.42	134.58	0.97	27.3	1.59	15.14
天　津	158.11	158.02	66.16	0.68	23.1	1.59	10.15
河　北	1175.19	1161.78	204.17	0.27	29.4	5.72	15.63
山　西	455.47	453.00	106.73	0.21	23.0	5.48	12.30
内蒙古	363.61	361.01	70.67	0.60	24.1	5.12	14.38
辽　宁	735.12	729.78	148.43	0.88	24.5	5.42	16.83
吉　林	383.34	382.28	75.66	0.97	24.9	5.63	14.11
黑龙江	604.73	599.04	118.57	0.87	24.8	7.11	15.96
上　海	391.23	390.95	211.31	1.32	29.0	1.61	16.18
江　苏	1418.04	1416.17	352.53	0.15	30.3	3.21	17.66
浙　江	949.26	946.35	332.67	0.29	30.2	1.96	16.78
安　徽	996.09	990.88	194.78	0.29	32.4	5.46	15.92
福　建	551.11	549.42	137.82	0.13	30.1	3.51	14.09
江　西	827.76	820.61	142.23	0.17	35.1	7.47	17.91
山　东	1825.35	1818.92	405.10	0.36	31.1	5.22	18.24
河　南	1745.31	1734.57	333.02	0.22	31.0	5.34	18.26
湖　北	1279.86	1276.88	294.36	0.37	34.0	5.71	21.69
湖　南	1473.54	1464.86	235.86	0.12	32.4	8.99	21.48
广　东	1634.62	1632.41	631.41	0.50	33.2	2.73	14.64
广　西	901.03	897.60	157.93	0.36	37.2	5.15	18.44
海　南	116.47	116.15	23.52	0.27	27.7	3.18	12.58
重　庆	687.06	682.73	127.53	0.36	33.1	6.80	22.34
四　川	1824.74	1818.03	356.36	0.40	32.3	5.79	21.98
贵　州	732.78	727.21	142.84	0.18	31.2	7.15	20.47
云　南	892.25	886.13	211.69	0.25	32.3	5.19	18.58
西　藏	33.20	32.74	5.68	0.16	20.3	3.15	9.85
陕　西	751.37	745.44	163.88	0.27	30.9	6.24	19.59
甘　肃	437.46	432.73	65.50	0.15	29.5	5.77	16.66
青　海	97.34	97.53	17.14	0.25	25.5	5.64	16.28
宁　夏	117.63	115.73	24.81	0.22	29.1	3.91	17.25
新　疆	548.15	548.34	102.78	0.34	32.8	6.26	22.42

7-15-16 社区卫生服务中心(站)医疗服务情况

年 份 地 区	社区卫生服务中心					社区卫生服务站	
	诊疗人次 (万人次)	入院人数 (万人)	病床使用率 (%)	平均住院日 (日)	医师日均 担负诊疗人次 (人次)	诊疗人次 (万人次)	医师日均 担负诊疗人次 (人次)
2004	4615.6	15.2	61.2	21.0	13.0	5095.5	11.1
2005	5938.5	26.6	60.7	17.2	13.7	6281.5	11.0
2006	8285.5	43.6	57.9	15.5	13.0	9378.9	13.1
2007	12712.4	74.3	59.6	13.1	13.1	9875.0	14.6
2008	17247.3	103.3	58.7	13.4	12.9	8425.1	12.5
2009	26080.2	164.2	59.8	10.6	14.0	11617.3	13.7
2010	34740.4	218.1	56.1	10.4	13.6	13711.1	13.6
2011	40950.0	247.3	54.4	10.2	14.0	13703.8	13.7
2012	45475.1	268.7	55.5	10.1	14.8	14393.6	14.0
2013	50788.6	292.1	57.0	9.8	15.7	14921.2	14.3
2014	53618.8	298.1	55.6	9.9	16.1	14912.0	14.4
2015	55902.6	305.5	54.7	9.8	16.3	14742.5	14.1
2016	56327.0	313.7	54.6	9.7	15.9	15561.9	14.5
2017	60743.2	344.2	54.8	9.5	16.2	15982.4	14.1
北 京	4807.5	2.5	31.9	17.8	16.7	650.7	20.3
天 津	1830.3	1.3	23.0	12.0	24.0	368.7	35.6
河 北	707.4	7.4	45.2	7.5	8.5	986.2	10.0
山 西	396.3	4.3	40.1	9.5	6.9	427.8	7.0
内蒙古	445.7	6.3	45.8	9.2	6.4	339.7	7.1
辽 宁	1119.4	8.6	41.8	8.7	10.1	573.4	11.3
吉 林	456.9	2.4	30.7	9.2	7.0	76.1	9.9
黑龙江	691.7	8.5	42.0	9.1	6.8	85.1	5.9
上 海	8690.6	7.4	89.2	64.6	28.2		
江 苏	7334.2	43.5	56.1	8.9	19.8	1468.7	20.9
浙 江	9192.6	6.7	43.2	14.6	24.7	444.0	22.7
安 徽	1275.7	14.4	46.6	7.5	12.7	1107.1	13.1
福 建	1551.5	5.6	33.4	6.9	17.2	377.6	12.5
江 西	366.2	6.1	49.7	6.8	9.5	318.2	12.7
山 东	2055.4	28.0	51.6	8.1	10.0	1578.0	13.3
河 南	1410.4	17.4	49.5	9.6	9.5	956.2	14.8
湖 北	1575.9	32.8	59.7	8.4	9.8	725.7	17.3
湖 南	1009.3	32.7	65.8	7.5	7.5	235.4	7.6
广 东	9748.3	15.8	51.8	9.1	22.8	2294.3	28.8
广 西	783.5	3.3	45.8	7.5	14.2	192.8	12.6
海 南	101.7	2.2	52.2	5.8	9.0	219.3	14.9
重 庆	685.8	28.5	71.9	7.0	8.9	121.0	12.2
四 川	2166.7	26.3	64.9	8.0	15.3	449.4	13.2
贵 州	324.2	7.5	44.1	5.2	8.0	331.7	9.7
云 南	479.0	9.6	51.2	7.4	10.9	267.6	11.0
西 藏	8.0		11.1		2.8	2.4	6.0
陕 西	496.6	5.6	42.4	7.9	8.9	296.3	11.7
甘 肃	354.2	3.9	53.4	5.7	8.6	346.6	11.4
青 海	72.0	1.0	48.3	8.2	6.6	217.0	19.1
宁 夏	52.3	0.1	42.9	8.8	13.8	186.5	16.7
新 疆	553.9	4.7	47.8	7.6	11.7	338.9	9.6

7-15-17 监测地区5岁以下儿童和孕产妇死亡率

年份	新生儿死亡率(‰)			婴儿死亡率(‰)			5岁以下儿童死亡率(‰)			孕产妇死亡率(1/10万)		
	合计	城市	农村	合计	城市	农村	合计	城市	农村	合计	城市	农村
1991	33.1	12.5	37.9	50.2	17.3	58.0	61.0	20.9	71.1	80.0	46.3	100.0
1992	32.5	13.9	36.8	46.7	18.4	53.2	57.4	20.7	65.6	76.5	42.7	97.9
1993	31.2	12.9	35.4	43.6	15.9	50.0	53.1	18.3	61.6	67.3	38.5	85.1
1994	28.5	12.2	32.3	39.9	15.5	45.6	49.6	18.0	56.9	64.8	44.1	77.5
1995	27.3	10.6	31.1	36.4	14.2	41.6	44.5	16.4	51.1	61.9	39.2	76.0
1996	24.0	12.2	26.7	36.0	14.8	40.9	45.0	16.9	51.4	63.9	29.2	86.4
1997	24.2	10.3	27.5	33.1	13.1	37.7	42.3	15.5	48.5	63.6	38.3	80.4
1998	22.3	10.0	25.1	33.2	13.5	37.7	42.0	16.2	47.9	56.2	28.6	74.1
1999	22.2	9.5	25.1	33.3	11.9	38.2	41.4	14.3	47.7	58.7	26.2	79.7
2000	22.8	9.5	25.8	32.2	11.8	37.0	39.7	13.8	45.7	53.0	29.3	69.6
2001	21.4	10.6	23.9	30.0	13.6	33.8	35.9	16.3	40.4	50.2	33.1	61.9
2002	20.7	9.7	23.2	29.2	12.2	33.1	34.9	14.6	39.6	43.2	22.3	58.2
2003	18.0	8.9	20.1	25.5	11.3	28.7	29.9	14.8	33.4	51.3	27.6	65.4
2004	15.4	8.4	17.3	21.5	10.1	24.5	25.0	12.0	28.5	48.3	26.1	63.0
2005	13.2	7.5	14.7	19.0	9.1	21.6	22.5	10.7	25.7	47.7	25.0	53.8
2006	12.0	6.8	13.4	17.2	8.0	19.7	20.6	9.6	23.6	41.1	24.8	45.5
2007	10.7	5.5	12.8	15.3	7.7	18.6	18.1	9.0	21.8	36.6	25.2	41.3
2008	10.2	5.0	12.3	14.9	6.5	18.4	18.5	7.9	22.7	34.2	29.2	36.1
2009	9.0	4.5	10.8	13.8	6.2	17.0	17.2	7.6	21.1	31.9	26.6	34.0
2010	8.3	4.1	10.0	13.1	5.8	16.1	16.4	7.3	20.1	30.0	29.7	30.1
2011	7.8	4.0	9.4	12.1	5.8	14.7	15.6	7.1	19.1	26.1	25.2	26.5
2012	6.9	3.9	8.1	10.3	5.2	12.4	13.2	5.9	16.2	24.5	22.2	25.6
2013	6.3	3.7	7.3	9.5	5.2	11.3	12.0	6.0	14.5	23.2	22.4	23.6
2014	5.9	3.5	6.9	8.9	4.8	10.7	11.7	5.9	14.2	21.7	20.5	22.2
2015	5.4	3.3	6.4	8.1	4.7	9.6	10.7	5.8	12.9	20.1	19.8	20.2
2016	4.9	2.9	5.7	7.5	4.2	9.0	10.2	5.2	12.4	19.9	19.5	20.0
2017	4.5	2.6	5.3	6.8	4.1	7.9	9.1	4.8	10.9	19.6	16.6	21.1

7-15-18 部分地区城市居民主要疾病死亡率及死因构成

疾病名称	合计			男			女		
	死亡率(1/10万)	构成(%)	位次	死亡率(1/10万)	构成(%)	位次	死亡率(1/10万)	构成(%)	位次
传染病(含呼吸道结核)	6.16	1.00	10	8.71	1.24	8	3.54	0.67	10
寄生虫病	0.03		17	0.04	0.01	16	0.02		17
恶性肿瘤	160.72	26.11	1	201.53	28.76	1	118.68	22.48	2
血液,造血器官及免疫疾病	1.30	0.21	15	1.39	0.20	15	1.21	0.23	15
内分泌,营养和代谢疾病	20.52	3.33	6	19.61	2.80	6	21.46	4.07	6
精神障碍	2.71	0.44	11	2.60	0.37	11	2.83	0.54	12
神经系统疾病	7.84	1.27	8	8.00	1.14	9	7.67	1.45	8
心脏病	141.61	23.00	2	144.81	20.66	2	138.32	26.20	1
脑血管病	126.58	20.56	3	139.11	19.85	3	113.68	21.53	3
呼吸系统疾病	67.20	10.92	4	78.75	11.24	4	55.30	10.48	4
消化系统疾病	14.53	2.36	7	18.04	2.57	7	10.92	2.07	7
肌肉骨骼和结缔组织疾病	2.34	0.38	12	1.83	0.26	13	2.87	0.54	11
泌尿生殖系统疾病	6.72	1.09	9	7.70	1.10	10	5.70	1.08	9
妊娠,分娩产褥期并发症	0.08	0.01	16				0.16	0.03	16
围生期疾病	1.59	0.26	13	1.93	0.27	12	1.25	0.24	14
先天畸形,变形和染色体异常	1.45	0.24	14	1.54	0.22	14	1.36	0.26	13
损伤和中毒外部原因	36.34	5.90	5	46.51	6.64	5	25.87	4.90	5
诊断不明	2.16	0.35		2.88	0.41		1.41	0.27	
其他疾病	6.00	0.97		4.84	0.69		7.19	1.36	

注：本表系605个死因监测点结果。下表同。

7-15-19 部分地区农村居民主要疾病死亡率及死因构成

疾病名称	合计			男			女		
	死亡率(1/10万)	构成(%)	位次	死亡率(1/10万)	构成(%)	位次	死亡率(1/10万)	构成(%)	位次
传染病(含呼吸道结核)	7.43	1.09	10	10.16	1.31	8	4.62	0.80	10
寄生虫病	0.08	0.01	17	0.10	0.01	16	0.05	0.01	17
恶性肿瘤	156.70	23.07	2	200.80	25.83	1	111.06	19.22	3
血液,造血器官及免疫疾病	1.21	0.18	15	1.29	0.17	15	1.13	0.20	15
内分泌营养和代谢疾病	16.34	2.40	6	14.50	1.87	7	18.24	3.16	6
精神障碍	2.78	0.41	11	2.74	0.35	11	2.82	0.49	11
神经系统疾病	7.57	1.12	8	7.60	0.98	10	7.55	1.31	8
心脏病	154.40	22.73	3	157.86	20.31	3	150.81	26.10	1
脑血管病	157.48	23.18	1	173.97	22.38	2	140.40	24.30	2
呼吸系统疾病	78.57	11.57	4	88.18	11.35	4	68.62	11.87	4
消化系统疾病	14.41	2.12	7	18.41	2.37	6	10.27	1.78	7
肌肉骨骼和结缔组织疾病	1.77	0.26	13	1.51	0.19	14	2.05	0.35	12
泌尿生殖系统疾病	7.56	1.11	9	8.93	1.15	9	6.14	1.06	9
妊娠分娩产褥期并发症	0.11	0.02	16				0.22	0.04	16
围生期疾病	1.88	0.28	12	2.30	0.30	12	1.44	0.25	13
先天畸形,变形和染色体异常	1.70	0.25	14	1.97	0.25	13	1.42	0.25	14
损伤和中毒外部原因	52.92	7.79	5	70.43	9.06	5	34.80	6.02	5
诊断不明	2.08	0.31		2.54	0.33		1.61	0.28	
其他疾病	6.04	0.89		4.96	0.64		7.15	1.24	

注：农村包括县及县级市。

7-15-20 提供住宿的社会服务床位数

单位：万张

地区	床位数	#养老	#儿童	#其他	每千老年人口养老床位数(张)
全国	**419.6**	**383.5**	**10.3**	**17.1**	**30.92**
北京	15.6	14.9	0.2	0.6	39.58
天津	5.4	5.1	0.1	0.1	22.44
河北	17.6	16.9	0.1	0.5	32.64
山西	5.7	5.0	0.1	0.3	23.02
内蒙古	9.5	8.8	0.2	0.3	52.17
辽宁	17.4	16.1	0.4	0.9	21.43
吉林	13.1	11.8	0.3	0.3	22.86
黑龙江	14.7	13.3	0.3	0.5	27.37
上海	13.4	12.8	0.2	0.3	27.84
江苏	43.3	41.5	0.4	0.7	40.23
浙江	28.0	27.1	0.3	0.5	57.06
安徽	19.8	18.4	0.6	0.7	32.04
福建	5.8	4.9	0.1	0.3	26.69
江西	15.4	14.6	0.1	0.6	29.20
山东	30.5	29.1	0.5	0.5	33.76
河南	13.3	11.6	0.4	1.1	22.40
湖北	25.4	23.6	0.4	0.8	31.83
湖南	15.0	13.3	0.5	0.7	23.62
广东	22.6	20.2	0.6	1.3	33.62
广西	5.5	4.4	0.3	0.4	25.14
海南	1.0	0.9		0.1	18.26
重庆	8.9	8.2	0.3	0.2	25.46
四川	35.2	31.0	0.7	2.2	31.50
贵州	8.0	6.9	0.3	0.5	36.73
云南	6.1	5.0	0.3	0.5	19.05
西藏	1.4	0.3	0.5	0.6	17.32
陕西	9.9	9.0	0.3	0.5	25.52
甘肃	3.1	2.4	0.3	0.4	32.41
青海	0.9	0.6	0.1	0.2	32.57
宁夏	1.8	1.5	0.1	0.1	29.05
新疆	6.2	4.4	1.1	0.4	23.70

注：老年人口指60岁及以上人口。

7-15-21 社会救助情况

单位：万人

年份 地区	城市居民最低 生活保障人数	农村居民最低 生活保障人数	农村特困人员 集中供养人数	农村特困人员 分散供养人数
2007	2272.1	3566.3	138.0	393.3
2008	2334.8	4305.5	155.6	393.0
2009	2345.6	4760.0	171.8	381.6
2010	2310.5	5214.0	177.4	378.9
2011	2276.8	5305.7	184.5	366.5
2012	2143.5	5344.5	185.3	360.3
2013	2064.0	5388.0	183.5	353.8
2014	1877.0	5207.0	174.3	354.8
2015	1701.1	4903.6	162.3	354.4
2016	1480.2	4586.5	139.7	357.2
2017	1261.0	4045.2	99.6	367.2
北　京	7.8	4.4	0.2	0.3
天　津	10.7	9.1	0.1	1.0
河　北	35.5	160.2	3.2	20.0
山　西	46.0	111.2	1.8	12.9
内蒙古	43.0	119.9	1.1	7.3
辽　宁	53.8	73.0	2.4	10.7
吉　林	59.2	70.3	2.0	8.8
黑龙江	95.4	105.2	2.3	9.0
上　海	15.7	3.5	0.1	0.1
江　苏	20.5	97.2	6.4	13.7
浙　江	22.2	59.2	2.6	0.1
安　徽	47.9	155.5	9.1	30.7
福　建	6.8	39.1	0.6	6.1
江　西	83.3	175.7	11.5	9.6
山　东	23.8	181.6	6.2	14.9
河　南	67.8	288.1	7.7	41.2
湖　北	45.9	137.9	4.8	19.8
湖　南	76.7	124.9	6.1	31.8
广　东	22.8	146.8	2.1	20.5
广　西	19.1	253.9	1.8	23.2
海　南	6.3	18.1	0.2	2.4
重　庆	34.0	60.2	1.7	9.4
四　川	118.4	366.3	13.9	32.0
贵　州	31.5	260.0	3.6	4.8
云　南	70.9	329.9	1.6	12.2
西　藏	3.3	22.7	0.9	0.6
陕　西	30.6	87.6	2.9	9.0
甘　肃	65.1	299.3	0.8	10.3
青　海	13.4	42.6	0.3	1.7
宁　夏	10.8	38.1	0.2	0.8
新　疆	72.9	203.6	1.4	2.5

7-15-22 医疗救助情况

地区	资助参加医疗保险人数（万人）	直接医疗救助人数（万人次）	资助参加医疗保险支出（万元）	直接医疗救助支出（万元）
全国	**5621.0**	**3517.1**	**739969.1**	**2660889.7**
北京	1.6	13.0	1111.1	26218.0
天津	24.7	201.4	10966.1	27200.2
河北	228.2	45.1	43648.7	77629.4
山西	121.0	24.9	14980.3	59061.5
内蒙古	166.0	31.2	17888.1	66779.6
辽宁	103.6	99.0	21757.7	52324.7
吉林	79.8	54.3	16097.2	55407.4
黑龙江	229.8	60.7	36112.2	100104.1
上海	7.5	29.6	4682.8	40360.7
江苏	154.3	491.1	34046.0	152168.7
浙江	47.0	320.9	18139.8	120726.1
安徽	390.7	194.0	71897.3	141786.3
福建	72.7	125.9	13095.6	44176.1
江西	170.7	201.2	15536.7	128182.3
山东	184.8	114.2	29557.6	100752.9
河南	347.1	71.8	30121.0	91481.5
湖北	204.0	118.4	35100.8	138676.7
湖南	344.6	115.4	33601.1	118341.0
广东	264.8	168.4	50032.7	232427.0
广西	247.6	28.3	27789.7	62200.4
海南	22.7	13.6	5380.0	22650.1
重庆	173.7	474.5	23408.0	116474.9
四川	425.9	208.6	58278.1	187490.1
贵州	265.3	52.3	17155.1	78571.7
云南	428.2	107.3	36520.1	86501.2
西藏	6.8	6.0	782.7	24876.5
陕西	77.8	51.3	15407.8	123791.7
甘肃	549.6	27.2	22695.8	67814.1
青海	59.6	17.2	10532.8	29619.1
宁夏	50.5	12.0	4021.6	21093.2
新疆	170.6	38.4	19624.6	66002.5

注：从2016年起将资助参加合作医疗保险人数合并到资助参加医疗保险人数指标中，将资助参加合作医疗支出合并到资助参加医疗保险支出指标中。

7-15-23 社区服务机构、社会工作师情况

年 份 地 区	社区服务 机构和设施 （个）	社会工作师 累计合格人数 （人）	助理社会工作师 累计合格人数 （人）
2000	187888		
2005	203275		
2006	160007		
2007	172002		
2008	162976	4192	20648
2009	174976	8419	27259
2010	152941	11083	32687
2011	160352	13421	40755
2012	200162	19525	64601
2013	251939	31183	91901
2014	251368	38501	120111
2015	360956	51722	154461
2016	386186	69391	218794
2017	407453	83189	243421
北 京	11749	6997	19844
天 津	2786	1711	5529
河 北	36833	1890	3154
山 西	6067	1423	2311
内蒙古	4495	963	1570
辽 宁	7375	3345	9088
吉 林	1840	1491	4879
黑龙江	3231	1373	3653
上 海	6197	4613	12299
江 苏	41826	10076	32580
浙 江	33763	8422	17992
安 徽	7860	2235	6228
福 建	8630	3149	7209
江 西	3745	866	2625
山 东	25156	5735	9658
河 南	6015	1932	4527
湖 北	14738	1858	7526
湖 南	15565	1865	5191
广 东	68919	12857	51979
广 西	13916	849	3040
海 南	2812	101	367
重 庆	8040	1767	4692
四 川	23457	2470	9380
贵 州	23139	248	1089
云 南	3359	766	2373
西 藏	76	7	25
陕 西	8926	2562	10218
甘 肃	10142	422	1361
青 海	1640	86	315
宁 夏	2514	282	868
新 疆	2642	828	1851

注：2015年起社区服务机构和设施指标包括社区养老机构、社区互助型养老设施数。

【主要统计指标解释】

卫生总费用　是以货币形式作为综合计量手段，全面反映一个国家或地区在一定时期内（通常指一年），全社会在医疗卫生服务上所消耗的资金总额。卫生费用核算结果及其基础数据，不仅为政府调整和制定卫生经济政策提供宏观经济信息，同时也是评价全社会对人类健康的重视程度，分析卫生保健体制公平与效率的重要依据。

政府卫生支出　指各级政府用于医疗卫生服务、医疗保障补助、卫生和医疗保险行政管理、人口与计划生育事务支出等各项事业的经费。

社会卫生支出　指政府支出外的社会各界对卫生事业的资金投入。包括社会医疗保障支出、商业健康保险费、社会办医支出、社会捐赠援助、行政事业性收费收入等。

个人现金卫生支出　指城乡居民在接受各类医疗卫生服务时的现金支付，包括享受各种医疗保险制度的居民就医时自付的费用。

人均卫生费用　即某年卫生总费用与同期平均人口数之比。

卫生总费用与GDP之比　指某年卫生总费用与同期国内生产总值（GDP）之比。是用来反映一定时期，一定经济条件下，国家对卫生工作的支持程度，全社会对卫生事业的资金投入力度以及全社会对居民卫生保健的重视程度。

社会服务事业费总支出　包括抚恤费、军队离退休退职费、城镇居民最低生活保障、农村居民最低生活保障及其他社会救济、社会福利、自然灾害救助、离退休人员经费等。

抚恤费　指各级列入财政部2010年政府收支分类科目中20808款预算指标，用于各类优抚和优抚事业单位的支出。

社会福利费　指各级列入财政部2010年政府收支分类科目中20810款预算指标，用于社会福利支出。

自然灾害生活救助　指各级列入财政部2010年政府收支分类科目中20815款预算指标，用于自然灾害生活救助方面的支出。

医疗卫生机构　指从卫生行政部门取得《医疗机构执业许可证》，或从民政、工商行政、机构编制管理部门取得法人单位登记证书，为社会提供医疗保健、疾病控制、卫生监督服务或从事医学科研和医学在职培训等工作的单位。医疗卫生机构包括医院、基层医疗卫生机构、专业公共卫生机构、其他医疗卫生机构。

基层医疗卫生机构　包括社区卫生服务中心(站)、街道卫生院、乡镇卫生院、村卫生室、门诊部、诊所(医务室)。

专业公共卫生机构　包括疾病预防控制中心、专科疾病防治机构、妇幼保健机构、健康教育机构、急救中心(站)、采供血机构、卫生监督机构、卫生部门主管的计划生育技术服务中心。

卫生人员　指在医院、基层医疗卫生机构、专业公共卫生机构及其他医疗卫生机构工作的职工，包括卫生技术人员、乡村医生和卫生员、其他技术人员、管理人员和工勤人员等。

卫生技术人员　包括执业医师、执业助理医师、注册护士、药师（士）、检验技师、影像技师（士）、卫生监督员和见习医（药、护、技）师（士）等卫生专业人员。不包括从事管理工作的卫生技术人员。

执业医师 指《医师执业证》"级别"为"执业医师"且实际从事医疗、预防保健工作的人员，不包括实际从事管理工作的执业医师。执业医师类别分为临床、中医、口腔和公共卫生四类。

每千人口执业(助理)医师 每千人口执业(助理)医师=（执业医师数+执业助理医师数)/人口数×1000。

28种传染病报告发病率 是指某年某地区每10万人口中28种传染病报告发病情况。即28种传染病报告发病率=28种传染病报告发病人数/人口数×100000。

28种传染病报告死亡率 是指某年某地区每10万人口中28种传染病报告死亡情况。即28种传染病报告死亡率=28种传染病报告死亡人数/人口数×100000。

城市居民最低生活保障人数 指在报告期末共同生活的家庭成员人均收入低于当地最低生活保障标准，且家庭财产状况符合相关规定的城镇居民，并已发放补助经费的人数。

农村居民最低生活保障人数 指报告期末共同生活的家庭成员人均收入低于当地最低生活保障标准，得到当地政府给予最低生活保障待遇的农业人口家庭人数。

社区服务机构数 指报告期末设立的社区服务指导中心、社区服务中心、社区服务站、社区养老机构、社区互助型养老机构及其他社区服务机构的总和数。具有面向老人、残疾人、儿童及其家庭的商品递送、医疗保健、家庭保洁、日间照料、陪伴服务等为社区居家养老服务的设施和突出综合服务的职能。

7 第三产业分行业主要指标

7-16　文化、体育和娱乐业

简要说明

一、主要内容

本篇主要反映新闻出版、广电、文化、文物、档案、体育事业发展情况。

内容包括广播电视业和文化事业财务情况；图书、期刊、报纸、音像制品的出版、印刷、发行以及引进和输出版权情况；广播影视宣传、覆盖、技术、财务收支等方面的情况；艺术表演团体、公共图书馆、群众艺术馆、博物馆以及国家档案馆等单位的机构、人员、经费和业务活动情况；体育系统机构人员、运动员获世界冠军以及创世界记录情况。

文化、体育和娱乐业企业法人单位分地区主要指标。

二、资料来源

新闻出版资料由国家新闻出版署提供；广播、电视资料由国家广播电视总局提供；电影资料由国家电影局提供；文化资料由文化和旅游部提供；文物资料由国家文物局提供；档案资料由国家档案局提供；体育资料由国家体育总局提供。

详细资料分别见《中国新闻出版统计资料汇编》（国家新闻出版署编）、《全国广播电视业发展指标统计》（国家广播电视总局编）、《中国文化文物统计年鉴》（文化和旅游部编）、《体育事业统计年鉴》（国家体育总局体育经济司编）。

文化、体育和娱乐业企业法人单位分地区主要指标来源国家统计局服务业司《规模以上服务业统计报表制度》和《规模以下服务业抽样调查统计报表制度》调查结果。

7-16-1 各地区广播电视行政事业单位财务收支情况

单位：万元

地 区	总收入	#财政补助收入	#事业收入	#经营收入	总支出
全 国	**14753045**	**6990396**	**6532754**	**572450**	**14422306**
总局直属	3830002	943552	2635586	17292	3679887
北 京	647299	273783	358641	2588	673024
天 津	153652	78474	69868	1564	145291
河 北	243205	166051	58462	8685	245670
山 西	327358	208455	100989	5235	342395
内蒙古	340876	324597	8774	838	325080
辽 宁	418964	205618	202897	3382	419114
吉 林	338390	321924	5525	5192	325640
黑龙江	251657	225108	14605	3671	255490
上 海	194496	158402	24836	2108	187028
江 苏	432527	134590	186042	70728	459845
浙 江	496022	165213	258525	44209	460541
安 徽	453712	217262	214025	926	480128
福 建	245978	186300	43085	4582	244946
江 西	291822	247199	25136	9647	264223
山 东	700617	206080	455543	10805	713207
河 南	396878	185259	188019	8252	406345
湖 北	367142	188145	48403	122257	354741
湖 南	1152632	220620	872228	27481	1064047
广 东	552574	163920	306528	41973	557169
广 西	322243	230729	56396	25934	329999
海 南	129372	61575	24602	40185	87658
重 庆	96361	84080	5079	4120	104291
四 川	615190	466786	45506	74786	589510
贵 州	180123	160752	10679	2216	181602
云 南	351215	253695	76559	3697	362837
西 藏	132554	121206	8411	636	117807
陕 西	319822	182302	114079	17899	305008
甘 肃	226887	187400	28710	2209	230954
青 海	103033	95473	6398	5	98635
宁 夏	91871	64145	21140	1464	92348
新 疆	328608	257136	42080	7885	317847

7-16-2 各地区广播电视企业单位经营情况

单位：万元

地区	总收入	#营业收入	本年应缴税金	资产总额	本年新增固定资产
全国	**45949033**	**43798093**	**2186059**	**126549067**	**2989070**
总局直属	3552152	3412964	152411	6710953	57474
北京	11019858	9753020	688100	30960881	389654
天津	311272	307134	10718	590910	52253
河北	704377	663530	32628	1799918	82578
山西	318710	310640	5519	683945	23309
内蒙古	205185	199030	25167	579681	83326
辽宁	264538	259429	9556	1067270	57673
吉林	222642	213003	1154	1330642	48648
黑龙江	460825	449306	-360	1366522	106239
上海	5419071	5367500	181956	11208658	172066
江苏	2877609	2792956	193794	12526005	259849
浙江	5035424	4931410	268801	18588689	276731
安徽	462544	451159	9907	993672	26426
福建	925918	877580	20205	1741587	115362
江西	392895	386626	7232	723087	27690
山东	903548	888830	41654	2400742	122836
河南	316002	300641	2712	1415095	130861
湖北	693563	664394	9370	2476378	116184
湖南	1558522	1538921	49619	4058295	64880
广东	2769745	2690336	219780	6065787	203985
广西	370390	361595	6399	965010	58721
海南	69554	66903	1930	222113	255
重庆	598278	559690	31905	1295956	56754
四川	1641698	1588604	65082	4047107	142719
贵州	812674	787442	22546	1649890	138679
云南	354805	334679	22970	1250158	45569
西藏	2539	2539	186	2659	9
陕西	510483	498838	10062	1362790	41582
甘肃	123727	116372	3469	1213744	51396
青海	30038	28645	-564	80898	6400
宁夏	57713	53721	1942	299137	4019
新疆	2962738	2940656	90210	6870885	24942

7-16-3 各地区广播电视企业资产负债情况

单位：万元

地 区	资产总额	负债总额	所有者权益
全 国	**126549067**	**63707220**	**65231941**
总局直属	6710953	2480073	4230820
北 京	30960881	16243691	16013002
天 津	590910	345557	280429
河 北	1799918	1183493	620735
山 西	683945	329620	355463
内蒙古	579681	155719	423962
辽 宁	1067270	735421	331834
吉 林	1330642	473916	856613
黑龙江	1366522	811898	554625
上 海	11208658	5662284	5570671
江 苏	12526005	5067446	7494147
浙 江	18588689	8568544	10136907
安 徽	993672	608532	376417
福 建	1741587	1051263	708131
江 西	723087	519326	203762
山 东	2400742	1033347	1400267
河 南	1415095	1005077	410018
湖 北	2476378	1198200	1277400
湖 南	4058295	1739458	2316159
广 东	6065787	2682050	3057015
广 西	965010	460700	507605
海 南	222113	123814	105607
重 庆	1295956	821953	494268
四 川	4047107	2838328	1190326
贵 州	1649890	747961	898684
云 南	1250158	700758	549401
西 藏	2659	606	2053
陕 西	1362790	687644	687122
甘 肃	1213744	910585	331158
青 海	80898	35024	45874
宁 夏	299137	124873	170700
新 疆	6870885	4360061	3630767

7-16-4 文化、体育和娱乐业企业法人单位分地区主要指标

地 区	单位数（个）	营业收入（亿元）	资产总计（亿元）	从业人员（万人）
全 国	**261199**	**7425.5**	**26525.6**	**262.4**
北 京	28957	1340.0	4360.9	19.9
天 津	2700	152.7	1620.2	3.5
河 北	7522	86.3	600.9	7.5
山 西	5263	46.4	210.7	5.6
内蒙古	2745	34.4	367.0	2.8
辽 宁	7011	107.9	589.8	5.6
吉 林	4252	64.8	140.3	4.1
黑龙江	4717	58.0	247.6	4.1
上 海	5747	473.3	2706.5	9.2
江 苏	12603	697.9	2363.3	16.7
浙 江	18581	608.4	2104.2	17.0
安 徽	12684	228.0	544.6	10.3
福 建	8539	210.0	637.0	11.2
江 西	5498	160.9	274.8	6.0
山 东	13140	451.4	887.4	14.8
河 南	11444	282.4	545.8	14.1
湖 北	9639	359.9	793.1	11.0
湖 南	15519	463.0	1120.2	17.3
广 东	15952	538.6	1721.3	21.6
广 西	6069	63.6	236.4	4.8
海 南	1373	36.6	414.7	2.2
重 庆	6670	183.5	376.0	7.1
四 川	24456	233.6	660.2	17.5
贵 州	4063	66.5	880.5	4.6
云 南	5958	78.1	260.6	6.1
西 藏	553	3.7	232.3	0.4
陕 西	5756	272.3	1121.4	6.6
甘 肃	3752	46.1	168.8	5.2
青 海	887	9.3	35.0	1.2
宁 夏	1104	14.1	103.6	1.1
新 疆	8045	53.5	200.6	3.3

7-16-5 电影综合情况

年 份	电影故事片厂(个)	生产故事影片(部)	生产动画影片(部)	生产科教影片(部)	生产纪录影片(部)	生产特种影片(部)
1978	12	46	26	289	202	
1979	17	65	25	349	317	
1980	17	82	32	337	242	
1981	19	105	33	277	276	
1982	19	112	33	284	259	
1983	19	127	37	343	299	
1984	20	144	37	387	337	
1985	20	127	45	357	419	
1986	20	134	46	383	417	
1987	22	146	45	353	347	
1988	22	158	38	344	350	
1989	22	136	53	334	259	
1990	22	134	51	326	296	
1991	22	130	46	351	283	
1992	22	170	56	354	307	
1993	22	154	47	252	300	
1994	22	148	32	182	22	
1995	30	146	37	40	111	
1996	30	110	58	33	39	
1997	31	88	28	34	95	
1998	31	82	9	30	54	
1999	31	99	3	20	14	
2000	31	91	1	49	10	
2001	27	88	1	56	9	
2002	31	100	2	60	7	
2003	31	140	2	53	6	
2004	31	212	4	30	10	
2005	32	260	7	33	2	
2006	32	330	13	36	13	
2007	32	402	6	34	9	
2008	33	406	16	39	16	2
2009	31	456	27	52	19	4
2010	31	526	16	54	16	9
2011	31	558	24	76	26	5
2012	31	745	33	74	15	26
2013	31	638	29	121	18	18
2014	31	618	40	52	25	23
2015	31	686	51	96	38	17
2016	31	772	49	67	32	24
2017	31	798	32	68	44	28

注：1.本表电影故事片厂指国有电影故事片厂。
2.2005年及以前动画片数为美术片数。

7-16-6 主要文化机构情况

单位：个

年 份	公共图书馆	文化馆(站)	省级、地市级文化馆	县市级文化馆	乡镇(街道)文化站	博物馆	艺术表演团 体	艺术表演场 馆
1978	1218	6893	92	2748	4053	349	3150	1095
1980	1732	8739	218	2912	5609	365	3533	1444
1985	2344	8576	335	2960	5281	711	3317	1377
1986	2406	8913	337	2993	5583	777	3195	2058
1987	2440	8974	348	2973	5653	827	3094	2148
1988	2485	9045	358	2975	5712	903	2985	2081
1989	2512	9037	366	2955	5716	967	2850	2050
1990	2527	9216	366	2955	5895	1013	2805	1955
1991	2535	10507	371	2894	7242	1075	2772	2068
1992	2558	9564	372	2900	6292	1106	2753	2037
1993	2572	10155	370	2886	6899	1130	2707	2024
1994	2589	11276	374	2887	8015	1161	2698	1998
1995	2615	13487	373	2886	10228	1194	2682	1958
1996	2620	45253	392	2892	41969	1219	2664	1934
1997	2628	45449	385	2901	42163	1282	2663	1947
1998	2662	45834	386	2901	42547	1339	2652	1929
1999	2669	45837	389	2905	42543	1363	2632	1911
2000	2675	45321	390	2907	42024	1392	2619	1900
2001	2696	43379	399	2842	40138	1461	2605	1854
2002	2697	42516	389	2854	39273	1511	2587	1829
2003	2709	41816	382	2846	38588	1515	2601	1900
2004	2720	41402	380	2841	38181	1548	2759	1928
2005	2762	41588	375	2851	38362	1581	2805	1866
2006	2778	40088	395	2819	36874	1617	2866	1839
2007	2799	40601	411	2806	37384	1722	4512	1732
2008	2820	41156	389	2829	37938	1893	5114	1662
2009	2850	41959	361	2862	38736	2252	6139	1499
2010	2884	43382	374	2890	40118	2435	6864	1461
2011	2952	43675	379	2906	40390	2650	7055	1429
2012	3076	43876	382	2919	40575	3069	7321	1279
2013	3112	44260	385	2930	40945	3473	8180	1344
2014	3117	44423	385	2928	41110	3658	8769	1338
2015	3139	44291	386	2929	40976	3852	10787	2143
2016	3153	44497	389	2933	41175	4109	12301	2285
2017	3166	44521	390	2938	41193	4721	15742	2455

注：1.2007年以前艺术表演团体为文化系统内数据，2007年起含非文化部门单位。艺术表演场馆不含民营艺术表演场馆。
2.1996年以前文化站数据未包括其他部门所属乡镇文化站。1996-1998年包括其他部门所属文化站，1999年以后，其他部门所属文化站划归文化部门管理。

7-16-7 文化文物机构人员情况

机构类别	机构(个)	文化部门	其他部门	从业人员(人)	文化部门	其他部门
总　计	**326364**	**66744**	**259620**	**2482480**	**667180**	**1815300**
一、文化合计	316433	58410	258023	2320903	531324	1789579
艺术表演团体	15742	2074	13668	402969	115593	287376
艺术表演场馆	2455	1253	1202	53765	21332	32433
公共图书馆	3166	3163	3	57567	57458	109
文化馆	3328	3328		55320	55320	
文化站	41193	41193		125591	125591	
艺术展览创作机构	685	675	10	5846	5713	133
艺术教育业	120	120		12784	12784	
文化科研机构	228	228		5326	5326	
文化市场经营机构(不包括非公有制院团和场馆)	242652		242652	1421664		1421664
文化行政主管部门	3255	3255		81610	81610	
其他文化机构	3609	3121	488	98461	50597	47864
二、文物合计	9931	8334	1597	161577	135856	25721
博物馆	4721	3260	1461	105079	83512	21567
文物保护管理机构	3518	3445	73	33400	30313	3087
文物科研机构	121	121		3995	3995	
文物商店	66	60	6	1203	967	236
其他文物机构	1505	1448	57	17900	17069	831

7-16-8 各地区出版物发行网点数和从业人员

地　区	发行网点合计(处)	国有书店及其发行点	供销社	出版社	邮政系统	其他批发网点	其他零售网点	新华书店系统出版社自办发行单位从业人数(人)	#新华书店及其发行网点
全　国	**162811**	**9633**	**59**	**437**	**40523**	**8969**	**103190**	**132402**	**121490**
中　央	68			68				798	
北　京	8922	93		18	2347	1960	4504	3645	3133
天　津	2477	67		12	521	275	1602	1195	1028
河　北	8222	469		9	2460	225	5059	7316	6415
山　西	2888	422		7	340	162	1957	4648	3997
内蒙古	1317	96		7		63	1151	2150	2010
辽　宁	4319	136		33	356	290	3504	4456	3669
吉　林	1590	88		14	275	175	1038	4272	2438
黑龙江	2495	211	59	3	363	129	1730	2880	2848
上　海	3360	91		73	1103	356	1737	2376	1773
江　苏	16513	891		18	2376	335	12893	5867	5726
浙　江	11234	775		10	2201	339	7909	7969	7856
安　徽	8200	586		11	3457	370	3776	5573	5508
福　建	3957	110		18	1183	168	2478	3434	3364
江　西	3379	292		6	21	266	2794	3141	3040
山　东	8992	485		3	690	346	7468	7630	7614
河　南	12362	1254		12	5917	376	4803	13942	12476
湖　北	4266	95		14	328	514	3315	4479	4158
湖　南	9995	1162		13	4570	235	4015	8533	7185
广　东	7826	305		25		724	6772	5149	5074
广　西	5793	251		8	1670	208	3656	3707	3627
海　南	676	35		5	388	40	208	1165	1126
重　庆	4209	267		3	601	102	3236	2890	2890
四　川	8986	213			3100	273	5400	8910	8910
贵　州	3253	189		6	833	148	2077	1611	1556
云　南	5781	272		8	1831	145	3525	3767	3751
西　藏	361	64		2	1		294	336	320
陕　西	4111	204		23	1577	216	2091	4504	4193
甘　肃	2215	257		1	81	221	1655	2369	2309
青　海	531	58			189	27	257	595	595
宁　夏	1066	31		3	200	63	769	388	365
新　疆	3447	164		4	1544	218	1517	2707	2536

7-16-9 各地区出版印刷生产情况

地区	企业数（个）	从业人员（人）	印刷产量		装订产量（万令）	用纸量（万令）
			黑白（万令）	彩色（万对开色令）		
全国	**8753**	**451667**	**30375.1**	**140600.5**	**33425.5**	**62255.5**
北京	780	33225	2008.7	14631.1	2802.6	3935.0
天津	152	5816	2595.2	3636.8	201.3	3731.8
河北	681	34932	2102.6	3627.9	3959.5	3319.6
山西	166	8715	282.0	1988.3	324.2	621.2
内蒙古	101	2547	121.5	504.8	110.7	281.3
辽宁	165	6330	1792.3	2493.9	1074.5	2446.6
吉林	212	7462	774.3	2597.2	432.9	1484.0
黑龙江	155	4992	222.1	1782.6	278.0	674.7
上海	201	17112	382.5	7239.1	394.3	1552.9
江苏	426	29543	1307.2	6476.5	1632.4	3360.6
浙江	748	33794	1885.2	13483.1	2034.0	5326.0
安徽	302	15535	838.2	5227.8	1400.4	2433.2
福建	288	17213	548.3	1426.8	447.1	888.2
江西	140	8075	984.1	1363.4	933.5	1024.0
山东	522	43029	3550.5	28712.0	4906.6	8825.6
河南	434	19772	867.4	3605.9	1171.8	2236.5
湖北	349	16661	1122.4	2710.3	1454.0	1980.1
湖南	434	19560	920.2	4660.1	1321.6	2310.4
广东	910	60054	3353.4	17726.9	4019.3	6971.5
广西	151	7386	1109.1	4437.4	1004.4	2830.8
海南	26	1220	63.2	476.0	47.4	131.9
重庆	148	13629	433.3	1173.3	407.9	683.5
四川	282	9831	1523.0	4166.2	1308.9	1916.3
贵州	173	4118	161.9	1250.0	148.0	341.7
云南	171	6222	325.5	1203.5	330.0	724.5
西藏	28	928	41.1	86.3	36.1	90.1
陕西	257	12526	662.8	2434.3	662.0	1220.2
甘肃	99	4462	199.1	427.2	206.0	325.9
青海	47	1336	44.0	175.6	41.6	100.6
宁夏	71	1396	46.4	126.7	47.4	89.9
新疆	134	4246	107.3	749.8	287.3	397.1

7-16-10 图书出版情况

类　别	种　数 (种)	印　数 (万册)
图书总计	**512487**	**924399**
使用“中国标准书号”部分合计	**512207**	**922490**
马列主义、毛泽东思想	777	1127
哲学	9984	6765
社会科学总论	5445	2668
政治、法律	18256	24765
军事	1410	848
经济	34840	15267
文化、科学、教育、体育	210137	696426
语言、文字	21790	25745
文学	56790	73772
艺术	27294	19941
历史、地理	18720	12486
自然科学总论	793	551
数理科学、化学	9482	4157
天文学、地球科学	2968	1276
生物科学	3486	1922
医学、卫生	22633	10356
农业科学	5517	1922
工业技术	48783	15996
交通运输	6035	2522
航空、航天	613	191
环境科学	2525	1019
综合性图书	3929	2768
不使用“中国标准书号”部分合计	**280**	**1909**
图片	280	251
国标(GB)、部标(BB)等标准类文件印品		1214
活页文选、活页歌篇、小件印品等		444

7-16-11 图书、期刊和报纸出版情况

年份 地区	图书			期刊		报纸	
	种数（种）	#新出版	总印数（亿册、亿张）	种数（种）	总印数（亿册）	种数（种）	总印数（亿份）
1978	14987	11888	37.7	930	7.6	186	127.8
1980	21621	17660	45.9	2191	11.3	188	140.4
1985	45603	33743	66.7	4705	25.6	1445	246.8
1990	80224	55245	56.4	5751	17.9	1444	211.3
1995	101381	59159	63.2	7583	23.4	2089	263.3
1996	112813	63647	71.6	7916	23.1	2163	274.3
1997	120106	66585	73.1	7918	24.4	2149	287.6
1998	130613	74719	72.4	7999	25.4	2053	300.4
1999	141831	83095	73.2	8187	28.5	2038	318.4
2000	143376	84235	62.7	8725	29.4	2007	329.3
2001	154526	91416	63.1	8889	28.9	2111	351.1
2002	170962	100693	68.7	9029	29.5	2137	367.8
2003	190391	110812	66.7	9074	29.5	2119	383.1
2004	208294	121597	64.1	9490	28.3	1922	402.4
2005	222473	128578	64.7	9468	27.6	1931	412.6
2006	233971	160757	64.1	9468	28.5	1938	424.5
2007	248283	136226	62.9	9468	30.4	1938	438.0
2008	274123	148978	70.6	9549	31.0	1943	442.9
2009	301719	168296	70.4	9851	31.5	1937	439.1
2010	328387	189295	71.7	9884	32.2	1939	452.1
2011	369523	207506	77.1	9849	32.9	1928	467.4
2012	414005	241986	79.2	9867	33.5	1918	482.3
2013	444427	255981	83.1	9877	32.7	1915	482.4
2014	448431	255890	81.8	9966	30.9	1912	463.9
2015	475768	260426	86.6	10014	28.8	1906	430.1
2016	499884	262415	90.4	10084	27.0	1894	390.1
2017	512487	255106	92.4	10130	24.9	1884	362.5
中　央	203354	102810	24.0	3067	8.3	215	78.1
北　京	14411	6875	2.7	175	0.3	34	5.8
天　津	7803	5035	0.8	255	0.3	24	3.8
河　北	9857	2924	2.9	227	0.4	64	11.6
山　西	3517	2192	1.1	202	0.2	60	20.1
内蒙古	3411	1554	0.6	152	0.1	58	2.8
辽　宁	10940	4796	1.7	321	0.8	66	8.6
吉　林	28397	15299	2.8	241	0.7	51	7.6
黑龙江	7549	5577	0.9	315	0.4	68	5.6
上　海	27772	13262	4.2	639	0.9	70	9.1
江　苏	28864	12610	6.4	471	1.2	81	22.9
浙　江	14462	7135	4.0	229	0.8	66	23.1
安　徽	9745	4864	3.1	186	0.4	51	7.2
福　建	4289	2545	1.1	176	0.3	42	8.4
江　西	7982	4546	2.3	166	0.7	40	9.1
山　东	17109	6334	5.6	272	1.0	87	23.4
河　南	9497	5283	2.7	248	0.9	77	17.8
湖　北	13590	7404	2.3	430	1.4	73	10.6
湖　南	12219	4844	4.6	259	1.2	48	9.3
广　东	9868	5031	3.0	388	1.1	99	27.4
广　西	7319	2909	2.9	184	0.4	53	5.8
海　南	4098	1685	0.6	44	0.1	14	2.1
重　庆	5320	2208	1.4	138	0.5	27	3.9
四　川	13329	8287	2.9	357	0.5	85	14.2
贵　州	1062	769	0.9	93	0.2	27	2.8
云　南	7972	4438	1.6	128	0.3	42	3.6
西　藏	622	327	0.1	39		27	1.2
陕　西	11220	5692	1.9	287	0.3	43	5.3
甘　肃	3480	1998	0.8	134	0.9	50	4.7
青　海	599	296	0.1	54		26	0.9
宁　夏	3570	1617	0.6	37	0.1	14	1.0
新　疆	9260	3960	1.8	216	0.2	102	4.9

7-16-12 各地区少年儿童读物和课本出版情况

地区	种数(种)		总印数（万册）		总印张(千印张)	
	儿童读物	课本	儿童读物	课本	儿童读物	课本
全国	**42441**	**86591**	**82007**	**325612**	**4883681**	**25818117**
中央	8923	50503	14530	87709	879134	8955825
北京	2649	1050	5519	1911	488352	166368
天津	1046	421	2075	1365	95070	101293
河北	886	303	1694	12291	77127	824210
山西	159	137	111	4800	7385	324289
内蒙古	289	855	114	4025	3693	295565
辽宁	1212	2808	1869	6112	131721	466895
吉林	4097	1126	4247	4357	226608	301780
黑龙江	1491	1011	578	3673	27725	257434
上海	1164	6173	7138	13520	206197	1179994
江苏	2105	3401	3118	19793	187157	1363445
浙江	3054	1363	7826	12292	542716	816919
安徽	1149	873	5132	9439	473367	688156
福建	464	404	554	5126	37137	348276
江西	2292	327	5601	7007	284083	555139
山东	2284	1310	5071	17800	283645	1103676
河南	925	1182	1103	14542	40333	1050879
湖北	800	2254	1199	8141	76525	656787
湖南	976	976	1886	14638	101549	902621
广东	842	1625	1061	18229	55259	1225326
广西	1334	442	2639	10210	177562	671614
海南	118	21	103	1246	6758	80866
重庆	95	1882	149	6718	3997	439984
四川	2270	2347	5790	9319	338175	732469
贵州	78	118	104	6319	6332	457887
云南	290	180	913	7399	39142	518676
西藏	16	136	3	1045	140	73372
陕西	607	1926	1243	6367	45601	483170
甘肃	273	72	274	2993	19072	237177
青海	23	157	9	905	399	70764
宁夏	73	4	89	841	4393	63390
新疆	457	1204	265	5480	17327	403871

7-16-13 课本出版情况

项目	种数(种)	#新出版	总印数(万册)	总印张(千印张)	定价总金额(万元)
总计	**86591**	**23776**	**325612**	**25818117**	**3565664**
大专及以上课本	62414	19066	30303	5317760	1134594
中专、技校课本	5683	1417	5093	647879	126391
中学课本	6015	662	151823	11724114	1235633
小学课本	5530	856	133116	7350399	877150
业余教育课本	2638	931	2415	401364	99465
扫盲课本	4	3	62	6787	2909
教学用书	4307	841	2800	369814	89522

7-16-14 分地区音像制品及电子出版物情况

地区	录像制品出版品种(种)	录像制品出版数量(万盒、万张)	录像制品发行数量(万盒、万张)	录音制品出版品种(种)	录音制品出版数量(万盒、万张)	录音制品发行数量(万盒、万张)	电子出版物出版品种(种)	电子出版物出版数量(万张)
全国	**5293**	**6915.2**	**6579.2**	**8259**	**18676.7**	**18028.8**	**9240**	**28132.9**
中央	2348	3129.5	2842.3	3194	12314.2	11487.8	5614	20065.2
北京	128	28.2	11.2	234	126.8	124.9	79	30.0
天津	12	5.9	5.9	45	24.1	19.0	97	37.3
河北	13	2.4	3.0	67	248.9	344.2	102	116.3
山西	68	5.2	15.4	57	59.0	59.0	59	11.8
内蒙古	32	5.0	4.4	41	15.2	9.0	35	14.4
辽宁	58	4.5	4.4	178	84.7	69.5	257	238.7
吉林	127	45.0	40.2	126	164.7	483.7	57	29.9
黑龙江	2	0.1	0.1	1			3	1.5
上海	750	1882.3	1872.8	2399	2037.4	2016.9	748	1456.5
江苏	95	149.3	148.8	151	1058.8	1095.6	304	2717.8
浙江	173	38.0	42.1	102	301.7	298.0	326	802.2
安徽	54	11.5	22.1	13	8.4	8.9	12	2.2
福建	50	18.5	19.5	44	8.4	8.1	22	10.1
江西	104	97.3	72.6	163	125.4	122.0	72	9.0
山东	82	23.1	24.8	91	26.6	11.2	345	357.6
河南	63	6.6	8.9	4	1.7	1.1	133	210.1
湖北	82	27.4	27.2	42	11.8	11.8	145	256.5
湖南	141	121.5	115.5	133	264.3	267.1	97	172.0
广东	334	115.9	82.4	824	1651.9	1423.6	312	1337.9
广西	29	14.6	14.6	107	52.7	52.7	11	1.3
海南	12	1.8	1.8	27	5.9	8.8	1	0.1
重庆	21	8.2	20.1	45	16.5	16.5	146	70.6
四川	53	61.3	61.6	17	3.8	3.7	163	84.6
贵州								
云南	154	91.1	91.4	44	11.6	10.9	28	65.4
西藏	115	42.5	22.1	28	8.9	7.4		
陕西	59	70.1	61.4	75	38.1	38.8	66	32.3
甘肃	17	4.9	3.7	3	0.3	0.3		
青海	10	7.0	7.8	1	0.5	0.4	5	1.3
宁夏	1	0.1	0.1	1	0.1	0.1		
新疆	106	896.5	931.0	2	4.2	28.0	1	0.2

7-16-15 全国图书、期刊、报纸进出口情况

指　标	出口		进口	
	数量（万册、份）	金额（万美元）	数量（万册、份）	金额（万美元）
总　计	**1870.7**	**6024.7**	**3255.6**	**31978.8**
图书	1232.7	5460.5	2033.6	17036.9
哲学、社会科学	177.1	1438.0	86.4	2549.0
文化、教育	144.3	1001.7	436.4	3903.7
文学、艺术	198.9	1102.9	265.1	2108.0
自然、科学技术	46.8	291.0	66.4	2368.6
少儿读物	539.7	802.4	690.6	2372.0
综合性图书	125.9	824.5	488.7	3735.7
期刊	335.2	504.4	311.7	13595.0
报纸	302.8	59.8	910.3	1346.8

7-16-16 全国音像、电子出版物进出口情况

指　标	出口		进口	
	数量（盒、张）	金额（万美元）	数量（盒、张）	金额（万美元）
总　计	**19294**	**163.3**	**135551**	**34584.5**
录音合计	18123	30.5	130951	119.9
AT				
CD			130951	119.9
DVD-A及其他	18123	30.5		
录像合计	1171	0.8	4600	10.1
VT				
DVD—V	1171	0.8	4600	10.1
VCD及其他				
电子出版物				
数字出版物		132.1		34454.5

7-16-17 版权引进和输出情况

单位：项

项　目	合　计	图　书	录　音 制　品	录　像 制　品	电　子 出版物	软　件	电　影	电　视 节　目	其　他
本年引进版权									
总数	18120	17154	147	364	372	12	10	61	
美　国	6645	6217	41	239	126	1	2	19	
英　国	2991	2835	23	17	80			36	
德　国	951	933	2	11	3			2	
法　国	1164	1133	2	11	14		4		
俄罗斯	93	90		1	2				
加拿大	170	156		5	9				
新加坡	259	249	5		3	1		1	
日　本	2232	2101	25	54	46	4	1	1	
韩　国	183	168	1	4	10				
中国香港	165	139	15	3	6	2			
中国澳门									
中国台湾	946	917	18		9	2			
其　他	2321	2216	15	19	64	2	3	2	
本年输出版权									
总数	13816	10670	322	102	1557	8	2	1152	3
美　国	1213	592			525			95	1
英　国	496	421			24	1		50	
德　国	498	421			26			50	1
法　国	222	172						50	
俄罗斯	309	306	2					1	
加拿大	273	222						51	
新加坡	363	254			9	1		99	
日　本	330	327			3				
韩　国	540	490	25		25				
中国香港	1177	339	168	100	514			56	
中国澳门	141	87			4			50	
中国台湾	2035	1909	16		58			52	
其　他	6219	5130	111	2	369	6	2	598	1

7-16-18 国家综合档案馆基本情况

年 份	馆藏档案（万卷、万件）	照片档案（万张）	开放档案（万卷、万件）	利用档案（万卷、万件次）	档案馆建筑面积（万平方米）
1991	9637.4	371.0	2094.3	937.0	348.1
1992	10003.5	402.4	2018.7	773.8	255.7
1993	10726.8	435.5	2140.7	891.9	275.9
1994	10783.0	449.6	2454.6	674.4	268.3
1995	11318.3	485.5	2790.3	529.3	282.5
1996	11341.4	494.6	2939.2	485.4	297.5
1997	12222.9	553.0	3304.6	501.0	347.6
1998	12276.5	579.7	3556.5	446.5	310.7
1999	12866.8	584.5	3808.2	508.5	328.4
2000	13314.0	631.7	4072.0	494.4	336.2
2001	13756.6	642.8	4129.7	575.4	342.0
2002	14790.7	720.5	4301.1	548.9	351.0
2003	15945.9	797.4	4618.4	602.6	361.4
2004	17601.5	827.9	4868.3	813.9	376.8
2005	18688.7	908.8	5132.3	868.0	393.1
2006	21656.5	1277.2	5746.3	1166.4	406.1
2007	23675.3	1393.3	5875.5	1244.9	421.9
2008	25051.0	1505.3	6072.2	1257.4	465.4
2009	28089.2	1646.3	6687.4	1308.0	473.3
2010	32198.6	1809.2	7428.6	1417.3	504.4
2011	35445.5	1965.8	7828.4	1564.5	551.1
2012	40547.7	1827.4	8254.6	1521.1	627.1
2013	42454.5	1927.6	8900.5	1477.8	709.3
2014	53470.3	2041.8	9179.7	1688.8	736.0
2015	58641.7	2102.4	9266.3	1978.3	785.5
2016	65062.5	2228.2	9707.9	2033.7	859.8
2017	65371.1	2336.5	10151.7	2078.0	949.3

7-16-19 档案馆机构和人员情况

单位：个、人

年 份	国家综合档案馆		国家专门档案馆		部门档案馆		企 业	文化事业	科技事业单
	馆 数	专职人员	馆 数	专职人员	馆 数	专职人员	档案馆数	档案馆数	位档案馆数
1991	2957	21657	211	2038	128	2171	229	19	28
1992	2962	22226	206	2082	122	2258	231	19	28
1993	2980	23624	200	2245	122	1448	221	20	31
1994	2983	23568	205	2294	136	2160	209	20	36
1995	3024	24777	216	2484	144	2168	213	27	38
1996	3011	24542	226	2658	134	2072	232	23	44
1997	3021	24904	223	2578	162	2521	228	26	46
1998	3034	24197	232	3200	149	2411	245	27	46
1999	3046	23530	225	3436	142	2123	304	40	59
2000	3070	23701	234	3319	141	1865	307	53	80
2001	3100	23652	243	3448	142	2086	286	47	84
2002	3110	22825	253	3435	148	2109	299	75	93
2003	3121	23086	260	3514	141	1770	300	75	85
2004	3127	23401	258	3591	149	1932	300	79	99
2005	3142	23413	238	3452	145	2020	301	105	63
2006	3154	22689	239	3537	137	1699	216	110	95
2007	3161	21399	245	3737	146	1985	215	126	94
2008	3170	21414	240	3663	154	1886	241	141	87
2009	3191	20949	241	3626	149	1814	233	167	96
2010	3194	19750	252	3833	167	1747	223	160	111
2011	3196	19985	255	3843	170	2121	183	179	124
2012	3237	18009	238	3577	183	2161	204	260	
2013	3325	18105	240	3579	218	2182	189	274	
2014	3319	17863	247	3538	209	2129	169	252	
2015	3322	18386	234	3457	237	2263	176	224	
2016	3336	17511	236	3521	213	2021	180	272	
2017	3333	16799	234	3275	202	1939	167	274	

注：2012年新修订的《全国档案事业统计年报制度》不再细分事业单位的属性，统称“省部属事业单位档案馆”。省部属事业省部属事单位包括文化事业档案馆数，科技事业单位档案馆数。

7-16-20 各地区广播电视节目综合人口覆盖情况

地 区	公共广播节目套数(套)	广播节目综合人口覆盖率(%)	#农村	公共电视节目套数(套)	电视节目综合人口覆盖率(%)	#农村
全 国	**2825**	**98.7**	**98.2**	**3493**	**99.1**	**98.7**
总局直属	23			30		
北 京	26	100.0	100.0	26	100.0	100.0
天 津	22	100.0	100.0	23	100.0	100.0
河 北	153	99.4	99.1	180	99.3	99.0
山 西	119	98.8	97.9	149	99.6	99.2
内蒙古	126	99.2	98.7	118	99.2	98.6
辽 宁	111	99.1	98.4	122	99.2	98.6
吉 林	80	98.9	98.8	74	98.9	98.4
黑龙江	107	98.8	99.1	105	98.9	99.3
上 海	22	100.0	100.0	25	100.0	100.0
江 苏	122	100.0	100.0	124	100.0	100.0
浙 江	112	99.7	99.7	112	99.8	99.7
安 徽	104	99.0	98.8	109	99.2	99.0
福 建	91	99.0	98.7	101	99.2	98.9
江 西	108	98.4	97.9	121	98.9	98.4
山 东	162	99.1	98.9	251	98.9	98.8
河 南	157	98.6	98.4	174	98.8	98.7
湖 北	90	99.4	99.2	117	99.3	99.1
湖 南	111	98.5	97.5	137	99.3	98.9
广 东	131	99.9	100.0	154	99.9	99.9
广 西	75	97.2	96.7	116	98.6	98.3
海 南	25	99.1	98.5	16	99.1	98.6
重 庆	35	99.0	98.6	46	99.2	98.9
四 川	146	97.4	96.7	213	98.5	98.2
贵 州	46	93.5	93.1	103	96.5	96.2
云 南	64	98.4	97.9	175	98.7	98.3
西 藏	28	96.2	95.4	44	97.3	96.6
陕 西	111	98.6	98.2	122	99.0	98.5
甘 肃	97	98.4	98.1	111	98.7	98.4
青 海	26	98.4	97.8	46	98.4	97.9
宁 夏	26	97.6	95.9	29	99.4	98.9
新 疆	169	97.3	97.1	220	97.5	97.4

7-16-21 各地区广播电视从业人员情况

单位：人

地 区	从业人员	按岗位分							
		管理人员	专业技术人员						其他人员
				编辑、记者	播音员、主持人	工程技术人员	艺术人员	经营人员	
全 国	**976856**	**162421**	**510242**	**167284**	**30812**	**158294**	**26546**	**69999**	**304193**
总局直属	52443	7493	30500	9024	723	11011	1244	3174	14450
北 京	82869	14031	38534	8120	1328	9599	4175	8381	30304
天 津	9229	1037	6155	2522	271	1427	227	252	2037
河 北	43592	6442	20082	6877	1606	5912	1334	1946	17068
山 西	24914	4061	13576	6675	990	3955	360	800	7277
内蒙古	17760	1861	12186	4395	1026	3063	185	210	3713
辽 宁	27643	5378	15521	4546	1061	5883	1009	1271	6744
吉 林	20900	3227	15127	5125	982	4845	197	3621	2546
黑龙江	29160	5466	11821	4880	796	3349	643	859	11873
上 海	26212	4360	14544	3168	453	3937	2749	1915	7308
江 苏	59119	8248	33946	9741	1888	10479	1630	7132	16925
浙 江	60932	9996	30814	8727	1892	10439	1467	5486	20122
安 徽	29277	5109	16266	4251	1116	4119	461	5459	7902
福 建	28452	5093	11648	4525	771	3146	554	1667	11711
江 西	18546	4050	7027	2383	669	2181	243	534	7469
山 东	54945	6992	33105	12198	2395	11666	916	3065	14848
河 南	50589	7892	22884	10077	1781	7138	396	1173	19813
湖 北	35522	5976	18795	5880	937	6813	377	3731	10751
湖 南	44625	8233	22912	7313	942	7303	945	3046	13480
广 东	62930	10863	30584	8410	1843	11421	2435	3870	21483
广 西	17043	3695	9865	3534	716	3539	468	837	3483
海 南	6474	886	3959	1821	241	1160	39	586	1629
重 庆	14344	2399	6393	1918	428	2148	571	834	5552
四 川	48488	9897	23210	7946	1370	6111	1231	4047	15381
贵 州	18416	3860	8002	3424	603	2210	185	408	6554
云 南	19700	2965	11953	4853	830	4314	275	796	4782
西 藏	4592	773	2747	708	236	958	38	12	1072
陕 西	20779	3632	11545	4079	801	2535	703	2636	5602
甘 肃	15715	3436	7484	3188	642	2064	346	841	4795
青 海	4214	473	2728	1133	294	777	94	48	1013
宁 夏	4976	838	2804	1149	237	933	135	123	1334
新 疆	22456	3759	13525	4694	944	3859	914	1239	5172

7-16-22 广播电视节目制作时间

单位：小时

项　目	1995	2005	2011	2012	2013	2014	2015	2016	2017
广播节目制作	**2332164**	**6139227**	**6936960**	**7188245**	**7391245**	**7647267**	**7718163**	**7820296**	**7888254**
新闻	353368	1066880	1295019	1333084	1397353	1443464	1436129	1457302	1426059
专题	1054140	1822621	2016386	2044073	2091787	2120517	2072348	2096407	2144051
综艺	924656	1937290	1905916	1973796	1976162	2020456	2078791	2103561	2106228
广播剧		75456	119477	140493	178163	185405	183124	172558	231143
广告		671071	766463	796009	785278	808148	752705	761747	766344
其他		565909	833699	900790	962502	1069277	1195065	1228720	1214428
电视节目制作	**383513**	**2553861**	**2950490**	**3436301**	**3397834**	**3277394**	**3520190**	**3507217**	**3651775**
新闻	80800	637956	802376	886905	866756	918296	978801	989934	1085110
专题	193391	525528	775565	892521	854124	848276	930283	899782	909003
综艺	109322	382350	416289	483174	464977	468355	511398	484081	474273
影视剧		193771	75452	163348	201117	116750	120604	119102	153062
广告		524892	508294	555192	542823	510275	481973	483620	534911
其他		289364	372515	455161	468035	415441	497131	530698	495417

7-16-23 公共广播电视节目播出时间

单位：小时

指　　标	总　计	新闻资讯类节目	专题服务类节目	综艺益智类节目	广播(影视)剧类节目	广告类节　目	其他类节　目
广播	**14918863**	**2973289**	**3226312**	**3853327**	**948163**	**1330122**	**2587650**
#中央级	180416	44989	57100	47183	2005	9950	19189
电视	**18810197**	**2718463**	**2508151**	**1471166**	**7988062**	**2081640**	**2042715**
#中央级	246272	70209	78941	38061	52901	5802	359

7-16-24 各地区有线广播电视实际用户情况

地区	有线广播电视用户数(万户)	#数字电视	有线广播电视用户数占家庭总户数的比重(%)	#农村
全国	**21445.6**	**19404.4**	**48.3**	**31.7**
北京	586.8	546.9	109.0	85.1
天津	358.4	341.5	96.7	46.5
河北	851.0	628.4	35.7	10.5
山西	443.1	346.8	33.9	21.7
内蒙古	273.0	238.2	32.6	12.3
辽宁	800.1	724.7	52.4	32.9
吉林	466.5	448.6	45.8	35.3
黑龙江	606.1	554.6	41.6	18.5
上海	519.3	485.1	96.0	53.0
江苏	1605.8	1478.7	65.4	67.4
浙江	1419.6	1401.8	85.9	76.0
安徽	837.4	550.9	39.1	24.2
福建	727.0	727.0	67.2	59.4
江西	638.2	581.9	49.8	74.8
山东	1765.7	1695.0	55.9	36.8
河南	1011.6	804.4	30.7	15.9
湖北	1082.9	1060.6	52.3	41.4
湖南	1181.9	1038.2	56.9	37.9
广东	1798.1	1691.7	72.7	57.4
广西	678.7	533.2	42.8	16.6
海南	131.7	124.4	50.1	28.9
重庆	351.5	316.4	27.9	14.3
四川	1088.4	1006.4	30.3	17.9
贵州	576.4	576.4	43.3	28.7
云南	408.0	360.7	27.9	14.9
西藏	23.6	19.8	30.5	0.1
陕西	693.6	690.1	54.1	33.3
甘肃	201.0	159.0	23.8	5.6
青海	44.9	44.4	25.1	3.0
宁夏	68.0	62.0	32.1	1.4
新疆	207.4	166.9	26.9	8.7

7-16-25 电视节目进口情况

指标	合计	欧洲	非洲	美洲	#美国	亚洲
全年电视节目进口总额(万元)	**190278**	**24566**		**53102**	**51898**	**110806**
#电视剧	81453	6794		30924	30921	43735
动画电视	82254	7512		15149	15135	59571
纪录片	5940	4031		992	992	667
全年电视节目进口量 (时)	**26396**	**8242**		**6772**	**6621**	**11078**
#电视剧 (部/集)	302/2701	92/259		95/825	84/814	114/1616
动画电视 (时)	12022	1526		2403	2394	8041
纪录片 (时)	4924	2558		2174	2174	189

7-16-25 续表

指标	#日本	#韩国	#东南亚	#中国香港	#中国台湾	大洋洲
全年电视节目进口总额(万元)	**57694**	**416**	**1637**	**44954**	**2164**	**1804**
#电视剧	2743		1241	38181	800	
动画电视	54926	416	240	2980	649	22
纪录片			156	241		251
全年电视节目进口量 (时)	**7489**	**147**	**910**	**1011**	**83**	**304**
#电视剧 (部/集)	15/127		28/838	14/383	4/55	1/1
动画电视 (时)	7387	147	277	134	16	52
纪录片 (时)			4	57		3

7-16-26 艺术表演场馆基本情况

项 目	机构数（个）	从业人员（人）	座席数（个）	演(映)出场次（万场次）	#艺术演出	观众人次（万人次）
总 计	**2455**	**53765**	**1796055**	**141.99**	**21.18**	**13454**
按登记注册类型分						
国 有	1228	20440	917341	75.92	6.84	5223
集 体	20	180	11721	0.46	0.17	53
其 他	1207	33145	866993	65.61	14.18	8178
按性质分						
执行事业会计制度	945	14569	701788	48.98	4.89	3509
执行企业会计制度	1510	39196	1094267	93.00	16.29	9945
按机构类型分						
剧场	1084	25841	728034	28.27	8.66	6253
影剧院	627	9309	451774	94.24	3.48	3367
书场、曲艺场	29	589	4656	0.60	0.56	51
杂技、马戏场	8	474	11712	0.11	0.10	115
音乐厅	40	1556	24577	1.99	1.77	370
综合性	303	10590	230499	10.37	4.20	2256
其他艺术表演场馆	364	5406	344803	6.41	2.40	1042
按隶属关系分						
中央	7	238	6592	0.13	0.12	86
省、区、市	117	5010	90644	13.64	1.42	1334
地、市	372	9046	261535	43.62	3.75	2292
县、市及以下	1959	39471	1437284	84.61	15.89	9742

7-16-26 续表

项 目	#艺术演出	收入合计（万元）	#财政拨款	#演出收入	支出合计（万元）
总 计	**3234**	**1243006**	**254287**	**432754**	**1029858**
按登记注册类型分					
国 有	2664	419405	178404	84793	391175
集 体	23	2950	1739	586	2851
其 他	547	820652	74144	347375	635832
按性质分					
执行事业会计制度	1883	322955	162504.2	51614	296230
执行企业会计制度	1351	920051	91782.7	381140	733628
按机构类型分					
剧场	1642	644975	157725	279957	521267
影剧院	692	134877	33115	12395	130339
书场、曲艺场	10	4516	265	3779	4267
杂技、马戏场	10	20483		19579	9274
音乐厅	258	53058	9502	29242	32583
综合性	534	318980	50986	63028	283133
其他艺术表演场馆	88	66116	2695	24775	48996
按隶属关系分					
中央	67	9850	64	5168	9037
省、区、市	878	205218	88018	53162	185331
地、市	1086	207165	72251.8	40319	215595
县、市及以下	1203	820774	93954	334106	619894

7-16-27 各地区艺术表演场馆基本情况

地区	机构数（个）	从业人员（人）	坐席数（个）	演(映)出场次合计（万场次）	#艺术演出	观众人次合计（万人次）	#艺术演出观众人次
全国	**2455**	**53765**	**1796055**	**142.0**	**21.2**	**13453.8**	**3234.2**
中央本级	7	238	6592	0.1	0.1	86.4	67.3
北京	66	3051	48441	4.4	1.5	1060.8	157.2
天津	57	708	29039	5.8	0.4	446.0	105.8
河北	96	1702	60319	6.1	0.4	199.5	65.7
山西	121	1673	145378	7.5	0.4	549.3	199.8
内蒙古	44	771	36991	2.6	0.3	153.8	29.5
辽宁	121	4440	53197	2.5	1.6	742.4	70.7
吉林	56	1126	24958	5.7	1.1	254.7	85.3
黑龙江	51	608	29842	0.4	0.3	158.5	36.0
上海	49	1619	59185	2.3	0.8	586.8	291.7
江苏	254	5669	216938	42.4	2.5	1735.9	394.9
浙江	365	6949	170478	11.7	4.2	1525.3	269.8
安徽	91	2249	62460	1.6	0.6	489.5	105.5
福建	59	911	183682	18.5	0.2	268.0	44.5
江西	61	1020	39527	1.9	0.4	232.8	69.6
山东	100	1821	73302	1.3	0.4	416.8	219.3
河南	157	3148	90374	0.6	0.4	319.8	98.9
湖北	65	1321	60845	5.4	0.3	321.9	182.9
湖南	92	2623	81966	3.3	0.9	645.9	157.8
广东	83	2949	90194	2.1	0.5	1246.4	210.3
广西	38	633	16666	2.3	0.1	97.6	13.8
海南	17	1060	19283	0.4	0.2	624.4	12.8
重庆	24	325	8462	0.1	0.1	42.5	9.7
四川	101	1684	47656	1.2	0.8	258.0	81.5
贵州	9	200	610			3.3	
云南	45	854	18385	0.6	0.3	256.9	29.7
西藏	15	64	3712	0.1	0.1	7.4	4.9
陕西	120	2647	62208	2.0	1.2	347.9	148.2
甘肃	45	1140	18817	2.6	0.8	200.4	38.8
青海	19	112	7799	0.3	0.1	44.7	5.7
宁夏	3	25	2596	0.1		23.7	18.5
新疆	24	425	26153	6.0	0.2	106.5	8.1

7-16-27 续表

地　区	收入合计（万元）	#财政拨款	#演出收入	支出合计（万元）	#人员支出	资产总计（万元）	#固定资产原价
全　国	**1243006**	**254287**	**432754**	**1029858**	**277664**	**4233448**	**1635317**
中央本级	9850	64	5168	9037	1778	5235	1801
北　京	190654	48956	90664	165813	33793	446849	67398
天　津	15429	2356	814	13141	3623	35840	9554
河　北	21325	12014	3329	20494	6164	125095	51955
山　西	16787	6254	1875	16239	5733	103060	84147
内蒙古	9500	2836	2994	7328	3574	113834	93423
辽　宁	109761	16671	42557	61480	15641	157950	9179
吉　林	15545	4141	7131	11822	6220	41110	14047
黑龙江	9820	5842	1974	6714	1853	35450	7815
上　海	113563	16892	29953	74915	15492	402833	220232
江　苏	155247	28406	48167	155881	41562	948575	365911
浙　江	169043	21209	26342	145692	34844	372779	131538
安　徽	19161	5049	7387	18172	6282	142326	22930
福　建	16097	5872	988	14149	4960	78725	73778
江　西	11539	6105	1726	10575	4262	92521	27886
山　东	21603	11420	4149	22186	7167	34320	25048
河　南	16836	6567	3563	18323	8202	84924	46826
湖　北	23080	6609	9779	22924	6096	120100	69708
湖　南	46066	4226	18159	29766	10927	130572	36055
广　东	95491	24906	52040	80382	21205	243069	121974
广　西	5725	91	184	4805	1313	28108	5091
海　南	37337	20	34661	12308	4416	118859	10287
重　庆	2580	1046	1062	2946	929	7753	1610
四　川	15838	2414	5104	13658	4631	145367	20052
贵　州	1261		26	1464	617	13467	1915
云　南	29601	3822	8210	29055	10048	37880	21967
西　藏	333	99	50	333	218	2402	1326
陕　西	35469	8169	13527	30398	9368	67368	43153
甘　肃	18984	260	9931	23030	3347	40384	19411
青　海	1232	255	718	953	430	15628	10740
宁　夏	278	215		306	230	1954	1927
新　疆	7973	1505	525	5570	2741	39117	16634

7-16-28 艺术表演团体基本情况

项　　目	机构(个)	从业人员(人)	演出场次(万场次)	#国内演出	国内演出观众人次(万人次)	收入合计(万元)
总　　计	**15742**	**402969**	**293.58**	**292.15**	**124739**	**3419618**
按登记注册类型分						
国有	1711	100294	32.30	31.15	29080	1699201
集体	172	5760	4.63	4.56	2888	62158
其他	13859	296915	256.65	256.45	92771	1658259
按隶属关系分						
中央	16	4899	0.32	0.28	255	172935
省、区、市	214	29574	5.84	5.56	3542	756048
地、市	506	38421	10.19	9.59	8255	658376
县、市及以下	15006	330075	277.23	276.72	112687	1832259
按性质分						
执行事业会计制度	1544	82286	28.59	27.79	25723	1428600
执行企业会计制度	14198	320683	264.99	264.36	99016	1991018
按管理部门分						
文化部门	2074	115593	40.65	39.26	35209	1884603
其他部门	13668	287376	252.93	252.89	89530	1535015
按剧种分						
话剧、儿童剧、滑稽剧类	2444	48617	55.51	55.49	9579	292253
歌舞、音乐类	2404	82426	29.18	28.84	17571	1080481
京剧、昆曲类	149	8329	2.70	2.65	2034	178590
地方戏曲类	4056	127349	80.55	80.29	47942	805982
杂技、魔术、马戏类	403	12305	12.65	12.14	4671	104798
曲艺类	738	13661	16.47	16.44	4292	76880
乌兰牧骑						
综合性艺术表演团体	5548	110282	96.53	96.31	38650	880633

7-16-28 续表

项　　目	#财政拨款	#演出收入	支出合计(万元)	政府采购的公益演出活动	
				演出场次(万场次)	观众人次(万人次)
总　　计	**1483423**	**1476786**	**2942410**	**16.07**	**13229.67**
按登记注册类型分					
国有	1275530	222556	1714758	13.14	10898.52
集体	41244	13254	60950	1.25	1032.96
其他	166650	1240976	1166703	1.68	1298.18
按隶属关系分					
中央	113470	25064	165295	0.08	69.95
省、区、市	537830	124116	777907	1.81	1264.56
地、市	507868	78679	657065	3.78	3349.36
县、市及以下	324255	1248927	1342143	10.40	8545.80
按性质分					
执行事业会计制度	1130631	146130	1447116	11.39	9625.14
执行企业会计制度	352792	1330656	1495294	4.68	3604.53
按管理部门分					
文化部门	1383059	282716	1900692	15.73	12981.99
其他部门	100364	1194071	1041718	0.34	247.67
按剧种分					
话剧、儿童剧、滑稽剧类	99940	138953	264410	0.39	244.06
歌舞、音乐类	542739	374983	923058	3.96	2953.30
京剧、昆曲类	139792	22053	177821	0.48	328.33
地方戏曲类	426768	305012	762353	8.32	7618.16
杂技、魔术、马戏类	50559	45946	95078	0.39	221.77
曲艺类	35584	31674	67449	0.39	193.54
乌兰牧骑					
综合性艺术表演团体	188041	558166	652241	2.14	1670.50

7-16-29 各地区艺术表演团体基本情况

地区	机构(个)	从业人员(人)	演出场次(万场次)	#国内演出	国内演出观众人次(万人次)	收入合计(万元)
全国	**15742**	**402969**	**293.6**	**292.2**	**124739.1**	**3419618**
中央本级	16	4899	0.3	0.3	254.8	172935
北京	451	11799	6.1	6.0	1100.7	128643
天津	103	3213	0.9	0.9	465.1	50325
河北	735	16617	9.6	9.5	5501.4	81108
山西	665	21055	10.3	10.2	5692.7	86506
内蒙古	206	7914	2.9	2.9	1601.9	98622
辽宁	187	4993	1.3	1.2	517.9	50771
吉林	68	3199	0.7	0.6	426.3	38524
黑龙江	71	3682	0.8	0.7	332.6	54707
上海	199	9956	2.6	2.6	968.9	186453
江苏	628	13353	10.4	10.4	3724.0	147294
浙江	1410	43276	37.1	37.0	20973.2	580311
安徽	2639	46573	58.2	58.2	25330.6	159239
福建	426	12788	7.7	7.7	2661.4	104677
江西	425	9701	6.7	6.6	3134.1	53638
山东	772	16670	10.9	10.8	4838.2	117645
河南	1671	49300	64.7	64.7	15048.0	141277
湖北	473	11464	6.5	6.4	4150.7	103413
湖南	534	12526	6.0	6.0	2488.1	107998
广东	390	11983	4.2	4.1	2350.1	146756
广西	108	4747	1.4	1.4	973.2	61343
海南	77	3827	1.1	1.1	940.7	68691
重庆	1283	15300	15.2	15.1	3371.0	85129
四川	697	12945	7.8	7.7	2541.1	116949
贵州	137	3776	1.5	1.5	2712.6	41164
云南	316	10093	5.6	5.6	2854.6	170882
西藏	87	2377	0.6	0.6	428.1	24898
陕西	462	17981	6.0	5.9	4251.6	88958
甘肃	286	8583	2.9	2.9	3378.1	53241
青海	48	1429	0.4	0.3	244.8	12083
宁夏	45	1666	1.8	1.7	388.5	14381
新疆	127	5284	1.7	1.6	1093.7	71059

7-16-29 续表

地区	#财政补贴收入	#演出收入	支出合计（万元）	#人员支出	资产总计（万元）	#固定资产原价
全国	**1483423**	**1476786**	**2942410**	**1583025**	**6686360**	**1757552**
中央本级	113470	25064	165295	89538	439167	254428
北京	65331	40864	126646	63116	286520	55828
天津	40524	5861	61481	31633	55926	28927
河北	36866	39100	73231	45926	157627	33116
山西	40741	37032	84824	48435	95817	41440
内蒙古	86208	7820	97340	58266	159645	112905
辽宁	39754	6157	52446	25492	269572	41236
吉林	27521	6072	37625	23301	38129	24791
黑龙江	48106	4475	53713	32994	70492	47478
上海	86630	56502	156675	66553	294219	159287
江苏	63976	63760	137588	69036	149756	45098
浙江	73891	455685	419899	180795	1204299	68320
安徽	26661	119780	119359	80600	216690	29028
福建	49908	41409	100878	70316	165840	48487
江西	21772	26030	42548	26211	361928	36425
山东	76173	28799	109172	69595	133332	55485
河南	58386	65493	119051	72838	366788	41305
湖北	62864	31095	93532	51670	260872	75572
湖南	47548	34772	89976	44238	164914	39058
广东	71750	59320	131044	68925	433117	123364
广西	21728	7255	50294	21551	164470	31705
海南	10505	42881	34375	14093	141484	13638
重庆	16935	59569	74548	35864	129269	27709
四川	47967	58088	100964	51365	187918	48316
贵州	16596	14795	37011	13962	89337	40886
云南	51550	80140	124971	66326	247965	31834
西藏	23014	262	22911	17469	30548	24166
陕西	46503	31725	82207	48369	145232	63817
甘肃	28088	19636	46830	31082	129590	54252
青海	7659	2395	11692	6346	32370	15822
宁夏	9996	3089	13666	4902	15276	10110
新疆	64806	1862	70618	52219	48253	33722

7-16-30 群众文化机构基本情况

指标	总计	省、区、直辖市(级)	地市级	县市级	#县文化馆	乡镇(街道)文化站	#乡镇文化站
机构数 (个)	44521	31	359	2938	1615	41193	33997
从业人员 (人)	180911	1839	10549	42932	22278	125591	100216
组织文艺活动 (万次)	111.4	0.3	3.0	22.0	9.8	86.2	59.6
参加文艺活动人次 (万人次)	48183.4	619.5	3640.8	17415.8	8543.3	26507.2	20176.9
举办训练班 (次)	675852.0	2311.0	72625.0	162258.0	46388.0	438658.0	264112.0
参加培训人次 (万人次)	4494.5	19.2	402.8	1057.4	344.1	3015.1	1950.2
举办展览个数 (万个)	15.4		0.4	2.4	1.1	12.6	9.7
参观展览人次 (万人次)	10711.2	246.4	900.9	3304.7	1672.7	6259.2	4847.2
组织各类理论研讨和讲座次数 (次)							
参加研讨和讲座人次 (万人次)							
藏书 (万册)							
拥有计算机台数 (万台)	49.5	1.1	2.1	13.2	7.2	33.0	26.4
本年收入合计 (亿元)	253.4	9.4	30.8	80.8	32.8	132.4	100.2
本年支出合计 (亿元)	256.2	9.4	30.5	79.2	32.2	137.2	104.0
馆办文艺团体 (个)	8241	112	1248	6881	3069		
馆办文艺团体演出场次 (万场次)	15.8	0.2	1.7	13.9	8.0		
馆办老年大学 (个)	865	11	110	744	407		
群众业余文艺团体 (个)	416673	337	9090	80912	36668	326334	249477

7-16-31 各地区群众文化机构基本情况

地 区	机构数(个)	从业人员(人)	收入合计(万元)	#财政拨款	#上级补助收入	支出合计(万元)	资产总计(万元)	#固定资产原价
全 国	**44521**	**180911**	**2533892**	**2384631**	**31462**	**2562411**	**6394300**	**5279016**
北 京	350	2763	81502	75891	294	77206	126850	103221
天 津	258	1401	27977	27414	96	27010	77720	60492
河 北	2431	7377	62257	60022	338	59889	140877	129885
山 西	1540	4542	42525	41850	229	39530	98073	89135
内蒙古	1231	4924	57414	55818	918	56022	181683	170548
辽 宁	1585	5490	51519	50472	424	59364	164819	138909
吉 林	980	4359	51422	49632	154	54076	87045	59122
黑龙江	1635	5683	44879	44344	239	44711	140870	135747
上 海	238	4985	170864	150310	6535	164875	408669	324654
江 苏	1394	7302	178048	172934	950	163141	434184	368201
浙 江	1472	7535	231613	212512	1048	231789	507768	410763
安 徽	1561	6074	68767	63791	1116	65526	155423	116712
福 建	1223	4100	55179	50091	2331	52068	156909	114645
江 西	1873	6181	55390	52389	1028	47901	220564	97482
山 东	1972	8312	100368	96026	900	99002	322342	288807
河 南	2603	11013	73684	71404	232	71573	147805	136635
湖 北	1406	5037	81716	76218	1532	81421	147944	124709
湖 南	2573	8571	83868	75456	1184	85207	191054	168022
广 东	1756	11972	281003	265738	3093	279593	724418	626981
广 西	1298	5236	55714	50555	1922	55119	93804	82486
海 南	243	807	18046	16831	312	12632	22076	18761
重 庆	1066	5564	79509	76337	342	80679	187034	157882
四 川	4785	11355	143476	138750	958	143356	366021	324877
贵 州	1694	6617	87225	79347	864	163497	297013	168105
云 南	1593	7425	97917	93388	408	97442	168960	138459
西 藏	774	5073	44293	41325	56	40667	357643	346249
陕 西	1536	7162	62491	58538	1097	64913	145695	117496
甘 肃	1463	6520	54250	52051	530	52305	112833	96207
青 海	415	1173	18494	16786	1409	18979	34473	27717
宁 夏	271	1396	19597	17945	434	19398	48036	33778
新 疆	1302	4962	52889	50469	489	53521	125696	102329

7-16-32 公共图书馆基本情况

指　　标	总　计	#少　儿图书馆	按隶属关系分				
			中　央	省、区、直辖市(级)	地市级	县市级	#县图书馆
机构数　　(个)	3166	122	1	39	373	2753	1580
从业人员　　(人)	57567	2544	1517	7580	15366	33104	15008
总藏量　　(万册件)	96953	4369	3769	20448	25649	47087	17363
当年购买的报刊种类(万种)	113	4	2	15	33	62	26
有效借书证数　　(万个)	6736	361	417	806	2425	3087	889
#书刊文献外借人次	25503	1280	40	1755	8059	15649	5872
书刊文献外借册次(万册次)	55091	3655	68	5098	17554	32371	10390
组织各类讲座次数　　(次)	74174	6592	568	5356	21495	46755	18320
举办展览　　(个)	30443	1292	20	4090	6471	19862	9816
举办培训班　　(个)	50973	4710	254	5859	14510	30350	11992
计算机　　(台)	220992	7802	3606	19890	50869	146627	70661
#电子阅览室终端数	144255	4399	700	8995	31058	103502	51273
阅览室坐席数　　(万个)	106	4	1	8	28	70	31

7-16-33 各地区公共图书馆基本情况

地区	机构数（个）	从业人员（人）	总藏量（万册）	人均拥有公共图书馆藏量(册)	有效借书证数（个）	总流通人次（万人次）	#书刊文献外借人次	书刊文献外借册次（万册次）	阅览室座席数（个）
全国	**3166**	**57567**	**96952.9**	**0.7**	**67360811**	**74449.88**	**25502.6**	**55090.5**	**1064163**
北京	23	1239	2759.1	1.3	1387129	1555.33	390.8	1047.2	17637
天津	32	986	1662.1	1.1	776713	1403.09	420.9	1057.9	17242
河北	173	1899	2546.9	0.3	1440964	2308.00	740.3	1416.2	40683
山西	128	1673	1751.2	0.5	1213868	1189.57	382.1	809.9	33917
内蒙古	117	1913	1786.9	0.7	643125	1003.07	381.1	780.0	31973
辽宁	130	2662	3964.0	0.9	1397956	2579.67	878.8	1900.5	38011
吉林	66	1600	1972.8	0.7	1123075	866.94	433.5	766.1	21430
黑龙江	109	1688	2158.4	0.6	821761	1071.71	379.0	794.4	28168
上海	24	2101	7773.1	3.2	2804581	2992.53	671.2	2792.1	22684
江苏	115	3473	8597.6	1.1	13007203	7975.09	2970.2	5585.7	65425
浙江	101	3607	7812.9	1.4	10405481	10846.51	2862.4	6982.2	68536
安徽	124	1558	2537.1	0.4	1785138	2376.33	1069.6	1899.0	39852
福建	90	1536	3322.3	0.9	2347321	2970.12	1165.5	3350.7	37364
江西	113	1420	2428.8	0.5	1555201	1722.10	873.1	1561.4	36248
山东	154	2877	5539.3	0.6	3216293	3972.23	1757.5	3031.3	62878
河南	158	2911	2874.1	0.3	1435719	2950.86	1400.3	2097.2	50101
湖北	116	2204	3596.8	0.6	1866764	2388.28	1181.6	2136.3	44751
湖南	139	2149	3050.2	0.4	1713781	2176.80	899.3	1849.2	38091
广东	143	4450	8708.3	0.8	6803696	9147.06	2110.5	6850.6	95355
广西	115	1660	2786.0	0.6	1039388	2344.30	587.0	1182.9	32677
海南	23	313	489.8	0.5	213610	523.54	82.1	242.6	6039
重庆	43	964	1671.8	0.5	1567730	1524.03	546.2	1222.6	27622
四川	204	2413	3792.9	0.5	1810979	2601.11	1088.0	1845.2	55179
贵州	98	1081	1385.6	0.4	628567	783.92	357.0	551.3	24559
云南	151	1814	2110.6	0.4	509131	1261.25	519.6	958.5	30971
西藏	81	216	195.1	0.6	15420	24.80	4.5	7.8	2939
陕西	110	2020	1733.2	0.5	483605	1357.45	453.8	795.0	23741
甘肃	103	1473	1496.0	0.6	423672	774.86	379.7	661.8	21726
青海	49	483	458.5	0.8	168037	158.66	70.1	103.0	4352
宁夏	26	565	721.3	1.1	208865	465.20	195.6	362.6	11963
新疆	107	1102	1501.7	0.6	376899	551.57	211.5	380.9	26622

7-16-33 续表

地 区	每万人拥有公共图书馆建筑面积(平方米)	计算机(台)	#电子阅览室终端数	收入合计(万元)	#财政拨款	#上级补助收入	支出合计(万元)	资产总计(万元)	#固定资产原价
全 国	**109.0**	**220992**	**144255**	**1801356.6**	**1722790.6**	**20057.9**	**1692580.2**	**6301450.9**	**4679854.6**
北 京	138.3	4544	2179	66724.0	65389.8	43.2	65118.3	273070.4	195818.6
天 津	209.1	4387	2834	52237.8	51189.2	219.1	53487.6	113161.8	93653.8
河 北	65.5	7994	5585	33738.6	32945.2	28.0	33233.8	105441.0	75092.3
山 西	138.5	6587	4810	38586.7	38396.5	83.5	38234.9	85552.8	71439.1
内蒙古	160.7	7201	4943	42976.0	42463.6	171.2	37507.0	146183.6	116683.0
辽 宁	132.8	9592	5945	51988.5	50928.8	986.1	53536.5	261499.9	226233.3
吉 林	105.9	4722	2912	36723.1	36297.7	158.4	37538.4	77982.2	66295.2
黑龙江	86.2	6332	4189	30481.7	30198.1	68.5	30723.5	88391.4	82295.7
上 海	177.4	6283	3029	220935.7	211155.5	177.5	133058.6	650948.3	487339.3
江 苏	152.4	11739	6769	116998.1	112375.0	753.2	111938.0	400191.0	332118.5
浙 江	190.4	11813	7551	128732.2	124141.3	1538.4	129174.7	347753.5	275282.5
安 徽	76.6	7823	5792	34562.9	32914.0	1129.5	35020.7	106975.6	90215.6
福 建	130.2	7051	4585	56429.0	52259.3	1949.9	55250.6	142254.5	120766.6
江 西	87.0	7159	5035	30781.9	28193.9	1892.5	29988.2	111641.5	99374.5
山 东	110.7	12042	7951	68157.7	66481.7	381.2	69331.3	193982.1	172319.1
河 南	64.2	9757	6582	42067.3	41625.2	97.5	42321.8	177764.8	144110.5
湖 北	125.8	7576	5025	69921.7	67288.5	1304.0	58295.6	241635.9	214040.9
湖 南	68.8	7226	4887	50154.3	46873.5	536.0	44180.0	182759.9	162955.9
广 东	120.0	17453	10928	193842.8	189104.8	2913.8	195714.1	596624.5	541414.1
广 西	86.5	6643	4334	47747.7	45983.1	1231.9	45991.5	115850.6	83520.9
海 南	90.7	1609	976	15921.5	15270.0	79.9	17604.6	22785.7	19595.6
重 庆	110.6	4667	3474	30254.4	28655.7	423.3	31117.7	423720.6	67967.3
四 川	75.6	11249	7966	55480.4	54186.2	901.0	55064.8	168721.0	120279.9
贵 州	71.8	5507	3666	26039.5	23912.5	885.6	25116.0	93058.0	64151.3
云 南	84.3	7623	5390	35478.5	34424.5	264.4	35951.3	118739.2	102916.9
西 藏	165.2	1437	1010	7846.6	7665.4	148.0	6927.7	37047.4	31121.4
陕 西	73.9	5884	4202	35164.4	33639.6	588.1	36019.8	105168.9	77564.2
甘 肃	108.2	5358	3505	31415.3	30646.3	340.0	30906.8	119361.2	91670.3
青 海	127.9	2194	1379	12506.3	12178.2	253.4	12439.5	26607.8	16393.7
宁 夏	195.5	2303	1784	13033.9	12380.9	306.8	14981.3	78811.2	36680.4
新 疆	113.3	5631	4338	30893.0	29957.1	204.0	30223.1	86326.4	47022.9

注：全国公共图书馆数据含中央本级图书馆。

7-16-34 文物业基本情况

项　　目	机　构（个）	从业人员（人）	本年收入合　计（万元）	本年支出合　计（万元）	资产总计（万元）	实际使用房屋建筑面积（万平方米）
总　计	**9931**	**161577**	**5594199**	**5469523**	**17597798**	**4332**
按单位性质分						
文物科研机构	121	3995	288858	234975	474623	79
文物保护管理机构	3518	33400	989813	956362	2279656	1481
博物馆	4721	105079	3255558	3306813	13275700	2668
文物商店	66	1203	59475	54659	218410	15
其他文物机构	1505	17900	1000494	916716	1349409	89
按隶属关系分						
中　央	12	3615	243201	244317	785917	54
省、区、市	311	19237	1122654	1019189	3467668	323
地、市	1725	47995	1965515	1879931	4752421	990
县、市	7883	90730	2262829	2326087	8591792	2965
按管理部门分						
文物部门	8334	135856	4910383	4622807	12552577	3531
其他部门	1597	25721	683816	846716	5045221	801

7-16-34　续表

项　　目	文物藏品（件/套）	#一级品	本年从有关部门接收文物数（件/套）	本年藏品征集数（件/套）	举办陈列展　览（个）	参观人次（万人次）
总　计	**48506647**	**100650**	**44418**	**425739**	**26045**	**114773**
按单位性质分						
文物科研机构	1230188	1550		8	40	297
文物保护管理机构	2473352	7211	6593	24966	1394	17304
博物馆	36623080	89921	33780	399071	24611	97172
文物商店	7391751	52				
其他文物机构	788276	1916	4045	1694		
按隶属关系分						
中　央	3337506	22630	1179	2314	206	2840
省、区、市	16816727	31122	4670	62135	1487	10901
地、市	9561239	23243	16847	115662	7603	37878
县、市	18791175	23655	21722	245628	16749	63154
按管理部门分						
文物部门	36163112	95626	39802	260614	19993	92239
其他部门	12343535	5024	4616	165125	6052	22534

7-16-35 各地区博物馆基本情况

地区	机构数（个）	从业人员（人）	文物藏品（件/套）	基本陈列展览（个）	参观人次（万人次）	门票销售总额（万元）	收入合计（万元）	#财政拨款	#上级补助收入	支出合计（万元）	资产总计（万元）	#固定资产原价
总计	**4721**	**105079**	**36623080**	**24611**	**97172**	**990512**	**3255558**	**2568649**	**79880**	**3306813**	**13275700**	**7678913**
中央	3	2895	3259655	156	2498	75699	169428	138197		172659	528357	211855
北京	71	4000	1940011	415	1833	81378	142494	117092	130	141107	509184	344566
天津	62	1406	707276	438	1279	3479	36580	31236	29	42198	331672	215978
河北	122	3925	369705	743	2991	9670	65393	49168	423	62008	266655	237885
山西	138	3995	1206352	414	2468	29771	59189	46405	3118	62492	250076	157408
内蒙古	93	1705	656358	463	1240	259	50684	49691	201	44396	311287	263088
辽宁	65	2163	529269	455	1538	12704	51449	51298	60	48397	163464	135222
吉林	107	1583	628707	451	1128	4356	35496	32937	546	34922	118044	70949
黑龙江	183	2893	998973	866	2332	1703	48371	31861	4367	48267	276865	231715
上海	98	2940	2103805	617	2270	555758	283571	228759	2519	240693	1122991	724520
江苏	322	6633	1830926	1980	9108	24013	167537	136467	7514	219379	877445	715907
浙江	308	5236	1403205	2149	6485	3415	123398	103703	4788	143738	662217	338885
安徽	196	2948	755266	940	3183	777	55294	46043	3114	64856	250281	158084
福建	123	2503	606176	1020	2933	208	61128	50795	1746	63449	152488	68657
江西	139	3101	418234	560	3233	91	63037	53494	7299	52544	294251	192743
山东	485	7976	3567077	2707	6764	13541	308610	218266	8099	324413	2071408	690850
河南	334	6782	966764	1277	5543	7214	83700	70207	1816	95176	327410	227989
湖北	199	3956	1686427	1069	3471	632	95061	74637	6834	103765	264374	166118
湖南	120	3204	591210	442	5513	90	102536	93521	3601	105470	525574	148907
广东	184	3651	1004848	1496	5112	5886	145077	137393	2086	147140	399018	352778
广西	132	2212	254298	570	1828	219	44881	43011	127	41629	164307	119931
海南	19	311	77738	91	146		74663	73900	620	74794	90645	19031
重庆	94	2652	560457	467	3096	10500	68504	57402	3303	75860	224148	123290
四川	255	6688	4058627	1165	6752	32417	145686	108747	4227	143600	922306	463632
贵州	84	1892	148955	249	1851	40	81023	32155	1809	41953	138696	50480
云南	125	1656	1296332	684	2342	321	31579	28649	283	33257	212998	84813
西藏	7	181	66050	8	10		5200	5115		5200	2432	2332
陕西	282	8732	3792154	1187	5791	110937	493559	320881	5051	513564	995071	601477
甘肃	204	4791	490705	935	2837	4516	94556	82788	4810	98512	471333	385538
青海	23	294	78590	73	150		11843	11041	190	11307	23709	19866
宁夏	54	847	358000	231	743	918	16964	9126	473	24881	240479	107445
新疆	90	1328	210930	293	701	2	39071	34664	699	25186	86514	46974

7-16-36 各地区文物保护管理机构基本情况

地 区	机构数（个）	从业人员（人）	藏品数（件/套）	收入合计（万元）	#财政拨款	#上级补助收入	支出合计（万元）	资产总计（万元）	#固定资产原价
全 国	**3518**	**33400**	**2473352**	**989813**	**696718**	**53434**	**956362**	**2279656**	**912954**
中 央	1	136	15887	14143	3661		13386	50043	3701
北 京	26	2814	30162	155220	108694	42	168896	115972	32124
天 津	8	111	2277	4656	2637	16	4331	5331	934
河 北	164	3861	89236	60797	31590	1724	60040	101416	33905
山 西	144	1977	137052	33162	25931	1730	36646	50037	19323
内蒙古	91	717	79549	22561	22106	171	19421	46485	35924
辽 宁	60	1187	41602	18630	16064	32	17316	15750	10161
吉 林	52	180	5459	3261	2945	24	4278	1729	696
黑龙江	87	259	13962	6942	6865	76	7882	3161	1812
上 海	5	56	2970	2838	2760		2891	4206	3122
江 苏	51	380	28774	18643	18227	99	17386	20881	8903
浙 江	94	2777	92216	153806	65335	9824	140466	354908	206964
安 徽	93	488	48944	19318	14549	4585	17872	63372	57319
福 建	44	257	4887	8491	6232	759	8124	8839	1002
江 西	67	417	53563	13784	8026	5446	9585	18940	8900
山 东	110	2615	817242	61803	56339	2049	61342	153003	59647
河 南	125	2831	217635	46581	33526	588	38915	224297	45095
湖 北	47	726	33069	17891	10720	4071	16472	22627	9443
湖 南	84	953	99901	34726	29816	2694	32289	77667	19041
广 东	34	305	21500	9200	6451	224	9704	11300	6134
广 西	70	375	19986	10221	9611	160	8840	15800	2492
海 南	10	183	120	2085	1456	4	2250	8624	6729
重 庆	39	238	30296	9741	9414	272	8247	14632	5053
四 川	173	1882	162982	65212	63706	1081	65439	176691	66659
贵 州	68	347	8372	7931	6157	703	6343	7800	4824
云 南	131	768	96101	22306	19592	1052	20438	32831	19266
西 藏	1239	1529	186154	49430	20680	11934	47424	463126	152151
陕 西	210	3409	99020	74450	61860	1228	70167	148179	61043
甘 肃	57	774	2080	15601	12664	1249	13221	27494	17653
青 海	28	62	3371	4052	3874	7	2774	525	389
宁 夏	22	300	26240	13294	8238	1137	14501	16142	3412
新 疆	84	486	2743	9036	6996	454	9478	17849	9138

7-16-37 各地区娱乐场所基本情况

单位：万元

地 区	机构数（个）	从业人员（人）	资产总计	营业收入	营业成本	营业利润
全 国	**78616**	**600106**	**10313538**	**5468702**	**4161906**	**1306909**
北 京	792	9318	254891	97379	68906	28474
天 津	425	3521	108292	40276	35298	4979
河 北	1899	11169	163833	69578	50204	19418
山 西	1236	9328	123103	47198	33883	13315
内蒙古	2483	8092	182831	69557	44982	24575
辽 宁	3646	16454	274228	101275	73144	28132
吉 林	1460	5805	112713	47032	25749	21284
黑龙江	2424	8940	109603	52175	29252	22925
上 海	1882	16300	663346	249667	209856	39811
江 苏	8525	48049	871208	586309	436862	149451
浙 江	4787	53599	937661	653078	546681	106397
安 徽	3659	19474	353593	154754	117659	37097
福 建	2124	34444	574494	344732	281704	63028
江 西	3665	21568	351932	180985	115530	65456
山 东	2033	16922	154251	89736	61484	28252
河 南	2198	18653	239790	126723	89060	37663
湖 北	2150	19317	333797	151206	113433	37773
湖 南	2731	26054	435432	238254	175773	62481
广 东	5893	80244	1241710	734015	607964	126052
广 西	2090	19773	212858	156386	117608	38778
海 南	558	6644	79387	42334	31914	10421
重 庆	2029	15685	251778	158546	124056	34491
四 川	5382	30316	594538	314856	217889	96967
贵 州	2494	21071	366965	208153	145416	62769
云 南	6079	32902	541734	232859	170088	62777
西 藏	534	5218	63552	42342	26563	15779
陕 西	1611	15504	257841	97088	82310	14778
甘 肃	1607	9469	200815	80068	54485	25584
青 海	303	2696	53105	18794	12973	5821
宁 夏	847	7452	78210	35550	21788	13776
新 疆	1070	6125	126049	47797	39392	8405

7-16-38　各地区网吧基本情况

单位：万元

地　区	机构数（个）	从业人员（人）	资产总计	营业收入	营业成本	营业利润
全　国	**143434**	**440853**	**6947788**	**3825868**	**2754242**	**1071760**
北　京	753	3227	42429	20529	15307	5222
天　津	973	2960	43903	21688	17626	4062
河　北	4286	10964	139553	59158	39956	19203
山　西	3050	9222	135147	56593	39504	17090
内蒙古	3370	8176	164991	74749	45851	28899
辽　宁	4054	10334	125355	72139	50446	21693
吉　林	2186	5838	86945	46637	25834	20804
黑龙江	3491	9333	126096	69930	43522	26426
上　海	1341	6114	85153	44567	37692	6875
江　苏	11124	29210	566078	348554	243257	105303
浙　江	8736	24790	445286	296634	234878	61757
安　徽	7358	20132	354971	176015	125129	50887
福　建	2248	7562	106534	56838	48524	8314
江　西	5846	18230	307686	164648	97645	67017
山　东	7496	18964	246719	136572	82780	53795
河　南	10984	30717	437059	210556	140972	69643
湖　北	8145	24635	415735	219361	157639	61753
湖　南	11707	31280	539661	279374	200240	79135
广　东	9071	36818	564719	357787	289561	68231
广　西	3544	12592	134903	80279	57539	22741
海　南	840	2808	34187	15893	12390	3504
重　庆	3633	16132	247605	163664	131314	32350
四　川	10328	35642	525853	319649	223830	95809
贵　州	4324	15558	248245	139717	91351	48367
云　南	5455	15113	237722	143265	112852	30415
西　藏	410	2451	38994	16596	10675	5921
陕　西	3931	14810	220206	94576	74909	19667
甘　肃	1742	6251	121924	56289	38995	17294
青　海	446	2130	42895	21620	16936	4684
宁　夏	872	3070	73668	23000	14016	8983
新　疆	1690	5790	87567	38994	33077	5917

7-16-39 体育系统机构人员情况

单位：个、人

指标	合计		国家级	
	机构	人员	机构	人员
总　计	**7081**	**146966**	**45**	**4704**
体育行政机关	2995	25088	1	222
运动项目管理部门	290	34601	20	1118
本科院校	7	5312	1	1023
职业、运动技术学院	19	6308		
体育运动学校	231	15300		
竞技体校	14	427		
少儿体育运动学校(业余体校)	1435	20150	1	3
单项运动学校	21	445		
体育中学	39	1569		
训练基地	74	2611	5	617
体育场馆	683	13857	1	288
体育科研机构	62	1401	1	173
其他事业单位	1143	17010	13	752
其他	68	2887	2	508

7-16-39 续表

单位：个、人

指标	省级		地级		县级	
	机构	人员	机构	人员	机构	人员
总　计	**703**	**57019**	**1897**	**46438**	**4436**	**38805**
体育行政机关	31	1676	433	6642	2530	16548
运动项目管理部门	227	30408	41	2990	2	85
本科院校	6	4289				
职业、运动技术学院	17	5886	2	422		
体育运动学校	32	2694	171	11807	28	799
竞技体校			4	147	10	280
少儿体育运动学校(业余体校)	20	422	319	8853	1095	10872
单项运动学校	4	134	11	180	6	131
体育中学			20	875	19	694
训练基地	25	1385	40	532	4	77
体育场馆	62	2862	381	7961	239	2746
体育科研机构	28	932	31	274	2	22
其他事业单位	229	5315	412	4566	489	6377
其他	22	1016	32	1189	12	174

7-16-40 运动员获世界冠军情况

年 份	项 数（项）	人 数（人）	个 数（个）
1978	4	4	4
1979	12	20	12
1980	3	3	3
1981	25	53	25
1982	12	31	13
1983	37	50	39
1984	33	46	37
1985	42	70	46
1986	26	56	26
1987	64	72	69
1988	54	59	54
1989	80	83	82
1990	54	61	54
1991	88	86	93
1992	86	68	89
1993	101	106	103
1994	79	86	79
1995	98	187	102
1996	72	58	75
1997	87	96	92
1998	75	89	83
1999	91	129	92
2000	92	109	110
2001	79	138	90
2002	99	123	110
2003	17	94	84
2004	27	175	101
2005	22	159	106
2006	24	169	141
2007	22	217	123
2008	24	151	120
2009	30	223	142
2010	22	180	108
2011	24	198	138
2012	24	140	107
2013	22	164	124
2014	22	206	98
2015	25	214	127
2016	23	154	107
2017	24	248	106

7-16-41 运动员分项创世界纪录情况

项 目	项 数(项)	人 数(人)	次 数(次)
总 计	**2**	**6**	**6**
射 击	1	5	5
航海模型	1	1	1

7-16-42 分地区按岗位和文化程度分在岗专职教练员情况(2017年)

单位：人

地区	合计	按岗位分			按文化程度分			
		一线	二线	三线	研究生及以上	本科	专科	中专(中学)及以下
全国	**24554**	**5225**	**5435**	**13894**	**563**	**16748**	**6270**	**973**
国家直属	93	70	6	17	29	53	10	1
北京	716	172	103	441	26	584	102	4
天津	467	175	36	256	13	322	120	12
河北	815	164	170	481	11	569	185	50
山西	675	132	243	300	10	404	224	37
内蒙古	509	70	146	293	1	307	162	39
辽宁	1394	361	459	574	43	1031	290	30
吉林	756	128	191	437	21	497	202	36
黑龙江	1093	349	108	636	10	745	295	43
上海	1229	275	161	793	30	989	196	14
江苏	1445	261	432	752	48	1177	192	28
浙江	968	232	193	543	13	785	154	16
安徽	599	151	132	316	15	373	188	23
福建	1079	203	197	679	8	764	275	32
江西	585	125	96	364	8	312	229	36
山东	2365	320	587	1458	51	1689	491	134
河南	1025	175	481	369	45	733	229	18
湖北	805	241	154	410	27	437	289	52
湖南	873	118	106	649	11	490	336	36
广东	1440	381	403	656	20	1095	279	46
广西	827	121	179	527	29	487	263	48
海南	124	29	5	90		88	27	9
重庆	294	69	99	126	9	203	73	9
四川	1168	232	49	887	33	683	408	44
贵州	271	75	97	99	2	157	98	14
云南	803	96	156	551	5	491	271	36
西藏	47	24		23	2	19	25	1
陕西	733	177	161	395	25	460	212	36
甘肃	515	123	133	259	11	340	148	16
青海	134	41		93	2	83	43	6
宁夏	140	67	31	42	3	113	21	3
新疆	567	68	121	378	2	268	233	64

【主要统计指标解释】

资产合计 指是指文化事业单位占有或者使用的能以货币计量的经济资源，包括各种财产、债权和其他权利。包括流动资产、固定资产、在建工程、无形资产和对外投资等。

固定资产原价 反映填表机构使用年限在一年以上、单位价值在规定标准以上，并在使用过程中基本保持原来物质形态的资产，包括房屋及构筑物；专用设备；通用设备；文物和陈列品；图书、档案；家具、用具、装具及动植物等，按原值（计提折旧的，按净值）进行反映。该指标根据“资产负债表”中的“固定资产原价”年（期）末数填列。

本年收入合计 反映行政事业单位在本年取得的全部收入，包括行政事业类资金收入和基本建设类收入，具体有财政拨款、上级补助收入、事业收入、经营收入、附属单位上缴收入和其他收入。根据“收入决算表”中的“本年收入合计”项填报。

财政补贴收入 反映填表单位本年度实际收到的本级财政拨款。包括一般预算财政拨款和政府性基金预算财政拨款。一级预算单位收到的应拨给下级单位使用的款项，年终时尚未拨出的，在编制财务决算表和填报统计报表时，应列为本单位的财政拨款。

上级补助收入 反映填表单位从行政主管部门和上级单位取得的非财政补贴收入。

事业收入 反映事业单位开展专业业务活动及辅助活动取得的收入。根据“收入决算表”中的“事业收入”项填报。

经营收入 反映事业单位在专业业务活动及辅助活动之外开展非独立核算经营活动取得的收入。根据“收入决算表”中的“经营收入”项填报。在确认经营收入时，应注意两个问题：一是经营收入是经营活动取得的收入，而不是专业业务活动及辅助活动取得的收入；二是经营收入是非独立核算的经营活动取得的收入，而不是独立核算的经营活动取得的收入。

附属单位上缴收入 反映填表事业单位拥有附属的独立核算机构，按有关规定上缴的收入。

其他收入 反映取得的除上述规定以外的各项收入，包括投资收益、利息收入、捐赠收入等。各单位从其他部门取得的财政拨款和非本级财政拨款均填列在本项内。

本年支出合计 反映填表机构在业务活动中发生的各项资产耗费和损失等支出情况，包括基本支出、项目支出、经营支出等内容。按经济功能分类，还可分为工资福利支出、商品和服务支出、对个人和家庭补助支出、其他资本性支出等内容。

基本支出 反映填表机构为保障其机构正常运转、完成日常工作任务而发生的人员支出和公用支出。

项目支出 反映填表机构为完成本机构特定的工作任务或事业发展目标，在基本支出之外发生的各项支出。项目支出明细在“项目支出决算明细表”中按支出经济分类科目进行反映。

经营支出 反映填表机构开展专业业务活动及辅助活动之外开展非独立核算经营活动发生的支出。在经营活动中应正确归集实际发生的各项费用数，无法归集的，应按规定的比例合理分摊。

使用“中国标准书号”合计 使用统一书号的主要有两类：1.各级技术标准文献；2.年画、年历画、台历、无书名页的单张美术印刷品或折页美术印刷品，不另加封面的出版物（如活页文选、活页歌篇、小件印品）等。

不使用“中国标准书号”部分合计 指图片、图标（GB）、部标（BB）等标准类文件印品、活页文选、活页歌篇、小件印品等。

少年儿童读物类图书和课本出版种数 少年儿童读物是指供初中及初中以下少年儿童阅读的书籍，课本是指供大、中、小学生及业余教育使用的书籍。

国家综合档案馆 指归口中央或地方各级档案行政管理部门直接管理的，按行政区划或历史时期设置的，收集和管理所辖范围内多种门类档案的档案馆。

公共广播节目套数 指经国家广播电视总局批准的、广播电视播出机构开办的不向听众收取收听费用，以为大众提供公共广播服务为主要目的，用固定频率播出，并编有整套自办节目时间表的广播节目套数。

全年制作广播节目时间 指广播电视节目制作机构全年自采、自编、自录的及合作制作、加工制作的各类广播节目，包括直播广播节目。

公共电视节目套数 指经国家广播电视总局批准的、广播电视播出机构开办的不向观众收取收看费用，以为大众提供公共电视服务为主要目的，用固定频率播出的自办电视节目套数。

全年制作电视节目时间 指广播电视节目制作机构全年自采、自编、自录的及合作制作、加工制作的各类电视节目，包括直播电视节目。

全年公共电视节目播出时间 指广播电视播出机构自办节目频道内全年播出公共电视节目的时间（含重复播出时间）。

有线广播电视实际用户数 指通过广播电视有线传输网收看电视节目的家庭用户数，包括接收模拟信号和接收数字信号的有线电视用户数。

数字电视用户数 指通过广播电视有线传输网收看数字信号电视节目的家庭用户数。

广播综合人口覆盖率 根据国家广播电视总局制定的《广播电视人口覆盖率统计技术标准和方法》进行统计调查的，在对象区内能接收到中央、省、地市或县通过无线、有线或卫星等各种技术方式转播的各级广播节目的人口数占全部总人口的比重。

电视节目综合人口覆盖率 根据国家广播电视总局制定的《广播电视人口覆盖率统计技术标准和方法》进行统计调查的，在对象区内能接收到中央、省、地市、或县通过无线、有线或卫星等各种技术方式转播的中央电视节目的人口数占全部总人口的比重。

艺术表演团体 指由文化部门主办或实行行业管理（经文化市场行政部门审批或已申报登记并领取相关许可证），专门从事表演艺术等活动的各类专业艺术表演团体，含民间职业剧团。不包括群众业余文艺表演团体。

艺术表演场馆 指由文化部门主办或实行行业管理（经文化市场行政部门审批或已申报登记并领取相关许可证），有观众席、舞台、灯光设备，公开售票、专供文艺团体演出的文化活动场所。

文物及文化保护 指对具有历史、文化、艺术、科学价值，并经有关部门鉴定，列入文物保护范围的不可移动文物的保护和管理活动；对我国语言、文字、民间文化艺术、民俗等非物质遗产的文化保护和管理活动。包括近现代重要史迹及具有代表性、纪念性的建筑物的保护（含革命遗址、纪念碑、名人故居）；寺庙、清真寺、教学及各种祠、堂、碑遗址的保护；古文化遗址、古墓地、古建筑、石窟寺、石记得等的保护；民族语言、文字遗产保护；民间艺术（民间传说、神话、歌谣、故事、音乐、舞蹈、戏曲、曲艺皮影、绘画、剪纸等）

遗产保护；民间、民俗传统活动（传统节日、庆典、民族艺术活动、民族体育活动等）遗产保护；民族制作（建筑风格、服饰、家具、木器、陶器、铜器等）遗产保护；其他未列明的文物与文化保护。

博物馆 指为了研究、教育、欣赏的目的，收藏、保护、展示人类活动和自然环境的见证物，向公众开放，非营利性、永久性社会服务机构，包括以博物馆（院）、纪念馆（舍）、美术（艺术）馆、科技馆、陈列馆等专有名称开展活动的单位。

总藏量 指图书馆已编目的古籍、图书、期刊和报纸的合订本、小册子、手稿，以及缩微制品、录像带、录音带、光盘等视听文献资料数量之和。

藏品 是文博机构根据收藏品的文化属性、自然属性等情况，所划分的文物藏品、标本藏品、模型藏品（含具有收藏、展示价值的雕塑、绘画等艺术作品）和复制品藏品的总和。本指标所统计的藏品是指报告期末，该机构已经整理并登记入账的藏品数。

7 第三产业分行业主要指标

7-17　公共管理、社会保障和社会组织

简要说明

本篇资料主要包括社会活动参与、公检法、劳动保障等内容。

一、社会活动参与的内容主要包括历届全国人大代表情况、历届全国政协委员情况、全国工会组织情况。全国人大代表数由全国人大办公厅联络局提供，依全国人大换届情况每五年更新一次；全国政协委员数由全国政协办公厅人事局提供，依全国政协换届情况每五年更新一次；全国工会组织情况由中华全国总工会依据统计报表制度整理提供。

二、公检法统计资料主要包括公安机关的刑事案件立案情况和治安案件查处情况，交通事故情况，检察机关的办案情况，人民法院审理案件和收结案情况。资料分别由公安部、最高人民检察院、最高人民法院依据统计报表制度整理提供。

三、劳动保障统计资料主要包括参加社会保险人员情况、社会保险基金收支情况。劳动保障资料是人力资源和社会保障部根据《人力资源和社会保障统计报表制度》整理提供。

7-17-1 公安机关受理和查处治安案件数

案件类别	受 理 (起)	查 处 (起)	每万人口 受理案件数 (起)
总 计	**10436059**	**9609333**	**75.1**
扰乱单位秩序	67901	65150	0.5
扰乱公共场所秩序	361120	359352	2.6
寻衅滋事	86493	80458	0.6
阻碍执行职务	41128	39562	0.3
非法携带枪支、弹药、管制工具	95067	93152	0.7
违反危险物质管理规定	65838	64452	0.5
殴打他人	2578537	2429352	18.5
故意伤害	204054	189348	1.5
盗窃	2151885	1756479	15.5
敲诈勒索	10858	9226	0.1
抢夺	16600	10958	0.1
盗窃、损毁公共设施	13334	11239	0.1
伪造、变造、倒卖有价票证、凭证	5379	5212	
违反旅馆业管理	112571	111155	0.8
违反房屋出租管理	141812	141409	1.0
诈骗	343876	270212	2.5
卖淫、嫖娼	88091	85899	0.6
赌博	265826	263506	1.9
毒品违法活动	679500	670332	4.9
其他	3106189	2952880	22.3

7-17-2 公安机关立案的刑事案件及构成

案件类别	立 案（起）		构 成（%）	
	2016	2017	2016	2017
总 计	**6427533**	**5482570**	**100.00**	**100.00**
杀人	8634	7990	0.13	0.15
伤害	123818	111124	1.93	2.03
抢劫	61428	39230	0.96	0.72
强奸	27767	27664	0.43	0.50
拐卖妇女儿童	7121	6668	0.11	0.12
盗窃	4304321	3459742	66.97	63.10
诈骗	979956	927583	15.25	16.92
走私	2407	3277	0.04	0.06
伪造、变造货币,出售、购买运输、持有、使用假币	1163	1467	0.02	0.03
其他	910918	897825	14.16	16.37

7-17-3 交通事故情况

类 别	发生数（起）	死亡人数（人）	受伤人数（人）	直接财产损失（万元）
总 计	**203049**	**63772**	**209654**	**121311.3**
机动车	182343	59166	188585	115556.2
#汽 车	139412	46817	139180	103978.0
摩托车	39780	10991	46504	9815.1
拖拉机	1896	804	1776	706.9
非机动车	18144	3253	19619	3973.7
#自行车	1576	350	1450	358.8
行人乘车人	2470	1322	1347	1755.9
其他	92	31	103	25.6

7-17-4 各地区交通事故情况

地　区	发生数 (起)	死亡人数 (人)	受伤人数 (人)	直接财产损失 (万元)
全　国	**203049**	**63772**	**209654**	**121311.3**
北　京	3223	1378	2803	3149.5
天　津	5564	813	5542	4532.8
河　北	4848	2496	4427	4694.8
山　西	4988	2125	4934	3683.6
内蒙古	3385	1014	3480	1639.1
辽　宁	4793	1971	4335	1838.0
吉　林	5485	2013	5556	4562.5
黑龙江	3623	1137	3839	3782.1
上　海	709	676	221	362.8
江　苏	13226	4567	11595	5818.9
浙　江	12782	3837	12160	4773.2
安　徽	11506	2692	12806	5541.9
福　建	8693	1879	9334	2351.9
江　西	5356	2122	5797	5093.8
山　东	13403	3665	12595	6183.3
河　南	6361	2076	6123	4556.0
湖　北	11661	4775	11070	9484.6
湖　南	5459	1156	6658	5227.4
广　东	23900	5345	24477	10412.8
广　西	3843	2247	3660	1908.4
海　南	2022	674	2479	1236.3
重　庆	4573	947	5909	1813.2
四　川	6947	2166	7481	4960.2
贵　州	14711	3472	19360	11994.8
云　南	5371	2920	5504	3152.6
西　藏	329	165	427	278.0
陕　西	5819	1561	5578	4223.3
甘　肃	2755	1320	3130	830.0
青　海	1128	527	1175	1120.3
宁　夏	1569	376	1677	928.7
新　疆	5017	1660	5522	1176.7

7-17-5 人民检察院直接立案侦查案件情况

案件分类	受案（件）	立案件数（件）	立案人数（人）	#要案	结案件数（件）	结案人数（人）
合 计	**44037**	**34163**	**46113**	**2996**	**40254**	**53751**
贪污	13435	8233	13663	409	9476	15680
贿赂	18013	15570	17606	1970	18850	21318
挪用公款	2670	2735	3394	85	3181	3921
集体私分	211	192	448	68	242	583
巨额财产来源不明	215	8	8	2	4	5
滥用职权	3943	2880	4077	296	3132	4480
玩忽职守	3579	3612	5212	129	4021	5839
徇私舞弊	998	551	720	16	590	781
其他	973	382	985	21	758	1144

注：结案中含上年旧存（以下各表同）。

7-17-6 人民检察院审查逮捕、审查起诉情况

案件分类	批捕、决定逮捕合计		决定起诉合计	
	（件）	（人）	（件）	（人）
合 计	**764878**	**1081545**	**1219603**	**1705772**
危害公共安全案	103020	125521	342471	367500
破坏社会主义市场经济秩序案	39115	58946	58081	103511
侵犯公民人身、民主权利案	113127	148890	163061	223845
侵犯财产案	256261	335944	328315	448375
妨害社会管理秩序案	242052	399980	297530	521064
危害国防利益案	179	259	211	322
军人违反职责案				
贪污贿赂案	9922	10613	24825	33580
渎职侵权案	1039	1196	4995	7379
其他	163	196	114	196

7-17-7 人民检察院办理刑事抗诉案件情况

案件类别	提出抗诉(件)	审判结果合计(件)	改判		维持原判(件)	发回重审(件)
			(件)	(人)		
合　计	**7932**	**6573**	**3330**	**4778**	**1734**	**1509**
二审小计	6812	5925	2957	4328	1631	1337
贪污贿赂案件	774	777	362	457	246	188
渎职侵权案件	240	207	75	87	83	102
刑事案件	5798	4941	2520	3784	1302	1047
再审小计	1120	648	373	450	103	172
贪污贿赂案件	108	77	45	45	18	14
渎职侵权案件	16	13	1	1	7	5
刑事案件	996	558	327	404	78	153

7-17-8 人民检察院办理民事、行政抗诉案件情况

单位：件

案件类别	合　计	民事案件	行政案件
提请抗诉	6177	5814	363
抗　诉	3283	3144	139
提出再审检察建议	3153	3093	60
抗诉案件再审	1706	1647	59
改　判	879	859	20
发回重审	233	223	10
调　解	111	111	
维持原判	377	350	27
其　他	106	104	2

7-17-9 人民检察院受理举报、控告和申诉案件情况

单位：件

案件类别	受　理	处　理	#检察机关办理	#转其他机关
合　计	**260495**	**252197**	**175781**	**23872**
首次举报	64615	62328	48122	8285
首次控告	37472	36677	15487	10226
首次申诉	158408	153192	112172	5361

7-17-10 人民检察院处理申诉案件情况

单位：件

案件分类	受　案	立案复查	结　案	#改变原决定
合　计	**15715**	**6624**	**5805**	**182**
不服检察机关处理决定	3988	2617	2287	182
不服不批捕	256	129	115	11
不服不起诉	3488	2384	2078	146
不服撤案	34	16	13	4
不服原免予起诉				
其他	210	88	81	21
不服法院刑事判决裁定	11727	4007	3518	
刑罚执行中被害人申诉	2448	973	889	
刑罚执行中被告人申诉	3197	1073	946	
刑罚执行完毕后被害人申诉	1151	460	374	
刑罚执行完毕后被告人申诉	4239	1247	1088	
其他	692	254	221	

7-17-11 人民检察院纠正违法情况

项　目		2016	2017
书面提出纠正件次合计	**（件次）**	**77885**	**94951**
立案监督小计		30093	37809
监督立案		18668	22941
监督撤案		11425	14868
侦查监督小计		39621	47871
刑事审判监督		8171	9271
刑罚执行监督人次小计	**（人次）**	**58770**	**55638**
监管活动		30261	23145
超期羁押		583	1605
减刑、假释、保外就医		27926	30888
已纠正件次合计	**（件次）**	**67030**	**81304**
立案监督小计		25311	32511
监督立案		14650	18587
监督撤案		10661	13924
侦查监督小计		34230	40358
刑事审判监督		7489	8435
刑罚执行监督人次小计	**（人次）**	**57995**	**51969**
监管活动		29872	22375
超期羁押		589	1306
减刑、假释、保外就医		27534	28288

7-17-12 人民法院审理一审案件情况

单位：件

年 份	收 案	#刑 事	#民商事			#行 政
				#知识产权	#海事海商	
1978	447755	146968	300787			
1979	513789	123846	389943			
1980	763535	197856	565679			
1981	906051	232125	673926			
1982	1024160	245219	778941			
1983	1343164	542648	756436			527
1984	1355460	431357	838307			983
1985	1319741	246655	846391		238	916
1986	1611282	299720	989409		301	632
1987	1875229	289614	1213219		346	5940
1988	2290624	313306	1455130		569	8573
1989	2913515	392564	1815385		725	9934
1990	2916774	459656	1851897		753	13006
1991	2901685	427840	1880635		951	25667
1992	3051157	422991	1948786		1654	27125
1993	3414845	403267	2089257		1830	27911
1994	3955475	482927	2383764		1959	35083
1995	4545676	495741	2718533		2847	52596
1996	5312580	618826	3093995		3945	79966
1997	5288379	436894	3277572		4534	90557
1998	5410798	482164	3375069		5166	98350
1999	5692434	540008	3519244		5736	97569
2000	5356294	560432	3412259		6976	85760
2001	5344934	628996	3459025		6891	100921
2002	5132199	631348	4420123			80728
2003	5130760	632605	4410236			87919
2004	5072881	647541	4332727			92613
2005	5161170	684897	4380095			96178
2006	5183794	702445	4385732			95617
2007	5550062	724112	4724440			101510
2008	6288831	767842	5412591			108398
2009	6688963	768507	5800144			120312
2010	6999350	779595	6090622			129133
2011	7596116	845714	6614049			136353
2012	8442657	996611	7316463			129583
2013	8876733	971567	7781972	88583	11224	123194
2014	9489787	1040457	8307450	95522	12174	141880
2015	11444950	1126748	10097804	109386	17546	220398
2016	12088800	1101191	10762124	134248	16336	225485
2017	12907729	1294377	11373753	201039	15367	230432

注：1.一审案件指人民法院按照诉讼级别管辖按第一审程序审理的案件。
2.2002年起，经济纠纷和海事海商并入民事案件中。
3.2017年起，行政案件不含行政赔偿案件。

7-17-13 人民法院审理刑事一审案件收结案情况

单位：件

项 目	收 案	结 案
合 计	**1294377**	**1296650**
危害公共安全罪	346856	344409
破坏社会主义市场经济秩序罪	59461	59748
侵犯公民人身权利民主权利罪	172203	174573
侵犯财产罪	329175	331522
妨害社会管理秩序罪	355179	354583
危害国防利益罪	341	348
贪污贿赂罪	25443	25757
渎职罪	5278	5262
其 他	441	448
合计中含自诉案件	14724	15102

注：结案中含上年旧存(以下各表同)。

7-17-14 人民法院审理刑事案件罪犯情况

单位：人

年 份	刑事罪犯总 数	#青少年罪犯			青少年罪犯占刑事罪犯比重(%)
			不满18岁	18岁至25岁	
1997	526312	199212	30446	168766	37.9
1998	528301	208076	33612	174464	39.4
1999	602380	221153	40014	181139	36.7
2000	639814	220981	41709	179272	34.5
2001	746328	253465	49883	203582	34.0
2002	701858	217909	50030	167879	31.0
2003	742261	231715	58870	172845	31.2
2004	764441	248834	70086	178748	32.6
2005	842545	285801	82692	203109	33.9
2006	889042	303631	83697	219934	34.2
2007	931745	316298	87506	228792	33.9
2008	1007304	322061	88891	233170	32.0
2009	996666	302023	77604	224419	30.3
2010	1006420	287978	68193	219785	28.6
2011	1050747	282429	67280	215149	26.9
2012	1173406	282990	63782	219208	24.1
2013	1157784	265439	55817	209622	22.9
2014	1183784	249576	50415	199161	21.1
2015	1231656	236341	43839	192502	19.2
2016	1219569	204657	35743	168914	16.8
2017	1268985	183471	32778	150693	14.5

7-17-15 人民法院审理婚姻家庭、继承一审案件收结案情况

单位：件

项目	收案	结案						
			调解	判决	不予受理	驳回	撤诉	其他
合计	**1802151**	**1830023**	**676606**	**651196**	**23692**	**28279**	**433185**	**17065**
婚姻家庭	1681658	1708629	601476	626717	21428	26192	416540	16276
离婚	1409563	1432578	489559	539023	16428	21238	353373	12957
赡养纠纷	25394	25942	7267	9618	80	366	8134	477
抚养、扶养关系纠纷	5914	6087	2374	2031	54	112	1437	79
抚育费纠纷	97707	98773	44874	28806	2742	1669	19658	1024
监护权纠纷	833	846	247	260	12	36	272	19
探望权纠纷	4702	4785	1810	1736	97	61	1005	76
其他	137545	139618	55345	45243	2015	2710	32661	1644
继承	117937	118716	73949	23602	2255	2043	16101	766
法定继承	58846	59449	42483	7455	1529	563	7137	282
遗嘱继承	6006	6119	2406	2399	95	112	1049	58
其他	53085	53148	29060	13748	631	1368	7915	426
其他	2556	2678	1181	877	9	44	544	23

7-17-16 人民法院审理民事一审案件情况

单位：件

项目	收案	结案						
			判决	不予受理	驳回	撤诉	调解	其他
合计	**11373753**	**11651363**	**5172571**	**120154**	**513213**	**2796436**	**2885318**	**163671**
人格权纠纷	178052	186654	97040	1375	4087	38323	44254	1575
婚姻家庭、继承纠纷	1802151	1830023	651196	23692	28279	433185	676606	17065
物权纠纷	319622	329842	137799	4188	25179	97531	59771	5374
合同、无因管理、不当得利纠纷	7008397	7179398	3297802	61808	394651	1842914	1485132	97091
知识产权与竞争纠纷	201039	192938	62330	5245	13987	85919	14872	10585
劳动争议、人事争议	451567	470669	220214	8477	19649	78933	132245	11151
海事海商纠纷	15367	16610	5283	283	367	5843	4520	314
与公司、证券、保险、票据等有关的民事纠纷	217736	219713	109349	2672	8707	41678	50361	6946
侵权责任纠纷	1138487	1186649	565397	11892	14683	164613	417087	12977
其他	41335	38867	26161	522	3624	7497	470	593

7-17-17 人民法院审理行政一审案件收结案情况

单位：件

项目	收案	结案	判决	不予立案	驳回	撤诉	调解	其他
合计	**230432**	**229112**	**95119**	**14680**	**53512**	**47880**	**1079**	**16842**
土地等资源	24963	25690	10327	1449	7553	4894	70	1397
公安	20402	21011	10225	1226	3058	5782	27	693
城建	34085	34549	13851	1974	9900	7428	164	1232
交通运输	1846	1705	593	79	208	791	5	29
工商	4830	4655	1540	104	872	1609	20	510
环保	981	959	478	22	131	292	10	26
计划生育	338	380	155	50	74	95		6
税务	555	540	195	24	107	195	2	17
卫生	525	572	265	42	128	123		14
乡政府	7098	6912	2415	540	2225	1474	21	237
劳动和社会保障	14447	14424	7006	466	1442	3004	188	2318
其他	104288	103944	39404	8251	25977	19663	561	10088

7-17-18 工会组织情况

单位：万人

年份	工会基层组织数（万个）	全国已建工会组织的基层单位的职工与会员人数				工会专职工作人员人数
		职工人数	#女职工	会员人数	#女会员	
1979	32.9	6897.2	2171.7	5147.3		17.9
1980	37.6	7448.2	2518.6	6116.5		24.3
1985	46.5	9643.0	3596.7	8525.8	3149.2	38.1
1990	60.6	11156.9	4291.0	10135.6	3897.7	55.6
1991	61.4	11351.4	4394.8	10389.1	3991.6	58.0
1992	61.7	11223.9	4377.1	10322.5	3974.0	58.0
1993	62.7	11103.8	4359.9	10176.1	3949.6	55.4
1994	58.3	11269.6	4483.2	10202.5	4018.1	56.0
1995	59.3	11321.4	4515.3	10399.6	4116.5	46.8
1996	58.6	11181.4	4500.0	10211.9	4093.1	60.5
1997	51.0	10111.5	4004.8	9131.0	3579.4	57.7
1998	50.4	9716.5	3882.0	8913.4	3546.7	48.4
1999	50.9	9683.0	3797.9	8689.9	3406.2	49.7
2000	85.9	11472.1	4534.5	10361.5	3917.3	48.2
2001	153.8	12997.0	5087.9	12152.3	4696.6	
2002	171.3	14461.5	5157.6	13397.8	4665.2	47.2
2003	90.6	13301.6	5079.3	12340.5	4601.2	46.5
2004	102.0	14436.7	5502.6	13694.9	5135.3	45.6
2005	117.4	15985.3	6016.3	15029.4	5574.8	47.7
2006	132.4	18143.6	6719.3	16994.2	6177.8	54.3
2007	150.8	20452.4	7494.5	19329.0	7042.2	60.2
2008	172.5	22487.5	8168.8	21217.1	7773.8	70.5
2009	184.5	24535.3	8652.6	22634.4	8248.4	74.6
2010	197.6	25345.4	9288.1	23996.5	8871.5	86.4
2011	232.0	27304.7	10211.2	25885.1	9763.6	99.8
2012	266.3	29371.5	11014.5	28021.3	10611.0	107.9
2013	276.7	29946.2	11227.6	28786.9	10886.0	115.6
2014	278.1	29930.9	11299.4	28811.8	10977.7	115.5
2015	280.6	30707.6	11589.2	29546.0	11287.7	111.4
2016	282.5	31428.6	11806.7	30288.1	11520.0	113.0
2017	280.9	31430.3	11884.5	30311.2	11604.8	108.9

注：因指标解释调整，2003年以前的工会基层组织数包含部分覆盖单位数。

7-17-19 社会保险基金收支及累计结余

单位：亿元

年 份	合 计	基本养老保险	失业保险	基本医疗保险	工伤保险	生育保险
基金收入						
1990	186.8	178.8	7.2			
1995	1006.0	950.1	35.3	9.7	8.1	2.9
2000	2644.9	2278.5	160.4	170.0	24.8	11.2
2001	3101.9	2489.0	187.3	383.6	28.3	13.7
2002	4048.7	3171.5	213.4	607.8	32.0	21.8
2003	4882.9	3680.0	249.5	890.0	37.6	25.8
2004	5780.3	4258.4	290.8	1140.5	58.3	32.1
2005	6975.2	5093.3	340.3	1405.3	92.5	43.8
2006	8643.2	6309.8	402.4	1747.1	121.8	62.1
2007	10812.3	7834.2	471.7	2257.2	165.6	83.6
2008	13696.1	9740.2	585.1	3040.4	216.7	113.7
2009	16115.6	11490.8	580.4	3671.9	240.1	132.4
2010	19276.1	13872.9	649.8	4308.9	284.9	159.6
2011	25153.3	18004.8	923.1	5539.2	466.4	219.8
2012	30738.8	21830.2	1138.9	6938.7	526.7	304.2
2013	35252.9	24732.6	1288.9	8248.3	614.8	368.4
2014	39827.7	27619.9	1379.8	9687.2	694.8	446.1
2015	46012.1	32195.5	1367.8	11192.9	754.2	501.7
2016	53562.7	37990.8	1228.9	13084.3	736.9	521.9
2017	67154.2	46613.8	1112.6	17931.6	853.8	642.5
基金支出						
1990	151.9	149.3	2.5			
1995	877.1	847.6	18.9	7.3	1.8	1.6
2000	2385.6	2115.5	123.4	124.5	13.8	8.3
2001	2748.0	2321.3	156.6	244.1	16.5	9.6
2002	3471.5	2842.9	182.6	409.4	19.9	12.8
2003	4016.4	3122.1	199.8	653.9	27.1	13.5
2004	4627.4	3502.1	211.3	862.2	33.3	18.8
2005	5400.8	4040.3	206.9	1078.7	47.5	27.4
2006	6477.4	4896.7	198.0	1276.7	68.5	37.5
2007	7887.8	5964.9	217.7	1561.8	87.9	55.6
2008	9925.1	7389.6	253.5	2083.6	126.9	71.5
2009	12302.6	8894.4	366.8	2797.4	155.7	88.3
2010	15018.9	10755.3	423.3	3538.1	192.4	109.9
2011	18652.9	13363.2	432.8	4431.4	286.4	139.2
2012	23331.3	16711.5	450.6	5543.6	406.3	219.3
2013	27916.3	19818.7	531.6	6801.0	482.1	282.8
2014	33002.7	23325.8	614.7	8133.6	560.5	368.1
2015	38988.1	27929.4	736.4	9312.1	598.7	411.5
2016	46888.4	34004.3	976.1	10767.1	610.3	530.6
2017	57145.0	40423.8	893.8	14421.7	662.3	743.5
累计结余						
1990	117.3	97.9	19.5			
1995	516.8	429.8	68.4	3.1	12.7	2.7
2000	1327.5	947.1	195.9	109.8	57.9	16.8
2001	1622.8	1054.1	226.2	253.0	68.9	20.6
2002	2423.4	1608.0	253.8	450.7	81.1	29.7
2003	3313.8	2206.5	303.5	670.6	91.2	42.0
2004	4493.4	2975.0	385.8	957.9	118.6	55.9
2005	6073.7	4041.0	519.0	1278.1	163.5	72.1
2006	8255.9	5488.9	724.8	1752.4	192.9	96.9
2007	11236.6	7391.4	979.1	2476.9	262.6	126.6
2008	15225.6	9931.0	1310.1	3431.7	384.6	168.2
2009	19006.5	12526.1	1523.6	4275.9	468.8	212.1
2010	23407.5	15787.8	1749.8	5047.1	561.4	261.4
2011	30233.1	20727.8	2240.2	6180.0	742.6	342.5
2012	38106.6	26243.5	2929.0	7644.5	861.9	427.6
2013	45588.1	31274.8	3685.9	9116.5	996.2	514.7
2014	52462.3	35644.5	4451.5	10644.8	1128.8	592.7
2015	59532.5	39937.1	5083.0	12542.8	1285.3	684.4
2016	66349.7	43965.2	5333.3	14964.3	1410.9	675.9
2017	77311.6	50202.2	5552.4	19385.6	1606.9	564.5

注：1.2007年及以后基本医疗保险基金中包括职工基本医疗保险和城乡居民基本医疗保险。
2.2010年及以后基本养老保险基金中包括城镇职工基本养老保险和城乡居民基本养老保险。
3.工伤保险累计结余中含储备金。

7-17-20 参加基本养老保险人数

单位：万人

年 份	年末参加基本养老保险人数	城镇职工基本养老保险					城乡居民基本养老保险
		合 计	职 工	#执行企业制度	离退休人员	#执行企业制度	
1989	5710.3	5710.3	4816.9	4816.9	893.4	893.4	
1990	6166.0	6166.0	5200.7	5200.7	965.3	965.3	
1991	6740.3	6740.3	5653.7	5653.7	1086.6	1086.6	
1992	9456.2	9456.2	7774.7	7774.7	1681.5	1681.5	
1993	9847.6	9847.6	8008.2	8008.2	1839.4	1839.4	
1994	10573.5	10573.5	8494.1	8494.1	2079.4	2079.4	
1995	10979.0	10979.0	8737.8	8737.8	2241.2	2241.2	
1996	11116.7	11116.7	8758.4	8758.4	2358.3	2358.3	
1997	11203.9	11203.9	8670.9	8670.9	2533.0	2533.0	
1998	11203.1	11203.1	8475.8	8475.8	2727.3	2727.3	
1999	12485.4	12485.4	9501.8	8859.2	2983.6	2863.8	
2000	13617.4	13617.4	10447.5	9469.9	3169.9	3016.5	
2001	14182.5	14182.5	10801.9	9733.0	3380.6	3171.3	
2002	14736.6	14736.6	11128.8	9929.4	3607.8	3349.2	
2003	15506.7	15506.7	11646.5	10324.5	3860.2	3556.9	
2004	16352.9	16352.9	12250.3	10903.9	4102.6	3775.0	
2005	17487.9	17487.9	13120.4	11710.6	4367.5	4005.2	
2006	18766.3	18766.3	14130.9	12618.0	4635.4	4238.6	
2007	20136.9	20136.9	15183.2	13690.6	4953.7	4544.0	
2008	21891.1	21891.1	16587.5	15083.4	5303.6	4868.0	
2009	23549.9	23549.9	17743.0	16219.0	5806.9	5348.0	
2010	35984.1	25707.3	19402.3	17822.7	6305.0	5811.6	10276.8
2011	61573.3	28391.3	21565.0	19970.0	6826.2	6314.0	33182.0
2012	78796.3	30426.8	22981.1	21360.9	7445.7	6910.9	48369.5
2013	81968.4	32218.4	24177.3	22564.7	8041.0	7484.8	49750.1
2014	84231.9	34124.4	25531.0	23932.3	8593.4	8013.6	50107.5
2015	85833.4	35361.2	26219.2	24586.8	9141.9	8536.5	50472.2
2016	88776.8	37929.7	27826.3	25239.6	10103.4	9023.9	50847.1
2017	91548.3	40293.3	29267.6	25856.3	11025.7	9460.4	51255.0

7-17-21 社会保险基本情况

年份	失业保险			基本医疗保险			工伤保险		年末参加生育保险人数（万人）
	年末参保人数（万人）	全年发放失业保险金人数（万人）	全年发放失业保险金（亿元）	年末参保人数（万人）	职工基本医疗保险年末参保	城乡居民基本医疗保险年末参保	年末参保人数（万人）	年末享受工伤待遇的人数（万人）	
1994	7967.8	196.5	5.1	400.3	400.3		1822.1	5.8	915.9
1995	8237.7	261.3	8.2	745.9	745.9		2614.8	7.1	1500.2
1996	8333.1	330.8	13.9	855.7	855.7		3102.6	10.1	2015.6
1997	7961.4	319.0	18.7	1762.0	1762.0		3507.8	12.5	2485.9
1998	7927.9	158.1	20.4	1877.6	1877.6		3781.3	15.3	2776.7
1999	9852.0	271.4	31.9	2065.3	2065.3		3912.3	15.1	2929.8
2000	10408.4	329.7	56.2	3786.9	3786.9		4350.3	18.8	3001.6
2001	10354.6	468.5	83.3	7285.9	7285.9		4345.3	18.7	3455.1
2002	10181.6	657.0	116.8	9401.2	9401.2		4405.6	26.5	3488.2
2003	10372.9	741.6	133.4	10901.7	10901.7		4574.8	32.9	3655.4
2004	10583.9	753.5	137.5	12403.6	12403.6		6845.2	51.9	4383.8
2005	10647.7	677.8	132.4	13782.9	13782.9		8478.0	65.1	5408.5
2006	11186.6	598.1	125.8	15731.8	15731.8		10268.5	77.8	6458.9
2007	11644.6	538.5	129.4	22311.1	18020.0	4291.1	12173.3	96.0	7775.3
2008	12399.8	516.7	139.5	31821.6	19995.6	11826.0	13787.2	117.8	9254.1
2009	12715.5	483.9	145.8	40147.0	21937.4	18209.6	14895.5	129.6	10875.7
2010	13375.6	431.6	140.4	43262.9	23734.7	19528.3	16160.7	147.5	12335.9
2011	14317.1	394.4	159.9	47343.2	25227.1	22116.1	17695.9	163.0	13892.0
2012	15224.7	390.1	181.3	53641.3	26485.6	27155.7	19010.1	190.5	15428.7
2013	16416.8	416.7	203.2	57072.6	27443.1	29629.4	19917.2	195.2	16392.0
2014	17042.6	422.0	233.3	59746.9	28296.0	31450.9	20639.2	198.2	17038.7
2015	17326.0	456.8	269.8	66581.6	28893.1	37688.5	21432.5	201.9	17771.0
2016	18088.8	483.9	309.4	74391.6	29531.5	44860.0	21889.3	196.0	18451.0
2017	18784.2	458.1	318.2	117681.4	30322.7	87358.7	22723.7	192.8	19300.2

7-17-22 各地区城镇职工基本养老保险情况

地区	年末参加城镇职工基本养老保险人数(万人)			基金收支情况(亿元)		
		职工	离退休人员	基金收入	基金支出	累计结余
全国	**40293.3**	**29267.6**	**11025.7**	**43309.6**	**38051.5**	**43884.6**
北京	1604.5	1321.4	283.1	2223.0	1394.3	4394.9
天津	655.0	441.2	213.8	894.3	836.1	463.2
河北	1535.8	1102.0	433.8	1439.2	1411.6	735.2
山西	798.7	555.7	243.0	1234.6	1082.3	1457.7
内蒙古	694.3	437.2	257.1	853.5	707.2	605.2
辽宁	1949.8	1195.5	754.4	1863.2	2207.0	572.8
吉林	814.5	482.3	332.2	764.1	767.0	340.0
黑龙江	1206.1	682.2	523.9	1240.5	1534.2	-486.2
上海	1548.2	1059.0	489.2	2767.4	2571.1	2068.8
江苏	3034.5	2238.5	796.1	2885.6	2555.3	3730.8
浙江	2712.4	1964.9	747.5	3052.6	2636.7	3709.8
安徽	1077.0	754.1	322.9	993.3	784.6	1393.9
福建	1022.1	840.1	182.0	785.3	666.5	820.0
江西	1005.2	697.6	307.7	974.1	862.6	638.1
山东	2660.9	2022.2	638.8	2289.3	2358.7	2315.7
河南	1897.6	1437.6	460.0	1521.5	1471.8	1104.0
湖北	1546.6	1020.5	526.1	1793.6	1864.2	751.6
湖南	1279.3	856.6	422.7	1448.1	1349.1	1104.1
广东	5287.1	4718.0	569.0	3457.0	1898.0	9245.1
广西	777.8	525.9	251.9	977.0	881.9	556.7
海南	240.9	172.0	68.9	271.1	232.0	173.5
重庆	989.2	628.3	360.8	1434.7	1372.4	897.1
四川	2335.1	1519.0	816.0	3295.9	2276.4	3245.8
贵州	588.2	446.9	141.3	667.1	575.7	619.2
云南	591.5	420.1	171.3	1096.0	958.9	950.8
西藏	42.9	33.7	9.2	130.8	84.7	123.6
陕西	953.3	706.9	246.4	1049.2	961.8	566.1
甘肃	429.8	288.2	141.6	391.3	363.5	403.7
青海	138.3	95.6	42.8	197.6	205.5	55.8
宁夏	205.2	145.0	60.2	243.0	221.4	217.7
新疆	646.4	442.1	204.3	1006.1	906.0	1074.0
不分地区	25.1	17.4	7.7	69.4	52.9	36.0

注：不分地区合计中，包括中国人民银行、中国农业发展银行数。

7-17-23 各地区城乡居民基本养老保险情况

地 区	参保人数(万人)	#实际领取待遇人数	基金收支情况(亿元)		
			基金收入	基金支出	累计结余
全 国	**51255.0**	**15597.9**	**3304.2**	**2372.2**	**6317.6**
北 京	213.1	86.6	45.9	37.6	147.3
天 津	156.5	79.5	78.5	36.2	244.3
河 北	3474.1	996.5	162.7	120.7	291.1
山 西	1554.2	403.1	75.2	45.9	175.6
内蒙古	743.4	213.7	56.9	43.8	88.4
辽 宁	1036.2	393.5	61.2	54.2	69.6
吉 林	668.4	245.7	38.3	26.8	54.8
黑龙江	839.3	266.7	48.0	30.4	70.0
上 海	78.8	50.3	62.5	63.3	76.5
江 苏	2338.2	1069.8	312.6	252.0	565.5
浙 江	1200.7	533.1	158.6	157.5	151.9
安 徽	3429.5	915.0	150.2	96.5	321.7
福 建	1493.7	446.3	85.8	65.8	143.9
江 西	1870.0	467.5	86.3	48.8	174.8
山 东	4530.6	1476.6	369.8	230.9	822.5
河 南	5010.2	1364.0	208.2	155.7	403.3
湖 北	2214.6	697.4	137.2	90.7	248.5
湖 南	3322.0	945.1	159.8	110.3	271.3
广 东	2586.8	847.6	188.2	170.6	402.7
广 西	1805.9	570.2	93.9	65.6	138.8
海 南	285.9	72.8	27.9	13.7	65.2
重 庆	1109.0	362.6	66.8	50.9	116.9
四 川	3074.9	1126.2	250.2	159.8	442.2
贵 州	1748.5	448.9	63.3	44.4	110.3
云 南	2258.9	516.6	92.0	51.7	231.8
西 藏	183.1	25.1	12.3	4.6	22.2
陕 西	1733.8	479.2	92.0	69.9	193.2
甘 肃	1262.4	308.7	61.9	37.4	138.6
青 海	239.1	45.3	17.0	10.7	33.1
宁 夏	185.5	39.6	12.2	8.3	27.3
新 疆	607.4	104.7	29.2	17.3	74.3

注：2012年8月起，新型农村社会养老保险和城镇居民社会养老保险制度全覆盖工作全面启动，合并为城乡居民社会养老保险。

7-17-24 各地区失业保险情况

地区	年末参加失业保险人数（万人）	年末领取失业保险金人数（万人）	基金收支情况(亿元)		
			基金收入	基金支出	累计结余
全国	**18784.2**	**220.2**	**1112.6**	**893.8**	**5552.4**
北京	1170.9	3.9	82.2	65.9	237.9
天津	311.3	8.4	37.9	50.7	91.4
河北	529.7	7.2	27.7	27.1	158.5
山西	420.6	3.0	25.2	12.3	178.5
内蒙古	247.1	2.5	17.0	7.3	128.9
辽宁	679.9	10.5	38.9	26.6	282.5
吉林	263.7	2.8	21.4	12.1	125.7
黑龙江	315.1	4.1	19.7	17.2	167.8
上海	961.8	11.1	87.2	98.5	169.9
江苏	1583.0	32.1	88.0	100.0	428.0
浙江	1380.9	8.9	74.2	63.3	411.9
安徽	472.4	8.1	26.1	25.2	116.4
福建	612.3	4.9	24.3	16.6	171.6
江西	286.3	1.7	9.6	3.8	77.2
山东	1268.3	20.1	67.6	65.2	300.1
河南	805.6	7.5	32.5	19.8	188.4
湖北	561.3	6.4	26.2	21.0	178.5
湖南	563.7	6.8	23.2	16.5	132.9
广东	3163.7	14.6	113.5	71.5	683.3
广西	302.1	5.4	19.4	15.2	133.9
海南	168.1	2.2	5.9	5.2	35.1
重庆	466.3	3.9	17.2	15.5	113.8
四川	776.7	27.4	136.0	62.2	415.3
贵州	235.7	2.2	13.8	11.3	80.2
云南	259.8	5.1	17.0	11.4	133.4
西藏	15.2	0.0019	2.0	0.3	18.2
陕西	356.5	2.9	20.4	14.3	159.6
甘肃	165.4	0.9	10.5	5.9	83.1
青海	41.5	0.3	3.3	1.6	29.2
宁夏	88.5	1.2	4.8	3.2	36.3
新疆	310.8	4.0	19.9	27.2	84.8

7-17-25 各地区基本医疗保险参保人数

单位：万人

地区	年末参保人数合计	职工基本医疗保险	职工	退休人员	城乡居民
全国	**117681.4**	**30322.7**	**22288.4**	**8034.3**	**87358.7**
北京	1771.4	1569.2	1282.9	286.2	202.2
天津	1088.5	554.1	353.1	201.0	534.3
河北	6883.1	986.9	674.5	312.4	5896.2
山西	3215.3	664.1	474.9	189.2	2551.3
内蒙古	2161.5	495.1	346.6	148.4	1666.4
辽宁	2277.5	1575.9	967.5	608.4	701.6
吉林	1380.9	576.0	368.3	207.6	804.9
黑龙江	2892.6	843.8	493.2	350.6	2048.9
上海	1839.8	1495.1	1005.4	489.7	344.6
江苏	7619.1	2601.1	1921.4	679.8	5018.0
浙江	5251.6	2117.4	1702.9	414.5	3134.2
安徽	2108.1	809.2	571.5	237.7	1298.9
福建	3768.6	819.3	664.3	155.1	2949.3
江西	4762.4	558.7	366.9	191.8	4203.7
山东	9295.7	2013.1	1526.8	486.3	7282.6
河南	10410.7	1228.2	883.9	344.4	9182.5
湖北	5622.2	1018.9	702.7	316.2	4603.3
湖南	6906.3	867.1	581.8	285.4	6039.1
广东	10365.1	3962.6	3483.5	479.1	6402.4
广西	5173.3	556.7	396.6	160.2	4616.5
海南	419.5	209.6	149.1	60.4	209.9
重庆	3248.5	640.3	455.3	184.9	2608.2
四川	7714.8	1526.4	1068.0	458.4	6188.4
贵州	1001.3	410.4	298.9	111.5	590.9
云南	4463.8	491.3	344.0	147.3	3972.5
西藏	69.9	40.0	30.9	9.1	29.9
陕西	1251.0	619.8	429.2	190.5	631.2
甘肃	2512.2	320.2	212.2	108.0	2192.0
青海	549.0	94.0	61.2	32.8	455.0
宁夏	618.2	123.5	88.9	34.6	494.8
新疆	1039.6	534.6	381.8	152.7	505.0

7-17-26 分地区基本医疗保险基金收支情况

单位：亿元

地区	基金收入			基金支出			累计结余		
	合计	职工	居民	合计	职工	居民	合计	职工	居民
全国	**17931.6**	**12278.3**	**5653.3**	**14421.7**	**9466.9**	**4954.8**	**19385.6**	**15851.0**	**3534.6**
北京	1065.8	1040.1	25.6	920.1	898.0	22.1	609.5	571.6	37.9
天津	357.5	303.5	54.0	274.2	240.1	34.1	282.5	212.7	69.8
河北	749.6	387.7	361.9	616.5	305.4	311.1	790.5	605.5	185.0
山西	371.7	213.7	157.9	322.9	186.5	136.3	421.4	288.8	132.6
内蒙古	311.9	198.9	113.1	268.0	162.6	105.5	301.9	240.6	61.3
辽宁	496.9	456.5	40.4	464.0	430.3	33.7	459.2	406.7	52.5
吉林	195.6	161.7	33.9	174.5	143.4	31.1	282.7	238.0	44.7
黑龙江	433.6	285.5	148.1	387.5	259.7	127.7	427.2	320.6	106.6
上海	1404.4	1340.4	64.0	729.4	663.7	65.7	2085.7	2079.6	6.1
江苏	1368.7	978.6	390.1	1149.4	810.0	339.3	1463.6	1282.9	180.7
浙江	1234.1	895.0	339.0	989.5	663.2	326.3	1568.6	1481.1	87.4
安徽	339.8	259.6	80.2	269.4	203.0	66.4	403.3	323.9	79.5
福建	478.6	290.7	188.0	382.4	220.1	162.3	631.0	534.7	96.3
江西	474.9	178.0	296.9	341.6	131.5	210.1	444.5	230.4	214.1
山东	1194.8	739.6	455.2	1094.2	631.6	462.6	979.2	780.4	198.8
河南	894.2	360.8	533.5	753.9	265.2	488.7	809.6	494.7	314.9
湖北	697.4	371.9	325.5	578.6	318.5	260.1	569.5	338.5	231.0
湖南	676.4	313.6	362.8	561.1	243.3	317.8	583.5	389.3	194.2
广东	1565.0	1152.5	412.4	1245.0	867.2	377.8	2474.8	2107.4	367.4
广西	374.7	194.4	180.4	264.6	147.4	117.2	477.3	278.5	198.8
海南	83.3	69.8	13.5	60.5	49.5	11.0	113.7	98.1	15.6
重庆	410.6	250.3	160.3	392.2	241.1	151.1	311.6	217.5	94.1
四川	1023.2	649.7	373.5	762.7	449.5	313.2	1126.1	890.0	236.1
贵州	186.4	153.9	32.5	143.3	120.5	22.8	188.5	141.6	46.9
云南	503.2	250.3	252.9	406.8	192.2	214.6	431.5	299.1	132.4
西藏	39.5	34.8	4.7	21.9	18.3	3.5	61.4	63.3	-1.9
陕西	287.7	246.5	41.2	246.0	204.1	42.0	343.1	305.0	38.0
甘肃	248.4	114.2	134.2	224.6	94.6	130.1	178.5	117.0	61.5
青海	69.1	62.4	6.7	51.6	44.6	7.1	87.3	87.9	-0.5
宁夏	93.1	58.1	35.0	85.8	49.3	36.5	81.4	64.9	16.5
新疆	301.4	265.7	35.8	239.3	212.3	26.9	397.0	360.7	36.3

7-17-27 各地区工伤保险情况

地 区	年末参加工伤保险人数(万人)	享受工伤待遇人数(万人)	基金收支情况(亿元)		
			基金收入	基金支出	累计结余
全 国	**22723.7**	**192.8**	**853.8**	**662.3**	**1606.9**
北 京	1117.9	4.4	37.9	33.0	48.3
天 津	395.3	3.6	11.0	11.3	14.7
河 北	860.7	10.0	46.4	39.6	35.3
山 西	582.6	6.3	35.1	32.5	61.0
内蒙古	307.8	2.4	14.1	10.9	42.4
辽 宁	862.1	13.8	37.4	31.6	40.1
吉 林	441.4	5.1	15.8	11.1	38.2
黑龙江	519.1	6.2	23.7	24.0	32.0
上 海	958.1	6.4	38.8	30.7	68.2
江 苏	1690.2	14.3	85.3	58.9	136.9
浙 江	1977.2	19.4	58.2	51.0	93.6
安 徽	565.5	10.5	24.5	17.6	48.7
福 建	798.7	4.3	20.0	15.9	62.3
江 西	517.1	5.1	19.8	13.9	43.0
山 东	1569.1	11.1	58.9	42.2	100.6
河 南	900.9	5.4	31.1	22.2	65.9
湖 北	656.6	6.5	23.1	15.2	47.1
湖 南	782.8	11.9	42.0	31.2	69.4
广 东	3402.0	14.5	73.9	51.2	275.3
广 西	388.8	1.6	12.6	5.5	41.5
海 南	141.4	0.4	5.1	1.6	16.4
重 庆	504.6	6.7	22.7	18.7	6.7
四 川	876.0	7.6	32.7	26.2	67.4
贵 州	332.5	2.4	15.1	12.6	22.5
云 南	383.7	4.4	16.6	12.7	27.8
西 藏	33.4	0.1	1.5	0.6	4.7
陕 西	459.3	2.8	17.3	14.2	35.1
甘 肃	198.6	1.9	9.2	7.1	15.6
青 海	64.9	0.5	4.0	2.8	8.3
宁 夏	90.3	0.5	5.4	4.4	10.6
新 疆	345.1	2.5	14.4	11.8	27.1

注：工伤保险累计结余中含储备金。

7-17-28 各地区生育保险情况

地 区	年末参加生育保险人数(万人)	享 受待遇人次(万人次)	基金收支情况(亿元)		
			基金收入	基金支出	累计结余
全 国	**19300.2**	**1112.8**	**642.5**	**743.5**	**564.5**
北 京	1035.2	68.6	80.7	88.3	29.1
天 津	296.9	27.4	12.7	19.7	10.6
河 北	737.8	36.3	15.0	18.7	16.2
山 西	464.2	14.2	8.3	9.4	19.6
内蒙古	307.6	11.5	9.3	8.1	18.3
辽 宁	782.4	44.2	17.6	17.0	14.5
吉 林	370.1	17.1	7.6	8.7	12.8
黑龙江	355.1	8.9	6.8	6.4	15.3
上 海	972.0	36.4	78.6	68.1	42.1
江 苏	1582.0	167.1	56.7	72.3	27.4
浙 江	1393.0	77.2	45.4	50.1	36.7
安 徽	554.1	23.5	11.6	13.1	12.6
福 建	634.5	27.5	14.2	20.1	17.1
江 西	279.3	13.5	6.0	9.0	7.6
山 东	1186.6	90.9	52.7	62.2	23.2
河 南	692.7	30.5	19.8	23.1	27.3
湖 北	522.1	35.2	14.4	17.1	23.5
湖 南	561.9	34.0	14.1	15.2	24.4
广 东	3300.9	169.6	87.1	110.6	93.1
广 西	338.6	20.4	9.2	13.6	13.6
海 南	140.3	8.8	3.5	4.0	4.9
重 庆	411.3	26.6			
四 川	776.3	34.3	20.9	26.4	13.4
贵 州	304.0	20.5	7.9	9.2	7.8
云 南	307.9	22.2	12.6	17.5	4.4
西 藏	29.1	1.4	1.9	1.2	2.6
陕 西	328.7	12.6	6.1	8.1	13.0
甘 肃	175.3	7.7	4.8	7.1	6.4
青 海	50.0	3.8	2.0	2.7	3.3
宁 夏	81.7	6.2	4.4	4.8	1.9
新 疆	328.4	14.6	11.0	11.8	21.5

【主要统计指标解释】

城镇职工基本养老保险

1. 参保职工人数 指报告期末按照国家法律、法规和有关政策规定参加城镇职工基本养老保险并在社保经办机构已建立缴费记录档案的职工人数，包括中断缴费但未终止养老保险关系的职工人数，不包括只登记未建立缴费记录档案的人数。

2. 离退休人员人数 指报告期末参加城镇职工基本养老保险的离休、退休和退职人员的人数。

3. 基金收入 指根据国家有关规定，由纳入基本养老保险范围的缴费单位和个人按国家规定的缴费基数和缴费比例缴纳的养老保险基金，以及通过其他方式取得的形成基金来源的收入。包括单位和职工个人缴纳的基本养老保险费、基本养老保险基金利息收入、上级补助收入、下级上解收入、转移收入、财政补贴和其他收入。

4. 基金支出 指按照国家政策规定的开支范围和开支标准从职工基本养老保险基金中支付给参加职工基本养老保险的个人养老保险待遇支出，以及由于保险关系转移、上下级之间补助、上解等原因而发生的支出。其他支出包括基本养老金、医疗补助金、丧葬补助金和抚恤金、病残津贴、补助下级支出、上解上级支出、转移支出和其他支出等。

5. 基金累计结余 指职工基本养老保险基金收支相抵后的期末累计余额。

城乡居民基本养老保险

1. 参保人数 指报告期末，参加城乡居民养老保险（在经办机构参保登记并已建立缴费记录以及制度实施当年已经年满60周岁并在经办机构参保登记）的人数（不包括已经办理注销登记手续的人数）。

2. 实际领取待遇人数 指报告期末，实际领取城乡居民养老保险待遇的人数，不包括未足额发放的人数。

3. 基金收入 指根据国家有关规定，由参加城乡居民基本养老保险的个人按规定缴费的城乡居民基本养老保险费，以及通过集体补助、财政补助等其他方式取得的形成基金来源的收入。包括个人缴费收入、集体补助收入、政府补贴收入、利息收入、转移收入、上级补助收入、下级上解收入和其他收入。

4. 基金支出 指按照国家政策规定的开支范围和开支标准从城乡居民基本养老保险基金中支付给参加城乡居民基本养老保险的个人养老金待遇支出，以及由于参保人员跨统筹地区流动而发生的支出等。包括养老金待遇支出、转移支出、补助下级支出、上解上级支出、其他支出。

5. 基金累计结余 指城乡居民基本养老保险基金收支相抵后的期末累计余额。

基本医疗保险

1. 参保人数 指报告期末按国家有关规定参加职工基本医疗保险和城乡居民基本医疗保险人员的合计。

2. 基金收入 指由用人单位和个人按照国家规定的缴费基数、缴费比例或缴费标准缴纳的基本医疗保险费，财政补贴资金以及通过其他方式取得的形成基金来源的款项，包括：单位缴纳收入、个人缴纳收入、财政补贴收入、利息收入、上级补助收入、下级上解收入和其他收入。

3. 基金支出 指按照国家政策规定的开支范围和开支标准，从基本医疗保险基金中支付给参保人员的医疗保险待遇支出，以及其他支出。包括住院费用支出、门诊费用支出、大病保险支出、生育保险与职工基本医疗保险合并实施的统筹地区生育待遇支出、补助下级支出，上解上级支出和其他支出。

4. 基金累计结余 指基本医疗保险基金收支相抵后的期末累计结余金额。

失业保险

1. 参保人数 指报告期末按照国家法律、法规和有关政策规定参加了失业保险的城镇企业、事业单位的职工及地方政府规定参加失业保险的其他人员的人数。

2. 基金收入 指报告期内筹集的失业保险基金的总额，包括失业保险费收入、利息收入、财政补贴收入、其他收入、转移收入、上级补助收入、下级上解收入。

3. 基金支出 指报告期内为保障失业人员基本生活、促进其再就业等支出的基金总额，包括失业保险金支出、医疗补助金支出、丧葬补助金和抚恤金支出、职业培训和职业介绍补贴支出、农民合同制工人一次性生活补助支出、其他支出、转移支出、上级补助支出、下级上解支出。

4. 基金累计结余 指截止报告期末失业保险基金收支相抵后的累计余额。

工伤保险

1. 参加保险人数 指报告期末依据国家有关规定参加工伤保险的职工人数和有雇工的个体工商户的雇工数。

2. 享受工伤保险待遇人数 指年报告期内因工伤或职业病而享受工伤保险待遇的职工人数。为享受工伤医疗待遇中未评定等级的人数、享受伤残待遇人数以及享受因工死亡待遇人数之和。

3. 基金收入 指根据国家有关规定，由参加工伤保险的单位按国家规定的缴费基数和缴费比例缴纳的及难以直接按照工资总额计算缴纳工伤保险费的部分行业企业按规定方式缴纳工伤保险费，以及通过其他形式取得的形成基金来源的款项。包括：工伤保险费收入、财政补贴收入、利息收入、上级补助收入、下级上解收入和其他收入。

4. 基金支出 指按照国家政策规定的开支范围和开支标准从工伤保险基金中支付给参加工伤保险的人员及供养直系亲属工伤保险待遇支出及其他支出。包括工伤医疗待遇支出、伤残待遇支出、工亡待遇支出、劳动能力鉴定支出、工伤预防费用支出、补助下级支出、上解上级支出和其他支出。

5. 基金累计结余 指工伤保险基金收支相抵后的期末累计结余金额。

生育保险

1. 参保人数 指报告期末依据有关规定参加生育保险的人数。

2. 基金收入 指根据国家有关规定，由参加生育保险的单位按照国家规定的缴费基数和缴费比例缴纳的生育保险费，以及通过其他方式取得的形成基金来源的款项，包括：生育保险费收入、财政补贴收入、利息收入、上级补贴收入、下级上解收入和其他收入。

3. 基金支出 指按照国家政策规定的开支范围和开支标准，从生育保险基金中支出的生育保险待遇支出及其他支出。包括：生育津贴、医疗费用支出、补助下级支出、上解上级支出以及其他支出。

4. 基金累计结余 指生育保险基金收支相抵后的期末累计结余金额。

8 派生产业情况

8-1 旅游及相关产业

简要说明

一、主要内容

旅游及相关产业增加值，国内游客，入境游客（外国人、港澳同胞和台湾同胞），以及国际、国内旅游收入等。

二、统计范围

国内旅游和国际旅游。

旅游及相关产业增加值的核算范围包括《国家旅游及相关产业统计分类（2015）》中规定的全部旅游及相关活动。

三、统计调查方法

国内游客、国际旅游收入和国内旅游收入等指标采取抽样调查方法，其余指标均为全面调查统计取得。

旅游及相关产业增加值按照国家统计局制定的《旅游及相关产业增加值核算方法》进行核算。核算所需的数据来源于国民经济核算资料和旅游及相关产业消费结构一次性调查结果等资料。

四、资料来源

本篇资料由国家统计局贸易外经统计司根据公安部、文化和旅游部的资料编制。

入境游客人数和国内居民出境人数来自公安部；各地区接待入境过夜游客人数、国内游客人数和国内旅游收入资料来自文化和旅游部；国际旅游收入，1994 年以前由国家统计局贸易外经统计司根据国际旅游者在华花费外汇券统计资料整理提供，1994 年及以后由文化和旅游部整理提供。

旅游及相关产业增加值由国家统计局核算司提供。

8-1-1 旅游及相关产业增加值

年 份	增加值(亿元)	占GDP比重(%)
2014	27433	4.26
2015	30017	4.36
2016	32979	4.44

8-1-2 国内旅游情况

年 份	国内游客(百万人次)			旅游总花费(亿元)		
		城镇居民	农村居民		城镇居民	农村居民
1994	524	205	319	1023.51	848.21	175.30
1995	629	246	383	1375.70	1140.10	235.60
1996	640	256	383	1638.38	1368.36	270.02
1997	644	259	385	2112.70	1551.83	560.87
1998	695	250	445	2391.18	1551.13	876.05
1999	719	284	435	2831.92	1748.23	1083.69
2000	744	329	415	3175.54	2235.26	940.28
2001	784	375	409	3522.37	2651.68	870.69
2002	878	385	493	3878.36	2848.09	1030.27
2003	870	351	519	3442.27	2404.08	1038.19
2004	1102	459	643	4710.71	3359.04	1351.67
2005	1212	496	716	5285.86	3656.13	1629.73
2006	1394	576	818	6229.70	4414.70	1815.00
2007	1610	612	998	7770.60	5550.40	2220.20
2008	1712	703	1009	8749.30	5971.75	2777.55
2009	1902	903	999	10183.69	7233.79	2949.90
2010	2103	1065	1038	12579.77	9403.81	3175.96
2011	2641	1687	954	19305.39	14808.61	4496.78
2012	2957	1933	1024	22706.22	17678.03	5028.19
2013	3262	2186	1076	26276.12	20692.59	5583.53
2014	3611	2483	1128	30311.86	24219.76	6092.11
2015	3990	2802	1188	34195.05	27610.90	6584.15
2016	4435	3195	1240	39389.82	32241.95	7147.87
2017	5001	3677	1324	45660.77	37673.03	7987.74

8-1-3 历年入境游客

单位：万人次

年 份	合 计	#入境过夜游客	外国人	港澳台同胞	#台湾同胞
1978	180.92	71.60	22.96	156.15	
1979	420.39	152.90	36.24	382.06	
1980	570.25	350.00	52.91	513.90	
1981	776.71	376.70	67.52	705.31	
1982	792.43	392.40	76.45	711.70	
1983	947.70	379.10	87.25	856.41	
1984	1285.22	514.10	113.43	1167.04	
1985	1783.31	713.30	137.05	1637.78	
1986	2281.95	900.10	148.23	2126.90	
1987	2690.23	1076.00	172.78	2508.74	
1988	3169.48	1236.10	184.22	2977.33	43.77
1989	2450.14	936.10	146.10	2297.19	54.10
1990	2746.18	1048.40	174.73	2562.34	94.80
1991	3334.98	1246.40	271.01	3050.62	94.66
1992	3811.49	1651.20	400.64	3394.34	131.78
1993	4152.69	1898.20	465.59	3670.49	152.70
1994	4368.45	2107.00	518.21	3838.72	139.02
1995	4638.65	2003.40	588.67	4038.40	153.23
1996	5112.75	2276.50	674.43	4422.86	173.39
1997	5758.79	2377.00	742.80	5006.09	211.76
1998	6347.84	2507.29	710.77	5625.00	217.46
1999	7279.56	2704.66	843.23	6425.52	258.46
2000	8344.39	3122.88	1016.04	7320.80	310.86
2001	8901.29	3316.67	1122.64	7778.65	344.20
2002	9790.83	3680.26	1343.95	8446.88	366.06
2003	9166.21	3297.05	1140.29	8025.92	273.19
2004	10903.82	4176.14	1693.25	9210.57	368.53
2005	12029.23	4680.90	2025.51	10003.71	410.92
2006	12494.21	4991.34	2221.03	10273.19	441.35
2007	13187.33	5471.98	2610.97	10576.36	462.79
2008	13002.74	5304.92	2432.53	10570.21	438.56
2009	12647.59	5087.52	2193.75	10453.84	448.40
2010	13376.22	5566.45	2612.69	10763.53	514.06
2011	13542.35	5758.07	2711.20	10831.15	526.30
2012	13240.53	5772.49	2719.16	10521.37	534.02
2013	12907.78	5568.59	2629.03	10278.75	516.25
2014	12849.83	5562.20	2636.08	10213.75	536.59
2015	13382.04	5688.57	2598.54	10783.50	549.86
2016	13844.38	5926.73	2815.12	11029.26	573.00
2017	13948.24	6073.84	2916.53	11031.71	587.13

8-1-4 历年入境游客增长速度

单位：%

年 份	合 计	#入境过夜游客	外国人	港澳台同胞	#台湾同胞
1979	132.4	113.5	57.8	144.7	
1980	35.6	128.9	46.0	34.5	
1981	36.2	7.6	27.6	37.2	
1982	2.0	4.2	13.2	0.9	
1983	19.6	-3.4	14.1	20.3	
1984	35.6	35.6	30.0	36.3	
1985	38.8	38.7	20.8	40.3	
1986	28.0	26.2	8.2	29.9	
1987	17.9	19.5	16.6	18.0	
1988	17.8	14.9	6.6	18.7	
1989	-22.7	-24.3	-20.7	-22.8	23.6
1990	12.1	12.0	19.6	11.5	75.2
1991	21.4	18.9	55.1	19.1	-0.1
1992	14.3	32.5	47.8	11.3	39.2
1993	9.0	15.0	16.2	8.1	15.9
1994	5.2	11.0	11.3	4.6	-9.0
1995	6.2	-4.9	13.6	5.2	10.2
1996	10.2	13.6	14.6	9.5	13.2
1997	12.6	4.4	10.1	13.2	22.1
1998	10.2	5.5	-4.3	12.4	2.7
1999	14.7	7.9	18.6	14.2	18.9
2000	14.6	15.5	20.5	13.9	20.3
2001	6.7	6.2	10.5	6.3	10.7
2002	10.0	11.0	19.7	8.6	6.4
2003	-6.4	-10.4	-15.2	-5.0	-25.4
2004	19.0	26.7	48.5	14.8	34.9
2005	10.3	12.1	19.6	8.6	11.5
2006	3.9	6.6	9.7	2.7	7.4
2007	5.5	9.6	17.6	3.0	4.9
2008	-1.4	-3.1	-6.8	-0.1	-5.2
2009	-2.7	-4.1	-9.8	-1.1	2.2
2010	5.8	9.4	19.1	3.0	14.6
2011	1.2	3.4	3.8	0.6	2.4
2012	-2.3	0.3	0.3	-2.9	1.5
2013	-2.5	-3.5	-3.3	-2.3	-3.3
2014	-0.5	-0.1	0.3	-0.6	3.9
2015	4.1	2.3	-1.4	5.6	2.5
2016	3.5	4.2	8.3	2.3	4.2
2017	0.8	2.5	3.6		2.5

8-1-5 按国籍分入境外国游客

单位：万人次

地区	2008	2009	2010	2011	2012	2013	2014	2015	2016	2017
总计	**2432.53**	**2193.75**	**2612.69**	**2711.20**	**2719.15**	**2629.03**	**2636.08**	**2598.54**	**2815.12**	**2916.53**
亚洲	**1455.10**	**1377.93**	**1619.72**	**1662.32**	**1662.22**	**1606.01**	**1633.13**	**1659.47**	**1788.19**	**1818.47**
#朝鲜	10.18	10.56	11.64	15.23	18.06	20.66	18.44	18.83	21.04	22.98
印度	43.66	44.89	54.93	60.65	61.02	67.67	70.99	73.05	79.97	82.20
印度尼西亚	42.63	46.90	57.34	60.87	62.20	60.53	56.69	54.48	63.37	68.31
日本	344.61	331.75	373.12	365.82	351.82	287.75	271.76	249.77	258.99	268.30
马来西亚	104.05	105.90	124.52	124.51	123.55	120.65	112.96	107.55	116.54	123.32
蒙古	70.53	57.67	79.44	99.42	101.05	105.00	108.27	101.41	158.12	186.45
菲律宾	79.53	74.89	82.83	89.43	96.20	99.67	96.79	100.40	113.51	116.85
新加坡	87.58	88.95	100.37	106.30	102.77	96.66	97.14	90.53	92.46	94.12
韩国	396.04	319.75	407.64	418.54	406.99	396.90	418.17	444.44	477.53	386.38
泰国	55.43	54.18	63.55	60.80	64.76	65.17	61.31	64.15	75.35	77.67
非洲	**37.84**	**40.12**	**46.36**	**48.88**	**52.49**	**55.27**	**59.69**	**58.02**	**58.88**	**62.91**
欧洲	**612.33**	**459.11**	**567.93**	**593.78**	**594.82**	**568.81**	**551.43**	**491.67**	**547.15**	**591.17**
#英国	55.15	52.88	57.50	59.57	61.84	62.50	60.47	57.96	59.50	59.18
德国	52.89	51.85	60.86	63.70	65.96	64.93	66.26	62.34	62.49	63.55
法国	43.00	42.48	51.27	49.31	52.48	53.35	51.70	48.69	50.38	49.47
意大利	19.44	19.14	22.92	23.50	25.20	25.12	25.31	24.61	26.73	28.05
荷兰	18.09	16.69	18.91	19.75	19.55	18.86	18.04	18.18	19.96	19.43
葡萄牙	4.39	4.36	4.77	4.70	4.86	4.94	5.23	5.33	5.50	5.64
瑞典	13.77	12.58	15.45	17.01	17.16	15.90	14.20	11.84	11.53	11.19
瑞士	6.34	6.26	7.43	7.53	8.28	8.06	7.95	7.27	7.26	7.23
俄罗斯	312.34	174.30	237.03	253.63	242.61	218.63	204.58	158.23	197.66	235.68
拉丁美洲	**26.03**	**23.10**	**30.05**	**33.69**	**35.31**	**35.43**	**34.62**	**34.98**	**39.04**	**42.65**
北美洲	**232.12**	**226.01**	**269.49**	**286.42**	**282.64**	**276.95**	**276.03**	**276.56**	**299.09**	**311.90**
#加拿大	53.47	55.03	68.53	74.80	70.83	68.42	66.71	67.98	74.13	80.60
美国	178.64	170.98	200.96	211.61	211.81	208.53	209.32	208.58	224.96	231.29
大洋洲及太平洋岛屿	**68.88**	**67.24**	**78.93**	**85.93**	**91.49**	**86.34**	**81.01**	**77.64**	**82.55**	**89.22**
#澳大利亚	57.15	56.15	66.13	72.62	77.43	72.31	67.21	63.73	67.51	73.43
新西兰	10.52	10.04	11.61	12.09	12.83	12.86	12.66	12.54	13.62	14.37
其他	**0.23**	**0.22**	**0.21**	**0.19**	**0.19**	**0.22**	**0.18**	**0.21**	**0.22**	**0.22**

注：2016年开始统计边民来华旅游人数

8-1-6 历年国际旅游收入及增长速度

单位：亿美元

年 份	收入合计	商品收入	劳务收入	增长速度(%)	商品收入	劳务收入
1978	2.63	1.22	1.41			
1979	4.49	2.03	2.46	70.7	66.4	74.5
1980	6.17	3.15	3.02	37.4	55.2	22.8
1981	7.85	4.06	3.79	27.2	28.9	25.5
1982	8.43	4.31	4.12	7.4	6.2	8.7
1983	9.41	4.66	4.75	11.6	8.1	15.3
1984	11.31	5.65	5.66	20.2	21.2	19.2
1985	12.50	5.30	7.20	10.5	-6.2	27.2
1986	15.31	6.66	8.65	22.5	25.7	20.1
1987	18.62	7.78	10.84	21.6	16.8	25.3
1988	22.47	8.95	13.52	20.7	15.0	24.7
1989	18.60	6.30	12.30	-17.2	-29.6	-9.0
1990	22.18	7.75	14.43	19.2	23.0	17.3
1991	28.45	9.89	18.56	28.3	27.6	28.6
1992	39.47	12.90	26.57	38.7	30.4	43.2
1993	46.83	13.09	33.74	18.6	1.5	27.0
1994	73.23	26.45	46.78	56.4	102.1	38.6
1995	87.33	32.99	54.34	19.3	24.7	16.2
1996	102.00	34.50	67.50	16.8	4.6	24.2
1997	120.74	40.24	80.50	18.4	16.6	19.3
1998	126.02	41.39	84.63	4.4	2.9	5.1
1999	140.99	42.99	98.00	11.9	3.9	15.8
2000	162.24	47.54	114.70	15.1	10.6	17.0
2001	177.92	52.93	124.99	9.7	11.3	9.0
2002	203.85	58.71	145.14	14.6	10.9	16.1
2003	174.06	50.51	123.55	-14.6	-14.0	-14.9
2004	257.39	77.40	179.99	47.9	53.2	45.7
2005	292.96	91.26	201.70	13.8	17.9	12.1
2006	339.49	147.19	192.30	15.9	61.3	-4.7
2007	419.19	142.42	276.77	23.5	-3.2	43.9
2008	408.43	124.07	284.35	-2.6	-12.9	2.7
2009	396.75	127.63	269.12	-2.9	2.9	-5.4
2010	458.14	157.05	301.09	15.5	23.1	11.9
2011	484.64	154.54	330.09	5.8	-1.6	9.6
2012	500.28	149.01	351.26	3.2	-3.6	6.4
2013	516.64	153.10	363.54	3.3	2.7	3.5
2014	569.13	161.56	407.58	10.2	5.5	12.1
2015	1136.50	291.60	844.90			
2016	1200.00	305.70	894.30	5.6	4.8	5.8
2017	1234.17	333.02	901.15	2.8	8.9	0.8

注：2015年以后“国际旅游(外汇)收入”国家旅游局补充完善了停留时间为3-12个月的入境旅游花费和游客在华短期旅居花费，与以前年度不可比(以下表同)。

8-1-7 入境外国游客分组构成

单位：万人次

指　标	2017		2016	
	人数	比重(%)	人数	比重(%)
总　计	**4294.30**	**100.0**	**3148.38**	**100.0**
按性别分				
男	2607.98	60.7	1982.04	63.0
女	1686.32	39.3	1166.33	37.0
按年龄分				
14岁及以下	134.75	3.1	114.73	3.6
15-24岁	568.82	13.2	303.32	9.6
25-44岁	2143.34	49.9	1473.56	46.8
45-64岁	1256.03	29.2	1078.39	34.3
65岁以上	191.36	4.5	178.37	5.7
按事由分				
会议/商务	569.68	13.3	579.74	18.4
观光/休闲	1593.04	37.1	1051.15	33.4
探亲/访友	110.28	2.6	96.19	3.1
服务员工	633.91	14.8	471.75	15.0
其他	1387.40	32.3	949.55	30.1
按入境方式分				
船舶	277.55	6.5	284.49	9.0
飞机	1717.09	40.0	1691.12	53.7
火车	42.78	1.0	41.98	1.3
汽车	685.18	16.0	442.74	14.1
徒步	1571.70	36.6	688.05	21.9

注：2016年起含边民来华旅游人数。

8-1-8 国际旅游收入

单位：亿美元

指　标	2008	2009	2010	2011	2012	2013	2014	2015	2016	2017
总　计	**408.43**	**396.75**	**458.14**	**484.64**	**500.28**	**516.64**	**569.13**	**1136.5**	**1200.00**	**1234.17**
商品收入	**124.07**	**127.63**	**157.05**	**154.54**	**149.01**	**153.10**	**161.56**	**291.60**	**305.70**	**333.02**
商品销售	85.34	91.49	115.90	118.56	111.54	111.82	113.28	209.00	209.50	229.95
餐饮	38.73	36.14	41.15	35.98	37.47	41.28	48.28	82.60	96.20	103.07
劳务收入	**284.36**	**269.12**	**301.09**	**330.09**	**351.26**	**363.54**	**407.58**	**844.90**	**894.30**	**901.15**
长途交通	124.87	117.41	130.91	151.17	172.78	174.57	195.95	448.50	446.50	449.46
民航	90.47	85.84	98.08	114.70	131.64	134.10	145.79	294.80	290.60	304.87
铁路	13.46	12.77	12.47	14.06	16.46	16.00	20.90	43.20	53.20	49.52
汽车	10.47	9.58	10.81	14.06	15.54	13.65	15.68	32.50	31.60	29.43
轮船	10.47	9.22	9.56	8.35	9.14	10.82	13.59	78.00	71.00	65.65
游览	22.02	20.80	21.07	25.32	25.55	30.92	32.54	44.80	67.10	65.04
住宿	48.60	44.34	51.95	50.98	52.11	59.76	69.50	132.90	116.30	122.08
娱乐	29.70	28.82	31.72	34.66	36.13	35.91	36.74	53.90	77.10	74.16
邮电通讯	10.02	9.55	14.60	10.36	7.91	7.92	11.04	23.90	28.90	27.57
市内交通	13.55	13.29	10.68	16.19	16.10	14.44	16.04	22.40	40.40	39.20
其他服务	35.60	34.91	40.15	41.41	40.68	40.01	45.77	118.60	118.00	123.64

8-1-9　各地区接待入境过夜游客情况

地　区	2017				2016			
	人数（万人次）	#外国人	人天数（万人天）	#外国人	人数（万人次）	#外国人	人天数（万人天）	#外国人
北　京	392.56	332.00	1688.00	1427.61	416.53	354.76	1791.09	1525.48
天　津	79.21	68.53	1524.93	1253.08	82.43	71.89	1348.91	1110.57
河　北	91.01	70.40	330.00	275.54	83.79	65.99	274.75	233.41
山　西	67.00	43.47	174.76	116.39	62.98	40.42	162.35	103.49
内蒙古	184.83	175.70	575.85	535.25	177.91	168.19	527.96	484.36
辽　宁	278.85	217.05	802.22	621.68	273.67	212.21	768.91	605.21
吉　林	148.43	128.34	350.68	301.63	161.95	142.17	394.35	344.53
黑龙江	103.88	98.46	234.14	223.65	95.70	90.87	209.54	199.83
上　海	719.33	589.48	2388.02	1945.30	690.43	572.57	2216.62	1794.58
江　苏	370.10	241.75	1388.87	839.20	329.77	218.00	1233.85	752.66
浙　江	589.06	430.13	1552.25	1181.91	525.59	387.30	1332.13	1016.01
安　徽	351.09	205.28	977.45	573.40	313.43	184.46	753.26	430.87
福　建	691.74	292.87	3529.83	1669.91	611.48	254.12	2949.80	1377.61
江　西	174.69	57.05	360.04	119.34	164.83	49.80	312.38	94.60
山　东	440.52	316.14	1344.54	983.14	328.82	237.66	1107.87	836.97
河　南	155.89	99.69	307.68	204.35	149.93	95.81	313.97	209.64
湖　北	368.14	277.95	926.78	719.86	337.56	254.65	802.65	611.96
湖　南	322.28	155.48	625.78	313.19	240.81	127.41	471.11	265.52
广　东	3654.52	864.83	9206.86	2507.35	3507.21	909.49	9070.51	2853.74
广　西	512.44	255.38	1111.29	560.87	482.52	251.98	995.70	518.12
海　南	111.95	78.70	324.26	266.88	74.89	46.98	164.59	115.85
重　庆	224.85	136.21	1045.55	633.38	180.89	119.00	958.70	630.70
四　川	336.17	241.29	626.74	458.79	308.79	219.23	566.49	412.65
贵　州	32.40	13.49	69.02	29.13	72.29	31.86	133.50	61.49
云　南	667.69	507.52	1348.22	1026.47	600.38	450.69	1171.59	831.65
西　藏	34.35	26.88	97.74	72.86	32.19	21.12	99.37	63.56
陕　西	383.74	262.06	1316.21	999.74	338.20	228.52	1265.03	976.93
甘　肃	7.88	4.22	12.18	6.69	7.15	3.96	10.63	6.20
青　海	7.02	5.70	22.83	19.36	7.01	5.03	24.77	17.62
宁　夏	6.53	3.32	24.23	10.29	5.12	2.35	19.96	9.17
新　疆	77.41	67.15	361.27	313.14	58.21	51.56	228.98	201.39

8-1-10 各地区入境过夜游客人均天花费额

单位：美元/人天

地区	人均天花费		外国人		香港同胞		澳门同胞		台湾同胞	
	2017	2016	2017	2016	2017	2016	2017	2016	2017	2016
北　京	274.76	264.42	276.95	265.52	234.83	250.03	298.31	272.62	255.79	253.22
天　津	230.08	219.35	239.21	220.89	195.38	211.76	194.34	210.54	202.57	217.46
河　北	178.47	176.43	176.14	176.55	199.03	181.30	196.38	178.75	166.33	167.34
山　西	195.60	185.94	198.55	187.34	193.57	186.67	186.72	169.79	176.24	186.20
内蒙古	211.29	200.76	213.06	202.41	195.68	178.72	217.08	205.05	207.32	195.27
辽　宁	214.97	212.63	214.15	214.95	215.61	197.96	214.34	202.37	211.09	193.06
吉　林	186.67	183.53	186.46	183.45	200.17	182.32	169.22	170.63	173.49	191.62
黑龙江	203.35	200.30	205.18	205.86	213.12	193.89	187.75	176.69	190.28	176.90
上　海	280.77	274.35	281.58	271.92	283.99	296.24	268.65	291.96	270.77	286.33
江　苏	258.70	239.96	265.13	241.34	249.95	236.08	251.94	231.04	237.06	238.24
浙　江	225.29	222.87	223.75	224.24	241.15	225.78	237.31	224.50	204.01	209.61
安　徽	203.91	195.99	205.95	195.67	175.61	193.33	184.00	196.73	187.63	203.03
福　建	213.06	201.78	235.61	214.51	190.11	179.04	196.83	202.01	190.67	191.10
江　西	180.92	170.95	192.83	176.68	170.08	158.94	166.24	157.92	159.40	168.39
山　东	229.37	211.51	235.94	214.80	220.02	214.85	194.80	177.51	210.99	200.08
河　南	176.59	166.23	175.52	166.67	174.13	162.81	160.84	148.28	190.90	175.83
湖　北	209.34	198.95	226.67	210.11	163.96	172.16	200.47	183.73	208.95	195.79
湖　南	210.49	198.48	217.90	198.62	191.50	197.10	190.35	193.71	200.65	201.43
广　东	187.93	180.16	202.65	195.63	173.58	162.23	162.32	170.69	190.98	176.71
广　西	202.86	193.94	207.80	190.85	189.57	197.66	190.83	193.75	196.08	207.38
海　南	202.28	189.59	201.12	189.82	200.11	184.50	213.47	194.38	211.18	192.83
重　庆	209.28	196.16	218.72	198.61	188.93	172.43	184.41	174.16	216.29	197.55
四　川	202.08	193.32	205.88	192.96	199.48	192.35	205.49	194.31	185.80	196.34
贵　州	203.11	189.29	210.63	192.27	184.05	177.12	171.90	177.63	172.39	185.91
云　南	225.10	206.76	231.14	210.21	188.66	189.34	201.34	187.11	204.73	198.83
西　藏	210.15	201.58	213.25	205.49	167.43	152.93	163.62	153.99	194.33	181.84
陕　西	206.78	195.17	206.92	195.01	198.34	199.21	215.37	200.72	195.65	217.09
甘　肃	173.39	165.74	184.71	175.18	159.86	144.61	164.20	154.91	151.14	158.87
青　海	168.50	166.28	167.98	168.11	171.00	157.83	137.37	150.98	180.64	165.77
宁　夏	186.69	173.21	190.17	176.14	135.89	127.71	153.00	141.09	148.00	133.89
新　疆	187.74	180.51	188.74	180.60	173.67	179.90	178.54	175.00	165.97	183.26

【主要统计指标解释】

旅游人数

1. 入境游客：指报告期内来我国观光、度假、探亲访友、就医疗养、购物、参加会议或从事经济、文化、体育、宗教活动的外国人、港澳台同胞等入境游客。统计时，外国人、港澳台同胞每入境一次统计1人次。

2. 国内游客：指报告期内在中国（大陆）观光游览、度假、探亲访友、就医疗养、购物、参加会议或从事经济、文化、体育、宗教活动的中国（大陆）居民人数，其出游的目的不是通过所从事的活动谋取报酬。统计时，国内游客按每出游一次统计1人次。

国际旅游收入 指入境游客在中国（大陆）境内旅行、游览过程中用于交通、参观游览、住宿、餐饮、购物、娱乐等全部花费。

国内旅游总花费 指国内游客在国内旅行、游览过程中用于交通、参观游览、住宿、餐馆、购物、娱乐等全部花费。

旅游及相关产业 指在国民经济活动中为游客直接提供行、住、吃、游、购、娱等旅游服务，以及为旅游提供相关服务的产业。《国家旅游及相关产业统计分类（2015）》中规定，旅游是指游客的活动，即游客的出行、住宿、餐饮、游览、购物、娱乐等活动；游客是指以游览观光、休闲娱乐、探亲访友、文化体育、健康医疗、短期教育（培训）、宗教朝拜，或因公务、商务等为目的，前往惯常环境以外，出行持续时间不足一年的出行者。

旅游及相关产业增加值 指一个国家（或地区）所有常住单位一定时期内进行旅游及相关产业生产活动的最终成果。常住单位指在我国的经济领土上具有经济利益中心的经济单位。生产是指在机构单位的控制和组织下，利用劳动、资本、货物和服务投入，创造新的货物和服务产出的活动。

8 派生产业情况

8-2 文化及相关产业

简要说明

一、主要内容

本篇资料反映2017年全国及分地区文化服务业的发展情况，主要内容包括文化及相关产业增加值，文化服务业企业、事业和其他单位的资产、收入、税金、利润等指标。

二、统计范围

文化及相关产业增加值按照国家统计局制定的《文化及相关产业增加值核算方法》，利用相关统计资料和国民经济核算资料，采用收入法核算。

三、资料来源

本篇资料由国家统计局社会科技和文化产业统计司根据2017年文化产业年报资料整理提供，其中，文化及相关产业增加值数据由国家统计局核算司提供。

8-2-1 文化及相关产业增加值

年 份	增加值(亿元)	占GDP比重(%)
2004	3440	2.13
2005	4253	2.27
2006	5123	2.33
2007	6455	2.39
2008	7630	2.39
2009	8786	2.52
2010	11052	2.68
2011	13479	2.75
2012	18071	3.34
2013	21870	3.67
2014	24538	3.81
2015	27235	3.95
2016	30785	4.14
2017	34722	4.20

注：1.2004-2011年按2004年颁布的《文化及相关产业分类》测算，2012-2016年按《文化及相关产业分类(2012)》测算，2017年按《文化及相关产业分类(2018)》测算。

2.在“占GDP比重”计算中，2004-2016年使用的GDP是最终核实数，2017年使用的是初步核算数。

8-2-2 各地区文化及相关产业增加值(2017年)

地 区	增加值(亿元)	占地区生产总值比重(%)
北 京	2700	9.64
天 津	620	3.34
河 北	1101	3.24
山 西	330	2.12
内蒙古	378	2.35
辽 宁	595	2.54
吉 林	184	1.23
黑龙江	418	2.63
上 海	2081	6.79
江 苏	3979	4.63
浙 江	3202	6.19
安 徽	1088	4.03
福 建	1307	4.06
江 西	708	3.54
山 东	3018	4.16
河 南	1342	3.01
湖 北	1164	3.28
湖 南	1280	3.78
广 东	4817	5.37
广 西	480	2.59
海 南	142	3.18
重 庆	597	3.07
四 川	1538	4.16
贵 州	324	2.39
云 南	517	3.16
西 藏	38	2.91
陕 西	911	4.16
甘 肃	164	2.19
青 海	45	1.70
宁 夏	81	2.37
新 疆	148	1.36

8-2-3 规模以上文化服务业企业基本情况

单位：万元

指　　标	企业单位数(个)	年末从业人员(人)	资产总计	营业收入	营业利润	营业税金及附加	应交增值税
总　计	**30709**	**3384012**	**726936256**	**318910016**	**44476719**	**2676017**	**7095250**
按单位规模分							
大型	1363	1396674	286811624	144629643	28381791	1248153	3447272
中型	4662	986092	228080836	74916432	7434963	566098	1778533
小型	19806	921523	185789054	76241435	6978398	743328	1655927
微型	4878	79723	26254742	23122506	1681567	118438	213519
按登记注册类型分							
内资企业	29354	3004479	606878181	242519268	22533402	2166977	5295857
港、澳、台商投资企业	680	221079	95349493	49782636	20010911	401031	1353912
外商投资企业	675	158454	24708583	26608112	1932406	108009	445481
按企业控股情况分							
国有控股	5555	1102168	303136348	87862824	7880457	827599	1979904
集体控股	577	65221	68190146	6143636	818207	49015	99938
私人控股	21222	1590584	207021142	129642449	11478927	1109350	2712504
港澳台商控股	602	210457	92593346	49268153	19962886	396210	1344556
外商控股	593	126712	18767447	24477518	1704198	97804	426879
其他	2160	288870	37227827	21515435	2632044	196040	531470
按地区分							
北　京	3464	458667	119545191	73148923	6784812	503852	1345548
天　津	607	64651	17311813	10265096	1030374	82410	278828
河　北	692	65125	8532853	1904765	-44977	14384	38162
山　西	197	24669	3533646	584440	-20350	5964	11248
内蒙古	190	13370	3800660	547422	-10938	5534	10413
辽　宁	470	89735	8092650	3226805	138308	30341	49356
吉　林	378	27385	5304072	901259	102327	11941	12269
黑龙江	132	22845	2203674	701193	34306	7114	-13260
上　海	1939	310626	89188442	38079232	4857900	262480	1247827
江　苏	4254	458796	74892344	33164735	3019378	244211	745869
浙　江	1742	175389	65316487	42660753	11407975	241384	924126
安　徽	975	93087	13248997	5481212	469864	44990	119176
福　建	1376	104777	9461374	5337349	420453	44248	98579
江　西	768	54011	6013217	2836718	276052	32242	61223
山　东	1893	150355	24138367	7681081	1118477	120088	200860
河　南	1714	167739	16016087	6067589	731196	99889	164790
湖　北	1062	159983	23489083	9563158	978521	198905	220035
湖　南	1531	119755	22604123	7266016	750020	71170	155990
广　东	3020	378824	135691821	44506078	8944285	403225	878506
广　西	312	35701	4302984	1221603	131027	14382	31408
海　南	115	18012	2463481	1134920	204746	17630	31353
重　庆	673	78300	14754161	5560962	457001	47623	113161
四　川	985	109174	19062968	7693543	1693509	80835	161148
贵　州	520	42493	7500888	1354486	189736	20798	31487
云　南	431	47307	11396471	2552978	197051	26191	65047
西　藏	14	2203	451563	57650	-5957	265	1608
陕　西	823	70879	11646610	2906216	229516	28479	48259
甘　肃	202	19444	3172465	503070	7576	5985	28237
青　海	22	4043	819061	461324	14651	1406	2898
宁　夏	63	7321	947324	196485	10556	1669	6395
新　疆	145	9346	2033383	1342957	359325	6385	24707

8-2-4 规模以下文化服务业企业基本情况

单位：万元

地 区	年末从业人员（人）	资产总计	营业收入	营业税金及附加
总 计	**6302804**	**636523218**	**197331507**	**3726749**
北 京	456661	69618845	18161408	132473
天 津	148335	37069837	6174391	97159
河 北	187420	20163633	4090636	76427
山 西	98823	6426578	1288128	19336
内蒙古	159622	15735742	6088009	70389
辽 宁	126899	11882840	3084745	68963
吉 林	58220	4700605	1755585	24396
黑龙江	52757	5479081	1189399	31027
上 海	349856	38806086	16342677	406051
江 苏	536687	63750272	24399451	402449
浙 江	414861	35747328	11672010	166466
安 徽	268482	15804867	7443756	116441
福 建	223655	13748471	6773311	116865
江 西	113554	8459600	3527566	90667
山 东	431784	91731996	15308718	349912
河 南	260696	19175428	5663504	138836
湖 北	243814	35708595	6207854	135759
湖 南	310298	16347872	7755063	108152
广 东	808036	45967980	20326965	389024
广 西	99650	5220337	1396566	40504
海 南	40350	7173146	556200	17923
重 庆	198069	11014414	5628922	142057
四 川	203926	15367090	5102532	115168
贵 州	102617	11943540	3268220	85014
云 南	104108	10344732	2670523	66649
西 藏	3554	190685	174692	1978
陕 西	151636	11416926	8700579	189938
甘 肃	94331	4054219	1541202	67478
青 海	11439	673572	180018	4231
宁 夏	18326	1537651	377455	9254
新 疆	24336	1261249	481421	45765

8-2-5 文化服务业事业和社团法人单位基本情况

单位：万元

地 区	年末从业人员（人）	年末资产	非企业单位支出（费用）
总 计	**1979597**	**112996018**	**40520320**
北 京	89950	18507325	6526759
天 津	31426	1887648	848303
河 北	79463	2539839	1125734
山 西	69231	1300201	588512
内蒙古	54201	3099471	1738402
辽 宁	51796	2854076	1035558
吉 林	39050	1451821	569025
黑龙江	44432	1210624	694456
上 海	30599	4043104	972195
江 苏	106808	16546652	3069996
浙 江	100113	6891432	2542791
安 徽	62917	2726918	1347991
福 建	64002	2208783	967095
江 西	43732	1426667	634397
山 东	115697	6791730	2619572
河 南	181964	5376609	2133974
湖 北	80591	3421949	1173581
湖 南	130144	2831428	1403964
广 东	129281	8906138	2731507
广 西	47200	1602004	620343
海 南	10238	512859	183873
重 庆	42117	986202	585922
四 川	107524	5062292	1801714
贵 州	36637	1406571	391927
云 南	57534	2394965	949021
西 藏	6743	402657	156562
陕 西	60673	3178951	1727872
甘 肃	46454	1374213	358315
青 海	13520	315662	134690
宁 夏	12683	543296	187697
新 疆	32879	1193933	698573

【主要统计指标解释】

营业利润 指企业从事生产经营活动所取得的利润。

营业税金及附加 指企业因从事生产经营活动按税法规定缴纳的应从经营收入中抵扣的税金和附加，包括营业税、消费税、城市维护建设税、教育费附加等。

应交增值税 指企业按税法规定，从事货物销售或提供加工、修理修配劳务等增加货物价值的活动本期应交纳的税金，不含期初未抵扣税额。

非企业单位支出（费用） 指行政事业单位在业务活动中发生的各项资产耗费和损失等费用或社团、民办非企业单位、基金会及其他单位为完成各种目标所发生的费用，包括业务活动成本、管理费用、筹资费用和其他费用。

年末资产 指非企业单位占有或者使用的，能以货币计量的经济资源。包括流动资产、固定资产、债权和其他权利。

文化及相关产业 指为社会公众提供文化产品和文化相关产品的生产活动的集合。按照《文化及相关产业分类（2018）》的规定,文化及相关产业包括：

（一）以文化为核心内容，为直接满足人们的精神需要而进行的创作、制造、传播、展示等文化产品（包括货物和服务）的生产活动。具体包括新闻信息服务、内容创作生产、创意设计服务、文化传播渠道、文化投资运营和文化娱乐休闲服务等活动。

（二）为实现文化产品的生产活动所需的文化辅助生产和中介服务、文化装备生产和文化消费终端生产（包括制造和销售）等活动。

文化及相关产业增加值 指一个国家（或地区）所有常住单位一定时期内进行文化及相关产业生产活动的最终成果。常住单位指在我国的经济领土上具有经济利益中心的经济单位。生产是指在机构单位的控制和组织下，利用劳动、资本、货物和服务投入，创造新的货物和服务产出的活动。

8 派生产业情况

8-3 体育产业

简要说明

一、主要内容

体育产业增加值。

二、统计范围

体育产业增加值的核算范围包括《国家体育产业统计分类（2015）》中规定的全部体育及相关活动。

三、资料来源

本篇资料由国家统计局核算司提供。体育产业增加值是利用相关统计调查资料、国民经济核算资料和国家体育总局第二次体育产业专项调查资料等，按照国家统计局制定的《体育产业增加值核算方法》核算。

8-3-1 体育产业增加值(2016年)

体育产业类别名称	总量(亿元)		结构(%)	
	总产出	增加值	总产出	增加值
体育产业	**19011**	**6475**	**100.0**	**100.0**
体育管理活动	287	144	1.5	2.2
体育竞赛表演活动	177	66	0.9	1.0
体育健身休闲活动	369	173	1.9	2.7
体育场馆服务	1072	568	5.6	8.8
体育中介服务	63	18	0.3	0.3
体育培训与教育	296	231	1.6	3.6
体育传媒与信息服务	110	44	0.6	0.7
其他与体育相关服务	433	180	2.3	2.8
体育用品及相关产品制造	11962	2864	62.9	44.2
体育用品及相关产品销售、贸易代理与出租	4020	2139	21.1	33.0
体育场地设施建设	222	50	1.2	0.8

【主要统计指标解释】

体育产业 体育产业是指为社会公众提供体育产品和体育相关产品的生产活动的集合。《国家体育产业统计分类（2015）》将体育产业范围确定为体育管理活动，体育竞赛表演活动，体育健身休闲活动，体育场馆服务，体育中介服务，体育培训与教育，体育传媒与信息服务，其他与体育相关服务，体育用品及相关产品制造，体育用品及相关产品销售、贸易代理与出租，体育场地设施建设等11大类。

体育产业增加值 指一个国家（或地区）所有常住单位一定时期内进行体育产业生产活动的最终成果。常住单位指在我国的经济领土上具有经济利益中心的经济单位。生产是指在机构单位的控制和组织下，利用劳动、资本、货物和服务投入，创造新的货物和服务产出的活动。

8 派生产业情况

8-4 企业信息化和电子商务

简要说明

一、主要内容

企业生产经营中应用信息技术的基本情况和电子商务交易活动情况。

二、统计范围

规模以上工业、有资质的建筑业、限额以上批发和零售业、限额以上住宿和餐饮业、房地产开发经营业和规模以上服务业的法人单位。

三、调查方法

以联网直报的方式对统计范围内的企业进行全面调查。

四、企业标准

规模以上工业：年主营业务收入2000万元及以上的工业法人单位。

有资质的建筑业：有总承包、专业承包和劳务分包资质的建筑业法人单位。

限额以上批发和零售业：年主营业务收入2000万元及以上批发业、年主营业务收入500万元及以上的零售业法人单位。

限额以上住宿和餐饮业：年主营业务收入200万元及以上的住宿和餐饮业法人单位。

房地产开发经营业：全部房地产开发经营法人单位。

规模以上服务业：年末从业人员50人及以上，年营业收入1000万元及以上的服务业法人单位。

五、资料来源

本部分资料是国家统计局服务业司根据《企业一套表统计调查制度》调查的资料进行加工整理而得。

8-4-1 分地区企业信息化基本情况

单位：个

地 区	企业数	使用计算机的企业	比重(%)	使用互联网的企业	比重(%)	有网站的企业	比重(%)
全 国	**967343**	**964149**	**99.7**	**962780**	**99.5**	**474425**	**49.0**
北 京	31778	31635	99.6	31607	99.5	17180	54.1
天 津	17003	16758	98.6	16699	98.2	7920	46.6
河 北	30453	30359	99.7	30294	99.5	14849	48.8
山 西	13976	13929	99.7	13903	99.5	5350	38.3
内蒙古	9649	9616	99.7	9578	99.3	4380	45.4
辽 宁	24545	24319	99.1	24133	98.3	12002	48.9
吉 林	16510	16430	99.5	16408	99.4	6623	40.1
黑龙江	10620	10578	99.6	10533	99.2	4431	41.7
上 海	32923	32794	99.6	32726	99.4	20338	61.8
江 苏	100429	100094	99.7	99902	99.5	57978	57.7
浙 江	84737	84582	99.8	84599	99.8	42978	50.7
安 徽	39256	39169	99.8	39110	99.6	22346	56.9
福 建	44644	44535	99.8	44519	99.7	19338	43.3
江 西	25062	25017	99.8	24983	99.7	11666	46.5
山 东	82791	82680	99.9	82652	99.8	39890	48.2
河 南	58447	58357	99.8	58310	99.8	23611	40.4
湖 北	36577	36499	99.8	36472	99.7	19089	52.2
湖 南	36103	35913	99.5	35862	99.3	17192	47.6
广 东	113151	112584	99.5	112319	99.3	61592	54.4
广 西	16491	16445	99.7	16417	99.6	3231	19.6
海 南	2856	2838	99.4	2844	99.6	1601	56.1
重 庆	23455	23428	99.9	23423	99.9	9896	42.2
四 川	38076	38021	99.9	38016	99.8	18742	49.2
贵 州	15953	15872	99.5	15862	99.4	5916	37.1
云 南	15551	15510	99.7	15492	99.6	6250	40.2
西 藏	720	717	99.6	712	98.9	333	46.3
陕 西	21068	21022	99.8	20981	99.6	10042	47.7
甘 肃	8481	8454	99.7	8443	99.6	3769	44.4
青 海	2105	2097	99.6	2096	99.6	1030	48.9
宁 夏	3545	3536	99.7	3525	99.4	1658	46.8
新 疆	10388	10361	99.7	10360	99.7	3204	30.8

8-4-2 分地区企业信息化应用情况

单位：个

地区	企业数	采用信息化管理的企业	比重(%)	通过互联网开展有关生产经营活动的企业	比重(%)	通过互联网进行宣传和推广的企业	比重(%)
全国	**967343**	**935079**	**96.7**	**962780**	**99.5**	**812815**	**84.0**
北京	31778	30670	96.5	31607	99.5	25192	79.3
天津	17003	15908	93.6	16699	98.2	12646	74.4
河北	30453	29017	95.3	30294	99.5	25235	82.9
山西	13976	13382	95.7	13903	99.5	10492	75.1
内蒙古	9649	9300	96.4	9578	99.3	7523	78.0
辽宁	24545	23204	94.5	24133	98.3	18257	74.4
吉林	16510	15802	95.7	16408	99.4	13106	79.4
黑龙江	10620	10265	96.7	10533	99.2	8186	77.1
上海	32923	32034	97.3	32726	99.4	27204	82.6
江苏	100429	97969	97.6	99902	99.5	86461	86.1
浙江	84737	82799	97.7	84599	99.8	70868	83.6
安徽	39256	38353	97.7	39110	99.6	34509	87.9
福建	44644	43134	96.6	44519	99.7	37466	83.9
江西	25062	23973	95.7	24983	99.7	20955	83.6
山东	82791	81388	98.3	82652	99.8	75739	91.5
河南	58447	56534	96.7	58310	99.8	52249	89.4
湖北	36577	35873	98.1	36472	99.7	32670	89.3
湖南	36103	35178	97.4	35862	99.3	31788	88.0
广东	113151	106255	93.9	112319	99.3	90442	79.9
广西	16491	15909	96.5	16417	99.6	13136	79.7
海南	2856	2786	97.5	2844	99.6	2423	84.8
重庆	23455	22918	97.7	23423	99.9	20049	85.5
四川	38076	37216	97.7	38016	99.8	32676	85.8
贵州	15953	15285	95.8	15862	99.4	12781	80.1
云南	15551	15156	97.5	15492	99.6	12743	81.9
西藏	720	680	94.4	712	98.9	536	74.4
陕西	21068	20358	96.6	20981	99.6	17841	84.7
甘肃	8481	8167	96.3	8443	99.6	7140	84.2
青海	2105	2043	97.1	2096	99.6	1760	83.6
宁夏	3545	3436	96.9	3525	99.4	2890	81.5
新疆	10388	10087	97.1	10360	99.7	7852	75.6

8-4-3 分地区电子商务应用情况

地区	企业数(个)	有电子商务交易的企业(个)	比重(%)	有电子商务销售的企业(个)	比重(%)	有电子商务采购的企业(个)	比重(%)	电子商务销售额(亿元)	电子商务采购额(亿元)
全　国	**967343**	**92122**	**9.5**	**66169**	**6.8**	**50808**	**5.3**	**130480.7**	**74365.1**
北　京	31778	6028	19.0	4112	12.9	3333	10.5	18385.7	11055.8
天　津	17003	1122	6.6	719	4.2	623	3.7	2629.4	1766.4
河　北	30453	2106	6.9	1522	5.0	1134	3.7	2441.1	2842.6
山　西	13976	904	6.5	662	4.7	418	3.0	864.3	733.0
内蒙古	9649	630	6.5	437	4.5	322	3.3	1725.5	1074.9
辽　宁	24545	1149	4.7	771	3.1	582	2.4	2601.5	1135.0
吉　林	16510	717	4.3	497	3.0	388	2.4	538.0	255.2
黑龙江	10620	457	4.3	315	3.0	228	2.1	673.7	417.3
上　海	32923	3556	10.8	2061	6.3	2107	6.4	15342.3	8814.2
江　苏	100429	8468	8.4	5923	5.9	5226	5.2	6576.6	5227.2
浙　江	84737	10775	12.7	8214	9.7	5516	6.5	6831.3	2528.7
安　徽	39256	4510	11.5	3286	8.4	2700	6.9	3299.5	1951.2
福　建	44644	4887	10.9	3907	8.8	2195	4.9	2872.8	1043.3
江　西	25062	1925	7.7	1688	6.7	980	3.9	2871.0	940.7
山　东	82791	7445	9.0	5454	6.6	4287	5.2	13893.0	8292.1
河　南	58447	3672	6.3	2556	4.4	2214	3.8	4407.4	1752.7
湖　北	36577	3284	9.0	2194	6.0	2132	5.8	4411.3	1755.6
湖　南	36103	3292	9.1	2394	6.6	1931	5.3	2682.7	1162.2
广　东	113151	10922	9.7	8027	7.1	5474	4.8	23191.5	13904.4
广　西	16491	1473	8.9	1024	6.2	808	4.9	971.0	655.7
海　南	2856	424	14.8	329	11.5	188	6.6	563.9	260.0
重　庆	23455	2513	10.7	1761	7.5	1363	5.8	3572.2	1201.6
四　川	38076	4459	11.7	2866	7.5	2739	7.2	3687.8	2023.9
贵　州	15953	1657	10.4	1216	7.6	907	5.7	1434.3	516.2
云　南	15551	1742	11.2	1237	8.0	987	6.3	1329.4	821.2
西　藏	720	89	12.4	72	10.0	36	5.0	77.6	2.8
陕　西	21068	2311	11.0	1743	8.3	1212	5.8	1213.7	814.4
甘　肃	8481	578	6.8	426	5.0	313	3.7	412.6	777.8
青　海	2105	192	9.1	151	7.2	87	4.1	133.0	153.6
宁　夏	3545	299	8.4	224	6.3	141	4.0	249.5	185.2
新　疆	10388	536	5.2	381	3.7	237	2.3	597.0	300.1

8-4-4 按行业分企业信息化基本情况

单位：个

行　业	企业数	使用计算机的企业	比重(%)	使用互联网的企业	比重(%)	有网站的企业	比重(%)
总　计	**967343**	**964149**	**99.7**	**962780**	**99.5**	**474425**	**49.0**
采矿业	10670	10642	99.7	10599	99.3	3730	35.0
制造业	344979	344293	99.8	343930	99.7	208719	60.5
电力、热力、燃气及水的生产和供应业	11176	11145	99.7	11126	99.6	5413	48.4
建筑业	99356	98900	99.5	98704	99.3	40068	40.3
批发和零售业	199775	199287	99.8	198865	99.5	77668	38.9
交通运输、仓储和邮政业	40053	39939	99.7	39891	99.6	15977	39.9
住宿和餐饮业	45347	45251	99.8	45157	99.6	19285	42.5
信息传输、软件和信息技术服务业	19371	19294	99.6	19309	99.7	15060	77.7
房地产业	105911	105021	99.2	104911	99.1	39373	37.2
租赁和商务服务业	34739	34538	99.4	34527	99.4	18008	51.8
科学研究和技术服务业	21493	21444	99.8	21414	99.6	13280	61.8
水利、环境和公共设施管理业	5815	5799	99.7	5787	99.5	2927	50.3
居民服务、修理和其他服务业	7314	7297	99.8	7277	99.5	2793	38.2
教育	5583	5579	99.9	5574	99.8	3152	56.5
卫生和社会工作	5779	5772	99.9	5767	99.8	3840	66.4
文化、体育和娱乐业	9982	9948	99.7	9942	99.6	5132	51.4

8-4-5 按行业分企业信息化应用情况

单位：个

行　业	企业数	采用信息化管理的企业	比重(%)	通过互联网开展有关生产经营活动的企业	比重(%)	通过互联网进行宣传和推广的企业	比重(%)
总　计	**967343**	**935079**	**96.7**	**962780**	**99.5**	**812815**	**84.0**
采矿业	10670	10350	97.0	10599	99.3	8121	76.1
制造业	344979	336468	97.5	343930	99.7	307147	89.0
电力、热力、燃气及水的生产和供应业	11176	10979	98.2	11126	99.6	8479	75.9
建筑业	99356	95551	96.2	98704	99.3	78713	79.2
批发和零售业	199775	191691	96.0	198865	99.5	159986	80.1
交通运输、仓储和邮政业	40053	38649	96.5	39891	99.6	31384	78.4
住宿和餐饮业	45347	43591	96.1	45157	99.6	39257	86.6
信息传输、软件和信息技术服务业	19371	18883	97.5	19309	99.7	18019	93.0
房地产业	105911	101817	96.1	104911	99.1	84732	80.0
租赁和商务服务业	34739	33165	95.5	34527	99.4	28625	82.4
科学研究和技术服务业	21493	20767	96.6	21414	99.6	18767	87.3
水利、环境和公共设施管理业	5815	5603	96.4	5787	99.5	4747	81.6
居民服务、修理和其他服务业	7314	6921	94.6	7277	99.5	5725	78.3
教育	5583	5404	96.8	5574	99.8	5051	90.5
卫生和社会工作	5779	5689	98.4	5767	99.8	5110	88.4
文化、体育和娱乐业	9982	9551	95.7	9942	99.6	8952	89.7

8-4-6 按行业分企业电子商务应用情况

行业	企业数(个)	有电子商务交易的企业(个)	比重(%)	有电子商务销售的企业(个)	比重(%)	有电子商务采购的企业(个)	比重(%)	电子商务销售额(亿元)	电子商务采购额(亿元)
总计	**967343**	**92122**	**9.5**	**66169**	**6.8**	**50808**	**5.3**	**130480.68**	**74365.12**
采矿业	10670	288	2.7	93	0.9	252	2.4	878.57	929.00
制造业	344979	33321	9.7	23713	6.9	20854	6.0	50114.70	30767.22
电力、热力、燃气及水的生产和供应业	11176	692	6.2	119	1.1	621	5.6	2471.73	4809.33
建筑业	99356	3810	3.8	517	0.5	3613	3.6	117.85	4370.01
批发和零售业	199775	20978	10.5	18319	9.2	8522	4.3	56264.53	26855.53
交通运输、仓储和邮政业	40053	2235	5.6	1247	3.1	1429	3.6	4440.33	324.80
住宿和餐饮业	45347	14138	31.2	13657	30.1	3957	8.7	697.93	25.83
信息传输、软件和信息技术服务业	19371	4389	22.7	2776	14.3	2851	14.7	10215.91	2690.18
房地产业	105911	3554	3.4	446	0.4	3310	3.1	39.27	44.18
租赁和商务服务业	34739	2868	8.3	1669	4.8	1855	5.3	4040.50	3278.32
科学研究和技术服务业	21493	1751	8.1	653	3.0	1403	6.5	727.07	233.10
水利、环境和公共设施管理业	5815	782	13.4	622	10.7	371	6.4	47.14	4.59
居民服务、修理和其他服务业	7314	560	7.7	339	4.6	376	5.1	84.39	9.05
教育	5583	338	6.1	140	2.5	261	4.7	69.15	2.59
卫生和社会工作	5779	387	6.7	132	2.3	311	5.4	8.04	9.53
文化、体育和娱乐业	9982	2031	20.3	1727	17.3	822	8.2	263.57	11.86

【主要统计指标解释】

计算机（数） 指企业（单位）在生产经营中使用的计算机，包括台式机、笔记本电脑和平板电脑。

互联网 指在世界范围内的公共计算机网络。它提供一系列通信服务（包括万维网）的接入，并传送电子邮件、新闻、娱乐和数据文件等。

网站 指在公共互联网上，面向公众使用的，基于TCP/IP协议的计算机系统，以域名本身或者“WWW.+域名”为网址的web站点，由地址、软件、硬件和内容组成。

电子商务销售额 指报告期内企业（单位）借助网络订单而销售的商品和服务总额。借助网络订单指通过网络接受订单。付款和配送可以不借助于互联网。

电子商务采购额 指报告期内企业（单位）借助网络订单而采购的商品和服务总额。借助网络订单指通过网络发送订单。付款和配送可以不借助于互联网。

8 派生产业情况

8-5 派生服务业

简要说明

一、主要内容

本篇资料主要内容是2017年派生服务业企业法人单位主要指标。

二、统计范围

规模以上服务业：年营业收入1000万元及以上，或年末从业人员50人及以上服务业法人单位，包括：交通运输、仓储和邮政业，信息传输、软件和信息技术服务业，租赁和商务服务业，科学研究和技术服务业，水利、环境和公共设施管理业，教育，卫生和社会工作；以及物业管理、房地产中介服务、自有房地产经营活动和其他房地产业等行业；年营业收入500万元及以上，或年末从业人员50人及以上服务业法人单位，包括：居民服务业、修理和其他服务业，文化、体育和娱乐业。

三、统计调查方法

规模以上服务业企业法人单位为全面调查。

四、资料来源

规模以上服务业数据来自《规模以上服务业统计报表制度》调查结果，按照相关国家统计分类标准，对企业进行认定，汇总各类派生服务业企业法人单位主要指标。

五、其他

由于数据四舍五入影响，合计数与各分项之和可能存在细微偏差。

8-5-1 规模以上服务业企业中派生服务业主要指标

派生服务业	单位数（个）	营业收入（亿元）	资产总计（亿元）	从业人员平均人数（万人）
高技术服务业	39210	63899.5	144393.8	697.5
科技服务业	39136	54521.3	144419.6	599.7
生产性服务业	110462	147293.8	607386.8	2051.6
生活性服务业	51263	46025.1	154258.3	1188.9
健康服务业	7798	3823.2	6256.4	117.0
体育服务业	1967	1157.4	4558.6	21.7
旅游服务业	12339	19220.1	78196.9	339.9
养老服务业	266	30.0	110.2	2.0
文化及相关产业服务业	30709	31891.0	72693.6	338.4

【主要统计指标解释】

资产总计 指企业过去的交易或者事项形成的、由企业拥有或者控制的、预期会给企业带来经济利益的资源。资产一般按流动性（资产的变现或耗用时间长短）分为流动资产和非流动资产。其中流动资产可分为货币资金、交易性金融资产、应收票据、应收账款、预付款项、其他应收款、存货等；非流动资产可分为长期股权投资、固定资产、无形资产及其他非流动资产等。根据会计“资产负债表”中“资产总计”项目的期末余额数填报。

执行《企业会计准则》或《小企业会计准则》的企业：资产总计=流动资产合计+非流动资产合计；执行其他企业会计制度的企业资产包括流动资产、长期投资、固定资产、无形资产和其他资产等。

营业收入 指企业经营主要业务和其他业务所确认的收入总额。营业收入合计包括“主营业务收入”和“其他业务收入”。根据会计“利润表”中“营业收入”项目的本期金额数填报。

9 港澳台第三产业情况

9-1 香港第三产业情况

简要说明

一、本章资料反映香港特别行政区主要社会、经济发展情况。内容包括：土地、人口、就业、国民收入、国际收支平衡、工业、能源、建筑、运输、对外贸易、政府收支及金融、教育、房屋、卫生、社会保障等方面。

二、本章由香港特别行政区政府统计处向有关政府决策局／部门及公营机构搜集数据，国家统计局国际统计信息中心负责整理、编辑。

三、在统计工作方面，按《中华人民共和国香港特别行政区基本法》的有关原则，香港特别行政区保留其单独运作的统计系统，并负责编制和发布反映香港特别行政区情况的统计数据。由于香港和内地在使用统计名词及概念方面会有所不同，读者在比较两地数据时，请参考本章末的“主要统计指标解释”。

四、香港特别行政区是单独的关税地区，香港与内地之间的贸易，亦需办理进出口报关。在贸易统计方面，香港特别行政区对外贸易统计数据亦包括香港特别行政区与内地的贸易。

五、在外汇统计及与之有关的各方面，港币是香港特别行政区的法定货币，因此，除港币以外的货币（包括人民币）均视作外币。

六、更详细的统计资料及有关的技术细节，可参阅香港特别行政区政府统计处出版的《香港统计月刊》、《香港统计年刊》及各专题统计出版物。

七、本章节表中的符号使用说明：

本章节表中使用的符号含义如下：“-”表示不适用；“空格”表示没有数字；“#”表示临时数字；“§”表示数字少于单位的一半。

9-1-1 主要统计指标概况

项　　目	2013	2014	2015	2016	2017
香港陆地面积①　（平方公里）	**1104**	**1106**	**1106**	**1106**	**1106**
香港岛	81	81	81	81	81
九龙	47	47	47	47	47
新界	976	978	978	978	978
人口					
年中人口　（万人）	717.9	723.0	729.1	733.7	739.2
粗出生率　（‰）	8.0	8.6	8.2	8.3	7.7
粗死亡率　（‰）	6.0	6.2	6.3	6.4	6.3
婴儿死亡率　（‰）	1.8	1.7	1.4	1.8	1.7
（按每千名登记活产婴儿计算）					
劳工					
劳动人口　（万人）	385.5	387.1	390.3	392.0	394.7
劳动人口参与率　（%）	61.2	61.1	61.1	61.1	61.1
失业率　（%）	3.4	3.3	3.3	3.4	3.1
就业人数　（万人）	372.4	374.3	377.4	378.7	382.3
按行业分就业人数　（万人）					
制造	12.6	13.0	11.3	11.8	11.1
建筑	30.9	31.0	31.7	32.8	34.2
进出口贸易及批发	52.2	50.2	48.0	46.5	45.0
零售、住宿②及膳食服务③	60.9	63.3	62.5	62.0	63.8
运输、仓库、邮政及速递服务、资讯及通讯	44.4	44.6	45.5	45.0	45.3
金融、保险、地产、专业及商用服务	71.4	73.3	75.0	76.2	77.9
公共行政、社会及个人服务	97.5	96.7	100.8	101.8	102.9
实际工资指数④　（1992年9月=100）	118.7	115.8	117.7	120.7	123.2
对外贸易					
商品贸易					
进口　（亿港元）	40607	42190	40464	40084	43570
整体出口　（亿港元）	35597	36728	36053	35882	38759
服务贸易					
服务出口⑤　（亿港元）	8126	8291	8089	7648	8114
服务进口⑤　（亿港元）	5832	5735	5743	5781	6005
国民收入及国际收支平衡					
本地生产总值					
按2016年环比物量计算⑥					
年增长率　（%）	3.1	2.8	2.4	2.2	3.8
本地生产总值　（亿港元）	21383	22600	23983	24908	25852
人均本地生产总值　（港元）	297860	312609	328924	339500	349745
按当年价格计算					
年增长率　（%）	5.0	5.7	6.1	3.9	6.8
本地生产总值　（亿港元）	23172	23812	24380	24908	26610
人均本地生产总值　（港元）	322776	329370	334377	339500	359996
本地居民总收入					
按当年价格计算					
本地居民总收入　（亿港元）	21788	23066	24427	25534	27717
人均本地居民总收入　（港元）	303504	319056	335010	348032	374977
对外初次收入流量净值(亿港元)	405	466	444	626	1107

9-1-1 续表 1

项　　目		2013	2014	2015	2016	2017
国际收支平衡						
经常帐户	(亿港元)	325	315	796	987	1149
资本及金融帐户	(亿港元)	-863	-738	-1286	-1011	-1550
净误差及遗漏	(亿港元)	538	423	491	24	401
整体的国际收支	(亿港元)	579	1391	2820	89	2505
国际投资头寸⑦						
国际投资头寸净值⑧	(亿港元)	58770	67488	77747	89468	108937
对外金融资产	(亿港元)	291248	323915	338245	357388	427351
对外金融负债	(亿港元)	232478	256427	260497	267921	318415
消费价格指数						
(2014年10月至2015年9月=100)						
综合消费价格指数		93.5	97.7	100.6	103.0	104.5
甲类消费价格指数		91.7	96.8	100.6	103.5	105.1
乙类消费价格指数		93.9	97.8	100.6	102.9	104.3
丙类消费价格指数		95.1	98.4	100.5	102.6	104.2
工业生产						
工业生产指数	(2008年=100)	95	94.6	93.2	92.7	93.1
工业电力消费量	(万亿焦耳)	11190	11281	11436	11252	11196
工业煤气消费量	(万亿焦耳)	1612	1673	1649	1477	1569
房屋及物业						
永久性居住屋宇单位⑨	(万个)					
公营租住房屋⑩		77.21	78.15	78.32	78.67	80.54
资助出售单位⑪		39.16	39.39	39.60	39.89	40.31
私人永久性房屋⑪		148.40	149.65	151.64	154.79	156.51
总计		264.77	267.19	269.56	273.35	277.36
新落成私人楼宇						
楼宇数目	(栋)	678	466	612	556	703
实用楼面面积	(万平方米)					
住宅⑫		34.8	64.5	58.5	63.7	63.2
非住宅		48.3	45.4	44.8	59.2	74.1
获批准可动工兴建私人楼宇	(栋)					
初次呈交		448	362	486	383	269
重大修改		522	219	159	163	192
政府收支、金融、保险	**(亿港元)**					
政府储备结余⑬⑭		7557	8285	8429	9540	11029
政府收入总额⑭⑮		4553	4787	4500	5731	6198
政府开支总额⑭⑮		4335	4059	4356	4621	4709
货币供应量M3						
港元⑯		48060	52362	57788	62927	70245
外币⑰		52792	58128	58762	62587	67793
总计		100852	110489	116550	125513	138038
港汇指数(贸易总值(进口及整体出口加权)(2010年1月=100)⑱		94.9	96.0	101.3	104.1	104.2
运输、通讯、旅游						
进出香港货物						
总卸下	(万吨)	17942	20079	16887	16669	19108
总装上	(万吨)	12632	12553	11491	11647	11772
集装箱吞吐量	(万标准集装箱)	2235	2223	2007	1981	2077
电话服务	(万条操作线路)	432	432	421	421	415
访港旅客⑲	(万人次)	5430	6084	5931	5666	5847
教育	**(人)**					

9-1-1 续表 2

项　　目		2013	2014	2015	2016	2017
小学学生人数		320918	329300	337558	349008	362049
中学学生人数⑳		398372	375603	354698	339849	332382
教资会资助大学学生人数㉑		197260	192981	192051	190937	192033
卫生						
医生	（人）	13203	13417	13726	14013	14290
注册中医	（人）	6743	6898	7071	7262	7425
病床	（张）	36720	37322	38287	39090	39683
社会保障						
综合社会保障援助⑬						
个案数目	（个）	259422	251099	242903	236522	231468
发放款项	（亿港元）	195	207	223	223	217
公共福利金⑬						
个案数目	（个）	748797	778941	808909	846028	897541
发放款项	（亿港元）	189	186	217	221	236
交通意外伤亡援助⑬						
获批个案数目	（个）	7675	7413	7148	7340	6553

注：①2014年前的数字是该年6月底的数据，而2014年及之后的数字是该年10月底的数据。面积包括不在区议会分区内的落马州河套。

②住宿服务包括酒店、宾馆、旅舍及其他提供短期住宿服务的机构单位。

③零售、住宿及膳食服务业合计通常被称为「与消费及旅游相关行业」。

④实际工资指数是按其名义指数扣除以2014/15年为基期的甲类消费价格指数而计算出来。

⑤数字已采纳《2010年国际服务贸易统计手册》内最新的国际建议，包括服务分类及编制方法，以及采用所有权转移原则来记录货品加工及转手商贸活动。

⑥以环比物量计算的本地生产总值及其组成部分的参照年，已由2015年重订为2016年。重订参照年会影响以环比物量计算的数值，但不会影响其变动率。整体物量数值与其组成部分相加的总和可能存在差额。不可相加性是环比物量计算的一个技术属性。

⑦期末头寸。

⑧国际投资头寸净值是对外金融资产总值与对外金融负债总值之间的差额。

⑨数字包括所有住宅屋宇单位及非住宅楼宇内已知作居所用途的屋宇单位，但不包括非住宅用途、酒店及院舍内供住院或在囚人士居住的屋宇单位。

⑩数字不包括房屋委员会售出的公营租住房屋单位。

⑪数字包括房屋委员会及香港房屋协会售出而不可在公开市场买卖的屋宇单位。可在公开市场买卖的资助出售单位则归类为私人永久性房屋。

⑫数字包括住宅楼宇内用作非住宅用途的实用楼面面积，例如：会所/娱乐设施、管理员办事处/宿舍、电机房等。

⑬数字是以相应的财政年度为根据。例如2016年的数字代表2016至2017财政年度数字。

⑭2016/17年度的数字有待审计署署长核实。

⑮数字不包括“政府一般收入帐目及各基金之间的转拨”。

⑯所列数字已包括外币掉期存款。

⑰所列数字已扣除外币掉期存款。《中华人民共和国香港特别行政区基本法》说明，港元是香港特别行政区的法定货币。外币指港元以外的其他货币，因而人民币亦视作外币。

⑱由2012年1月3日起公布的新系列。

⑲访港旅客数字包括经澳门访港的非澳门居民。

⑳数字涵盖日、夜校。

㉑是指香港城市大学、香港浸会大学、岭南大学、香港中文大学、香港教育大学、香港理工大学、香港科技大学和香港大学就读学生。数字包括大学教育资助委员会(教资会)资助课程及教资会资助院校本部和辖下持续进修部门开办的本地经评审自资课程的学生人数。

9-1-2 按当年价格计算的生产法本地生产总值

单位：亿港元

经济活动	2012	2013	2014	2015	2016
本地生产总值	**20370.59**	**21383.05**	**22600.05**	**23982.80**	**24907.76**
农业、渔业、采矿及采石①	**11.14**	**12.25**	**14.96**	**16.30**	**18.98**
工业	**1394.26**	**1485.64**	**1597.25**	**1692.72**	**1861.91**
制造	306.00	301.56	278.85	267.16	268.44
电力、燃气和自来水供应及废弃物管理	353.82	351.19	356.36	346.53	344.14
建筑	734.45	832.88	962.05	1079.02	1249.32
服务业	**18724.98**	**19482.92**	**20447.50**	**21545.41**	**22295.68**
进出口贸易、批发及零售	5115.37	5237.41	5315.41	5278.22	5255.26
住宿及膳食服务②	720.44	754.13	787.25	781.34	796.82
运输、仓库、邮政及速递服务	1206.09	1254.65	1376.58	1500.73	1497.19
资讯及通讯	708.66	761.45	777.61	808.13	842.08
金融及保险	3193.12	3462.48	3679.89	4099.33	4290.82
地产、专业及商用服务	2324.16	2257.89	2394.34	2527.14	2661.39
公共行政、社会及个人服务	3376.78	3563.26	3795.88	4074.05	4365.65
楼宇业权	2080.36	2191.66	2320.53	2476.48	2586.49
产品税	**635.75**	**753.14**	**832.36**	**954.33**	**843.57**
统计差额③	**-1.9**	**-1.6**	**-1.3**	**-0.9**	**-0.5**

注：以上的统计数字是按“香港标准行业分类2.0版”编制。

①由于要为采矿及采石业个别机构单位的数据保密，因此采矿及采石业的数字会包括在「农业、渔业、采矿及采石」内。

②住宿服务包括酒店、宾馆、旅舍及其他提供短期住宿服务的机构单位。

③统计差额是以当年价格计算,以支出法编制的本地生产总值与以生产法编制的本地生产总值之间的差额。差额是由于在编制过程中数据来源及估算方法有所不同而引致的。统计差额是以占本地生产总值的百分比形式作表达。

9-1-3 按行业划分的就业人数

单位：万人

行　业	2013	2014	2015	2016	2017
制造	12.6	13.0	11.3	11.8	11.1
建筑	30.9	31.0	31.7	32.8	34.2
进出口贸易及批发	52.2	50.2	48.0	46.5	45.0
零售、住宿及膳食服务①	60.9	63.3	62.5	62.0	63.8
运输、仓库、邮政及速递服务、资讯及通讯	44.4	44.6	45.5	45.0	45.3
金融、保险、地产、专业及商用服务	71.4	73.3	75.0	76.2	77.9
公共行政、社会及个人服务	97.5	96.7	100.8	101.8	102.9
其它	2.3	2.3	2.5	2.6	2.1
总计	**372.4**	**374.3**	**377.4**	**378.7**	**382.3**

注：数字是根据该年1月至12月进行的“综合住户统计调查”结果，以及年中人口估计数字而编製。

① 住宿服务包括酒店、宾馆、旅舍及其他提供短期住宿服务的机构单位。

9-1-4 按行业划分的名义和实际工资指数

(1992年9月=100)

行业主类	2012	2013	2014	2015	2016	2017
名义工资指数						
制造	172.8	180.9	191.1	199.1	206.8	214.8
进出口贸易、批发及零售	195.1	198.8	204.7	210.5	216.3	222.8
运输	166.4	173.2	181.7	189.1	195.3	200.8
住宿及餐饮服务活动①	163.2	169.4	176.8	186.2	195.1	204.2
金融及保险活动	201.8	207.5	215.4	222.8	230.0	238.2
地产租赁及保养管理	199.8	219.2	223.6	231.7	239.9	250.8
专业及商业服务	192.7	208.3	221.3	236.8	247.5	258.8
个人服务	240.7	253.8	271.9	287.8	301.9	313.9
所有选定行业②	187.5	195.2	203.3	211.9	219.6	227.9
实际工资指数③						
制造	109.6	110.0	108.8	110.5	113.6	116.1
进出口贸易、批发及零售	123.7	120.9	116.6	116.9	118.8	120.4
运输	105.5	105.3	103.5	105.0	107.3	108.5
住宿及餐饮服务活动①	103.5	103.0	100.7	103.4	107.2	110.4
金融及保险活动	128.0	126.2	122.7	123.7	126.3	128.7
地产租赁及保养管理	126.7	133.3	127.3	128.7	131.8	135.6
专业及商业服务	122.2	126.7	126.0	131.5	135.9	139.9
个人服务	152.6	154.4	154.8	159.8	165.8	169.6
所有选定行业②	118.9	118.7	115.8	117.7	120.7	123.2

注：指有关年度12月份的数字。

①住宿服务包括酒店、宾馆、旅舍及其他提供短期住宿服务的机构单位。

②指“劳工收入统计调查”内工资统计调查所涵盖的所有行业，包括并没有列出其统计数字的电力及燃气供应业、污水处理及废弃物、管理业与出版活动业。

③实际工资指数是按其名义指数扣除以2014/15年为基期的甲类消费价格指数而计算出来。

9-1-5 商品进出口贸易总额

单位：亿港元

贸易种类	2013	2014	2015	2016	2017
进口	40607	42190	40464	40084	43570
整体出口	35597	36728	36053	35882	38759
贸易总额	76204	78918	76517	75966	82329
商品贸易差额	-5010	-5463	-4411	-4201	-4811

9-1-6 商品进口及商品整体出口的主要供应地和目的地

单位：亿港元

贸易种类／主要国家／地区	2013	2014	2015	2016	2017
进口(供应地)	**40607**	**42190**	**40464**	**40084**	**43570**
中国内地	19421	19870	19840	19168	20301
中国台湾	2619	3003	2744	2921	3297
新加坡	2464	2608	2459	2617	2881
日本	2863	2889	2603	2467	2534
韩国	1587	1755	1721	1962	2521
整体出口(目的地)	**35597**	**36728**	**36053**	**35882**	**38759**
中国内地	19492	19790	19365	19435	21058
美国	3313	3415	3422	3240	3302
印度	833	942	1018	1167	1586
日本	1352	1315	1228	1167	1285
中国台湾	774	793	650	745	894

9-1-7 商品转口的主要来源地和目的地

单位：亿港元

贸易种类／主要国家／地区	2013	2014	2015	2016	2017
转口(目的地)	**35053**	**36175**	**35584**	**35454**	**38324**
中国内地	19245	19558	19161	19249	20886
美国	3259	3370	3383	3204	3267
印度	830	925	1013	1162	1572
日本	1340	1302	1217	1155	1275
中国台湾	749	763	629	727	873
转口(来源地)	**35053**	**36175**	**35584**	**35454**	**38324**
中国内地	21599	21683	21630	20855	22268
中国台湾	2592	2880	2757	3067	3437
韩国	1399	1571	1671	1868	2279
日本	2083	2058	1862	1812	1854
美国	1199	1251	1096	1143	1157

9-1-8 按标准国际贸易分类划分商品进口和出口

单位：亿港元

标准国际贸易分类	2012	2013	2014	2015	2016	2017
进口	**39122**	**40607**	**42190**	**40464**	**40084**	**43570**
0 粮食及活动物	1441	1615	1791	1637	1770	1820
1 饮料及烟叶	250	254	266	301	318	317
2 除燃料外的非食用未加工材料	302	335	261	232	143	162
3 矿物燃料、润滑油及有关物质	1422	1375	1223	938	753	973
4 动物及植物油、脂肪及蜡	19	17	15	14	14	15
5 未列明的化学及有关产品	1820	1727	1697	1579	1493	1584
6 主要按材料分类的制成品	4169	4340	4339	3843	3574	3771
7 机械和运输设备	22651	23919	25672	25671	26141	28769
8 杂项制成品	7031	7008	6911	6234	5860	6113
9 未列入其他分类的货物及交易	16	17	17	16	16	46
整体出口	**34343**	**35597**	**36728**	**36053**	**35882**	**38759**
0 粮食及活动物	413	448	496	510	614	702
1 饮料及烟叶	143	153	167	194	197	179
2 除燃料外的非食用未加工材料	254	266	237	186	125	128
3 矿物燃料、润滑油及有关物质	86	74	66	56	40	46
4 动物及植物油、脂肪及蜡	5	4	4	3	3	3
5 未列明的化学及有关产品	1515	1457	1379	1273	1173	1222
6 主要按材料分类的制成品	3507	3613	3740	3371	3292	3637
7 机械和运输设备	21201	22568	23931	24264	24801	27025
8 杂项制成品	7179	6973	6659	6148	5586	5766
9 未列入其他分类的货物及交易	41	40	48	47	51	50

9-1-9 按服务组成部分划分的服务出口及进口

单位：亿港元

服务组成部分	2013	2014	2015	2016	2017
服务出口①					
制造服务	§	§	§	§	
保养及维修服务	24	25	27	26	
运输	2424	2477	2309	2187	
旅游	3020	2976	2802	2550	
建造筑	30	28	13	9	
保险及退休金服务	79	94	101	112	
金融服务	1281	1370	1487	1385	
知识产权使用费	45	48	50	52	
电子通讯、电脑及资讯服务	205	219	220	221	
其他商业服务	995	1028	1053	1074	
个人、文化及康乐服务	18	20	20	23	
政府货品及服务	6	7	7	7	
总计	**8126**	**8291**	**8089**	**7648**	**8114**
服务进口①					
制造服务	1160	925	900	882	
保养及维修服务	8	9	9	10	
运输	1406	1426	1342	1314	
旅游	1645	1707	1788	1874	
建造筑	27	27	13	10	
保险及退休金服务	104	112	113	110	
金融服务	327	344	373	366	
知识产权使用费	157	150	144	146	
电子通讯、电脑及资讯服务	128	148	148	150	
其他商业服务	850	868	892	897	
个人、文化及康乐服务	8	8	8	10	
政府货品及服务	12	12	13	12	
总计	**5832**	**5735**	**5743**	**5781**	**6005**
服务出口净额	**2294**	**2556**	**2346**	**1867**	**2109**

注：①数字已采纳《2010年国际服务贸易统计手册》内最新的国际建议。
由于进位原因，统计表内个别项目的数字加起来可能与其总计略有差别。

9-1-10 按主要目的地和来源地划分的服务出口及进口

单位：亿港元

目的地／来源地	2012	2013	2014	2015	2016
服务出口①					
中国内地	2694	3172	3216	3108	2964
美国	1147	1158	1202	1168	1049
英国	482	486	534	594	608
日本	394	362	364	329	310
新加坡	217	239	274	295	295
其他	2416	2405	2411	2315	2167
所有目的地	**7351**	**7821**	**8001**	**7808**	**7392**
服务进口①					
中国内地	2529	2359	2165	2217	2210
美国	628	628	631	638	656
日本	387	393	427	446	459
英国	325	325	336	334	333
新加坡	268	266	282	255	244
其他	1771	1827	1856	1815	1844
所有来源地	**5909**	**5797**	**5697**	**5704**	**5745**

注：①由于非直接计算金融中介服务没有按地区细分数字，本统计表内的数字不包括非直接计算的金融中介服务数字。因此于本统计表内所有目的地／来源地的数字与表26-30内所有服务的相应数字并不相同。然而，本统计表内的数字亦已采纳《2010年国际服务贸易贸易统计手册》内最新的国际建议，包括服务分类及编制方法，以及采用所有权转移原则来记录货品加工及转手商贸活动。

9-1-11 按当年价格计算货物及服务进出口占本地生产总值比重

单位：%

指　　标	2005	2010	2015	2016	2017
本地生产总值（亿港元）	**14121**	**17763**	**23983**	**24908**	**26610**
对外商品贸易					
进口（离岸价）	134.26	168.66	169.56	161.50	164.52
出口（离岸价）	151.36	170.10	162.17	156.29	157.51
对外服务贸易					
服务出口	26.09	35.23	33.73	30.71	30.49
服务进口	30.98	30.79	23.95	23.21	22.57

注：对外商品进口及出口与服务出口及进口数字，是根据《2008年国民经济核算体系》的标准，采用所有权转移原则记录外地加工货品及转手商贸活动编制而成的。

9-1-12 按居住国家和地区划分的访港旅客人数

单位：万人次

居住国家和地区	2013	2014	2015	2016	2017
中国内地	4074.5	4724.8	4584.2	4277.8	4444.5
南亚及东南亚	371.8	361.5	355.9	370.2	362.6
中国台湾	210.0	203.2	201.6	201.1	201.1
北亚	214.1	233.0	229.3	248.5	271.8
欧洲、非洲及中东	225.4	221.8	216.7	222.6	220.2
美洲	166.6	167.9	172.8	177.3	178.2
澳大利亚、新西兰及南太平洋	71.7	71.5	68.1	68.4	68.7
中国澳门①	95.8	100.2	102.1	99.5	100.1
总计	**5429.9**	**6083.9**	**5930.8**	**5665.5**	**5847.2**
与上年比较的变动百分比(%)	**11.7**	**12.0**	**-2.5**	**-4.5**	**3.2**

注：①访港旅客数字包括经澳门访港的非澳门居民。

9-1-13 按居住国家和地区划分的访港旅客人均消费和逗留时间

国家和地区	2005	2010	2014	2015	2016	2017
过夜旅客人均消费　(港元)	**4663**	**6728**	**7960**	**7234**	**6599**	**6443**
中国内地	4554	7453	8703	7924	7275	7010
南亚及东南亚	4377	5251	6735	6255	5638	5687
中国台湾	4916	5197	5598	5092	4585	4758
北亚	4300	4976	4502	4156	3839	3978
欧洲、非洲及中东	5331	6674	7250	6412	5999	5862
美洲	5477	6476	7151	6737	6196	6184
澳大利亚、新西兰及南太平洋	5068	7050	7558	6530	6636	6500
中国澳门	2765	3824	3875	4383	3886	3979
入境不过夜旅客人均消费(港元)	**810**	**1846**	**2414**	**2409**	**2122**	**2059**
中国内地	1247	2356	2701	2696	2377	2298
南亚及东南亚	244	543	709	630	685	752
中国台湾	195	610	596	587	611	553
北亚	204	377	442	441	425	374
欧洲、非洲及中东	301	560	438	510	515	520
美洲	320	329	455	458	413	378
澳大利亚、新西兰及南太平洋	547	573	474	491	534	487
中国澳门	1284	2299	2058	1818	1799	1807
过夜旅客逗留时间　(晚数)	**3.7**	**3.6**	**3.3**	**3.3**	**3.3**	**3.2**
中国内地	4.2	3.9	3.3	3.2	3.2	3.1
南亚及东南亚	3.2	3.2	3.4	3.4	3.5	3.5
中国台湾	2.5	2.5	2.6	2.6	2.6	2.7
北亚	2.2	2.2	2.3	2.3	2.3	2.2
欧洲、非洲及中东	3.3	3.9	4.1	4.1	4.1	4
美洲	3.4	3.9	4.0	3.9	3.9	3.8
澳大利亚、新西兰及南太平洋	3.4	3.8	3.9	3.9	3.8	3.8
中国澳门	2.3	2.2	2.2	2.2	2.2	2.2

9-1-14 按主要货物装卸地点划分的集装箱吞吐量

单位：万标准集装箱

项　目	2013	2014	2015	2016	2017
集装箱吞吐量	**2235.2**	**2222.6**	**2007.3**	**1981.3**	**2077.0**
葵青货柜码头					
抵港					
载货集装箱	749.5	790.9	700.5	701.6	740.6
空集装箱	121.0	111.3	101.4	89.1	104.9
离港					
载货集装箱	776.7	783.1	683.1	662.0	701.3
空集装箱	64.7	73.4	72.2	67.6	76.7
葵青货柜码头以外					
抵港					
载货集装箱	225.9	163.3	166.3	179.8	180.1
空集装箱	51.1	61.6	59.8	60.1	51.1
离港					
载货集装箱	173.3	166.7	160.8	154.6	153.2
空集装箱	73.2	72.3	63.2	66.5	69.1

注：一个标准集装箱单位等同一个20英尺集装箱的容量。

9-1-15 按运输方式划分的进出香港货物

单位：万吨

项　目	2013	2014	2015	2016	2017
卸下					
空运	148.8	158.5	159.6	164.8	172.4
水运	16227.5	18418.5	15280.8	15077.4	17457.8
海运	11607.1	13052.7	11218.0	11029.1	11887.3
河运	4620.5	5365.7	4062.8	4048.3	5570.5
道路运输	1565.5	1501.9	1446.9	1426.7	1477.4
铁路运输①	-	-	-	-	-
总计	**17941.8**	**20078.9**	**16887.3**	**16668.9**	**19107.6**
装上					
空运	263.9	279.1	278.4	287.3	321.4
水运	11378.0	11355.2	10375.1	10595.6	10696.7
海运	6816.8	6679.3	5640.6	5379.4	5801.7
河运	4561.2	4675.8	4734.5	5216.3	4895.1
道路运输	990.2	919.1	837.5	763.7	753.6
铁路运输①	-	-	-	-	-
总计	**12632.1**	**12553.4**	**11491.0**	**11646.6**	**11771.7**

注：①数字不包括家畜。香港铁路有限公司已于2010年6月16日起，停办铁路货运业务。

9-1-16 通讯及互联网服务

项　　目	2013	2014	2015	2016	2017
邮递服务					
信件邮件（亿件物品）	12.6	12.2	12.0	12.2	11.7
包裹（万件）	136.1	120.1	110.5	101.5	88.2
电话服务①②（万条操作线路）					
住宅	247.8	248.3	235.6	236.2	232.5
商用	184.1	183.9	185.5	184.5	182.6
总计	431.9	432.2	421.1	420.7	415.1
图文传真②（万条操作线路）	**20.2**	**18.8**	**17.7**	**16.7**	**16.1**
对外电话通讯量（万分钟）					
拨出③	804303	821810	835118	749384	
拨入④	231873	220834	200167	165899	
对外专用电报通讯量（万分钟）					
发出	0.5	0.1			
收到	2.7	1.4			
本地电报机电讯（万分钟）	**6.3**	**2.7**			
公共无线电传呼接收器②（个）	**49789**	**41442**	**34924**	**28499**	**23128**
移动电话用户	**7847299**	**7851393**	**7971884**	**8161032**	**8347375**
系统②⑤⑥（个）	**(17194291)**	**(17371999)**	**(16774732)**	**(17233286)**	**(18340347)**
互联网服务					
互联网服务商数目②⑦（个）	**197**	**201**	**215**	**225**	**228**
互联网服务商客户数目②⑧（个）					
拨号上网登记用户户口（不包括互联网储值卡）⑨	462376	239427	200283	190859	140923
拨号上网储值卡					
以私人租用线路接驳的已登记客户户口⑨	1641	2268	2263	2551	2641
宽带互联网用户户口⑨	2232031	2268576	2335662	2611682	2645752
互联网使用量⑧					
客户通过公共电话网络接驳⑩（万分钟）	22201	24804	24022	21458	19676
客户通过宽带网络接驳（太字节）⑪	2581113	2946653	3510437	4824088	5988964

注：①数字包括直通内线式电话线、图文传真线及电文线路的直拨服务。由2007年12月起,也包括网际规约(IP)电话或网络电话(VoIP)服务的客户数目。②年底数字。③数字也包括图文传真及数据。④估计数字。⑤数字不包括储值智能卡。包括储值智能卡的数字于括号内展示。⑥数字包括3G服务。而由2011年开始,数字包括4G服务。
⑦营办商数目包括所有持牌获准提供互联网接驳服务的营办商。
⑧数字为根据互联网服务供应商申报的估计数字，并不包括不属于持牌互联网服务供应商客户的使用者。⑨已登记客户户口指互联网服务供应商的客户户口(包括免费的客户户口)。拥有超过一个客户登入识别码的登记客户户口只算作一个已登记的客户户口。数字不包括只获提供电邮地址的客户户口。⑩不包括通过私人租用线路接驳及使用宽带服务的客户。
⑪1个太字节=8万亿比特。

9-1-17 15岁及以上人口受教育程度

教育程度/性别	2013		2014		2015		2016		2017	
	人数(万人)	百分比	人数(万人)	百分比	人数(万人)	百分比	人数(万人)	百分比	人数(万人)	百分比
总计										
男	288.06	45.74	289.08	45.60	290.16	45.45	290.93	45.31	291.85	45.16
女	341.69	54.26	344.93	54.40	348.20	54.55	351.17	54.69	354.48	54.84
未受教育/学前教育①										
男	6.17	0.98	6.27	0.99	5.54	0.87	5.87	0.91	5.51	0.85
女	21.38	3.40	21.39	3.37	20.30	3.18	19.99	3.11	19.34	2.99
小学										
男	41.78	6.63	41.03	6.47	39.70	6.22	39.20	6.10	37.95	5.87
女	57.41	9.12	56.09	8.85	55.37	8.67	55.32	8.62	55.07	8.52
初中										
男	47.48	7.54	47.41	7.48	47.27	7.40	47.12	7.34	47.65	7.37
女	46.97	7.46	48.34	7.63	49.35	7.73	48.42	7.54	49.8	7.71
高中										
男	100.74	16.00	99.83	15.75	98.38	15.41	97.51	15.19	97.71	15.12
女	125.67	19.96	124.68	19.66	125.70	19.69	125.81	19.59	125.81	19.46
高等教育										
非学位课程②										
男	24.84	3.94	24.88	3.92	24.79	3.88	25.22	3.93	24.48	3.79
女	24.35	3.87	24.79	3.91	23.44	3.67	23.47	3.66	22.97	3.55
学位课程③										
男	67.05	10.65	69.66	10.99	74.49	11.67	76.01	11.84	78.54	12.15
女	65.90	10.46	69.63	10.98	74.04	11.60	78.16	12.17	81.5	12.61

注：数字是根据该年1月至12月进行的“综合住户统计调查”结果，以及年中人口估计数字而编制。
①包括所有幼儿园及幼儿中心班级。
②包括所有在香港或以外地区学院的证书、文凭、高级证书、高级文凭、专业文凭及其它同等程度的高等教育课程。
③包括所有在香港或以外地区学院的学士学位、研究生修课及专题研究课程。

9-1-18 研究及发展经费支出及人员情况

年份	研究及发展经费支出(百万港元)			研究及发展人员数目①（人）			
	总计	资本支出	经常支出	总计	研究人员	技术人员	其他辅助人员
2000	6218	496	5722	9802	7728	1374	699
2005	10922	2228	8694	22054	18024	2346	1683
2008	12293	914	11379	22005	18450	2286	1269
2009	12833	813	12020	23281	19283	2463	1535
2010	13313	899	12414	24060	20582	2159	1319
2011	13945	1009	12935	24460	20381	2462	1617
2012	14816	1152	13664	25264	21236	2779	1249
2013	15613	1054	14559	26045	22466	2080	1499
2014	16727	1141	15587	27378	23831	1985	1563
2015	18271	1640	16630	28165	23675	2692	1799
2016	19713	1890	17824	29047	24865	2351	1831

注：① 研究及发展人员的数目是以“相当于全日制的人数”计算。

9-1-19 香港国际收支平衡表

单位：亿港元

标准组成部分①	2013	2014	2015	2016	2017
经常账户②	**325**	**315**	**796**	**987**	**1149**
货物	-2166	-2509	-1773	-1297	-1867
服务	2294	2556	2346	1867	2109
初次收入	405	466	444	626	1107
二次收入	-209	-198	-221	-210	-200
资本及金融账户②	**-863**	**-738**	**-1286**	**-1011**	**-1550**
资本账户	-16	-7	-2	-4	-6
直接投资	-503	-857	7948	4478	1675
证券投资	-3861	-644	-9709	-4696	3050
金融衍生工具	547	1184	992	363	396
其他投资	3549	978	2305	-1064	-4160
储备资产③	-579	-1391	-2820	-89	-2505
净误差及遗漏④	**538**	**423**	**491**	**24**	**401**
整体的国际收支	**579**	**1391**	**2820**	**89**	**2505**

注：由于在2013年年中进行了一项技术性修订工作，货物出口、服务输入及输出数字已作出修订。

①根据国际收支平衡表的会计常规，某标准组成部分的净贷方数字以正数显示，而净借方则以负数显示。

②经常账户差额的正数值显示盈余而负数值则显示赤字。在资本及金融账户方面，正数值显示资金净流入而负数值则显示资金净流出。由于对外资产的增加是属于借方记账而减少则属贷方记账，因此负数值的储备资产显示储备资产的增加，而正数值则显示减少。

③在国际收支平衡架构下储备及非储备资产的估计数字是指交易数字。因估值方式改变(包括价格变动及汇率变动)及重新分类所导致的影响并没计算在内。

④原则上，贷方和借方各项记账的净总和等于零。实际上，由于有关数据是从多个来源搜集得来，贷方和借方记账之间可能由于各种原因而出现差异。为令贷方记账的总和与借方记账的总和相等，须加进一个反映净误差及遗漏的平衡项目。

9-1-20 香港国际投资头寸（期末头寸）

单位：亿港元

概括组成部分	2013	2014	2015	2016	2017
资产	**291248**	**323915**	**338245**	**357388**	**427351**
直接投资	104835	123585	132308	135269	159056
证券投资	86936	90777	97555	106015	134904
金融衍生工具	5680	6235	6411	8581	6201
其他投资	69669	77842	74161	77577	93469
储备资产	24128	25475	27809	29946	33721
负债	**232478**	**256427**	**260497**	**267921**	**318415**
直接投资	113467	127145	136973	141422	171901
证券投资	40458	40858	35922	33908	44646
金融衍生工具	5121	5503	5757	8270	5682
其他投资	73432	82921	81845	84321	96185
国际投资头寸净值①	**58770**	**67488**	**77747**	**89468**	**108937**

注：①国际投资头寸净值是对外金融资产总值与对外金融负债总值之间的差额。

9-1-21 外币兑换率及港汇指数

单位：每单位外币兑换港元

项　　目	2013	2014	2015	2016	2017
年内平均数字①					
澳元	7.50	7.00	5.83	5.78	5.98
加拿大元	7.53	7.03	6.07	5.86	6.01
人民币	1.2635	1.2590	1.2299	1.1664	1.1552
欧元	10.30	10.30	8.60	8.59	8.82
印度卢比	0.134	0.127	0.121	0.116	0.120
日元	0.0796	0.0734	0.0640	0.0716	0.0695
马来西亚林吉特	2.46	2.37	2.00	1.87	1.81
新台币	0.269	0.263	0.251	0.247	0.262
菲律宾比索	0.185	0.179	0.174	0.166	0.157
英镑	12.13	12.78	11.85	10.51	10.05
韩圆	0.0071	0.0074	0.0069	0.0067	0.0069
新加坡元	6.20	6.12	5.64	5.62	5.65
瑞士法郎	8.37	8.48	8.06	7.88	7.92
泰铢	0.253	0.239	0.227	0.220	0.230
美元	7.756	7.754	7.752	7.762	7.794
特别提款权	11.78501	11.78779	10.84389	10.79275	10.80958
港汇指数(2010年1月=100)②					
贸易总值(进口及整体出口)加权	94.9	96.0	101.3	104.1	104.2
进口货值加权	94.7	96.0	101.7	104.2	104.2
整体出口货值加权③	95.1	95.9	100.9	104.1	104.3
年底数字④					
澳元	6.92	6.35	5.66	5.59	6.10
加拿大元	7.29	6.68	5.58	5.77	6.22
人民币	1.2800	1.2479	1.1761	1.1113	1.1989
欧元	10.70	9.43	8.47	8.16	9.38
印度卢比	0.126	0.125	0.117	0.114	0.123
日元	0.0739	0.0648	0.0644	0.0663	0.0693
马来西亚林吉特	2.36	2.22	1.81	1.73	1.93
新台币	0.267	0.252	0.243	0.248	0.267
菲律宾比索	0.178	0.178	0.167	0.157	0.157
英镑	12.78	12.06	11.49	9.57	10.55
韩圆	0.0073	0.0071	0.0066	0.0064	0.0073
新加坡元	6.13	5.86	5.48	5.36	5.85
瑞士法郎	8.73	7.84	7.83	7.61	8.02
泰铢	0.236	0.236	0.215	0.217	0.241
美元	7.754	7.756	7.751	7.754	7.814
特别提款权	11.94116	11.23697	10.74079	10.42662	11.13385
港汇指数(2010年1月=100)②					
贸易总值(进口及整体出口)加权	94.8	99.0	104.9	108.8	100.9
进口货值加权	94.9	99.4	105.3	108.9	100.9
整体出口货值加权③	94.7	98.5	104.3	108.6	100.9

注：《中华人民共和国香港特别行政区基本法》说明，港元是香港特别行政区的法定货币。外币指港元以外的其他货币，因而人民币亦视作外币。

①数字是指年内每日电汇或现钞收市中间兑换价的平均值。

②由2012年1月3日起公布的新系列。

③包括转口和港产品出口。

④数字是该年最后一个交易日的电汇或现钞收市中间兑换价。

9-1-22 货币供应量(年底数字)

单位：亿港元

项目	2013	2014	2015	2016	2017
法定纸币及硬币的流通量					
由商业银行发行	3293.25	3421.65	3601.65	4077.95	4557.15
由政府发行	108.91	113.45	116.61	122.53	124.39
总计	3402.16	3535.10	3718.26	4200.48	4681.54
由认可机构持有的法定纸币及硬币	263.37	234.24	224.86	295.78	294.00
由公众持有的法定纸币及硬币	3138.79	3300.86	3493.40	3904.70	4387.54
货币供应量：就外币掉期存款作出调整					
货币供应量 M1					
港元	10003.44	11166.75	12533.80	14287.75	15980.14
外币	5105.52	5920.49	7177.66	7851.95	8334.47
总计	15108.95	17087.24	19711.46	22139.70	24314.61
货币供应量 M2					
港元①	47951.30	52257.73	57655.49	62802.30	70103.45
外币②	52613.07	57855.99	58528.92	62278.96	67449.10
总计	100564.37	110113.72	116184.41	125081.27	137552.55
货币供应量 M3					
港元①	48060.12	52361.88	57787.72	62926.66	70245.14
外币②	52792.31	58127.57	58762.47	62586.65	67793.24
总计	100852.43	110489.44	116550.19	125513.31	138038.37
货币供应量：未就外币掉期存款作出调整					
货币供应量 M2					
港元	47949.40	52256.55	57655.01	62801.87	70102.79
外币	52614.97	57857.17	58529.40	62279.40	67449.77
总计	100564.37	110113.72	116184.41	125081.27	137552.55
货币供应量 M3					
港元	48058.22	52360.69	57787.25	62926.22	70244.47
外币	52794.21	58128.75	58762.95	62587.08	67793.91
总计	100852.43	110489.44	116550.19	125513.31	138038.37

注：《中华人民共和国香港特别行政区基本法》说明，港元是香港特别行政区的法定货币。外币指港元以外的其他货币，因而人民币亦视作外币。
①所列数字已包括外币掉期存款。
②所列数字已扣除外币掉期存款。

9-1-23 股票价格指数、证券交易成交额及市场总值

项目	2013	2014	2015	2016	2017
香港上市①					
主板					
股票价格指数					
恒生指数②（1964年7月31日=100）					
最高	24111.6	25363.0	28588.5	24364.0	30003.5
最低	19426.4	21137.6	20368.1	18278.8	22134.5
收市	23306.4	23605.0	21914.4	22000.6	29919.2
分类指数					
(1984年1月13日=975.47)					
金融					
最高	33930.2	34398.4	41536.9	32402.1	40872.4
最低	27524.7	28180.4	27976.1	24003.0	30380.9
收市	32225.4	33903.5	30576.0	30308.3	40829.5
公用事业					
最高	58399.8	56506.1	57904.3	56018.9	58941.0
最低	47185.8	44758.8	48525.5	46669.1	50464.8
收市	48375.9	54559.0	51113.6	50037.5	55654.7
地产					
最高	34485.1	32723.0	37738.0	35897.0	40131.9
最低	26407.3	25381.3	27787.3	24379.3	29570.4
收市	28504.9	30545.5	29907.2	28991.7	40088.4
工商业					
最高	14340.0	15801.4	16791.7	14440.2	18551.6
最低	10761.6	12665.7	11659.7	10795.9	12952.3
收市	14026.7	13221.3	12522.2	12884.6	18156.2
恒生综合指数					
(2000年1月3日=2 000)					
最高	3359.8	3460.9	4029.6	3284.3	4143.7
最低	2659.9	2958.3	2805.4	2477.8	3011.0
收市	3260.7	3267.3	3021.5	2994.6	4140.5
恒生中国企业指数③					
(2000年1月3日=2 000)					
最高	12354.2	12115.0	14962.7	10209.7	11958.6
最低	8640.9	9159.8	9058.5	7498.8	9441.0
收市	10816.1	11984.7	9661.0	9394.9	11709.3
恒生香港中资企业指数					
(2000年1月3日=2 000)					
最高	4773.7	4956.4	5642.5	4128.3	4462.1
最低	3661.7	3927.0	3736.6	3236.7	3601.4
收市	4553.6	4350.0	4052.1	3588.0	4426.3
主板					
成交金额（亿港元）	151857.9	169902.7	258359.6	162799.8	215601.0
市场总值④(亿港元)	239088.0	248924.2	244255.5	244504.3	337180.0
创业板					
成交金额（亿港元）	788.4	1654.6	2546.6	1164.5	1490.6
市场总值④(亿港元)	1340.0	1794.1	2581.8	3108.7	2808.4

注：对于最高和最低指数，恒生指数有限公司是根据期内每日即市指数编制。
①恒生指数系列已于2010年3月8日重整，并按指数成份股的上市地域分类为香港上市、跨市场及内地上市。
②恒生指数采用流通市值加权法计算。每只成分股的比重上限设定为10%。
③H股指数采用流通市值加权法计算，并为每只成份股的比重上限设定为10%。
④年底数字。

9-1-24 按种类划分的日均产生的固体废物量

单位：吨(每日计)

种　　类	2012	2013	2014	2015	2016
于堆填区弃置的固体废物					
都市固体废物①					
家居废物②	6286	6359	6418	6464	6391
商业废物③	2260	2408	2565	2803	3029
工业废物④	732	780	799	892	925
小计	9278	9547	9782	10159	10345
整体建筑废物⑤	3440	3591	3942	4200	4422
特殊废物⑥	1127	1173	1135	743	565
总计	**13844**	**14311**	**14859**	**15102**	**15332**
已回收的都市固体废物⑦	5909	5503	5625	5569	5225

注：①都市固体废物包括家居废物、商业废物及工业废物。
②家居废物是指住宅废物、公共事务机构(例如：学校及政府办公室)日常活动产生的废物及公众洁净服务收集的
③商业废物是指在商店、食肆、酒店、办公室及私人屋苑的街市等从事商业活动的地点所产生的废物。
④工业废物包括由工业活动产生的固体废物，但不包括化学废物及建筑废料。自2007年开始，运往堆填区处置并包括废物。在工业废物类别的废弃混凝土已被重新归类于整体建筑废物，有关的数量已从工业废物类别中扣除。
⑤整体建筑废物包括由地盘清理、挖掘、翻新、修复、拆卸和道路工程等所产生的废物或剩余物料，亦包括在建筑地盘以外设立的混凝土配料厂和水泥/砂浆生产厂所产生的废弃混凝土。这些建筑废物会被拣选分类为惰性物料和其他物料。惰性物料可作公众填料，在建筑地盘重用，或作填海工程用途。其他物料会被运往堆填区弃置。以上数字是于堆填区弃置的整体建筑废物量。
⑥特殊废物包括动物尸体、屠房废物、报废货物、滤水厂及污水处理后的污泥、污水处理厂的隔滤物、禽畜废物医疗废物、化学废物及其他需要特别处置的废物。
⑦都市固体废物产生量是都市固体废物于堆填区弃置量和都市固体废物回收供循环再造量的总和。

【主要统计指标解释】

年中人口 是以“居住人口”方法编制，利用“居住人口”方法所编制的人口估计称为“居港人口”。“居港人口”包括“常住居民”和“流动居民”。“常住居民”指两类人士：(a) 在统计时点之前的6个月内，在港逗留最少3个月，又或在统计时点之后的6个月内，在港逗留最少3个月的香港永久性居民，不论在统计时点他们是否身在香港；及 (b) 在统计时点身在香港的香港非永久性居民。至于“流动居民”，是指在统计时点之前的6个月内，在港逗留最少一个月但少于3个月，又或在统计时点之后的6个月内，在港逗留最少1个月但少于3个月的香港永久性居民，不论在统计时点他们是否身在香港。根据新的编制方法，旅客并不包括在香港人口内。

粗出生率 是指某一年内的活产婴儿数目相对该年年中每千名人口的比率。

粗死亡率 是指某一年内的死亡人数相对该年年中每千名人口的比率。

婴儿死亡率 是指某一年内一岁以下婴儿死亡人数相对该年每千名活产婴儿的比率。

劳动人口 是指15岁及以上陆上非住院人口，并符合就业人口或失业人口定义的人士。

劳动人口参与率 是指劳动人口占所有15岁及以上陆上非住院人口的比例。

就业人口 包括在统计前7天内有做工赚取薪酬或利润或有一份正式工作的15岁及以上人士。无酬家庭从业人员及在统计前7天内正休假的就业人士亦包括在内。

失业率 是指失业人士在劳动人口中所占的比例。

本地生产总值 是指一个经济体的所有居民生产单位，在一个指定的期间内(一般是1年或1季)，未扣除固定资本消耗的生产总值。

人均本地生产总值 是指把该经济体在某统计年的本地生产总值除以该经济体在同年的人口总数所得的数字。

本地居民总收入 指一个经济体的居民透过从事各项经济活动而赚取的总收入，不论该等经济活动是否在该经济体的经济领域内或外进行。换言之，编制本地居民总收入应包括本地居民在该经济领域内或外从事各类经济活动的收入，并扣除非本地居民在该经济领域内从事经济活动的收入。本地居民总收入的计算方法如下：

本地居民总收入

= 本地生产总值 + 对外初次收入流量净值

= 本地生产总值 + 本地居民从经济领域外所赚取的初次收入 - 非本地居民从经济领域内所赚取的初次收入

初次收入 包括投资收益及雇员报酬。投资收益包括:直接投资收益、证券投资收益、其它投资收益及储备资产收益。

人均本地居民总收入 指把该经济体在某统计年的本地居民总收入除以该经济体在同年的人口总数所得的数字。

国际收支平衡 是一项统计报表，有系统地撮录在一个指定期间内（一般是1年或1季）某经济体与世界各地之间（即居民与非居民之间）进行的经济交易。完整的国际收支平衡表包括两大账户：(a)经常账户；及(b)资本及金融账户。

经常账户 量度居民与非居民之间关于货物、服务、初次收入和二次收入的流量。

货物 在国际收支平衡表内经常账户的货物主要包括一般商品、转手商贸活动下的货物净出口及非货币黄金。

服务 在国际收支平衡表内经常账户的服务主要包括运输服务、旅游服务、保险和退休金服务、金融服务、制造服务及其他服务。

初次收入账户 显示应收及应付的外地款额，作为向非居民提供／从非居民获得可予使用的劳动力、金融资源或自然资源的回报。在国际收支平衡经常账户内初次收入的概念及定义，与本地居民总收入的对外初次收入流量是相同的。

二次收入账户 记录居民与非居民之间的经常转移。经常转移指提供可能即时或短时间内被耗用的实质或金融资源而无同等经济价值作回报的交易。经常转移属单向性质，在国际收支平衡表内是一项用以抵销单边交易的记账。例子包括职工汇款、捐款、官方援助及退休金。

资本账户 量度有关资本转移及非生产、非金融资产（如商标和品牌）的获得和处置的对外交易。资本转移的例子包括债权人减免债务，和涉及获得或处置固定资产的现金转移。

金融账户 记录居民与非居民之间关于金融资产及负债的交易，显示某经济体的对外交易是如何融资的。金融账户内的交易按功能(即投资目的)归类为直接投资、证券投资、金融衍生工具、其它投资及储备资产。

直接投资 指某经济体的投资者对另一经济体内的企业所作的对外投资，并对该企业拥有持久利益及在其管理上具有相当程度的影响力或话语权。就统计计算而言，若投资者持有某企业10%或以上的表决权，便视作对该企业的管理具话语权。

证券投资 指对非本地股权证券及债务证券（如中长期债券、货币市场工具）所作的投资，直接投资或储备资产所包括的投资除外。与直接投资者相比，投资在非本地企业所发行的股权证券及债务证券的证券投资者，在该等企业并无持久利益或在管理方面没有影响力。凡持有一间企业不足10%的表决权均视为证券投资。

金融衍生工具 是一种与某个特定的金融工具、指标或商品挂钩的金融工具，使特定的金融风险本身能透过这种工具在金融市场进行交易。金融衍生工具包括期权类合约（如认股权证和期权）及远期类合约（如期货、利率掉期、货币掉期、远期利率协议、远期外汇合约）。

其他投资 指对非居民的其他金融申索和负债，但不属直接投资、证券投资、金融衍生工具或储备资产。其他投资包括不可转让的贷款、货币和存款、贸易信贷和预付款，以及其他资产／负债。

储备资产 是由一个经济体的金融当局（就香港而言，即香港金融管理局）控制的对外资产，并随时可供金融当局用来应付国际收支平衡的财务需要、干预外汇市场以调节该经济体的货币汇率，以及用作其他相关目的（如维持大众对货币及经济的信心，及作为向外地借贷的基础）。

国际投资头寸 是显示一个经济体在某特定时点的对外金融资产及负债存量的资产负债表。对外金融资产及负债的差额即为该经济体的国际投资头寸净值，代表其对世界各地的净申索或净负债。国际投资头寸与国际收支平衡的金融账户完全协调，同样也按投资类别分类。资产和负债分类为直接投资、证券投资、金融衍生工具及其他投资。国际投资头寸的资产方还包括储备资产。有关投资组成部分的详细解释，请参阅国际收支平衡表内金融账户组成部分的解释。

国际投资头寸净值 是对外金融资产总值与对外金融负债总值之间的差额。

工业生产指数 量度本地工业生产量的实际变动，即撇除价格变动因素后的本地生产量的变动情况。

实用楼面面积 指各层楼面面积总和，但不包括楼梯、公共通道空间、升降机等候处、盥洗室、厕所、厨房、及为楼宇提供升降机、空调系统、或类似设施而安装的机械所占用的空间。

获批准可动工兴建楼宇 是指获屋宇署签发“同意书”动工兴建的楼宇。这种“同意书”是发给私人发展计划（包括香港房屋协会的计划）及香港房屋委员会的私人机构参建居屋计划。

初次呈交 就一项建筑工程初次呈交建筑事务监督要求批准的图则。

重大修改 指经过大规模修改的建筑图则，而这些图则必须从根本上接受重新评估。

自置住房住户 是指住户拥有其居住屋宇单位的业权。

进口货物 是指在香港以外出产或制成的货物，输入香港供本地使用或转口，以及再进口的香港产品。其货值是以到岸价值计算。

港产品出口货物 是指香港的天然产品或在香港经过制造工序，以致其基本原料的形状、性质、式样或用途受到永久改变的产品。如果产品在香港只进行简单的稀释、包装、入樽、烘干、简单装配、分类、装饰等过程，则该产品并不能以香港作为来源地。其货值是以离岸价值计算。

转口货物 是指输出曾经自外地输入香港的货物，而这些货物并没有在香港经过任何制造工序，以致永久改变其形状、性质、式样或用途。其货值是以离岸价值计算。

直接投资 指某经济体的投资者对另一经济体内的企业所作的对外投资，并对该企业拥有持久利益及在其管理上具有相当程度的影响力或话语权。就统计计算而言，若投资者持有某企业10%或以上的表决权，便视作对该企业的管理具话语权。直接投资包括股权及投资基金份额，以及债务工具。股权及投资基金份额包括所持有的分行股本、附属公司及联营公司的股票、投资基金份额，以及收益再投资（即投资者应得但有关企业的分行、附属公司、联营公司或投资基金没有分发的利润）。债务工具主要涉及公司之间的债务交易，包括母公司与其分行、附属公司及联营公司之间的短期及长期借贷。

外商直接投资 指境外居民持有香港居民企业的直接投资。跨国企业在香港营运的分行或附属公司，是外商直接投资的典型例子。

对外直接投资 指香港居民投资者持有境外企业的直接投资。

直接投资头寸 指某一特定日子香港居民在境外投资的价值或接受外来投资的价值。

直接投资流动 指某一时段内香港居民于境外投资或接受外来投资的投入或撤走。

贷款基金 提供资金予如房屋贷款和教育贷款等贷款计划。基金收入主要来自政府一般收入帐目转拨的款项、偿还的贷款及贷款利息。

港汇指数 是量度港元相对其他主要贸易伙伴的货币汇率变动加权平均值的指数，作为反映港元相对各种选定货币强弱的整体指标。由2012年1月3日起公布的新系列港汇指数已取代旧港汇指数系列。新系列指数是以2010年1月为基期及包括15种货币(印度卢比亦被纳入新系列指数中)。

外币兑换率 指外币兑港元的电汇或现钞收市中间兑换价。

认可机构 包括持牌银行、有限制牌照银行及接受存款公司。持牌银行可接受任何金额及期限的存款。随着撤销利率限制的最后阶段在2001年7月3日生效，各类存款利率再无任何限制。至于有限制牌照银行，它们可接受金额不少于港币50万元的任何期限的定期存款。接受存款公司则可接受金额不少于港币10万元而期限不少于3个月的定期存款。有限制牌照银行及接受存款公司均无任何存款利率限制。

外币掉期存款 是指顾客在现货市场购买外币，然后存入认可机构，但同时订下远期合约，将该笔外币（本金加利息）在存款到期时售予认可机构。从分析角度来看，这类掉期存款应当作港元定期存款。

货币供应量（M_1） 是指市民持有的法定纸币和硬币加上持牌银行的客户活期存款。

货币供应量（M_2） 是指货币供应量M_1所包括的项目，加上持牌银行的客户储蓄及定期存款，再加上持牌银行发行而由非认可机构持有的可转让存款证。

货币供应量（M_3） 是指货币供应量M_2所包括的各项，加上有限制牌照银行及接受存款公司客户的存款，再加上以上两类认可机构发行而由非认可机构持有的可转让存款证。

恒生指数 是以流通市值加权法计算，每只成分股的比重上限设定由15%逐步降低至10%。此改变由2014年9月5日收市后，会在12个月内通过五轮指数调整。该指数内的五十只成份股划分为四个行业类别指数，包括工商、金融、地产及公用事业，其涵盖市值占香港联合交易所主板所有上市股份总市值大约百分之六十。

消费物价指数 量度住户一般所购买的消费商品和服务的价格水平随时间而变动的情况。消费物价指数的按年变动率被广泛地用作反映消费者所面对的通货膨胀的指标。不同的消费物价指数数列反映消费物价转变对不同开支组别的住户的影响。甲类、乙类及丙类消费物价指数分别根据较低、中等及较高开支范围的住户的开支模式编制而成。综合消费物价指数是根据以上所有住户的整体开支模式而编制，反映消费物价转变对整体住户的影响。每个项目的开支权数，是其在住户总开支中所占的比重。开支权数是根据住户开支统计调查的结果而制订的。并会每隔五年更新一次，以确保相应的消费物价指数能准确地反映不同开支范围住户的最新开支模式。

教育程度 是指某人在学校或其它教育机构修读达到的最高教育水平，不论他／她有否完成该课程。计算教育程度时，只包括正式课程，即须最少为期一个学年，入学须具备指定的学历资格（香港公开大学的非学位、副学位、学位及研究生课程除外），以及设有考试或指定评核成绩的程序。

社会保障计划 旨在帮助社会上需要经济或物质援助的人士，应付基本及特别需要。这个无须供款的社会保障制度，包括综合社会保障援助计划、公共福利金计划、暴力及执法伤亡赔偿计划、交通意外伤亡援助计划和紧急救济。

综合社会保障援助计划 是以入息补助方法，为那些在经济上无法自给的人士提供安全网，使他们的入息达到一定水平，以应付生活上的基本需要。申请人必须符合居港规定及通过入息及资产审查。

公共福利金计划 包括普通伤残津贴、高额伤残津贴、高龄津贴、长者生活津贴及广东计划。高龄津贴及伤残津贴其目的分别是为年龄在70岁或以上或严重残疾的香港居民，每月提供现金津贴，以应付因年老或严重残疾而引致的特别需要。至于在 2013年4月起实施的长者生活津贴，旨在为年龄在65岁或以上有经济需要的香港居民，每月提供特别津贴，以补助他们的生活开支。广东计划由2013年10月起实施。

交通意外伤亡援助计划 的目的是向道路交通意外受害人，或这些人士的受养人（如受害人因伤死亡）迅速提供经济援助，而无须考虑计划受惠人的经济状况，或有关交通意外是因谁人的过失而造成。援助金按意外受害人的伤亡情况支付；至于财物损失，则不在援助范围内。

9 港澳台第三产业情况

9-2 澳门第三产业情况

简要说明

一、本章资料反映澳门特别行政区主要社会、经济发展情况。内容包括：土地、人口、就业、国民经济核算、工业、能源、建筑、交通通讯、对外贸易、财政金融、物价、教育、卫生、房屋、社会保障等方面。

二、本章由澳门特别行政区政府统计暨普查局提供所有数据，国家统计局国际统计信息中心负责整理、编辑。

三、在统计工作方面，按中华人民共和国“澳门特别行政区基本法”的有关原则，澳门特别行政区保留其单独运作的统计系统，并负责编制和发布反映澳门特别行政区情况的统计数据。由于澳门和内地在使用统计名词及概念方面会有所不同，读者在比较两地数据时，请参考本章末的“主要统计指标解释”。

四、澳门特别行政区是单独的关税地区，澳门与内地之间的贸易，亦需办理进出口报关。在贸易统计方面，澳门特别行政区对外商品贸易统计数据亦包括澳门特别行政区与内地的贸易。

五、在外汇统计及与之有关的各方面，澳门元是澳门特别行政区的法定货币，因此，除澳门元以外的货币（包括人民币）均视作外币。

六、更详细的统计资料及有关的技术细节，可参阅澳门特别行政区政府统计暨普查局出版的《统计月刊》、《统计年鉴》及各专题统计出版物。

七、本章节表中的符号使用说明：“0”表示数据小于本表最小单位半数；“#”表示保密资料；“-”表示绝对数值为零。

9-2-1 主要统计指标概况

项　　目		2013	2014	2015	2016	2017
人口及生命统计						
年中人口	（万人）	59.2	62.2	64.3	65.3	64.8
出生率	（‰）	11.1	11.8	11.0	11.0	10.1
死亡率	（‰）	3.2	3.1	3.1	3.4	3.3
婴儿死亡率	（‰）	2.0	2.0	1.6	1.7	2.3
（按每千名出生登记活产婴儿计算）						
劳动、就业						
劳动人口	（万人）	36.8	39.5	40.4	39.7	38.7
劳动力参与率	（%）	72.7	73.8	73.7	72.3	70.8
失业率	（%）	1.8	1.7	1.8	1.9	2.0
就业不足率	（%）	0.6	0.4	0.4	0.5	0.4
就业人口	（万人）	36.1	38.8	39.7	39.0	38.0
建筑业		3.5	5.3	5.5	4.4	3.3
批发及零售业		4.5	4.5	4.5	4.4	4.6
酒店及饮食业		5.4	5.5	5.5	5.7	5.5
文娱博彩及其他服务业		9.3	9.4	9.4	9.3	9.2
对外商品贸易	**（亿澳门元）**					
出口		91	99	107	100	113
本地产品出口		20	20	18	20	18
再出口		71	79	89	81	95
进口		810	900	847	714	759
贸易价格比率	（2011=100）	99.2	98.7	99.5	100.0	100.2
工业生产						
工业电力消耗量	（亿千瓦小时）	1.5	1.6	1.7	1.6	1.6
私人建筑						
新建楼宇						
单位数目	（个）	1316	3001	4364	498	4511
总建筑面积	（万平方米）	56	44	258	19	84
新动工楼宇						
单位数目	（个）	2241	1810	3688	5372	3223
总建筑面积	（万平方米）	240	223	169	87	41
楼宇单位买卖数目	（个）	19237	13230	9771	14108	13985
不动产买卖契约数目	（宗）	10527	10279	8771	13262	13961
不动产按揭贷款数目	（宗）	17093	32193	16570	18529	17439
运输、通讯、旅游	**（万次）**					
进出澳门重型货运车		31.1	35.7	38.5	36.3	34.5
进出澳门的客船班		13.8	14.1	14.5	14.1	13.9
澳门国际机场的商业航班		4.5	4.8	5.2	5.4	5.5
登记车辆	（万辆）	22.8	24.0	24.9	25.0	24.1
电话线	（万条）	188.1	201.0	204.3	210.9	238.1
入境旅客	（万人次）	2932	3153	3071	3095	3261
酒店入住率	（%）	83	87	82	83	87

9-2-1 续表

项 目		2013	2014	2015	2016	2017
财政收支、货币、金融	**（亿澳门元）**					
财政总收入		1759	1619	1161	1105	1264
财政总支出		514	671	808	826	813
货币供应(广义货币供应量M2)						
总计		4414	4875	4728	5325	5915
澳门元		1064	1245	1413	1630	1828
港元		2354	2472	2435	2892	3203
其他货币		995	1157	880	802	884
本地/私人部门贷款及垫款		2517	3346	3844	4181	4517
消费物价指数						
(2013年10月至2014年9月=100)						
综合消费价格指数		95.4	101.1	105.7	108.2	109.6
甲类消费价格指数		94.8	101.0	105.9	108.4	109.7
乙类消费价格指数		94.8	100.4	104.1	107.2	108.7
房屋（期末）						
公共房屋	(套)	12221	11344	11507	12219	12209
教育	**(人)**					
幼儿教育学生		13395	14552	16789	17757	18802
小学生		22862	24252	26436	28438	30169
中学生		32054	30088	28745	27473	26608
高等教育学生		29521	30771	31970	32750	33098
医疗						
医生	(人)	1514	1592	1674	1726	1730
护士	(人)	1854	1990	2279	2342	2397
病床	(张)	1366	1421	1494	1591	1596
社会保障						
受益人数目	(人)	348478	355679	358113	358541	360044
供款单位数目	(人)	20842	22339	23388	23885	24443
总发放援助次数	(万次)	125	162	122	135	147
总发放金额	(万澳门元)	219689	261171	297885	343617	377176
治安						
罪案数目	(宗)	13685	14016	13653	14387	14293
囚犯数目	(期末)	1154	1205	1280	1271	1284
本地生产总值						
按以环比物量(2013年)计算						
实际增长率	(%)	11.2	-1.2	-21.6	-0.9	9.1
本地生产总值	(亿澳门元)	4717.3	4660.6	3654.2	3622.7	3952.2
人均本地生产总值	(万澳门元)	79.3	74.9	57	56.1	60.9
当年价格						
名义增长率	(%)	19.8	7.3	-18.1	0	11.6
本地生产总值	(亿澳门元)	4118.7	4420.7	3622.1	3622.7	4042.0
人均本地生产总值	(万澳门元)	69.3	71.1	56.5	56.1	62.3

9-2-2 本地生产总值(当年价格)

年　份	本地生产总值		实际增长率(%)	人均本地生产总值	
	(亿澳门元)	(亿美元)		(澳门元)	(美元)
1993	448.2	56.3	5.2	116729	14650
1994	498.8	62.7	4.3	125708	15792
1995	557.4	70.0	3.3	136192	17093
1996	567.4	71.2	-0.4	136693	17159
1997	575.1	72.1	-0.3	137821	17282
1998	538.0	67.4	-4.6	127386	15966
1999	518.7	64.9	-2.4	121363	15186
2000	539.4	67.2	5.7	125271	15608
2001	547.2	68.1	2.9	126107	15698
2002	588.3	73.2	8.9	134181	16703
2003	657.3	81.9	11.7	148182	18473
2004	849.2	105.9	26.8	186776	23281
2005	968.7	120.9	8.1	204607	25541
2006	1183.4	147.9	13.3	238057	29755
2007	1473.8	183.4	14.4	282962	35212
2008	1677.6	209.2	3.4	312149	38918
2009	1714.7	214.8	1.3	318611	39905
2010	2250.5	281.2	25.3	419153	52380
2011	2943.5	367.1	21.7	536178	66867
2012	3438.2	430.3	9.2	603525	75536
2013	4118.7	515.5	11.2	692501	86680
2014	4420.7	553.5	-1.2	710895	89005
2015	3622.1	453.6	-21.6	564635	70712
2016	3622.7	453.1	-0.9	560913	70160
2017	4042.0	503.6	9.1	622803	77596

9-2-3 支出法本地生产总值

单位：亿澳门元

本地生产总值组成部分	2013	2014	2015	2016	2017
按当年价格计算					
私人消费支出	791.2	885.6	945.3	955.1	980.1
政府最终消费支出	267.7	311.3	347.8	377.3	399.7
固定资本形成总额	549.3	831.0	890.8	785.9	747.9
存货增加	29.7	36.1	19.3	-1.0	-1.1
货物出口	119.3	142.7	156.4	123.3	138.5
减：货物进口	961.8	1087.7	1083.9	923.4	925.3
服务出口	3613.8	3612.1	2665.7	2632.5	3070.6
减：服务进口	290.4	310.4	319.2	327.0	368.5
本地生产总值	**4118.7**	**4420.7**	**3622.1**	**3622.7**	**4042.0**
人均本地生产总值　(澳门元)	**692501**	**710895**	**564635**	**560913**	**622803**
以环比物量(2013年)计算					
私人消费支出	893.1	945.8	965.8	955.1	970.3
政府最终消费支出	326.0	346.8	361.3	377.3	383.7
固定资本形成总额	616.9	845.6	891.2	785.9	707.4
存货增加	28.8	35.3	19.0	-1.0	-1.1
货物出口	116.7	140.8	155.1	123.3	138.5
减：货物进口	924.9	1056.8	1067.3	923.4	927.1
服务出口	3901.5	3694.9	2658.4	2632.5	3038.8
减：服务进口	302.8	323.1	328.4	327.0	358.3
本地生产总值	**4717.3**	**4660.6**	**3654.2**	**3622.7**	**3952.2**
人均本地生产总值　(澳门元)	**793155**	**749478**	**569632**	**560913**	**608963**

9-2-4 生产法本地生产总值

单位：亿澳门元

经济活动	2010	2012	2013	2014	2015	2016
第二产业	**108.7**	**139.2**	**153.2**	**221.2**	**278.0**	**238.7**
采矿业	o	0.2	o	-	-	-
制造业	12.4	15.9	16.4	18.4	21.7	21.6
电力、煤气及水供应	15.5	18.0	19.5	22.3	23.6	25.6
建筑业	80.7	105.1	117.3	180.5	232.7	191.5
第三产业	**2123.9**	**3298.0**	**3950.9**	**4124.0**	**3284.0**	**3351.6**
批发零售、维修、酒店、餐厅及酒楼业	221.9	347.5	410.0	445.7	397.9	403.0
运输、仓储及通信业	54.3	66.8	73.1	88.7	97.3	101.5
金融保险、不动产、租赁及商业服务	329.2	459.7	590.7	727.4	721.8	776.1
公共行政、社会服务及个人服务（包括博彩业）	1518.5	2424.2	2877.0	2862.1	2066.8	2071.1
生产法本地生产总值（基本价格）	**2232.6**	**3437.3**	**4104.1**	**4345.2**	**3561.9**	**3590.3**
加产品税	**2.6**	**5.3**	**4.7**	**4.6**	**5.1**	**4.5**
生产法本地生产总值（市场价格）	**2235.1**	**3442.6**	**4108.7**	**4349.7**	**3567.0**	**3594.8**
支出法本地生产总值（市场价格）	**2250.5**	**3438.2**	**4118.7**	**4420.7**	**3622.1**	**3622.7**
统计差异(%)	**-0.7**	**0.1**	**-0.2**	**-1.6**	**-1.6**	

9-2-5 生产法本地生产总值结构

单位：%

经济活动	2010	2012	2013	2014	2015	2016
第二产业	**4.9**	**4.1**	**3.7**	**5.1**	**7.8**	**6.6**
采矿业	o	o	o	-	-	-
制造业	0.6	0.5	0.4	0.4	0.6	0.6
电力、煤气及水供应业	0.7	0.5	0.5	0.5	0.7	0.7
建筑业	3.6	3.1	2.9	4.2	6.5	5.3
第三产业	**95.1**	**95.9**	**96.3**	**94.9**	**92.2**	**93.4**
批发零售、维修、酒店、餐厅及酒楼业	9.9	10.1	10.0	10.3	11.2	11.2
运输、仓库及通信业	2.4	1.9	1.8	2.0	2.7	2.8
金融、保险、不动产、租赁及商业服务	14.7	13.4	14.4	16.7	20.3	21.6
公共行政、社会服务及个人服务（包括博彩业）	68.0	70.5	70.1	65.9	58.0	57.7
以基本价格计算的本地生产总值	**100.0**	**100.0**	**100.0**	**100.0**	**100.0**	**100.0**

9-2-6 按行业划分的就业人口

单位：万人

行　业	2013	2014	2015	2016	2017
总数	**36.10**	**38.81**	**39.65**	**38.97**	**37.98**
制造业	0.90	0.74	0.69	0.79	0.65
水电及气体生产供应业	0.15	0.11	0.12	0.12	0.11
建筑业	3.53	5.25	5.48	4.44	3.27
批发及零售业	4.47	4.52	4.50	4.41	4.58
酒店及饮食业	5.43	5.48	5.50	5.72	5.46
运输、仓储及通信业	1.59	1.92	1.75	1.93	1.91
金融业	0.93	1.07	1.08	1.04	1.13
不动产及工商服务业	2.76	3.04	2.98	3.04	3.02
公共行政及社保事务	2.57	2.55	2.94	2.83	2.87
教育	1.43	1.48	1.66	1.59	1.70
医疗卫生及社会福利	0.91	1.01	1.13	1.21	1.29
文娱博彩及其他服务业	9.34	9.40	9.42	9.27	9.23
家务工作	2.03	2.19	2.36	2.53	2.68
其他及不详	0.06	0.07	0.05	0.05	0.06

9-2-7 按行业划分的月工作收入中位数

单位：澳门元

行　业	2013	2014	2015	2016	2017
总数	**12000**	**13300**	**15000**	**15000**	**15000**
制造业	8500	9000	10300	11300	12000
水电及气体生产供应业	18000	21000	26000	23000	29000
建筑业	12000	13000	13000	15000	15000
批发及零售业	10000	10000	12000	12000	13000
酒店及饮食业	8800	10000	10000	10000	10000
运输、仓储及通信业	12300	13000	14000	14000	15300
金融业	16000	17000	18000	20000	20000
不动产及工商服务业	9000	9500	9500	10000	10000
公共行政及社保事务	27200	30000	34800	35000	37400
教育	19000	20000	22000	22000	25000
医疗卫生及社会福利	18200	16000	20000	20500	21000
文娱博彩及其他服务业	15300	17000	18000	19000	19000
家务工作	3400	3500	3800	4000	4000

9-2-8 主要商品进出口总额及占本地生产总值比重

单位：亿澳门元

贸易种类	2013	2014	2015	2016	2017
商品进出口总额	**901.1**	**998.7**	**953.6**	**814.0**	**871.3**
出口	90.9	99.1	106.9	100.5	112.8
本地产品出口	20.1	20.2	18.2	19.6	17.9
再出口	70.8	78.9	88.7	80.8	95.0
进口	810.1	899.5	846.6	713.5	758.5
进出口差额	-719.2	-800.4	-739.7	-613.1	-645.7
出口/进口比率 (%)	11.2	11.0	12.6	14.1	14.9
占本地生产总值比重 (%)					
出口	2.2	2.2	3.0	2.8	2.8
本地产品出口	0.5	0.5	0.5	0.5	0.4
再出口	1.7	1.8	2.4	2.2	2.3
进口	19.7	20.3	23.4	19.7	18.8

9-2-9 按主要原产地和目的地划分的商品进出口

单位：亿澳门元

主要国家/地区	2013	2014	2015	2016	2017
进口(原产地)					
中国内地	264.1	298.4	318.5	258.4	257.0
中国香港	105.0	92.3	75.3	62.1	68.0
欧盟	187.9	218.5	188.4	170.3	190.9
日本	48.0	50.2	51.7	45.2	54.5
中国台湾	13.2	13.5	13.7	12.5	14.7
美国	40.8	58.6	48.0	34.3	33.2
出口(目的地)					
美国	3.6	2.9	2.0	1.6	1.9
欧盟	2.8	3.1	2.3	1.7	1.9
中国内地	16.1	15.5	18.4	17.5	21.2
中国香港	48.6	58.1	63.3	55.6	66.0

9-2-10 按标准国际贸易分类划分的商品进口和出口

单位：百万澳门元

标准国际贸易分类	2005			2010			2017		
	进口	出口	出进口比率(%)	进口	出口	出进口比率(%)	进口	出口	出进口比率(%)
总　数	**31340**	**19823**	**63.3**	**44118**	**6960**	**15.8**	**75851**	**11283**	**14.9**
0 粮食及活动物	2012	67	3.3	4142	108	2.6	9700	725	7.5
1 饮料及烟叶	1863	256	13.7	3409	473	13.9	3527	783	22.2
2 除燃料外的非食用未加工材料	196	54	27.8	196	73	37.4	485	158	32.5
3 矿物燃料、润滑油及有关物质	3041	#	#	5285	#	#	6420	#	#
4 动物及植物油、脂肪及蜡	56	o	0.3	124	1	1.1	149	1	0.7
5 未列明的化学及有关产品	1514	183	12.1	3026	269	8.9	7602	623	8.2
6 主要按材料分类的制成品	8129	2716	33.4	3107	1011	32.5	4323	890	20.6
7 机械和运输设备	7834	1616	20.6	10473	1025	9.8	15271	2234	14.6
8 杂项制成品	6677	14124	211.5	14281	3182	22.3	28254	4277	15.1

注：部分货物的资料因统计保密的规定而未在此表列出。

9-2-11 按居住国家和地区划分的入境旅客人数

单位：万人次

居住国家和地区	2013	2014	2015	2016	2017
总　数	**2932.5**	**3152.6**	**3071.5**	**3095.0**	**3261.1**
亚洲	2860.9	3081.3	3003.2	3024.3	3191.7
中国内地	1863.2	2125.2	2041.1	2045.4	2219.6
中国香港	676.6	642.7	653.5	642.0	616.5
中国台湾	100.1	95.4	98.8	107.5	106.0
日本	29.1	30.0	28.2	30.1	32.9
马来西亚	29.1	25.0	22.9	22.3	21.8
菲律宾	27.4	26.3	27.7	28.7	30.7
韩国	47.4	55.5	55.4	66.2	87.4
新加坡	19.0	19.6	15.9	15.6	14.3
其他	68.9	61.7	59.8	66.6	62.4
美洲	28.9	28.6	28.6	30.0	29.6
欧洲	27.3	27.0	25.8	27.2	26.8
大洋洲	12.5	12.2	10.7	10.8	10.4
非洲及其他	2.9	3.5	3.1	2.7	2.5

9-2-12 按居住国家和地区划分的旅客人均消费

单位：澳门元

国家和地区	2005	2010	2014	2015	2016	2017
人均消费①	**1523**	**1518**	**1959**	**1665**	**1701**	**1880**
中国内地	3078	2039	2354	1965	1975	2203
中国香港	898	811	899	887	999	970
中国台湾	1336	677	1616	1466	1620	1585
日本	952	1394	1846	1524	1708	1744
东南亚	1458	1319	1627	1448	1388	1449
欧洲	824	1148	1210	1154	1170	1258
美洲	1317	1064	1253	1240	1212	1181
大洋洲	1042	1254	1418	1334	1386	1385
其他	996	1581	1473	1302	1355	1619
非购物消费①	**851**	**745**	**1006**	**902**	**958**	**1026**
中国内地	1221	749	1037	913	952	1052
中国香港	689	656	756	744r	838	798
中国台湾	895	495	1216	1101	1228	1188
日本	670	1240	1636	1355	1526	1530
东南亚	948	951	1251	1105	1075	1094
欧洲	691	1011	1064	1023	1066	1138
美洲	1038	878	1058	1035	1034	1008
大洋洲	800	1022	1210	1134	1225	1229
其他	754	1311	1283	1130	1181	1364
购物消费	**672**	**773**	**953**	**762**	**744**	**855**
中国内地	1856	1290	1317	1051	1022	1151
中国香港	209	155	144	143	161	173
中国台湾	441	182	400	365	391	397
日本	282	154	210	169	182	214
东南亚	509	369	377	342	313	354
欧洲	132	136	147	131	104	120
美洲	279	185	195	205	178	173
大洋洲	242	232	208	200	161	156
其他	242	270	190	172	175	255

注：①不包括博彩消费。

9-2-13 零售业销售额

单位：亿澳门元

项　目	2013	2014	2015	2016	2017
销售总额	**667.99**	**679.96**	**615.41**	**588.39**	**662.62**
百货公司	94.82	103.42	90.70	85.99	98.85
超级市场	37.78	42.08	43.75	42.48	44.33
汽车	41.43	40.51	37.09	20.15	21.52
钟表金饰	204.70	180.35	136.86	126.04	147.44
成人服装	65.34	66.78	69.69	77.46	86.89
车用燃料	12.03	12.51	12.28	12.14	12.80
家用燃料	7.32	7.56	5.54	5.46	5.68
家庭电器	9.04	13.74	14.35	12.86	11.73
药房	17.36	18.84	18.78	18.16	19.25
其他	178.17	194.17	186.37	187.65	214.13

9-2-14 按出入境方式统计的对外商品贸易

单位：万吨

项　目	2013	2014	2015	2016	2017
入境①					
海路	466.8	480.0	429.4	420.7	348.6
空路	0.6	0.6	0.7	0.6	0.6
陆路	123.5	126.8	154.1	149.9	148.4
其他②	8661.7	9287.2	9542.3	9703.0	9780.7
总数	**9252.6**	**9894.5**	**10126.5**	**10274.2**	**10278.4**
出境①					
海路	21.1	20.0	20.5	21.2	46.1
空路	0.9	1.0	0.9	1.3	1.5
陆路	5.6	7.7	5.7	4.1	4.7
其他②	15.8	17.1	17.6	17.6	19.7
总数	**43.6**	**45.8**	**44.7**	**44.2**	**72.0**

注：①包括转运货物。②包括邮递及以管道运输方式进出澳门的货物。

9-2-15 海路集装箱总吞吐量

单位：标准集装箱

项　目	2013	2014	2015	2016	2017
入　境	78991	87545	91932	80922	81958
出　境	45724	51925	57508	48413	47631
转　口	259	69	287	82	209

9-2-16 通信服务

项　　目	2013	2014	2015	2016	2017
邮递服务　　　（万件）					
信件邮件	3311	3379	3343	3316	3218
包裹	0.8	0.7	0.7	0.7	0.5
电话服务　　　（万户）					
固网电话用户	15.8	15.4	14.7	13.9	13.2
移动电话用户	59.7	63.9	67.7	70.1	74.3
储值卡	112.5	121.8	121.9	126.9	150.6
对外电话通讯量　（万分钟）					
拨出	39703	38863	31587	26010	21168
拨入	28154	26915	22141	18942	17211
互联网					
登记用户　　（万户）	26.3	30.5	33.9	36.3	39.7
总使用时数　（万小时）	81403	95255	106369	116694	124194

9-2-17 按受教育程度统计14岁及以上人口

项　　目	2006中期人口统计		2011人口普查		2016中期人口统计	
	人数（万人）	构成（%）	人数（万人）	构成（%）	人数（万人）	构成（%）
总　计	**43.36**	**100.0**	**49.27**	**100.0**	**57.70**	**100.0**
男	20.97	48.4	23.40	47.5	27.55	47.8
女	22.39	51.6	25.86	52.5	30.15	52.2
从未入学/学前教育	2.06	4.7	1.65	3.4	1.59	2.7
男	0.50	1.1	0.38	0.8	0.39	0.7
女	1.56	3.6	1.27	2.6	1.20	2.1
小学	13.28	30.6	12.17	24.7	12.14	21.0
男	6.59	15.2	5.81	11.8	5.71	9.9
女	6.69	15.4	6.36	12.9	6.43	11.1
初中	12.07	27.8	12.31	25.0	12.69	22.0
男	6.00	13.8	6.11	12.4	6.39	11.1
女	6.07	14.0	6.19	12.6	6.30	10.9
高中	10.43	24.0	14.09	28.6	16.61	28.8
男	5.16	11.9	6.73	13.7	8.09	14.0
女	5.27	12.1	7.36	14.9	8.52	14.8
高等教育						
高等专科	0.64	1.5	0.99	2.0	1.28	2.2
男	0.26	0.6	0.46	0.9	0.61	1.1
女	0.38	0.9	0.53	1.1	0.67	1.2
大学	4.86	11.2	8.02	16.3	13.34	23.1
男	2.44	5.6	3.88	7.9	6.33	11.0
女	2.42	5.6	4.13	8.4	7.01	12.2
特殊教育	0.03	0.1	0.04	0.1	0.06	0.1
男	0.02	o	0.03	o	0.04	o
女	0.01	o	0.02	o	0.02	o

9-2-18 外币兑换率

单位：一单位外币兑换的澳门元

项　目	2013	2014	2015	2016	2017
年内平均数字					
澳元	7.7322	7.2164	6.0120	5.9497	6.1552
欧元	10.6081	10.6224	8.8624	8.8507	9.0677
韩圆	0.0073	0.0076	0.0071	0.0069	0.0071
美元	7.9892	7.9871	7.9850	7.9948	8.0262
新台币	0.2691	0.2636	0.2516	0.2480	0.2638
英镑	12.4911	13.1709	12.2122	10.8456	10.3353
港元	1.0300	1.0300	1.0300	1.0300	1.0300
日元	0.0820	0.0757	0.0660	0.0738	0.0716
马来西亚林吉特	2.5389	2.4446	2.0587	1.9334	1.8669
新西兰元	6.5499	6.6394	5.5879	5.5748	5.7079
人民币	1.3008	1.2968	1.2676	1.2021	1.1889
新加坡元	6.3864	6.3090	5.8135	5.7957	5.8132
瑞士法郎	8.6178	8.7428	8.3060	8.1184	8.1582
年底数字					
澳元	7.1194	6.5373	5.8203	5.7855	6.2828
欧元	11.0314	9.7141	8.7294	8.4322	9.6179
韩圆	0.0076	0.0073	0.0068	0.0066	0.0075
美元	7.9868	7.9899	7.9834	7.9877	8.0518
新台币	0.2668	0.2519	0.2420	0.2474	0.2704
英镑	13.1758	12.4363	11.8298	9.8209	10.8289
港元	1.0300	1.0300	1.0300	1.0300	1.0300
日元	0.0761	0.0668	0.0663	0.0687	0.0713
马来西亚林吉特	2.4294	2.2867	1.8592	1.7812	1.9834
新西兰元	6.5600	6.2545	5.4670	5.5674	5.7152
人民币	1.3174	1.2852	1.2151	1.1473	1.2327
新加坡元	6.3062	6.0452	5.6464	5.5290	6.0212
瑞士法郎	9.0068	8.0784	8.0820	7.8480	8.2321

9-2-19 货币供应

单位：亿澳门元(年底数字)

项　目	2013	2014	2015	2016	2017
狭义货币供应量M1	**589.4**	**618.6**	**616.6**	**636.7**	**723.9**
分类一：澳门元	260.9	300.4	335.9	367.6	421.3
港元	318.6	303.3	267.0	255.0	287.8
其他货币	9.9	14.9	13.6	14.1	14.8
分类二：流通货币(澳门元)	89.8	108.6	120.4	135.6	149.1
活期存款	499.6	510.0	496.2	501.2	574.8
广义货币供应量M2①	**4414.1**	**4874.7**	**4728.3**	**5324.8**	**5914.7**
分类一：澳门元	1064.3	1245.5	1413.4	1630.2	1827.9
港元	2354.5	2472.1	2435.1	2892.3	3203.0
其他货币	995.4	1157.2	879.9	802.2	883.8
分类二：狭义货币供应量M1②	589.4	618.6	616.6	636.7	723.9
准货币负债③	3824.7	4256.1	4111.7	4688.0	5190.7
储蓄存款	1167.4	1330.7	1455.5	1694.3	1923.9
通知存款	4.1	4.5	2.8	2.0	3.4
定期存款	2652.7	2920.4	2653.0	2991.0	3262.2

注：①M2=M1+准货币负债。
②货币供应量M1只包括流通货币及活期存款。储蓄存款则变为准货币负债的组成部分。
③准货币负债：包括储蓄存款、通知存款、定期存款、其他存款及存款证明书。

【主要统计指标解释】

本地生产总值 反映每年在澳门特区生产的货物和提供各种服务的总量。本年鉴中的本地生产总值用支出法及生产法估算，支出法等于私人消费支出、政府最终消费支出、固定资本形成总额、库存变化和货物及服务出口净值（出口减进口）的总和。而生产法等于各经济行业的增加值总额的总和，这种方法可以评估澳门特区的产业结构。

婴儿死亡率 参考期内年龄在1岁或以下的死亡人数与出生活婴数目的千分比。

出生率 参考期内出生活婴数目与平均人口之千分比。

死亡率 参考期内死亡人数与平均人口之千分比。

幼儿、小学、中学教育 指有系统的，且主要专为儿童及青少年开办的，由幼儿教育至中学教育的课程；中学教育包括职业技术教育。

幼儿教育 为期3年，对象是年龄3-5岁的儿童。在报名当年的12月31日年满3岁的幼儿可报读幼儿教育第一年。

小学教育 为期6年，完成幼儿教育或在报名当年的12月31日年满6岁的儿童可报读小学教育第一年。就读小学的最高年龄为15岁。

中学教育 由两个阶段组成：初中教育及高中教育。大学预科不纳入中学教育。

1. 初中教育 为期3年，合格完成小学教育者可以入读。就读初中最大年龄为18岁，但在特别情况下，经教育机构决定，可以逾越此年限。

2. 高中教育 为期3年，合格完成初中教育者可以入读。就读高中最大年龄为21岁，但在特别情况下，经教育机构决定，可以逾越此年限。

高等教育 指透过理论、实践等在科学、文化及技术领域提供的培训教育；高等教育包括大学教育及高等专科教育。

劳动人口 在参考期内可参与生产商品或提供服务的年龄在16岁及以上人士。包括就业人士及失业人士。

就业人口 在参考期内为赚取报酬、利润或家庭收入而工作最少一小时的年龄在16岁及以上人士。包括没有上班但与雇主保持正式工作联系的雇员，以及因某些原因而暂时没有上班的公司东主或股东。

就业不足人口 在参考期内不论其职业身份，非自愿地工作少于35小时，并可随时接受更多的工作或正在寻找更多工作的就业人士。

劳动力参与率 劳动人口占年龄在16岁及以上人士的百分比。

失业率 失业人口占劳动人口的百分比。

就业不足率 就业不足人口占劳动人口的百分比。

旅客 指任何非以澳门特区为常居地的人士，连续在澳门的逗留时间少于一年，其旅游目的并非受雇于澳门特别行政区的居民实体。

酒店入住率 入住客房数量与可供应客房数量之百分比。

进口 将来自外地的货物输入澳门特区，但再进口和转运制度下输入者除外。

出口 将货物输出澳门特区，但暂时出口和转运制度下输出者除外。

本地产品出口 将原产地为澳门特区的任何货物输出澳门特区。

再出口 指原进口的货物未经加工输出澳门特区；或虽加工，但不能取得澳门特区产地资格。

转运 货物经过澳门特区而运到下一目的地。

原产地 农业产品种植之国家／地区、矿产开采之国家／地区、工业产品生产之国家／地区，被视为原产地国家／地区。若工业产品的制造工序于两个或以上的国家／地区进行，应以进行最后转变成型工序的国家／地区为原产地，再包装、分类及混合等工序不能构成最后转变成型工序；当产品入口国对相关货物产地来源有特定规定时，应遵从有关规定。

目的地 目的地是指货物实际最后到达的国家或地区(不论在运输途中有或没有中断)。如有中间国家或地区，只要不在中间国家或地区内进行商业交易，最后到达的国家或地区都可被视为目的地。

贸易价格比率指数 即货物出口单位价格指数与货物进口单位价格指数之比率。

单位 包括住宅、商业、办公室、工业、停车位、酒店及其他单位。

建筑面积 相等于所有楼层楼面面积之总和。楼面面积从外墙起量度，包括大堂、楼梯、升降机所占面积以及所有公用地方面积。

居民消费价格指数 反映澳门特区住户于购买一篮子之指定商品或服务时，在不同时间该等商品或服务之价格变动。

狭义货币供应量M_1 为流通货币及活期存款之和。

广义货币供应量M_2 指狭义货币供应量M_1加上准货币负债。准货币负债指储蓄存款、通知存款、定期存款、其他存款和存款证明书。

财务活动 由财务资产及财务负债组成。

9 港澳台第三产业情况

9-3 台湾第三产业情况

简要说明

一、本章资料反映台湾省主要社会、经济发展情况，重点反映第三产业情况。内容包括：人口、就业、国民经济核算、工业、交通通讯、对外贸易、财政金融、物价、教育、社会保障等方面。

二、本章数据主要来自台湾“行政院”主计处及相关部门统计出版物，国家统计局国际统计信息中心负责整理、编辑。

三、贸易数据从2016年1月起按照一般贸易制度口径予以统计，并按此方法对2001年至2015年的贸易数据进行了重新修订。

9-3-1 主要统计指标概况

指　　标		2012	2013	2014	2015	2016	2017
人口							
户籍登记人口数①	(万人)	2322.5	2337.4	2343.4	2349.2	2354.0	2357.1
人口自然增长率	(‰)	1.9	1.9	2.0	2.1	1.5	1.0
人口密度①	(人/平方公里)	641.7	645.8	647.5	649.0	650.3	651.2
性别比①(女=100)		100.6	100.0	99.7	99.4	99.1	98.9
劳动、就业							
劳动力人口	(万人)	1120.0	1144.5	1153.5	1163.8	1172.7	1179.5
劳动力参与率	(%)	58.2	58.4	58.5	58.7	58.8	58.8
男		66.7	66.7	66.8	66.9	67.1	67.1
女		50.0	50.5	50.6	50.7	50.8	50.9
工业就业人口比率	(%)	36.3	36.2	36.1	36.0	35.9	35.8
服务业就业人口比率	(%)	58.6	58.9	58.9	59.0	59.2	59.3
失业率	(%)	4.4	4.2	4.0	3.8	3.9	3.8
工业及服务业月人均薪资	(新台币元)	45508.0	45664.0	47300.0	48490.0	48790.0	49989.0
工业		43746.0	44076.0	45378.0	46735.0	47035.0	48187.0
服务业		46933.0	46921.0	48815.0	49861.0	50146.0	51374.0
公共安全							
刑案发生率	(件/10万人)	1499.0	1280.7	1308.8	1269.2	1253.8	1246.0
犯罪人口率	(人/10万人)	1122.5	1093.7	1117.8	1147.8	1160.1	1220.0
刑案破获率	(%)	79.5	86.6	86.0	91.9	93.0	94.6
少年疑犯人数(12-17岁)	(人)	13103.0	12038.0	10969.0	11002.0	9775.0	10499.0
火灾发生次数	(次)	1772.0	1451.0	1417.0	1704.0	1856.0	30464.0
死伤人数	(人)	385.0	281.0	368.0	850.0	430.0	480.0
机动车肇事率	(件/万辆)	107.3	126.8	143.7	143.1	142.4	137.4
道路交通事故伤亡人数							
死亡	(人)	2117.0	1928.0	1819.0	1696.0	1604.0	1517.0
受伤	(人)	315201.0	373568.0	413229.0	410073.0	403906.0	394198.0
保险							
全民健保参保人数	(万人)	2320.0	2346.3	2362.2	2373.7	2381.5	2388.0
社保参保人数	(万人)						
公务员和教师		59.0	59.4	58.7	58.3	57.9	58.4
劳工		973.0	974.6	992.0	1007.3	1016.5	1027.2
农民		148.0	141.0	135.0	128.5	123.6	117.5
工业							
受雇者劳动生产力指数(2011年=100)		100.0	99.4	103.1	101.8	107.3	108.8
工业生产指数(2011年=100)		100.0	100.4	106.8	104.9	106.5	109.6
制造业		100.0	100.2	106.9	105.3	107.4	111.4
建筑业		100.0	111.1	122.8	127.2	115.6	111.0
工业生产价值	(新台币亿元)	155638.0	149452.9	155479.8	139297.2	133081.6	140108.2
商业及对外贸易							
营利事业家数①	(万家)	124.4	129.8	132.1	135.0	137.5	140.4
营利事业销售额	(新台币亿元)	380031.9	385386.5	403680.6	389800.8	384053.2	403054.5
货物进出口额	(亿美元)	6010.0	5894.4	6019.4	5225.6	5108.9	5765.2
出口		3129.0	3114.3	3200.9	2853.4	2803.2	3172.5
进口		2881.0	2780.1	2818.5	2372.2	2305.7	2592.7
出（入)超		249.0	334.2	382.4	481.2	497.5	579.0
对日出（入)超		-339.1	-243.0	-218.4	-192.7	-210.7	-212.0
对美出（入)超		88.0	42.2	50.8	53.5	49.3	67.0
对内地及港出（入)超		803.0	803.7	775.4	658.0	670.0	786.0
外销订单	(亿美元)	4361.3	4429.3	4728.1	4518.1	4445.4	4928.1
运输通信							
交通运输客运人数	(亿人)						
铁路		8.6	9.7	10.2	10.6	10.9	11.2

9-3-1 续表

指　　标	2012	2013	2014	2015	2016	2017
公路	11.6	12.2	12.4	12.2	12.2	12.4
航空 (万人)						
省内	1048.4	1055.0	1056.0	980.0	1084.0	1110.0
省外	3213.0	3939.0	4440.0	4798.0	5198.0	5447.0
高速公路收费站通行车辆数④ (万辆次)	57123.0	58978.0	518434.6	548998.0	579103.0	591902.0
每百人机动车辆数① (辆)	30.4	31.5	32.2	32.9	33.3	33.7
港埠货物装卸量 (万计费吨)	67900.0	70575.4	74861.5	72138.6	73356.1	72550.4
旅游 (万人次)						
出省旅游人数	958.4	1105.3	1184.5	1318.3	1458.9	1565.5
来台湾旅客人数	608.7	801.6	991.0	1044.0	1069.0	1074.0
财政、金融						
赋税实征净额② (新台币亿元)	17646.1	18341.2	19761.1	21348.6	22240.8	22512.5
直接税 (%)	59.4	59.5	59.8	62.0	62.5	62.6
间接税 (%)	40.6	40.5	40.2	38.0	37.5	37.4
外汇存底① (亿美元)	3855.5	4168.1	4189.8	4260.3	4342.0	4515.0
汇率③						
1美元 (新台币)	30.3	29.8	30.4	31.9	32.3	30.4
货币总计数M2① (新台币亿元)	324519.0	355189.0	376968.0	398840.0	413018.0	427702.0
年增率 (%)	4.8	5.8	6.1	5.8	3.6	3.6
存款① (新台币亿元)	323022.0	350624.0	371339.0	393558.0	407174.0	420940.0
放款与投资① (新台币亿元)	241729.0	267206.0	281106.0	294063.0	305492.0	320227.0
再贴现率① (年息百分比率)	1.9	1.9	1.9	1.6	1.4	1.4
股价指数(1966年＝100)	8155.8	8093.0	8992.0	8959.0	8763.0	10208.0
国际收支余额 (亿美元)	62.4	154.8	113.2	130.2	150.1	154.6
经常帐户	379.0	498.7	604.4	748.8	727.9	840.9
资本帐户	-0.4	0.7	-0.1	-0.1	-0.1	-0.1
金融帐户	320.3	410.9	504.6	659.7	557.7	686.4
价格指数年增长率(2006年=100) (%)						
批发	4.3	-2.4	-0.6	-8.8	-3.0	0.9
消费者	1.4	0.8	1.2	-0.3	1.4	0.6
进口	7.7	-4.5	-2.1	-12.9	-3.1	1.4
出口	0.1	-2.1	0.1	-4.7	-2.7	-1.5
国民经济核算 (新台币亿元)						
本地居民总收入	107006.0	156545.9	165824.1	173014.0	176824.3	178744.2
本地生产总值	143122.0	152307.4	161118.7	167706.7	171520.9	174446.7
居民消费	77990.0	82483.9	85887.4	87558.3	90315.1	92465.3
固定资本形成总额	33469.0	33787.3	34938.3	34932.7	35849.1	35809.7
商品及服务出口	104197.0	105798.8	112541.2	107755.2	107711.6	113724.7
减：商品及服务进口	94569.0	92003.6	95949.1	86199.0	86861.6	91651.3
GDP增长率 (%)	3.8	2.2	4.0	0.8	1.4	2.9
农业	4.5	1.4	1.6	-8.4	-10.1	6.0
工业	6.0	1.7	7.2	-0.5	2.8	3.8
服务业	3.1	2.3	3.3	1.2	1.3	2.3
产业结构 (%)						
农业	1.7	1.7	1.8	1.7	1.8	1.7
工业	33.0	33.3	34.8	35.1	35.5	35.4
服务业	65.3	64.6	63.4	62.8	62.6	62.8
人均本地居民总收入 (新台币元)	633822.0	670585.0	708540.0	737393.0	751934.0	758903.0
人均本地居民总收入 (美元)	21507.0	22526.0	23330.0	23109.0	23258.0	24936.0
居民储蓄总值 (新台币亿元)	46249.0	50088.4	55690.8	60331.2	60667.3	60200.5
储蓄率 (%)	31.5	32.0	33.6	34.9	34.3	33.7

注：①为年底数。②为年度资料。③卖出汇率，且为年底数。④从2013年12月30日起，国道高速公路由计次收费改为计程电子收费。

9-3-2 本地生产总值部门构成

单位：%

年 份	本地生产总值(新台币亿元)	农业	工业			建筑业	服务业				
				制造业	水、电、燃气业及污染治理业			批发、零售业	金融及保险业	不动产业	咨讯及通讯传播业
2007	134070.62	1.43	32.54	28.08	1.65	2.64	64.74	17.23	7.04	8.13	3.33
2008	131509.50	1.53	30.98	27.13	0.97	2.70	66.44	17.64	6.94	8.43	3.46
2009	129616.56	1.66	31.13	26.41	2.12	2.47	66.02	17.15	6.15	8.86	3.50
2010	141192.13	1.59	33.67	28.97	1.96	2.60	64.42	16.77	6.17	8.42	3.30
2011	143122.00	1.72	33.02	28.66	1.56	2.68	65.27	17.07	6.39	8.47	3.23
2012	146869.17	1.65	32.39	28.06	1.61	2.62	64.86	16.69	6.35	8.46	3.15
2013	152307.39	1.68	33.32	28.63	1.99	2.60	64.58	16.90	6.39	8.46	3.07
2014	161118.67	1.80	34.80	30.00	2.14	2.56	63.42	16.41	6.53	8.20	2.96
2015	167706.71	1.68	35.15	30.10	2.45	2.51	62.82	16.27	6.52	8.11	2.92
2016	171520.93	1.79	35.48	30.63	2.38	2.38	62.62	16.06	6.52	8.10	2.91
2017	174446.66	1.70	35.37	30.80	2.09	2.39	62.82	16.21	6.68	8.13	2.76

9-3-3 本地居民总收入

年 份	本地居民总收入			人均本地居民总收入	
	新台币亿元	实际年增长率 %	亿 美 元①	新 台 币 元	美 元①
2005	123831	3.0	3848	544798	16930
2006	129525	4.6	3982	567508	17446
2007	137398	6.1	4184	599536	18256
2008	134656	-2.0	4269	585519	18564
2009	133757	-0.7	4046	579574	17531
2010	145489	8.8	4597	628706	19864
2011	147006	1.0	4988	633822	21507
2012	151411	3.0	5112	650660	21967
2013	156546	3.4	5259	670585	22526
2014	165824	5.9	5460	708540	23330
2015	173014	4.3	5422	737393	23109
2016	176824	2.2	5469	751934	23258
2017	178744	1.1	5873	758903	24936

注：①按当年汇率折算。

9-3-4 劳动力和就业状况

项目		2011	2012	2014	2015	2016	2017
劳动力总计	(万人)	1120.0	1134.1	1153.5	1163.8	1172.7	1179.5
男		630.4	636.9	644.1	649.7	654.1	656.8
女		489.6	497.2	509.4	514.1	518.6	522.7
就业人数	(万人)	1070.9	1086.0	1107.9	1119.8	1126.7	1135.2
男		600.6	608.3	616.6	623.4	626.7	630.5
女		470.2	477.7	491.3	496.4	500.0	504.7
就业者行业构成	(%)	100.0	100.0	100.0	100.0	100.0	100.0
农、林、渔、牧业		5.1	5.0	4.95	4.96	4.94	4.90
工业		36.3	36.2	36.13	36.03	35.88	35.80
矿业及土石采取业		0.04	0.04	0.04	0.04	0.04	0.04
制造业		27.5	27.4	27.1	27.0	26.9	26.8
电力及燃气供应业		0.3	0.3	0.3	0.3	0.3	0.3
用水供应及污染整治业		0.7	0.8	0.7	0.7	0.7	0.7
建筑业		7.8	7.8	8.0	8.0	8.0	7.9
服务业		58.6	58.8	58.9	59.0	59.2	59.3
批发及零售业		16.5	16.6	16.5	16.4	16.4	16.5
运输及仓储业		3.8	3.8	3.9	3.9	3.9	3.9
金融及保险业		4.0	3.9	3.8	3.8	3.8	3.8
咨讯及通讯传播		2.0	2.1	2.2	2.2	2.2	2.2
住宿及餐饮业		6.8	6.9	7.1	7.3	7.3	7.3
教育服务业		5.9	5.8	5.8	5.8	5.8	5.7
公共行政		3.6	3.5	3.4	3.3	3.3	3.3
失业人数	(万人)	49.1	48.1	45.7	44.0	46.0	44.3
失业率	(%)	4.4	4.2	4.0	3.8	3.9	3.8

9-3-5 服务业就业人员月平均工资

单位：新台币元

年份	服务业月平均工资	批发、零售业	运输、仓储业	金融、保险业	不动产业	专业、科学及技术服务
2007	45329	39463	49080	75828	37858	53264
2008	45326	39956	49540	71528	40324	54542
2009	43923	40081	47835	67724	38680	49983
2010	45656	41766	48902	74242	41018	52995
2011	46933	42562	50186	76951	41958	55322
2012	46850	41822	50196	77989	39588	56479
2013	46921	42274	49808	77871	40298	55507
2014	48815	44422	50028	83092	42914	57414
2015	49861	45488	51219	84696	42351	58252
2016	50146	45429	52132	85417	41339	58708
2017	51374	47368	52867	86294	43342	59926

9-3-6 货物进出口额

年份	按新台币计算（亿元）			按美元计算（亿美元）		
	进出口总额	出口	进口	进出口总额	出口	进口
2007	154974	81697	73277	4719	2488	2231
2008	157643	80992	76651	5025	2581	2445
2009	126400	67848	58552	3833	2057	1776
2010	168681	87779	80902	5343	2780	2563
2011	176549	91942	84607	6010	3129	2881
2012	172809	90698	82110	5837	3064	2773
2013	174786	92357	82428	5894	3114	2780
2014	182084	96834	85250	6019	3201	2818
2015	165567	90421	75146	5226	2853	2372
2016	164625	90335	74290	5109	2803	2306
2017	175551	96587	78964	5765	3172	2593

9-3-7 出口与进口货物分类

单位：亿美元

年份	出口				进口			
	出口额	资本品	中间产品	消费品	进口额	资本设备	原材料	消费品
2008	2580.5	290.2	2036.7	242.4	2444.7	311.9	1925.8	191.5
2009	2056.6	217.7	1619.1	209.1	1776.0	237.1	1341.9	180.5
2010	2780.1	299.6	2173.9	294.4	2562.7	391.4	1918.3	231.9
2011	3129.2	343.7	2407.6	365.1	2880.6	375.0	2206.7	274.8
2012	3064.1	348.4	2380.8	321.9	2773.2	349.1	2120.3	282.2
2013	3114.3	332.1	2444.9	320.8	2780.1	367.4	2084.0	297.1
2014	3200.9	349.0	2518.6	316.4	2818.5	384.8	2078.0	314.7
2015	2853.4	342.5	2207.8	285.4	2372.2	380.5	1626.1	320.0
2016	2803.2	348.4	2173.4	264.1	2305.7	426.6	1531.0	315.2
2017	3172.5	396.0	2481.4	276.7	2592.7	424.8	1790.7	340.2

9-3-8 货物出口去向和进口来源

单位：亿美元

项　目	2012	2013	2014	2015	2016	2017
出口去向						
中国内地	826.7	841.2	847.4	734.1	738.8	889.8
中国香港	384.9	411.8	438.0	391.3	384.0	412.3
日　本	196.2	193.9	201.4	195.9	195.5	207.8
韩　国	121.4	122.2	129.9	128.8	127.9	147.3
美　国	332.2	326.3	351.1	345.4	335.2	369.4
泰　国	66.7	64.3	61.9	57.7	54.9	63.8
马来西亚	66.0	82.4	86.7	72.0	78.1	103.7
印度尼西亚	52.5	52.0	38.8	31.1	27.5	31.9
新加坡	202.1	196.1	207.0	174.1	161.5	176.3
越　南	85.6	90.2	101.3	97.1	95.5	105.0
德　国	57.0	56.7	62.2	60.1	59.3	64.5
法　国	15.7	15.0	15.5	13.9	15.4	17.1
意大利	18.3	17.1	18.9	17.0	18.6	21.3
英　国	50.8	43.3	42.5	39.1	36.4	37.9
巴　西	19.9	18.4	16.8	11.7	9.5	12.7
澳大利亚	37.6	38.3	37.0	34.4	30.9	31.0
沙特阿拉伯	18.5	18.1	20.3	17.0	12.2	10.9
科威特	1.8	2.3	2.1	2.2	1.7	1.4
进口来源						
中国内地	414.3	433.5	492.5	452.7	439.9	500.4
中国香港	25.8	15.9	17.3	14.7	13.3	15.1
日　本	483.4	436.9	419.8	388.7	406.2	419.4
韩　国	153.0	161.6	152.9	134.5	146.5	168.9
美　国	257.0	284.1	300.4	292.0	286.0	302.4
泰　国	37.1	37.9	44.1	40.4	38.2	43.6
马来西亚	79.8	82.5	89.6	67.3	62.8	71.8
印度尼西亚	73.5	71.7	74.0	59.7	43.0	49.0
新加坡	81.7	86.1	84.4	71.7	75.2	87.2
越　南	23.0	27.0	25.9	25.4	27.5	31.2
德　国	81.2	85.0	96.3	87.6	85.7	92.0
法　国	32.9	29.6	31.0	29.5	30.5	39.9
意大利	21.4	22.3	23.9	21.5	22.0	25.3
英　国	20.7	19.2	19.8	19.9	18.4	19.5
巴　西	31.3	28.2	23.5	22.7	19.5	26.0
澳大利亚	94.6	81.1	75.9	68.6	60.9	82.2
沙特阿拉伯	148.0	156.4	137.2	73.3	58.0	68.7
科威特	86.3	84.2	66.7	39.6	29.2	35.8

9-3-9 旅游人数及外汇收入

指　　标		2013	2014	2015	2016	2017
离境旅游人数	**（万人次）**	**1105.3**	**1184.5**	**1318.3**	**1458.9**	**1565.5**
来台旅游人数	**（万人次）**	**801.6**	**991.0**	**1044.0**	**1069.0**	**1074.0**
香港澳门		118.3	137.6	151.4	161.5	169.2
中国大陆		287.5	398.7	418.4	351.2	273.3
外国		389.3	454.1	473.5	555.6	631.3
未列明		6.5	0.7	0.7	0.7	0.2
旅游收入总额	**（亿美元）**	**214.6**	**248.1**	**257.3**	**256.7**	
来台旅客						
旅游外汇收入	（亿美元）	123.2	146.2	143.9	133.7	
平均每人停留时间	（夜）	6.9	6.7	6.6	6.5	6.4
旅客人均每日消费	（美元）	224.0	222.0	208.0	193.0	

9-3-10 铁路和公路客货运量

年　份	铁　　路				公　　路			
	客运量（亿人）	客运周转量（亿人公里）	货运量（亿吨）	货物周转量（亿吨公里）	客运量（亿人）	客运周转量（亿人公里）	货运量（亿吨）	货物周转量（亿吨公里）
2007	6.03	157.69	0.17	8.90	10.21	159.79	6.18	305.47
2008	6.89	190.54	0.11	9.25	10.54	157.83	6.04	301.60
2009	7.18	192.69	0.10	7.70	10.39	158.82	5.97	290.71
2010	7.78	209.27	0.10	8.66	11.10	163.07	6.28	296.32
2011	8.63	228.21	0.11	8.48	11.64	170.40	6.38	295.51
2012	9.24	242.02	0.11	8.28	11.91	175.86	6.53	298.51
2013	9.70	253.16	0.11	7.27	12.20	179.28	5.51	384.74
2014	10.22	263.27	0.11	6.81	12.39	183.84	5.42	378.52
2015	10.60	270.98	0.11	6.34	12.17	175.65	5.32	378.05
2016	10.90	279.37	0.09	5.62	12.23	173.43	5.30	385.33
2017	11.21	289.89	0.08	5.12	12.35	170.62	5.37	403.51

9-3-11 港口客运量及货运量

年份	客运量(万人)			货运量(万吨)		
	总计	进港	出港	总计	进港	出港
2007	42.58	20.61	21.98	27415	19585	7830
2008	50.66	24.21	26.45	26618	19330	7288
2009	57.58	27.77	29.80	23574	17057	6517
2010	66.96	32.53	34.44	24649	18212	6437
2011	66.48	32.43	34.04	24442	18139	6303
2012	69.91	34.59	35.32	23892	17876	6016
2013	99.12	49.17	49.94	24347	18189	6158
2014	137.86	68.30	69.56	25548	19240	6308
2015	135.12	66.87	68.25	24068	18208	5861
2016	122.96	60.79	62.17	24602	18593	6009
2017	142.71	70.49	72.22	24648	18924	5724

9-3-12 港口集装箱及货物装卸量

年份	折合20英尺标准集装箱(万TEU)			装卸量(万收费吨)		
	总计	进港	出港	总计	装货量	卸货量
2007	1373	689	684	71026	28818	42208
2008	1298	649	649	66828	27153	39675
2009	1171	588	583	60575	24435	36140
2010	1274	635	639	65540	26584	38956
2011	1342	674	669	67900	27547	40353
2012	1388	694	694	69080	28455	40625
2013	1405	706	698	70575	28970	41606
2014	1505	754	751	74861	30844	44017
2015	1449	726	723	72139	29576	42562
2016	1487	744	742	73356	30395	42961
2017	1491	746	745	72550	30014	42536

9-3-13 民航客运量及货运量

年 份	客运量（万人次）	国际线	省内线	过境	货运量（万吨）	国际线	省内线
2005	4427	2249	1929	249	181.9	121.6	3.7
2006	4373	2377	1737	259	181.0	120.8	4.0
2007	3977	2443	1271	263	170.9	191.1	4.0
2008	3524	2278	985	218	158.7	103.4	3.7
2009	3606	2343	923	28	174.4	86.7	3.7
2010	4109	2526	973	25	233.6	101.8	3.7
2011	4286	2496	1048	24	217.9	95.2	3.6
2012	4686	2694	1068	28	209.1	93.1	3.6
2013	5034	3017	1055	40	208.5	90.6	3.6
2014	5536	3310	1056	40	222.2	94.4	3.5
2015	5816	3616	980	37	215.1	93.5	3.3
2016	6325	4072	1084	43	223.3	99.6	3.2
2017	6598	4403	1110	41	241.6	107.8	3.0

资料来源：台湾“交通部民航局”。

9-3-14 邮政及电信营运量

项 目		2011	2012	2014	2015	2016	2017
邮政							
函件	（亿件）						
收寄		27.8	27.1	27.6	26.1	25.0	23.5
包裹	（万件）						
收寄		2721.4	2794.6	2356.2	2417.2	2383.3	2460.5
电信							
市内电话用户数	（万户）	1268	1241	1205	1189	1170	1145.0
移动电话用户数	（万户）	2886.2	2944.9	2653.5	2936.9	2892.9	2865.6
综合业务数字网用户数	（万户）	12.3	11.8	10.4	1.4	1.4	1.3
数据通信出租电路数	（万路）	17.2	16.2	13.8	14.6	16.9	15.2
国际互联网用户数	（万户）	609.2	698.8	794.5	811.2	620.5	622.3
宽带用户	（万户）	551.6	644.9	743.7	761.7	579.2	582.3
国际电话去话分钟数	（万分钟）	466671	494147	296081	223069	182973	136685

9-3-15 入学率和教育经费

单位：%

年份	粗入学率(6-21岁)			每千人口高等教育学生数②	15岁以上人口识字率③	教育经费占GNP比重	政府教育经费占政府支出比重
	初等教育(6-11岁)	中等教育(12-17岁)	高等教育①(18-21岁)				
2005	100.3	97.9	82.0	58.7	97.3	5.5	20.0
2006	99.5	99.1	83.6	59.1	97.5	5.4	21.2
2007	100.8	98.7	85.3	59.2	97.6	5.2	20.8
2008	99.0	99.1	84.1	59.4	97.8	5.4	20.5
2009	99.1	99.1	82.7	58.7	97.9	5.8	19.9
2010	99.0	99.0	83.1	58.6	98.0	5.3	20.1
2011	98.8	98.9	83.6	58.5	98.2	5.3	20.6
2012	98.7	98.7	84.2	58.2	98.3	5.4	20.5
2013	98.6	98.6	84.0	57.4	98.4	5.3	20.8
2014	98.5	98.7	83.8	56.9	98.5	5.1	21.3
2015	98.4	98.9	83.7		98.6	5.0	21.8
2016	98.3	98.6	84.0		98.7	4.9	20.5

注：①不含五专前三年、研究所及进修教育。②不含五专前三年。③年底资料。

9-3-16 科技人员数和科研开发经费

年份	科技人员数(人)				科研开发经费			每万人口研究人员数(人)	研究人员平均一年使用经费(新台币万元)
	总计	研究人员	技术人员	支援人员	金额(新台币亿元)	占GDP比重(%)	政府投入经费所占比重(%)		
2007	228987	136249	72799	19939	3317.77	2.47	29.8	59.3	244
2008	241366	144234	77218	19914	3519.11	2.68	28.2	62.6	244
2009	256543	155216	80271	21056	3678.08	2.84	28.9	67.1	237
2010	273447	165585	86809	21053	3958.35	2.80	27.4	71.5	239
2011	288726	174600	91757	22369	4144.12	2.90	26.2	75.2	237
2012	296724	179830	94966	21928	4335.02	2.95	24.6	77.1	241
2013	301001	180353	98497	22151	4576.41	3.00	23.3	77.2	254
2014	307933	182119	103431	22383	4834.92	3.00	21.7	77.7	265
2015	313463	183571	106800	23092	5104.43	3.04	21.1	78.1	278
2016	317014	185472	108718	22824	5413.60	3.16	21.3	78.8	292

9-3-17 金融概况

年份	货币供应量(新台币亿元)	流动性负债(新台币亿元)	储备货币(新台币亿元)	主要金融机构存款(新台币亿元)	主要金融机构放款与投资(新台币亿元)	再贴现率(年息%)	汇率(卖出价)(新台币/美元)
2007	82200	368449	19475	260525	206269	3.38	32.49
2008	81537	388270	21254	278702	213315	2.00	32.91
2009	105116	416730	23040	294486	214823	1.25	32.08
2010	114571	445203	25018	310063	228037	1.63	30.42
2011	118302	469541	27209	323022	241729	1.88	30.32
2012	124184	496032	29021	333004	255488	1.88	29.08
2013	134708	530162	31208	350624	267206	1.88	29.82
2014	143101	568299	32633	371339	281106	1.88	31.68
2015	152926	607126	34524	393558	294063	1.63	32.88
2016	161777	638980	36303	407174	305492	1.38	32.30
2017	167414	672411	37765	420940	320227	1.38	29.85

9-3-18 国际收支

单位：亿美元

年份	A.经常帐户					B.资本帐户			合计(A+B)	C.金融帐户	
	合计	商品贸易净额	服务净额	收入净额	经常转移净额	合计	收入	支出		合计	直接投资
											资产
2007	320.1	384.5	-127.9	101.3	-37.8	-0.25	0.03	0.28	319.9	-389.3	-111.1
2008	248.0	291.5	-115.3	99.8	-28.0	-2.70	0.03	2.73	245.3	-16.4	-102.9
2009	406.5	393.7	-91.0	125.2	-21.5	-0.50	0.02	0.52	406.0	134.9	-58.8
2010	368.3	370.1	-110.5	135.8	-27.1	-0.49	0.05	0.54	367.8	-3.4	-115.7
2011	378.8	396.4	-112.5	131.8	-36.9	-0.36	0.03	0.39	378.4	-320.3	-127.7
2012	431.7	495.7	-183.8	145.9	-26.2	-0.24	0.04	0.28	431.4	-315.0	-131.4
2013	498.7	545.6	-152.0	135.2	-30.0	0.67	1.03	0.36	499.4	-410.9	-142.9
2014	604.4	601.9	-114.2	144.6	-27.9	-0.08	0.29	0.37	604.3	-504.6	-127.1
2015	748.8	731.0	-106.8	158.5	-33.8	-0.05	0.15	0.20	748.8	-659.7	-147.1
2016	727.9	706.2	-103.4	156.5	-31.4	-0.09	0.17	0.26	727.8	-557.7	-178.8
2017	840.9	810.4	-83.8	155.1	-40.8	-0.12	0.14	0.26	840.7	-686.4	-113.6

9-3-18 续表

单位：亿美元

年份	C.金融帐户							合计(A至C)	D.误差与遗漏	国际收支余额(A至D)	E.准备与相关项目
	直接投资	证券投资		衍生性金融产品		其他投资					
	负债	资产	负债	资产	负债	资产	负债				
2007	77.7	-449.7	49.0	36.9	-39.8	-68.5	116.0	-69.4	29.2	-40.2	40.2
2008	54.3	35.3	-157.8	79.4	-63.5	106.2	32.5	228.9	33.8	262.7	-262.7
2009	28.1	-317.0	213.7	53.4	-44.9	256.6	3.7	540.9	0.4	541.3	-541.3
2010	24.9	-334.9	128.2	45.0	-39.2	123.2	165.1	364.4	37.3	401.7	-401.7
2011	-19.6	-195.0	-161.9	57.8	-47.4	-79.9	253.4	58.2	4.2	62.4	-62.4
2012	32.1	-457.1	32.1	47.7	-43.8	53.1	152.2	116.4	38.4	154.8	-154.8
2013	36.0	-370.8	79.5	60.6	-52.2	-475.1	453.9	88.5	24.7	113.2	-113.2
2014	28.3	-571.0	130.6	59.8	-54.3	-118.7	147.9	99.7	30.5	130.2	-130.2
2015	23.9	-563.4	-8.6	112.3	-124.1	166.5	-119.1	89.1	61.0	150.1	-150.1
2016	92.3	-814.6	26.4	111.5	-89.3	73.5	221.2	170.0	-63.4	106.6	-106.6
2017	32.6	-829.2	38.9	114.9	-77.9	-115.1	263.2	154.3	-29.7	124.7	-124.7

【主要统计指标解释】

就业人口 于资料标准周内，年满15岁从事有酬工作者或工作在15小时以上的无酬家属工作者。

失业人口 于资料标准周内，年满15岁同时具有无工作、随时可以工作及正在寻找工作者。此外尚包括等待恢复工作者及已找到职业而未开始工作也无报酬者。

就业人员工资 包括经常性工资、加班费及其他非经常性工资。

劳动生产力指数 劳动生产力是指在单位时间内，每一劳工所能生产的产量。此项指数可衡量劳动生产力的变动趋势。

初等教育 小学教育。

中等教育 初中、高中、高职及五专前三年。

高等教育 大专院校（扣除五专前三年）及研究所硕士、博士班教育。

各级教育粗入学率 为（各该级教育学生人数/各该级教育学龄人口数）×100；其中高等教育学龄学生人数仅含大专院校扣除五专前三年及研究所（含硕士、博士班）的学生人数。

本地居民总收入(GNI) 为某一期间本地常住居民提供生产要素从事生产所创造的附加值或报酬（不论在地区内或国外），即等于地区内生产总值加国外要素所得收入净额。

本地生产总值(GDP) 为某一期间本地及非本国常住居民提供生产要素在地区内从事生产所创造的附加值。

经济增长率 指某一期间的实际本地生产总值的增长率。

储蓄率 据居民储蓄总值与本地居民生产总值之比。

商业与对外贸易 包括进口与出口。出口货物以通关放行装船（机） 离岸日为统计时间，以离岸价格（F.O.B.）计价；进口货物经办妥通关手续，或存入保税关栈的货物，以其提出关栈报运进口放行日为统计时间，以到岸价格（C.I.F.）计价。出口国别是以出口货物的出口商所申报的运销地分列，其运销地有数处得随时变更者，以最终的运销地为准；进口国别是按原产国别分列。

客运周转量 指于某特定时间内，铁路、公路客运运输所运送旅客运程的总和，或每架次飞机所载运的旅客人数与其航行里程乘积之和。可用以推算该时间内的客运收入。

货运周转量 指于某特定时间内，铁路、公路、航空货运运输所运送货物的重量与其运程乘积之和。可用以推算该时间内的货运收入。

批发价格 指企业间相互交易的地区内生产物品出厂价格及进出口物品的价格，以反映生产厂商出售原材料、半成品及制成品等价格变动情况。

消费价格 以台湾地区（包括城市和农村）为范围所编制的零售价格指数，以此衡量台湾地区一般家庭为消费需要所购买的商品与服务价格水平的变动情况。

进口及出口价格 以台湾地区进出口商品为调查价格范围，以此衡量进出口商品价格水平的变动情况。

道路交通事故 指造成人员死亡或受伤的案件，死亡人数包括立即死亡及事故发生后24小时内死亡。

社会保险 社会保险是包括全民健康保险（1995年3月开办）、劳工保险、就业保险(2003年1月开办)、公务人员保险、退休人员保险、私立学校教职员保险、农民健康保险及军人保险。

储备货币 包括存款货币机构与中华邮政公司储汇处的准备金及社会大众持有的通货二项。

流动性负债 指金融机构及债券型基金的流动性负债，包括金融机构以外部门持有通货，金融机构收受企业及个人的各种存款、货币市场共同基金与信托资金，保险业提列的人寿保险准备，以及企业及个人持有金融债券、央行发行的国库券与储蓄券；自1994年1月资料起，尚加计企业及个人持有上列机构的附买回交易余额与外国人持有的新台币存款；自1999年1月资料起，尚包括企业及个人持有债券型基金。

存款货币 指企业及个人在货币机构的支票存款、活期存款及活期储蓄存款。

货币总计数 M_{1a}指通货净额加企业及个人(含非营利团体)在货币机构的支票存款及活期存款；M_{1b}是通货净额加存款货币，或M_{1a}加个人（含非营利团体）在货币机构的活期储蓄存款（目前仅个人及非营利团体可以开设储蓄存款帐户）。M_2指M_{1b}加准货币。

附录一 世界及主要国家第三产业统计资料摘要

简要说明

一、本章选取了四十余个国家和地区主要宏观经济指标和第三产业方面统计指标，力求反映国家或地区经济概貌同时重点介绍第三产业情况。如需了解这些国家和地区其他指标，请参阅国家统计局国际统计信息中心编辑的《国际统计年鉴》。

二、中国数据未包括中国香港特别行政区、中国澳门特别行政区和中国台湾省的相关数据。

三、所有国家和地区的数据均来自于有关国际组织，每张表均附有资料来源。

四、经过有关国际组织调整，数据口径基本一致。

五、一些数据的合计数或相对数，因受进位的影响，不一定等于分项的累加。

六、本章中使用的符号含义如下："空格"表示无该项数据或该项统计数据不详；"..."表示数据不够本表最小单位数的一半；"|"表示因统计口径的调整，与之前数据不严格可比。

附录1-1 国内生产总值

单位：亿美元

国家和地区	2000	2005	2010	2012	2013	2014	2015	2016	2017
世 界	**335717**	**474118**	**659567**	**749656**	**770506**	**791314**	**748427**	**759368**	**806838**
中 国	12113	22860	61006	85605	96072	104824	110647	111910	122377
中国香港	1717	1816	2286	2626	2757	2915	3094	3209	3414
中国澳门	67	121	281	430	516	553	454	453	504
孟加拉国	534	694	1153	1334	1500	1729	1951	2214	2497
文 莱	60	95	137	190	181	171	129	114	121
柬埔寨	37	63	112	141	152	167	181	200	222
印 度	4621	8089	16566	18276	18567	20391	21024	22742	25975
印度尼西亚	1650	2859	7551	9179	9125	8908	8609	9323	10155
伊 朗	1096	2265	4871	5989	4674	4345	3859	4190	4395
以色列	1323	1425	2336	2573	2925	3084	2991	3177	3509
日 本	48875	47554	57001	62032	51557	48504	43950	49493	48721
哈萨克斯坦	183	571	1480	2080	2366	2214	1844	1373	1594
韩 国	5616	8981	10945	12228	13056	14113	13828	14148	15308
老 挝	17	27	71	102	119	133	144	158	169
马来西亚	938	1435	2550	3144	3233	3381	2964	2965	3145
蒙 古	11	25	72	123	126	122	118	112	115
缅 甸	89	120	495	599	603	654	597	632	693
巴基斯坦	740	1095	1774	2244	2312	2444	2706	2787	3050
菲律宾	810	1031	1996	2501	2718	2846	2928	3049	3136
新加坡	958	1274	2364	2907	3045	3115	3041	3098	3239
斯里兰卡	166	244	567	684	743	794	806	818	872
泰 国	1264	1893	3411	3976	4203	4073	4014	4118	4552
越 南	312	576	1159	1558	1712	1862	1932	2053	2239
埃 及	998	897	2189	2794	2886	3055	3327	3329	2354
尼日利亚	464	1122	3691	4610	5150	5685	4811	4047	3758
南 非	1364	2577	3753	3963	3668	3509	3177	2958	3494
加拿大	7423	11694	16135	18243	18426	17993	15596	15358	16530
墨西哥	7079	8775	10578	12011	12744	13144	11696	10769	11499
美 国	102848	130937	149644	161553	166915	174276	181207	186245	193906
阿根廷	2842	1987	4236	5460	5520	5263	5947	5549	6376
巴 西	6554	8916	22089	24652	24728	24560	18022	17940	20555
委内瑞拉	1171	1455	3932	3813	3710	4824			
捷 克	616	1363	2075	2074	2094	2078	1868	1953	2157
法 国	13622	21961	26426	26838	28111	28522	24382	24651	25825
德 国	19500	28614	34171	35440	37525	38906	33756	34778	36774
意大利	11418	18527	21251	20728	21305	21517	18329	18594	19348
荷 兰	4128	6785	8364	8289	8667	8796	7580	7772	8262
波 兰	1719	3061	4793	5004	5242	5452	4774	4714	5245
俄罗斯	2597	7640	15249	22103	22971	20637	13684	12847	15775
西班牙	5954	11573	14316	13360	13619	13769	11978	12373	13113
土耳其	2730	5014	7719	8740	9506	9342	8598	8637	8511
乌克兰	313	861	1360	1758	1833	1335	910	933	1122
英 国	16480	25207	24412	26621	27398	30228	28856	26509	26224
澳大利亚	4150	6926	11443	15434	15737	14650	13490	12080	13234
新西兰	526	1147	1466	1762	1908	2010	1776	1893	2059

资料来源：世界银行WDI数据库。

附录1-2　国内生产总值增长率

单位：%

国家和地区	2000	2005	2010	2012	2013	2014	2015	2016	2017
中　国	8.5	11.4	10.6	7.9	7.8	7.3	6.9	6.7	6.9
中国香港	7.7	7.4	6.8	1.7	3.1	2.8	2.4	2.2	3.8
中国澳门	5.8	8.1	25.3	9.2	11.2	-1.2	-21.6	-0.9	9.1
孟加拉国	5.3	6.5	5.6	6.5	6.0	6.1	6.6	7.1	7.3
文　莱	2.9	0.4	2.6	0.9	-2.1	-2.4	-0.6	-2.5	1.3
柬埔寨	10.7	13.3	6.0	7.3	7.4	7.1	7.0	7.0	6.8
印　度	3.8	9.3	10.3	5.5	6.4	7.4	8.2	7.1	6.6
印度尼西亚	4.9	5.7	6.2	6.0	5.6	5.0	4.9	5.0	5.1
伊　朗	5.9	3.2	5.8	-7.4	-0.2	4.6	-1.3	13.4	4.3
以色列	8.2	4.1	5.2	1.9	4.1	3.4	3.0	4.1	3.3
日　本	2.8	1.7	4.2	1.5	2.0	0.4	1.4	0.9	1.7
哈萨克斯坦	9.8	9.7	7.3	4.8	6.0	4.2	1.2	1.1	4.0
韩　国	8.9	3.9	6.5	2.3	2.9	3.3	2.8	2.9	3.1
老　挝	5.8	7.1	8.5	8.0	8.0	7.6	7.3	7.0	6.9
马来西亚	8.9	5.3	7.4	5.5	4.7	6.0	5.0	4.2	5.9
蒙　古	1.2	7.3	6.4	12.3	11.7	7.9	2.4	1.2	5.9
巴基斯坦	4.3	7.7	1.6	3.5	4.4	4.7	4.7	5.5	5.7
菲律宾	4.4	4.8	7.6	6.7	7.1	6.2	6.1	6.9	6.7
新加坡	8.9	7.5	15.2	4.1	5.1	3.9	2.2	2.4	3.6
斯里兰卡	6.0	6.2	8.0	9.2	3.4	5.0	5.0	4.5	3.1
泰　国	4.5	4.2	7.5	7.2	2.7	1.0	3.0	3.3	3.9
越　南	6.8	7.6	6.4	5.3	5.4	6.0	6.7	6.2	6.8
埃　及	5.4	4.5	5.2	2.2	2.2	2.9	4.4	4.4	4.2
尼日利亚	5.3	3.5	7.8	4.3	5.4	6.3	2.7	-1.6	0.8
南　非	4.2	5.3	3.0	2.2	2.5	1.9	1.3	0.6	1.3
加拿大	5.2	3.2	3.1	1.8	2.5	2.9	1.0	1.4	3.1
墨西哥	4.9	2.3	5.1	3.6	1.4	2.9	3.3	2.9	2.0
美　国	4.1	3.4	2.5	2.2	1.7	2.6	2.9	1.5	2.3
阿根廷	-0.8	8.9	10.1	-1.0	2.4	-2.5	2.7	-1.8	2.9
巴　西	4.1	3.2	7.5	1.9	3.0	0.5	-3.6	-3.5	1.0
委内瑞拉	3.7	10.3	-1.5	5.6	1.3	-3.9	-5.7		
捷　克	4.3	6.5	2.3	-0.8	-0.5	2.7	5.3	2.6	4.3
法　国	3.9	1.6	2.0	0.2	0.6	1.0	1.1	1.2	1.8
德　国	3.0	0.7	4.1	0.5	0.5	1.9	1.7	1.9	2.2
意大利	3.7	1.0	1.7	-2.8	-1.7	0.1	1.0	0.9	1.5
荷　兰	4.2	2.2	1.4	-1.1	-0.2	1.4	2.3	2.2	3.2
波　兰	4.6	3.5	3.6	1.6	1.4	3.3	3.9	2.9	4.6
俄罗斯	10.0	6.4	4.5	3.7	1.8	0.7	-2.8	-0.2	1.6
西班牙	5.3	3.7	0.0	-2.9	-1.7	1.4	3.4	3.3	3.1
土耳其	6.6	9.0	8.5	4.8	8.5	5.2	6.1	3.2	7.4
乌克兰	5.9	2.7	4.2	0.2	0.0	-6.6	-9.8	2.3	2.5
英　国	3.7	3.1	1.7	1.5	2.1	3.1	2.4	1.9	1.8
澳大利亚	3.9	3.2	2.1	3.9	2.6	2.6	2.4	2.8	2.0
新西兰	2.3	3.3	1.0	2.5	2.0	3.6	4.4	3.5	3.0

资料来源：世界银行WDI数据库。

附录1-3 国内生产总值产业构成

单位：%

国家和地区	第一产业			第二产业			第三产业		
	2000	2010	2017	2000	2010	2017	2000	2010	2017
中　　国	14.7	9.5	7.9	45.5	46.4	40.5	39.8	44.1	51.6
中国香港	0.1	0.1	0.1①	12.1	6.8	7.5①	83.8	90.9	89.5①
中国澳门				11.6	4.8	6.6①	81.3	94.4	92.5①
孟加拉国	22.7	17	13.4	22.3	25	27.8	50.6	53.5	53.5
文　　莱	1	0.7	1.1	63.7	68.7	59.7	35.3	30.6	40.9
柬 埔 寨	35.7	33.9	23.4	21.7	21.9	30.9	36.9	38.3	39.7
印　　度	21.9	17.5	15.5	28.4	30.1	26.2	41.3	45.2	48.9
印度尼西亚	15.7	13.9	13.1	42	42.8	39.4	33.4	40.7	43.6
伊　　朗	9.1	6.5	10.1	40.3	44.2	21.2	51.4	51.1	65.4
以 色 列	1.3	1.5	1.2①	22.1	20.4	18.7①	66.1	67.3	69.8①
日　　本	1.5	1.1	1.2①	32.8	28.4	29.3①	65.9	70.2	68.8①
哈萨克斯坦	8.1	4.5	4.4	37.8	40.6	32	48.4	51.7	57.4
韩　　国	3.9	2.2	2	34.2	34.6	35.9	51.6	53.6	52.8
老　　挝	33.6	22.6	16.2	16.5	30.5	30.9	42.2	43.6	41.5
马来西亚	8.6	10.1	8.8	48.3	40.5	38.8	43.1	49.4	51
蒙　　古	27.4	11.7	10.4	22.2	33.2	33	44.1	50	50.5①
缅　　甸	57.2	36.9	26.2	9.7	26.5	31.6	33.1	36.7	42.2
巴基斯坦	24.1	23.3	22.9	21.7	19.7	17.9	47.2	52.8	53.1
菲 律 宾	14	12.3	9.7	34.5	32.6	30.5	51.6	55.1	59.9
新 加 坡	0.1			32.5	26.1	23.2	60.6	68.3	70.4
斯里兰卡	19.9	8.5	7.7	27.3	26.6	27.2	52.8	54.6	55.8
泰　　国	8.5	10.5	8.7	36.8	40	35	54.7	49.5	56.3
越　　南	24.5	18.4	15.3	36.7	32.1	33.3	38.7	36.9	40.9①
埃　　及	15.5	13.3	11.5	30.8	35.8	33.8	50.1	48.5	55.2①
尼日利亚	25.3	23.5	20.8	47.5	24.9	22.3	66.8	50	55.8
南　　非	3	2.4	2.3	29.1	27.4	25.9	59.1	61	61.5
加 拿 大	2.3	1.3	1.4②	32.5	26.7	27.5②	64.5	65.5	64.7②
墨 西 哥	3.3	3.2	3.4	34.2	32.4	29.9	57.8	60.4	60.9
美　　国	1.2	1.1	1.0①	22.4	19.8	18.9①	73.1	76	77.0①
阿 根 廷	4.7	7.1	5.6	26	25.3	21.7	61.9	51.5	56.9
巴　　西	4.8	4.1	4.6	23	23.3	18.5	58.3	57.6	63.1
委内瑞拉	3.9	5.4	5.0②	46.4	48.4	37.2②	43.1	39	46.8②
捷　　克	3.1	1.5	2.2	33.9	33.3	33.5	54.1	55.6	54.2
法　　国	2.1	1.6	1.5	21.3	17.8	17.4	66.3	70.7	70.2
德　　国	1	0.6	0.6	27.9	27.1	27.6	61.4	62.2	61.9
意 大 利	2.6	1.8	1.9	24.3	21.9	21.4	62.7	66.3	66.3
荷　　兰	2.2	1.7	1.9	22.2	19.9	17.5	65.3	68.3	70.4
波　　兰	3.1	2.6	1.7	28.9	29.2	27.9	56.8	56.2	58.3
俄 罗 斯	5.8	3.3	4	33.9	30	30	49.7	53.1	56.2
西 班 牙	3.7	2.3	2.6	27.9	23.8	21.6	59.1	65.4	66.4
土 耳 其	10.1	9	6.1	26.9	24.6	29.2	52.6	54.3	53.3
乌 克 兰	14.5	7.4	10.2	30.8	25.9	24	39.5	55.1	50.3
英　　国	0.8	0.7	0.5	22.5	18	18.6	66.4	71.4	70.1
澳大利亚	3.1	2.2	2.8	24.7	25.1	23	64.3	65.8	67
新 西 兰	8.9	8.6	5.5③	22.4	19.1	20.4③	61.8	64.4	65.6③

注：①2016年数据。②2014年数据。③2015年数据。
资料来源：世界银行WDI数据库。

附录1-4 按生产法计算的第三产业行业增加值

单位：亿本币

国家和地区	2000	2005	2010	2012	2013	2014	2015
中　　国							
国内生产总值	**89468**	**184937**	**408903**	**534123**	**588019**	**636463**	
增加值总额(按基本价格计算)	**100280**	**187319**	**413030**	**540367**	**595244**	**643974**	**685506**
第三产业							
批发和零售贸易；机动车辆和摩托车的修理	8159	13966	35904	49831	56284	62424	66204
运输和储存	2146	4196	7712	9537	10228	11159	12159
住宿和餐饮业	6162	10669	18784	23763	26043	28501	30371
信息和通讯业	4836	7470	25680	35188	41191	46665	57500
金融和保险业	4149	8516	23570	31248	35988	38001	41308
专业和科技活动							
企业管理和商务服务业							
公共行政和国防；强制性社会保障							
教育							
印　　度							
国内生产总值	**208950**	**356718**	**778411**	**1011328**			
增加值总额(按基本价格计算)	**195428**	**344809**	**737290**	**921000**	**1040000**	**1150000**	
第三产业							
批发和零售贸易；机动车辆和摩托车的修理	25670	51579	115043	93500	106000	120000	
运输和储存	2513	5432	10896	48500	53400	60600	
住宿和餐饮业				9980	10800	12100	
信息和通讯业	10625	18465	41134	41200	51600	58500	
金融和保险业	15386	32063	77822	53700	60200	65000	
房地产业	13260	19784	45819	70100	80100	91300	
专业和科技活动		13544	29238	21900	28100	34900	
企业管理和商务服务业				3510	3910	4510	
公共行政和国防；强制性社会保障		5972	12530	54500	61000	70900	
教育		13544	29238	30900	34900	42000	
卫生和社会福利业				12800	14100	16300	
艺术、娱乐和文娱活动				2270	2530	2910	
其他服务活动				16000	19000	22200	
家庭作为雇主的活动；家庭自用、未加区分的生产货物及服务的活动				1850	2050	2190	
印度尼西亚①							
国内生产总值	**1265**	**2774**	**6447**	**8229**	**9084**		
增加值总额(按基本价格计算)	**1390**	**2774**	**6680**	**8430**	**9310**	**10300**	**11200**
第三产业							
批发和零售贸易；机动车辆和摩托车的修理	185	339	924	1140	1260	1420	1540
运输和储存	39	93	245	313	375	467	579
住宿和餐饮业	65	181	200	253	289	321	342
信息和通讯业	64	111	256	311	341	369	406
金融和保险业	51	120	240	321	370	408	465
房地产业	69	135	198	238	264	295	328
专业和科技活动			202	270	308	342	389
企业管理和商务服务业			66	86	97	109	123
公共行政和国防；强制性社会保障			260	341	372	405	450
教育			202	270	308	342	388
卫生和社会福利业			66	86	97	109	123

附录1-4 续表 1　　　　单位：亿本币

国家和地区	2000	2005	2010	2012	2013	2014	2015
日　本①							
国内生产总值	**511**	**502**	**482**				
增加值总额(按基本价格计算)	**528**	**526**	**499**	**492**	**500**	**509**	**526**
第三产业							
批发和零售贸易；机动车辆和摩托车的修理	69	75	69	73	74	73	74
运输和储存	26	27	25	25	25	27	27
住宿和餐饮业	17	14	13	12	12	13	13
信息和通讯业	24	26	26	25	26	26	27
金融和保险业	26	31	24	22	23	23	24
房地产业	54	55	60	59	60	60	60
专业和科技活动	30	33	35	36	37	37	39
公共行政和国防；强制性社会保障	27	27	26	26	26	26	27
教育	19	19	18	19	18	19	19
卫生和社会福利业	28	29	32	34	35	35	36
艺术、娱乐和文娱活动	27	26	24	23	23	23	23
韩　国①							
国内生产总值	**522**	**811**	**1173**	**1272**			
增加值总额(按基本价格计算)	**570**	**830**	**1150**	**1250**	**1300**	**1350**	**1420**
第三产业							
批发和零售贸易；机动车辆和摩托车的修理	54	67					
运输和储存	15	18					
住宿和餐饮业	37	54					
信息和通讯业	26	39	45	49	51	53	54
金融和保险业	32	54	72	76	73	76	78
房地产业	54	72	91	99	104	110	115
专业和科技活动	28	47					
企业管理和商务服务业	15	29					
公共行政和国防；强制性社会保障	17	27					
马来西亚							
国内生产总值	**3432**	**5224**	**7973**	**9419**	**9867**	**10700**	
增加值总额(按基本价格计算)	**3679**	**5372**	**8140**	**9610**	**10100**	**10900**	**11400**
第三产业							
批发和零售贸易；机动车辆和摩托车的修理	400	629	1130	1350	1460	1660	1820
运输和储存	80	117	290	330	349	372	399
住宿和餐饮业	249	364	219	260	283	313	347
信息和通讯业	326	407	395	467	511	564	621
金融和保险业	157	253	616	701	724	754	761
房地产业	226	357	118	135	145	158	171
专业和科技活动	16	29	137	166	184	200	218
企业管理和商务服务业	15	36	69	80	87	97	107
公共行政和国防；强制性社会保障	175	200	644	886	868	953	973
教育	7	9	59	70	76	83	90
卫生和社会福利业			53	62	67	73	80
其他服务活动			247	272	288	302	320
家庭作为雇主的活动；家庭自用、未加区分的生产货物及服务的活动			9	10	11	11	12

附录1-4 续表 2 单位：亿本币

国家和地区	2000	2005	2010	2012	2013	2014	2015
菲 律 宾							
国内生产总值	**33547**	**54440**	**90035**	**105649**			
增加值总额(按基本价格计算)	**35800**	**56800**	**90000**	**106000**	**115000**	**126000**	**133000**
第三产业							
批发和零售贸易；机动车辆和摩托车的修理	5650	9310	15600	18700	20700	22400	24100
运输和储存	630	2250	3040	3720	4040	4490	4940
住宿和餐饮业	2192	896	1450	1790	1940	2130	2340
信息和通讯业	1871	2180	2820	3080	3240	3360	3620
金融和保险业	1870	3340	6220	7640	8850	9890	10600
房地产业	3340	5600	9790	12200	13700	15400	17000
专业和科技活动	778	1434	3552				
企业管理和商务服务业	458	888	1255				
公共行政和国防；强制性社会保障	1850	2340	3720	4580	4860	5010	5130
教育	778	2500	3550	4140	4480	4680	5050
卫生和社会福利业		814	1260	1550	1700	2030	2220
艺术、娱乐和文娱活动		762	1600	2040	2220	2240	2550
其他服务活动		354	495	624	658	692	746
新 加 坡							
国内生产总值	**1598**	**1944**	**3037**				
增加值总额(按基本价格计算)	**1540**	**2030**	**3040**	**3400**	**3560**	**3690**	**3840**
第三产业							
批发和零售贸易；机动车辆和摩托车的修理	207	347	584	648	661	600	570
运输和储存	154	207	254	237	247	271	297
住宿和餐饮业	38	40	59	75	78	82	84
信息和通讯业	57	79	111	134	145	155	156
金融和保险业	155	198	332	373	423	458	499
房地产业	177	225	421	513	561	582	611
教育	58	61	118				
其他服务活动	157	209	325	375	402	426	447
家庭作为雇主的活动；家庭自用、未加区分的生产货物及服务的活动	58	63	115	150	163	169	172
泰 国							
国内生产总值	**49227**	**70929**	**108024**	**123547**	**129100**		
增加值总额(按基本价格计算)	**50600**	**76144**	**108024**	**123547**	**129015**	**131322**	
第三产业							
批发和零售贸易；机动车辆和摩托车的修理	8683	11352	15686		17961	18671	
运输和储存	1990	2313	3119		4750	4993	
住宿和餐饮业	4179	5842	7666		8982	9211	
信息和通讯业	1932	4172	5807		8675	9563	
金融和保险业	3759	5635	6881		8727	8824	
房地产业	3000	4380	6408		7613	8005	
专业和科技活动	2034	2892	4213		5345	5624	
企业管理和商务服务业	782	1253	1743		2062	2171	
公共行政和国防；强制性社会保障	1183	1710	1700		2260	2285	
教育	70	177	179		233	247	

附录1-4　续表 3　　　　　　　　　　　　　　　　　　　　　　　　　　单位：亿本币

国家和地区	2000	2005	2010	2012	2013	2014	2015
越　　南①							
国内生产总值	**442**	**838**	**1981**				
增加值总额(按基本价格计算)	**442**	**839**	**1890**	**2920**	**3220**	**3540**	**3770**
第三产业							
批发和零售贸易；机动车辆和摩托车的修理	63	112	173	300	339	388	426
运输和储存	14	28	62	93	103	112	115
住宿和餐饮业	17	29	78	118	134	148	156
信息和通讯业	8	10	20	23	25	27	29
金融和保险业	19	12	117	171	195	207	230
房地产业	12	23	132	178	190	202	213
专业和科技活动	15	13	28	41	47	51	56
企业管理和商务服务业	6	4	8	12	14	15	16
公共行政和国防；强制性社会保障	15	23	55	82	94	106	114
教育	1	27	50	84	105	121	137
卫生和社会福利业		12	23	33	59	66	72
艺术、娱乐和文娱活动		7	15	19	21	23	25
其他服务活动		14	34	50	58	66	72
家庭作为雇主的活动；家庭自用、未加区分的生产货物及服务的活动		1	3	4	5	6	6
埃　　及							
国内生产总值	**3587**	**5682**	**12066**	**15755**			
增加值总额(按基本价格计算)	**3546**	**5843**	**11506**	**16951**	**19083**		
第三产业							
批发和零售贸易；机动车辆和摩托车的修理	539	631	1338	2133	2374		
运输和储存	66	177	400	457	538		
住宿和餐饮业	257	574	1104	1300	1429		
信息和通讯业	401	461	827	766	856		
金融和保险业	110	173	303	1530	1742		
房地产业	326	527	1149	1509	1742		
专业和科技活动		149	128	294	325		
企业管理和商务服务业	11	74	148	368	409		
公共行政和国防；强制性社会保障	285	229	181	132	151		
教育		149	128				
南　　非							
国内生产总值	**9221**	**15711**	**27480**	**32625**	**35343**	**37965**	
增加值总额(按基本价格计算)	**8382**	**14692**	**24949**	**29396**	**31910**	**34203**	**35898**
第三产业							
批发和零售贸易；机动车辆和摩托车的修理		1966	3459		4463	4758	
运输和储存		114	247		288	315	
住宿和餐饮业	809	1596	2295		3215	3503	3680
信息和通讯业	686	1338	2321		3034	3217	
金融和保险业	876	1723	2915		3443	3697	
房地产业	1332	2177	4046		5320	5717	6090
教育	232	254	349		426	452	455

附录1-4 续表 4 单位：亿本币

国家和地区	2000	2005	2010	2012	2013	2014	2015
巴　西							
国内生产总值	**11013**	**19376**	**38868**	**43921**	**48380**		
增加值总额(按基本价格计算)	**10216**	**18400**	**33000**	**40900**	**45500**	**49700**	
第三产业							
批发和零售贸易；机动车辆和摩托车的修理	1692	1980	4160	5480	6140	6770	
运输和储存	182	643	1420	1830	2030	2280	
住宿和餐饮业	866	295	702	942	1080	1250	
信息和通讯业	609	840	1270	1480	1580	1690	
金融和保险业	1154	1320	2250	2600	2730	3190	
房地产业	964	1720	2740	3590	4190	4640	
专业和科技活动	536	845	1270	1630	1790	1960	
企业管理和商务服务业	399	691	1190	1590	1850	2050	
公共行政和国防；强制性社会保障	411	1990	3430	4050	4480	4750	
教育	114	846	1640	2150	2580	3010	
卫生和社会福利业		692	1300	1700	2010	2330	
艺术、娱乐和文娱活动			143	155	176	197	
其他服务活动			479	596	645	716	
家庭作为雇主的活动；家庭自用、未加区分的生产货物及服务的活动		221	403	474	537	582	
加 拿 大							
国内生产总值	**10610**	**13738**	**16246**	**18200**	**18812**		
增加值总额(按基本价格计算)	**10200**	**13200**	**15600**	**17100**	**17800**	**18600**	**18600**
第三产业							
批发和零售贸易；机动车辆和摩托车的修理	1096	1495					
运输和储存	234	283					
住宿和餐饮业	702	918					
信息和通讯业	595	768	704	766	786		
金融和保险业	1904	2482	1110	1160	1230		
房地产业	565	716	1800	1970	2060		
专业和科技活动	468	596					
企业管理和商务服务业	602	803					
公共行政和国防；强制性社会保障	285	365					
教育	468	596					
墨 西 哥							
国内生产总值	**54917**	**92206**	**132669**	**155615**			
增加值总额(按基本价格计算)	**58300**	**90300**	**127000**	**151000**	**154000**	**163000**	**171000**
第三产业							
批发和零售贸易；机动车辆和摩托车的修理	9803	13800	19400	24100	25400	27300	30500
运输和储存	1827	5580	7970	9460	10000	10600	11200
住宿和餐饮业	5657	2400	2800	3240	3410	3650	4090
信息和通讯业	1207	2340	3650	3620	3690	3770	3750
金融和保险业	10211	3050	4740	5130	5750	6110	6620
房地产业	2200	11100	15400	17100	17700	18300	19200
专业和科技活动	2549	2610	3420	3950	4100	4350	4670
企业管理和商务服务业	1542	3460	4540	5460	5840	6040	6370
公共行政和国防；强制性社会保障	672	3490	5410	6400	6690	7160	7610
教育	2872	3670	5290	6240	6630	7080	7560

附录1-4 续表 5　　　　单位：亿本币

国家和地区	2000	2005	2010	2012	2013	2014	2015
卫生和社会福利业		1910	2870	3340	3640	3830	4140
艺术、娱乐和文娱活动		448	637	693	738	745	801
其他服务活动		1190	1550	1700	1800	1890	2030
家庭作为雇主的活动；家庭自用、未加区分的生产货物及服务的活动		444	631	735	779	806	884
美　国							
国内生产总值	**98988**	**125643**	**144194**	**162446**	**168000**		
增加值总额(按基本价格计算)	**99400**	**127000**	**145000**	**156000**	**162000**	**168000**	**175000**
第三产业							
批发和零售贸易；机动车辆和摩托车的修理	13039	15641	16750				
运输和储存	2830	3643	4186				
住宿和餐饮业	6215	7442	8174				
信息和通讯业	5540	7380	8860	9310	9870	9990	10700
金融和保险业	7390	9740	9870	11200	11100	12300	12700
房地产业	11200	15200	18000	19300	19900	20700	21800
专业和科技活动	4833	6379	8032				
企业管理和商务服务业	5921	8333	11027				
公共行政和国防；强制性社会保障	4256	5140	5853				
教育	138	153	154				
法　国							
国内生产总值	**14201**	**17180**	**19985**	**20911**	**21137**		
增加值总额(按基本价格计算)	**13300**	**15900**	**18000**	**18700**	**19000**	**19300**	**19600**
第三产业							
批发和零售贸易；机动车辆和摩托车的修理	1357	1615					
运输和储存	302	367					
住宿和餐饮业	776	998					
信息和通讯业	691	854	930	942	938	950	983
金融和保险业	548	604	818	793	840	869	880
房地产业	1520	1990	2300	2410	2430	2470	2530
专业和科技活动	722	842					
企业管理和商务服务业	972	1304					
公共行政和国防；强制性社会保障	422	546					
教育	66	88					
德　国							
国内生产总值	**39820**	**22244**	**24950**	**26664**	**27376**		
增加值总额(按基本价格计算)	**19100**	**20800**	**23200**	**24800**	**25400**	**26300**	**27300**
第三产业							
批发和零售贸易；机动车辆和摩托车的修理	2053	2082					
运输和储存	301	331					
住宿和餐饮业	1018	1162					
信息和通讯业	870	960	1030	1160	1210	1250	1320
金融和保险业	843	1100	1060	1080	1090	1100	1110
房地产业	2100	2340	2670	2790	2870	2860	2970
专业和科技活动	834	928					
企业管理和商务服务业	1241	1468					
公共行政和国防；强制性社会保障	912	973					
教育	62	68					

附录1-4 续表 6 单位：亿本币

国家和地区	2000	2005	2010	2012	2013	2014	2015
意大利							
国内生产总值	**11665**	**14364**	**15519**	**15669**	**15600**		
增加值总额(按基本价格计算)	**11100**	**13400**	**14400**	**14500**	**14400**	**14600**	**14800**
第三产业							
批发和零售贸易；机动车辆和摩托车的修理	1354	1513					
运输和储存	416	483					
住宿和餐饮业	777	978					
信息和通讯业	455	608	623	581	546	538	526
金融和保险业	544	690	759	780	807	849	843
房地产业	1150	1590	1890	2000	2010	2040	2050
专业和科技活动	523	624					
企业管理和商务服务业	572	738					
公共行政和国防；强制性社会保障	322	366					
教育	92	120					
荷兰							
国内生产总值	**4023**	**5134**	**5868**	**5993**	**6027**		
增加值总额(按基本价格计算)	**4020**	**4860**	**5680**	**5840**	**5890**	**5970**	**6150**
第三产业							
批发和零售贸易；机动车辆和摩托车的修理	520	592					
运输和储存	76	85					
住宿和餐饮业	266	332					
信息和通讯业	183	247	278	278	279	285	297
金融和保险业	262	328	477	499	491	485	471
房地产业	305	327	316	291	312	347	359
专业和科技活动	162	213					
企业管理和商务服务业	272	400					
公共行政和国防；强制性社会保障	114	140					
教育	15	20					
俄罗斯							
国内生产总值	**73022**	**216254**	**463085**	**621765**	**661901**		
增加值总额(按基本价格计算)	**65304**	**185177**	**400401**	**529829**	**617523**		
第三产业							
批发和零售贸易；机动车辆和摩托车的修理		36105	80210		100971		
运输和储存		1678	4033		5741		
住宿和餐饮业	5929	18970	36625		49492		
信息和通讯业	912	7012	17735		28432		
金融和保险业	6157	18288	49015		105523		
房地产业	3058	9591	24235		46038		
专业和科技活动	1794	4932	12260		17340		
企业管理和商务服务业	1460	5647	14873		23021		
公共行政和国防；强制性社会保障		3247	7006		10330		
教育		4941	12260	15503	4061		
西班牙							
国内生产总值	**6105**	**9093**	**10456**	**10293**	**10230**		

附录1-4　续表 7　　　　　　　　　　　　　　　　　　　单位：亿本币

国家和地区	2000	2005	2010	2012	2013	2014	2015
增加值总额(按基本价格计算)	**5860**	**8340**	**9900**	**9540**	**9360**	**9440**	**9760**
第三产业							
批发和零售贸易；机动车辆和摩托车的修理	640	871					
运输和储存	434	610					
住宿和餐饮业	418	563					
信息和通讯业	259	379	434	420	413	404	405
金融和保险业	270	389	439	399	352	379	383
房地产业	352	664	1000	1110	1130	1130	1090
专业和科技活动	279	389					
企业管理和商务服务业	290	449					
公共行政和国防；强制性社会保障	204	305					
教育	58	71					
英　国							
国内生产总值	**9589**	**12340**	**14856**	**15584**	**16134**		
增加值总额(按基本价格计算)	**9680**	**12400**	**14100**	**15000**	**15500**	**16200**	**16700**
第三产业							
批发和零售贸易；机动车辆和摩托车的修理	1039	1321					
运输和储存	260	327					
住宿和餐饮业	693	811					
信息和通讯业	607	781	861	930	970	1010	1080
金融和保险业	497	944	1160	1130	1180	1220	1210
房地产业	1330	1550	1640	1890	1890	2050	2160
专业和科技活动	481	623					
企业管理和商务服务业	554	815					
公共行政和国防；强制性社会保障	382	535					
教育	40	53					
澳大利亚							
国内生产总值	**6893**	**9675**	**14067**	**15212**			
增加值总额(按基本价格计算)	**6450**	**9190**	**13200**	**14300**	**14800**	**15100**	**15500**
第三产业							
批发和零售贸易；机动车辆和摩托车的修理	666	927	1220	1330	1330	1340	1400
运输和储存	322	468	652	749	751	776	827
住宿和餐饮业	183	235	328	362	368	387	390
信息和通讯业	265	331	416	426	432	440	434
金融和保险业	541	755	1150	1240	1320	1400	1470
房地产业	702	984	1450	1690	1800	1900	2010
专业和科技活动	369	554	877	1020	1010	1030	1030
企业管理和商务服务业	181	280	407	422	429	455	475
公共行政和国防；强制性社会保障	402	549	733	804	831	852	900
教育	320	442	616	703	738	768	808
卫生和社会福利业	367	543	870	959	1010	1080	1130
艺术、娱乐和文娱活动	73	94	114	120	127	132	139
其他服务活动	139	192	254	277	293	296	303

注：①万亿本币。
资料来源：联合国国民核算数据库。

附录1-5 按行业分类的第三产业就业人员

单位：万人

国家和地区	2012	2013	2014	2015	2016	2017
中　　国①						
按第三版ISIC分类						
就业人员	**15236.4**	**18108.4**	**18277.8**	**18062.5**	**17888.1**	**17643.8**
第三产业						
批发、零售贸易	711.8	890.8	888.6	883.3	875.0	842.8
居民服务、修理和其他服务业	62.1	72.3	75.4	75.2	75.4	78.2
住宿和餐饮业	265.1	304.4	289.3	276.1	269.7	265.9
运输、仓储和邮政业	667.5	846.2	861.4	854.4	849.5	843.9
金融中介	527.8	537.9	566.3	606.8	665.2	688.8
房地产、租赁及商业活动	566.0	795.6	851.6	891.3	920.1	967.4
公共管理、社会保障和社会组织	1541.5	1567.0	1599.3	1637.8	1672.6	1725.6
教育	1653.4	1687.2	1727.3	1736.5	1729.2	1730.4
卫生和社会工作	719.3	770.0	810.4	841.6	867.0	897.9
印度尼西亚						
按第四版ISIC分类						
就业人员	**11353.7**	**11434.5**	**11639.9**	**11783.3**		
第三产业						
批发和零售贸易；机动车辆和摩托车的修理	2090.3	2118.8	2144.8	2195.5		
运输和储存	465.4	469.1	467.4	462.3		
住宿和餐饮业	393.8	450.4	482.4	516.7		
信息和通讯业	54.1	58.1	62.1	57.5		
金融和保险业	143.6	154.1	156.6	173.6		
房地产业	19.0	20.8	25.7	29.2		
专业和科技活动	31.9	33.6	36.5	42.2		
企业管理和商务服务业	85.7	94.0	96.1	104.6		
公共行政和国防；强制性社会保障	380.5	379.9	392.1	403.4		
教育	528.7	538.0	562.2	574.9		
卫生和社会福利业	126.5	135.6	141.0	150.5		
艺术、娱乐和文娱活动	40.4	43.3	42.1	44.0		
其他服务活动	251.6	263.1	296.8	263.8		
域外组织和机构的活动						
未分类经济活动						
日　　本						
按第四版ISIC分类						
就业人员	**6270.0**	**6311.0**	**6351.0**	**6376.0**	**6440.0**	
第三产业						
批发和零售贸易；机动车辆和摩托车的修理	1075.0	1089.0		1083.0	1088.0	
运输和储存	361.0	370.0		366.0	371.0	
住宿和餐饮业	376.0	384.0		383.0	389.0	
信息和通讯业	188.0	192.0		209.0	207.0	
金融和保险业	189.0	191.0		180.0	190.0	
房地产业	85.0	83.0		92.0	94.0	
专业和科技活动	205.0	207.0		214.0	220.0	
企业管理和商务服务业	345.0	282.0		294.0	303.0	
公共行政和国防；强制性社会保障	228.0	232.0		234.0	235.0	
教育	295.0	299.0		303.0	307.0	
卫生和社会福利业	706.0	735.0		784.0	808.0	
艺术、娱乐和文娱活动	77.0	77.0		71.0	75.0	

附录1-5　续表 1　　　　单位：万人

国家和地区	2012	2013	2014	2015	2016	2017
其他服务活动	208.0	214.0		206.0	205.0	
域外组织和机构的活动	3.0	3.0				
未分类经济活动	64.0	92.0				
韩　　国②						
按第四版ISIC分类						
就业人员	**2495.5**	**2529.9**	**2589.7**	**2617.8**	**2640.9**	**2672.5**
第三产业						
批发和零售贸易；机动车辆和摩托车的修理	372.9	369.2	383.3	381.6	375.3	379.4
运输和储存	139.4	143.0	143.0	142.9	142.7	140.5
住宿和餐饮业	192.7	198.6	212.0	219.8	229.5	229.3
信息和通讯业	70.7	69.7	71.8	77.4	78.4	78.3
金融和保险业	85.6	87.5	85.0	79.8	80.3	79.1
房地产业	48.9	48.9	51.3	54.0	57.6	62.1
专业和科技活动	103.6	102.9	103.4	105.2	110.0	109.3
企业管理和商务服务业	112.2	118.0	118.8	125.6	130.0	129.5
公共行政和国防；强制性社会保障	96.4	97.6	97.0	94.8	100.4	105.8
教育	176.1	176.4	182.8	183.3	185.8	190.3
卫生和社会福利业	141.5	156.6	170.9	178.1	186.1	192.1
艺术、娱乐和文娱活动	41.3	39.4	39.8	42.8	40.7	42.8
其他服务活动	130.2	132.6	131.5	129.1	128.4	128.4
域外组织和机构的活动	1.0	0.8	1.4	1.9	1.6	1.2
未分类经济活动						
马来西亚②						
按第四版ISIC分类						
就业人员	**1282.1**	**1354.5**	**1385.3**	**1406.8**	**1416.4**	
第三产业						
批发和零售贸易；机动车辆和摩托车的修理	212.6	226.1	232.4	236.1	242.9	
运输和储存	62.4	62.7	59.8	61.5	63.0	
住宿和餐饮业	96.5	104.2	114.9	115.1	126.1	
信息和通讯业	20.9	19.4	21.3	21.4	20.9	
金融和保险业	32.2	31.9	32.9	35.4	34.7	
房地产业	6.9	7.3	8.0	7.1	8.2	
专业和科技活动	30.7	30.7	32.9	35.9	36.2	
企业管理和商务服务业	53.2	56.7	65.4	63.5	65.7	
公共行政和国防；强制性社会保障	69.6	76.1	74.2	75.1	74.8	
教育	78.5	81.7	87.1	89.9	92.9	
卫生和社会福利业	41.4	49.0	53.3	57.3	57.0	
艺术、娱乐和文娱活动	8.5	7.9	9.4	8.2	8.1	
其他服务活动	19.1	19.2	19.9	23.3	23.1	
域外组织和机构的活动	0.2	0.2	0.2			
未分类经济活动						
菲 律 宾②						
按第四版ISIC分类						
就业人员	**3760.0**	**3811.8**	**3809.3**	**3874.1**	**4083.9**	**4033.4**
第三产业						
批发和零售贸易；机动车辆和摩托车的修理	686.4	710.5	713.5	731.3	800.9	790.0
运输和储存	261.7	273.4	266.1	278.1	302.1	312.7
住宿和餐饮业	157.1	160.7	165.6	171.6	177.0	174.0

附录1-5 续表 2 单位：万人

国家和地区	2012	2013	2014	2015	2016	2017
信息和通讯业	33.8	34.4	35.4	38.1	36.5	39.7
金融和保险业	43.7	44.8	49.1	49.8	51.3	50.6
房地产业	17.0	17.3	17.0	18.4	18.8	18.6
专业和科技活动	18.9	19.4	20.9	20.8	21.1	24.7
企业管理和商务服务业	93.7	101.6	107.4	113.9	136.4	147.5
公共行政和国防；强制性社会保障	195.8	196.5	192.7	209.6	218.2	240.8
教育	120.0	122.6	124.4	128.2	130.3	120.4
卫生和社会福利业	43.8	46.9	48.1	49.4	50.1	48.4
艺术、娱乐和文娱活动	32.8	34.7	35.0	34.3	35.8	32.5
其他服务活动	214.9	218.9	215.2	248.9	288.4	270.0
域外组织和机构的活动	0.2	0.4	0.7	0.3		
未分类经济活动						
新 加 坡						
按第四版ISIC分类						
就业人员	**204.1**	**205.6**	**210.4**	**214.8**		
第三产业						
批发和零售贸易；机动车辆和摩托车的修理	30.6	30.2	34.6	36.4		
运输和储存	19.0	19.3	18.9	18.8		
住宿和餐饮业	12.9	13.5	13.7	13.9		
信息和通讯业	8.6	9.2	8.8	8.4		
金融和保险业	15.1	14.8	16.6	16.7		
房地产业	5.2	4.9	5.6	5.5		
专业和科技活动	13.5	14.3	15.3	16.7		
企业管理和商务服务业	10.3	10.0	10.3	11.2		
公共行政和国防；强制性社会保障	27.5	28.5	28.5	29.1		
教育						
卫生和社会福利业	9.1	9.5	10.8	10.6		
艺术、娱乐和文娱活动	3.9	3.7	3.5	3.7		
其他服务活动	6.5	6.9	6.6	6.7		
域外组织和机构的活动						
未分类经济活动	2.7	2.7	2.5	2.3		
泰 国②						
按第四版ISIC分类						
就业人员	**3957.8**	**3890.7**	**3807.7**	**3801.6**	**3769.3**	
第三产业						
批发和零售贸易；机动车辆和摩托车的修理	580.8	600.8	618.5	617.6	633.1	
运输和储存	96.2	94.8	119.2	121.6	119.9	
住宿和餐饮业	231.9	230.0	256.8	264.4	272.9	
信息和通讯业	21.4	19.9	24.8	24.2	23.1	
金融和保险业	38.6	44.0	52.7	53.9	54.6	
房地产业	13.2	13.2	15.9	19.4	18.6	
专业和科技活动	23.7	25.7	31.7	37.4	35.4	
企业管理和商务服务业	38.1	39.4	49.5	54.8	57.9	
公共行政和国防；强制性社会保障	165.7	164.0	158.9	161.1	157.9	
教育	117.7	118.1	115.3	118.2	118.5	
卫生和社会福利业	65.4	64.5	68.4	68.2	70.6	
艺术、娱乐和文娱活动	22.4	23.8	25.6	26.7	25.2	
其他服务活动	63.6	63.0	73.6	77.0	82.9	

附录1-5 续表 3　　单位：万人

国家和地区	2012	2013	2014	2015	2016	2017
域外组织和机构的活动	0.6	5.3	6.6	6.6	8.1	
未分类经济活动	3.8					
越　南						
按第四版ISIC分类						
就业人员	**5142.2**	**5220.8**	**5275.4**	**5283.9**	**5330.3**	**5370.3**
第三产业						
批发和零售贸易；机动车辆和摩托车的修理	631.1	654.7	655.4	668.9	677.5	690.8
运输和储存	149.8	149.6	153.6	162.2	160.8	175.2
住宿和餐饮业	213.7	221.1	230.2	244.1	248.1	248.6
信息和通讯业	28.4	26.7	31.8	33.8	32.5	33.8
金融和保险业	31.2	33.4	35.2	36.5	40.0	38.4
房地产业	14.8	15.0	15.8	15.7	18.8	22.6
专业和科技活动	24.9	24.3	22.7	23.6	22.6	25.1
企业管理和商务服务业	22.9	22.5	26.2	29.0	26.3	31.0
公共行政和国防；强制性社会保障	158.2	168.7	169.8	168.6	173.1	172.8
教育	176.6	180.8	186.1	185.6	188.4	202.9
卫生和社会福利业	48.2	50.1	49.3	54.0	57.0	53.7
艺术、娱乐和文娱活动	25.6	28.1	26.6	27.6	26.9	28.6
其他服务活动	73.2	77.8	76.5	86.0	85.3	85.8
域外组织和机构的活动	0.3	0.4	0.2	0.3	0.2	0.4
未分类经济活动	1.9	1.1	3.6	0.2	0.3	
埃　及②						
按第四版ISIC分类						
就业人员	**2356.4**	**2397.5**	**2429.9**	**2477.9**	**2537.1**	
第三产业						
批发和零售贸易；机动车辆和摩托车的修理	258.3	268.9	271.3	293.5	300.4	
运输和储存	164.4	169.9	175.6	190.3	188.7	
住宿和餐饮业	51.9	52.5	54.9	64.8	66.8	
信息和通讯业	20.0	18.9	19.0	20.6	18.8	
金融和保险业	19.5	16.7	15.8	16.0	18.1	
房地产业	1.7	2.6	3.2	3.8	3.6	
专业和科技活动	37.8	37.2	41.4	40.8	37.7	
企业管理和商务服务业	14.8	14.7	14.5	18.6	20.1	
公共行政和国防；强制性社会保障	188.6	188.6	191.3	179.1	172.9	
教育	223.5	230.0	229.3	221.6	228.3	
卫生和社会福利业	66.6	64.6	66.7	74.7	78.0	
艺术、娱乐和文娱活动	12.0	11.3	12.1	11.5	11.7	
其他服务活动	54.9	59.7	60.2	59.0	60.8	
域外组织和机构的活动	0.3	0.2	0.4	0.3	0.4	
未分类经济活动	0.2		0.1		4.1	

附录1-5 续表 4 单位：万人

国家和地区	2012	2013	2014	2015	2016	2017
巴 西						
按第四版ISIC分类						
就业人员	**8916.5**	**9049.5**	**9185.0**	**9172.6**	**8950.5**	**8979.3**
第三产业						
批发和零售贸易；机动车辆和摩托车的修理	1652.4	1706.4	1735.1	1750.1	1726.6	1737.0
运输和储存	411.4	423.0	419.2	432.3	446.4	451.6
住宿和餐饮业	381.9	399.5	421.6	437.1	458.7	509.7
信息和通讯业	121.0	123.3	125.9	123.7	119.3	120.3
金融和保险业	125.1	128.9	132.3	123.9	122.5	122.6
房地产业	53.7	56.9	56.2	58.8	55.4	56.9
专业和科技活动	281.5	281.2	316.1	320.3	296.4	303.9
企业管理和商务服务业	368.3	382.9	400.9	401.6	365.3	387.0
公共行政和国防；强制性社会保障	588.4	586.0	579.3	527.4	510.5	499.1
教育	515.8	514.0	550.1	607.3	603.0	597.0
卫生和社会福利业	345.6	359.9	380.3	394.0	426.6	439.3
艺术、娱乐和文娱活动	82.9	87.2	88.4	88.7	88.8	90.7
其他服务活动	298.3	313.8	328.3	325.7	331.2	354.2
域外组织和机构的活动	0.5	0.4	0.5	0.6	0.6	0.9
未分类经济活动	3.1	1.2	1.8	1.5	2.4	3.8
墨 西 哥						
按第四版ISIC分类						
就业人员	**4870.7**	**4922.7**	**4941.5**	**5061.1**	**5159.5**	**5234.1**
第三产业						
批发和零售贸易；机动车辆和摩托车的修理	1060.8	1065.6	1056.3	1067.9	1076.0	1068.8
运输和储存	194.9	200.7	204.9	211.5	219.7	226.7
住宿和餐饮业	333.8	341.0	344.9	365.4	383.7	392.5
信息和通讯业	39.5	41.7	36.6	37.6	40.9	40.2
金融和保险业	52.6	52.0	51.9	51.7	49.4	51.1
房地产业	16.2	15.2	17.0	18.9	16.7	19.5
专业和科技活动	116.2	124.1	126.4	129.3	135.4	136.7
企业管理和商务服务业	132.3	131.8	131.4	138.8	144.1	145.7
公共行政和国防；强制性社会保障	239.8	236.8	232.2	225.8	225.2	220.5
教育	257.9	256.2	250.1	253.6	255.9	264.9
卫生和社会福利业	135.9	138.8	139.6	143.8	144.1	150.6
艺术、娱乐和文娱活动	42.6	43.9	41.9	44.4	46.6	46.6
其他服务活动	159.0	159.1	150.2	155.9	155.9	161.9
域外组织和机构的活动	0.5	0.2	0.3	0.1	0.2	0.3
未分类经济活动	44.3	40.5	39.7	40.0	38.6	41.7
美 国②						
按第四版ISIC分类						
就业人员	**14246.9**	**14392.9**	**14630.5**	**14883.4**	**15143.6**	**15333.7**
第三产业						
批发和零售贸易；机动车辆和摩托车的修理	1991.5	1966.0	2011.3	2013.6	2011.3	2017.0
运输和储存	800.6	820.3	832.1	846.8	866.2	883.0
住宿和餐饮业	954.6	969.9	973.6	992.4	1024.1	1022.6
信息和通讯业	485.0	508.3	524.0	533.9	552.5	577.4
金融和保险业	706.3	726.2	727.6	741.9	758.0	764.1
房地产业	269.3	276.5	282.3	288.5	305.0	311.2
专业和科技活动	800.4	797.1	812.1	824.5	847.1	876.0

附录1-5 续表 5

单位：万人

国家和地区	2012	2013	2014	2015	2016	2017
企业管理和商务服务业	665.0	675.8	667.3	679.5	706.9	723.3
公共行政和国防；强制性社会保障	513.2	501.2	508.0	521.7	523.5	532.4
教育	1293.9	1296.6	1324.6	1359.5	1366.6	1375.8
卫生和社会福利业	1981.7	1998.9	2002.7	2057.5	2105.8	2127.1
艺术、娱乐和文娱活动	286.6	299.3	300.3	308.8	310.5	318.6
其他服务活动	382.4	382.5	420.1	425.2	438.4	448.6
域外组织和机构的活动	33.7	39.3	39.9	39.7	41.6	45.7
未分类经济活动						
法　国						
按第四版ISIC分类						
就业人员	**2580.4**	**2578.5**	**2637.6**	**2642.4**	**2658.4**	**2688.0**
第三产业						
批发和零售贸易；机动车辆和摩托车的修理	326.6	325.6	338.9	337.1	342.8	344.9
运输和储存	134.4	139.8	142.8	147.5	146.3	145.2
住宿和餐饮业	98.1	96.1	93.3	99.5	102.2	103.2
信息和通讯业	74.5	70.1	72.1	74.5	74.0	79.1
金融和保险业	84.1	84.9	86.3	87.9	86.5	86.4
房地产业	31.1	37.3	42.4	39.9	35.9	39.4
专业和科技活动	140.2	141.1	147.5	149.7	152.6	156.3
企业管理和商务服务业	99.0	96.6	101.6	99.9	104.2	108.7
公共行政和国防；强制性社会保障	244.8	235.0	244.4	243.0	243.1	243.3
教育	184.8	184.3	197.1	199.6	199.5	193.3
卫生和社会福利业	347.4	363.2	383.7	388.0	386.8	396.2
艺术、娱乐和文娱活动	36.6	41.1	42.4	44.1	44.6	45.2
其他服务活动	70.5	69.6	68.8	64.2	65.6	69.5
域外组织和机构的活动	2.3	2.2	2.2	1.7	1.9	1.9
未分类经济活动	11.4	20.8	26.9	32.7	34.4	32.8
德　国						
按第四版ISIC分类						
就业人员	**3912.6**	**3953.1**	**3987.1**	**4021.1**	**4126.7**	**4166.4**
第三产业						
批发和零售贸易；机动车辆和摩托车的修理	521.5	568.0	561.3	567.1	582.3	582.3
运输和储存	187.0	191.3	192.4	195.8	201.7	208.3
住宿和餐饮业	150.5	150.9	152.7	154.9	157.9	157.5
信息和通讯业	128.0	115.3	116.4	119.9	126.0	126.8
金融和保险业	129.1	127.9	127.4	124.8	130.0	128.8
房地产业	27.1	22.2	19.5	21.3	21.6	20.6
专业和科技活动	198.7	214.1	216.7	222.3	234.5	238.7
企业管理和商务服务业	206.7	192.8	195.4	202.2	206.4	210.8
公共行政和国防；强制性社会保障	275.9	278.7	279.7	275.8	288.2	285.6
教育	247.3	254.7	259.5	263.8	268.8	275.2
卫生和社会福利业	487.3	485.7	497.0	510.6	528.3	537.2
艺术、娱乐和文娱活动	55.1	53.3	53.7	56.1	55.8	56.7
其他服务活动	110.1	117.5	114.8	113.5	116.7	118.2
域外组织和机构的活动	2.6	2.0	2.1	1.8	1.9	2.1
未分类经济活动						

附录1-5 续表 6

单位：万人

国家和地区	2012	2013	2014	2015	2016	2017
意大利						
按第四版ISIC分类						
就业人员	**2256.6**	**2219.1**	**2227.9**	**2246.5**	**2275.8**	**2302.3**
第三产业						
批发和零售贸易；机动车辆和摩托车的修理	333.1	328.8	322.7	319.4	324.2	328.8
运输和储存	104.5	103.4	103.9	103.3	108.5	111.0
住宿和餐饮业	124.7	122.8	126.9	133.4	139.5	145.1
信息和通讯业	55.5	54.9	55.1	56.1	56.2	56.5
金融和保险业	64.0	62.7	61.2	64.4	64.9	63.8
房地产业	14.1	14.6	12.6	13.2	14.1	14.4
专业和科技活动	134.5	136.2	140.3	141.6	145.9	145.8
企业管理和商务服务业	86.7	89.5	90.7	96.8	99.1	96.6
公共行政和国防；强制性社会保障	137.0	130.6	128.0	129.3	126.2	126.0
教育	149.5	149.0	151.3	150.9	154.3	161.4
卫生和社会福利业	177.4	176.5	180.4	179.6	183.1	186.3
艺术、娱乐和文娱活动	28.3	29.3	29.8	30.3	32.4	33.4
其他服务活动	71.3	68.7	65.2	65.9	66.7	69.4
域外组织和机构的活动	1.3	1.4	1.6	1.7	1.5	1.9
荷兰						
按第四版ISIC分类						
就业人员	**834.5**	**828.5**	**823.6**	**831.9**	**842.7**	**860.5**
第三产业						
批发和零售贸易；机动车辆和摩托车的修理	112.6	121.6	123.5	123.3	124.2	125.2
运输和储存	39	36.7	35.8	35.6	37.4	38.4
住宿和餐饮业	34	31.3	32.5	35.2	35.6	36.3
信息和通讯业	28.3	25.4	24.5	25.6	27.2	27.3
金融和保险业	22	27.4	28	26.8	26.4	25.3
房地产业	6.4	6.3	6.4	6.7	6.5	6.4
专业和科技活动	49.1	57.6	58.1	58.5	57.8	58.7
企业管理和商务服务业	30.9	38.6	41	42.9	44.5	44.3
公共行政和国防；强制性社会保障	51.8	50.1	49	48.5	48.3	49.7
教育	55.8	54.8	54.4	55.7	56.1	55.9
卫生和社会福利业	136.2	133	129.9	129.1	129.3	127.1
艺术、娱乐和文娱活动	16.9	15.9	15.9	16.9	16.9	17.2
其他服务活动	17.6	18.6	18.6	18.1	18.1	17.6
域外组织和机构的活动	0.2	0.1	0.1	0.2	0.2	0.1
未分类经济活动	83.8	69.1	64.3	64.6	68.6	84.4
俄罗斯						
按第四版ISIC分类						
就业人员	**7154.5**	**7139.1**	**7153.9**	**7232.4**		**7231.6**
第三产业						
批发和零售贸易；机动车辆和摩托车的修理						1152.5
运输和储存						617.6
住宿和餐饮业	153.2	127.2	172.8	180.2		184.0
信息和通讯业						129.4
金融和保险业						162.0
房地产业						125.7
专业和科技活动						228.1
企业管理和商务服务业	2050.2	2032.0	2044.8	2082.1		163.4
公共行政和国防；强制性社会保障						520.7

附录1-5 续表 7　　　　单位：万人

国家和地区	2012	2013	2014	2015	2016	2017
教育	661.7	653.4	657.7	666.7		686.7
卫生和社会福利业	572.1	562.3	562.6	571.7		570.5
艺术、娱乐和文娱活动						132.2
其他服务活动						178.9
域外组织和机构的活动	0.7		0.2	0.5		0.3
西 班 牙						
按第四版ISIC分类						
就业人员	**1763.3**	**1713.9**	**1734.4**	**1786.6**	**1834.2**	**1882.5**
第三产业						
批发和零售贸易；机动车辆和摩托车的修理	286	284.7	286.7	292.1	296.9	299.4
运输和储存	85.2	83.2	85.3	87.1	93.2	93.7
住宿和餐饮业	133.7	133.3	140.4	150.5	160.4	163.7
信息和通讯业	53.5	52.3	51.6	53	54.6	58.5
金融和保险业	43.6	45.4	45.3	45.4	45.8	44.6
房地产业	9.7	9.2	10	10.4	11.4	13
专业和科技活动	85.8	83.7	85.1	89.1	92.4	97.7
企业管理和商务服务业	89.4	88.3	89.9	92.8	94	93.5
公共行政和国防；强制性社会保障	135.1	127.7	130.9	132.5	126.6	129.1
教育	120.8	116.4	115.2	118.2	126.8	125.9
卫生和社会福利业	141.6	136.6	141.7	144.2	151.1	156.5
艺术、娱乐和文娱活动	31.6	31.6	35	36.5	37.7	38.6
其他服务活动	42.4	42	40.5	42.4	43.5	45.3
域外组织和机构的活动	0.5	0.7	0.3	0.2	0.4	0.3
英 国						
按第四版ISIC分类						
就业人员	**2959.6**	**2995.4**	**3067.1**	**3119.3**	**3162.8**	**3196.3**
第三产业						
批发和零售贸易；机动车辆和摩托车的修理	406.4	402.1	401.9	406.5	416.6	419.5
运输和储存	144.2	149.9	147.5	155.7	161.1	157.2
住宿和餐饮业	148.3	151.7	159.8	163.7	170.8	174.7
信息和通讯业	111.7	116.9	120.1	126.3	126.4	129.7
金融和保险业	120.2	115.7	117.9	123.4	124.5	121.8
房地产业	33.4	33.8	35.1	34.1	35.4	35.2
专业和科技活动	194.7	204.2	214.3	217.7	228.1	234.3
企业管理和商务服务业	136.4	141.5	144.0	150.0	151.1	157.5
公共行政和国防；强制性社会保障	182.2	184.9	182.5	184.6	190.7	197.5
教育	307.4	309.0	318.2	327.9	331.0	326.1
卫生和社会福利业	391.0	402.1	409.0	414.7	412.6	419.5
艺术、娱乐和文娱活动	77.4	73.8	79.4	84.4	82.5	84.2
其他服务活动	73.5	80.2	83.8	86.5	87.2	93.9
域外组织和机构的活动	4.1	4.2	4.3	3.9	5.0	4.5
未分类经济活动	28.8	27.6	26.0	21.3	16.8	18.3
澳大利亚						
按第四版ISIC分类						
就业人员			**1153.5**	**1177.1**	**1195.0**	
第三产业						
批发和零售贸易；机动车辆和摩托车的修理			177.0	177.2	174.3	
运输和储存			59.4	61.0	62.3	
住宿和餐饮业			77.4	82.3	84.4	
信息和通讯业			38.0	39.6	39.7	
金融和保险业			41.5	41.7	42.6	
房地产业			16.8	16.6	17.1	
专业和科技活动			73.6	79.7	80.9	
企业管理和商务服务业			42.7	45.2	47.6	
公共行政和国防；强制性社会保障			72.5	73.0	77.0	
教育			91.3	93.5	94.8	
卫生和社会福利业			140.2	149.6	152.4	
艺术、娱乐和文娱活动			22.3	23.9	23.8	
其他服务活动			25.0	24.9	26.1	
域外组织和机构的活动			0.1	0.1	0.1	
未分类经济活动						

注：①指城镇非私营单位就业人员。②不包括军人。③资料来源于《中国统计年鉴》、国际劳工组织数据库。

附录1-6　按行业分类的第三产业雇员每月平均工资

单位：本币

国家和地区	2000	2005	2010	2014	2015	2016	2017
中　国							
按第四版ISIC分类							
雇员每月收入①		**1516.7**	**3044.9**	**4696.7**	**5169.1**	**5630.8**	**6193.2**
第三产业①							
批发和零售业		1271.3	2802.9	4653.2	5027.3	5421.8	5933.4
交通运输、储存和邮政业		1742.6	3372.2	5284.7	5735.2	6137.5	6685.4
住宿和餐饮业		1156.3	1948.5	3105.3	3400.5	3615.2	3812.6
信息传输、软件和信息技术服务业		3233.3	5369.7	8403.8	9336.8	10206.5	11095.8
金融业		2435.8	5845.5	9022.8	9564.8	9784.8	10237.6
房地产业		1687.8	2989.2	4630.7	5020.3	5458.1	5773.1
居民服务、修理和其他服务业		1312.3	2350.5	3490.2	3733.5	3964.8	4212.7
科学技术和技术服务业		2262.9	4698.0	6854.9	7450.8	8053.2	8984.6
租赁和商务服务业		1769.4	3297.2	5594.3	6040.8	6398.5	6782.8
教育		1521.6	3247.3	4715.0	5549.3	6208.2	6951.0
卫生和社会工作		1734.0	3352.7	5272.3	5968.7	6668.8	7470.7
文化、体育和娱乐业		1889.2	3452.3	5364.6	6063.7	6656.3	7316.9
公共管理、社会保障和社会组织		1686.2	3186.8	4425.8	5193.6	5913.3	6697.7
中国香港							
按第四版ISIC分类							
雇员每月收入		**10532.0**	**11000.0**	**13000.0**	**14200.0**		
第三产业							
批发和零售贸易；机动车辆和托车的修理			11000.0	13500.0	14000.0		
运输和储存			11000.0	13700.0	15000.0		
住宿和餐饮业			8000.0	10800.0	11000.0		
信息和通讯业			17000.0	20000.0	20000.0		
金融和保险业			20000.0	24000.0	25600.0		
房地产业			9000.0	12000.0	13000.0		
专业和科技活动			10500.0	13000.0	21000.0		
企业管理和商务服务业					9000.0		
公共行政和国防；强制性社会保障			22500.0	27000.0	28800.0		
教育			20000.0	22000.0	23000.0		
卫生和社会福利业			13000.0	15000.0	16500.0		
中国澳门							
按第四版ISIC分类							
雇员每月收入	**5115.5**	**5634.5**	**8900.0**	**13300.0**		**15000.0**	
第三产业							
教育	9095.0	9503.0	13600.0	20000.0		22000.0	
以色列							
按第四版ISIC分类							
雇员每月收入	**6791.0**	**7219.0**	**8100.0**	**9317.0**	**9503.0**		
第三产业							
批发和零售贸易；机动车辆和摩托车的修理				7704.0	8111.0		
运输和储存				10300.0	9948.0		
住宿和餐饮业				5306.0	5595.0		
信息和通讯业				16043.0	17020.0		
金融和保险业				14048.0	14718.0		
房地产业				8799.0	10117.0		
专业和科技活动				11992.0	13317.0		

附录1-6 续表 1

单位：本币

国家和地区	2000	2005	2010	2014	2015	2016	2017
印度尼西亚							
按第四版ISIC分类							
雇员每月收入②				**1704.3**	**1818.0**		
第三产业							
批发和零售贸易；机动车辆和摩托车的修理				1436.5	1584.5		
运输和储存				1984.4	2198.3		
住宿和餐饮业				1518.9	1583.7		
信息和通讯业				2919.8	3686.5		
金融和保险业				3078.5	3192.5		
房地产业				2596.8	2840.5		
专业和科技活动				3200.2	3494.0		
企业管理和商务服务业				1717.0	2090.1		
公共行政和国防；强制性社会保障				2863.7	3111.0		
教育				2261.2	2278.9		
卫生和社会福利业				2527.5	2633.3		
日　本							
按第四版ISIC分类							
雇员每月收入②	**330.0**	**330.8**	**296.2**	**299.6**	**304.0**	**304.0**	**304.3**
第三产业							
批发和零售贸易；机动车辆和摩托车的修理		306.1	297.7	305.2	305.1	307.9	308.0
运输和储存			261.5	267.8	267.5	277.0	274.8
住宿和餐饮业		239.4	236.8	242.1	240.9	241.5	242.1
信息和通讯业		358.1	363.3	363.4	390.3	371.4	376.7
金融和保险业	355.0	373.3	364.0	368.5	380.1	369.8	369.1
房地产业	335.6	334.0	314.6	321.0	321.7	325.1	321.6
专业和科技活动			380.5	369.8	367.9	369.5	382.8
教育		393.1	386.2	383.7	380.6	375.7	379.3
卫生和社会福利业		276.5	272.1	273.6	280.7	279.6	279.7
韩　国							
按第四版ISIC分类							
雇员每月收入②	**1667.5**	**2404.4**	**2785.0**	**3235.2**	**3269.0**	**3351.0**	**3446.0**
第三产业							
批发和零售贸易；机动车辆和摩托车的修理			2696.8	2962.1	3005.0	3076.0	3249.0
运输和储存			2380.9	2918.1	2978.0	3075.0	3271.0
住宿和餐饮业			1714.7	1897.5	1902.0	1971.0	2005.0
信息和通讯业			3577.0	3746.6	3804.0	3951.0	4141.0
金融和保险业			4243.6	4985.4	5034.0	5477.0	5397.0
房地产业			1890.0	2097.2	2199.0	2436.0	2597.0
专业和科技活动			3378.7	4031.9	4154.0	4328.0	4454.0
企业管理和商务服务业			2366.6	2540.1	2577.0	2656.0	2722.0
教育	1932.4	2724.3	3052.1	3444.6	3358.0	3415.0	3722.0
卫生和社会福利业			2420.3	2463.1	2519.0	2544.0	2652.0

附录1-6 续表 2　　　　单位：本币

国家和地区	2000	2005	2010	2014	2015	2016	2017
蒙　古							
按第四版ISIC分类							
雇员每月收入②	**62.3**	**101.2**	**341.5**	**796.6**	**808.0**		
第三产业							
批发和零售贸易；机动车辆和摩托车的修理				723.7	695.3		
运输和储存				924.5	885.0		
住宿和餐饮业				532.7	527.8		
信息和通讯业				774.9	798.5		
金融和保险业				1067.6	1049.7		
房地产业				769.9	810.9		
专业和科技活动				1080.6	1144.7		
企业管理和商务服务业				625.5	662.3		
公共行政和国防；强制性社会保障				776.4	788.9		
教育	59.2	92.8	311.6	705.3	735.5		
卫生和社会福利业				725.0	776.4		
新加坡							
按第四版ISIC分类							
雇员每月收入	**3063.0**	**3444.0**	**4089.0**	**3770.0**	**3949.0**		
第三产业							
批发和零售贸易；机动车辆和摩托车的修理			3546.0	3420.0	3549.0		
运输和储存			3953.0	2797.0	2916.0		
住宿和餐饮业			1506.0	1915.0	2000.0		
信息和通讯业			5338.0	5026.0	5500.0		
金融和保险业			7656.0	6300.0	6338.0		
房地产业			3051.0	3500.0	3611.0		
专业和科技活动			5003.0	5026.0	5075.0		
企业管理和商务服务业			2529.0	2069.0	2282.0		
公共行政和国防；强制性社会保障				5220.0	5538.0		
卫生和社会福利业				3518.0	3649.0		
泰　国							
按第四版ISIC分类							
雇员每月收入			**9262.2**	**14352.0**	**11107.0**	**14818.0**	**13878.0**
第三产业							
批发和零售贸易；机动车辆和摩托车的修理				12653.0	9765.0	13119.0	12514.0
运输和储存				18863.0	14651.0	20363.0	17274.0
住宿和餐饮业				11878.0	9437.0	12220.0	11140.0
信息和通讯业				27634.0	20040.0	28545.0	28284.0
金融和保险业				27510.0	19081.0	26067.0	23536.0
房地产业				15845.0	12769.0	15731.0	15391.0
专业和科技活动				22131.0	17463.0	23037.0	24143.0
企业管理和商务服务业				12812.0	10202.0	13412.0	11956.0
公共行政和国防；强制性社会保障				17222.0	13417.0	17922.0	17416.0
教育				25423.0	19748.0	26272.0	24053.0
卫生和社会福利业				18713.0	15058.0	20875.0	18991.0

附录1-6 续表 3

单位：本币

国家和地区	2000	2005	2010	2014	2015	2016	2017
埃 及							
按第四版ISIC分类							
雇员每月收入	**702.0**	**897.0**	**804.0**		**3073.0**	**2167.0**	
第三产业							
批发和零售贸易；机动车辆和摩托车的修理			775.0		3865.0	1763.0	
运输和储存			1036.0		4782.0	2339.0	
住宿和餐饮业			876.0		4088.0	1886.0	
信息和通讯业			1051.0		2954.0	2302.0	
金融和保险业			1089.0		3795.0	3087.0	
房地产业			993.0		2952.0	1857.0	
专业和科技活动			873.0		2467.0	2141.0	
企业管理和商务服务业			822.0		2318.0	1641.0	
公共行政和国防；强制性社会保障			711.0		2508.0	2489.0	
教育			638.0		2215.0	2043.0	
卫生和社会福利业			632.0		2097.0	1757.0	
加 拿 大							
按第三版ISIC分类							
雇员每周收入	**655.6**	**737.3**	**820.7**				
第三产业							
批发、零售贸易；机动车及个人、家庭用品修理业	538.5	573.3	608.6				
旅馆和饭店业	273.3	288.5	386.2				
运输、仓储和通讯	747.6	859.5	924.4				
金融中介	844.3	933.9	949.2				
房地产、租赁及商业活动	697.6	777.2	871.7				
公共管理和国防；社会基本保障	781.2	925.5	1118.7				
教育	673.9	779.6	960.8				
卫生和社会工作	562.4	667.4	790.1				
墨 西 哥							
按第四版ISIC分类							
雇员每月收入		**4252.0**	**4928.0**	**5355.0**	**5546.0**	**5802.0**	**6011.0**
第三产业							
批发和零售贸易；机动车辆和摩托车的修理		3772.0	4306.0	4768.0	4906.0	5219.0	5340.0
住宿和餐饮业		3398.0	3872.0	4267.0	4355.0	4704.0	4902.0
运输和储存		4770.0	5515.0	6083.0	6406.0	6754.0	7148.0
金融和保险业		8480.0	8552.0	9028.0	9291.0	9556.0	9703.0
房地产业		5269.0	6510.0	6080.0	7072.0	8136.0	6739.0
专业和科技活动		6125.0	7221.0	7903.0	9489.0	10009.0	9522.0
教育		6188.0	7261.0	8199.0	8459.0	8601.0	8939.0
卫生和社会福利业		6355.0	7647.0	8228.0	8437.0	8860.0	8952.0

附录1-6 续表 4　　　　单位：本币

国家和地区	2000	2005	2010	2014	2015	2016	2017
美　国							
按第三版ISIC分类							
雇员每月收入			**1020.0**				
第三产业							
运输、仓储和通讯	622.5						
金融中介	551.1	479.7					
法　国							
按第四版ISIC分类							
雇员每月收入	**1396.3**	**2516.0**	**2567.0**	**2775.0**			
第三产业							
批发、零售贸易；机动车及个人、家庭用品修理业			2311.0	2555.0			
运输和储存			2497.0	2708.0			
住宿和餐饮业			1954.0	2063.0			
信息和通讯业			3511.0	3775.0			
金融和保险业			3551.0	3936.0			
房地产业			2547.0	2646.0			
专业和科技活动			3399.0	3666.0			
企业管理和商务服务业			1994.0	2220.0			
公共行政和国防；强制性社会保障			2187.0	2383.0			
教育	1509.0	2117.0	2842.0	2888.0			
卫生和社会福利业			2261.0	2322.0			
德　国							
按第四版ISIC分类							
雇员每月收入	**2114.0**	**2230.0**	**3543.0**	**3881.0**	**3979.0**	**4078.0**	**4149.0**
第三产业							
批发和零售贸易；机动车辆和摩托车的修理			3326.0	3587.0	3668.0	3780.0	3851.0
运输和储存			2960.0	3130.0	3209.0	3249.0	3256.0
住宿和餐饮业			1997.0	2205.0	2282.0	2350.0	2401.0
信息和通讯业			4865.0	5299.0	5453.0	5391.0	5462.0
金融和保险业			5078.0	5675.0	5775.0	5898.0	6179.0
房地产业			3850.0	4277.0	4368.0	4475.0	4544.0
专业和科技活动			4638.0	4799.0	4936.0	5081.0	5269.0
企业管理和商务服务业			2207.0	2410.0	2485.0	2556.0	2659.0
公共行政和国防；强制性社会保障			3258.0	3622.0	3722.0	3814.0	3915.0
教育			4010.0	4250.0	4340.0	4438.0	4364.0
卫生和社会福利业			3370.0	3685.0	3756.0	3886.0	3979.0
波　兰							
按第四版ISIC分类							
雇员每月收入	**1894.0**	**2361.0**	**3224.0**	**3777.0**	**3908.0**	**4047.0**	**4272.0**
第三产业							
批发和零售贸易；机动车辆和摩托车的修理			2634.0	3130.0	3278.0	3429.0	3717.0
运输和储存			2952.0	3374.0	3470.0	3557.0	3741.0
住宿和餐饮业			2023.0	2370.0	2460.0	2594.0	2800.0
信息和通讯业			5538.0	6424.0	6685.0	7061.0	7410.0
金融和保险业			5390.0	6194.0	6511.0	6747.0	7075.0
房地产业			3383.0	3941.0	4075.0	4225.0	4449.0
专业和科技活动			4055.0	4598.0	4862.0	5008.0	5323.0
企业管理和商务服务业			2125.0	2672.0	2850.0	2959.0	3163.0
公共行政和国防；强制性社会保障			4150.0	4661.0	4788.0	5050.0	5305.0
教育	1835.0	2471.0	3381.0	4015.0	4133.0	4178.0	4259.0
卫生和社会福利业			3137.0	3457.0	3566.0	3745.0	3998.0

附录1-6 续表 5

单位：本币

国家和地区	2000	2005	2010	2014	2015	2016	2017
俄 罗 斯							
按第三版ISIC分类							
雇员每月收入	**2223.0**	**8555.0**	**20952.0**	**32495.0**	**34030.0**	**36709.0**	
第三产业							
批发、零售贸易；机动车及个人、家庭用品修理业		6552.0	18406.0	25601.0	35083.0		
旅馆和饭店业		6033.0	13466.0	19759.0	20626.0	22041.0	
运输、仓储和通讯		11351.0	25590.0	37011.0	38982.0	41510.0	
金融中介		22728.0	50120.0	68565.0	70088.0	80289.0	
房地产、租赁及商业活动		10237.0	25623.0	37559.0	39815.0	43737.0	
公共管理和国防；社会基本保障		10999.0	25121.0	42659.0	41916.0	43611.0	
教育		5430.0	14075.0	25862.0	26928.0	28088.0	27808.0
卫生和社会工作		5906.0	15724.0	27068.0	28179.0	29742.0	
英 国							
按第四版ISIC分类							
雇员每月收入	**386.0**	**464.0**	**2119.0**		**2208.0**		
第三产业							
批发和零售贸易；机动车辆和摩托车的修理			1602.0		1718.0		
运输和储存			2306.0		2587.0		
住宿和餐饮业			1045.0		1103.0		
信息和通讯业			3116.0		3232.0		
金融和保险业			3423.0		3792.0		
房地产业			2195.0		2264.0		
专业和科技活动			2921.0		2886.0		
企业管理和商务服务业			1629.0		1753.0		
公共行政和国防；强制性社会保障			2504.0		2552.0		
教育	419.7	518.6	1930.0		2060.0		
卫生和社会福利业			2001.0		2018.0		
新 西 兰							
按第四版ISIC分类							
雇员每月收入	**2526.0**	**3103.0**	**3940.0**	**4420.0**	**4522.0**	**4522.0**	
第三产业							
批发和零售贸易；机动车辆和摩托车的修理			3320.0	3750.0	3840.0	3960.0	
运输和储存			4360.0	4910.0	5060.0	5170.0	
住宿和餐饮业			1930.0	2170.0	2240.0	2330.0	
信息和通讯业			5920.0	6790.0	7020.0	7270.0	
金融和保险业			6500.0	7280.0	7480.0	7630.0	
房地产业			3890.0	4400.0	4570.0	4860.0	
专业和科技活动			5120.0	5830.0	5970.0	6100.0	
企业管理和商务服务业			3040.0	3370.0	3420.0	3500.0	
公共行政和国防；强制性社会保障			5470.0	5970.0	6120.0	6310.0	
教育			3960.0	4260.0	4320.0	4480.0	
卫生和社会福利业			3770.0	4180.0	4280.0	4390.0	

注：①指城镇非私营单位就业人员平均工资。②千本币。③资料来源于《中国统计年鉴》、国际劳工组织数据库。

附录1-7　货物进口总额

单位：亿美元

国家和地区	2000	2005	2010	2012	2013	2014	2015	2016	2017
世　界	**67231**	**108700**	**155107**	**187080**	**190149**	**191197**	**167686**	**162873**	**180240**
中　国	2251	6600	13963	18184	19500	19592	16796	15879	18419
中国香港	2140	3002	4414	5535	6223	6008	5594	5473	5899
中国澳门	26	45	56	90	101	113	106	89	95
孟加拉国	89	139	278	342	371	411	421	448	528
文　莱	11	15	25	36	36	36	32	27	27
柬埔寨	19	39	68	114	96	107	119	126	140
印　度	515	1429	3502	4897	4654	4629	3929	3612	4472
印度尼西亚	436	757	1357	1917	1866	1782	1427	1357	1569
伊　朗	139	400	654	571	492	510	418	400	470
以色列	377	471	612	754	749	755	650	689	719
日　本	3795	5159	6941	8858	8332	8122	6480	6076	6719
哈萨克斯坦	50	174	311	464	488	413	306	254	293
韩　国	1605	2612	4252	5196	5156	5255	4365	4062	4785
老　挝	5	9	21	31	31	43	52	47	51
马来西亚	820	1143	1646	1964	2059	2089	1760	1684	1952
蒙　古	6	12	33	67	64	52	38	34	43
缅　甸	24	19	48	92	120	162	169	157	165
巴基斯坦	109	254	378	441	447	474	438	469	578
菲律宾	370	495	585	654	657	687	748	894	985
新加坡	1346	2001	3108	3797	3730	3663	2968	2919	3277
斯里兰卡	63	88	135	192	180	194	189	192	209
泰　国	619	1182	1829	2491	2504	2278	2027	1942	2228
越　南	156	368	848	1138	1320	1479	1656	1748	2115
埃　及	146	225	529	692	662	668	636	558	616
尼日利亚	87	208	442	510	560	600	480	390	450
南　非	297	623	968	1272	1263	1220	1047	916	1013
加拿大	2448	3224	4027	4763	4758	4743	4290	4130	4417
墨西哥	1795	2282	3102	3805	3910	4116	4053	3975	4322
美　国	12593	17327	19692	23365	23291	24126	23153	22502	24095
阿根廷	252	287	568	680	744	657	602	559	669
巴　西	586	776	1915	2334	2506	2392	1788	1435	1575
捷　克	320	765	1267	1414	1443	1544	1414	1431	1620
法　国	3389	5041	6111	6744	6815	6787	5734	5722	6247
德　国	4972	7771	10548	11549	11812	12070	10514	10557	11670
意大利	2388	3848	4871	4886	4795	4742	4111	4069	4526
荷　兰	2183	3638	5164	5869	5897	5894	5124	5051	5743
波　兰	490	1016	1781	1991	2076	2237	1966	1973	2304
俄罗斯	449	1254	2486	3355	3413	3079	1930	1916	2378
西班牙	1561	2888	3270	3373	3406	3589	3120	3111	3506
土耳其	545	1168	1855	2366	2517	2422	2072	1986	2338
乌克兰	140	361	609	846	768	543	363	392	494
英　国	3481	5193	5911	6952	6600	6905	6264	6364	6441
澳大利亚	715	1253	2016	2609	2421	2368	2088	1960	2286
新西兰	139	262	306	383	396	425	366	361	401

资料来源：世界贸易组织数据库。

附录1-8 货物出口总额

单位：亿美元

国家和地区	2000	2005	2010	2012	2013	2014	2015	2016	2017
世 界	**64562**	**105090**	**153011**	**184960**	**189528**	**189677**	**165189**	**160287**	**177300**
中 国	2492	7620	15778	20487	22090	23423	22735	20976	22633
中国香港	2027	2921	4007	4929	5356	5241	5106	5167	5503
中国澳门	25	25	9	10	11	12	13	13	14
孟加拉国	64	93	192	251	291	304	324	349	360
文 莱	39	63	89	130	115	105	64	52	57
柬埔寨	14	31	51	78	67	69	85	101	120
印 度	424	996	2264	2968	3149	3227	2674	2641	2984
印度尼西亚	654	870	1578	1900	1826	1763	1504	1447	1686
伊 朗	287	563	1013	1040	825	888	631	730	920
以色列	314	428	584	631	666	685	637	604	611
日 本	4793	5949	7698	7986	7151	6902	6248	6449	6981
哈萨克斯坦	88	279	600	865	847	795	460	367	483
韩 国	1723	2844	4664	5479	5596	5727	5268	4954	5737
老 挝	3	6	18	23	23	27	28	34	40
马来西亚	982	1416	1986	2275	2283	2339	1992	1897	2178
蒙 古	5	11	29	44	43	58	47	49	62
缅 甸	16	38	87	89	112	115	114	118	133
巴基斯坦	90	161	214	246	251	247	221	204	216
菲律宾	381	413	515	521	567	621	588	574	632
新加坡	1378	2297	3519	4084	4103	4093	3466	3381	3732
斯里兰卡	54	64	86	94	102	113	106	103	113
泰 国	690	1109	1933	2291	2285	2275	2143	2154	2367
越 南	145	324	722	1145	1320	1502	1621	1766	2143
埃 及	53	129	264	294	290	269	214	255	256
尼日利亚	210	505	840	1147	1024	942	514	350	469
南 非	300	516	914	996	962	922	814	752	890
加拿大	2766	3605	3875	4556	4583	4763	4100	3903	4209
墨西哥	1664	2142	2983	3708	3800	3969	3806	3739	4095
美 国	7819	9011	12785	15457	15796	16205	15026	14510	15467
阿根廷	263	404	682	800	760	684	568	579	584
巴 西	551	1185	2019	2426	2420	2251	1911	1853	2178
捷 克	291	781	1330	1570	1623	1751	1580	1627	1801
法 国	3276	4634	5238	5687	5810	5811	5063	5018	5352
德 国	5518	9709	12589	14011	14451	14946	13268	13344	14483
意大利	2405	3731	4473	5013	5183	5299	4574	4619	5062
荷 兰	2331	4064	5743	6554	6716	6727	5706	5714	6520
波 兰	318	894	1597	1854	2050	2202	1992	2025	2309
俄罗斯	1050	2438	4006	5293	5218	4968	3414	2819	3531
西班牙	1153	1926	2544	2953	3178	3245	2825	2901	3205
土耳其	278	735	1139	1525	1518	1576	1438	1425	1570
乌克兰	146	342	515	685	643	542	379	364	432
英 国	2854	3909	4160	4728	5406	5052	4602	4096	4450
澳大利亚	639	1061	2126	2567	2530	2400	1877	1925	2308
新西兰	133	217	314	373	394	416	344	337	380

资料来源：世界贸易组织数据库。

附录1-9 服务贸易进口总额

单位：亿美元

国家和地区	2000	2005	2010	2012	2013	2014	2015	2016	2017
世　界	**14637**	**25309**	**37142**	**43441**	**46107**	**50051**	**47345**	**47710**	**50745**
中　国	359	833	1923	2803	3294	4309	4330	4492	4641
中国香港	246	561	702	765	750	738	739	743	771
中国澳门	8	15	24	37	35	37	36	38	44
孟加拉国	15	21	41	52	62	74	74	76	90
文　莱	8	9	11	22	24	17	16	16	14
柬埔寨	3	6	8	15	17	19	19	20	22
印　度	189	602	1142	1292	1258	1274	1227	1328	1534
印度尼西亚	154	220	260	336	344	331	308	304	324
伊　朗	22	104	182	149	154	165	151	152	159
以色列	118	141	185	219	215	241	243	258	288
日　本	1139	1374	1629	1828	1690	1905	1766	1824	1889
哈萨克斯坦	18	74	112	126	123	128	114	109	107
韩　国	332	591	965	1078	1092	1147	1113	1113	1203
老　挝	0	0	3	3	5	5	6	6	
马来西亚	166	218	324	431	450	451	399	396	417
蒙　古	2	4	8	21	20	19	14	21	22
缅　甸	3	5	8	14	22	22	24	29	
巴基斯坦	21	73	66	76	72	80	82	84	92
菲律宾	52	64	117	140	161	206	234	238	258
新加坡	300	560	1010	1343	1508	1682	1666	1623	1706
斯里兰卡	16	28	43	44	52	56	59	61	65
泰　国	153	267	411	455	471	449	422	431	456
越　南	33	44	98	109	136	148	158	163	168
埃　及	72	95	130	156	148	168	167	162	157
尼日利亚	31	64	199	224	201	230	187	113	180
南　非	57	119	192	184	176	166	151	145	158
加拿大	436	645	972	1106	1118	1098	1003	988	1052
墨西哥	162	223	267	311	319	342	325	334	367
美　国	2050	2770	3774	4242	4357	4565	4701	4831	5160
阿根廷	90	72	143	179	186	176	187	208	238
巴　西	156	215	578	758	811	859	689	615	663
捷　克	53	107	177	202	203	223	196	197	217
法　国	597	1334	1809	2022	2276	2521	2302	2353	2405
德　国	1367	2081	2621	2935	3266	3300	2920	3033	3217
意大利	544	932	1110	1064	1091	1132	997	1017	1128
荷　兰	518	836	1357	1426	1512	1977	2066	1840	2106
波　兰	89	155	309	332	344	365	329	341	381
俄罗斯	162	395	732	1067	1257	1189	871	729	872
西班牙	329	610	678	640	626	692	651	699	759
土耳其	85	108	185	195	231	232	209	208	227
乌克兰	26	70	122	140	155	117	104	109	124
英　国	965	1694	1779	1888	2015	2154	2130	2023	2098
澳大利亚	186	325	569	732	746	698	625	611	666
新西兰	44	83	101	123	125	130	116	118	128

资料来源：世界贸易组织数据库。

附录1-10 服务贸易出口总额

单位：亿美元

国家和地区	2000	2005	2010	2012	2013	2014	2015	2016	2017
世 界	**14913**	**26026**	**38505**	**44662**	**47608**	**51219**	**48635**	**48933**	**52794**
中 国	301	780	1774	2006	2058	2181	2176	2083	2264
中国香港	404	473	805	984	1047	1068	1043	984	1036
中国澳门	33	78	237	378	452	452	334	329	383
孟加拉国	3	7	12	14	15	16	17	20	23
文 莱	2	6	5	5	5	6	6	5	5
柬埔寨	4	11	19	31	34	37	38	38	45
印 度	160	519	1166	1450	1487	1566	1557	1612	1834
印度尼西亚	51	126	163	231	223	229	216	226	239
伊 朗	14	49	87	83	92	103	108	98	99
以色列	156	173	254	318	350	358	368	400	443
日 本	683	997	1318	1338	1327	1593	1583	1688	1800
哈萨克斯坦	9	20	39	46	52	64	62	61	62
韩 国	308	493	822	1023	1025	1110	967	940	865
老 挝	1	2	5	6	8	8	8	8	
马来西亚	138	196	346	405	420	420	348	352	367
蒙 古	1	4	5	6	7	6	7	8	10
缅 甸	5	3	3	12	27	31	38	37	
巴基斯坦	13	20	29	32	33	36	35	37	39
菲律宾	34	86	178	204	233	255	290	312	356
新加坡	284	462	1006	1297	1429	1557	1550	1577	1644
斯里兰卡	9	15	25	38	47	56	64	71	74
泰 国	138	198	341	494	584	552	614	674	754
越 南	27	42	74	95	106	109	111	121	130
埃 及	97	144	236	213	179	203	181	133	191
尼日利亚	18	14	26	21	19	15	27	32	45
南 非	49	116	157	172	164	165	147	140	154
加拿大	393	589	753	878	890	875	801	810	857
墨西哥	133	157	154	163	180	210	227	245	269
美 国	2824	3590	5435	6336	6786	7214	7320	7336	7617
阿根廷	48	63	126	140	135	132	130	126	139
巴 西	90	143	293	374	363	390	330	326	337
捷 克	67	131	219	242	240	251	228	239	267
法 国	800	1524	2011	2337	2530	2716	2393	2346	2482
德 国	796	1530	2200	2474	2676	2924	2679	2763	2998
意大利	559	908	998	1071	1110	1131	974	998	1102
荷 兰	514	901	1598	1664	1771	2106	1991	1873	2165
波 兰	104	181	354	410	446	487	451	498	592
俄罗斯	96	286	486	615	691	648	509	497	569
西班牙	522	916	1124	1217	1260	1324	1176	1263	1385
土耳其	202	275	360	428	474	511	462	372	434
乌克兰	38	100	177	214	219	146	122	121	138
英 国	1184	2331	2678	3114	3363	3606	3450	3279	3473
澳大利亚	194	317	511	576	570	580	539	571	640
新西兰	50	100	114	130	133	143	142	148	160

资料来源：世界贸易组织数据库。

附录1-11　外汇储备和黄金储备

国家和地区	外汇储备（亿美元）				黄金储备（万盎司）			
	2000	2010	2015	2017	2000	2010	2015	2017
中　国	1655.7	28473.4	33303.6	31399.5	1270.0	3389.0	5666.0	5924.0
中国香港	1075.4	2686.5	3586.6	4313.0	6.7	6.7	6.7	6.7
中国澳门	33.2	237.3	188.9	201.7				
孟加拉国	14.9	99.0	258.0	312.9	10.9	43.4	44.3	44.9
文　莱	3.6	12.1	28.9	29.4			14.6	14.5
柬埔寨	5.0	31.5	67.6	111.1	40.0	40.0	40.0	40.0
印　度	372.6	2678.1	3278.4	3851.0	1150.2	1793.2	1793.2	1794.3
印度尼西亚	282.8	899.7	1006.3	1241.4	310.1	235.0	251.0	259.0
以色列	231.6	692.7	889.4	1114.9				
日　本	3472.1	10362.6	11795.0	12026.1	2454.7	2460.2	2460.2	2460.2
哈萨克斯坦	15.9	246.9	197.9	174.7	184.0	216.4	713.2	967.6
韩　国	958.6	2869.3	3585.1	3794.8	43.9	46.4	335.7	335.7
老　挝	1.4	6.3	9.7	11.6	1.7	28.5	1.1	2.8
马来西亚	274.3	1023.3	914.3	989.4	117.0	117.0	123.0	121.0
蒙　古	1.8	21.2	11.9	27.7	8.5	6.5	7.2	13.7
缅　甸	2.2	57.1	43.5	49.1	23.1	23.4	23.4	23.4
巴基斯坦	15.0	131.2	171.6	152.0	209.1	207.0	207.4	207.6
菲律宾	129.8	539.9	723.5	716.0	722.8	495.4	629.9	631.3
新加坡	795.1	2236.8	2457.2	2778.1	409.6	409.6	409.6	409.6
斯里兰卡	9.8	66.3	64.7	69.6	33.6	34.6	71.6	71.6
泰　国	319.3	1656.6	1492.9	1940.5	236.7	320.0	490.0	495.0
越　南	34.2	120.5	278.8	486.9				
埃　及	129.1	323.5	121.2	320.7	243.2	243.1	243.1	245.8
尼日利亚	99.1	323.4	259.6	372.2	68.7	68.7	68.7	68.7
南　非	57.9	354.2	389.2	427.4	590.0	401.6	402.6	402.9
加拿大	290.2	448.9	690.8	766.5	118.4	10.9	5.5	
墨西哥	351.4	1148.8	1683.7	1648.9	24.9	22.7	390.5	386.5
美　国	312.4	520.8	392.4	427.6	26161.1	26149.9	26149.9	26149.9
阿根廷	244.1	466.2	205.7	501.1	1.9	176.0	198.5	176.1
巴　西	324.3	2805.7	3488.6	3654.5	211.8	108.0	216.0	216.3
委内瑞拉	126.3	91.9	50.8	17.6	1024.0	1176.0	877.5	521.4
捷　克	130.2	403.4	626.3	1464.9	44.6	40.8	32.3	30.3
法　国	321.1	362.1	363.7	377.4	9724.5	7830.1	7830.8	7832.0
德　国	496.7	373.6	363.9	374.4	11151.9	10934.4	10870.2	10846.6
意大利	224.2	356.8	344.4	375.5	7882.9	7882.9	7882.9	7882.9
荷　兰	70.0	89.0	88.4	50.5	2931.5	1969.1	1969.1	1969.1
波　兰	263.2	863.2	894.2	1080.2	330.6	330.9	330.9	331.1
俄罗斯	242.6	4329.5	3093.9	3465.1	1235.9	2535.5	4547.9	5911.8
西班牙	295.2	133.1	387.1	517.0	1682.9	905.4	905.3	905.3
土耳其	223.1	790.5	914.3	825.8	373.9	373.3	1657.4	1815.8
乌克兰	11.0	333.2	123.6	155.8	45.4	88.5	88.0	82.0
英　国	341.6	493.4	1015.9	1204.4	1567.3	997.5	997.6	997.6
澳大利亚	167.8	327.9	374.9	587.4	256.3	256.7	250.3	234.2
新西兰	36.2	151.3	131.0	193.3				

资料来源：国际货币基金组织IFS数据库。

附录1-12 外商直接投资

单位：亿美元

国家和地区	外商直接投资				对外直接投资			
	2000	2010	2015	2017	2000	2010	2015	2017
世　界	**13602.5**	**13837.8**	**17740.0**	**14298.1**	**11636.8**	**13736.6**	**16218.9**	**14299.7**
中　国	407.2	1147.3	1356.1	1363.2	9.2	688.1	1456.7	1246.3
中国香港	545.8	705.4	1743.5	1043.3	540.8	862.5	718.2	828.4
中国澳门		28.3	11.2	20.0		-4.4	-6.8	-3.3
孟加拉国	5.8	9.1	22.4	21.5		0.2	0.5	1.7
文　莱	5.5	4.8	1.7	-0.5	0.3	-0.4	0.8	-0.9
柬埔寨	1.5	14.0	18.2	27.8	0.1	0.2	0.5	2.6
印　度	35.9	274.2	440.6	399.2	5.1	159.5	75.7	113.0
印度尼西亚	-45.5	137.7	166.4	230.6		26.6	59.4	29.1
伊　朗	1.9	36.5	20.5	50.2	0.1	2.4	1.2	
以色列	69.6	69.9	113.4	189.5	33.4	79.4	109.7	62.8
日　本	83.2	-12.5	33.1	104.3	315.6	562.6	1342.3	1604.5
哈萨克斯坦	12.8	115.5	38.6	46.3		78.9	8.0	7.9
韩　国	115.1	95.0	41.0	170.5	48.4	282.8	237.6	316.8
老　挝	0.3	2.8	11.2	8.1	0.1	0.3	0.5	0.3
马来西亚	37.9	90.6	100.8	95.4	20.3	134.0	105.5	57.9
蒙　古	0.5	16.9	0.9	14.9		0.6	0.1	0.5
缅　甸	0.9	66.7	28.2	43.4				
巴基斯坦	3.1	20.2	16.2	28.1	0.1	0.5	0.3	0.7
菲律宾	22.4	13.0	44.5	95.2	1.3	29.4	43.5	16.1
新加坡	147.5	574.6	627.5	620.1	68.5	354.1	311.2	246.8
斯里兰卡	1.8	4.8	6.8	13.8		0.4	0.5	0.7
泰　国	34.1	145.6	56.2	76.4	-0.2	79.4	16.9	192.8
越　南	12.9	80.0	118.0	141.0		9.0	11.0	5.4
埃　及	12.4	63.9	69.3	73.9	0.5	11.8	1.8	2.0
尼日利亚	13.1	61.0	30.6	35.0	1.7	9.2	14.4	12.9
南　非	8.9	36.4	17.3	13.3	2.7	-0.8	57.4	73.6
加拿大	668.0	284.0	456.0	242.4	446.8	347.2	678.2	769.9
墨西哥	182.5	273.2	348.6	297.0		143.7	106.7	50.8
美　国	3140.1	1980.5	4657.7	2753.8	1426.3	2777.8	2625.7	3422.7
阿根廷	104.2	113.3	117.6	118.6	9.0	9.7	8.8	11.7
巴　西	327.8	837.5	642.9	627.1	22.8	220.6	30.9	-13.5
委内瑞拉	47.0	15.7	7.7	-0.7	5.2	24.9	4.0	22.3
捷　克	49.9	61.4	4.7	74.1	0.4	11.7	24.9	16.2
法　国	275.0	138.9	453.5	498.0	1619.5	481.6	532.0	581.2
德　国	1982.8	656.4	332.8	347.3	570.9	1254.5	1081.8	823.4
意大利	133.8	91.8	196.3	170.8	66.9	326.9	223.1	44.2
荷　兰	638.6	-71.8	695.7	579.6	756.3	683.6	1940.6	233.2
波　兰	94.5	128.0	152.7	64.3	0.2	61.5	50.0	35.9
俄罗斯	26.5	316.7	118.6	252.8	31.5	411.2	270.9	360.3
西班牙	395.8	398.7	195.6	190.9	582.1	378.4	505.3	407.9
土耳其	9.8	90.9	177.2	108.6	8.7	14.7	48.1	26.3
乌克兰	6.0	65.0	29.6	22.0		7.4	-0.5	0.1
英　国	1153.0	582.0	327.2	150.9	2327.4	480.9	-834.9	996.1
澳大利亚	141.9	368.0	204.6	463.7	28.6	198.0	-200.6	48.8
新西兰	13.5	-0.6	-2.5	35.7	6.1	7.2	-0.6	5.8

资料来源：联合国贸发会议FDI数据库。

附录1-13 货币汇率(年平均价)

单位：1美元合本币数

国家和地区	2000	2005	2010	2012	2013	2014	2015	2016	2017
中　　国	8.28	8.19	6.77	6.31	6.20	6.14	6.23	6.64	6.76
中国香港	7.79	7.78	7.77	7.76	7.76	7.75	7.75	7.76	7.79
中国澳门	8.03	8.01	8.00	7.99	7.99	7.99	7.99	8.00	8.03
孟加拉国	52.14	64.33	69.65	81.86	78.10	77.64	77.95	78.65	80.44
文　　莱	1.72	1.66	1.36	1.25	1.25	1.27	1.38	1.38	1.38
柬 埔 寨	3840.75	4092.50	4184.92	4033.00	4027.25	4037.50	4067.75	4058.70	4050.58
印　　度	44.94	44.10	45.73	53.44	58.60	61.03	64.15	67.19	65.12
印度尼西亚	8421.78	9704.74	9090.43	9386.63	10461.24	11865.21	13389.41	13308.33	13380.87
伊　　朗	1764.77	8963.96	10254.18	12175.55	18414.45	25941.66	29011.49	30914.85	33226.30
以 色 列	4.08	4.49	3.74	3.86	3.61	3.58	3.89	3.84	3.60
日　　本	107.77	110.22	87.78	79.79	97.60	105.95	121.04	108.79	112.17
哈萨克斯坦	142.13	132.88	147.35	149.11	152.13	179.19	221.73	342.16	326.00
韩　　国	1130.96	1024.12	1156.06	1126.47	1094.85	1052.96	1131.16	1160.43	1130.43
老　　挝	7887.64	10655.17	8258.77	8007.76	7860.14	8048.96	8147.91	8179.27	8351.53
马来西亚	3.80	3.79	3.22	3.09	3.15	3.27	3.91	4.15	4.30
蒙　　古	1076.67	1205.25	1357.06	1357.58	1523.93	1817.94	1970.31	2140.29	2439.78
缅　　甸	6.52	5.82	5.64	640.65	933.57	984.35	1162.62	1234.87	1360.36
巴基斯坦	53.65	59.51	85.19	93.40	101.63	101.10	102.77	104.77	105.46
菲 律 宾	44.19	55.09	45.11	42.23	42.45	44.40	45.50	47.49	50.40
新 加 坡	1.72	1.66	1.36	1.25	1.25	1.27	1.38	1.38	1.38
斯里兰卡	77.01	100.50	113.06	127.60	129.07	130.57	135.86	145.58	152.45
泰　　国	40.11	40.22	31.69	31.08	30.73	32.48	34.25	35.30	33.94
越　　南	14167.75	15858.92	18612.92	20828.00	20933.42	21148.00	21697.57	21935.00	22370.09
埃　　及	3.47	5.78	5.62	6.06	6.87	7.08	7.69	10.03	17.78
尼日利亚	101.70	131.27	150.30	157.50	157.31	158.55	192.44	253.49	305.29
南　　非	6.94	6.36	7.32	8.21	9.65	10.85	12.76	14.71	13.33
加 拿 大	1.49	1.21	1.03	1.00	1.03	1.11	1.28	1.33	1.30
墨 西 哥	9.46	10.90	12.64	13.17	12.77	13.29	15.85	18.66	18.93
美　　国	1.00	1.00	1.00	1.00	1.00	1.00	1.00	1.00	1.00
阿 根 廷	1.00	2.90	3.90	4.54	5.46	8.07	9.23	14.76	16.56
巴　　西	1.83	2.43	1.76	1.95	2.16	2.35	3.33	3.49	3.19
委内瑞拉	0.68	2.09	2.58	4.29	6.05	6.28	6.28	9.26	9.98
捷　　克	38.60	23.96	19.10	19.58	19.57	20.76	24.60	24.44	23.38
法　　国	1.09	0.80	0.76	0.78	0.75	0.75	0.90	0.90	0.89
德　　国	1.09	0.80	0.76	0.78	0.75	0.75	0.90	0.90	0.89
意 大 利	1.09	0.80	0.76	0.78	0.75	0.75	0.90	0.90	0.89
荷　　兰	1.09	0.80	0.76	0.78	0.75	0.75	0.90	0.90	0.89
波　　兰	4.35	3.24	3.02	3.26	3.16	3.16	3.77	3.94	3.78
俄 罗 斯	28.13	28.28	30.37	30.84	31.84	38.38	60.94	67.06	58.34
西 班 牙	1.09	0.80	0.76	0.78	0.75	0.75	0.90	0.90	0.89
土 耳 其	0.63	1.34	1.50	1.80	1.90	2.19	2.72	3.02	3.65
乌 克 兰	5.44	5.13	7.94	7.99	7.99	11.89	21.85	25.55	26.60
英　　国	0.66	0.55	0.65	0.63	0.64	0.61	0.66	0.74	0.78
澳大利亚	1.73	1.31	1.09	0.97	1.04	1.11	1.33	1.35	1.31
新 西 兰	2.20	1.42	1.39	1.23	1.22	1.21	1.43	1.44	1.41

资料来源：世界银行WDI数据库。

附录1-14 铁路货运和客运周转量

国家和地区	铁路货运周转量(亿吨公里)			铁路客运周转量(亿人公里)		
	2000	2014	2015	2000	2014	2015
中 国	13336.1	23086.7	19800.6	4414.7	8070.7	7230.1
孟加拉国	7.8	7.1		39.4	73.1	
柬 埔 寨	0.9			0.5		
印 度	3052.0	6658.1	6817.0	4306.7	11404.1	11471.9
印度尼西亚		71.7			202.8	
伊 朗	141.8	244.6	250.1	71.2	162.7	149.4
以 色 列	11.7	11.0	11.6	7.8	24.9	26.1
日 本	223.1	202.6		2407.9	2558.8	2067.2
哈萨克斯坦	1249.8	2165.2	1897.6	102.2	183.2	170.9
韩 国	108.0	95.6	94.8	281.0	230.7	234.5
马来西亚	9.1	30.7		13.1	32.9	
蒙 古	42.9	124.7	114.6	10.7	12.0	10.0
巴基斯坦	37.5	10.9	33.0	185.0	197.8	202.9
泰 国	33.8	24.6		99.4	75.0	
越 南	19.0	42.5	41.3	32.0	42.5	42.3
埃 及	39.8	15.9		349.6	408.4	
尼日利亚	1.1			3.6		
南 非	1066.1	1346.0		118.9	146.9	
加 拿 大		3525.4	5401.4		13.0	13.2
墨 西 哥		787.7	738.8	0.8	4.8	
美 国	21421.5	27027.4	25472.5		107.4	105.2
阿 根 廷		121.1			85.9	66.9
巴 西	1538.6	2677.0			159.0	158.8
捷 克	172.2	98.7	111.0	72.7	69.5	71.7
法 国	554.5	246.0	331.2	698.6	839.1	846.8
德 国	806.3	748.2	729.1	743.9	793.4	792.6
意 大 利	228.3	103.4	102.7	448.5	386.1	392.9
荷 兰	38.2			147.6	172.3	177.7
波 兰	555.6	320.2	287.2	242.3	118.7	101.2
俄 罗 斯	13732.0	22985.6	23047.6	1671.0	2234.2	2065.1
西 班 牙	120.4	76.0	71.3	197.8	245.6	256.6
土 耳 其	97.6	111.5	96.2	58.3	43.9	48.3
乌 克 兰	1728.4	2112.3	1950.5	517.7	370.7	375.8
英 国	180.9			382.0	623.0	
澳大利亚	340.5	596.5		12.7		

资料来源：世界银行WDI数据库。

附录1-15 空运货物周转量和客运量

国家和地区	空运货物周转量（万吨公里）			航空客运量（万人）		
	2000	2016	2017	2000	2016	2017
世　　界	**11825721**	**19489828**	**21359025**	**167406**	**370510**	**397885**
高收入国家	**10137076**	**14765050**	**15956782**	**137146**	**224245**	**236276**
中等收入国家	**1642180**	**4568227**	**5188218**	**29646**	**144595**	**159843**
低收入国家	**46465**	**156551**		**615**	**1670**	**1766**
中　　国	390008	2130459	2332362	6189	48796	55123
中国香港	511151	1140912	1241520	1438	4368	4558
中国澳门	2190	2940	3343	153	279	277
孟加拉国	19387	5398	6175	133	382	379
文　　莱	14023	12426	13261	86	117	117
柬 埔 寨		144	88		105	131
印　　度	54765	189388	240732	1730	11958	13982
印度尼西亚	40854	97456	105605	992	9927	11025
伊　　朗	7372	13918	17582	872	1708	1928
以 色 列	88570	78393	91290	444	687	707
日　　本	867205	936089	1068457	10912	11771	12390
哈萨克斯坦	1175	3889	4931	46	501	565
韩　　国	765134	1080599	1100220	3433	7686	8405
老　　挝	167	150	147	21	122	120
马来西亚	186384	114988	126164	1656	5382	5819
蒙　　古	844	802	837	25	54	60
缅　　甸	77	507	549	44	274	285
巴基斯坦	34031	17547	24987	529	963	992
菲 律 宾	28995	66513	75694	576	4021	4409
新 加 坡	600489	669581	700690	1670	3537	3768
斯里兰卡	25571	40308	39861	176	528	534
泰　　国	171288	216007	239332	1739	6234	7119
越　　南	11733	45126	45335	288	3735	4259
埃　　及	27806	37436	43015	452	1185	1202
尼日利亚	882	2416	2200	51	411	345
南　　非	68757	76727	83393	800	1974	2082
加 拿 大	189611	224623	284099	4177	8541	9140
墨 西 哥	30986	76085	92884	2089	5331	5854
美　　国	3017198	3865792	4159155	66533	82404	84940
阿 根 廷	29665	25418	30626	892	1508	1831
巴　　西	172790	151383	173655	3129	9414	9640
委内瑞拉	3310	400	191	430	603	416
捷　　克	3222	2529	2782	223	405	545
法　　国	522434	415541	426060	5258	6536	6832
德　　国	712771	694271	739123	5796	11671	11685
意 大 利	174841	108325	140560	3042	2912	2784
荷　　兰	436734	474596	569773	2090	4008	4277
波　　兰	7783	15555	22181	234	550	738
俄 罗 斯	104141	586320	684523	1769	7746	8937
西 班 牙	87950	106816	106572	3971	6667	7191
土 耳 其	38504	349393	480024	1219	10037	10792
乌 克 兰	1220	4046	5968	95	576	682
英　　国	516087	551267	591724	7044	14378	15187
澳大利亚	173074	186873	198259	3258	7245	7426
新 西 兰	81714	123185	133595	1078	1530	1627

资料来源：世界银行WDI数据库。

附录1-16 电话主线和移动电话普及率

国家和地区	电话主线(条/千人)			移动电话(部/千人)		
	2000	2015	2016	2000	2015	2016
世 界	**159.2**	**141.7**	**134.9**	**120.5**	**974.0**	**1006.8**
高收入国家	**535.0**	**411.5**	**402.7**	**480.3**	**1243.2**	**1263.7**
中等收入国家	**82.3**	**97.0**	**90.4**	**44.3**	**961.5**	**1003.5**
低收入国家	**10.1**	**14.9**	**14.8**	**3.1**	**596.3**	**587.4**
中 国	112.9	165.4	147.2	66.4	924.8	972.5
中国香港	589.1	597.8	591.3	817.5	2308.2	2408.0
中国澳门	413.2	243.2	232.0	329.6	3155.2	3218.0
孟加拉国	3.7	5.4	4.7	2.1	815.0	834.5
文 莱	241.6	182.0	175.4	285.1	1109.8	1236.9
柬 埔 寨	2.5	16.5	14.4	10.7	1343.7	1263.5
印 度	30.8	19.5	18.4	3.4	764.7	851.7
印度尼西亚	31.5	40.2	41.2	17.4	1312.9	1476.6
伊 朗	143.4	383.3	382.4	14.6	935.2	1003.0
以 色 列	494.5	423.1	407.8	731.7	1310.7	1290.3
日 本	485.8	497.8	501.8	523.7	1254.6	1306.1
哈萨克斯坦	121.8	233.7	218.5	13.1	1482.2	1419.6
韩 国	545.8	570.9	552.0	565.9	1164.9	1206.8
老 挝	7.7	144.4	187.4	2.4	559.3	585.7
马来西亚	199.6	146.1	155.1	220.9	1435.5	1408.0
蒙 古	49.0	85.9	74.4	64.5	1030.7	1112.4
缅 甸	5.9	9.8	9.7	0.3	782.3	956.5
巴基斯坦	22.0	18.7	16.1	2.2	664.8	706.5
菲 律 宾	39.3	31.7	37.1	82.8	1158.5	1093.7
新 加 坡	497.2	364.2	355.4	702.0	1487.4	1504.8
斯里兰卡	40.9	158.7	119.2	22.9	1153.8	1240.3
泰 国	88.8	77.3	68.3	48.5	1499.4	1737.8
越 南	31.7	78.3	59.2	9.8	1285.9	1275.3
埃 及	78.4	66.5	63.9	19.5	1002.5	1022.0
尼日利亚	4.5	1.0	0.8	0.3	832.5	829.8
南 非	108.5	74.7	80.7	182.4	1591.6	1471.3
加 拿 大	678.0	434.3	417.6	283.9	828.0	847.4
墨 西 哥	121.2	153.6	160.4	138.4	855.4	876.0
美 国	682.7	390.2	377.2	388.2	1195.0	1228.8
阿 根 廷	213.0	232.0	226.7	175.1	1424.4	1453.3
巴 西	176.4	212.1	201.5	132.3	1251.8	1175.4
委内瑞拉	103.6	249.7	242.7	222.4	933.8	874.3
捷 克	376.3	179.8	165.7	422.4	1174.5	1176.6
法 国	570.2	604.0	602.7	487.4	1034.5	1044.0
德 国	616.3	555.0	538.4	591.5	1179.3	1263.1
意 大 利	473.9	339.6	341.0	737.4	1473.7	1530.0
荷 兰	620.9	410.4	398.8	675.3	1228.5	1229.7
波 兰	283.9	236.6	213.0	175.0	1425.2	1386.6
俄 罗 斯	219.1	247.1	224.2	22.3	1579.6	1591.6
西 班 牙	418.2	417.6	423.6	593.2	1100.7	1111.6
土 耳 其	290.9	146.8	139.3	255.1	940.8	944.0
乌 克 兰	213.3	216.1	201.5	16.8	1439.8	1352.0
英 国	597.6	507.8	509.4	737.1	1211.8	1199.8
澳大利亚	527.1	357.2	339.1	449.1	1082.8	1100.5
新 西 兰	474.5	400.9	377.6	399.6	1213.6	1244.4

资料来源：世界银行WDI数据库。

附录1-17 互联网服务商

单位：个/百万人

国家和地区	2005	2010	2011	2012	2013	2014	2015	2016	2017
世 界	**64.6**	**187.0**	**238.5**	**324.5**	**370.1**	**449.6**	**571.9**	**1264.1**	**3528.0**
高收入国家	**352.5**	**1052.9**	**1347.0**	**1825.2**	**2082.2**	**2524.9**	**3202.6**	**6795.3**	**18127.0**
中等收入国家	**2.2**	**6.0**	**8.9**	**16.3**	**20.7**	**28.0**	**43.7**	**175.9**	**684.2**
低收入国家	**0.1**	**0.3**	**0.4**	**0.9**	**1.1**	**1.6**	**2.2**	**3.9**	**15.1**
中 国	0.3	1.2	2.0	3.8	5.2	9.8	19.7	47.9	209.1
中国香港	162.3	447.5	639.3	998.3	1161.6	1553.6	2331.8	3873.3	10484.9
中国澳门	53.9	210.4	263.9	382.2	416.8	504.4	753.8	1112.4	1779.7
孟加拉国		0.2	0.5	0.7	0.9	1.3	1.9	22.9	63.2
文 莱	13.7	41.2	58.4	122.6	150.4	240.5	570.0	607.3	1604.9
柬埔寨	0.1	0.7	1.2	3.0	4.0	4.6	10.2	20.5	55.2
印 度	0.6	1.7	2.3	4.5	6.2	8.5	11.7	38.3	123.1
印度尼西亚	0.5	1.6	2.4	5.3	7.8	11.8	17.7	306.7	1283.8
伊 朗	0.3	1.2	1.7	2.3	3.1	5.2	12.1	63.6	224.3
以色列	162.8	444.4	651.1	900.4	960.4	1008.7	1305.0	2119.6	6968.3
日 本	257.7	552.9	679.6	909.6	1054.7	1376.7	1504.3	2109.5	5980.2
哈萨克斯坦	0.9	3.5	5.5	12.0	17.4	26.9	48.2	264.2	1232.3
韩 国	20.0	175.3	208.5	268.3	337.1	406.6	557.7	720.6	1196.5
老 挝	0.3	0.5	0.9	1.9	2.6	3.3	4.2	8.4	16.6
马来西亚	14.7	45.1	57.6	101.1	121.3	149.3	230.4	930.4	4837.0
蒙 古	3.2	9.2	12.7	28.8	40.8	59.5	75.6	441.6	1546.0
缅 甸				0.1	0.2	0.7	1.1	20.6	9.9
巴基斯坦	0.3	0.6	0.8	1.3	1.8	2.6	3.6	33.4	121.4
菲律宾	2.4	5.1	7.1	11.8	12.5	16.2	21.0	40.7	88.1
新加坡	275.4	531.6	927.9	1898.9	2549.5	2544.0	3585.2	19060.7	58690.3
斯里兰卡	1.8	3.6	5.2	9.3	11.6	15.9	20.9	71.1	305.2
泰 国	4.8	11.2	15.1	30.9	38.9	52.0	69.4	146.7	579.7
越 南	0.1	2.3	3.7	9.0	14.1	20.1	32.4	276.0	1335.4
埃 及	0.5	2.4	2.9	5.0	6.3	7.9	10.4	14.5	35.8
尼日利亚	0.2	0.6	1.0	1.7	2.2	3.0	3.5	47.4	222.8
南 非	20.2	51.7	81.9	142.3	172.9	221.9	273.2	920.7	9477.8
加拿大	569.1	1282.7	1641.8	2143.9	2358.2	2690.4	3374.6	10177.7	26447.4
墨西哥	8.0	13.1	16.8	26.0	30.7	39.7	56.0	115.7	179.2
美 国	785.2	2481.6	2985.7	3840.3	4300.8	5125.7	6352.9	11423.3	30282.4
阿根廷	10.7	24.9	33.7	62.8	73.3	89.3	122.5	730.7	1620.3
巴 西	14.1	28.1	43.8	70.1	86.2	111.5	157.8	407.1	1570.6
委内瑞拉	4.6	6.9	6.4	11.9	14.6	16.0	20.7	140.0	269.8
捷 克	41.6	305.5	470.1	834.7	1079.9	1417.6	2048.8	11991.4	25427.4
法 国	76.1	278.1	401.4	622.5	821.4	1188.9	1897.2	6674.4	14775.2
德 国	274.2	1049.3	1471.9	2194.9	2601.2	3352.8	4297.9	11625.0	34165.6
意大利	44.7	127.1	190.4	303.3	375.0	493.1	628.0	1305.1	7742.2
荷 兰	327.1	2084.8	3200.8	4852.8	5668.3	7204.7	9728.9	24130.8	70405.7
波 兰	22.0	155.0	227.4	399.3	517.7	681.1	955.8	2492.5	6534.8
俄罗斯	2.4	17.1	28.9	57.6	79.7	120.4	321.4	1163.9	3541.1
西班牙	81.2	207.1	265.0	403.6	488.3	625.8	889.6	2762.6	7250.3
土耳其	18.1	86.3	118.4	224.4	264.5	299.5	364.7	1306.1	3366.7
乌克兰	1.3	12.4	21.0	40.9	54.0	74.7	141.8	1905.5	3948.3
英 国	464.7	1315.4	1812.0	2500.5	2832.5	3250.5	4385.4	8698.5	21207.6
澳大利亚	498.1	1402.8	2171.4	3186.6	3502.4	3933.8	4567.4	9802.2	21547.4
新西兰	489.9	1388.7	2033.1	2862.5	3194.0	3490.9	3932.8	6430.2	14980.5

资料来源：世界银行WDI数据库。

附录1-18　互联网网民占总人口比重

单位：%

国家和地区	2000	2005	2010	2011	2012	2013	2014	2015	2016
世　界	**6.7**	**15.7**	**28.7**	**31.1**	**34.2**	**36.7**	**39.8**	**43.1**	**45.8**
高收入国家	**29.7**	**57.2**	**71.2**	**71.9**	**74.7**	**76.2**	**77.9**	**79.6**	**81.7**
中等收入国家	**1.5**	**7.4**	**21.7**	**24.8**	**28.3**	**31.2**	**34.9**	**38.7**	**41.8**
低收入国家	**0.1**	**1.1**	**4.3**	**4.9**	**6.0**	**7.3**	**9.0**	**11.8**	**13.6**
中　国	1.8	8.5	34.3	38.3	42.3	45.8	47.9	50.3	53.2
中国香港	27.8	56.9	72.0	72.2	72.9	74.2	79.9	85.0	87.5
中国澳门	13.6	34.9	55.2	60.2	61.3	65.8	69.8	77.6	81.6
孟加拉国	0.1	0.2	3.7	4.5	5.0	6.6	13.9	14.4	18.3
文　莱	9.0	36.5	53.0	56.0	60.3	64.5	68.8	71.2	90.0
柬埔寨	0.1	0.3	1.3	3.1	4.9	6.8	14.0	22.3	32.4
印　度	0.5	2.4	7.5	10.1	12.6	15.1	21.0	26.0	29.6
印度尼西亚	0.9	3.6	10.9	12.3	14.5	14.9	17.1	22.0	25.4
伊　朗	0.9	8.1	15.9	19.0	22.7	30.0	39.4	45.3	53.2
以色列	20.9	25.2	67.5	68.9	70.8	70.3	75.0	77.4	79.7
日　本	30.0	66.9	78.2	79.1	79.5	88.2	89.1	91.1	93.2
哈萨克斯坦	0.7	3.0	31.6	50.6	61.9	63.3	66.0	70.8	74.6
韩　国	44.7	73.5	83.7	83.8	84.1	84.8	87.6	89.7	92.8
老　挝	0.1	0.9	7.0	9.0	10.8	12.5	14.3	18.2	21.9
马来西亚	21.4	48.6	56.3	61.0	65.8	57.1	63.7	71.1	78.8
蒙　古	1.3		10.2	12.5	16.4	17.7	19.9	21.4	22.3
缅　甸		0.1	0.3	1.0	4.0	8.0	11.5	21.7	25.1
巴基斯坦		6.3	8.0	9.0	10.0	10.9	12.0	14.0	15.5
菲律宾	2.0	5.4	25.0	29.0	36.2	48.1	49.6	53.7	55.5
新加坡	36.0	61.0	71.0	71.0	72.0	80.9	79.0	79.0	81.0
斯里兰卡	0.7	1.8	12.0	15.0	18.3	21.9	25.8	30.0	32.1
泰　国	3.7	15.0	22.4	23.7	26.5	28.9	34.9	39.3	47.5
越　南	0.3	12.7	30.7	35.1	36.8	38.5	41.0	43.5	46.5
埃　及	0.6	12.8	21.6	25.6	26.4	29.4	33.9	37.8	41.3
尼日利亚	0.1	3.6	11.5	13.8	16.1	19.1	21.0	24.5	25.7
南　非	5.4	7.5	24.0	34.0	41.0	46.5	49.0	51.9	54.0
加拿大	51.3	71.7	80.3	83.0	83.0	85.8	87.1	88.5	89.8
墨西哥	5.1	17.2	31.1	37.2	39.8	43.5	44.4	57.4	59.5
美　国	43.1	68.0	71.7	69.7	74.7	71.4	73.0	74.6	76.2
阿根廷	7.0	17.7	45.0	51.0	55.8	59.9	64.7	68.0	71.0
巴　西	2.9	21.0	40.7	45.7	48.6	51.0	54.6	58.3	60.9
委内瑞拉	3.4	12.6	37.4	40.2	49.1	54.9	57.0	61.9	60.0
捷　克	9.8	35.3	68.8	70.5	73.4	74.1	74.2	75.7	76.5
法　国	14.3	42.9	77.3	77.8	81.4	81.9	83.8	84.7	85.6
德　国	30.2	68.7	82.0	81.3	82.4	84.2	86.2	87.6	89.7
意大利	23.1	35.0	53.7	54.4	55.8	58.5	55.6	58.1	61.3
荷　兰	44.0	81.0	90.7	91.4	92.9	94.0	91.7	91.7	90.4
波　兰	7.3	38.8	62.3	62.0	62.3	62.9	66.6	68.0	73.3
俄罗斯	2.0	15.2	43.0	49.0	63.8	68.0	70.5	73.4	73.1
西班牙	13.6	47.9	65.8	67.1	69.8	71.6	76.2	78.7	80.6
土耳其	3.8	15.5	39.8	43.1	45.1	46.3	51.0	53.8	58.4
乌克兰	0.7	3.8	23.3	28.7	35.3	41.0	46.2	48.9	52.5
英　国	26.8	70.0	85.0	85.4	87.5	89.8	91.6	92.0	94.8
澳大利亚	46.8	63.0	76.0	79.5	79.0	83.5	84.0	84.6	88.2
新西兰	47.4	62.7	80.5	81.2	81.6	82.8	85.5	88.2	88.5

资料来源：世界银行WDI数据库。

附录1-19 国际旅游收支

单位：亿美元

国家和地区	国际旅游支出			国际旅游收入		
	2000	2015	2016	2000	2015	2016
世　　界	**5364.8**	**13388.3**	**13619.2**	**5727.7**	**13776.8**	**13925.2**
高收入国家	**4525.1**	**8277.5**	**8499.9**	**4564.1**	**9809.1**	**9951.3**
中等收入国家	**811.4**	**5054.4**	**5070.6**	**1136.9**	**3852.8**	**3861.1**
低收入国家	**20.2**	**80.9**	**66.6**	**28.8**	**143.8**	**138.2**
中　　国	141.7	2498.3	2611.3	173.2	449.7	444.3
中国香港	125.0	230.6	241.9	82.0	422.3	379.8
孟加拉国	4.7	8.3	8.5	0.5	1.5	1.8
柬 埔 寨	0.5	6.2	7.4	3.5	34.2	35.2
印　　度	36.9	176.9	191.9	36.0	214.7	231.1
印度尼西亚	32.0	98.0	100.4	49.8	120.5	126.0
伊　　朗	6.7	84.9		6.8	40.9	
以 色 列	37.3	75.1	86.1	46.1	65.0	64.3
日　　本	426.4	232.5	257.8	59.7	272.9	334.3
哈萨克斯坦	4.8	21.6	17.7	4.0	17.3	17.2
韩　　国	79.5	279.6	291.4	85.3	190.6	210.5
老　　挝	0.1	5.9	5.4	1.1	7.3	7.1
马来西亚	25.4	107.1	104.7	58.7	176.7	180.8
蒙　　古	0.5	4.7	5.4	0.4	2.8	3.8
缅　　甸	0.3	1.4	5.8	2.0	22.7	22.7
巴基斯坦	5.7	26.4	27.3	5.5	9.2	8.8
菲 律 宾	18.4	118.7	117.1	23.3	64.2	63.3
新 加 坡	45.4	220.8	221.0	51.4	165.6	183.9
斯里兰卡	3.8	21.5	23.0	3.9	39.8	45.9
泰　　国	32.2	95.4	112.7	99.4	485.3	524.7
越　　南		36.0	45.6		73.5	82.5
埃　　及	12.1	36.4	43.5	46.6	69.0	33.1
尼日利亚	6.1	92.1	45.1	1.9	4.7	10.9
南　　非	26.8	57.4	53.5	33.4	91.4	88.1
加 拿 大	151.3	363.6	290.7	130.4	192.7	182.8
墨 西 哥	63.7	126.7	128.2	91.3	187.3	206.2
美　　国	914.7	1502.2	1608.2	1209.1	2473.9	2447.1
阿 根 廷	54.6	93.5	117.3	32.0	54.4	51.9
巴　　西	45.5	203.6	170.7	19.7	62.5	66.1
委内瑞拉	16.5	32.5	29.2	4.7	6.5	5.5
捷　　克	12.8	48.2	49.6	29.7	67.7	70.4
法　　国	267.0	474.5	490.2	385.3	529.6	508.8
德　　国	576.0	853.3	874.2	249.4	506.5	521.3
意 大 利	181.7	244.2	249.8	287.1	394.2	403.7
荷　　兰	136.5	197.4	203.2	112.9	175.9	183.2
波　　兰	34.2	85.2	86.2	61.3	113.6	120.5
俄 罗 斯	88.5	384.3	276.5	34.3	132.0	128.2
西 班 牙	77.1	173.5	192.8	326.6	565.3	606.1
土 耳 其	17.1	56.9	50.3	76.4	354.5	267.0
乌 克 兰	5.6	47.5	53.2	5.6	16.6	17.2
英　　国	470.1	828.2	793.7	299.8	608.1	555.6
澳大利亚	87.8	286.1	297.7	130.2	308.7	344.8
新 西 兰	12.4	37.2	40.1	22.7	91.4	94.2

资料来源：世界银行WDI数据库。

附录1-20 国际旅游人数

单位：万人

国家和地区	国外游客到达人数			出国旅游人数		
	2000	2015	2016	2000	2015	2016
世　　界	**67731.7**	**120383.9**	**124496.1**	**82801.3**	**138503.3**	**145877.6**
高收入国家	**46591.9**	**71612.4**	**74954.7**	**55241.7**	**73213.6**	**77002.9**
中等收入国家	**19929.7**	**46375.9**	**46988.8**	**14915.7**	**45697.7**	**48250.4**
低收入国家	**644.8**	**1494**	**1610.5**			
中　　国	3122.9	5688.6	5927	1047.3	12786	13513
中国香港	881.4	2668.6	2655.3	5890.1	8908.2	9175.8
中国澳门	519.7	1430.8	1570.4	14.4	146.6	125.1
孟加拉国	19.9			112.8		
文　　莱	98.4	21.8	21.9			
柬 埔 寨	46.6	477.5	501.2	4.1	119.4	143.4
印　　度	264.9	1328.4	1456.9	441.6	2037.6	2187.2
印度尼西亚	506.4	1040.7	1151.9	220.5	817.6	834
伊　　朗	134.2	523.7	494.2	228.6	662	900.7
以 色 列	241.7	279.9	290	353	589.1	678.1
日　　本	475.7	1973.7	2404	1781.9	1621.4	1711.6
哈萨克斯坦	168.3	643	650.9	124.7		
韩　　国	532.2	1323.2	1724.2	550.8	1931	2238.3
老　　挝	19.1	354.3	331.5		306.7	305.9
马来西亚	1022.2	2572.1	2675.7	3053.2		
蒙　　古	13.7	38.6	40.4			
缅　　甸	41.6	468.1	290.7			
菲 律 宾	199.2	536.1	596.7	167		
新 加 坡	606.2	1205.1	1291.4	444.4	912.5	947.4
斯里兰卡	40	179.8	205.1	52.4	135.6	144.8
泰　　国	957.9	2992.3	3253	190.9	679.4	820.4
越　　南	214	794.4	1001.3			
埃　　及	511.6	913.9	525.8	296.4		
尼日利亚	81.3	125.5	188.9			
南　　非	587.2	890.4	1004.4	383.4		
加 拿 大	1962.7	1797.1	1982.4	1918.2	3226.7	3127.8
墨 西 哥	2064.1	3209.3	3507.9	1107.9	1960.3	2022.3
美　　国	5123.8	7746.5	7560.8	6132.7	7345.3	
阿 根 廷	290.9	573.6	555.9	495.3	780.7	1029.7
巴　　西	531.3	630.6	657.8	322.8	970.8	852.8
委内瑞拉	46.9	78.9	60.1	95.4	153.9	153
捷　　克	477.3	870.7	932.1		585.6	602.7
法　　国	7719	8445.2	8257	1988.6	2664.8	2648.3
德　　国	1898.3	3497	3555.5	8050.7	8373.7	9096.6
意 大 利	4118.1	5073.2	5237.2	2199.3	2904	3084.9
荷　　兰	1000.3	1500.7	1582.8	1389.6	1807	1793.8
波　　兰	1740	1672.8	1747.1	5667.7	4430	4450
俄 罗 斯	2116.9	3372.9	2457.1	1837.1	3455	3165.9
西 班 牙	4640.3	6817.5	7531.5	410	1440.7	1540.5
土 耳 其	958.6	3947.8	3028.9	528.4	875.1	789.2
乌 克 兰	643.1	1242.8	1333.3	1342.2	2314.2	2466.8
英　　国	2321.2	3443.6	3581.4	5683.7	6572	7081.5
澳大利亚	493.1	744.4	826.3	349.8	945.9	992.8
新 西 兰	178	303.9	337	128.3	241.2	261.1

资料来源：世界银行WDI数据库。

附录1-21　政府卫生保障支出占政府财政支出比重

单位：%

国家和地区	2000	2005	2010	2012	2013	2014	2015
中　　国	6.2	7.9	9.5	9.6	9.7	9.9	10.1
孟加拉国	5.2	4.2	4.1	3.7	2.8	2.6	2.8
文　　莱	5.7	6.4	5.8	5.4	5.8	5.9	6.4
柬 埔 寨	8.6	11.5	6.9	6.8	6.8	5.9	6.1
印　　度	3.3	3.0	3.2	3.5	3.1	3.0	3.4
印度尼西亚	3.8	4.2	6.2	6.2	6.6	7.1	7.4
伊　　朗	11.0	9.4	11.9	16.0	16.1	22.6	22.6
以 色 列			10.8	10.8	11.0		
日　　本	14.8	17.8	18.9	22.3	22.3	22.6	
哈萨克斯坦	9.2	9.2	13.0	12.3	12.0	11.4	10.9
韩　　国	8.7	9.7	12.2	11.6	12.2	12.5	12.9
老　　挝	6.7	5.8	3.0	2.1	2.8	2.8	3.8
马来西亚	4.7	5.7	6.4	6.7	6.9	7.9	8.3
蒙　　古	12.3	9.0	6.5	5.2	4.9	4.9	6.0
缅　　甸	1.3	1.1	1.2	2.2	2.7	4.3	4.9
巴基斯坦	5.9	3.7	2.8	3.1	3.2	3.5	3.7
菲 律 宾	6.5	6.6	7.2	6.1	6.3	6.4	7.4
新 加 坡	6.7	6.9	8.9	10.6	11.8	12.3	12.0
斯里兰卡	10.1	10.1	7.8	8.1	9.2	9.1	8.0
泰　　国	13.2	15.3	16.4	16.8	16.5	16.8	16.6
越　　南	9.5	8.7	8.6	9.5	9.8	8.5	7.9
埃　　及	6.1	5.0	4.3	4.4	4.1	4.1	4.2
尼日利亚	2.2	3.6	2.7	3.8	3.6	3.5	5.3
南　　非	10.9	10.6	13.5	14.0	14.0	14.1	14.1
加 拿 大	14.8	17.1	17.8	18.4	18.6	19.0	19.1
墨 西 哥		11.3	11.0	11.0	11.3	10.5	11.3
美　　国	16.4	18.1	18.5	19.8	20.6	21.7	22.6
阿 根 廷	4.6	10.9	11.7	11.4	11.9	12.4	12.3
巴　　西	10.1	8.4	8.4	7.9	8.3	8.3	7.7
委内瑞拉	6.5	5.2	5.7	4.3	4.1	3.8	3.1
捷　　克		13.3	13.5	13.2	15.3	15.0	14.3
法　　国		15.2	14.9	14.9	15.1	15.3	15.3
德　　国	17.5	17.0	19.5	20.3	20.6	21.0	21.4
意 大 利	12.1	13.7	14.1	13.4	13.3	13.4	13.4
荷　　兰		14.7	17.8	19.0	19.1	19.0	19.0
波　　兰					10.6	10.4	10.7
俄 罗 斯	9.7	9.9	8.6	9.2	9.2	9.2	9.6
西 班 牙		14.4	14.8	13.6	14.1	14.2	14.9
土 耳 其		10.5		10.7	10.4	10.5	10.1
乌 克 兰	9.2	11.6	10.5	10.7	10.9	8.8	8.3
英　　国	13.8	14.5	15.0	15.3	17.7	18.0	18.5
澳大利亚	15.2	16.3	16.3	16.3	16.5	16.7	
新 西 兰	17.1	20.0	19.7	21.8	22.0		

资料来源：世界银行WDI数据库。

附录1-22 教育支出占政府财政支出比重

单位：%

国家和地区	2000	2005	2010	2013	2014	2015	2016
中国澳门		10.5	15.4	16.4	13.4	13.4	
孟加拉国	20.5			13.8			18.1
文 莱	8.9		5.3		10.0		11.4
柬 埔 寨	11.1		7.7	9.9	9.1		
印 度	16.7	11.2	11.8	14.1			
印度尼西亚		15.2	16.7	17.6	17.7	20.6	
伊 朗	20.6	22.3	18.8	21.7	19.7	18.6	19.3
以 色 列	13.0	12.8	13.7	14.5	14.3		
日 本	9.8	10.3	9.4	9.5	9.2		
哈萨克斯坦		10.2				12.2	13.9
韩 国							
老 挝	7.3	13.7	7.3	12.8	12.2		
马来西亚	21.4		18.4	19.5	19.8	19.9	20.6
蒙 古	16.1		14.7	12.3	12.1	12.4	12.8
巴基斯坦	8.5	13.8	11.9	11.5	11.3	13.2	12.6
菲 律 宾	15.2	12.4					
中国香港		22.5	19.9	20.3	17.6	18.6	18.1
新 加 坡	18.3	19.8	17.2	20.0			
斯里兰卡			8.6	9.4	10.8	11.0	17.7
泰 国	28.4	20.6	16.2	19.1			
越 南			17.1	18.5			
埃 及		14.4					
南 非		19.9	18.0	19.2	19.1		18.1
加 拿 大	13.0	12.2	12.3				
墨 西 哥	19.8	22.2	19.4	17.0	19.1		
美 国		15.1	13.1	13.3	13.5		
阿 根 廷	16.2	15.8	15.1	14.5	14.0	14.1	
巴 西	11.5	11.3	14.6	15.6	15.7		
捷 克	9.1	9.3	9.5	9.6	9.5		
法 国	10.8	10.4	10.1	9.7	9.7		
德 国			10.4	11.0	11.1		
意 大 利	9.5	9.0	8.7	8.2	8.0		
荷 兰	11.1	12.2	11.5	12.1	12.0		
波 兰	11.9	12.3	11.1	11.6	11.6		
俄 罗 斯	9.0	12.0					
西 班 牙	10.7	10.8	10.6	9.5	9.5		
土 耳 其	6.4			12.8	13.1		
乌 克 兰	11.4	13.7		13.9	13.1		
英 国	12.1	13.2	13.1	12.9	13.7	13.8	
澳大利亚	13.4	13.6	14.3	14.0	13.9		
新 西 兰		18.0	16.9	18.4	18.0	18.1	

资料来源：世界银行WDI数据库。

【主要统计指标解释】

国内生产总值 指生产活动总成果，等于所有常住单位创造的增加值的总和（包括产出价值中未包括的产品税，不包括各项产品补贴），等于按购买者价格计算的货物和服务最终使用价值（不包括中间消费）减去进口的货物和服务价值，或等于常住生产单位初次收入分配的总和。

按当年价格计算的国内生产总值 是按报告期价格计算的国内生产总值，即名义国内生产总值。

不变价格国内生产总值 指国内生产总值的物量绝对量。不变价格国内生产总值等于按基期价格衡量的价值。理论上，价值量中的价格和数量应该是对应的，但是不变价格国内生产总值采用基期价格替代当期价格。实践中两种主要方法都在计算。

第三产业 第三产业即服务业。

在《国际标准产业分类》第三版中指第 50 类至第 99 类，包括批发零售贸易业（包括旅馆和饭店业）、交通运输业、政府、金融、专业服务和个人服务，例如教育、卫生、房地产服务，还包括虚拟的银行服务费、进口税和加工或调整数据时的统计误差。

在《国际标准产业分类》第四版中指第 45 类至第 99 类，包括批发和零售业；汽车和摩托车的修理、运输和储存、食宿服务活动、信息和通信、金融和保险活动、房地产活动、专业、科学和技术活动、行政和辅助活动、公共管理和国防；强制性社会保障、教育、人体健康和社会工作活动、艺术、娱乐和文娱活动、其他服务活动、家庭作为雇主的活动；家庭自用、未加区分的物品生产和服务活动、国际组织和机构的活动。

增加值总额 等于总产出减去中间消耗。用于衡量单个生产者、行业或部门生产活动对国内生产总值的贡献。增加值总额是国民核算账户（SNA）中初次收入形成的来源，因此被（从生产账户）结转到初次收入分配账户中进行反映。

按基本价格计算的增加值总额 等于按基本价格计算的总产出减去按购买者价格计算的中间消耗。基本价格等于生产者出售一个单位的货物和服务得到的收入，减去由此应付的税金，加上收到的补贴。基本价格作为生产或销售的价格单位，不包括生产者的运输费用。

按要素成本计算的增加值总额 等于按市场价格计算的增加值总额减间接税与产品补贴。

按生产者价格计算的增加值总额 等于按生产者价格计算的总产出减去按购买者价格计算的中间消耗。

就业人员 为一定年龄以上，在特定短期（一周或一天）内，属于下列类型的所有人：

（1）有酬从业人员，包括两类：①正在工作的人，指在参考期内做某些工作以得到现金或实物形式工资或薪金的人员；②有工作岗位但目前不工作的人，指现在有工作，却在短期内暂时不上班，但同时与工作单位有正式联系的人。这种正式联系，可以按照如下的一项或多项标准，根据各国的不同情况予以判断：1）持续领到工资或薪金；2）保证在暂时的不上班状态终止后返回该岗位，或对返回的时间有协议；3）在不工作的这段时间里，该从业者能得到补偿而无须接受其他工作。军人应被包括在有酬从业人员中。

（2）自营就业者，包括两类：①正在工作，指在短期时间内以利润或家庭收入为目的，从事某些工作得到现金或实物的人；②拥有企业而不工作的人，指自己拥有企业（如商业企业，农场，服务性企业），在一定时期内因特殊原因暂不工作的人。

工资　定期以现金或以实物形式支付给雇员的报酬，包括对雇员工作时间、完成的工作量和未工作的有酬时间（如年休假，法定假日）支付的劳动报酬。工资不包括雇主为其雇员支付的社会保险和养老金缴款、雇员因此而得到的收益、解雇和辞职时加发的工资。

贸易体系　是指贸易国家进行对外货物贸易统计所采用的统计制度。它有总贸易体系（又称一般贸易体系）和专门贸易体系（又称特殊贸易体系）两种类型。总贸易体系数值大于相应的专门贸易体系数值。

总贸易体系以货物通过国境作为统计进出口的标准。专门贸易体系则以货物通过关境或结关作为统计进出口的标准。

总贸易体系和专门贸易体系说明的是不同的问题。前者说明一国在国际商品流通中所处的地位和所起的作用；后者说明一国作为生产者和消费者在国际贸易中的地位。

出口　即货物离开一国的统计疆界。在总贸易体系中，一国的统计疆界与它的经济领土是一致的。在专门贸易体系中，一国的统计疆界只包括一部分经济领土，一般这部分与货物自由贸易区是一致的。自由贸易地区是一国经济疆界的一部分，在此间货物可以无进口税限制地流通。一般采用离岸价。

进口　指货物进入一国统计疆界。在总贸易体系中，进口包括直接为国内使用的进口，流入入境加工仓库的进口，注入海关仓库和自由区的进口；在专门贸易体系中，进口包括直接进入国内市场为国内使用的商品的进口，由海关仓库和自由区进入国内市场的进口，以及流向入境加工仓库的进口。一般采用到岸价。

服务贸易　服务（原为非要素服务）指无形商品的经济产出。它可以在同一时间产生、转让和消费。商品服务的出口（贷方和收入）和进口（借方和支付）来自于国际收支统计中的国际服务交易统计，其概念、定义和分类与国际货币基金组织 1993 年《国际收支手册》第五版一致。

外汇储备　一国当局可以使用和控制的外汇资产，它可直接用来弥补国际收支不平衡或间接用来平衡国际收支。

黄金储备（货币黄金）　一国当局拥有的、作为储备资产的黄金。

国际旅游支出　是指出境游客在他国的旅游消费，包括在国际旅行时，搭乘他国运输工具所支付的交通费（有些国家不包括这项交通费）。除非特别声明外，国际旅游支出包括境外一日游客（不过夜游客）在访问地的消费。

国际旅游收入　是指入境游客（过夜旅客）在本国的旅游消费，包括国际旅行时，入境游客搭乘本国运输工具所付给本国的交通费（有些国家不包括这项交通费）。国际旅游收入包括目的地国接受的所有商品和服务的支付。除特别声明外，国际旅游收入可以包括入境一日游游客（不过夜游客）在本国的消费。

附录二

中国服务业采购经理指数及世界主要经济体的相关情况

简要说明

一、调查内容

服务业企业主管企业运营的负责人对企业经营活动、采购及相关业务活动情况的判断，主要包括对业务总量、新订单（客户需求）、存货、投入品价格、销售价格、企业员工、供应商配送、业务活动预期等情况的判断。

二、调查范围

涉及《国民经济行业分类》（GB/T4754-2011）中第三产业的 27 个行业大类。

三、调查方法

服务业采购经理调查采用 PPS 抽样调查方法。

四、季节调整说明

该调查是一项月度调查，受季节因素影响，数据波动较大。现发布的服务业采购经理调查各分类指数均为经季节调整后的数据。

五、资料来源

中国服务业采购经理指数资料是国家统计局服务业统计司根据《采购经理调查制度》收集的调查资料加工整理而得；世界主要经济体服务业采购经理指数资料主要来自于美国供应管理协会、摩根大通、Markit 经济研究机构等官方网站和各有关国际组织。

附录2-1　中国服务业采购经理指数(经季节调整)

单位：%

月　份	商务活动指数	新订单指数	投入品价格指数	销售价格指数	业务活动预期指数
2017.1	53.5	50.3	54.9	50.6	58.0
2	53.2	50.5	52.2	51.1	61.7
3	54.2	51.7	51.0	48.9	60.3
4	52.6	49.7	51.5	49.7	58.8
5	53.5	50.3	49.8	48.1	59.2
6	53.8	50.7	49.6	48.8	60.0
7	53.1	50.2	51.9	50.6	60.4
8	52.6	50.3	53.2	51.0	60.1
9	54.4	51.5	54.2	51.0	60.8
10	53.5	50.5	53.1	51.1	60.1
11	53.6	51.2	54.9	52.5	60.9
12	53.4	50.9	53.2	52.0	60.3

附录2-2　世界主要经济体服务业采购经理指数

单位：%

月　份	中国	美国	欧元区	日本	德国	英国	法国	俄罗斯	巴西
2017.1	53.5	56.5	53.7	51.9	53.4	54.5	54.1	58.4	45.1
2	53.2	57.6	55.5	51.3	54.4	53.3	56.4	55.5	46.4
3	54.2	55.2	56.0	52.9	55.6	55.0	57.5	56.6	47.7
4	52.6	57.5	56.4	52.2	55.4	55.8	56.7	56.1	50.3
5	53.5	56.9	56.3	53.0	55.4	53.8	57.2	56.3	49.2
6	53.8	57.4	55.4	53.3	54.0	53.4	56.9	55.5	47.4
7	53.1	53.9	55.4	52.0	53.1	53.8	56.0	52.6	48.8
8	52.6	55.3	54.7	51.6	53.5	53.2	54.9	54.2	49.0
9	54.4	59.8	55.8	51.0	55.6	53.6	57.0	55.2	50.7
10	53.5	60.1	55.0	53.4	54.7	55.6	57.3	53.9	48.8
11	53.6	57.4	56.2	51.2	54.3	53.8	60.4	57.4	46.9
12	53.4	56.0	56.6	51.1	55.8	54.2	59.1	56.8	47.4

注：美国为非制造业采购经理指数，其他国家均为服务业商务活动指数。

【主要统计指标解释】

商务活动指数 指根据企业报告期内完成的业务活动总量的变化情况汇总而成的扩散指数。国际上通常用商务活动指数来反映服务业经济发展的总体情况，一般来说该指数高于50%，反映服务业经济总体上升或扩张；低于50%，反映服务业经济下降或收缩。

新订单指数 指根据企业报告期内签订的订单量、合同量或其它需求总量的变化情况汇总而成的扩散指数。

投入品价格指数 指根据企业报告期内主要投入价格水平的变化情况汇总而成的扩散指数。

销售价格指数 指根据企业报告期内销售（或收费）价格水平的变化情况汇总而成的扩散指数。

业务活动预期指数 指根据企业对未来业务活动整体水平预测的变化情况汇总而成的扩散指数。

附录三 部分国家服务业生产指数月度增速

简要说明

一、主要内容

中国服务业生产指数由中国国家统计局编制，于 2017 年 3 月开始正式按月对外发布。本篇收集了 2017 年中国月度服务业生产指数的当月同比增速和累计同比增速。此外，本篇还收集了世界上主要编制服务业生产指数国家——英国和韩国，2017 年月度服务业生产指数的当月同比增速和环比增速。

二、统计范围

中国服务业生产指数统计范围包括《国民经济行业分类》（GB/T 4754-2011）中从批发零售业门类到文化、体育和娱乐业门类全部 13 个行业门类中所有 39 个行业大类的市场性活动，不包括公共管理、社会保障和社会组织，国际组织两个行业门类，以及科学研究和技术服务业，教育，卫生和社会工作这 3 个行业门类中的非企业法人。同时，受基础数据所限，暂时也不包括农、林、牧、渔业中的农、林、牧、渔服务业，采矿业中的开采辅助活动，以及制造业中的金属制品、机械和设备修理业。

三、资料来源

中国服务业生产指数资料由国家统计局服务业统计司提供；英国、韩国服务业生产指数资料来自两国统计局的官方网站。

附录3-1 部分国家服务业生产指数月度增速

单位：%

月 份	中国		英国		韩国	
	同比	累计	同比	环比	同比	环比
2017.1			2.4	-0.1	2.6	0.2
2	8.2	8.2	2.4	0.2	2.5	0.3
3	8.3	8.3	2.7	0.2	2.8	0.3
4	8.1	8.2	2.3	0.2	2.4	0.1
5	8.1	8.2	2.4	0.2	2.3	-0.1
6	8.6	8.3	2.5	0.4	2.1	0.6
7	8.3	8.3	1.5	-0.2	2.2	0.6
8	8.3	8.3	1.4	0.2	2.1	0.1
9	8.3	8.3	1.2	0.1	5.3	1.0
10	8.0	8.2	1.2	0.2	-0.3	-1.9
11	7.8	8.2	1.6	0.4	3.1	1.4
12	7.9	8.2	1.4		1.1	-0.2

注：1.中国1月不计算指数，1-2月合并计算。
2.韩国7、8月数据为初步数据。

【主要统计指标解释】

服务业生产指数 指剔除价格因素后，服务业报告期相对于基期的产出变化。以基期为100，如果指数大于100，表明服务业总体产出增长；小于100，表明服务业总体产出下降。目前，中国服务业生产指数以上年为基期。

服务业生产指数月度同比增速 指当月服务业生产指数相对于上年同期的同比增速，=（当月服务业生产指数/上年同期服务业生产指数-1）×100%。

服务业生产指数月度累计增速 指累计服务业生产指数相对于上年同期的同比增速，=（累计服务业生产指数/上年同期服务业生产指数-1）×100%。

服务业生产指数环比增速 指经季节调整后，当月服务业生产指数相对于上月的增速，=（季节调整后当月服务业生产指数/上月服务业生产指数-1）×100%。